東北

日本怪異妖怪事典

笠間書院

朝里樹　監修

寺西政洋
佐々木剛一
佐藤卓
戦狐　著

はじめに

本作は、全国の怪異・妖怪を地方別に紹介する『日本怪異妖怪事典』シリーズの東北編となります。第一弾の『日本怪異妖怪事典 北海道』（朝里樹著）、第二弾の『日本怪異妖怪事典 関東』（氷厘亭氷泉著）に続く、第三弾です。

『日本怪異妖怪事典』シリーズは日本の各地方の怪異・妖怪を収集した事典です。収集範囲は伝承や伝説、昔話や世間話、都市伝説や学校の怪談などに登場するもの、さらには物語や絵画の題材となって創作されたものたちまで、時代を問わず多岐にわたります。

本書では、その中でも東北地方に関わりのある怪異・妖怪たちが集められています。東北地方に伝えられた、もしくは東北地方を舞台にして創作された、他の妖怪事典では見たことがないような怪異・妖怪もたくさん掲載されています。

東北地方は妖怪の宝庫です。例えば「日本民俗学」の創始者であり、現在の日本における妖怪研究に多大な影響を与えた柳田國男の代表作『遠野物語』には、岩手県の遠野地方に伝わる話が収集されており、座敷わらしや河童、マヨイガなど、よく知られた妖怪たちがたくさん登場します。

他にも、東北地方は様々な不思議で、怪しい伝承・伝説で溢れています。青森県の恐山は人々の魂が帰る場所として古くから伝えられています。秋田県には十和田湖、田沢

湖、八郎潟の三つの湖に跨《またが》る八郎太郎という竜の伝説があります。宮城県には仙台市を流れる広瀬川に、蜘蛛《くも》の妖怪が潜んでいたという話が残る賢渕《かしこぶち》があります。山形県では、平成の世になって人面魚がいると話題になり、ブームを起こしました。福島県には歌舞伎や能など様々な芸能の題材となった安達ヶ原の鬼婆の話が伝わっています。

　今回は、四人の執筆者がそんな東北地方の魅力的なものたちについて調査し、紹介しています。長年にわたり、自身のＷＥＢサイト「【妖怪図鑑】新版ＴＹＺ」で妖怪をイラストとともに紹介している寺西政洋さん。自身で「宮城妖怪事典（仮）」というブログを立ち上げ、宮城県をはじめとする東北地方に伝わる怪異・妖怪を精力的に集めている佐藤卓さん。主に秋田県にて怪異・妖怪の収集を行い、同人誌「秋田妖怪蒐異」（現在二巻）にまとめられている戦狐さん、岩手県にて「民宿御伽屋」を営むとともに、遠野地方を中心に岩手県の怪異・妖怪を収集し、ＷＥＢサイト「不思議空間『遠野』」で紹介している佐々木剛一さんです。みなさま東北地方の怪異・妖怪に精通しています。

　東北地方にお住まいの方も、そうでない方も、ぜひ本文をご覧ください。東北地方の長い歴史の中、様々な形で記録されてきた魅力的で不思議なものたちの世界が待っているはずです。

朝里樹

はじめに

そもそも、「怪異」や「妖怪」とは何でしょうか。

両者の違いは使用者によるところが大きいですが、「怪異」は怪しく不思議な現象で、「妖怪」はその現象を起こす存在、といった具合で使い分けている人が多いでしょう。いずれにせよ「人知を超えた、異様なもの」を意味するのは間違いないようです。その中には、現代の科学をもってすれば容易に説明がつくものや、後にただの見間違いであったり、人間の仕業であったりと判明したものもあります。しかし、それらも一時的とはいえ人々から不思議がられたり恐れられたりしたという事実がある以上、本書では立派な「怪異・妖怪」として扱っていきます。

東北編の収録対象については、前巻の関東編を参考に以下のように定めました。

▼一、伝説や昔話、寺社縁起などにみられるもの
▼二、民間伝承や俗信などにみられるもの
▼三、随筆や説話集にみられるもの
▼四、世間話や噂、実話怪談などにみられるもの
▼五、神楽など、芸能作品にみられるもの

▼六、絵巻物や絵画にみられるもの
▼七、児童書ほか現代の創作性の高い書籍にみられるもの

一～四は、現地で伝承されているという側面が強い一方、五～七はその怪異・妖怪が登場する作品の設定に深く依存している傾向にあり、その作品上にしか存在しない場合が多いので、混同しないよう注意が必要です。関東編の著者である氷厘亭氷泉氏の言葉を借りて説明するならば、「伝承妖怪」と「画像妖怪」の違いです。本書でもこれらを明確に区別するために、五～七に分類される怪異・妖怪は「その他」の章にまとめてあります。特に七に分類されるものが多いのが東北編の特徴で、これは東北出身の作家、佐藤有文や山田野理夫の著作による影響が大きいようです。（詳しくはＰ４９４コラム「東北「妖怪」作家の異業」を参照）

本書の帯にある「願わくはこれを読みて奥羽の精魅神怪に戦慄せよ」とは、柳田國男の『遠野物語』冒頭の有名な一節「願わくはこれを語りて平地人を戦慄せしめよ」をもじったものです。怪異・妖怪そのものにはもちろん、その後ろに見え隠れする異様な背景にも目を向け、戦慄していただきたいと思います。

佐藤卓

目次

日本怪異妖怪事典 東北

凡例

一、この事典は日本の文献（民俗資料、怪談集、随筆、その他）や著者による聞き書きによって蒐集された怪異・妖怪のうち、出現したとされる地域（出没地域）、またはその怪異・妖怪が登場する物語が伝承されている地域（伝承地域）が東北地方であるものを、「青森県」「岩手県」「宮城県」「秋田県」「山形県」「福島県」の県別に分け、五十音順に並べたものである。また、複数県で伝承が確認できるもの、県境に伝わるもの、奥州・出羽・陸奥など県が特定できないものは「東北広域」、芸能・絵画作品、児童書ほか現代になって創作された可能性が高いものは「その他」に、それぞれまとめている。

一、項目名（怪異・妖怪の名称）は、次のことに留意し、原則、原文中で使用されているものを採用している。

・原文中に、その怪異・妖怪の固有名称（座敷わらし、八郎太郎、など）や、それらを表す際に文中で使用された名詞的な表現（夕顔に似た化け物、など）、それらが発した特徴的な台詞（三太待て、など）がある場合には、優先的に項目名として採用する。

・「河童」「鬼」「大蛇」「幽霊」「化物」「怪物」など、同じ項目名が複数存在してしまう可能性があるものについては、地名や行動と組み合わせて、「（地名）の（名称）」「（行動）した（名称）」といった形にする。

・原文中でひらがな・カタカナ表記になっているもので、漢字に変換できるものは漢字表記にする。その場合、変換したことが分かるよう、概要・解説中では原文通りにひらがな・カタカナ表記のままにする。

・その他、原文中にある言葉を組み合わせて命名した場合は概要・解説中に「筆者命名」と記す。

一、参考文献は、項目ごとに記しているが、一部名称を省略しているため巻末に正式名称を記載した参考文献を一覧にしている。概要・解説中で文献から得られた情報の末尾には（　）内に参考文献を記し、その際、書籍の名称は『　』を、論文、ＷＥＢサイトの名称は「　」を用いて記載している。聞き書きの場合は、聞き書きを行った人物の名前を用いて（○○聞き書き）などと記している。

項目名に太字を用いているほか、概要・解説中に登場する怪異・妖怪の名称について当事典内に別に独立した項目が存在する場合は太字を用いている。

青森県

【あ】

赤い鶯「あかいうぐいす」

青森県三戸郡五戸町などに伝わる。

ある侍の屋敷には三姉妹と継母《ままはは》がいた。父が勤役で不在の間、継母は子らを亡き者にしようと企《たくら》み、三人を大釜の煮え湯へ落とし煮殺してしまった。帰ってきた父が娘の行方を尋ねると、赤い鶯が飛んできて、常居（居間）、はしり口（流し）、便所の脇で「京の父《おど》様こーよし（恋しい）　継母《ままあっぱ》おーそろし　萩《はぎ》の橋渡りとって　じゃんぶらしょと落ちたほーほけちょ」と鳴いた。不思議に思って各所を掘ってみると、娘たちの屍《しかばね》が出てきたので、真相を知った父は継母を殺した。

中津軽郡西目屋村砂子瀬《すなこせ》の話でも、帰った父親のもとに赤い鳥が来て「帯も襷《たすき》も欲《お》しぐねじゃ　江戸がら来た父《てで》コ恋《こよ》しじゃ　ホーホケキョ」などと鳴いて子の死をほのめかす。発見された子供の死体は煮られて真赤《まっか》に爛《ただ》れており、継母は怒った父親に刺し殺されてしまう。このように鶯の色が子の無惨な死にざまを暗示する語りもある。

（川合勇太郎『青森県の昔話』）

子を捜す父親が鶯や雀、鴉《からす》の鳴き声で真相に辿《たど》り着く「継子と鳥」型の話は、青森県以外の東北各県でもよくみられる。

赤い童子「あかいわらし」

青森県三戸郡新郷村西越《しんごうむらさいごし》貝屋敷における怪異。

大正一一年（一九二二）の末、貝屋敷の某家での出来事。亭主の妻が独り囲炉裏端でまどろんでいると、不意に囲炉裏《いろり》から赤い童子《わらし》が出て摑《つか》みかかってきた。妻が叫びを上げて逃げ出し、家の者が駆けつけたときには、童子の姿は影もかたちもなかったという。（『奥南新報「村の話」集成』）

赤顔・白顔「あかがお・しろがお」

青森県三戸郡八戸町（現・八戸市）に伝わる。項目名は佐々木剛一の提案による。

三日市の呉服店・高半が繁昌していた時代、主人は**座敷わらし**を目撃することがあった。その顔色が白く美しく見えるときは家に吉事があり、赤く見えるときは凶事があった。店が傾きかけた時期は常に赤顔に見えたという。（佐々木喜善『遠野のザシキワラシとオシラサマ』）

伝承では座敷わらしの去来と家運の盛衰が関連づけられることが多いが、この話では座敷わらしの見え方が吉凶を示していることになっており、興味深い。

赤く染まるジャングルジム［あかくそまるじゃんぐるじむ］

『ビビる！都市伝説&怪談スペシャル』に青森県からの読者投稿として載るもの。

ある小学校の校庭にある青いジャングルジムは、夕暮れ時には血に濡れて真赤《まっか》に染まることがあるという。昔、ある男児が放課後にこのジャングルジムから転落、ランドセルに挿していた定規が折れて首に刺さり、血まみれになって死んだため、このような現象が起こるという。ある子供は赤いジャングルジムを目撃したばかりか、その下で呻《うめ》き声をあげて助けを求める血まみれの男の子の姿まで見たという。

赤倉様［あかくらさま］

青森県弘前市と鰺ヶ沢町《あじがさわまち》の間に聳《そび》える岩木山（赤倉山）を信仰の場とする鬼神。

岩木山北麓の赤倉は古来「鬼の棲む地」といわれ、ゴミソやカミサマと呼ばれる民間宗教者の聖地となって、昭和期には多数の堂社が建立されて信仰は隆盛を極めた。

弘前市西茂森の宝泉院の『赤倉山宝泉院縁起史』によれば、大同二年（八〇七）、津軽の蝦夷《えみし》征伐に苦闘する坂上田村麻呂のもとに出雲大神第五王女である赤倉の鬼神が出現、鬼神祭祀《さいし》を勧めたという。更に鬼神は赤倉沢にて賊を消すという不思議をあらわし、朝廷は赤倉に堂を建てて鬼神を祀《まつ》るようになったという。宝泉院には鎌倉時代の作という鬼面が伝えられている。（大湯卓二ほか『東北の鬼』）

これとは別に、明治頃に種市村の太田永助という行者が赤倉に入って神様になったとも伝えられている。鬼神の姿になった永助が雲に乗って赤倉山へ飛ぶのが目撃されたこともあるといい、生神《いきがみ》様たる永助への信仰も盛んになった。永助の実家である屋敷内には赤倉神社が建てられ、当主が信者の指導にあたった。（小舘衷三『青森県の民間信仰』根深誠『カミサマをたずねて 津軽赤倉霊場の永助様』）内田邦彦『津軽口碑集』には、種市の某氏が奇異なるふるまいから「神さま」と呼ばれ信仰を集めはじめるも、明治三七、八年頃に衣類だけを残して消息を絶ったという話がある。他にもこの「変人の神様」にまつわる不思議な逸話が記されているが、どうやらこれも太田永助のことであったらしい。

赤ゲットのやん衆［あかげっとのやんしゅう］

明治初期の青森と北海道を舞台とする怪談に登場するもの。畠山弘『東北の伝奇』に青森県の話として載る。赤ゲットとは赤い毛布地の角巻《かくまき》（肩掛けの防寒着）、やん衆《しゅう》（やんしゅ）とは北海道でニシン漁に従事した季節労働者のことである。

ある年末、仕事を終えた赤ゲット姿のやん衆は、帰郷前に津軽の床屋に立ち寄り、そこで彼の所持金に目が眩《くら》んだ店主に剃刀《かみそり》で殺害されてしまった。床屋はその金を元手に北海道で成功をおさめ、人々から「ほとけの津軽屋」と評判をとった。やがて津

軽屋夫婦には男児が生まれたが、その子が唯一発する言葉が「キタキタキタ、アカゲット」。全ては悪業の報いだと、親子は店を畳んで巡礼の旅に出たという。

実の子が親の殺人を暴く「六部殺し」型の怪談の一種。**こった晩《ばげ》**も参照。被害者となるのは六部に限らず、絹屋や輪島の椀売りなどと語られる例もあり、この話でも時代と風土に合わせ職業が変化している。

赤子の幽霊［あかごのゆうれい］

青森県青森市横内における死霊の怪異。

天明の凶作の頃、横内の妙見の神主は、境内の林の古い杉の木のうろで、やせ衰えた蓬髪《ほうはつ》の男女が我が子を炙《あぶ》って食らっているのを目撃した。翌日、現場には赤子の骨だけが残されていた。それ以来、杉の古木の前には赤子の幽霊が出て恨めしそうに立っていたという。（北彰介（編）『青森県の怪談』）

開かずの便所［あかずのべんじょ］

青森師範学校の七不思議のひとつ。

南寮と新寮の間にある便所のうち、一つの個室が「あかずの便所」と呼ばれていた。かつて寮生がここで首吊り自殺を遂げ、その後は真夜中にかすかな泣き声や呻《うめ》き声が聞こえるようになった。そのため戸に釘を打ち「あかずの便所」にしたのだという。（北彰介（編）『青森県の怪談』）

『青森県の怪談』には「師範学校の七不思議」として、他に**アミダ寺の怪**、**十三階段**、**血染めの蚊帳**、鳴り出すピアノ（**講堂のピアノ**）の話が載る。師範学校卒業生である話者もこの五つしか知らず、実際に七種の不思議が語られていたかは不明。

赤治鬼［あがちおに］

青森県青森市浅虫に伝わる。坂上田村麻呂が滅ぼしたとされる悪鬼の一種。

かつて浅虫の蝦夷《えみし》館（多宇末井館《とうまいだて》）には赤治鬼が潜んでおり、坂上田村麻呂将軍がこれを退治しにやって来た。だが鬼は昼は館にこもり、夜しか外に出てこない。将軍は一計を案じ、人形を作り外で大いに囃《はや》したてた。すると鬼が見物しに館から出てきたので、うまく捕らえることができた。これが「ねぶた」の起源なのだという。（貝森格正「津軽野内舊事録」『旅と伝説』通巻三五号）

赤手こ［あかてこ］

青森県の八戸に出たという妖怪。

ある小学校前の古い皀莢樹《さいかち》には「アカテコ」といって、赤い小児の手のようなものが下がっていたという。

樹の根元にはかつて若宮神社という小さな祠《ほこら》があり、ここに立つ一七、八の振袖姿の娘を見ると熱病に罹《かか》るといわれた。娘とアカテコとの関連は不明。（佐々木喜善『遠野のザシキワラシとオシラサマ』）

佐藤清明『現行全国妖怪辞典』では「アガテコ」の表記で「赤足に對するもの」と説明があるが、その赤足とは香川県の妖怪である。伝承上の関連ではなく、単に外見が手・足で対になるというだけの記述か。

赤猫 [あがねこ]

青森県地方では赤猫や三毛猫は化けるといわれた。

内田邦彦『津軽口碑集』には五所川原市福山の例が載る。ある家の嫁に赤猫がよい声で歌を教えて「我に学んだとは言うな」と言いつけた。しかし嫁は家人に本当のことを話してしまい、猫に襲われ喉を噛《か》み切られてしまったという。これは全国的に伝わる「猫の浄瑠璃」の型の話である。

佐藤清明『現行全国妖怪辞典』も「アガネゴ」を青森市周辺において「狐、狼などと同様に、人に危害を加える獣類」をあらわす語彙《ごい》として収録している。

北彰介（編）『青森県の怪談』には、ある家の後妻に赤猫がつきまとう話が収録されている。これは身投げした先妻が赤猫に化けて出てきたのだと噂されたという。

赤鼠 [あかねずみ]

大田南畝《おおたなんぽ》の随筆『一話一言』巻四十八に記されているもの。

延宝七年（一六七九）四月頃。奥州津軽の海原に、億々無量の鼠の群れが現れた。鼠の下腹は白く、頭と背筋は赤色だった。漁師たちはこれを浜へ引き上げてすぐに打ち殺していったが、生き残った鼠は陸地へ逃げ延び、南部佐竹領にまで至ったという。人里へ来た赤鼠どもは苗代を荒らし、竹の根を食い、草の根を掘り起こし、人家へ侵入して一夜のうちに五穀を食い尽くすなど様々な被害を及ぼした。毒草にでも行きあたったのか、鼠が一箇所に何百も折り重なって死んでいることもあったという。（『随筆辞典　奇談異聞編』）

海辺で大量の鼠が獲れたという話は日本各地にあり、『古今著聞集』の予州黒島の例をはじめとして、さまざまな文献や伝承にみられる。

赤ん坊の祟り [あかんぼうのたたり]

青森県青森市浪岡下十川《しもとかわ》における怪異。

大正から昭和にかけ、某家は村一番の大家で、屋敷は当時としては珍しい二階建てだった。長男の嫁は姑《しゅうとめ》にいびられ続け、ある日、とうとう赤ん坊を二階から落とされてしまった。これは不慮の事故だったが、嫁は錯乱して赤ん坊の死体と共に家を出ていった。なんとか骸《むくろ》を取り戻して葬式をあげたが、その晩から二階の窓辺には火の玉が出て「おぎゃー、おぎゃー」と村中に泣き声を響かせたという。（北彰介（編）『青森県の怪談』）

浅虫の不思議 [あさむしのふしぎ]

明治時代に青森県東津軽郡浅虫（現・青

森市）で起こった騒霊《そうれい》現象。見物人が押しかけ『東奥日報』『都新聞』などの新聞紙にも記事が連載されて話題を呼んだが、実は全て人為的なものだった。

明治三二年（一八九九）。浅虫のとある三軒長屋では仏壇の位牌《いはい》や神棚の神酒徳利がひとりでに飛んだり小石が落ちてきたりするという怪現象が頻発し、村は大騒ぎになっていた。長屋の住人たちが「大黒天を祀《まつ》るのが良い」と話していると大黒天の置物が飛び、仏壇の鈴がよく飛ぶので隠してみると今度はその台が飛ぶ。大掃除を敢行するも変わったものは何もなく、壁の穴と床下の猫が見つかっただけだった。その後も怪異は止まず、果ては青森警察署長までが実地探検に出張する騒ぎとなった。

ところが日を経て明らかになった怪異の正体は、ばかばかしくも人間の仕業であったという。警察署長・内田氏は、二階に住む一九歳の女・おわきの言動に不審を抱いて捜査を開始させた。結果、怪異はおわきと下階に住む一五歳の少女・おしゅんが仕組み、自作自演で人々を惑わせていたものと突き止めた。これらはおわきの母・おきんが指示を出していたが、おきんはその動機について黙秘を貫いたという。（『明治期怪異妖怪記事資料集成』）

葦毛馬 ［あしげうま］

沼にまつわる葦毛の馬の怪異。

青森県五所川原市の葦毛沼は、かつて村人が飼っていた葦毛馬が狂って沼に入り、主になった場所だという。その後、釣人が水中に大きな牛のようなものがいるのを目撃した。直後に沼の中から音が鳴り響き、大波が溢れたので、釣人は危ういところを逃げ帰ったという。

北津軽郡市浦村相内《あいうち》（現・五所川原市）の神明宮裏手にある底なし沼は、神様の乗馬である葦毛馬が入って死んだ場所と伝えられ、人々は恐れてこの沼に入らなかった。神明宮の辺りにはよく葦毛馬が現れ、他の馬が驚いて走り出すために怪我人が多く出た。そのため、ここを通るときには馬から降りるようにといわれていた。

下北郡東通村《ひがしどおりむら》猿ヶ森にある左京沼は、京から来た左京という武士が馬に乗ったまま入水して果てた場所だという。あるとき山伏が沼で祈禱《きとう》をしたところ、水底から葦毛の馬と白布で顔を隠した武士が姿をみせたという。（森山泰太郎『陸奥の伝説』）

岩手県の**葦毛の駒**も参照。

あね様人形 ［あねさまにんぎょう］

青森県弘前市に伝わる昔話に登場する。

ある長者夫婦は娘そっくりな人形を作らせ、娘が病死してからも形見として飾っていた。庭仕事の若者がその美しさの虜《とりこ》となり「ただ一日でもあね様のそばにいたい」と熱心に頼み、人形を借り受けた。大切にされたあね様人形は動きだすようになり、若者の留守に掃除や飯の支度をしてくれた。天井からこの様子を覗《のぞ》き見た若者は、驚きのあまり人形の上に転落。ちょうど炊

事の最中だった人形は、火中に転げて燃えてしまった。（川合勇太郎『青森県の昔話』）

江戸絵のあね様も参照。

姉沼の大蛇［あねぬまのだいじゃ］

青森県三戸郡五戸町に伝わる。

昔、ある男が秋田の沼の主に頼まれ、沼崎（東北町《とうほくまち》）の姉沼の主の大蛇へ手紙を届けた。手紙には「この男を取って食え」とあったが、大蛇は「遠くからここまで来たのに、どうして食れべ」と、男を食わず、五戸の川原町で所帯を持てば儲《もう》かると助言し「小川原たる松」という名前も与えた。たる松は五戸で酒屋を開き、大いに儲けたという。（川合勇太郎『青森県の昔話』）

油沢のあねこ［あぶらやづのあねこ］

青森県南津軽郡平賀町町居（現・平川市町居）などに伝わる。

町居神社下の集落の浪人の娘は大光寺城の若殿に見初められ、やがて腰元に取り立てられた。だが、以前からいた他の腰元たちの妬《ねた》みを買っていじめ抜かれた挙句、油沢に身を投げて死んでしまった。その夜より油沢から青白い人魂《ひとだま》が飛び、城を回っては堀端で消えるようになった。人魂が消えると美しい娘が泣きながら城を見つめ、また人魂となって北の尾上町《おのえまち》の新屋の方へ飛び、村外れの林で消えるという。平賀町や尾上町の人々はこの人魂を「油沢のあねこ（娘っこ）」と呼んでいた。（北彰介（編）『青森県の怪談』）

甘酒婆［あまざけばば］

青森県青森市に伝わる。

甘酒婆は夜中に「甘酒はござらんか」と言って家々を訪ねては戸を叩く。「ある」とか「ない」とか返事をすると病に罹《かか》ってしまうといい、これを防ぐためには杉の葉を吊るせばよいとされた。（中市謙三「ノートから」『旅と伝説』通巻第一五〇号）

甘酒婆という妖怪の伝承は長野県や愛知県でも確認されている。広島の藩医・進藤壽伯が当時の風聞を記録した『耳の垢』などにも類似の話が書き留められており、このような噂が近世から各地で流布していたことがうかがえる。

また、伝承地に宮城県が挙げられる場合もあるが、これは『宮城縣史　民俗3』の記述（日本全国の妖怪を例示した部分）に端を発する誤解らしい。この記述は本来青森の甘酒婆に関するものである。筆者が調べた限り、宮城県の甘酒婆に関する民俗資料・伝承の類はまだ確認できていない。

アミダ寺の怪［あみだじのかい］

昭和一六、七年頃の青森師範学校で語られていた「七不思議」のひとつ。

昔、堤川の畔《ほとり》にアミダ寺という古寺があった。師範学校五年生のAはある頃から学校を休んで寝込み、深夜になると寮を抜け、寺の墓地で棺桶《かんおけ》を暴いて青白いものを

貪《むさぼ》っていた。この様子を同じ寮の三人組に見られると、異様な形相で「お前《め》だぢ、わばみだなー（俺を見たな）」と言った。三人は高熱を出して一週間意識不明になり、Aも間もなく結核で死んだという。（北彰介（編）『青森県の怪談』）

やや表現がぼかされているが、Aは墓場で燐光《りんこう》を帯びた屍肉《しにく》か骨を食らっていたらしい。病を癒すために墓場や病院で人骨や内臓を食する者がいるという噂は各地でまことしやかに囁《ささや》かれていた。東北地方では山形県、福島県でも類話が確認できる。（松谷みよ子（編）『現代民話考［七］』）

雨降り地蔵［あめふりじぞう］

青森県下北郡風間《かざま》浦村《うらむら》に伝わる。

易国間の光月庵には村人から「雨降り地蔵」と呼ばれる地蔵が祀《まつ》られる。日照りが続いて雨が欲しいときには、この地蔵様を川に投げ入れて散々乱暴すると不思議にも雨が降るという。反対に長雨で晴天を祈るときも地蔵様の悪口を言って乱暴したという。（森山泰太郎『陸奥の伝説』）

秋田県の**小便地蔵**も参照。

安寿姫［あんじゅひめ］

青森県津軽地方のイタコが祈禱《きとう》や「神遊び」といった祭祀《さいし》行為の際に語る祭文《さいもん》「お岩木様一代記」にみえる人名。全国的には中世の説教節「さんせう太夫」から広まった物語の登場人物名として馴染み深い。津軽の伝承においては、安寿姫の魂は苦難の末に岩木山の神となる。

津軽から遠く離れた国で生まれた「ずし王丸（厨子王丸、津志王）・おふじ（お藤）・あんじゅ（安寿、安寿姫）」のきょうだいがいた。やがて家族は離散して、ずし王とあんじゅは丹後の「さんしょう（山荘、三荘）太夫」の奉公人として酷使される日々を送ることになる。艱難《かんなん》辛苦の果てに、あんじゅは虐待を受けて死亡し、その魂は岩木山に昇って神となる。あるいは安寿姫は父と再会し岩木山の神として示現《じげん》するとも語られるほか、ずし王は富士山、おふじは小栗山の神になったともされている。

途中に様々な派生展開がみられる場合もある。たとえば西山和香子「岩木山における安寿姫伝承について」（『東北民俗資料集（十）』）収録の例などでは、仏罰を受けて鬼のように変貌した三荘太夫があさましい所業を悔いて改心するくだりがみられる。

岩木山の安寿姫伝承は古くからあり『和漢三才図会』『津軽一統志』などにも記述がみられる。柳田國男や五来重《ごらいしげる》は、古くから存在していた岩木山の伝承・祭文が説教節を吸収した結果、安寿姫などが登場する現在の形になったものとみている。（福田晃「イタコ祭文「岩木山一代記」の生成」『巫覡・盲僧の伝承世界　第一集』）

菅江真澄の『そとのはまかぜ』には、安寿姫と津志王丸の霊が岩木山に祀《まつ》られているため、山荘太夫と同郷である丹後の人は山に登ることができなかったとある。橘《たちばな》南谿《なんけい》の紀行『東遊記』にも、岩木山の神が

忌み嫌うため、丹後の人が津軽領内に入ると天気は大いに損じて風雨が続くという伝承が記されている。江戸時代の津軽では丹後出身者が入りこんだことによる荒天を「丹後日和《びより》」と呼び、時には津軽藩による来訪者の詮索もあったという。古川古松軒『東遊雑記』には、江戸から巡見使が来る際、構成員に丹後の者がいる場合は外してほしいという要請が津軽藩からあったと記されている。（『日本伝説大系　北海道・北奥羽編』『日本伝奇伝説大事典』安野眞幸「説経節『山椒太夫』の成立―巫女の死と天皇の登場」『下人論』）

異形仙人［いぎょうせんにん］

青森県弘前市に伝わる。

ある家に月小夜《つきさよ》と八太郎という姉弟がいた。八太郎は父が鉄砲で獣を殺生するのを諫《いさ》めようと熊に変装し、あえて撃たれて死んだ。父は殺生をやめたが、母は息子の死を知り錯乱し、骸《むくろ》を抱いて消息を絶った。やがて月小夜は、畜生道《ちくしょうどう》に堕《お》ち「蛇身鳥《じゃしんちょう》」になった母と再会する。浮かばれぬ身の鳥は、月小夜に三階滝（七戸町）の異形仙人から琴を習うようにと言った。そうすればいずれ殿様に見出され、寺に供養の鐘を寄進できるという。月小夜は深山で仙人を探し出して琴を習い始めた。殿様は琴の音をきっかけに月小夜と出会い、彼女を妃に迎えた。おかげで月小夜は大金を使って菩提《ぼだい》寺《じ》に釣鐘を寄進し、母と弟を弔うことができた。（斎藤正（編）『津軽昔話集』）

遠州小夜の中山の「蛇身鳥」の話の舞台が津軽地方に置き換えられたもの。

石穴の化物［いしあなのばけもの］

青森県三戸郡上郷村（現・田子町《たこまち》）に伝わる。

沼の沢の奥にある「石穴」という深い穴に棲む化物は、かわいい女の子の姿で炭焼小屋や山小屋に入ってくる。このとき居合わせた人は金縛《かなしば》りに遭うものだが、ある老人だけはそうならず「オイお前どこから来たんだ。もう悪いことするな。送っていってやろう」と化物を説得した。化物は老人と外へ出て、バンドリ（ムササビ）になって空へ飛んでいった。（『上郷の民俗』）

嬰児籠［いじこ］

乳幼児を入れるための稲藁《いなわら》などで編んだ籠《かご》「嬰児籠」は、いじこ、えじこ、いずめなどと呼ばれる。樹上などから器物や生物の体の一部がぶら下がる怪は全国各地に伝わっており、青森県地方では嬰児籠が下がってくる怪異の目撃談がある。

浪岡町羽黒平へ至る杉林では、ある村人が火だるまのような赤いいじこが杉の梢でゆらゆらと揺れているのを見た。またある人は弘前から馬ソリで浪岡へ帰る途中、神社のアララギの枝でいじこが燃えているのを見たという。

姥島へ行く道中の老松にも、雨や雪の日にはいじこが下がった。目がくらむほどの

赤さだったが、昭和二八年（一九五三）の台風で松が倒れてからは出なくなった。藤代村三世寺《さんぜじ》（現・弘前市三世寺）でもエンツコが下がった。ある人は中に赤子が入っていて泣いているのも見たという。藤崎町の木挽町でも、大銀杏《いちょう》から赤子の泣き声と共にからエンツコが下がった。

水木では某家の庭のヒノキから赤ん坊の入ったいじこが下がった。助けようとした男が木に登ると、赤ん坊はにっこり笑い、たちまち凄《すさ》まじい形相の化物に変じたという。（北彰介（編）『青森県の怪談』）

いたずら魂こ［いたずらたましこ］

生者の魂が抜け出る怪異の一種。

広須村《ひろすむら》（現・青森県つがる市柏広須）の「松田ばっちゃ」は八〇歳の秋に寝ついてしまい、退屈しのぎに隣家の目の見えない女の子を話し相手にしていた。ある夜、女の子の布団に何者かが潜りこんできた。翌日、ばっちゃは女の子に「おらおめのふとんさもぐったんだ」と言った。その夜、女の子が水を飲もうとしたとき、誰かに押されて水が顔や着物にかかってしまった。次の日ばっちゃは「ゆうべ水コうめくてあったべさ。したばって水かぷたおめの顔コ、まったぐおがしくてあったど」と笑った。その数日後、ばっちゃは死んだという。（北彰介（編）『青森県の怪談』）

一軒家の婆［いっけんやのばば］

青森県三戸郡名川町《ながわまち》（現・南部町）名久《なく》井《い》に伝わる昔話に登場する。

重兵衛という若者が買い物へ行く途中、山道の崖の辺りで狐を見かけ、馬の糞を投げつけた。びっくりした狐は崖下の淵《ふち》に転がり落ちて逃げていった。帰り道、例の山道で日暮れを迎えてしまった重兵衛は、どうにか一軒家を見つけると、そこの老婆に一夜の宿を求めた。老婆は炉端でしきりにお歯黒を塗っていたかと思うと、火が消えそうになったとき、顔を上げて「かっ」と叫んで黒い歯を剝《む》き出した。驚いた重兵衛がひっくり返ったとたん、その身は崖から転げて、あの狐と同じように淵へと落ちこんだ。岸に泳ぎ着いて我に返ると、辺りはまだ日暮れ時で薄明るい時分だった。（川合勇太郎『青森県の昔話』）

犬神様［いぬがみさま］

犬の習性の由来を説く昔話に登場する。犬はもと三本足の獣で、神仏などに足を授けられ四本足になった。犬が片足を上げて小便をするのは、大事な足を汚さないためだという。広く知られた昔話で、内容は土地の語り手ごとに差異がみられる。

青森県八戸市の例では、「犬神様」なる偉い神様が五本足の五徳《ごとく》から足を一本もぎ取って犬にやったことになっている。（川合勇太郎『青森県の昔話』）

妹の首 [いもうとのくび]

青森県東津軽郡今別町大川平《おおかわだい》に伝わる。

父母に先立たれ、ひとりで幼い妹を育てる旅商人がいた。あるとき妹は山姥《やまうば》によって頭以外をみな食われてしまう。妹は首だけでも言葉を発したが、そのせいで兄はどこへ行っても宿泊を断られてしまう。一時は村外れにある糸縒《よ》りの仕事場に滞在したが、首が喋《しゃべ》りだす前に早々と立ち去った。兄は仕事場で得た長持《ながもち》に首を入れて旅を続けたが、やがて妹が恐ろしくなってきた。不意に長持から首が転げ出たとき、とうとう兄は寺に逃げ込んで助けを求めた。僧に匿《かくま》われた兄は、全身にありがたい経文を書きこまれたが、片耳だけは書き忘れていたため、妹の首に耳を取られてしまった。(『津軽民話の会　昔話聞き書』)

女房が化物に食われ首だけになり、怪しい行動をとる「女房の首」は東北各地に伝わる。ここでは妻でなく妹が登場し、結末も「耳なし芳一」のようになっている。

牛沼の主 [うしぬまのぬし]

青森県十和田市相坂《おうさか》に伝わる。

白上《しらうえ》にある沼（牛沼）の主は牛だといわれる。鉄分を嫌い、誤って沼に鉄物《かなもの》を入れると熱病に罹《かか》ると恐れられた。また、沼の中には三つの釜があって、そこから水が湧いているともいわれた。（森山泰太郎『陸奥の伝説』）

山形県の**牛沼《うしのぬま》の主**も参照。

善知鳥 [うとう]

海鳥の一種であるウトウは地上に巣を作る弱い鳥だが、雛《ひな》が「うとう」と鳴けば、親鳥は子を想い「やすかた」と応じるという。能の演目で悲話が語られる。また、前世は人間であったとも伝えられている。

能の執心物を代表する一作『善知鳥《うとう》』には、殺生の報いで苦しむ猟師の霊が登場する。越中立山を訪れた旅僧は、猟師の霊から故郷の陸奥《むつ》外の浜にいる妻子に弔いを頼んでほしいと依頼される。僧が浜の家を訪ねると、再び猟師の霊が現れる。だが彼は生前に善知鳥の親子を引き離した報いで、我が子に触れることもできない。猟師は己の罪を悔い、地獄で恐ろしい姿となった善知鳥に責め立てられる苦しみを語って救いを求める。

猟師が善知鳥の子鳥を奪うと、親鳥は空から血の涙を降らせて地を染めるという。血を浴びると身を損なうため、これを獲る者は蓑笠《みのがさ》を纏《まと》う。永正一〇年（一五一三）頃の連歌《れんが》の手引書『藻塩草《もしおぐさ》』の註《ちゅう》にもこの俗信に関する記述があり、西行《さいぎょう》の「子を思ふなみだの雨の笠の上にかかるもわびしやすかたの鳥」という歌が載る。

『和漢三才図会』には、善知鳥は津軽の安《やす》潟《かた》の浦で多く見られるとある。安潟は現在の青森市安方で、ここに建つ善知鳥神社の縁起では善知鳥の前生が語られる。

第一九代・允恭《いんぎょう》天皇の時代、善知鳥中納

言安方（烏頭中納言安潟とも）が罪を犯して、外ヶ浜に蟄居《ちっきょ》の身となった。このとき高倉明神の霊夢に感じて干潟《ひがた》に小さな祠《ほこら》を建て、宗像《むなかた》三女神を祀《まつ》った。これが善知鳥神社の始まりで、安方の死後、雌雄ひとつがいの異鳥が小祠のそばにに飛んでくるようになった。雄の鳥はウトウと鳴き、雌はヤスカタと鳴くので、この鳥は安方父子の一念が化したものであろうと人々は恐れ敬った。ところがある日、猟師が誤って雄鳥を殺してしまい、嘆き悲しんだ雌鳥は田畑を荒らし稲や麦を害した。猟師も雌鳥のために非業の死を遂げ、人々は塚を築いて雄鳥を弔ったという。村を襲った雌鳥は数万羽の群れを率いていたともいう。

　山東京伝の読本『善知安方忠義伝』は、前太平記物の世界に善知鳥にまつわる伝説を織りこんで作られた物語で、安方が地獄で化鳥《けちょう》の責苦に遭うなど怪異な場面も豊富である。

　なお善知鳥は鴆とも書くが、これは大陸の伝説にある毒鳥・鴆《ちん》と同字である。（『明治神社誌料』『日本伝奇伝説大事典』『能・狂言事典』山口仲美『ちんちん千鳥のなく声は』）

唸り地蔵［うなりじぞう］

　青森県五所川原市前田野目に伝わる。

　梵珠山《ぼんじゅさん》が霊場として栄えていた頃、大きな堂に祀《まつ》られていた石地蔵で、山の衰微と共に堂は壊れ、地蔵も沢へ落ちて行方不明になった。村人たちは山中で倒れている地蔵を発見し、再び山上で祀ろうと考えたが何人がかりでも微動だにしないので、諦めて「転び地蔵」と呼んでその場に祀った。

　その後、ある村人が山へ入ると、沢の方で例の地蔵がウンウンと物凄い唸り声を出していた。村人は恐ろしさのあまり逃げ帰り三日間寝こんだ。転び地蔵もとい「唸り地蔵」は、その後も人々から崇《あが》められたという。（森山泰太郎『陸奥の伝説』）

優婆寺の奪衣婆［うばじのだつえば］

　奪衣婆は三途《さんず》の川の衣領樹《えりょうじゅ》の下にいて、亡者の衣を剝《は》ぎ取り罪の軽重を量る老婆。信仰の対象にもなっており、各地の寺院に像が置かれている。

　青森県むつ市大畑町《おおはたまち》の東光山優婆寺にある奪衣婆像は、もともと恐山の三途川の岸にあったが、暴風の影響で正津川《しょうづがわ》河口まで流されてきたものという。村人は像を元の川岸に戻したが、その後二度も同じ場所に流されてきた。恐山の地蔵様に伺いをたてると「婆は余程そこが気に入ったのだろうから、近くのお堂で暫《しばら》く休ませておいてくれ」とのお告げがあったため、以後は優婆寺本堂に安置されたという。恐山に参る者は、その前に奪衣婆の許しを得るため優婆寺へ行くものとされた。（『大畑の伝説』）

　奪衣婆像の怪異には秋田県の**相撲を取る奪衣婆**もある。

産土様の化物 ［うぶすなさまのばけもの］

青森県中津軽郡悪戸村《あくどむら》（現・弘前市）に伝わる昔話に登場する妖怪。筆者命名。

昔、南部・津軽・秋田に力太郎《りきたろう》・仁太《にた》郎《ろう》・由太郎《よしたろう》という力持ちがいた。三人は共に旅をして、ある村の家に一夜の宿を求めた。だが家の娘は「自分は近頃出没する人さらいのお化けにきっと食われてしまうから、三人に迷惑をかけてしまう」と泊めてくれない。三人は力試しには好都合と、部屋で化物を待った。夜中、大きな目玉をした化物が屋根の上から睨《にら》みつけてきたので、三人で引きずり下ろし縛り上げた。化物の正体は産土様で、村人からの供物《くもつ》や祭《さい》祀《し》が絶え、怒って化物になっていたとわかった。（斎藤正（編）『津軽昔話集』）

各地に散見される、祀《まつ》られなくなった神仏が里人を恨んで化ける話の一種。宮城県の**お大師様の化物**も参照。

馬娘 ［うまむすめ］

青森県下北半島の恐山にまつわる怪異。山形県東《ひがし》置賜《おきたま》郡高畠町《たかはたまち》の語り手による民話集『田の中の田三郎』（武田正（編））に次のような話が載る。

娘を亡くした親が、托鉢僧に「恐山へ行けば子供に逢える」と教えてもらい、恐山のお堂を訪ねた。すると、夜中に美しい死装束の娘が現れた。感極まった両親が抱きつくと、娘はガタガタ身震いして馬の姿に変わった。娘の前世は、親にこき使われたあげく飢え死んだ馬だった。恨みは死んでも晴れず、飼主の娘に生まれ変わり、また死んでもなお「今度は、おれ、生命とってやんなね」と復讐《ふくしゅう》を企てた。荒ぶる馬の霊は、僧の祈禱《きとう》でやっと鎮められたという。

ウラ

イタコの口寄せにまつわる怪異。

青森県南津軽郡平賀町（現・平川市）の小国地区にて、唐竹《からたけ》から来たイダコ（イタコ）が口寄《くじゅひ》降ろしをして「井戸沢の谷川ウラの祟《たた》りがある」と告げた。その後、変わったことがあると「ウラ憑《つ》いでら」と言うのが流行《はや》ったという。（『小国の民俗』）

岩手県の**悪魔の火**もイタコが死霊の祟りを告げた話。

江戸絵の姉様 ［えどえのあねさま］

青森県五所川原市金木《かなぎ》町《まち》喜良市《きらいち》に伝わる昔話に登場するもの。

あるところに貧しい男が暮らしていた。彼は貧乏ゆえに嫁ももらえず、仕事で訪ねた家で江戸絵（錦絵《にしきえ》）を拾っては自宅の戸棚などに貼りつけ慰みとしていた。ある頃から、留守中に誰かが食事の支度や掃除をしてくれるようになったので、二階に隠れて様子を見ていると、戸棚から綺麗《きれい》な娘が出てきて家事に勤《いそ》しんでいた。近寄ろうと二階から降りると、娘は焚《た》いていた火に入

って燃え上がり、灰になってしまった。嫁のない男を不憫《ふびん》に思って、江戸絵からあね様が抜け出し、身の回りの世話をしていたのだ。だが元が紙ゆえ体が軽く、哀れにも風に煽《あお》られて火に飛び入ってしまったのである。（川合勇太郎『青森県の昔話』）

閻魔婆 ［えんまばば］

青森県津軽地方などに伝わる。

妊婦が産気づくと藁床《わらどこ》の後ろに鎌を置くが、これは怪物に赤子を食われないようにするためだとか、閻魔婆が来て子に触るのを防ぐためといわれた。閻魔婆に触られると妊婦の血があがる（気絶する）という。

閻魔婆とは俗に閻魔大王の妻ともいわれる奪衣婆《だつえば》を指すと思われる。閻魔の爺・婆を産土神《うぶすながみ》とする人もあり、大川や藤崎では赤ん坊の蒙古斑《もうこはん》は、神様か閻魔の婆から「早く生まれ出るように」とつねられた跡といわれていた。（内田邦彦『津軽口碑集』）

下北郡脇野沢村《わきのさわむら》（現・むつ市）では、イナババまたはエナババという存在が俗信のなかで語られる。これも閻魔婆または胞衣《えな》（胎盤）婆の意味らしい。死者の着物の後襟には「イナババ（エナババ）の着物」と呼ばれる小さな着物を縫いつける。また、子供のお尻の蒙古斑はやはりイナババにつねられた跡だといった。イナババはこの世の人ではなく、自分がいる世界に戻ってくるなという意味でつねるのだという。そのため蒙古斑のない子は寿命が短いともいわれた。（宮本袈裟雄『天狗と修験者』）

福島県の**おんば様**も参照。

応挙の妻 ［おうきょのつま］

青森県弘前市の久渡寺《くどじ》が所蔵する伝円山《まるやま》応挙《おうきょ》作の幽霊画「返魂香《はんごんこう》の図」は、応挙が妻の幽霊の姿を描いた作品と伝わる。

幽霊画を所望された応挙は、実物を見たこともない題材に苦悩をつのらせていた。そんなある晩、画室に髪を垂らした女の幽霊が現れ、応挙はそれを克明に写した。我に返ると幽霊の姿は既になく、別室で妻が事切れていた。妻は夫を案じて自ら命を絶ち、幽霊の姿を見せたのである。この幽霊画を出すと、決まって雨が降るという。（北彰介（編）『青森県の怪談』）

応挙の妻の名は「お雪」だともいう。また、この絵は津軽藩家老の森岡元徳が、早世した娘もしくは京で親しんだ芸妓を描かせたという説もある。（堤邦彦『日本幽霊画紀行』）応挙自身が伝説的人物のため、その画作と称する幽霊画も各地に残されているが、大多数が模写や贋作《がんさく》といわれる。久渡寺の逸話も歴史的事実を伝える性質のものではないが、応挙の迫真の画力に対する人々の解釈を伝える話のひとつといえる。

上北郡六戸町上吉田の海伝寺《かいでんじ》所蔵の幽霊画も応挙の筆と伝わる。こちらは赤子を抱く女の霊で、妊娠中に病死した愛妻が幽霊となり、子を抱いて応挙の前に現れたのを描いたものだとされている。海伝寺に奉納される以前は、所有者の中に体調不良や怪事に見舞われる者があったため、人手を

転々としていたという。（『青森県の怪談』）

大鮑［おおあわび］

青森県むつ市大畑町《おおはたまち》に伝わる。

寛政（一七八九〜一八〇一）の頃、大畑に長川仲右衛門という優れた船頭がいて、幕府の朱印船・政徳丸の水夫同心組頭として江戸と大畑を往復していた。あるとき政徳丸は海上で暴風雨に遭い、船底が割れる危機に直面した。仲右衛門が船内に祀《まつ》られる伊勢大神宮・大畑八幡宮・湊春日大明神に懸命に祈ると、不思議と浸水は止んだ。五寸大の鮑が船底に吸いついて割れ目を塞《ふさ》いでくれたため、難を逃れることができたのである。大鮑は神様の使いだと考えた仲右衛門は、その身や殻を神に奉納した。人々は優しく信心深い船頭に鮑が恩返しをしたのだろうと噂した。

仲右衛門の子孫が転居した後も、貝殻は村の神社で保管されていたという。（『大畑の伝説』中道等『奥隅奇譚』）

巨男［おおおとこ］

青森県弘前市小人町《こびとちょう》の昔話に登場する。

ある秋、広い野原の一軒家に住む娘が糸を紡《つむ》いでいると、ひとりの巨男が入ってきた。「酒、飲ませろー」とせがむので仕方なく酒をやると、男はすぐに飲み干してしまう。そして、急に尻をげろんと捲《まく》って「この糸、ふぱれ（引っぱれ）」と言った。見れば尻の穴から糸が出ている。こわごわ糸を引くと、次から次へと出てきて糸玉が作れるほどになった。その糸を売って酒と肴《さかな》を買ってこいと言うので、娘は仕方なく町へ出て糸玉を売った。このようなことを続けるうちに、娘はお金持ちになったという。（斎藤正（編）『津軽昔話集』）

大亀［おおがめ］

岡田挺之『秉穂録』や宮負定雄『奇談雑史』などの随筆や奇談集にあるもの。

明和六年（一七六九）八月、奥州津軽の浜辺で亀が鳥に襲われ殺されそうになっていたので、ある者が亀を助けて海に戻してやった。その夜、夢に亀が童子の姿で現れて、報恩として薬木を贈るので浜に来て欲しいと言った。浜に行くと風が吹き波が立って、かの大亀が現れ、黄色い木の枝のようなものを置いていった。津軽の領主がこれを調べさせると、本草書には載るがいまだ実物を見た人がいないほど希少な延命薬だと分かった。（『日本随筆大成20』）

薬木の名は『秉穂録』では卜檀《ぼくだん》、『奇談雑史』では檟《か》とされている。（宮負定雄、佐藤正英・武田由紀子（校注）『奇談雑史』）

津軽の平尾魯仙《ろせん》が著した『谷の響』には亀を助けたのは佐五郎という左官職人、場所は鰺ヶ沢《あじがさわ》と赤石村の間の磯とある。また夢枕に立ったのは白髪の老翁《ろうおう》で、助けた亀の親が化身したものだった。贈られた木攤《ぼくなん》を献上した佐五郎は、その恩賞として生涯二人扶持《ににんぶち》を保証されたという。（『谷の響　付　合浦奇談』）

大高博士をおそったほんものの亡霊
［おおたかはくしをおそったほんもののぼうれい］

村松定孝『わたしは幽霊を見た』に載るもの。大高博士こと医師の大高興《おおたかこう》が遭遇した「ほんものの亡霊」で、紙面には大高による亡霊のスケッチが大写しで掲載されている。稚拙ながら不気味極まる絵のインパクトたるや絶大で、同書は「この絵だけで伝説の一冊となった」（中柳豪文『日本昭和トンデモ児童書大全』）との評さえある。博士の亡霊遭遇体験は次のようなもの。

昭和二七年（一九五二）八月二〇日、陸奥市（現・むつ市）の病院に泊まることになった大高博士は、深夜「寒いんです……。とても、寒いんです……」という声を聞いた。やがてドアが開き、氷のように冷たい亡霊がベッドまで入りこんできた。亡霊は異様に見開かれた目に耳元まで裂けた口、喉元には穴が開いて血が滴《したた》っているという凄まじい様相を呈していたという。

この遭遇談は各種媒体で話題となり、霊魂の存在に否定的だった大高も心霊分野に傾倒していった。後には例の亡霊は自分の夫だと主張する女性まで現れ、それがテレビ番組で取り上げられたことが大高の著書『おばけと幽霊』などで語られている。女性の夫は連絡船・第六青函丸の整備兵で、戦時中に米軍の攻撃を受け、船上で喉元を撃ち抜かれて死亡したのだという。

大蛸
［おおだこ］

巨大な蛸の怪。

平尾魯仙の『谷の響』には、沢辺村、艫作《へなし》（青森県西津軽郡深浦町）辺りの海岸に現れた大蛸の話がある。文化三、四年（一八〇六〜〇七）頃。夜中、艫作の海岸で凄《すさ》まじく大きな章魚《たこ》が通行人を襲った。その人は鎌で章魚の脚を切断してどうにか逃げることができたが、数日後に村で病死人を火葬していると、再び大章魚が出現した。章魚は上陸すると海水で火を消し、遺体を絡め取って海へ戻ろうとした。村人たちが刃物でその身をずたずたに切り裂き殺すと、体内からは無数の髑髏《どくろ》や馬の骨、まだ生々しい臓腑や髪が出てきた。頭だけでも六尺あまりの章魚の死骸は、犠牲者たちの骨と共に埋められ、蛸塚が築かれた。脚からは吸盤《いぼ》が一つ切り取られ、鯵ヶ沢《あじがさわ》の岡部文吉という者が所有したという。（『谷の響　付　合浦奇談』）

同じく深浦町の田野沢にも大蛸退治の昔話が伝わっている。ある村では海のそばに畑を作って胡瓜《きゅうり》を植えていたが、いざ収穫しようとすると先に何者かに取られてしまう。村人が月夜に番をしていると、大きな頭の和尚様のような化物が現れた。村中の者が武器を手に畑へ駆けつけると、それは見たこともないほど大きな蛸《たこ》だった。焚火の灰が吸盤についたため、やがて蛸は死んだ。（『津軽民話の会　昔話聞き書』）

大猫
［おおねこ］

『曾呂利物語』巻四「座頭変化の者と頭は

り合ひの事」に登場するもの。舞台は「奥州の戸地《へち》の里の高隆寺」とあり『江戸怪談集』の註《ちゅう》では「奥州三戸郡にあった光竜寺か」と推測されている。

　高隆寺に立ち寄った座頭が何人も行方不明になっているという噂を聞いた力自慢の座頭「りうばい」は、敢えてこの寺を訪ねて泊まった。住職はりうばいを快く迎え、彼の琵琶《びわ》を聴くなどしていたが、やがて頭の張り合い（互いに頭をぶち合う根競《こんくら》べ）をして遊ぼうと言いだした。りうばいは隠し持っていた石の鉢で頭を守ったが、それでもしばし気を失うほどの衝撃があった。やはりこれは人間ではないと確信し、りうばいは大斧《おの》をひたすら叩きつけ住職を殺した。夜が明けて露《あら》わになったその正体は、尾が数多《あまた》に分かれた子牛ほどもある大猫だった。これが座頭を食い殺し、住職になりすましていたようであった。

おがだの首［おがだのくび］

青森県五戸町に伝わる昔話に登場する。妻《おがだ》と死別した男が寂しさから墓を掘り起こすと、おがだの首だけが飛びついて離れなくなり、困った男は首巻にそれを隠し宿をとった。首は夕食後も飯を欲しがり、夜中に男のもとを離れて台所の飯を食いはじめた。男はすかさず首をお櫃《ひつ》に閉じこめ逃げた。首は男を追いかけたが、川の大きな石を夫と誤認して水に飛びこみ、そのまま石にくっついて鮑《あわび》になってしまった。（川合勇太郎『青森県の昔話』）

　このような「女房の首」型の話の結末は五月節句の由来に結びつくことが多いが、ここでは鮑の由来となっている。死んだ妻の性器が声を発して最後には鮑になるという、より直截《ちょくせつ》的な表現の昔話もある。

お銀［おぎん］

青森県中津軽郡岩木町熊島（現・弘前市）に伝わる。

　天保一四年（一八四三）は凶作で、熊島のある一家は一七歳の娘・お銀を残してみな餓死してしまった。餓《う》えたお銀は村人が撒《ま》いた苗代の種もみを掬《すく》って食べたが、それを知られて長瀬堰《せき》ほとりのタモの木に縛られてしまった。どれほど詫《わ》びても許されず、お銀は昼夜泣き続けたすえ息絶えた。お銀の祟《たた》りか村には不思議なことが続き、家々は滅びていった。彼女に末期《まつご》の水を与えた老婆の家だけは何事もなく存続したという。（森山泰太郎『陸奥の伝説』）

お仙［おせん］

青森県青森市浜田に伝わる。

　飢饉《ききん》が続いた天明頃、お仙という餓《う》えた女がある家で白飯を盗み食いした。家の主

人は激高し、許しを請うのも聞き入れず、喉を竹槍《たけやり》で突いてお仙を惨殺して、タナギ（種もみを浸す池）に沈めた。お仙は死の間際に復讐《ふくしゅう》を誓い、まもなく主人の妻子が風邪で喉を痛め、苦しんだ末に死んだ。後に主人も中風に罹《かか》り、自ら鉈《なた》で喉を切って絶命した。その後もここに家を建てて住む者は祟《たた》りでみな病んだ。土地は畑にされたが、人々は「お仙屋敷」と呼んで恐れたという。（北彰介（編）『青森県の怪談』）

恐山の霊［おそれざんのれい］

青森県下北半島の恐山は、貞観四年（八六二）慈覚大師円仁の開山と伝わる日本有数の霊場である。宇曽利湖《うそりこ》を中心として主峰・釜臥山を筆頭に、大尽、小尽、北国、屏風、剣、地蔵、鶏頭の八つの外輪山が巡り、その形が八葉の蓮華《れんげ》に喩《たと》えられる。硫黄泉が湧出し、亜硫酸ガスで焼けた岩肌は地獄に、白砂の浜は極楽に擬《なぞら》えられ、人々が死者への供養を捧げる場となっている。

土地の人々は「人は死ねばお山に行く」と信じ、恐山信仰に魂の救済を求め、恐山では死者の霊に逢えると考えた。

七月の恐山大祭や一〇月の秋詣《まい》りの際はイタコと呼ばれる口寄《くちよ》せ巫女《みこ》が参集し、生者と死者の霊魂との仲介を担う。彼女らは自身に仏（死者）を降ろし、その言葉を遺族に伝える。（小舘衷三『青森県の民間信仰』森勇男『霊場恐山物語』）イタコは昭和四〇年代には青森県内に一〇〇人ほどいたというが、現在はごくわずかとなっている。（鵜飼秀徳『「霊魂」を探して』）

厖大《ぼうだい》な人々が各々の近しい死者に対する思いを向ける場ゆえに、それらにまつわる怪異談というべき話も膨大になり、文字資料として残されたものだけでも枚挙に暇《いとま》がない。山や参道・その他恐山に関わる場所で、既に死んだはずの、あるいは死期が近くそこにいるはずもない親類縁者に出会う話は非常に多い。恐山を目指し飛行する人魂・光物の目撃談は、霊魂がみな恐山へ行くという信仰意識を反映したものだろう。イタコが降ろした死者の霊が本人や身内しか語り得ない事柄を口にしたという事実談も様々な事例が示されてきた。

『霊場恐山物語』には、恐山の山守を務める男性の談話が載る。彼は「恐山に怨霊が出るとか幽霊が出るというようなことはあまり言うなとお寺から言われてるが（略）出るのは本当だナア」と言い、話し声や泣き声を聞いたり、幽霊の姿を見たりした経験を語っている。一方、恐山菩提寺《ぼだいじ》院代を務める南直哉は「恐山を心霊現象や妖怪話で切りとろうとすると、その本質を見誤る」「恐山で重要なのは、幽霊が出るか出ないかということではない」と述べている。（『恐山　死者のいる場所』）南自身も霊にまつわる様々な「事実」を耳にしてはいるが、重要なのは幽霊の有無でなく、恐山の「死者への想いを預ける場所」という位置づけだという。いずれの霊場や寺社についてもいえることだが、怪異妖怪に縁《ゆかり》ある場所、または怪しいもの・怖いものにまつわる好奇心の対象たる場所である以前

に、他の人々にとっては敬虔《けいけん》なる祈りの場であることは留意しなくてはならない。

鬼石［おにいし］

青森県下北半島の恐山にまつわる怪異。

恐山霊場へと向かう湯坂《ゆさか》の上にある奇岩で、罪障ある者は大きな目で睨《にら》みつけられているように見えるという。（北彰介（編）『青森県の怪談』）鬼石は現存しており、現地でも看板で所在が示されている。

鬼こ［おにこ］

青森県津軽地方では、神社の鳥居の額束《がくづか》にあたる部分に鬼の彫像が鎮座し、上部の島木《しまぎ》を支えるように肩を張っている例がよく見られる。これらは「鬼コ」と呼ばれ地元の人々に親しまれている。鬼は村内に悪霊・悪病の侵入を防ぐ魔除け、子供を災難から守護するまじないとされるが、いつ頃からある信仰かははっきりしない。弘前市の撫牛子《ないじょうじ》八幡宮の鬼コは明治初期に高山玄南という人が村の依頼で作ったと伝えられており、これが各集落に伝播《でんぱ》したとの説がある。（大湯卓司ほか『東北の鬼』）

愛嬌《あいきょう》ある造形のものが多く、現在では「古津軽」の観光資源として、県内各所の鬼コの魅力を活かそうとする動きがある。（青森県庁ウェブサイト）

鬼婆［おにばば］

青森県青森市に伝わる。

昔、高田の村外れに老婆が住み、一生懸命働いていた。昼は魔法で浅虫まで飛んで麻《あさ》を蒸し、糸を紡《つむ》いでは機《はた》を織ったが、夜になると鬼婆となり、九十九森へ若い娘を連れ去り生き血を吸った。死体は糸屑《いとくず》の下に捨てて知らん顔をしていたが、婆の口の周りはいつも血で真赤《まっか》だった。夜になると森からは火の玉が上がったという。高田の古名の甘折は機織が語源で、九十九森は婆が麻や糸屑を捨てた所が森になったものという。（北彰介（編）『青森県の怪談』）

おぼさる

青森県津軽地方に伝わる。

無住の古寺に化物が出ると噂され、ある若者が退治に赴いた。本堂で寝ていると、夜半、来迎柱の下から化物が出て「おぼさるおぼさる」と言う。「そったらにおぼさりたがら、おぼされ」と応じれば、「そらおぼさる」と、がらがらと化物が負ぶさってきた。その翌朝、化物は大判小判に変わっていた。古い黄金に生がついて化けていたのだ。（川合勇太郎『津軽むがしこ集』）

「おんぶをせがむお化け」の昔話は全国に伝わる。昔話の分類に関する基礎資料『日本昔話名彙』では、この種の話型を「ウバリヨン（負われよう負うてくれの意）」と称し、まず青森県での例としてオボサルや**大根畠のおぼさりたい**を挙げている。

東北他県の例では、宮城県の**泣息《なきやみ》屋敷**、山形県の**んばっだえ化物**などもある。

オヤジの幽霊〔おやじのゆうれい〕

青森県藤崎町の藤崎駅周辺に出た幽霊。

昭和二七年（一九五二）頃。藤崎駅大通り付近に住むオヤジが結核で死んだ後、線路を歩く幽霊を何人もの町民が目撃した。幽霊に挨拶したあと振り返ると、そこにはオヤジの飼猫がひょこひょこ歩いているだけということもあった。猫はオヤジが喀血《かっけつ》した際に血を舐《な》めたことがあったという。

町の若者たちがオヤジの家で肝試しをしたときは、真夜中に家鳴りがして家がぐるぐる回り始めた。若者たちは布団をかぶって怯《おび》えたが、幽霊が足を引っぱったり冷たい手で撫《な》でたりしておどかした。家は次の住人が見つからず、長らく空き家だったという。（北彰介（編）『青森県の怪談』）

おらばも乗せでけへ〔おらばものせでけへ〕

青森県青森市における自動車の怪異。

昭和四三年（一九六八）、あるハイヤー会社の自動車が西平内《にしひらない》で事故を起こし、若い女性を死亡させた。戻ってきた車両を洗浄した社員はタイヤに絡んだ髪などを取り除いたが、この時から通勤用のバイクのエンジンに不調が出始め、三日目の夜バイクにまたがった際には「おらばも、乗せでけへ（私も乗せてください）」と女の声が聞こえた。同じようなことが数日続いたが、その後はぱったり止んだという。（北彰介（編）『青森県の怪談』）

朝里樹『日本現代怪異事典』にある「自転車幽霊」も類似した青森の怪異。これも元は『青森県の怪談』にある話で、後に松谷みよ子『現代民話考』に収録された。

オンバ沢の主〔おんばじゃのぬし〕

青森県三戸郡五戸町に伝わる。

荷軽井《にがるい》の長者が、涸《か》れて稲も萎《しお》れている田を見つけ「この田に一夜のうちに水をかけてくれる者があれば、三人の娘のうち一人を嫁にやる」と独りごとを言った。水源であるオンバ沢の主の大蛇がそれを聞き、田に水を引き入れたため、末娘が嫁入りすることになった。以後、沢の柳の根に娘が腰かけ、唄いながら髪をすく姿が目撃されるようになった。これを見た人は家へ帰ると死んでしまったという。（川合勇太郎『青森県の昔話』）

「猿婿入」など、この種の昔話では娘の機転により異類が死亡ないし撃退されて終わる場合が多いが、オンバ沢の話では娘の方が悲劇的な結末を迎えている。

【か】

かえらの沼の黒ん坊 [かえらのぬまのくろんぼう]

青森県三戸郡階上《はしかみ》村《むら》耳《みみ》ケ《が》吠《ほい》(現・階上町)に伝わる。

ある村の男が伊勢参りに行く前日、沼の主から「かえらの沼の黒ン坊」のもとに立ち寄り、手紙を届けてくれと頼まれた。男は銭が湧く宝物をもらって身なりを調え、かえらの沼を探して黒ン坊を呼び出した。侍姿で出てきた主は手紙を喜び、男を沼の底へ招いてもてなし、宝物の美しい独楽《こま》を授けた。独楽の口に米を一粒入れると銭を出したので、男は独楽を簞笥《たんす》に隠し、銭が要るとき米を与えた。やがて女房が独楽の秘密を知り、欲張って米を一摑《つか》み流しこんだ。独楽は銭を出すどころではなくなり、大きな音を立て飛んでいった。(川合勇太郎『青森県の昔話』)

水神が銭や金を排泄《はいせつ》する駒《こま》(子馬)を授ける昔話は各地に伝承されている。かえらの沼の主がくれた不思議な独楽も、元は駒として語られていたものだろう。

蛙のいたこ [かえるのいたこ]

青森県むつ市田名部女舘《たなぶおんなだて》に伝わる昔話に登場するもの。筆者命名。

あるとき爺様が蛇に呑まれそうな蛙を助けてやった。やがて爺様の娘が妊娠したが、いくら大きな腹が痛んでも子が生まれてこない。そのとき蛙が恩返しのため恐山のイタコになって現れ、蛇が娘を孕《はら》ませたことと対処法を教えた。言われたとおり娘に鳥の糞を飲ませ、大きな盥《たらい》に箸《はし》を渡して座らせると、腹に満ちていた蛇の子が流れ出た。(川合勇太郎『青森県の昔話』)

宮城県の**十宮《とみや》の蛇**の話でも、蛙が恩返しとして化物の正体を教えてくれる。

嬶の怨霊 [かがのおんりょう]

青森県五所川原市金木町《かなぎまち》嘉瀬《かせ》に伝わる。

昔、茶売りのおやず(夫)とかが(妻)が二人で暮らしていた。おやずは妊娠して腹が大きくなったかがを見て動転し、家を出ていってしまった。かがは誰にも世話をしてもらえず、おやずが戻った頃には既に死んでいた。葬式は挙げたが、以後この家では屋根裏を歩くような音や「おやず、おやず」と呼ぶ声が聞こえるようになった。あまりに何度も呼ぶので表へ出てみると、白無垢《しろむく》を着たかがのっそり立っていたこともあった。おやずは坊主に相談し、二人で墓へ行ってみた。夜、墓場の穴から赤子を抱いたかがの幽霊が現れ、家に行っておやずを探した。次の晩も出たが、坊主が用意した竹と蓑《みの》に手が触れると、周囲に草木

が茂るほど月日が経ったと勘違いして、赤子と共に穴の中へ帰った。幽霊は出なくなったが、不埒《ふらち》者のおやずは罰《ばち》が当たって馬鹿になった。（内田邦彦『津軽口碑集』）

この話は『津軽口碑集』で「亡妻のたたり」として紹介され、川合勇太郎『青森県の昔話』で「嬶の怨霊」という題がつけられた。**幽霊女房**も参照。

風の三郎［かぜのさぶろう］

東北・中部地方などでいう風神の一種。

青森県三戸郡上郷村（現・田子町《たっこまち》）の野《の》面《づら》では風のサブロウは鬼のように恐ろしいものとされていた。子供が言うことを聞かないときは「風の三郎が来るからあばれるな」と戒めたという。このほか、風が強いときも「風の三郎が来る」といわれた。

石亀で五、六歳の子供が突然いなくなって、竜ヶ森の炭山で発見されたときは、この子は風の三郎にさらわれた」といった。原では風の強い夕方に七、八歳の男の子が行方不明になり、翌日に夏坂山中の切株に座っているのを発見された。これも風の三郎の仕業とされた。（『上郷の民俗』）

火葬場の怪［かそうばのかい］

青森県西津軽郡深浦町に伝わる。

昔、村外れの野原で死人を火葬したときのこと。日暮れ時に鬼か幽霊のような者が来て、焼いた死人の肉をほじくって喰らいはじめた。村は大騒ぎになり、皆で退治しようと化物を取り押さえたが、よく見るとそれは乞食《こじき》で、空腹に耐えかねて団子やお握りを食べていただけだった。人々は謝る乞食に食べ物を分け与えたという。（『津軽民話の会　昔話聞き書』）

片目の蛇［かためのへび］

青森県八戸市妙丹内《みょうたんない》に伝わる。

昔、的場の殿様が十日市の茶立場の殿様と戦い、目に矢を射られた。矢は三年三カ月も刺さったままで、無理に引くと目玉ごと抜けてしまった。しかし、丹内薬師の沼ですすぐと目は癒えて元通りになった。それ以来、沼の林にいる蛇が片目となり、殿様を迎えるときだけ姿を見せるようになったという。（森山泰太郎『陸奥の伝説』）

河童［かっぱ］

青森県の河童に類する妖怪にはカッパ、カワタロウ、メドチ、**メドツ**、スイコ、シッコなどの呼び名がある。水辺に出没して人畜に危害を加える、人に懲罰されて悪戯《いたずら》を詫《わ》びる、薬の製法を伝えるといった伝承がある点は他の地域と同じ。鯵ヶ沢《あじがさわ》の田中町で河童は川に住むもの、めどちは海に棲むものというように、別物として呼び分ける場合もある。（内田邦彦『津軽口碑集』）また、**水虎様**として水難除けの信仰に昇華されている河童もいる。

むつ市大畑町《おおはたまち》薬研《やげん》の露天温泉「かっぱの湯」の由来伝説には河童が登場する。いつ

頃成立した話か不明だが、古畑旅館一八代当主・古畑一雄の『古畑家由来記』は、伝説を次のように紹介する。

貞観四年（八六二）、恐山を開山した慈覚大師は薬研渓流を訪ねる途中で道に迷い、崖から落ちて大怪我をした。河原で休む大師のもとに大きなフキの葉をかぶった河童が現れ、大師をフキに包んで露天風呂に入れた。痛みはすっかり消え失せ、大師は河童の義心を讃《たた》えて温泉を「かっぱの湯」と名づけた。以来、この湯に満月が映ると、年老いた河童が葦笛《あしぶえ》を鳴らして踊る姿が見られたという。（「奥薬研修景公園レストハウス」ウェブサイト）

北津軽郡梅田村（現・五所川原市）の『梅田村彦六家記』によれば、享保八年（一七二三）に長十郎という者の家に川太郎が入ったので、捕らえて藩に献上したことがあったという。（『郷土史料異聞珍談』）

下北郡東通村砂子又《ひがしどおりむらすなごまた》には素朴な味わいの河童話が残る。河童が畑の胡瓜《きゅうり》を取って荒らすので、ある人が案山子《かかし》に化けて番をしていた。すると河童が来て胡瓜を取り「案山子、瓜食え、瓜食え」と話しかけてきたという。（『津軽民話の会　昔話聞き書』）

河童だんぶり［かっぱだんぶり］

青森県津軽地方における虫の怪異。

体も羽も真黒《まっくろ》な蜻蛉《とんぼ》のことを、青森市や五所川原市では「河童だんぶり」五所川原市では「河童かなこ」西津軽郡では「河童の使い」などと呼び、捕まえると河童の害を受けるといわれた。だんぶり、かなこは蜻蛉のこと。（内田邦彦『津軽口碑集』）

河童の神様［かっぱのかみさま］

青森県下北郡東通村《ひがしどおりむら》に伝わる。

河童の神様は、姿こそ誰にも見せないが「いる」と噂されていた。イタコ（イタコ）は東通村の尻屋《しりや》には行きたがらないものだが、それは尻屋で口寄せをすると違う人の霊の声が邪魔をして、望む人の声が聞こえないためだという。これは尻屋付近にいる河童の神様の仕業だという。（『民俗採訪』昭和三七年度号）

桑木人形［かのきじんじょう］

おしら様の異称。桑《くわ》の木で神像を作るためカノキジンジョウ、カノキジンジョとも呼ばれる。ジンジョウには人形または地蔵の字があてられる。

青森県三戸郡五戸町上市川の某家では、神棚に種々の神像が並び、桑木人形こと男女一対のおしら様も祀《まつ》られていた。特におしら様の縁日や神事はなかったが、かつては家で卵を食べることが禁忌とされた。それでは困るので、ある代の当主は神像を川へ捨て「本当の神だら逆さに流れろ」と言ってみた。だが神像はそのまま流れていった。後日その人が目を病んでイタコに相談すると、捨てられたオシラ神が病ませていると告げられた。それで再び桑の木で像を作って祀ると、村人たちが目を病んだとき

などはここへ参るようイタコに勧められた。祀られたのでオシラ神は暴れなくなり、禁忌もなくなったのか、家では鶏を飼うようになったという。（能田多代子「或大百姓」『旅と伝説』通巻一二九号）

また、このような昔話もある。昔、八戸の上り街道あたりでおしら様と山の神様が出会った。山の神が「桑の木じんじょうァい」と呼びかけ、人をとがめるのによい方法はないものかと問うと、おしら様は「雪《つま》沓《ご》になればよい」と笑った。山の神がつまごに化けて待っていると、通りかかった武士に蹴飛《けと》ばされてしまった。「とがめるも何もできなかったおやい」と言うと、おしら様は「人見でとがめるもんだねし」と教えたという。（川合勇太郎『青森県の昔話』）

かぱかぱ

カパカパもしくはパカパカは青森県津軽地方の来訪神行事で、小正月（一月一五日）に年神を家に迎え入れて祝うもの。

小正月、子供たちが紙製の人形を手に「明きの方からカパカパ来たよ」などと言って村の家々を巡り、迎えた大人たちは餅を渡す。カパカパ人形は野菜、色紙、箸《はし》などを組み合わせて作られる。

田舎館村大根子《いなかだてむらおおねこ》地区では昭和五二年（一九七七）以来、毎年正月に「カパカパと福俵」が行われている。これは一度廃れたカパカパに「福俵」という行事を合体したもので、大黒様に扮した子供たちが家々を回る。平川市金谷地区でも「カパカパ福俵転がし」が行われている。（平辰彦『来訪神事典』、平川市観光協会ウェブサイト）

年神の来意を告げるのに特定の言葉を繰り返す行事は「ホトホト」「トビトビ」「コトコト」など、他の地域にもみられる。

叺親父［かますおやじ］

青森県でいう人さらいの妖怪。泣く子を叺に入れて連れ去る爺。（『東奥日用語辞典及青森県方言集』北山長雄『津軽語彙』）

秋田県にも叺背負《かますしょ》いという妖怪が伝わっている。これらは子供の夜泣きなどを戒めるために使われたものと思われる。叺とは藁《わら》を編んだ筵《むしろ》を縫い合わせた袋で、穀物や肥料の運搬・保管に使う。

その他の**かます**の項目も参照。

火薬庫の女［かやくこのおんな］

陸軍青森歩兵第五連隊にまつわる怪談。

筒井の第五連隊配属のある新兵は、歩哨に立つ際に恋人と逢引《あいびき》しようと、火薬庫ぎわの道路で待ち合わせていた。だが、その日に限って歩哨《ほしょう》が別の者と交替することになった。事情を知らない別の歩哨は、女を不審者だと思い射殺してしまった。以後、夜の火薬庫付近には女の幽霊が出ると噂され、兵隊たちは歩哨になるのを恐れたという。（北彰介（編）『青森県の怪談』）

山形県の**弾薬庫の女**も参照。

枳殻姫こ［からたちひめこ］

青森県弘前市大沢の昔話に登場する。

昔、爺さまと婆さまが「子の代わりに」と育てていたからたちが花を咲かせ実を結び、中から小さな女の子が生まれてきた。その子はからたち姫コと呼ばれてかわいがられ、美しい娘に成長したが、体にはとげが生えていた。ある日、姫は鷹に攫《さら》われ、爺さまと婆さまは唐や天竺《てんじく》まで探したが見つからなかった。金毘羅《こんぴら》様に願をかけると「今は蜜柑《みかん》の神様のところにいる」とのお告げがあった。実は姫は蜜柑の神様の娘だったのである。姫は育ての親に再会すると、今までの礼として、畑のからたちの実を全て大判小判に変えたという。（川合勇太郎『青森県の昔話』）

川獺［かわうそ］

かつて日本に生息していた川獺は、狐狸《こり》などと同様に人を騙《だま》す獣と思われていた。

青森県弘前市の末広では、川獺に騙されるとやつ（精根、元気）が抜けると恐れられた。黒石では川獺が生首に化けるので、夜に鰍《かじか》を獲りに行くと網に生首がかかるといわれた。（内田邦彦『津軽口碑集』）

河媼［かわうば］

平尾魯仙による津軽地方の奇談集『谷の響』に記されている妖怪。

弘化四年（一八四七）八月のある夜。番《ばん》館村《だてむら》（青森県中津軽郡東目屋村中畑。現・弘前市）の川辺、樵《きこり》たちの小屋に何者かが来て「私の子供らがたいへん世話になってかたじけない。皆さまに礼を言いに来ました」と言った。その声は老女のようであったが、どこを見ても姿を捉えられない。これこそ話に聞く「河媼」なるものだろうと思い、樵たちは眠らず火を焚《た》いて夜を明かした。古老が語るところによれば、河媼とはむかし番館村の河童湾《とろ》という淵《ふち》に棲んでいたもので、五、六〇年ほど前まではおりおり里に出てきて人に礼を述べていたという。何かを取って食うでも人を悩ますでもなく、ただ礼を言い終わるとそのまま帰るらしい。（『谷の響　付　合浦奇談』）

河女［かわおなご］

青森県五所川原市の十川《とがわ》に出た妖怪。

河女は夏の夜、美女の姿で土堤に現れ、男に話しかけ、応答するとすぐさまとり憑《つ》く。憑かれると大食漢となり、櫃《ひつ》を丸ごと空にするばかりか、己の便まで食うこともある。かつて釜谷橋付近で石郷岡の人が河女に遭遇し、やがて死んだという。河女の姿は普通は見えないが、魅入られた者にだけは見えるらしく、皆が寝静まった頃に女に逢いに行こうとする。河女に憑かれたという青年を見た人は、彼が精神衰弱状態にあると考えた。（内田邦彦『津軽口碑集』）

河女の特徴について、『津軽口碑集』では「美女となりて男子に話かく」とある。

この後に川獺《かわうそ》や狢《むじな》など化ける動物の怪が挙げられていることからみても、河女は獣など何らかの異類が人間の女の姿をとったものと推察されていたのだろう。

かん子［かんこ］

青森県八戸市に伝わる幽霊、怪火。汐入《すうり》カン子、岩淵《いわぶち》かん子とも。

昔、汐入村（八戸市大館《おおだて》）にカン子という美女がいた。彼女は多くの男に言い寄られたが、心に決めた男はただ一人だった。しかし相手にされなかった男がカン子を捕らえ、新井田川《にいだがわ》に生き埋めにした。埋めた所からは火の玉が飛ぶようになり、村人は「カン子が出た」と恐れた。この場所はセメント会社の工場用地となったが、亡霊を弔うためお宮も建てられた。（森山泰太郎『陸奥の伝説』）

別伝では、かん子は一七の年に暴行を受けて身重になり、かねてより彼女を忌み嫌っていた継母《ままはは》に埋められ殺される。それ以来、嵐の夜などにかん子の幽霊がこの世恋しさにさまよい出るようになった。そこでかん子が埋められた岩淵の銀杏《いちょう》のそばに鳥居を建ててやると、幽霊の噂もなくなったという。（『奥南新報「村の話」集成』）

キクの幽霊［きくのゆうれい］

青森県つがる市柏《かしわ》に伝わる。

大正末期頃の話。柏村玉水《たまみず》に長兵衛という地主の家があった。伯母のキクは婚家と折り合いが悪く、妊娠中に実家に戻ってきたが、長兵衛の父は出戻りのキクに辛く当たった。行き場を失ったキクは村々をさまよい、馬小屋で出産に臨むも、母子ともに死んでしまった。二人を埋葬した借子（農家の奉公人）たちは眠っていると足を引っぱられたり、胸にのしかかられるような息苦しさを覚えるようになり、長兵衛のもとを去った。村では「長兵衛さまの家には幽霊が出る」と忌まれ、長兵衛自身も邸内で物音や赤子の泣き声を聞き、家の仏壇も荒らされた。それからは一家にも不幸が続いて、まもなく没落してしまったという。（北彰介（編）『青森県の怪談』）

雉女房［きじにょうぼう］

青森県上北郡東北町《とうほくまち》の甲地に伝わる。

昔、甲地の山中で雉《きじ》を獲る若い男がいた。男は真白な雉を生け捕りにしたが、あまりに美しいので放してやった。すると白雉が女に化けて訪ねてきて女房になった。華奢《きゃしゃ》な体で力仕事は満足にできなかったが、女房の写し絵を仕事場に立てておくと、不思議と男の仕事は何倍も楽に捗《はかど》った。ある日、写し絵が風に飛ばされ、偶然これを手にした殿様が女房に一目惚れした。たとえ殺されても夫からは離れないと言ったが、殿様は辛抱たまらず女房を城へ連れていった。三年後、元の夫が桃売りとして城を訪ね、その声を聞いた女房は城へ来て初めてにっこり笑った。殿様は夫婦の情愛を裂くことはできないと悟り、褒美と

ともに女房を返した。夫婦は甲地の山に帰り、楽しい日々を送った。（川合勇太郎『青森県の昔話』）

このような「絵姿女房」の話は全国的に分布しているが、女房は人間の美女であるのが一般的。山形県の**山鳥《きじ》女房**も参照。

鬼神［きじん］

青森県南津軽郡十二里村《じゅうにさとむら》矢澤（現・藤崎町）の正八幡宮の縁起に登場する鬼神。

社伝によると、大同二年（八〇七）、坂上田村麻呂が東夷征討に赴いた頃、この地では鬼神が人々を害していた。鬼神は阿曾部の森で田村麻呂の矢を眉間に受け負傷、藤崎を経て東沼の辺りに逃げたが、追ってきた田村麻呂に首を刎《は》ねられ、死骸は手厚く葬られた。この戦いの際に放った矢を神として祀《まつ》り、社《やしろ》を創建したのが矢澤正八幡宮の起源だという。矢澤の地名は将軍の矢に因《ちな》むもので、村人はこの社を産土神《うぶすながみ》として崇敬した。（『明治神社誌料　中巻』）

鬼神太夫［きじんだゆう］

青森県弘前市十腰内《とこしない》の地名由来譚に登場する刀鍛冶。『津軽俗説選』などに記述がある。名のとおり鬼、鬼神にも擬せられる。

昔、鬼神太夫という剛力無双の刀鍛冶《かたなかじ》が一〇振《ふり》の名刀を鍛え上げた。そのうち一振が飛び上がって杉の梢《こずえ》にかかって輝き渡り、残った刀が九本で「十腰《とこし》無い」ので十腰内という地名になったという。鬼沢村の鬼の祠は、鬼神太夫が打った剣を祀《まつ》ったものだという。（森山泰太郎『陸奥の伝説』福士貞蔵（編）『郷土史料異聞珍談』）

太夫は刀の威力で悪魔を退治したのち石となり、観音として祀られたともいう。

岩木山麓の大蛇が刀鍛冶の娘に恋をして鬼神丸という名の若者に化けた話もある。「九日中に十振の刀を鍛えれば婿にする」と言われた鬼神丸は約束を果たすも、正体を知った刀鍛冶に一振を隠されたので立ち去った。村人は後難を恐れて大蛇を飛龍観音として祀ったという。（森山泰太郎、北彰介『日本伝説大系　北海道・北奥羽』）

鬼神のお松［きじんのおまつ］

奥州笠松《かさまつ》峠を根城にする美貌の女盗賊・毒婦。文化（一八〇四～一八）頃から歌舞伎や講談、読本などの諸作品に登場し人気を博した。

青森県内には鬼神のお松にまつわる伝説がいくつか残っている。ある話では「鬼人のお松」は後潟村《うしろがたむら》の農家に嫁入りした娘だったが、旅人に殺された夫の霊が乗り移ると、奥入瀬《おいらせ》の石家戸《いしげど》に潜んで旅人を次々に殺す復讐鬼《ふくしゅうき》になり果てたと語られている。（北彰介（編）『青森県の怪談』）

北向きの隠居［きたむきのいんきょ］

青森県三戸郡階上村《はしかみむら》（現・階上町）に伝わる昔話に登場する化け狐。

ある日、美濃見藤蔵という狩人は、娘に

化けた小狐の正体を暴き、人への害を防いだ。ところが藤蔵はこの一件で狐から恨みを買い、騙《だま》されて自らの手で妻を撃ち殺してしまい、悪狐どもの駆逐を決意する。一方、狐たちは藤蔵を倒すため会議を開き、「東山の爺」「夕日当たりの爺」などの実力者の狐よりさらに格上の「北向きの隠居」なる白毛の大きな古狐に助力を願った。隠居は京で和尚をしている藤蔵の兄に化け、行列を作って家を訪ねた。隠れて企てを聞いていた藤蔵はあえて一行を迎え入れ、若い衆や犬と力を合わせ狐どもを一網打尽にした。だが隠居だけは逃げてしまい、藤蔵はこれを追って旅に出た。やがて藤蔵は遠く離れた山村にて、村人を不作や悪疫で脅して生贄《いけにえ》を求める悪い神様を退治した。喉を射抜かれ死んだ神様の正体は大きな古狐で、それこそ探し求めていた北向きの隠居だった。藤蔵は生贄になるはずだった娘と夫婦になり、その村で幸福に暮らしたという。(川合勇太郎『青森県の昔話』)

中盤、狐が僧に化ける場面は、狂言などで知られた「白蔵主《はくぞうす》」を彷彿《ほうふつ》とさせる。また、終盤は典型的な「猿神退治」の展開となっており、様々な伝説・昔話が組み合わされて一つの物語になったとみられる。

狐隊 [きつねたい]

伴蒿蹊の随筆『閑田耕筆』に「狐隊《タイ》」とあるもの。正確な読みが判然としないので、仮に「きつねたい」で立項した。

七戸には広さ約六里四方の野原があり、土地の人々が毎年二月末の「狐隊」を見物に来る。その日は大抵曇天で、まず二、三〇匹の狐が現れる。人々が声高に褒めてやると、二町ばかり先に城郭が見え、甲冑《かっちゅう》を纏《まと》い馬に跨《また》がった武士が二〇〇ほど現れて陣立てをする。これは狐が前九年の役における厨川《くりやがわ》の戦いを真似ているのではないかという。見物人が頻《しき》りに声をかけてやると、狐は松前侯や津軽侯の大名行列をも再現してみせるという。(『日本随筆大成18』)

言語学者の新村出《しんむらいずる》はこれを「狐の森」や「狐館《きつねだち》」「狐盾」などの語彙《ごい》で表されていたのと同様の現象で、いわゆる蜃気楼《しんきろう》にあたるものとしている。(『新村出随筆集』)

秋田県の**狐の館**も参照。

狐の警告 [きつねのけいこく]

田中康弘『山怪　参』にあるもの。

薬研《やげん》温泉(青森県むつ市大畑町《おおはたまち》)の民宿経営者の体験。八甲田山の谷地《やち》温泉周辺を巡っていた際、濃霧で宿への帰り道が分からなくなってしまった。二時間以上が経過した頃、路上に佇《たたず》む一匹の親狐と二匹の子狐が見えた。不思議なことに霧の中で狐の姿だけは明瞭に見え、夫婦はこれを狐の警告だと受け止めた。よって、その日は別の宿を探すことにしたという。

狐の嫁取り [きつねのよめとり]

青森県西津軽郡深浦町の岡町に伝わる。

昔、鰺ヶ沢《あじがさわ》の中村沢目で炭焼きが「ああ面白いじゃ。蓬平の嘉兵衛ぁ娘　かっぱらったじゃ」と狐たちが騒ぐ声を聞き、嘉兵衛の家を訪ねた。すると娘の縁談は調って結納まで済んだとのこと。祝言当日、家人は嫁取りの者たちに風呂へ入るよう言いつけた。さもなくば嫁は発《た》たせないと言うと、迎えの者たちはやむなく湯に入った。そして熱さに耐えかねて狐の正体をあらわし、捕まえられてしまったという。（『津軽民話の会　昔話聞き書』）

キャトルミューティレーション

Cattle mutilation ――牛などの家畜が血を抜かれたり体の一部を切除されたりして変死する怪現象。アメリカでは一九七〇年代に報告が増加した。ＵＦＯ（未確認飛行物体）やその乗組員たる宇宙人の仕業と主張される際にこの語が使われる。

日本では一九八九年に青森県三戸郡田子《たっこ》町《まち》の牧場で発生した牛の変死事件が、この現象の事例として扱われる。早瀬の牧場で黒毛和牛が乳房などを切られて死亡、長野平でも同様の雌牛の死体が発見されたもので、変死事件自体は『読売新聞』青森版でも取り上げられたという。同じ時期、青森では奇妙な発光体の目撃が相次いでいたという。（並木伸一郎『謎の怪事件ファイルＸ　日本篇』『未確認飛行物体ＵＦＯ大全』）

旧監視所の怪 ［きゅうかんしじょのかい］

『東北巡霊　怪の細道』（高田公太・高野真）「狂駆」で語られる怪異。筆者命名。

元陸上自衛官の某氏が八戸駐屯地（青森県八戸市）勤務の頃に体験した話。当時、警衛勤務の巡回コース内に「旧監視所」と呼ばれる小さな建物があり、隊員たちが非公式の仮眠所を作っていた。某氏がここでまどろんでいると金縛りに襲われ、白い人影が現れて奇怪な笑い声を発しながら室内を狂駆した。やがてそれは部屋から出ていき、金縛りも解けた。他の隊員も同様のものを見たことがあるらしく、旧軍時代からの建物ゆえ何が出てもおかしくないだろうとのことだった。

ぎり

青森県八戸市櫛引《くしひき》に伝わる。

昔、南部の赤沼の畔《ほとり》に住む助太という貧しい男が、沼の主であるお姫様に「私は二〇〇年前に武蔵国の大沼から嫁に来た者だが、故郷に忘れてきた手箱があるので取ってきてほしい」と頼まれた。助太は大沼に行き、竜神たちから手箱と、かれらの大切な「ぎり」を貰って帰った。そして赤沼の姫に小箱を渡すと、家でぎりを飼いはじめた。ぎりは一日三度粥《かゆ》を食うと金の糞を出したので、助太の暮らしは良くなった。だが助太不在の間、面倒がった女房に粟飯ばかりを食わされ、ぎりはとうとう怒って「おら、松前さ行ったほうがいい」と、助太を追って飛んでいった。こうして、ぎりが落ちた松前で金が採れるようになった。

（『奥南新報「村の話」集成』）

「水神の手紙」型の昔話が松前金山の由来伝説となったもので、似た例では、川の神から授かった馬が金華山（宮城県）の起源になったという東通村目名《ひがしどおりむらめな》の話がある。

（『津軽民話の会　昔話聞き書』）

「ぎり」とは何者か不明だが、一般的には牛や馬がこの役を担うことが多い。**かえらの沼の黒ん坊**も参照。

キリスト

青森県三戸郡新郷村《しんごうむら》の戸来《へらい》に「キリストの墓」と称する遺跡があることは現在よく知られているが、これは天津《あまつ》教教祖の竹内巨磨（一八七五?〜一九六五）が、所蔵する古文書（竹内文書）に基づき主張した説に由来する。曰く、キリストは処刑されておらず、ゴルゴタの丘で死んだのは身代わりの弟イスキリであった。難を逃れたキリストは八戸に上陸し、戸来で女性と結婚、娘をもうけて晩年を過ごしたという。「イスキリスクリスマス遺言書」ほか、数百億年に亘《わた》る知られざる超古代史を明らかにした竹内文書はある意味魅力的だが、偽書《ぎしょ》として学問的評価は定まっている。（原田実『偽書が描いた日本の超古代史』）
竹内文献の影響を強く受けた山根キク（菊子）は『光りは東方より』を昭和一二年（一九三七）に上梓、キリスト日本渡来説を世に広めた。さらに山根は天狗＝キリスト説も主張している。「天狗とはキリストの事なり」というのは絶対的事実で、全国各地で祭祀《さいし》され、伝説に残る天狗とは、渡来したキリストが日本中を巡った痕跡であるらしい。赤ら顔、高い鼻、鋭い眼光といった天狗の特徴は、当時のキリストの風貌を伝えるものだとか。

ぐず盛［ぐずもり］

青森県南津軽郡田舎館村《いなかだてむら》堂野前に伝わる。

かつてグズ盛と呼ばれる土盛りがあり、村人たちから神聖視されていた。この辺りを夜中に通るとグズグズものを言う声が聞こえるが、何を言っているのかはさっぱり分からなかった。人がそばへ行くと声は止み、去るとまたグズグズ言う。明治頃、道路工事でグズ盛が崩されると、中からは朽ちた武具と持ち主らしき人骨が出てきたという。（森山泰太郎『陸奥の伝説』）

首無しドライバー［くびなしどらいばー］

昭和五六年（一九八一）頃に噂になった、青森県西津軽郡深浦町を通る大間越《おおまごし》街道のトンネルに関する怪談。

ある人がここを車で通り、迫りくる対向車の運転席をふと見ると、そのドライバーには首がなかったという。当時この話は有名で、テレビ番組でも紹介されたことがあるという。（戦狐聞書、同氏父親より）

熊隠し［くまかくし］

工藤隆雄『マタギ奇談』にある山の怪異。

　青森県の鰺《あじ》ヶ《が》沢町《さわまち》一ツ森のマタギに薫陶を受け、昭和六二年（一九八七）頃までマタギをしていた人物の体験。白神山地でクマの母子に遭遇した彼は、棍棒《こんぼう》で打って母グマの動きを止めた。だが、その途端に濃霧に視界を遮られ、母も子も取り逃がしてしまった。「クマ隠し」といい、山の神が獲物を与えたくないとき、濃霧や雷雨を起こすことがあるという。この後はキノコ採りも上手くいかず、彼は山の神様の怒りを実感して手を合わせたという。

蜘蛛女房［くもにょうぼう］

　青森県弘前市に伝わる。**鶴女房**の類。

　昔、ある男が夜に天井の梁《はり》から下がる蜘蛛を見つけた。夜の蜘蛛は悪いことの前ぶれだというので火にくべようとしたが、命乞いをするので助けてやった。その後、きれいなあね様が訪ねてきて「嫁コにもらってけ」と頼みこんできたので、嫁に迎えることにした。あね様は働き者で機織《はたお》りが上手だった。皆は争ってその織物を求めた。評判は殿様の耳にも届き、男には千反の織物を城へ納めよとの命が下された。嫁は何日も機織場にこもって反物を織り続けた。心配した夫は禁じられていたにもかかわらず、つい機織場を覗《のぞ》いてしまう。そこには恐ろしく大きな蜘蛛がいて、盛んに糸を吐いて機を織っていた。嫁の正体は男に見逃された蜘蛛だった。もう一緒にはいられないと言い、嫁は千反の織物を残して家を去った。（川合勇太郎『青森県の昔話』）

蜘蛛の藤［くものふじ］

　青森県南津軽郡田舎館村《いなかだてむら》に伝わる。

　昔、高樋《たかひ》の神明宮境内には藤の森があり、主の大蜘蛛が住んでいた。木々に絡みつく藤蔓《ふじづる》は蜘蛛の巣が変化したもので、蜘蛛が退治されると藤も少なくなっていったという。（森山泰太郎『陸奥の伝説』）

黒坊［くろぼう］

　青森県の岩木山西北麓の黒坊沼（黒ン坊沼）の由来譚に登場する人物。黒坊または九郎坊と表記される。**八郎太郎**の類。

　昔、胡桃舘村《くるみだてむら》（北津軽郡鶴田町）のクロボウという者が沼で魚を獲って食した。激しい喉の渇きを覚えたクロボウは、やがて沼に入り主になってしまったという。（森山泰太郎『陸奥の伝説』）

講堂のピアノ［こうどうのぴあの］

　戦前戦中期の青森師範学校で七不思議のひとつに数えられていたもの。

　音楽の松本先生は、夜になると講堂でピアノの練習に励んでいた。だが彼は結核患者で、ある晩ピアノの鍵盤に血を吐いて亡くなった。先生の死後も夜にはピアノが鳴りだし、窓辺が蠟燭《ろうそく》を灯したようにボーッと光ったという。当直の者も怖がるのでピ

アノは楽器練習室に移されたが、今度はそこで音が聞こえるようになった。ピアノの音は人が近付くとぴたりと止むという。

音楽教室にある松本先生の肖像画が、真夜中ににたりと笑って口から血を流すともいわれた。（北彰介（編）『青森県の怪談』）

こった晩［こったばげ］

青森県青森市に伝わる。
ある男が六部《ろくぶ》（諸国巡礼の修行僧）を殺して金を奪い、それを元手に商売をして儲《もう》け、妻との間には男の子が生まれた。雨の降る淋しい晩、子は父に向かって薄気味悪い声で「こった晩《ばげ》であったねし」と言った。さらに「忘れだが、俺を殺して金とったごと」と叫び、たちまち大きな六部坊主となって男を攫《さら》い、どこへともなく消えてしまったという。（川合勇太郎『津軽むがしこ集』『青森県の昔話』）
「六部殺し」の怪談は、六部の生まれ変わりの子が「こんな晩……」と親の罪を暴く場面で終わるものが多いが、このように復《ふく》讐《しゅう》の様子まで語る例もある。野村純一によれば、「こった晩」は同種の昔話の中では最も早く報告された例（昭和五年）だという。（野村純一『昔話伝承の研究』）

【さ】

さえこ田［さえこだ］

青森県北津軽郡飯詰村《いいづめむら》（現・五所川原市）に伝わる。池田彌三郎『日本の幽霊』で、**たたりもっけ**の一例とされている。

ひどい凶作の年、粟畑《あわばたけ》が荒らされ、誰かがさえこという女の家に粟の穂を置いていった。無実の彼女は捕まって、淵《ふち》に沈められて死んだ。さえこを陥れた者の家は死に絶えたという。淵は後に田になったが、この「さえこ田」で田植えをする日は決まって雨が降った。田はまた時を経て宅地となったが、家を建てると病人や怪我人が出る

ので、材木置場として使われたという。

先魂こ［さきたましこ］

生者の霊魂が肉体から遊離する怪異。北彰介（編）『青森県の怪談』に載るもの。

青森県西津軽郡木造町《きづくりまち》の一家では、ある冬の晩を境に、祖父が訪ねてくる少し前には、必ず激しい咳《せき》やステッキの音、戸口を開ける気配がするようになった。そのときに戸を開けても誰も来ておらず、孫たちはこれを「じっちゃの先魂コ」と呼んだ。

桜鳥［さくらどり］

桜鳥とは青森や秋田などでいうムクドリのこと。青森県五所川原市金木町《かなぎまち》嘉瀬にはこの鳥の前世の話が伝わっている。

昔、流刑に処された親の仇を探す旅人がいた。後に仇討ちは果たすも、同行していた妻子が人買いに取られてしまった。妻は色街に売られ、幼い姉弟はある島の屋敷で下僕となった。子供らは心優しい屋敷の姫君に守られ、やがて旅人も屋敷に辿《たど》り着いて姫のもとに身を寄せた。屋敷の主は姫と旅人の仲を誤解し、旅人を殺そうとしたが、実はこの主こそ旅人の父だった。姫と旅人は異母兄妹だったのである。父の命で旅人を襲った異母弟は、真相を知ると己の所業を悔い自害、父母も後を追うように死んでいった。旅人は妻を探して島を離れたが、ようやく再会した妻は狂人となっていた。残された姫も発狂し、羽が生え虚空はるかに穢土《えど》を飛び去った。これが桜鳥になったという。（内田邦彦『津軽口碑集』）

さだ

青森県西津軽郡赤石村（現・鰺ヶ沢町《あじがさわまち》）に伝わる、行逢神《いきあいがみ》や餓鬼《がき》憑《つ》きの類。

山道でこれに憑かれると鼻水が出るという。また、道を歩いていて急に腹が減ることを「サダが立つ」という。（柳田國男『山村生活の研究』）名前の意味は未詳。

皿ヶ池の鶴［さらがいけのつる］

青森県三戸郡五戸町などに伝わる。

昔、あるマタギが命乞いする鶴を見逃した。後日、美しい女が「女房にしてけろ」と訪ねてきた。断っても聞かないので女房にすると、毎日機《はた》を織っては売り、稼ぎで米を買ってきた。だが、ある日女房は針を入れた皿だけを残して姿を消した。物知りに「播磨《はりま》の皿ヶ池を訪ねてこい」と教えられ、マタギは皿ヶ池へ赴いた。池には羽根が一本もない裸の鶴がいて「私はあなたに助けられた鶴で、恩返しのために女房になったが、もう逢うことはできない」と飛び去った。（川合勇太郎『青森県の昔話』）

西目屋村でも同様の話が採集されているが、こちらでは夫に近寄ってきた皿が池の鶴は撃ち殺されてしまう。女房が残した皿の謎を解くくだりは鶴女房に「播磨糸長《いとなが》」の要素が混合したもの。同系統の話は福島県でも確認されている。播磨糸長は男が謎

を解いて播磨の糸屋の娘と巡り逢い、幸福な結婚をする昔話。（『日本昔話事典』）

さんこ狐［さんこきつね］

青森県の伝承には、さんこ、さんこうなどという名の化け狐が頻繁に登場する。

市野《いちの》沢《さわ》と中野の間にある舘野坂のサン子は首周りの毛が白く数珠《じゅず》のような模様がある「数珠掛《じゅずかけ》」の狐で、たびたび人を化かした。あるとき村長らが「もう月の出る頃だなあ」と話していると、サン子が突如大きな月を出したが、村議に「不埒《ふらち》な奴だ」と一喝されると、月は忽然《こつぜん》と消えたという。（『奥南新報「村の話」集成』）

弘前市石川大沢にはさんこ狐の恩返しの話が伝わる。大沢のサンコ狐はマダギと犬に追われ、村の長者に助けを求めた。長者は狐をかくまうと「人里へ近寄るな」と逃がしてやった。その後、サンコは長者の家へ押し入ろうとする山賊どもの企てを知って、長者を訪ねて危機を知らせた。そのおかげで村役人は策を講じることができ、盗賊はみな退治されたという。（川合勇太郎『青森県の昔話』）

北津軽郡鶴田町中野では、鷹匠森に人をよく騙《だま》すさんこ狐がいたという。化かされた人は肥溜《こえだめ》を風呂と思って入ったり、苦い饅頭《まんじゅう》だと言って馬糞を食べたりした。

西津軽郡木造町《きづくりまち》桜井（現・つがる市）の話では、村のお宮を根城にするさんこが野菜を取り、人を騙して皆を困らせていた。村の親父は「言うことを聞けば毎日ごちそうを食わせてやる」と嘯《うそぶ》いて、手懐《てなず》けたさんこを袋に入れた。そして家々を巡りながら「お宮の下の化げ狐、のっつど（たくさん）食へれば」と囃《はや》して袋を叩き「ケケケのケン」と合いの手を入れさせた。村の子供は狐の囃子を面白がったが、二晩、三晩と叩き続けたので、狐は死んでしまった。（『津軽民話の会　昔話聞き書』）

狐を騙して袋に入れ、囃子言葉に合わせて叩き殺す話は他の地域にも伝わるが、必ずしも「さんこ」の話とはされない。

三途橋［さんずばし］

青森県下北半島の恐山にまつわる怪異。宇曽利《うそり》山湖から流れる三途川（正津川《しょうつがわ》）にかかる橋で、罪障ある者には丸太が細い糸のように見え、とても渡れなかったという。**鬼石**・**蛇柳《じゃやなぎ》**・三途橋は、三途川周辺の三つの不思議として昔から恐れられているという。（北彰介（編）『青森県の怪談』）

三本木の狐［さんぼんぎのきつね］

青森県北津軽郡板柳町狐森に伝わる。

昔、三本木（十和田市）の山中では、晩に道行く人は必ず狐に騙《だま》され、買ってきた物を取られるか怪我を負わされた。ある老人は山道で自分の娘に出会ったが、正体が狐と気がつき、あえて騙されたふりをして菓子を与え、背負って村に連れ帰った。狐は恥ずかしくなって正体をあらわし、爺様の頭をひっかいたが、爺様は鍋をかぶって

いたので平気だった。狐は村人たちに捕らえられ、誰も山で騙されなくなったという。（『津軽民話の会　昔話聞き書』）

重之丞の亡霊［しげのじょうのぼうれい］

青森県青森市細越《ほそごえ》に伝わる。

長沢村の庄屋の婿・重之丞は、元は心優しい働き者だったが、増長して酒乱の暴れ者となり、ついには米倉荒らしの下手人として捕まった。重之丞は見せしめで生き埋めにされ、その祟《たた》りか、折からの凶作はより酷《ひど》くなり、病人まで出始めた。村人は重之丞生家に井戸を掘り、彼を埋めた地に水をかけて慰霊に努めたが、亡霊は毎夜苦しみの声を上げ、木々の間を飛んだという。

井戸は「重之丞の水コ」と呼ばれ、日照り続きでも水が湧き出た。亡霊騒ぎの後、長沢村の人々は北海道の渡島《おしま》へ移住し、井戸と田だけが村の名残を留めたという。

（北彰介（編）『青森県の怪談』）

しし石［ししいし］

青森県黒石市上十川《かみとがわ》長谷澤《ながやさわ》の獅子沢《ししがさわ》にある大小二つの石で、表面にしし（鹿または獅子）の頭が多数彫られている。「獅子が沢のしし石」として、市の民俗文化財に指定されている。（黒石市ウェブサイト）

菅江真澄『追柯呂能通度《つがろのつと》』でも図入りで示され、いつ頃のものか不明とある。古びた鹿踊りの頭はこの石周辺に埋められたという。（『秋田叢書　別集6』）

藩政時代、村の獅子（鹿）踊りが禁じられると、頭は箱の中で音をたてた。村人が気味悪がって埋めると、石の表面に獅子頭が浮かび、獅子石ができたという。獅子石の前で唄えば石の中で獅子が踊るという。（森山泰太郎『陸奥の伝説』）

浅瀬石《あせいし》にも類似した「鹿ガ倉」の伝説がある。踊りの時期になると埋めた鹿頭が化けて踊り狂うので、村人たちは弔いの鹿踊りで供養したという。（『陸奥の伝説』）

鹿橋［ししばし］

青森県下北郡東通村《ひがしどおりむら》に伝わる。

村が激しい雷雨に見舞われ、川の丸木橋が流された。川向こうの田に出ていた者たちが困っていると、鹿の群れが来て川の中で列をなした。人々は鹿の背を渡って村へ帰り、沼の産土《うぶすな》様の助けに違いないと喜んだ。「鹿橋」の地名はこれが由来という。

村の産土様は沼に現れた鹿が化身した女人を祀《まつ》ったものだという。（『津軽民話の会　昔話聞き書』）

自転車の女［じてんしゃのおんな］

実話怪談集『東北巡霊　怪の細道』（高田公太、高野真）「下宿の近くの道」にて語られるもの。筆者命名。

あるとき、弘前大学（青森県弘前市）の演劇部員たちが夜道で自転車に乗る女性の集団とすれ違ったが、なんと女たちは全員

同じ顔をしていたという。大学の下宿所が集中している辺りから弘前中心街へ向かう道では、自転車と自動車の追突事故で亡くなった女子学生の霊が出ると噂されていたというが、関連は分からない。

しまっ田［しまった］

青森県上北郡六戸町鶴喰《つるばみ》に伝わる。

昔、八戸の櫛引《くしひき》八幡宮を守る普門院の子が鶴喰にいて、謀反を企《たくら》んでいるという噂が流れた。怒った普門院は子を捕らえ、田で処刑した。後に謀反の企てが噂に過ぎないと知り、これはしまったことをしたと後悔、懇《ねんご》ろに弔わせた。ここから子を殺した田を「しまっ田」と呼び、持ち主には祟《たた》りがあるといって恐れるようになった。（森山泰太郎『陸奥の伝説』）

津矢虎鬼・身対鬼［しゃこき・みづき］

青森県東津軽郡高田村（現・青森市）の下湯《しもゆ》近辺に棲んでいた二体の悪鬼。中道等『奥隅奇譚』によれば、鬼退治の物語が『下湯根源記』に記されているという。

建久二年（一一九一）、大波間《おおはま》へ流れてきた出羽浪人・阿部貞昌は、眼病治癒を祈願した入内《にゅうない》の観音のお告げで、東南の川上にある温泉を目指した。道中、山中を荒らす津矢虎鬼・身対鬼と戦う大矢名兵衛・霜結茶右衛門と知り合い、これに加勢した。鬼は岩屋に潜み、火を降らせて三人に対抗した。だが、観音の加護で雲から無数の矢が飛んで鬼は滅せられ、骸《むくろ》は大瀧の底に沈められた。冷水《シャコミヅ》の沢という地名はこの出来事が由来だという。その後、貞昌は病を癒して帰ったが、他の二人は賊に堕《お》ち、五戸領主から追われる身になったという。

蛇柳［じゃやなぎ］

青森県下北半島の恐山にまつわる怪異。三途川（正津川《しょうづがわ》）の畔《ほとり》に生えている柳の木で、罪障ある者には大口を開けた大蛇が追ってくるように見えるという。（北彰介（編）『青森県の怪談』中道等「奥羽巡杖記」『旅と伝説』通巻一九号）

十三階段［じゅうさんかいだん］

昭和一六、七年（一九四一～四二）頃の青森師範学校で語られた七不思議のひとつ。

南寮西側には一三段の階段があった。かつて木田という優等生が厭世《えんせい》的になり、階段の手すりに帯をかけて首を吊った。階段は木田の鼻血で一段だけ赤く染まり、いくら拭いても乾くたびに鮮血が浮かんだ。その段が取り払われたことで一三階段ができたのだという。この階段では、夜中に死体がぶら下がる幻が何年も見えたという。（北彰介（編）『青森県の怪談』）

囚人の幽霊［しゅうじんのゆうれい］

青森監獄（刑務所）にまつわる怪異。

明治四三年（一九一〇）一月の猛吹雪の

日。やむを得ない事情で外出した老人が、荒川橋で赤い囚人服の集団に出会った。前年、典獄（刑務所長）の指示による囚人虐待で多数の死者が出ていたため、老人は彼らを幽霊だと思った。杖《つえ》で橋桁《はしげた》を叩き、一心に念仏を唱えると、雪はやんで幽霊も消えた。橋桁を叩き念仏を唱えるのは、荒川橋で人を化かす狐を防ぐまじないだった。（北彰介（編）『青森県の怪談』）

尻屋埼灯台の怪火 ［しりやざきとうだいのかいか］

青森県下北郡東通村《ひがしどおりむら》の尻屋埼灯台にまつわる怪異。この灯台は明治九年（一八七六）点灯開始、高さ三〇メートルの日本一高いレンガ灯台である。

昭和二〇年（一九四五）七月、尻屋埼灯台は空襲を受け、作業中だった村尾常人標識技手が殉職した。翌年五月、職員らは未復旧の灯台に火が灯るのを見た。漁船からも幾度か目撃情報が寄せられ、台長代理が「灯台の怪火について」という公文書で横浜の灯台局に報告する騒ぎになったという。灯台が仮復旧すると怪火騒動も収まったが「殉職技手の霊が船を案じて明かりを灯した」と噂が広まり、尻屋埼灯台は「幻の灯台」と称されるようになった。（『しおさい　vol.20』『日本の近代遺産50選』海上保安庁「みちのく灯台物語」）

しんさんのばちきり

青森県下北郡地方に伝わる。**銅金のちゃがらこ**と並ぶ名物狐で、人々はかれらを恐れて夜の山道を通らなかったという。

あるとき、赤い鉢巻の若者が馬を曳《ひ》いて浜の問屋を訪れ、気前よく札束を出し魚を買っていった。だが後で確かめると札はみな木の葉。幾度か同じことがあり、時には客の裾から白い尾がのぞいていた。こんな大技をこなす白狐はばちきりに相違なく、店主は「俺の店には稲荷《いなり》さんまでが山から買い出しにござるのだ。名誉な話ではないか」と気をよくしたという。（中道等「奥羽巡杖記」『旅と伝説』通巻二〇号）

新病小屋の怪 ［しんびょうごやのかい］

青森県東津軽郡今別町大川平《おおかわだい》に伝わる。

昔は病が流行ると、石崎とコルコガの間を流れる川の付近に新病小屋を建て患者を隔離した。医院開業後は風習も廃れ、残された小屋は荒れ果てた。やがて小屋には見知らぬ爺と婆が住みついた。婆様はいつも針仕事をしていたが、糸の端を結んでおらず、幾晩も無為に針を刺すだけだった。ある人が爺様に尻尾があるのを見て、驚いて音を立てると、爺と婆はいなくなってしまった。（『津軽民話の会　昔話聞き書』）

水虎様 ［すいこさま］

青森県津軽地方で祀《まつ》られる一種の水神。スイコサマ、シッコサマ、セッコーサマなどと発音される。いわゆる**河童**の姿をした木像や石像が、神社境内や路傍、水辺に置

かれ、水難除けの祈りを集める。「仙虎」「水講」「水魂」と称されているものもあり「水神様」とも呼ばれる女神像を水虎様として扱う地区もある。人を水死させる水辺の神霊を祀ることで難を逃れようとするもので、水虎様は龍宮様の使いで、位《くらい》を上げてもらうため子供を取る（木造町《きづくりまち》永田）とか、水虎様の四八の家来が出世のために子供を取る（五所川原市上福山）などと伝わる。民俗学者の折口信夫は「おしつこ様」の名で水虎様を紹介している。「しっこ」は水虎の転訛《てんか》ではなく、湧水などを意味する語だとの説もある。

明治時代、木造町にある實相寺《じっそうじ》の一七代目住職は古田川での水死が絶えないことに心を痛めて祈禱《きとう》を行い、水難が河童の仕業だと知った。そこでかれらを神格化し、木像を造り「水虎大明神」として祀ったのが信仰の起源だという。古くからの水神、めどちの信仰を基盤としながら、漢籍由来の水虎という名を用いたのはこの時からという。これ以降、水虎様を祀れば水死人が出ないという話が村々に広まり、各地に分祀《ぶんし》されるようになったらしい。時代が下るにつれ水難除け以外の祈りも捧げられるようになったらしく、平成五年（一九九三）の調査では、水虎様に農業用水確保や家内安全を祈る人もいたことが記録されている。

現在實相寺にある水虎様像は、鮮やかな赤色の河童の姿で合掌している。他所でも同様の像が祀られるほか、男女一対の河童像の場合も多い。折口信夫が模造し持ち帰った像も男女型だった。（和田寛『河童伝承大事典』広瀬伸『水虎様への旅』）

すみ

青森県弘前市における死霊の怪異。

弘前市新寺町の遍照寺には、明治の頃に亭主殺しの罪で死刑になった「鬼沢村のすみ」の墓がある。あるとき同郷の娘が菊を手向けると、村に帰るなり気が狂ってしまった。巫女《みこ》が占うと、すみは処刑以来四〇年あまり嘲笑《ちょうしょう》の的となり、ひとりも墓参者がないのを恨んでいたが、若い娘が来てくれたので、あまりにありがたくて離れられなくなったとのことだった。供養のため、町の鬼神様に絵馬が捧げられた。（松野武雄「津軽の絵馬」『旅と伝説』通巻三四号）

明治一九年（一八八六）に夫を殺害し死刑に処された小山内スミは、共犯の情夫ともども斬首《ざんしゅ》刑にされたと風聞が立ち、俗謡や芝居の題材となるなど話題を集めた人物だった。

ずんべら坊 ［ずんべらぼう］

顔に目鼻口のない妖怪。のっぺらぼう同様、のっぺりしてつかみどころがないといった意味。巌谷《いわや》小波《さざなみ》『大語園』には「諸国怪談雑考」から弘前のずんべら坊の話が引用され、後に水木しげるもこれを描いたため、青森県の妖怪として認知されている。

夕暮れ時、弘前の興兵衛という喉自慢の男が「思い切れとて五合枡投げた、これは一生の別れ枡」と唄いながら山道を歩いて

いた。誰かが同じ歌をより良い声で唄うので「誰だ」と問うと、相手は「俺だ」と言い、散切《ざんぎ》り髪で目鼻口のない顔を見せた。驚いた興兵衛が知人宅に逃げこむと、話を聞いた亭主が「こんな顔だったか」と顔を向けたが、それがまたもやずんべら坊。興兵衛はついに気を失ってしまったという。

背高殿［せいたかどの］

青森県三戸郡五戸町に伝わる。

まだぎ（マタギ）の三兄弟が山で獲物を競っていたとき、三男が消息を絶ち、兄二人の夢には神様が現れて「背高殿が食いにくるが、どこを撃っても駄目だから、鏡のような目を射って退治しろ」と告げた。二人が起きると大入道が目を光らせていたので、これが背高殿だなと思って目を撃った。眼光は消え、大入道は姿を消したが、血痕を辿《たど》ると大木のうろで鉄のように堅い表皮をもつ大蜘蛛《ぐも》が苦しんでいたという。

（川合勇太郎『青森県の昔話』）

語られるうちに内容が欠落したのか、三男の消息は最後まで明らかにならない。

せんだん栗毛［せんだんくりげ］

おしら様の由来を説く祭文に登場する馬の名。千だん栗毛、栴檀栗毛とも書く。

満能《まんのう》長者が飼う名馬せんだん栗毛は、長者の娘・玉《たま》や御前に恋をした。怒った長者が馬を斬首《ざんしゅ》し皮を剝《は》ぐと、皮が娘の身を包んで昇天した。翌年三月一六日、姫の化身の白い虫・馬の化身の黒い虫が天降《あまくだ》って桑の葉を食べた。長者は虫（蚕《かいこ》）から糸をとり、更に富み栄えた。（森勇男『霊場恐山物語』川合勇太郎『青森県の昔話』）

馬と娘の婚姻譚《こんいんたん》は古くからあり、林羅山『怪談全書』などに同じ話型がみられる。おしら様の祭日（三月一六日）には、イタコが祭文を語って人形二体を遊ばせる。

善導寺の龍［ぜんどうじのりゅう］

青森県北津軽郡中泊町《なかどまりまち》深郷田《ふこうだ》の浄土宗寺院・善導寺にまつわる伝説に登場する。

昔、ある若者が富家の年頃の娘に一目惚れした。若者は再三訪問して好意を伝えたが、理由をつけては拒絶され、ついに思い余って娘を殺そうとした。娘は寺に逃げ込み、下ろした鐘の中に身を隠した。追ってきた男は鐘もろとも娘を焼き捨てようとしたが、それを悟った娘は龍に変じ、鐘と共に男を溶かした。龍は美女に戻り、無事に家へ帰った。（内田邦彦『津軽口碑集』）

女が龍蛇に化身し鐘ごと男を焼いて殺す点は一般的な安珍清姫《あんちんきよひめ》伝説と同じだが、特徴的な関係性の逆転などがみられる。

なお、善導寺自体にはこの龍の伝説は残されておらず、釣鐘は明治三八年（一九〇五）の火災を機に新調されていたという。

（川合勇太郎『青森県の昔話』）

ぜんなみのいっぽ

青森県三戸郡階上町《はしかみちょう》に伝わる化け狐。「いっぽ」は一本足の意。銀のような毛並みで足の悪い狐だったという。かつては耳《みみ》ケ《が》吠《ほい》でよく人をよく誑《たぶら》かしていた。

ある人が赤保内《あかぼない》に帰る途中、耳ケ吠で急にとっぷり日が暮れて、積もった雪に身体がすっぽり包まれてしまった。他の人に呼ばれて我に返ると、良い天気で雪など降っていなかった。これもいっぽの仕業だといわれた。（『奥南新報「村の話」集成』）

双頭の人魚 ［そうとうのにんぎょ］

青森県の八戸市博物館には、八戸藩の南部家に伝わっていた「**人魚**のミイラ」とされる遺物が所蔵されている。

木箱に収められたミイラは体長約四〇センチ、上半身は人間、下半身は魚という構成は一般的イメージの人魚そのものだが、なぜか頭部が二つあるという類のない異形のスタイル。八戸藩南部家の蔵から発見されたもので、第九代藩主・信順の収集品のひとつとみられるが、由緒や入手経路は不明。（山口直樹『日本妖怪ミイラ大全』）

そめが滝のおば様 ［そめがたきのおばさま］

青森県三戸郡五戸町に伝わる。

昔、釣り好きの若者が沼から出てきたあね様に、秋田の方へ行く山奥にある「そめが滝」にいる母に手紙を届けてほしいと頼まれた。若者は仕方なく滝へ向かったが、道中、その滝へ行って帰ってきた者はいないと知る。滝の主である大蛇は綺麗《きれい》なおば様の姿になって若者を迎え、娘の手紙を喜んだ。実は手紙には「若者を取って食え」とあったが、おば様は「遠くからわざわざ訪ねてきた者を食うことはできない」と、若者に金の包みを持たせて帰した。若者が帰郷すると、既に釣りに出かけてから三年が経過していたが、その後は大蛇からの土産のおかげで家族と共に幸せに暮らしたという。（川合勇太郎『青森県の昔話』）

【た】

大工の幽霊

［だいくのゆうれい］

青森県青森市に伝わる。

雨風の強い夜、新城小学校門前の大きな柳の枝が地面に触れると、決まって幽霊が出た。学校建設の際、柱の下敷きになり血まみれで死んだ大工の幽霊だという。（北彰介（編）『青森県の怪談』）

大根畠のおぼさりたい

［だいこんばたけのおぼさりたい］

青森県八戸市田面木《たものき》に伝わる。

昔、とある三兄弟が大根の種を蒔《ま》いた。日照り続きのなか大根は大きく育ったが、化物が「おぼさりたい抱がさりたい」と言いながらわりわり食ってしまった。長男と次男は怖気《おじけ》づき逃げたが、三男だけは「おぼさりたがらァ、おぼさるべし。抱がさりたがらァ、抱がさるべし」と応じ、のっそりおぶさってきた化物を連れ帰った。化物は三叺《かます》分の金に変じたので、兄弟で分配したという。（川合勇太郎『青森県の昔話』）

おぼさるも参照。

たこ

青森県五所川原市金木町《かなぎまち》嘉瀬に伝わる。

昔、盲目の男が峠を越える最中で日暮れを迎え、山小屋に泊まった。真夜中の寂しさに耐えかね、三味線を弾き歌っていると、優しげな女の声が更に歌を所望した。女は山に住む「たこ」と名乗り、里で己のことを話してはならないと言って別れた。翌日、男は峠を越え、麓の酒屋でつい昨夜の出来事を話し、突然ころりと死んだ。やがて里にたこが来て「峠で人の命を奪ってきたが、この男だけは歌声が美しく、愛《いと》しくて命を取らなかった」と語り、口外すれば当地を沼に変えると皆を脅した。だが人々が立てた鉄柵に通り道を塞《ふさ》がれ、たこは家に帰れず死亡した。盲人とたこを合わせて神として祀《まつ》ったのが、後のおしら様であるという。

初出となる内田邦彦『津軽口碑集』「たこと盲人」では「たこ」の語義に関する説明はなく、後に川合勇太郎『青森県の昔話』に収録された再話では「ぼさまと蛸」という題がつけられた。柳田國男は『桃太郎の誕生』において、たこの話を『越後野志《えちごやし》』『黒甜瑣語《こくてんさご》』など東北地方の文献にある盲人と大蛇の話の類話と位置づけ、特異な名前に「たつ子（**辰子姫**）」との関連を見出している。また、男との出会いとたこが死ぬまでの展開は、越後関川村などを舞台とする大里峠の大蛇譚と共通している。

蛸の王様［たこのおうさま］

青森県西津軽郡深浦町田野沢《たのさわ》に伝わる。

昔、龍が海水を飲もうと千畳敷海岸に降り、そこにいた蛸の王様と一騎打ちになった。龍は岬の大欅《おおけやき》に尾を巻きつけ蛸を陸に引き上げようとしたが、欅が根こそぎ抜けてしまい、逆に海中へ引きこまれたという。（『津軽民話の会　昔話聞き書』）

たたりもっけ

青森県津軽地方に伝わる。たたりもけ、ただりぼっことも。怨念を抱き死んだ者の霊が、恨めしい相手やその家族、子孫に祟《たた》りをなすことをいう。無実の罪で殺された女、略奪され命まで取られた難破船乗員の霊などが祟ったといい、時にはイタコの口を借りて恨みを述べた。博労《ばくろう》の十三郎、阿波の船頭の三之助など、霊の名が明確に語られた例も知られる。（池田彌三郎『日本の幽霊』佐藤清明『現行全国妖怪辞典』）
祟りは数代にわたり続く場合もあり、時には戸や襖《ふすま》の鳴動、怪火なども発生した。旅僧を殺害し、所持金を奪って長者となった者の家では、何かがもげもげと蠢《うごめ》いていたといい、これもたたりもっけとされた。
たたりもっけは昭和初期でもありふれた話だったという。（内田邦彦『津軽口碑集』）
外敵よりも内患こそ憂うべきとの意味で「たたりもっけは外さ生まれない」という言い回しも使われた。（『東奥日用語辞典及青森県方言集』）
死霊全般のうち、特に嬰児《えいじ》の霊をたたりもっけと呼んでいた例も報告されている。
北津軽郡嘉瀬村（現・五所川原市）では、嬰児の霊は梟《ふくろう》に宿ることがあるといわれた。（『綜合日本民俗語彙』）水木しげるもこの説に着目して、たたりもっけの妖怪画として、梟のもとに飛来する人魂を描いている。『日本妖怪大全』などでは、死んだ赤ん坊がたたりもっけになった話を岩手県で聞いた経験についても記している。
内田邦彦によれば、たたりもけは「祟り蛙《もけ》」の意で、津軽地方では赤ん坊を「もけ」とも呼ぶという。すなわち、たたりもけは堕胎児の霊の祟りで、これは特に恐ろしいものという。（『津軽口碑集』）一方、池田彌三郎は、もっけは「物怪」の音韻変化だと推測している。（『日本の幽霊』）

妲己［だっき］

青森県下北郡東通村目名《ひがしどおりむらめな》に伝わる「阿倍《あべ》の童子《どうじ》」の昔話に登場する。玉藻前《たまものまえ》（九尾の狐）に相当する役回りの毒婦で、名前も玉藻前の前身・妲己に由来するようだ。

阿倍の保名《やすな》は屋島の戦いで傷を負ったとき介抱してくれた娘と夫婦になり、男児をもうけた。妻は白狐の化身で、あるとき童子に「萩《はぎ》の原という所に来れば会える」と告げ姿を消した。一方、とある爺と婆は、拾った赤子を娘として育てていた。子は聡明な美女・妲己に成長し、殿様に嫁入りした。その後、殿様の病気診察に訪ねてきた

阿倍の童子は、妲己が人間ではないと看破する。が、妲己が本性を現さなかったために、童子は牢に入れられた。童子は何度か挑戦を続け、八咫鏡《やたのかがみ》に妲己を映し、ついに正体が狐だと暴いた。狐は風雨を起こし萩の原に逃走するも、童子に追いつめられ、最後は天上まで逃げた。こうして天下は妲己の世にならずにすんだ。獣の血を引く童子ゆえ、妲己の秘密もいち早く悟ったのだった。(『津軽民話の会　昔話聞き書』)

妲己が萩の原で石になるような描写もあり、那須野《なすの》が原で悪狐が殺生石《せっしょうせき》と化す一般的展開におおむね忠実である。

舘越の藤五郎［たてこしのとうごろう］

青森県八戸市に伝わる。舘越山の下、舘越堤の辺りに出没した化け狐。

消防の用心回りの時期、藤五郎はよく花魁《おいらん》に化けて手招きをしたが、水面に映る姿は狐のままだったという。あるとき六日町の寿司屋が藤五郎に騙《だま》されて、舘越山麓で月明かりのもと一生懸命に小石を数えていた。彼は新地で綺麗《きれい》どころに囲まれながら良い商いをしたつもりだったという。

他にも天聖寺《てんしょうじ》に五郎兵衛狐、外中居にそで中居のそで子、名久井《なくい》の鳥舌内《ちょうしたない》にながさのなんじゃぶろう、更に大坊《だいぼう》のこごえ、つきのざあのつくぼれなど、各地に名のある化け狐がいたという。(『奥南新報「村の話」集成』)

魂［たまし］

青森県津軽地方や下北地方などでいう人間の霊魂、またはそれが光を発し浮遊する「人魂《ひとだま》」のこと。人が死ぬと体からタマシが抜け、お山(恐山)へ行くと信じられた。タマシは肉親や縁者のもとに立ち寄り、なんらかの死の予兆を伝えることがある。各地に俗信や体験談がいくつも残されている。たとえば八戸市櫛引《くしひき》では、タマシが玄関から入ってきたときは男が死んだ、台所から入って茶碗などをガチャガチャさせたときは女が死んだという。(『青森県史　民俗編　資料南部』)上北郡横浜町では肉親が亡くなったとき、大抵の場合タマシが来て戸を開ける音や歩く音をたてるという。不思議に思っていると死去の報《しら》せが届き、タマシだったと分かる。老人たちは弔い事があると「オヤマ(恐山)に行く銭コもったか」「ユベ誰々がオヤマさ行った」などと話したという。(『鶏沢・有畑・浜田の民俗』)**先魂こ**も参照。

上北郡六ヶ所村では、日暮れ時に青い姿の子供が歩いているのを見た人がいる。いくら自転車を漕《こ》いでも追いつけず、家へ着いてみたら、おばさんの孫が死んでいたことがわかった。青い子は死んだ子供のタマシだったという。(『六ヶ所村史』)

だみ

ダミとは荼毘桶《だびおけ》、すなわち棺桶のこと。

青森県南津軽郡田舎館村豊蒔《いなかだてむらとよまき》ではダミが下がることがあった。相馬村藤沢(現・弘

前市藤沢）でも、墓場に棺桶が下がったという。（北彰介（編）『青森県の怪談』）

木の枝などから器物が下がる怪異の類と思われる。

田茂木野の狐［たもぎののきつね］

青森県津軽地方に伝わる。

近藤という人の父は、八甲田山雪中行軍遭難者の死体捜索に加わったときに田茂木野の狐に憑《つ》かれ、間もなく死んだ。同時に狐も死んでしまったが、その霊は神になりたがり、昭和五年（一九三〇）頃、近藤氏の子供に憑いて様々なことを口走った。重病の様子だったので、平癒祈願に狐を描いた絵馬を奉納したという。（松野武雄「津軽の絵馬」『旅と伝説』通巻三四号）

樽コ沢の狢［たるこざわのむじな］

青森県五所川原市飯詰《いいづめ》に伝わる。

飯詰山の樽コ沢の狢は、樵《きこり》が山小屋から「樽コぁ、いま木倒すど」と呼びかけると、グワリ、グワリと音を立てた。「木の根コ、水汲《く》み場さ転んできた」と言えば水汲み場へジャボンと入った。このように人の言葉通りに真似するので「木の枝、出はって来るど」と言い、小屋の苫《とま》（藁《わら》の雨除け）からベローッと枝を差し伸べる狢に縄をかけ、朝まで縛っておいたものだという。（『津軽民話の会　昔話聞き書』）

太郎左衛門の婆様［たろうざえもんのばさま］

青森県北津軽郡板柳町柏木に伝わる。

三厩《みんまや》（外ヶ浜町）のお宮にて、ある人が獣と化物たちの盆踊りを目撃した。そのとき化け猫に襲われたが、腕を叩いてなんとか撃退した。翌日、太郎左衛門という家を訪ね、寝ている婆様の腕を調べると、昨夜の傷が残っていたので、これこそ化け猫ととどめを刺した。人のご馳走を羨《うらや》んだ猫が自ら食い殺した婆様になりすましていたのだった。縁の下からは婆様の骨がザクザク出た。（『津軽民話の会　昔話聞き書』）

全国的に語られる「鍛冶屋の婆」の類。

宮城県の**大天婆**《だいてんばば》も参照。

たんころりん（1）

青森県の五所川原、金木町《かなぎまち》、弘前などでいう妖怪。じぶくる（文句を言って拗《す》ねる）子をおどかすとき「たんころりんが来るぞ」と言った。（内田邦彦『津軽口碑集』）

宮城県に伝わる柿の妖怪の**たんたんころりん**とは別物。

たんころりん（2）

青森県地方の昔話で狐が使う術。この呪いを受けた者は死んでしまうという。

狐たちは騙《だま》そうとしていた爺様と婆様に正体を見破られ、たんころりんの呪文で仕返しを企《たくら》む。「スッタンコロリン、タンコロリン、アンブラウンケァ、ソワカ」（八戸市）「タンコロリン、タンコロリンのタ

ンコロリン」（下北郡東通村目名《ひがしどおりむらめな》）などと三唱して呪いをかけようとするが、爺様たちの機転で逆襲に遭ってしまい、また失敗に終わる。（『津軽民話の会　昔話聞き書』川合勇太郎『青森県の昔話』）

断首図［だんしゅず］

青森県弘前市の正傳寺《しょうでんじ》所蔵の掛軸。人の生首を描いた二幅対で、一方は討幕派に暗殺された京都町奉行所役人・渡邊金三郎、もう一方には主上調伏《しゅじょうちょうぶく》を祈禱《きとう》し岡田以蔵らに斬首《ざんしゅ》されたという水戸東清寺の僧・光惇《こうじゅん》の名が記されている。

この絵は昭和四九年（一九七四）に作家の蘭繁之《らんしげゆき》から正傳寺へ寄贈された。蘭が所蔵していた頃、収納していた簞笥《たんす》がガタガタ震えるという怪事があったので、寺で供養してもらうことになったのだという。

昭和五一年（一九七六）、断首図はテレビ番組『あなたのワイドショー』で紹介された。その際、スタジオに掛けられた渡邊金三郎の絵が一瞬だけ右目を見開いたように見えて大反響を呼び、局に問い合わせが殺到した。この映像は後にもテレビや雑誌の心霊特集で頻繁に取り上げられることになった。（薬王山正傳寺ウェブサイト）

稚児の幽霊［ちごのゆうれい］

青森県青森市宮田に伝わる。

昔、宮田には化物寺と恐れられる無住の寺があった。諸国修行の法師が再興を志して踏み入ると、稚児が現れてもてなした。夜、稚児は箱から手紙を出し、読みふけっては笑ったり泣いたりした。読経すると稚児は七尺の阿修羅《あしゅら》のような大男に変じて去った。翌朝、戻ってきた稚児は夜のふるまいを詫《わ》びた。法師が手紙を燃やすと、かき消すように稚児の姿も消えた。親しかった女への未練から、稚児の幽霊が毎夜手紙を読んでいたものと思われた。（北彰介（編）『青森県の怪談』）

血染めの蚊帳［ちぞめのかや］

青森師範学校の七不思議のひとつ。夏になると寮の各部屋に配布される蚊帳《かや》のなかに「血染めのカヤ」があった。血痕が世界地図のごとく染みついた蚊帳で、これを吊って寝ると、小雨の夜に必ず青い顔の幽霊が出るという。幽霊を見た次の日は高熱で寝こむといわれ、生徒らはこの蚊帳が回って来ないよう祈っていた。かつて学校の炊事夫が殺され、蚊帳の箱に遺体が隠されていた事件があり、その際の血に魂が宿っているのだとされた。（北彰介（編）『青森県の怪談』）

千曳明神［ちびきみょうじん］

青森県上北郡東北町《とうほくまち》千曳に伝わる。

昔、坪村（現・七戸町）の美しい娘・つぼ子のもとに、千曳の大石の精が男に化けて通っていた。あるとき石の精はつぼ子に

素性を明かし「村では私を土中に埋めることになった」と別れを告げた。しかし他人の手では決して動かず、つぼ子の手に引かれたならば埋まる場所まで行くと言う。その言葉通り、石は村人たちにはどうしても動かせず、神意によって呼び出されたつぼ子が綱を引くとやすやすと動いた。人々ははこの大石を千曳明神として祀《まつ》ったという。(森山泰太郎『陸奥の伝説』)

チミ虫［ちみむし］

平尾魯仙『合浦奇談』などにあるもの。

尾太山(尾太岳)の鉛沢に生息する、大きさ四、五寸の蝘蜓《やもり》や蜥蜴《とかげ》に似たもの。人の精液を好んで飲み、精液を吸われた人は一、二年は勃起《ぼっき》不全に陥る。ゆえに尾太山の野宿者は、四方に堰《せき》を造ってチミ虫の接近を防ぐ。(『谷の響　付　合浦奇談』)

『異物図会』にも同じ生物の図がある。こちらの名はモミ虫と読める(『平尾魯仙青森のダ・ヴィンチ』ではチミ虫と表記)。チミはモミの誤記、あるいは翻刻時の誤読かもしれない。『黒甜瑣語《こくてんさご》』にも人の淫水《いんすい》を吸う阿仁《あに》山中の怪虫**モミ**の記述がある。

中古車の幽霊［ちゅうこしゃのゆうれい］

青森県青森市における怪異。筆者命名。

昭和三三年(一九五八)。自動車が崖から転落し、運転手の若い女が死亡した。車は修理され安価で売られたが、運転席に座ると「そこは、わたしの席ですから、すわらないでください。ハンドルに手をつけないでください」と女の幽霊の声がした。そのため、誰も買い手がつかなかったという。(北彰介(編)『青森県の怪談』)

長太の金勢様［ちょうたのこんせいさま］

青森県青森市孫内《まごない》の淡島《あわしま》神社は四月一四日が祭日で、細長い石の棒に子宝の願をかけ、叶うと倍の石を返す風習がある。性器型の御神体を祀《まつ》る金精神《こんせいじん》信仰の一種で、内田邦彦『津軽口碑集』には、社殿の中央に陽物が据え置かれ、妊婦が参拝するとあるが、現在そのようなものはみられない。

青森市新城《しんじょう》に伝わる「長太の金勢様」の話では、金精神の由来が語られる。昔、殿様が敷物の穴を繕うため「四寸四面のししの皮」を孫内の庄屋に求めた。ししは猪《いのしし》のことだが、庄屋は陰茎《しじ》と勘違いし、女たちから「もの」が一番大きいと評判の長太に皮を求め、代わりに村中の女を三日間彼の自由にさせてやった。その後に皮を献上したところでやっと誤解が発覚、殿様たちは長太を無駄死にさせたと大いに嘆いた。最期の三日の働きで、久しく子を産んでいなかった女たちも孕《はら》んだので、長太は神として祀られた。それが孫内の金勢様だという。(川合勇太郎『青森県の昔話』)

浜館村《はまだてむら》(現・青森市浜館)小柳では、孫内の神様は、けら着て笠《かさ》かぶって笹原こいで来て子供を授けて下さるといった。妊婦は出産のとき早く神様に来てもらえるようにと馬を奉納していたという。

生殖器を象《かたど》った神体の信仰やその記録は県内各所にみられる。三沢市の古牧根清神が夜ごと村の女にいたずらをしかけて鎖で縛られた話、『雲根志《うんこんし》』などに記され、三戸にあったと推定される金玉茎大明神が祟《たた》りをなした話など、怪しい伝説を残すものもある。（増田公寧「青森県における生殖器崇拝資料」『青森県立郷土館研究紀要』第三六号）

ちょうのう

青森県深浦町深浦岡町に伝わる。

板柳の黒坊主という和尚が、人を騙《だま》す怖い狐の「ちょうのう」から宝物を取ろうと考え、油揚げの匂いで誘《おび》き出した。狐は喜んで宝生《ほうしょう》の玉と油揚げを交換したが、食ってしまえば何も残らなかったので、和尚の婆様に化けて玉を奪い返した。対する和尚は白装束で「狐の神様」に変装、狐を言いくるめ再び玉を持ち帰ったという。（『津軽民話の会　昔話聞き書』）

出戸の怪馬［でどのかいば］

青森県上北郡六ヶ所村に伝わる。

昔、六ヶ所村に並の四、五倍はあろうかという大きな馬が出て、牧場の馬や人間を取り食らった。このような大馬が出たため集落の名が出戸になったという。馬の背丈を測った場所は高架《たかほこ》（鷹架）、鞍《くら》を置いた所は倉内という地名がついた。やがて村人たちは怪馬を恐れて射殺し、死骸を七鞍に埋めたという。（森山泰太郎『陸奥の伝説』）

手長婆・足長［てながばば・あしなが］

青森県三戸郡田子町《たっこまち》に伝わる。

大昔、田子の貝守が岳の頂《いただき》には手長婆がいて、毎日八戸の海へ手を伸ばし、貝を獲り食べていた。そのため山頂の岩には貝殻が沢山ついている。また、田子町の種子と木和田の間の窪地は、大昔ここに来た足長の大男の足跡という。（森山泰太郎・北彰介『青森の伝説』）

赤石宏『津軽のこわい話』には、南部生まれの青年が、子供の頃に便所で長い手に尻を撫《な》でられた話がある。怖くて泣いていると、祖母が「貝森ヶ岳の手長婆が里へ下りて来たんだ」と慰めてくれたという。

寺屋敷の怪火［てらやしきのかいか］

青森県南津軽郡平賀町尾崎（現・平川市）に伝わる。

古城址である寺屋敷の森は、昔から不思議な火玉が出た。火玉は谷に沿って下り、沢の出口近くの陣立場でパッと消える。戦死した城主尾崎喜蔵の無念の霊火だという。（北彰介（編）『青森県の怪談』）

銅金の茶殻子［どうざんのちゃがらこ］

青森県下北郡に伝わる化け狐。下北の山中には昔から銅金の茶殻子・**しんさんのば**

ちきりという人を化かすことに長《た》けた二匹の老狐が棲んでいたという。

茶殻子は銅金という山道を本拠とし、毛が茶殻色だったのでこう呼ばれた。眷属《けんぞく》の狐も多く、勢力は遠く離れた外山まで及んでいた。寛政九年（一七九七）、銅金にて化け狐が正体を見破られて殺され、これこそ茶殻子ではと噂されたが、すぐに「茶殻子ならそんな下手な化けようをするはずがない」と否定意見が上がったという。

天保（一八三一〜四五）末には、茶殻子が武士を騙《だま》して籠《かご》の魚を奪い、自ら正体を明かして「さようなら」と狐の姿で山へ帰ったという出来事もあったらしい。

茶殻子には娘もいて、こちらも化けるのが巧みだったという。娘狐は人の赤子の泣き声を発し、子を家に残して魚介を獲りに来ている母親を惑わせ、隙をついて魚を奪っていたという。（中道等「奥羽巡杖記」『旅と伝説』通巻二十号）

【な】

長瀞の蛇体［ながとろのじゃたい］

青森県黒石市二庄内《にしょうない》に伝わる。

浅瀬《あせ》石川《いしがわ》下流には長瀞という水の淀《よど》んだ深い流れがある。昔この辺りに住む娘が流水に布を曝《さら》していたとき、釣りに来た町の若者に見初められた。彼は来春に迎えに来ると言って去ったが、再び現れることはなかった。裏切られた娘は長瀞に身を投げ、布と共に蛇体となって水底に沈んでいった。それ以来、この場所を布淵《ぬのぶち》と呼ぶようになった。（森山泰太郎『陸奥の伝説』）

ながめへずり

かつて青森県下北郡風間浦村《かざまうらむら》蛇浦《へびうら》で行われていた小正月行事に現れた来訪神《らいほうしん》。

ドンジャ（夜着）に仮面という格好で家々を訪れ、包丁とバケツを打ち鳴らして「泣くわらしいねぇが」と叫んで餅をもらう。ナガメは囲炉裏に長くあたると生じる火斑で、怠惰の象徴とされた。これを剝《へず》る（はぎとる）のでナガメヘズリという。**ナマハゲ**と同義の呼称。

蛞蝓の化物［なめくじのばけもの］

青森県三戸郡五戸町に伝わる。

タヌキと渾名《あだな》される役者の男が、峠で人を喰う蛞蝓の化物に遭遇した。タヌキは変装を披露し化物と打ち解け、いろいろと話をした。何が一番怖いかという話題で、化物は煙管《きせる》の脂《やに》と柿渋だと答えたので、人々はそれらを巣穴に入れて化物を苦しめた。

化物はタヌキが恐れる千両箱を投げこみ報復した。（川合勇太郎『青森県の昔話』）

人間が機転をきかせて狐狸《こり》や大蛇を欺き、福を得る「たのきゅう」型の昔話。

楢の大蛇［ならのだいじゃ］

青森県下北半島の恐山にまつわる怪異。

三途川付近に蛇柳《じゃやなぎ》と並んで生える、高さ二丈の楢の大木の洞《うろ》には、赤黒の筋がある大蛇が棲み、日和のとき木を上り下りして遊ぶ。ただし善根の者には姿が見えず、罪障ある者にだけ見えたので、ひどく恐れられた。（北彰介（編）『青森県の怪談』）

虹の乙女［にじのおとめ］

青森県西津軽郡岩崎村（現・深浦町）に伝わる。

十二湖の大池は、発電所の貯水池になる前はとても美しい池で、にわか雨が上がり陽光が射すと、七色の虹の衣装の美しい少女が現れた。大池に身を投げた乙女の代わり身だという。（『岩崎村史　下巻』）

仁太郎［にたろう］

青森県津軽地方の昔話に登場するもの。

ある童が、岩木川の土手で、黒い人影から「曲《まが》り淵《ぶち》の弟の仁太郎」に宛てた手紙を託された。曲り淵に行く途中、村の産土《うぶすな》様が化身した老人が童を呼び止めた。老人は手紙が「**河童**のすかし文」だと見抜くと、「この童は青尻につき甘かるべく、捕らえて食してしかるべし」という文言を洗い流して「この童正直者につき、褒美として酒二升とするめ一把《わ》をとらせて然るべし」と書き換えた。手紙を読んだ河童の仁太郎は、当惑しつつも酒とするめを童に与えて去った。（斎藤正（編）『津軽昔話集』）

布絡み［ぬのがらみ］

青森県三戸郡田子町《たっこまち》に伝わる。

昔、長坂に大きな沼があり、ヌノガラミという主が住んでいた。主は布に化けて池の畔《ほとり》の垣にかかり、それを取ろうとする人に絡みついて沼に引きこんだ。妻と娘を奪われた男は主の退治を決意し、神のお告げで鳩の卵を持って沼に赴いた。神に祈り、卵を毀《こわ》して沼に投げ入れると、大きな音と共にヌノガラミの死体が浮かんできたという。（森山泰太郎『陸奥の伝説』）

秋田県の**布淵の魔**も布と化す水辺の怪。

布這［ぬのばい］

青森県に伝わる妖怪。布を引いたように地面をうねり行くという。（『現行全国妖怪辞典』）

三戸郡大館村《おおだてむら》（現・八戸市）の与太屋敷稲荷堂の下にある矢竹の藪《やぶ》では、小雨の晩などにヌノバヒ・アグドカギリなる怪物が歩きまわったという。（『大館村誌』）

猫突き不動［ねこつきふどう］

青森県黒石市浅瀬石《あせいし》に伝わる。

大善院という寺では、本尊の不動明王への供物がなくなることがあり、和尚は小僧の仕業を疑っていた。小僧が「わが無実をあらわしたまえ」と祈ると、本尊が手にした剣で供物を狙う猫を刺し殺した。そのため、本尊は猫突き不動と呼ばれた。（森山泰太郎『陸奥の伝説』）

ねねこ淵［ねねこぶち］

青森県南津軽郡尾上町（現・平川市尾上）に伝わる。

引座川《ひきざがわ》のネコ淵は元はネネコ淵と呼ばれていた。昔、子守りの娘が淵の**河童**に背負った赤ん坊を抜き取られ、ネネコ（ねんねこ半纏《はんてん》）を着たまま沼へ赤ん坊を探しに入った。それからは、子供が沼に遊びに来ると、沼からネネコを着た娘が現れたという。（北彰介（編）『青森県の怪談』）

鋸入り杉［のこいりすぎ］

青森県むつ市大畑町《おおはたまち》に伝わるもの。

昔、薬研《やげん》温泉の薬師堂に生えている大きな杉を伐《き》ろうとした人がいた。途中で日が暮れたので一旦《いったん》家に帰ったところ、拍子木を打ちながら家の周りを歩く者がある。外に出ると人の気配はないが、音は一晩中聞こえていた。翌日このことについて占ってみると、杉の精が伐るなと告げているとのことであったため、伐採は中止された。杉の木には鋸の跡が残っているという。（森山泰太郎『陸奥の伝説』）

【は】

萩桂［はぎかつら］

青森県南津軽郡大鰐町《おおわにまち》に伝わる。

蔵館の大日堂（高伯寺《こうはくじ》）の門前にある桂の神木は、昔は夜ごとに萩の花がびっしり咲き、散る頃には近くの村里まで匂いが広がった。子供が疱瘡《ほうそう》になると、萩桂に神酒や米を供え注連縄《しめなわ》を巻いて祈れば効験があるという。（森山泰太郎『陸奥の伝説』）萩桂は大日堂開祖の円知上人が天竺《てんじく》の鷲峯山《じゅぶせん》から持ち帰った霊木の種子から生じたという。昭和一八年（一九四八）の落雷が原因で枯死したが、二代目として若木が植えら

れた。（大鰐町教育委員会・萩桂案内板）

白馬［はくば］

水辺に現れる白馬の怪異。

青森県北津軽郡鶴田村（現・鶴田町）大《おお》巻《まき》では、明治頃、夜の研鉢淵《すりばちぶち》あたりで川を渡る白馬を見た人がいた。この人は体が弱って一時は食事も喉を通らなくなったという。（内田邦彦『津軽口碑集』）

上北郡六ヶ所村平沼では、田面木沼《たもぎぬま》を渡ろうとして沈んだ白馬が主になったと伝わる。この白馬は変事の際に姿を現すとされた。（森山泰太郎『陸奥の伝説』）

馬喰町の火の玉［ばくろちょうのひのたま］

青森県弘前市馬喰町に出たという怪火。大きさは手丸提灯ほど、東からは西に、西からは東に出ているように見え、どの方角からも三、四メートル先に見えた。追っても町の真ん中あたりで消えてしまう。

慶応三年（一八六七）、四人組の男が見た火玉は、ゆらゆら飛び、町中で三升樽ほどの大きさとなって上昇、一度消え再び灯って高く飛び、野原の方へ去ったという。（北彰介（編）『青森県の怪談』）

機織婆［はたおりばば］

青森県三戸郡階上町《はしかみちょう》に伝わる。

昔、ある狩人が沼のそばにあばら家を見つけた。中では薄気味悪い老婆が行灯《あんどん》をともし機を織っていた。狩人を見てニカッと笑ったので怪しみ発砲したが、婆は平然と機織りを続けた。二発目を撃つと口が耳まで裂け、恐ろしい形相でゲラゲラ笑った。三発目には怒りだし「仕事の邪魔をするにもほどがある」と食ってかかってきたので、狩人はたまらず逃げ帰った。夢のお告げにしたがって狩りの名人を訪ね、次は二人で婆に挑んだ。名人の指図で行灯を撃ち抜くと、凄《すさ》まじい嵐が起き、沼も家も消え失せた。血の痕を辿《たど》って逃げた婆を見つけ、二人でとどめを刺した。婆の正体は古狸だった。（川合勇太郎『青森県の昔話』）

女や婆ではなく傍らの行灯などが妖怪の本体だった話は各地に伝えられている。

八の太郎［はちのたろう］

八郎太郎の伝説のうち、青森県で「八の太郎」の名で呼ばれているもの。

八戸市。十日市のお藤という娘と大蛇との間に生まれた子が八の太郎。谷川で三匹の岩魚《いわな》を獲り、独りでそれを食べたところ異常な渇きを覚え、水を飲み続けた末に大蛇と化し、十和田湖を造り主になった。

八の太郎は三戸郡島守村《しまもりむら》（現・八戸市）の者で、十和田湖の主になる前に是川《これかわ》を堰《せ》き止めようとしたともいう。虚空蔵《こくうぞう》様が鶏に変じて鳴くと、八の太郎は夜明けだと思って十日市へ逃れた。だが犬に吠《ほ》えられ鳥《と》屋部岳《やべだけ》に逃げ、そこから岩を投げつけた。

北津軽郡市浦村相内《あいうち》（現・五所川原市）の八の太郎は十三潟を目指したが、神々に

追い払われて津軽に居場所がなくなり、秋田に逃げて八郎潟に居ついたという。

　十和田市大和田にある沼は八の太郎が腰を下ろした跡だといい、他に足跡や手形とされる穴もある。御倉山《おぐらやま》が赤いのは敗走する八の太郎が吐血したためで、それゆえ十和田の神は「赤い」という言葉を嫌うともいう。（森山泰太郎（編）『陸奥の伝説』）

バックミラーに映る顔
［ばっくみらーにうつるかお］

青森県青森市の怪談。

　昭和四〇年代頃、青森県立西高校付近の坂で交通事故が発生、歩行者の女性が死亡した。それ以来、坂を上る自動車のバックミラーには、口から血を流した顔面蒼白《そうはく》の女が映るようになった。運転手たちはなるべくバックミラーを見ずに坂を上ったという。（北彰介（編）『青森県の怪談』）

八甲田山の亡霊
［はっこうださんのぼうれい］

　明治三五年（一九〇二）一月、陸軍第八師団の青森歩兵第五連隊は雪中行軍の最中に八甲田山（青森県青森市）で遭難し、参加者二一〇名中一九九名が死亡した。遭難事故の凄惨《せいさん》な記憶は深く刻まれ、遭難者の霊にまつわる怪談がいくつも語られた。八甲田山自体も心霊スポット扱いされ、しばしば恐怖や好奇の視線を向けられる。

　明治三五年二月の『万朝報《よろずちょうほう》』では「凍死軍隊の幽霊」の題で、無人の第五連隊兵舎の廊下で、足音や「今帰ってきた」という声が聞こえたと報じられている。

　事故後の吹雪の夜、兵営の歩哨《ほしょう》は遠くから「寒い、寒い」「歩調とれ、かしらー右」といった声や大勢の軍靴の音を聞いたともいう。（北彰介（編）『青森県の怪談』）

　遭難事故の知名度を押し上げたのが、新田次郎の小説『八甲田山死の彷徨《ほうこう》』（昭和四六年）と、その映画化作品『八甲田山』（昭和五二年）である。新田は取材で青森を訪れ、全身が氷に覆われた兵士が前を通る夢を見たという。新田に資料を提供した小笠原《おがさわら》孤酒《こしゅ》も遭難死した兵士の夢を何度も見ており、自分のことを正確に書き残してほしいと名を告げられることさえあったと語っている。新田によれば、亡霊の足音が聞こえると騒ぎになった際、ある連隊長が「遭難死した兵士は靖国《やすくに》神社に合祀《ごうし》されることになったのでもう迷うな」と一喝し号令をかけると、足音が遠ざかっていったという。ただし、実際は八甲田山の遭難者は靖国神社に合祀されていない。

　雪中行軍にまつわる怪談話は現地で盛んに噂されている。内容は定型化したものから、実際の体験談まで多岐にわたる。典型的なものが、遭難記念碑を見に来た若いカップルの女が亡霊たちの足音を聞き、精神に変調をきたしてしまう話。また、犠牲者の供養をする光行寺《こうぎょうじ》（青森市）の住職は、法事の際に軍服の霊たちが通り過ぎるのを見たという。（丸山泰明『凍える帝国』）

現代の実話怪談集の類にも八甲田山の話題は頻出する。木原浩勝・中山市朗の『新耳袋　第四夜』には、八甲田山を訪れた大学生たちの車が突如エンジン不調に見舞われ、大勢の軍服の男に取り囲まれる話がある。弘前に逃げ帰っても男たちが来て、無数の靴跡を残して消えた。その後、学生たちは高熱に魘《うな》されたという。

田中康弘『山怪　弐』には、八甲田山の宿泊施設で遭難事故の資料を焼却すると、それまで館内に出没していた歩兵の人影が出なくなったという話がある。高田公太・高野真『東北巡霊　怪の細道』には、一月二三日の夜、青森駐屯地の自衛官が一個中隊規模の隊列が出発する光景を目撃し、敬礼で見送ったという話がある。隊が去った後には足跡ひとつなかったという。

ある雑誌記者は田代《たしろ》温泉で三〇人ほどの兵士の姿を見たばかりか、凍傷患者が脚を切断される様子を夢うつつに追体験した。後に資料館で当時の写真を見て、先夜の若い兵士たちが遭難者だったと知ったという。（寺井広樹・村神徳子『東北の怖い話』）

なお、亡霊との明言はないが『明治三十五年第卅一聯隊　雪中行軍案實録』（昭和六年）には、遭難した青森隊と同時期に行軍していた弘前歩兵第三一連隊が、深夜二時頃に提灯を点《とも》した正体不明の隊列を見ていたと記され「狐狸《こり》の仕業か心の惑か」などとある。（工藤隆雄『マタギ奇談』）

花笠の女［はながさのおんな］

ある女性が小さい頃に体験した話。青森県のねぶたに参加した際、花の飾りが付いた帽子（花笠？）を被《かぶ》った女に「一緒に踊ろう」と誘われ、ついて行った。体感五分ほど一緒に踊ってから帰ると、母親に「一時間もどこに行っていたの？」と訊かれたという。（戦狐聞書、二〇一三年五月二四日「民宿とおの」にて）

春砂内の蟹［はるすないのかに］

青森県五所川原市金木町《かなぎまち》嘉瀬に伝わる。昔、春砂内という土地に四〇〇〇軒、さのぼに二〇〇〇軒の家があった。この二つの土地に争いが起き、春砂内方が敗北した。春砂内の女大将と娘が小川に身を投げると、突然川が裂けて、母のいた方が大沼、娘の方が小沼に変じた。家来もみな沼に身を沈め、この場所では戦死者の化身である、背に鳥居のような模様のある小蟹が数多《あまた》みられるようになった。（内田邦彦『津軽口碑集』）

火斑剝ぎ［ひかたはぎ］

子脅しの妖怪の一種。

青森県南津軽郡藤崎町では、子供が炉端で腿《もも》を露《あら》わにしていると、目に見えない小さな坊主が小刀《マキリ》を持って火斑剝ぎに来るぞと脅かした。五所川原では炉辺の隙から大

坊主がマキリを持って出てくるといった。（内田邦彦『津軽口碑集』）

火斑とは長く火にあたっていると生じる赤い斑《まだら》模様で、**ナマハゲ**などの来訪神たちは、火斑をつくる怠け者を戒《いまし》めに来る。火斑剝ぎの伝承は、この種の名称が普段から躾《しつけ》に利用されていた例として興味深い。

広域の**火型たくり・へそ抜き**も参照。

病院の幽霊［びょういんのゆうれい］

昭和初期、青森県西津軽郡木造町《きづくりまち》の古い病院には幽霊が出たという。

前院長の娘二人は、どちらも胸を病み、世を儚《はかな》んで服毒自殺した。病院は売却され、別の医師が買い取ったが、幽霊が出るため看護婦たちがすぐ辞めていった。ある夜、院長は避病棟あたりで暗闇に浮かぶ二人の女の苦しげな顔をはっきり見た。そこで祈禱《きとう》師を呼び、霊を懇《ねんご》ろに弔ったという。（北彰介（編）『青森県の怪談』）

漂流者の祟り［ひょうりゅうしゃのたたり］

青森県今別町大川平《おおかわだい》に伝わる。

ある一家が波間を漂う立派な身なりの人を見つけた。一家は漂流者を引き揚げ、着物と金の包みだけ奪ってまた沖に流した。この金で一家は良い暮らしを送ったが、やがて二人いた子が両方死んでしまった。漂流者の霊が祟りをなしたためだった。父母は許しを乞い、懸命に霊をを供養した。（『津軽民話の会　昔話聞き書き』）

成田鉄四郎『陸奥湾之将来』には、尻屋《しりや》村（現・東通村《ひがしどおりむら》尻屋）には、難破船の生き残りを酔わせて海に落とし、貨物などを掠《かす》め取る蛮習の伝承が残るとある。漂流者の祟りや船乗りの**たたりもっけ**の話で語られる悪行にも通じる話題と思われる。

仏壇の老婆［ぶつだんのろうば］

高田公太・高野真『東北巡霊　怪の細道』「やはり出る」にある怪異。筆者命名。

陸上自衛隊青森駐屯地の警衛所にある仮眠室の壁には古びた御札が貼られていた。某氏がそこで寝ていると金縛りに遭い、目を開けると足元に黒い仏壇が載っていた。仏壇からは血まみれの老婆が飛び出し、某氏の首を絞めた。意識が遠のき、気がつくと朝で、仏壇と老婆は跡形もなく消えていた。御札を新しくすると、今度は隣の消防隊詰所に仏壇が出るようになった。

体験者は他の怪異にも遭遇している。旧**監視所の怪**、**八甲田山の亡霊**も参照。

プラナリア

赤石宏『津軽のこわい話』（一九八一）には「プラナリア」と題する怪談が載る。同書の怪談は著者が「津軽の人々から聞いた」ものとのことである。

ある青年は大学でプラナリアの染色体を研究していた。彼は研究対象に強い愛着を抱き、その身をメスで切ることに官能的魅

力さえ覚えた。ある夜、彼は下宿先で実験に没頭した挙句、疲れ果てて気を失った。目覚めると無数のプラナリアが床を這《は》い、彼を慕うかのように全身にまとわりついていた。錯乱した彼はプラナリアが這い回る幻覚に悩まされ顔を掻《か》きむしるようになり、弘前郊外の病院に収容されたという。

戸来の怪物［へらいのかいぶつ］

青森県三戸郡新郷村西越《しんごうむらさいごし》の三嶽《みたけ》神社の由来譚《たん》に登場するもの。作者不明の『三岳神社由来記』に伝説が記されている。

昔、戸来の山には怪物がいて、村里に害をなしていた。ある高貴な人が三人の姫たちと共にこの地に落ち延び、良民の苦しみを知って怪物退治を決意、戸来岳最高峰の三つの岳に戦勝祈願をした。怪物は暴風雨を伴い、角を振り立てた龍の姿で現れた。貴人は龍を頭・胴・尾の三つに断ち斬《き》ったが、各部位は姫君を一人ずつ連れ去って天高く飛び去った。三人の娘は国家の柱となり、土地を守護するようにとの父の願いを受けて、戸来、西越、三戸町貝森に神霊として鎮まり、各村の人々に祀《まつ》られた。

『新撰陸奥国誌』にも三女神が戸来、西越、貝森に祀られているとあるほか、戸来の三嶽神社にも三女神に関する伝書が残るという。（『西越・田中の民俗』）

ぼうの神［ぼうのかみ］

青森県各地に伝わる。ボーの神、疱の神、疫の神、煩悩神などと表記される。いわゆる疫病神で、南津軽郡尾上町の八幡崎《やわたさき》疫ノ神送りなどの民俗行事で扱われる。

『平山日記』には、安永元年（一七七二）に疫病が流行し、津軽の村々で「バウノカミオクリ」が行われたとある。このような行事は疱瘡《ほうそう》などの疫病神をもてなして送り出し、害を未然に防ぐ意図がある。弘前市相馬のボーの神送りでは「なーの神送ればボーの神送るじゃ　何処《どこ》まで送るじゃ　仙北まで送るじゃ」と唄って男女の藁《わら》人形を送り出す。（『青森県民俗芸能緊急調査報告書』小舘衷三『青森県の民間信仰』）

墓地へ行く影［ぼちへいくかげ］

大正中頃の青森県西津軽郡中柏村（現・つがる市柏）を舞台とする怪談。

旧正月一六日の深夜一二時、誰にも気づかれず屋根に上ると、年内に死ぬ者の人影が死装束で墓地へ歩くのが見えるという。万次郎という男は毎年のように墓地へ行く人影を見に出ていたが、ある年ついに寂しげに墓地へ向かう自分自身の影を見た。そして、その年の秋頃に死んだという。（北彰介（編）『青森県の怪談』）

仏桂［ほとけかつら］

平尾魯仙『谷の響』にある怪木。

津軽の目屋村市の毘沙門堂《びしゃもんどう》境内に生えている桂の木で、傷つけると血が出るため、枝を折ることさえ禁じられていた。昔、こ

の木を伐《き》ったとき、人と同じように血が流れ出た。桂の精を慰めるためにこの木で仏像を彫りつけたのが「仏桂」の由来で、切株から成長した若木も同じ名で呼ばれた。御蔵町の善蔵という者は試しに枝を折り、淡紅色の液が出るのを確かに見たという。（『谷の響　付　合浦奇談』）

岩井宏實『暮しの中の妖怪たち』などでは、血を吸う（あるいは血を流す）木の妖怪・樹木子《じゅぼっこ》と仏桂が関連づけられている。しかし、実は樹木子は昭和期の子供向け媒体で創作された妖怪とみられている。

仏の仕返し ［ほとけのしかえし］

青森県下北郡東通村野牛《ひがしどおりむらのうし》に伝わる。

ある六部が、雲の上から「彼岸の中日だど思って家さ行ったけぁ、何も上げでねぇ。……あんまり肝焼《きま》げで、童子一人、火さ入れできた」と声がするのを聞いた。その後、六部がある家を訪ねてみると、そこでは子供が火傷をしたと大騒ぎになっていた。（『津軽民話の会　昔話聞き書』）

仏（先祖の霊）が彼岸の供養を怠る子孫に腹を立て、罰を当てた話。

ホドロ沼の主 ［ほどろぬまのぬし］

青森県三戸郡階上町《はしかみちょう》に伝わる。

蒼前平《そうぜんたい》にホドロ沼という大沼があり、恐ろしい主が人を沼に引き込み殺していた。赤保内《あかぼない》の村人たちは笛太鼓で主を誘《おび》き出し、鉄砲で撃ち取った。その正体は年経た大きな鮭《さけ》だった。沼の水は主の怒りで沸き立って七つの流れをなし、各支流に主の一族が棲みついた。鮭たちは別れ際に沼に三升の卵を埋め、千年後の再会を約束したという。（森山泰太郎『陸奥の伝説』）

梵珠山の火の玉 ［ぼんじゅさんのひのたま］

青森市浪岡の梵珠山に出没する怪火。

梵珠山では、旧暦七月九日から一〇日にかけて不思議な光が見えるという。お釈迦《しゃか》様の墓に僧の霊が帰ってくる際の後光で、見ると御利益があるという。浪岡観光協会では梵珠山で火の玉を待つ「火の玉探検」を毎年実施中。（青森市ウェブサイト）なお梵珠山に釈迦の墓があるという言説は偽書・竹内文書の影響を受けたものである。

田中康弘『山怪　参』には、梵珠山全体が光を発するのを見た人の話が載る。知人の住職からは瑞光《ずいこう》だといわれ、実際その人の家には幸運が続いたという。

【ま】

まお鳥［まおどり］

青森県の恐山にまつわる鳥の怪異。

恐山にはまお鳥がいる。「まお、まお」または「まご、まご」と人のような声で鳴くこの鳥は、馬を見失って山中をさまよい餓死《がし》した馬子の魂の化身という。（北彰介（編）『青森県の怪談』）

馬追鳥《うまおいどり》の伝承は日本各地にあり『遠野物語』にも載る。正体はアオバトとされ、あまり見かけることがなく、見た人は死ぬ不吉な鳥だともいわれた。（『武藤鉄城著作集Ⅰ』川合勇太郎『青森県の昔話』）

松子の幽霊［まつこのゆうれい］

青森県青森市高田に伝わる。

昔、王余魚沢《かれいざわ》と高田の間に遊郭があり、松子という美しく愛想の良い傾城《けいせい》がいた。高田村万富の長者は再三求婚したが、松子には恋人がいたため拒絶された。想いが怒りに転じた長者は、松子を孫内山《まごないやま》で殺害した。以後、山道には頭から血を流した松子の幽霊が出て、遊郭に連れて行ってくれと通行人に頼んだという。恋人の権太郎が幽霊の出る場所に庵《いおり》を結び、松子の冥福を祈ってからは何も出なくなったという。（北彰介（編）『青森県の怪談』）

まめの幽霊［まめのゆうれい］

青森県青森市高田に伝わる。

昔、大豆坂《まめさか》街道の王余魚沢《かれいざわ》に至るまでの道にアイヌの美しい娘・まめの茶屋があった。まめは男たちの憧れの的で、ある南部の武士も彼女にしつこくつきまとった。耐えかねたまめは毒饅頭《まんじゅう》を食わせようとしたが失敗、逆上した武士に殺された。まめは幽霊となって茶屋跡に現れ、道行く人に「あなたは南部の人ですか。津軽の人ですか」と尋ね、南部と聞けば目を吊り上げて恨み言を述べた。その後、幽霊は旅僧に弔われて出なくなった。豆坂の「饅頭石」は、まめの毒饅頭が石に化したものともいう。（北彰介（編）『青森県の怪談』）

マリリンモンローの霊［まりりんもんろーのれい］

恐山のイタコにかのマリリン・モンローの霊を降ろしてもらったところ、モンローがイタコの口を借り下北弁で名乗りを上げた――往時のテレビ番組での一幕として語り草になっているもので、ビートたけしなどが頻繁にネタにするため、イタコの口寄せを揶揄《やゆ》する際の定番として流布した。筋肉少女帯「マリリン・モンロー・リターンズ」も、これを題材にした楽曲である。

読売テレビ制作の紀行番組『遠くへ行きたい』一九七一年の放送回では、恐山を訪ねた野坂昭如がイタコにモンローの霊を降ろしてもらう場面がみられる。

他の放送事例は調査不足だが「著名人の霊を呼び出す」という企画自体はよく検討されるらしい。恐山院代の南直哉はイタコに織田信長の霊を降ろす企画への協力依頼を断った経験があるという。(『恐山　死者のいる場所』)「最後のイタコ」を称する八戸市の松田広子は「モンローの魂を降ろしてもらう」などの企画につき、正統なイタコはそんなことはしないと語っている。(鵜飼秀徳『「霊魂」を探して』)あるイタコは口寄せした霊がいずれも津軽弁を話すことについて「人は死ぬと、自分を呼び出す霊能者の言葉で話せる能力を持つ」と答えている。(笹森建英『津軽のイタコ』)

まん子 [まんこ]

青森県三戸郡三戸町梅内《うめない》に伝わる。

梅内の沼ノ沢には里屋敷という長者がいた。ある日、庭に干していた麻の布が一反なくなり、長者に盗みの疑いをかけられた留守番の下女・まん子は沼に身を投げ死んだ。その後に飼牛が布を吐き出したので、まん子の罪は濡れ衣と分かった。村の夜泣坂には女の幽霊が出て、通りかかる女たちの手拭を奪うようになった。村人は沼の畔《ほとり》に堂を建て、櫛《くし》や簪《かんざし》を供えてまん子の怨念を供養した。すると坂に幽霊は出なくなった。(森山泰太郎『陸奥の伝説』)

水かけ [みずかけ]

平尾魯仙『谷の響』に記される怪虫。

谷川の沢によくいる虫で、髪の毛のような形で長さ六から九寸ほど、色は薄赤く、あまり動かない。鱈《たら》の体内にも同様の虫がいて、沢のものより体は短く赤みが強い。ともに猛毒があり、用心せねばならない。

紺屋町の新割町(現・青森県弘前市)の隠居が井戸水を飲んだとき、口に髪が入ったと思い吐き出した。髪はよく見るとゆるやかにぬめり動いており、これが水かけかと恐れをなした。このような虫がいるので、水は濾《こ》してから用いるべきだという。(『谷の響　付　合浦奇談』)

人や魚に寄生する線虫類のことをいったものだろう。福島県の**足絡み**も参照。

美手芸穂丸・美手芸比丸 [みてげほまる・みてげひまる]

青森県南津軽郡常盤村《ときわむら》(現・藤崎町)の伝説に登場する二振《ふり》の宝刀。漢字表記は斎藤正が仮に付したもの。

延暦二年(七八三)、桓武天皇が蝦夷を平定するため坂上田村麻呂を奥羽へ送った。田村麻呂方の武将・津の米重麿《よししげまろ》は、家宝の二刀を餞《はなむけ》に授かり、陸奥《むつ》へ出立した。だが刀身に錆《さび》と曇りが生じたので、眉間《みけん》尺《じゃく》という稀代の研師《とぎし》に調べさせた。釜で七日間煮られて、刀は「我こそはエゾの化身。和人《シャモ》ども思い知れ」と本性を明かした。怒った眉間尺は妖刀を噛み砕き、吹き

散らした破片が仕事場の太鼓の皮に降り注いだ。それが三《み》つ巴《どもえ》の紋を形作ったので、太鼓に巴を描くようになったという。二刀はこのあと雲に乗って大和の大将たちの首を刎《は》ねてまわったとか、エゾの大将・大竹丸（**大武丸**）の手に渡ったなどといわれている。（斎藤正（編）『津軽昔話集』）

眉間尺は中国東晋代の『捜神記《そうじんき》』を典拠として『今昔物語集』などにも記述のある伝説上の人物。元の説話においては眉間尺自身の首が釜で煮られる。

巳のっ子［みのっこ］

青森県青森市地方でいう**雪女**の異名。

雪女は年取りの晩に現れ、巳《み》の日に天へ昇り去るため、巳の子（みのっこ）とも呼ばれた。青森市野内《のない》では雪女は天より来て稲の花を食らうという。五所川原市姥萢《うばやち》などでも雪女は一日に三石二斗も稲の花を食うので、これが長く滞在する年、すなわち元日から初巳までが長い年は不作になるとされた。（内田邦彦『津軽口碑集』）

川合勇太郎は巳のっ子と雪女は違うと聞いたというので、別物と認識している地域もあるようだ。（『ふるさとの伝説』）

みよまだき

青森県上北郡地方の俗信。

材木を里へ降ろすとき使う山橇《やまぞり》にはクリやケヤキなどの堅木《かたぎ》を用いるが、樹頂の枝が三つ股になったものは神の木やミヨマダキといって、山の神や狗賓《ぐひん》（天狗）が腰をかけるので、伐《き》って山橇に使ってはならないとされた。（『青森県史　民俗編』）

娘の執念［むすめのしゅうねん］

青森県三戸郡階上町《はしかみちょう》に伝わる。

昔、大金持ちの家の美しい娘と奉公人の男が恋に落ちるも、両親に仲を裂かれた。娘は病みついて死に、男は山奥の村で酒に溺《おぼ》れた。やがて男の小屋に娘の亡霊が毎晩通ってくるようになり、逢瀬《おうせ》を繰り返すうち男は痩せ衰えていった。村の物知りのすすめで「南無阿弥陀仏」の札を貼って戸を閉ざし、三〇日念仏に明け暮れたが、満願の晩に限って「大変だ、早く開けてくれ」と言う男の声がする。驚き戸を開けると、髪を乱し凄《すさ》まじい形相の娘がいて「あの世で楽しく暮らしましょう」と男の手を引いて消えた。（川合勇太郎『青森県の昔話』）

「牡丹灯籠《ぼたんどうろう》」に代表される、娘の亡霊に魅入られる男の怪談。『雨月物語』「吉備津《きびつ》の釜」のように、物忌《ものいみ》に入った男に偽の朝日を見せておびき出すのが定石だが、この話では別人を装って男を欺いている。

鞭藤［むちふじ］

青森県南津軽郡藤崎町に伝わる。

藤崎はもと「藤咲」という字で、坂上田村麻呂が地に突き立てた鞭が根を張り藤の花を咲かせたことが由来という。鹿島神社にある藤の巨木こそ、その鞭藤だという。

上北郡天間林村《てんまばやしむら》（現・七戸町）天間館《てんまだて》の一本木神社の柏《かしわ》も、元は田村麻呂が立てた鞭という。（森山泰太郎『陸奥の伝説』）

めっこ爺様［めっこじさま］

化け狐の「片目違い」の失敗譚《たん》として各地に伝わる。狐がある家の片目《めっこ》の爺様に化けて現れるが、明いている目の左右を間違えため早々に正体を見破られ、逆に人間に騙《だま》され捕まってしまう。狐の出所として実在の地名が語られる場合もある。

青森県三戸郡階上村《はしかみむら》（現・階上町）の晴《はれ》山沢《やまさわ》にいた狐はいつも人を騙して迷惑をかけていたが、あるとき片目違いのメッコ爺に化けてしまい、婆さんに言いくるめられて自ら叺《かます》に入り、今までの仇討ちだと叩き殺された。（川合勇太郎『青森県の昔話』）

五戸町では石沢の入口によく人を騙す狐がいて、これが片目違いの爺に化けたことがあった。婆は偽の爺を欺いてこだし（かご）に入れて連れ帰り、村中の者を呼んで殺した。その後に本物の爺が帰ってきたという。（能田多代子「五戸の狐ばなし」『旅と伝説』通巻一三二号）

宮城県の**ハフコホツ狐**も参照。

めどつ

青森県地方でいう妖怪。**河童**の類。人や牛馬を川へ引きこむなどの悪事や悪戯《いたずら》をするという。メドチ、メンドズなどとも表記され、水神「みずち」が語源と考えられる。

八戸市の櫛引《くしびき》八幡宮には鷹《たか》がメドツを踏みつける彫刻がある。これは社殿建築の際に、左甚五郎《ひだりじんごろう》が馬淵川《まべちがわ》に捨てた柱材の切れ端がメドツに変化したという伝説に因《ちな》む。人を害するようになったメドツは、八幡様の使いの鷹に懲らしめられたという。（斎藤正『津軽の民話』）

津軽海峡に注ぐ正津川《しょうづがわ》のメドツも人や馬に悪戯をしていた。困った人々は正津川の姥《うば》様（**優婆寺《うばじ》の奪衣婆**）にメドツを叱《しか》ってくださるようにと嘆願した。姥様がさっそく呼びつけて散々に叱ったので、恐れをなしたメドツは悪戯をやめたという。（中道等『奥隅奇譚』）

平尾魯仙『谷の響』「メトチ」では、一般的な河童とは異なる描写がみられる。

寛永（一六二四～四四）の頃、若党町《わかどうちょう》（現・弘前市）の某氏の子が小川で溺死《できし》し、遺体の肛門から長さ一尺六、七寸の蛇のようなものが飛び出した。人々が討ち取ろうとしたが、それは狂ったように素早く動き回り、川に飛びこみ姿を消した。高瀬某氏は、これはかつて自分も遭遇したメトチであろうと語った。高瀬氏が泳いでいたとき、帯状のものが腹にまといついて水底に引っぱられたが、頭らしき部分を石で打ち砕くと離れていったという。（『谷の響付　合浦奇談』）

かつて八戸市吹上《ふきあげ》地区に設置されていた用水路の警告看板には「■きけんだ！ よるな近づくな　メドツが出るぞ」と書かれており、地元やネット上で名物として親しまれた。看板は撤去後も保存され、八戸市

博物館が開催した「かっぱ展」（二〇一六年）でも展示された。

目無蟋蟀［めなしこおろぎ］

青森県青森市浅虫に伝わる。

浅虫にいた悪徳長者が、ある貧乏人に恩を売り娘を妾《めかけ》にした。その悪計を知った娘は古井戸に身を投げて死亡、仇討ちに向かった盲目の弟も返り討ちにされ井戸に投げ込まれた。長者の家は祟《たた》りで滅び、弟の怨念が目無蟋蟀となって秋には悲しい泣き声を響かせた。（森山泰太郎『陸奥の伝説』）

もこ

お化け・怖いものを意味する幼児語。東北地方ではよくモコ、モウコ、モッコなどといい、青森県域では幼児を寝かしつけるときに「泣けば山コからモコァ来らねー、寝ーろじゃ、寝ーろ」「泣けば山からモウコ来る、泣けば里から鬼来るァね」「寝ろちゃ寝ろちゃ、寝たこえ、寝ねば山からモウコ来るァね」「泣げば山コがら、モッコ来て取て食う」などと唄った。（今野圓輔『日本怪談集　妖怪篇』友定賢治『全国幼児語辞典』工藤健一『青森のわらべ歌』）

「蒙古《もうこ》」が語源で、蒙古襲来時の恐怖に由来する名と解する向きもある。秋田県の**蒙古の魔風**も同様の解釈がなされたものか。ただし柳田國男は蒙古説に対して「起源のよほど新しいものとみえる」と否定的で、怕鬼の名に共通する「モウ」の音は化物の鳴き声・唸《うな》り声ではないかと考察した。（「妖怪古意」「おばけの声」『妖怪談義』）

もる火［もるび］

青森県五所川原市に伝わる怪火。もる火、もり火などと呼ぶ。

雨の夜、水死人や縊死《いし》人が出た場所に灯る、両脚のぶらりと下がった真っ青な火。空中を浮遊し、人が憎まれ口を言うと取り付いて離れなくなる。打てば細かく砕けるが、やはり人の体に付く。灯火のある部屋には入らず、念仏を唱えると退散する。これは化物の中で最も恐ろしいものという。（内田邦彦『津軽口碑集』）

『津軽口碑集』では「燃ゆる火」の意味とされているが、亡霊火の転訛《てんか》ではないかとも思われる。宮城県や秋田県にも類似した発音の怪火の伝承がある。

【や】

やちべこ

平尾魯仙『合浦奇談』にある怪物。

文化年間（一八〇四〜一八）、下相野村（現・青森県つがる市）の者が加納村の卑湿地《やち》（湿気の多い低地）に泥炭《さるけ》（堆積した植物が石炭化したもので、水分を多く含む）を採りに行ったとき、体長五尺で幅三尺ほどの手足も目口もないものを土から掘り起こした。それは海鼠《なまこ》に似て全身が黒く、背に二条の筋があり、腹には数百の笄《こうがい》蛭《びる》が付着していた。居合わせたある人は、これを「卑湿地《やち》ベコ」だろうと語った。昔からこの地に雌雄二匹が棲息《せいそく》し、殺せば必ず祟《たた》りがあるといわれていた。ゆえに傷つけず放置していると、ぬめり歩いて土中に帰ったという。（『谷の響　付　合浦奇談』）

矢の根石［やのねいし］

矢の根石（石の鏃《やじり》）が降る怪異。『草廬《そうろ》漫筆《まんぴつ》』には、暴風雨の後に鏃形の石が降ることがある土地のひとつに津軽が挙げられている。（『日本随筆大成第二期1』）

康平五年（一〇六二）、奥州平定に来た源頼義が尻屋《しりや》の悪鬼と対決した際、白衣の神が現れて鬼の額を矢で射抜き退治した。頼義は神が悪鬼退治に用いた箭根石《やのねいし》が数多く出土する霊地に社殿を建造し、八幡神を祀《まつ》った。これが今の青森県下北郡佐井村《さいむら》にある箭根森《やのねもり》八幡宮の始まりだという。（箭根森八幡宮ホームページ）

山形県の**神軍《かみいくさ》**も参照。

幽霊女房［ゆうれいにょうぼう］

青森県南津軽郡浪岡町大杉（現・青森市浪岡）に伝わる。**嬶《かが》の怨霊**同様の幽霊談。

ある親父には妊娠中の嬶《かか》がいたが、博打《ばくち》に夢中で帰宅せず、独りの家で産気づいた嬶は死んでしまった。それから毎晩、赤子を抱いた白装束の嬶の幽霊が出て、寒いと言っては柴《しば》を火事になりそうなほど燃やして暖をとり、夜具を剥《は》いで親父を探した。親父はたまらず尼に助けを求めた。尼は親父に菰《こも》を着せ、嬶を埋葬した土饅頭《どまんじゅう》の上で眠らせた。その晩出てきた幽霊は、菰に手が触れるや「盛土の上さ苔《こけ》ァ生えでしまたじゃ。もう行がねべし」と土中に戻ったという。（川合勇太郎『青森県の昔話』）

雪男［ゆきおとこ］

青森県三戸郡上郷村（現・田子町《たっこまち》）の「しら尾坂」という場所にいるという妖怪。

腕利きの狩人が退治しようと巣穴に足を入れたが、あまりの冷たさに鉄砲を撃つこともできず「たしかにこれは雪男だ」と思ったという。（『上郷の民俗』）

雪娘［ゆきむすめ］

青森県南津軽郡藤崎町に伝わる。

ある吹雪の晩、爺さま婆さまのもとに小さな女の子を抱いた雪女《ゆきおな》ゴが来て、子を抱いてほしいと頼んできた。爺さまが子を受け取ると、雪女ゴは強風に吹かれ粉々に砕けてしまった。女の子は爺婆に育てられ、きれいな娘に成長した。だが泣いて湯を嫌がるため、一度も入浴したことがなかった。爺婆は娘をもっと綺麗にしたいと思い、叱りつけて無理に風呂へ入れた。そのせいで雪娘はとけてしまい、湯の中の白い泡になった。（川合勇太郎『青森県の昔話』）

雪女房、**氷柱女**も参照。

四つ熊の祟り［よつぐまのたたり］

狩猟の禁忌にまつわる怪異。工藤隆雄『マタギ奇談』に津軽地方の話として載る。

江戸時代、マタギの健吉がオリサキ沢で母一頭・子三頭の四つ熊に遭遇し、山の神の化身ゆえ狩猟を禁じた掟《おきて》を知りながら全て獲ってしまった。その後、八人いた兼吉の子は発熱や腹痛で次々に死亡した。健吉は死の間際まで、毎夜ひたすら詫《わ》びるような譫言《うわごと》を発していたという。

四つ熊の禁忌は現代でも語られる。ある無信心な人が白神《しらかみ》で一日のうちに熊を四頭獲ったあと、山中の滝に子熊の首を抱いた女の姿を幻視し、恐慌状態に陥った。同行していたマタギも後日、事故に遭って後遺症を負い、これも祟りだと考えられた。

【ら】

ラーメンの女［らーめんのおんな］

水木しげるの「妖怪目撃画談」に青森県三戸郡の読者から寄せられた怪異談。初出は『怪』第二一号（二〇〇六年）。

投稿者が小学三年生の頃、友達と遊んでいると、おかっぱ頭に赤い目、青いジャージの女がラーメン丼《どんぶり》を手にしてどこからともなく現れた。女はゆっくり歩きながらどこまでも追いかけてきたが、子供たちが神社に逃げこむと忽然《こつぜん》と姿を消した。水木しげるはこの怪について、幽霊の一種だろうとの見解を示している。

龍神様［りゅうじんさま］

家に蛇が出たり、蛇の夢を見たりすると、神託《しんたく》と捉え龍神を祀《まつ》ることがある。

青森県三戸郡階上町小舟渡《はしかみちょうこみなと》の蛇沼家では敷地に蛇が出た後、家人はたびたび蛇の夢を見た。ベットウに見てもらうと、それは龍神様だと告げられたという。（『青森県史民俗編』）

むつ市の九艘泊地区西部で祀られているとある竜神様の祠の前には池があり、そこに弁天様の使者である蛇が泳いでやって来るという。この池を埋めたり、ごみを捨てたりした者には罰が当たるといわれている。（『九艘泊・蛸田の民俗』）

霊夢の鶏［れいむのにわとり］

青森県下北郡大畑町《おおはたまち》（現・むつ市）にある心光寺の住職が体験したという怪異。

明治一五年（一八八二）、蒸気船・青森丸に乗っていた岩神住職は、大湊《おおみなと》到着前に不思議な夢を見た。それは羽織袴《はかま》を着た雄鶏が船室まで来て「私は昨日買われて参った者であるが、三〇銭を恵まれると命が助かる」と慈悲を乞うというものだった。そして下船時には本当に雄鶏が飛んできた。住職は三〇銭で船員から鶏を買い取り、雌鶏と番《つがい》にさせた。三年後、大病に罹《かか》った住職は死に瀕《ひん》したが、また夢に羽織袴の鶏が現れ、あなたは必ず回復して七五歳の三月一五日まで寿命があると告げた。住職は奇跡的に回復し、予言より三カ月遅れて生涯を閉じた。（笹沢魯羊（編）『大畑町誌』）

六郷小学校の幽霊［ろくごうしょうがっこうのゆうれい］

青森県黒石市の六郷小学校に出た幽霊。

昭和二四年（一九四九）頃のある夜、用務員と教師が、廊下で花模様の着物姿の若い女がボウッと光っているのを見た。二人は「ゆうれい学校」と悪評が立つのを恐れ、幽霊のことは秘密にしていた。が、実は他の教師たちも、廊下で何やら肌寒さを感じることはあったという。この場所は刑場跡地で、女の重罪人が多く処刑されたともいう。（北彰介（編）『青森県の怪談』）

岩手県

#【あ】

赤毛のかつら［あかげのかつら］

岩手県胆沢《いさわ》郡金ケ崎町の永徳寺の寿林という和尚は、赤毛のかつらを持っていた。このかつらは、動物の声を聞くことができるものだった。（ふるさとを大切にする会（朝倉一二三、渡辺房雄、山形要）『ふるさとの民俗』）

　動物の声を聞くことができる物は、佐々木喜善『聴耳草紙』の書名にもなっている民話「聴耳草紙」が有名である。赤い毛となれば、柳田國男『遠野物語拾遺』第一一六話に、「白見山で、女の赤い抜毛が丸めて落ちているのを見た」と記されている。また、遠野の善明寺《ぜんみょうじ》には、猩々の赤い毛で作られた払子《ほっす》が寺宝としてある。その猩々は人語をも理解できると伝わることから、永徳寺のかつらは、猩々の赤い毛で作られた可能性もあるだろう。

赤沼の主［あかぬまのぬし］

岩手県九戸《くのへ》郡野田村の赤沼の主は、赤い着物や持ち物を持って通る人に悪戯《いたずら》するといわれた。ある時、馬子をしていた娘が赤い手甲《てっこう》と前掛けをして沼の前を通り、帰らぬ人となった。山伏である父親が沼に潜ると、埋木《うもれぎ》のようなものがあり、小太刀で突き刺すと血が広がり唸《うな》り声がした。それから赤沼の主は、居なくなった。（野田村教育委員会『野田民俗誌』）

　この話では、赤沼の名前の由来も、赤沼の主の正体も、赤沼の主が何故に赤い着物や赤い持ち物を持って通る人を襲うのか説明されていない。

アグトコロバシ

岩手県下《しも》閉伊《へい》郡岩泉町に伝わる。黒くてどこまでも伸びる手を持ち、逢魔《おうま》が時から夜明けまでの間、人の踵《かかと》を摑んで転ばせて崖から落とし頭から食うという。臭い踵が好きで、風呂に入らない一二歳以下の子供、牛馬、酔っぱらいの順に狙う。子供が一〇人歩いていても、その中で一番足の臭い、足を洗わない子供だけが狙われる。川にいるが、岩の上で昼寝していたのを見た人もいたという。（高橋貞子『山神を見た人びと』）

アグトネブリ

岩手県九戸地方に伝わる。闇夜を歩いていると後ろからつけてきて、踵を嘗《な》めるという。アグトとは踵のことである。（佐藤清明『現行全国妖怪辞典』）

　アグトネブリの「ネブリ」は「舐《ねぶ》り」

で、そのまま「なめる」という意味になる。山岡元隣『古今百物語評判』に「垢《あか》ねぶり」という妖怪が紹介されており、別の「垢嘗《あかなめ》」という妖怪と同一であるとされている。「垢嘗」は、風呂場を清潔に保つこと、穢《けが》れを身に溜め込まないことが教訓となっているとされている。アグトネブリもまた同じであると思われる。

アクドボッポリ

岩手県二戸市浄法寺町に伝わる、人間の踵《かかと》をかじったり、ぶつかったり、まとわりつくという妖怪。ボッポリとも。現れる場所は古木や大木の下や墓地が多く、現れる時間は夕方から夜が多いという。姿は見えないとされる場合が多いが、黒い塊であるとか、一つまなぐ（目）の大入道とされることもある。正体についても狐狸《こり》の仕業であるとか、天保の大飢饉《ききん》で死んだ人間の霊であるとかいわれるがこちらもはっきりしない。「ボッポリ」の由来については、この妖怪は土の中から「ボコッ」と出てくるからいう話がある。（野村純一（編）『岩手県　浄法寺町昔話集』）

アグトネブリ、**アグトコロバシ**と、踵に関する妖怪が名前を変えて伝わっている。「あるくところ」が転訛《てんか》して「あぐど」となったとされる。アグトネブリは、踵を舐めるが、このアクドボッポリは踵を齧《かじ》ったりもする。

悪魔の火 ［あくまのひ］

岩手県岩手郡巻堀村《まきぼりむら》（現・盛岡市）に、小七というならず者がいた。村人は小七を捕らえ、石の重りを付けて北上川の淵《ふち》に沈めて殺した。それからのこと、巻堀村で次々に火事が起きた。巻堀村のイタコの占いによれば、小七の悪魔の魂が火事を呼び、今後も村々を荒らし回るだろうと語った。それから村では小七の悪魔の魂から逃れるため神社を建て、小七の霊を神として祀《まつ》り鎮めた。（太田忠雄『姫神物語』）

青森県の**ウラ**も参照。

足音の怪 ［あしおとのかい］

令和の世、岩手県遠野市の観光施設「とおの物語の館」では誰もいないのに、足音が聞こえることがあるそうである。ある日の夜、センサーに反応があり警備会社が訪れた時も、足音は聞こえたという。しかし、確認しても誰もいない。こういうことは、過去に何度かあったそうである。また別に、誰もいないのに自動ドアが開くこともしばしばあるらしい。そして、敷地内のトイレで幽霊らしきものを見たとの声も聞かれる。また近くの遠野市立博物館でも、ツイッターで発信しているように、掃除のおばちゃんが誰もいないのに子供のような気配を何度も感じたそうである。（佐々木剛一聞き書き）

佐々木喜善『遠野のザシキワラシとオシラサマ』によれば、明治に遠野を治めていた南部氏の蔵所《くらしょ》を学校代わりに使用してい

たが、そこで何度か座敷ワラシが目撃されたという。その蔵所のすぐそばが、遠野市立博物館である。

葦毛の駒 ［あしげのこま］

岩手県胆沢《いさわ》郡金ケ崎町の北上川に、釜淵《かまぶち》がある。そこの主は、葦毛の駒だという。秋のある日に村人がこぞって淵に豆を投げる。その夜、葦毛の駒が現れて村々を駆け回る。その葦毛の駒を見れば、善いことがない。（佐々木喜善『江刺郡昔話』）

柳田國男『山島民譚集』によれば、葦毛は最も霊異なるものなると同時に、また最も厄災に罹《かか》りやすいと述べており、その葦毛馬には、神も妖怪も乗るとされる。

馬の博物館『馬にかかわる民俗―水をめぐって―』によれば、日本国内での馬に関する遺物の殆どが、水回りで発見されている。また水辺の馬の不思議な話や怪異譚《たん》は、日本だけでなく中国、中央アジア、ロシアからヨーロッパに至るまであるようだ。

青森県の**葦毛馬**も参照。

小豆平の化物 ［あずきたいらのばけもの］

柳田國男『遠野物語拾遺』第一二三話によると、岩手県遠野市の物見山の山頂付近に小豆平という地があり、そこに小豆の化物が登場する。小豆の化物とえば、妖怪小豆洗い（**小豆研ぎ**）をイメージするが、この小豆の化物の姿は「体中に小豆を附けた得体の知れぬもの」と紹介されており、一般的な小豆洗いとは違うようである。

遠野の伝承に、戦のために追われた姫様が伊達藩へと逃げる途中、物見山の沼に宝物を沈めて隠した話がある。この宝物を守ろうと人を寄せ付けないように作られた化物話である可能性もある。この伝承の出所は柳田國男『遠野物語』第二七話で、同じ物見山の沼の主から黄金の出る石臼《いしうす》の宝物をもらった池端家からのものであるからだ。

あずぎとぎ

岩手県遠野市に伝わる話。旅人が山道を歩いていると、小豆を研いでいるような音が聞こえた。そこへ近寄ると小豆が散らかっており、一粒の小豆が逃げていった。その小豆を追いかけると、墓に着いた。気味が悪いので逃げると、今度は小豆が追いかけてくる。空き家に逃げ込むと遠くから小豆を研ぐ音が近付いてきた。戸を開けると目が百もある小豆の化物が襲いかかってきて、旅人は喰われて死んだ。（稲田浩二（監修）・遠野民話同好会（編）『遠野の昔話・日本の昔話10』「あずぎとぎ」）

ほとんどの小豆洗い、**小豆研ぎ**の話は、音だけの怪異譚であった。しかしこの話では、小豆研ぎが直接、人を喰らっている。いくつかの地域で小豆研ぎは「小豆洗おか、人取って喰おか」と歌いながら小豆を洗っていると伝わる。

東根太郎［あずまねたろう］

岩手県紫波《しわ》郡水分村《みずわけむら》（紫波町）の内に東根という山がある。この山を盛岡の方から見る時は、袴《はかま》の腰板に似たところから、俗に袴腰山とも言うのである。この山は太古、東根太郎という巨人が、北上川を堰《せ》き止めようとして、中央山脈の方から背負い下がったが、向こうの山の犬吠森《いぬほえもり》というところから犬に吠えられて、ここに捨て去ったものだという。その犬吠森は、紫波郡彦部村と長岡村とに跨《また》がる小山である。（佐々木喜善『鳥虫木石伝』）

他に伝わる巨人伝説は、隣の秋田の**八郎太郎**に関する話であることからも、東根太郎の話は貴重である。

穴あき淵［あなあきふち］

岩手県遠野市鱒沢《ますざわ》に、穴あき淵と呼ばれる河童淵がある。その穴あき淵で**河童**に引き込まれた人間の死体は、淵に面する鍾乳洞に入れられると伝わる。またそこは地域の古老曰く、霊界の入り口だとも伝わるという。（水原義人『郷土の伝承と碑』）

『古事記』における黄泉《よみ》への入り口のように、鍾乳洞もまた、霊界への入り口と信じられていたようだ。

暴れる座敷わらし［あばれるざしきわらし］

岩手県一関市大東町に現れる**座敷わらし**は、暴れることで有名らしい。座敷わらしが出ると「ちょされて（触られて）、おっかなくて（怖くて）、ねむられねぁ（寝ることができない）」そうである。やはり同地区に座敷わらしが現れたが、その家で大変暴れ、最後にその家は火事で焼けてしまったそうである。大東町での座敷わらしはどうも、厄災を運ぶ存在であるようだ。

（森口多里『黄金の馬』）

虻の大群［あぶのたいぐん］

岩手県和賀郡西和賀町に伝わる話。岩手郡と和賀郡の境にある山伏峠には、夏になると虻の大群が霧のように発生する。この峠を通った山伏が虻の大群に襲われて刺し殺され、それから峠の名を山伏峠という。

（小形信夫『陸中の伝説』）

アマネサク

岩手県二戸《にのへ》郡に伝わる。炉の灰の中にいるもので、灰を弄《もてあそ》ぶ者を灰の中に引き入れて食うという。（日野巌『日本妖怪変化語彙』）

村上健司『妖怪事典』では、アマネサクとは天邪鬼《あまのじゃく》のことであろうとしている。毛藤勤治『岩手の兆《きざし》 禁《いましめ》 呪《まじないのろい》 俗言』には、二戸郡に隣接する岩手郡葛巻町や、紫波郡紫波《しわ》町でも「灰（炉）を掘ると中から天邪鬼が出る」と伝わっている。この場合

は実際に天邪鬼が現れるのではなく、禁忌を破った者こそが、何事においても人の意に逆らう行動をするひねくれ者であり、天邪鬼そのものであるという意味となる。

広域の**アク坊主**も参照。

アマビエ菩薩［あまびえぼさつ］

令和二年（二〇二〇）、岩手県奥州市江刺南町の光明寺に設置された、アマビエをモデルにした木製の菩薩像。新型コロナウイルス感染症の終息と、人々の思いやりある行動を祈願するもの。

制作は一関市大東町の京仏師石川昇明氏による。ヒバ製で高さは約三三センチ。合掌するアマビエの立像で、長い髪や鱗に覆われた体は元のアマビエの絵の表現を踏襲している。何より特徴的なのは元絵や慈悲深い笑みをたたえる菩薩のイメージからはかけ離れた渋面で、これは秋葉大権現から着想を得て、見る者の姿を窺うような険しい表情に仕上げたものという。（「終息願う〝アマビエ菩薩〟奥州・光明寺が木像設置」『岩手日報』二〇二〇年七月五日）

二〇二〇年に本格化した新型コロナウイルス感染症の流行に関連して、江戸時代に描かれたアマビエが創作の題材として注目を集めるようになった。この動きのなかで、日本各地の寺社でも疫病退散の象徴としてアマビエの画像が利用されるようになり、光明寺のように仏像的な様式で表現される例も現れた。

淡島様［あわしまさま］

岩手県下《しも》閉《へ》伊《い》郡山田町船越に伝わる話によれば、田の浜の鈴木家の先祖が和歌山沖まで漁に行った時、それまで何度も夢に見た人形を拾った。それがあわしま様で、大漁を授ける海の神だった。（船越小学校出版委員会　山田町立船越小学校『船越の民話・第一集』）

戸部民夫『日本の神々―多彩な民俗神たち―』に、あわしま様が紹介されている。正しくは「淡島様」であるようだ。和歌山県和歌山市加太《かだ》の淡嶋神社を総本社とするが、この淡島様は江戸時代に一気に信仰が広まった。淡島願人《がんにん》と呼ばれる宗教人たちが各地を布教して巡り、全国各地で信仰されたようだ。

行灯淵［あんどんぶち］

岩手県上《かみ》閉《へ》伊《い》郡の黄金沢《こがねざわ》と向田瀬の山間を流れる猿ヶ石川が屈折するところに、行灯淵という深い淵があった。誰もその深さを知る者もなく、底知らずの淵ともいわれ、その付近を通っても昼ですら薄気味悪いところであった。名前の由来は、高貴な奥方が入水自害し、それが亡霊となり夜な夜な淵の底に行灯が灯され、誰の目にもハッキリと見えたという話にある。（『東和町史』）

行灯の名の付く堀や森の話は、数多くあるが、それは大抵、難工事を終わらせるために夜に行灯を灯して作業をしているの

を、知らないで目撃した者が怪異として触れ回ったようだ。

石っこ鍛冶屋［いしっこかじや］

岩手県遠野市に伝わる。柳田國男『遠野物語拾遺』第一九二話に紹介される石っこ鍛冶屋の話では、「遠野六日市の鍛冶職人松本三右衛門という人の家に夜になるとどこからとも無くがらがらと石が降って来る」と記されている。松本家に降ってきた石は、平成初期の頃まで裏庭にあったが、やはり邪魔なので処分したそうである。（佐々木剛一聞き書き）

『遠野物語拾遺』では、二叉《ふたまた》に分かれた尻尾を持つ狐が捕まってから、石が降らなくなったとされているが、『遠野町古蹟残映』では他人に見えない石が降ってきてから家が栄えたとあり、狐は登場しない。狐の話は、後からつけられたもののようだ。

石礫の怪、**狐の石降り**も参照。

石礫の怪［いしつぶてのかい］

岩手県上閉伊《かみへい》郡東和町中内村の馬場野の家に、安永三年（一七七四）九月中旬頃より毎日どこからか石礫が飛んでくるようになった。南部藩の地頭は、何者かが投げている可能性を考え、建物の四方に鉄砲撃ち四人を配し、石礫が飛んできた時に、脅しのために鉄砲を撃ったが影響はなし。物の怪《け》の仕業かと修験者に頼み加持祈祷《きとう》をして、守札を四方に張り巡らせたが、効果なし。最後は白山寺法印の守札を貼ったところ、一〇月中旬に石礫が止んだという。（『東和町史』）

飛んでくる石礫で有名なのは、天狗の石礫や狐狸《こり》の悪戯《いたずら》によるものが殆《ほとん》ど。この不思議な石礫の怪異は『南部叢書』「二郡見聞私記」に収められている。柳田國男『池袋の石打と飛騨の牛蒡種《ごんぼだね》』にも、特定の家に限って石が投げ込まれる怪異が紹介されている。また『古今著聞集』にも二つの石礫の怪異が紹介されているが、それらはどうやら狸の仕業だということになっている。

網野善彦『日本社会の歴史』によれば、白河天皇時代（一〇七二～八六）には、石礫が飛んだ記録は、神意を表すものと考えられたようだ。この岩手県の石礫の事件が起きた安永三年は、大地震と飢饉《ききん》が起き、更に疫病が大流行する最悪の年だった。石礫の怪異は、世の天変地異を象徴する事象であったのだろうか、それとも狐狸の類の仕業だったのか。

石っこ鍛冶屋、**狐の石降り**も参照。

一本足の巨人［いっぽんあしのきょじん］

岩手県和賀郡沢内村（現・西和賀町）に伝わる話。大履村（現・西和賀町大沓《おおくつ》）の路のそばと、少し離れた一躒という場所に一本足の大きな履の足跡が残っている。言い伝えによれば、一本足の巨人が大履から

一蹴《ひとはね》して足跡を残した場所を、一蹴と名付けたという。大昔この地に住んでいた山神の足跡であろうか。（高橋子績『澤内風土記』）

著者の高橋子績は一本足の巨人の正体を、古代中国の説話集『孔子家語』に紹介されている夔《き》だと考えたようだ。夔は一本足、顔は人間、体は猿、世にいわれる山の精であると書かれている。中国の類書『三才図絵』にも一本足の夔の姿が描かれている。

日本において、一本足の山の精とされるのは、山彦である。一本足の姿が樹木のように見えることから、山彦は木霊ともされる。水木しげるの「やまびこ」のデザインは、樹木がモデルである。また、足跡を残すことから、一本踏鞴《いっぽんだたら》をもとにした可能性もある。

蹲る座敷わらし［うずくまるざしきわらし］

岩手県遠野市での話。柳田國男『遠野物語拾遺』第九一話に、「その下窪の家では、近所の娘などが用があって不意に行くと、神棚の下に座敷ワラシ（**座敷わらし**）が蹲まっていて、びっくりして戻って来たという話がある」と書かれている。

東北では、大小いくつもの飢饉《ききん》が発生していた。長者など金持ちの家では貯《たくわ》えがあるので、飢饉の時でも普通に神棚や仏壇にお供え物をあげることができていた。そのお供え物を狙って、お腹がすいてどうしようもない近所の子供たちが、長者の家にこっそり忍び込んでいたそうである。神棚の下に蹲っていた子供は、お供え物を食べようとしたが人が来たので、咄嗟《とっさ》に隠れたのを見つかったものであろう。

歌を詠む幽霊［うたをよむゆうれい］

岩手県二戸《にのへ》郡一戸町の吉王寺は、長い間無住職だった。ある時、旅の僧がこの寺に泊まると、青白い僧の幽霊が現れ歌をかけてくる。下の句を付けると、成仏した。（塩谷初太郎（編）『一戸町郷土誌』）

御伽草子の中にある『小町草紙』では、吹く風と共に聞こえてくる小野小町の上の句に対し、在原業平が下の句を詠み、それを聞いて成仏するように美しい女が現れ消えた。その奥の草むらには、白骨があった。

相手を納得させる下の句の歌としては、『古今著聞集』「衣のたて」の話がある。源義家が安倍貞任《あべのさだとう》に対し「衣のたてはほころびにけり」と言うと、安倍貞任は「年を経し糸の乱れの苦しさに」と詠んだ。その見事な歌の返しに源義家は啞然《あぜん》としつつも感動し、攻撃を止めた。返歌によって納得する、成仏するという話は、連綿と続く日本の文化の根底にあるものだろう。

山形県の**執客**《しゅうかく》も参照。

美しい歌声の女［うつくしいうたごえのおんな］

岩手県上閉伊《かみへい》郡大槌町《おおつちちょう》と下閉伊郡山田町の境界となる山母森《やまはなもり》では、美しい女の歌声が聞こえるとされる。この山母森に泊まる

と、暗くなると、大層美しい声で歌いながら女が奥山から下ってきて、夜明け近くになると歌いながら風のように山を登って行くのを聞くと伝わる。

　明治になり、帝国陸軍の人間が岩手県まで赴き、現地の案内人を雇って山の頂に三角点を埋め込む作業をしていた。案内人は、山母森での怪異を話し、野営を止めるべきだと主張したが、そんなものは迷信だと却下されたそうだ。しかし、テントを張って夜を迎えたところ、やはり女の歌声が聞こえたそうである。（大槌の民話編纂委員会『大槌の民話』）

　実は山母森だけでなく、この周辺の山々では、女の怪異譚が多い。

マヨイシマシのものも参照。

えれきのあんちゃん

　岩手県二戸市浄法寺町の三浦氏は、何度となく夢の中で人の死の予言を受け、それを周囲の人達に伝えていた。それが当たるものだからいつしか界隈では、三浦氏を「えれきのあんちゃん」と呼ぶようになった。（野村純一（編）『岩手県　浄法寺町昔話集』）

　「えれき」とは通常電気を意味するが、ここでは人間の気を意味する。気とは気功でもある。浄法寺町では、人間の見えないエネルギーや神が憑いた、狐が憑いたと云いわれるものを「えれき」と表現していた。そして浄法寺町では、町ぐるみで気功を習っていたようである。「えれきのあんちゃん」とは、そういう町の気質からの表現でもあったようだ。（佐々木剛一聞き書き）

お石の幽霊「おいしのゆうれい」

　岩手県和賀郡六原（現・胆沢《いざわ》郡金ケ崎町六原）は毎年川が氾濫するので、千貫石堤に人柱を立てることにした。釜石の遊郭から一九歳のお石という遊女を騙《だま》して買ってきて人柱にしたため、呪いの言葉を吐かれた。それからというもの遊女を買ってきた家では毎年身体の不自由な人が生まれ、遊女を売った家では、生まれた子供が全て若死にした。（石井正己（編）遠野高校社会科研究会（著）『上閉伊《かみへい》今昔物語』）

　また昭和五〇年代になって、複数の者達の夢枕にお石の幽霊が立ったことから、お石を供養するため「お石観音」を作り祀った。現在、このお石観音を祀っている千貫石堤付近は、心霊スポットとなっている。（佐々木剛一聞き書き）

大鵜鳥「おおうのとり」

　岩手県下閉伊《しもへい》郡普代村の鵜鳥神社が鎮座する卯子酉山《うねとりやま》には、この地を訪れた源義経が、大鵜鳥を退治する話が小島俊一『宮古閉伊の地名伝説』普代中学校生徒会『普代村の民話』普代村教育委員会『普代村の伝説』山田勲『普代村史』などに、少しずつ異なる内容で伝えられている。現在でもこの地域は鵜の食害に苦しんでおり、現実の被害が古来の伝説となって、延々と語り継

がれたのだろう。

ただ、あくまでも話の主役は源義経であろう。岩手県内には源義経北方伝説に関係する地が数多くあり、普代村にも義経伝説は根付いている。

大鷹らしい物［おおたからしいもの］

岩手県奥州市江刺米里《えさしよねさと》の「坂」という屋号の家に夜、鷹のような物が出て飛び回り、家の者を寝かせない。近くに金を掘った跡があることから、金の精ではないかとされた。（佐々木喜善『江刺郡昔話』）

俗に「一富士二鷹三茄子《なすび》」と言われるように、鷹は吉兆である。『青森県史（民俗編）』には、ある家に鷹が南から母屋の中に飛び込んできて、東に抜けて行ったところ、カマドがどんどん良くなった話が紹介されている。

お沢［おさわ］

岩手県上閉伊《かみへい》綾織村（現・遠野市綾織《あやおり》町《ちょう》）の宮の目の殺傷場で、最後に磔《はりつけ》にされたのは、お沢という絶世の美人であった。その処刑の際「ああ！　なんともならぬものか！　魂は止まってこの里の活け大根を一本残らず腐らせてみせるぅ！」と叫んだ。しかし大根は、腐ることはなかった。（『綾織村誌』）

吉田政吉『新遠野物語―伝承と歴史―』によれば、慶長一九年（一六一四）、遠野城主に女である子子子《ねねこ》が就いた。その後に剃髪《ていはつ》し、清心尼を名乗った。それからのことであった。不義密通は重罪であるとし、死罪とした。

サワ・寅松も参照。

オドデ様［おどでさま］

岩手県九戸《くのへ》の江刺家岳《えさしかだけ》に棲む、オドデさまと呼ばれる、見た目は愛嬌のある怪鳥。毛だらけの小さな顔に、フクロウのような大きな光る目玉を持ち、毛だらけの胴回りが二升樽《だる》くらいの体をし、人間の子供のような短い足が二本ある。常に人の心を読み、ドデンドデンと啼《な》く。また天候や失せ物をよく当てるので、その村の名主は神として祀《まつ》ったが、金儲けの道具にされたため、名主の毎晩数える銭の音が嫌になって逃げてしまった。

九戸村教育委員会（編）『九戸村の民話』に伝わる、奇妙な妖怪。または金野静一・須知徳平『岩手の伝説』「南部昔こ五題（オドデさま）」に、詳しい話が紹介されている。相手の考えたことを、すぐに当てて言葉で発することから、人間の心を見透かす妖怪覚《さとり》に近い能力を持っている。九戸村、江刺家岳限定の山の怪鳥である。

小本の狒々［おもとのひひ］

岩手県下閉伊《しもへい》郡岩泉町小本地区に伝わ

る。遠い昔のこと。小本地区ではヒヒが人を攫《さら》って喰うため、地域の人々は恐れていた。それから村人たちは、毎年若い娘を裸にしてヒヒに供えた。後に、娘たちの魂を鎮めるために人殺《とがくし》神社が建立されたが、明治時代以前に廃社になったという。（高橋貞子『山神を見た人びと』）

岩手県内で、狒々の話は岩泉町にしかない。狒々の正体は、赤坂憲雄『異人論序説』に指摘されるような、異人の漂白と定住が根底にあるのかもしれない。

母娘連れの座敷わらし

［おやこづれのざしきわらし］

小国《おぐに》（宮古市川井小国地区）の峠付近で、美しい母娘が休んでいた。どこから来てどこに行くのかと聞くと、その女たちは、「今までは遠野の郷の海上嘉善長者におったが、今にあの家も瓦解してしまうのだから、これから小国の道又家に行くのだ」と言った。その後、道又家には母娘連れのザシキワラシがいるという噂が立ち、家の主人の目には、時折その姿が見えたということである。（佐々木喜善『遠野奇談』）

似たような話が柳田國男『遠野物語』第一八話にある。ある男が二人の娘に会い、何処《どこ》から来たと問へば「山口の孫左衛門の所から来た」と答え、何処へ行くと聞けば「それの村の何某《なにがし》が家に」と答えたという。

原美穂子『遠野の河童たち』「ザシキワラシとの関係—喜善の思惑」では、これらは身売りの話ではないかと指摘している。財政が厳しくなると自分の娘を他者へと売ってしまった時代があった。柳田國男『遠野物語』第一八話で、ある男が二人の娘との会話後に「さては、孫左衛門が世も末だな」と思ったというのは、座敷わらしが去ったのではなく、娘を手放すしかなくなった孫左衛門の凋落《ちょうらく》を感じてのものであったようだ。

御山の白猿

［おやまのしろさる］

岩手県大船渡市三陸町綾里石浜に住むイソノさんは幼い頃、祖母と一緒にタンポポの花摘みに、御山にある市柿島《いちきしま》神社の拝殿の方に行った。そこには白い猿がたくさんいたので恐ろしくなり、イソノさんは大きな銀杏《いちょう》の木の陰に隠れた。祖母の話によれば、五年に一度タンポポの花の咲く頃に一度だけ白い猿たちは来るそうである。（三陸町老人クラブ連合会（編）『三陸のむかしがたり』（昭和57年度版）「御山の白猿」）

白い獣は神の使いとされるが、一匹ではなく沢山となれば、それは怪異である。

お利和

［おりわ］

岩手県遠野市に伝わる話。大下の万次郎という、村きっての美男であり乱暴者がいた。ある時、境木峠の大沢の根ッ子立というところに笹刈りに来ている時のこと。奥からさらさらと音をさせながら、こちらへ来る女がいる。はて誰だろうと思っていると、それが同じ村で三年前に死んだはずの「お利和」という女だった。その女が、生

きていた頃の若く美しい姿のまま、万次郎の前をいそいそと通って、死動峠《しするぎとうげ》の方へ行く山道へ向かって行った。万次郎は、今声をかけよう、今声をかけようと思いつつ、ついに声をかけることができなかった。万次郎は、それから家に帰ってから、病みついて寝込み、亡くなってしまったそうである。（佐々木喜善『縁女綺聞』）

恐らく万次郎は生前、このお利和という女との関係が深かったのだろう。

女立石・女盗賊の亡霊［おんなたていし・おんなとうぞくのぼうれい］

岩手県盛岡市に伝わる話。天正一八年（一五九〇）奥州仕置きの世の果て、家族を失った女が盗賊となった。ある時、女盗賊は六部《ろくぶ》を天狗森の岩場で殺した。南部藩への荷を襲ったことから、女盗賊は、南部藩の軍勢により攻められ殺された。その後天狗森の岩場からは、六部の無念の呪文が聞こえるようになり「女立石」と呼ばれた。天狗森には女盗賊の亡霊が漂うようになり、人々が近付けば天候は崩れると伝わる。（太田忠雄『姫神物語』）

【か】

快速アテルイ［かいそくあてるい］

岩手県が蝦夷《えみし》と呼ばれた時代の英雄アテルイの没後一二〇〇年記念事業の一環として、ＪＲ東日本が平成一三年（二〇〇一）一二月に「快速アテルイ」と名付けられた車両を、東北本線の水沢～盛岡間を走らせた。その快速アテルイには、アテルイの目として車両正面に三つの目が取り付けられていたが、その車両に向かって飛び込み事故が三件立て続けに起きたため、三つ目は快速アテルイの車両から取り外された。当時は、アテルイの祟《たた》りかと囁《ささや》かれた

そうである。（佐々木剛一聞き書き）

楓の木の下の埋宝［かえでのきのしたのまいほう］

岩手県下閉伊《しもへい》郡田野畑村《たのはたむら》上机地域では楓の木の下に、宝が埋まっていると伝えられていた。そこを掘ると、丸まった女の髪の毛と、「畑山」と書かれた石が出てきた。（青木松太郎『たのはた風土記』）

戸部民夫『神秘の道具』によれば、女性の黒髪は神降ろしをする時の依《よ》り代《しろ》や、危難除けの護符にされたり、神仏への祈願の呪物にされたりした。同時に、人を呪い殺す道具として古くから使われてきたそうである。

鏡を吊るした山男［かがみをつるしたやまおとこ］

岩手県下閉伊《しもへい》郡岩泉町に伝わる話。昔、岩泉の中上の先祖が**山男**を見たそうである。日暮れ時、額に真ん丸く光る鏡を吊るし、口に短刀を咥《くわ》えて、片手でワラワラと、刈り取った稲をかける木製のハセに手をかけてぶっ壊して歩いていた。そのまた先祖も、山道で全く同じ風体の山男に出遭った事があるという。（高橋貞子『火っこをたんもうれ―岩泉の昔ばなし―』）

掛図のおしら様［かけずのおしらさま］

岩手県陸前高田市小友町《おともちょう》の藤原家の掛図は、上段に**おしら様**の服装に似せた二菩薩、中段に蛇が二匹、下段に馬四頭を配した絵図である。なんでも昔、先祖の家が大火になった時、飼育していた名馬がことごとく姿を消してしまい、皆が困惑していると焼け残りの馬小屋から蛇が二匹現れた。家人は、この蛇こそ名馬の化身だと合点したそうである。（『陸前高田市史』）

この家に伝わる掛図は、その様子を表したもので、名馬の霊を供養するための掛図であるそうだ。おしら様は、馬の守り神でもあるから、この掛図をおしら様として拝んでいるそうである。

崖の上から覗く者［がけのうえからのぞくもの］

岩手県遠野市に伝わる。柳田國男『遠野物語』第九三話に笛吹峠の崖の上から覗く者が現れ、唐突に子供の死を告げる存在。西洋では、死を告げる妖精として、バンシーやシュリーカー、またはデュラハンがいるが、その類に近いだろうか。ただ顔は赤く眼は光り輝いているとのことであるから、山神の類の可能性が強いか。遠野地方だけではないが山神は、人の生死を管理する存在とも伝えられている。

カズ沼の主［かずぬまのぬし］

岩手県遠野市の物見山の頂には、かつて三つの沼があり、そのうちの一つをカズ沼と呼んでいた。その沼には主がいて、鰹《かつお》の化物であった。天気の良い日には沼から這《は》い上がって、よく昼寝をしていたと『土淵《つちぶち》村《むら》誌』に伝えられている。

かせん

岩手県下閉伊《しもへい》郡田野畑村《たのはたむら》北山地区に伝わる話。「かせん」というものがあって、死んだ人間を喰うと伝わる。（青木松太郎『たのはた風土記』）

岩手県では死体を掘り起こして喰らう妖怪として、化け猫の**キャシャ**やカッシャが伝わる。この死体を喰うとされる「かせん」とは、キャシャの流れを汲む化物であろうか。情報が少ない、謎の化物である。

郭公鳥 ［かっこうどり］

岩手県下閉伊郡岩泉町に伝わる話。郭公鳥は、罪深い鳥だと伝わる。郭公鳥は、その罪を消すために八千八声鳴く。人に真似されると、初めからやり直さなければならないので、郭公鳥の鳴き真似をするものではないと伝わる。（高橋貞子『火っこをたんもうれ—岩泉の昔ばなし—』）

この話では、郭公鳥の罪が何を指しているのかは不明である。郭公というと托卵が有名だが、岩手県内では姉妹の飢饉《ききん》時の悲劇として、柳田國男『遠野物語』第五三話にも紹介される「郭公と時鳥《ほととぎす》」の話が広く伝わる。柳田國男は、この話は全国にあまねく広がっていると述べている。

柳田國男『野鳥雑記』には、こんな話が紹介されていた。夕暮れの山道を、幼子を背負って歩いている母親がいた。そこにカッコウが「早来《はやこ》、早来」と鳴くと、幼子は死んでいた。この話からカッコウは早来鳥《はやこどり》と名付け人が恐れたという。また別に、カッコウは冥土の鳥とも呼ばれ、死出の旅路へ連れて行く鳥だともいう。

また「郭公」は、「カッコウ」とも「ホトトギス」とも読む。花部英雄『昔話と呪歌』によれば、ホトトギスもまた冥土の鳥と呼ばれていた。小野高尚『夏山雑談』に「まことや時鳥の初音を厠《かわや》にてきけば禍あり」と書かれている。厠は黄泉国《よみのくに》の入り口だという俗信があり、厠の中でホトトギスの鳴き声を聞くと引きずり込まれる禍があると信じられたようだ。カッコウもホトトギスも姉妹として語られ、人を死へと誘う不吉な鳥としても共通している罪深い鳥であるようだ。

河童金右エ門 ［かっぱきんえもん］

岩手県下閉伊《しもへい》郡普代村に伝わる話。普代川の荒神淵に棲む**河童**は、陸に上がって瓜《うり》畑を作っていた。その河童の名を河童金右エ門といい、その尻は紫色をしているので、弟の河童はそれを抜きたがっていた。金右エ門河童は、弟河童があまりにうるさいものだから鍛冶屋に頼んで尻当てを作ってもらい、それを尻に当て上から褌《ふんどし》をしめて、隠していたそうである。（青木松太郎『たのはた風土記』）

石川純一郎『河童の世界—瓢《ひさご》に宿る水霊—』には、「胡瓜《きゅうり》をはじめ瓢などの瓜類は、水霊を宿すとの信仰がある。人はそれを献じて水霊を祀《まつ》り、河童の厄災を逃れよ

うとしてきた」と記されている。河童金右エ門は、自らの好物である瓜を栽培していたということか。

樺山家の見えないもの

［かばやまけのみえないもの］

陸中国上閉伊《かみへい》郡附馬牛村《つきもうしむら》字大出《おおいで》（現・岩手県遠野市附馬牛町大出）、樺山という家で不思議なことが立て続けに起きていた。姿は見えないが、何者かが家の物を動かし悪戯《いたずら》する。鉄砲撃ちに頼んでも、和尚さんに頼んでも退治することができなかった。（佐々木喜善『遠野の昔話』）

西洋的に言えば、これはポルターガイスト現象である。これが日本となれば、狐狸《こり》の類の仕業か**座敷わらし**の仕業となるのだが、この事件が起きたのは昭和の初期で、携わった和尚もこの件に関しては沈黙しているという。

亀石大明神

［かめいしだいみょうじん］

岩手県遠野市宮守町の善勝寺裏庭の池の端に、縦六メートル、横三メートルほどの巨大な石が堂々たる姿で横たわっているが、この巨石には伝説が付随している。第一一世和尚の代、この巨石を取り除くことになった。石工がノミを入れたところ、石の下からこの世のものとは思えない不気味な唸《うな》り声が聞こえてきたという。これは神仏にゆかりのある石だろうということで、取り除くのを止め、亀石大明神と名付けて祀《まつ》ったそうだ。（岩手日報社編集部（編）『いわてのお寺を巡る：心のやすらぎをもとめて』）

矢野憲一『亀』には、各地の亀に似た形の石についての由来譚《たん》や、亀石明神として祀られた亀石の話が紹介されている。これはつまり、亀そのものが信仰の中で大事にされている証であろう。

東アジア恠異《かいい》学会『亀卜《きぼく》』によれば、密教を中心とする中世宗教界の中には、しばしば亀が登場している。亀そのものは、その甲羅が堅牢さの象徴であり、磐《いわ》に等しいものとして認識されている。

通うなの美女

［かようなのびじょ］

『岩泉地方史（下巻）』には、岩手県下閉《しもへ》伊《い》郡岩泉町の宇霊羅山《うれいらさん》の麓に、通ると良くないことが起きる地があった。それからその地を「通うな」と呼んだ。その地へ行くと、白い着物を着た女が黙って案内し、山奥へと連れて行くとも伝えられると記されている。

岩泉民間伝承研究会『いわいずみふるさとノート』には、宇霊羅山の東麓に、通うなという原がある。そこに美しい女が立っていて、麓に向かって手招きすると、岩泉村の若衆が登って行き、一人残らず食われてしまった。以来「通うな通うな」と恐れられたと記されている。

西洋のローレライのように、美しい歌声

に引き寄せられ死んでしまうという話に近いのだろうか。この「通うな伝説」は形を変え、または断片的な話がいくつも広がり伝えられている。

また別に、岩泉の星山家の先祖に醜い顔の男が宇霊羅山の通うなに向かい化生《けしょう》の女を退治したとの話がある。そしてまた別に、沢廻り村の若者の一人が通うなにある沼で美しい娘と出逢い恋仲となり、逢瀬《おうせ》を重ねた。ある日の夜は大嵐がきて何度も雷が落ちた。翌日、若者は美しい娘が心配で通うなへ向かったが、沼は忽然《こつぜん》と消え、美しい娘にも再び逢うことができなくなったと。その話を聞き村人は恐ろしいものを感じ、「そこには、通うな通うな」と言ったという話もある。

そして、この岩泉に隣接する下閉伊《しもへい》郡田《た》野畑村《のはたむら》の伝説をまとめた、青木松太郎『たのはた風土記』にもまた、「岩泉マリア寺」のタイトルで、通うなの地の伝説が記されていた。宇霊羅山と呼ばれる岩山の中腹に、平坦《へいたん》な地があった。そこに和賀郡や稗《ひえ》貫《ぬき》郡より逃れてきたキリシタン衆徒が、俗称マリア寺を建立した。寺に近付く怪しい者は、寺を守る者たちによって斬《き》り捨てられたという。それから周辺の人々の間では、その地には「通うな、通うな」と言われ始め、遂には地名になってしまったという。岩泉町の教育委員会によれば、宇霊羅山の中腹に寺があったという事実はなかったようである。ただし、南部藩時代、和賀や稗貫地方のキリシタン衆徒が田野畑や岩泉へと逃げ延び、鉱山に隠れて働く者たちがいたそうである。となればマリア寺の伝説は、岩泉の「通うな伝説」に後から隠れキリシタンの伝説が重なって作られた伝説であろうか。

からと石［からといし］

岩手県盛岡市にある、人が隠れるほどの穴をもった大石は、鬼に追いかけられた娘を隠した。鬼は石の中に消えた娘を不思議がり、大石の周りを走り回りガンガン石を叩いた。しかしびくともしない大石で、鬼は諦めて帰った。鬼を追い払った石は「箱の石」「からと石」と呼ばれた。（太田忠雄『盛岡の伝説—みちのくの伝承民話—』）

からと石の「からと」は漢字で「櫃《ひつ》」と書き記す。箱石とも呼ばれたことから形状が櫃みたいでもあり、からと石と呼ばれたようだ。現在からと石は、「櫃石」という地名にもなり、バス停も存在する。

狐憑き［きつねつき］

岩手県遠野市に、山城であった鍋倉山がある。その鍋倉山の入口の左奥であり、遠野市立博物館裏側のひっそりとした所に、下屋稲荷神社がある。

昭和四八年の事、その稲荷神社に爆竹をしかけて遊んでいた男の子が意識不明になって、家に運び込まれた。それからのこと、その子供は何かに憑かれたように毎晩「ウォー！」と唸《うな》り声をあげたために、親は狐が憑いたと判断し、お祓《はら》いをして元に

戻ったという。こういう話は、遠野地域ではよく聞く。それから、その男の子が約二〇年後に結婚することになった。そして、結婚相手の親族と顔合わせとなった時、その中に霊能力者の方がいたようだ。その霊能力者の方に呼ばれ、唐突に「あなたは因縁の稲荷神社に参詣しなければいけません」と言われた。一瞬、言っている意味が分からなかったそうだが、そばにいた両親がすぐに理解したそうである。それから無事に参詣を済ませ、今では何事もなく生活しているそうである。この男の子とは、著者の同級生であり、直接その父親から聞きだした話である。当の本人は、その時のことを全く覚えてはいなかった。（佐々木剛一聞き書き）

狐の石降り［きつねのいしふり］

岩手県遠野市綾織町《あやおりちょう》の赤坂に住む阿部さんに聞くところによれば、赤坂のバス停に立っていると上から小石が降ってくることがあるそうだ。その時に、何度か狐が目撃されていることから、狐の悪戯《いたずら》だろうと噂されたそうである。（佐々木剛一聞き書き）

赤坂のバス停留所がある道路の上は、小高い丘になっており、バス停留所からは見えないように小三稲荷神社が建っている。吉野裕子『狐』によれば、「稲荷神となれば即ち白狐となり……」と書かれているように、いろいろな稲荷の社を覗《のぞ》くと、白狐の像が置かれているはずである。その白狐は、社《やしろ》からしばしば抜け出して悪戯をなすという俗信がある。やはり石を降らせたのは、狐の仕業であろうか。

石っこ鍛治屋、**石礫《いしつぶて》の怪**も参照。

木に登る不思議なもの［きにのぼるふしぎなもの］

柳田國男『遠野物語拾遺』第一六五話には、二郷山《ふたごやま》で木に登る不思議なものを見た者が、家に帰って人に話した後に死んだという話がある。ただ、不思議なものを見たので死んだのか、見たことを人に話したので死んだのかは定かではない。そして、木に登る不思議なものの正体が、何なのかはわからない。

奇妙な犬みたいなもの［きみょうないぬみたいなもの］

岩手県遠野市綾織町《あやおりちょう》に住む阿部さんがある日の晩、遠目に犬らしきものを見つけた。街灯の灯りに照らし出されたその姿は、頭の部分にはモジャモジャとまとめられ結わえられた銀色の毛のようなものがあり、全身は全く毛がなく、耳も尻尾もない。表面はヌラヌラとしたなめし革のような体の犬のような化物であったという。阿部さんは、恐ろしくて走って逃げたそうである。（遠野市老人クラブ連合会（編）『遠野今昔』（第一一集））

阿部さんがこれを実際に見たのは約七〇年前であり、阿部さんが一七歳頃のことである。今となってはその正体が何であったのかは、分からない。

キャシャ

柳田國男『遠野物語拾遺』第一一三話に紹介されているように、岩手県遠野市の綾《あや》織町《おりちょう》と宮守町に跨《また》がる笠通山《かさのかようやま》には、死人を掘り起こし喰らうキャシャという化け猫が棲む。その笠通山の中腹には、キャシャが石になった猫石というものがある。また別に土淵町《つちぶちちょう》山口には、そのキャシャを祀った神社がある。

吉田政吉『新遠野物語―伝承と歴史―』では、遠野地域は土葬であったが遠野に赴いた南部氏が強引に火葬を行おうとしたところ、火をつける寸前で雷を伴った黒雲が葬儀場全体を覆い、その黒雲の中にキャシャが現れた話が紹介されている。

この「キャシャ」という名称だが、どうやら**火車**《かしゃ》が転訛《てんか》した呼名であるとされているようだ。火車は、死人や死ぬ間際の罪人を奪って地獄へと運ぶことから、死体を奪い去る化け猫（**火車猫**）の話と結び付いたというのが一般論となっている。

キリシタンの光玉 ［きりしたんのひかりだま］

岩手県盛岡市に伝わる。浅野正次『東北地方の隠れキリシタン巡回記』によれば、寛永元年（一六二四）、盛岡に住んでいたマチアとマダレナの外国人夫婦がキリスト教を棄教しなかったことから、盛岡で処刑されたそうである。処刑の前の日まで二人は柱に縛り付けられていたが、どこから現れたのか太陽の大きさくらいの二つの光の玉が二人の頭上に輝き、それが神々しく素晴らしい光景だったことから、周囲は大騒ぎとなった。奉行も知らせを受けて見に行ったところ、かなり驚いたとされている。そして奉行は、この不思議な出来事の公表を禁止したということである。実際に、この話は南部藩に関係する書には記録されておらず、パルトリ『日本イエズス会史』に記録されているようである。

傀儡坂 ［くぐつさか］

岩手県花巻市石鳥谷町滝田から大迫町の亀ケ森に越える坂を、今は葛坂と言っているが、昔は「傀儡坂」と呼ばれていた。

霊峰早池峯に源を発する稗貫川は、昔はこの傀儡坂のすぐ近くを流れていた。ある日、稗貫川を遡上する鮭を取っていた亀ケ森の蓮花田村の長が、あまりの大漁に運ぶ手立てを考えていた。そこに、霊峰早池峯を目指していた傀儡女が疲れ切った様子で近付いて来た。村長は、この鮭を運ばないとこの坂は通さないと言い、無理やり傀儡女に鮭を運ばせた。何度も運ばせたところ、傀儡女は倒れ、「この川上には決して鮭をのぼらせないから！」と、呪いの言葉を吐いて死んでいった。それから、鮭はこの坂の下流まで上っては来ても、それより上流に上る事はなかったということである。また、川の流れも変わり、坂に差しかかる二〇〇メートルほど東側手前で、南に

流れを変えてしまったそうである。（菊池照雄『山深き里の物語せよ』大迫教育委員会『早池峰草紙—おおはさまの伝説—』）

クセエの経立［くせえのふったち］

岩手県下閉伊《しもへい》郡岩泉町に伝わる話。岩泉では暗い峠で「人臭え、ホーイホイ」と言いながら、どこまでも追いかけてくる怪しい化物の話がある。その正体は、クセエだった。話では、古びた人家を棲家《すみか》にしていたクセエに熱湯を注いで殺したことになっている。（高橋貞子『火っこをたんもうれ—岩泉の昔ばなし—』「クセエのふったち」）岩手県では狸のことをクセエ、もしくはクサイと言う。（広域の**くさい**を参照）柳田國男『遠野物語』では御犬の経立と**猿の経立**は紹介されているが、他にも長生きをした動物は経立という妖怪になるのだと伝わる。

　昔から人が住まなくなった家に、自然とタヌキやアナグマが棲みつく場合が多々ある。それが目撃され伝えられてきたからこそ、こういう話が創られたのではなかろうか。

首無し地蔵と座敷わらし［くびなしじぞうとざしきわらし］

岩手県西和賀郡沢内村太田（現・西和賀町沢内太田）の富治屋敷で**座敷わらし**が主人の枕元に立ち、この家の古井戸から救って欲しいと告げた。井戸を掘ると、一体の首のない地蔵さんと共に「南無阿弥陀仏」と書かれた平たい石が何百と出てきた。その後家を取り壊すと、常居の敷板の台石に地蔵の頭が使われているのが分かった。家を建て直して地蔵を祀《まつ》ると、座敷わらしは出なくなった。（沢内村教育委員会『沢内の民話』）

　この石は、恐らく礫石経だろう。古井戸を埋める場合、陰陽道の呪術に人形を納めることがある。地蔵はその人形の代わりとして埋められたのであろう。

蜘蛛女［くぼおなご］

岩手県遠野市に伝わる、蜘蛛の化物の話。旅人が道に迷い、空き寺に泊まった。夜になって美しい女が現れ、三味線を聴かせると言って弾き始めた。その三味線の糸で首を絞められたので、旅人は小刀で女を刺した。女の正体は、蜘蛛であった。（稲田浩二（監修）遠野民話同好会（編）『遠野の昔話：日本の昔話10』「蜘蛛女」）

　淵《ふち》で釣りをしている人に糸を絡ませ、淵に引き込もうとする蜘蛛の話は全国各地に広がる。（宮城県の**賢渕《かしこぶち》の大蜘蛛**、秋田県の**桁倉沼《けたくらぬま》の蜘蛛**も参照）また、夜蜘蛛は泥棒の使いとして忌み嫌われ、朝蜘蛛は来客の兆しとして喜ばれる俗信がある。こうした俗信にまつわる話がある。ある家に嫁に入った女が実は蜘蛛であったために離縁され、その夜蜘蛛の姿で家に現れたところ、見つかって殺されてしまった。それから、夜蜘蛛は見つけ次第殺す習慣ができたとい

う。

蜘蛛塚［くもつか］

岩手県胆沢《いさわ》郡金ケ崎町永徳寺の熊野権現の社地に古木があったが、この古木に径一メートルほどの蜘蛛が棲み付いて、糸を吹きかけてたびたび人を捕らえようとするので里人は困っていた。たまたまそこを通りかかった仲将という人がこの蜘蛛を退治して埋め、塚を作った。このことから蜘蛛の棲んでいた一円の地を寺蜘蛛村と名付けたが、後年、永禄年間（一五五八～七〇）に領主葛西壱岐守が亡親供養のため永徳寺に寺蜘蛛村を寄進して、永徳村となった。（小形信夫『陸中の伝説』）

クラワラシ

岩手県遠野市遠野町の市川家での話。市川さんが一人で家にいると、座敷わらしを見た。髪は、黒くて長く切り下げ、顔は赤く、素足であった。その後、今度はクラワラシを見た。座敷わらしよりも顔がより赤く見えた以外は、殆《ほとん》ど同じであったそうだ。（佐々木喜善『遠野のザシキワラシとオシラサマ』）

遠野町の高室という家の土蔵に、クラワラシがいた。そのクラワラシが時折、土蔵の大黒柱の周りをくるくると回っていることがあるという。高室家では、その大黒柱の処《ところ》に小豆飯を供えて置くと、いつの間にか綺麗《きれい》に食べられていたという。（佐々木喜善『ザシキワラシとオシラサマ』）

遠野の俗信に、家や大黒柱の周りを左回りに三度回ると幽霊が出るというものがある。クラワラシは、どちらまわりに回ったのだろうか。『古事記』には、天御柱の周りを左回りに回ったら、足の立たない蛭子が生まれたので、次は右回りにしたとある。座敷わらしやクラワラシが吉凶の象徴なら、回る方向で吉凶を占うことができるかもしれない。

また、座敷わらしとクラワラシは、どうやら違うものとして認識されていたようである。

黒い毛玉［くろいけだま］

岩手県遠野市青笹町に住む、現代のマタギのような生活をしていた藤原さんによれば、ある日笛吹峠方面の山の斜面の上から、大きな黒い毛玉が転がってきて目の前を通り過ぎ、下の沢へと転がり落ちて行った。見ると、その黒い毛玉は動き出したと思ったら、熊であったそうだ。熊は前足が弱いので坂道を下る時、たまに転がると藤原さんは言う。（佐々木剛一聞き書き）

水木しげる『図説　日本妖怪大全』に土転びと呼ばれる妖怪がいる。大きな黒い毛むくじゃらで、一つ目の達磨《だるま》のような姿で描かれ、人が山道を歩いていると転がってくるとされる。土転びの原型となったのは、熊かもしれない。

軽便鉄道を待つ女

［けいべんてつどうをまつおんな］

岩手県遠野市と釜石市の境界である旧仙人トンネルの手前、今でも置いてある電話ボックスの辺りは昔、軽便鉄道の仙人峠駅があったそうだ。軽便鉄道が廃止となってから、仙人峠駅の跡地には、風呂敷を背負った女性が何度か目撃されたという。風呂敷は背負っていなかったとの話も聞く。ともかくはた目から見ると、まるで仙人峠駅に到着する軽便鉄道を待っているかのようであったという。また目撃される時間帯が日が暮れかかった頃だったために、幽霊か、と話題になったそうである。

実は平成になってもいくつかの目撃例があったようだ。直接聞いた話によれば、釜石の方が家に帰る時、バイクでこの峠を通ろうとしたら、やはり薄暗い中、電話ボックスの奥辺りに佇む一人の女性の姿に違和感を覚えたという。また、この峠を通るトラックの運転手の間でも女性の目撃例が、いくつかあるようだ。（佐々木剛一聞き書き）

獣の霊が憑いた刀と槍

［けもののれいがついたかたなとやり］

岩手県盛岡市の芋田の人が、毎晩胸がしめつけられてうなされ、しまいには寝ることができないでいた。体は痩せて病人のようになり、家族は心配してイタコを呼んできた。イタコの占いによれば、先祖が獣を殺した刀や槍《やり》に獣の霊が憑《つ》いており、夜中になると獣の霊が降りて懐に入り、胸を締め付けているためだという。その後神棚に置いていた刀と槍を取り出し、祓《はら》いをして獣の霊を退散させた。（太田忠雄『姫神物語』）

刀を武士の魂と呼ぶこともあるように、刀剣は三種神器にもなる呪具でもあったことから、持ち主である武士の霊魂を宿すと考えられた。例えば無差別の辻斬《つじぎ》りをするようになった武士の刀は、多くの人の生き血を吸い妖刀になるという話がある。この話に登場する、多くの獣の血を吸ってきた刀や槍には、逆に獣の怨念が宿ったということであろうか。

子供を喰らう河童

［こどもをくらうかっぱ］

岩手県西磐井《にしいわい》郡平泉町に伝わる話。衣川の上流と下流に、たくさんの**河童**が棲んでいた。河童たちは、上流と下流で手紙のやり取りをしながら、美味しそうな子供たちを食べていた。ある時、旅の僧が機転を利かせて手紙の内容を書き換えて、上流の河童と下流の河童の間に争いを起こさせた。その後僅かに生き残った河童たちは、ある岩穴の中に隠れ住んだ。しかし、岩穴に坊さんの像が置かれ、坊さんが苦手な河童はそこから出ることができなくなり、河童は全滅した。（朴沢謙一郎『民話の平泉』）

沼や池の主同士の手紙のやり取りに、旅の坊さんや山伏が介入し、手紙の内容を変えて富を得る話は多いが、これは川の主同士を戦わせる話に発展させている。河童が

登場する話には、青森県の**仁太郎**などもある。

五人座頭 ［ごにんざとう］

岩手県二戸《にのへ》市と九戸《くのへ》郡軽米町《かるまいちょう》の境界に聳《そび》える折爪岳《おりつめだけ》の青葉沢では、雨の日などに哀れっぽい三味線の歌が聞こえる。絶壁から落ちた、五人の座頭によるものだと伝えられる。（平野直『岩手の伝説』）

小松和彦『異人論』では、こうした座頭を含む異人殺しの伝説が紹介されている。当書にある井上ひさしのエッセイでは「いろいろの資料を当たってみると、盲人達は誤って沼や池に転落したのではなく、どうやら目明き達の手で、沼や池に突き落とされ、溺死《できし》を強いられた、というのが事実らしいのである」と記されている。また愛知県の「七人座頭」の話では、「七人の座頭が草苅《くさかり》に路を訊ね、偽られて琵《び》琶《わ》淵《ぶち》という淵に落とされて死んだといい、教えた男の子孫はことごとく眼を病むという」と。

二戸市の「五人座頭」の話は、まるで五人の座頭が誤って滑落死し、地縛霊《じばくれい》のようになったと紹介されるが、本来は誰かに突き落とされて死んだからこそ、その無念さから地縛霊となったのではなかろうか。

子持ちのおしら様 ［こもちのおしらさま］

岩手県陸前高田市広田町戸羽家の**おしら様**は、子持ちの神体である。男神と女神の一対であるが、彫刻ではなく頭部を墨書で表し、神体に小さなおしら様を五体ずつ巻きつけ、それを布で一緒にくるんでいる。

伝承によれば、病気で手術などがある時は夜籠《よごも》りをし、患部におしら様の神体を当てて願掛けをすれば治るという。また、子持ちのおしら様は、先祖が子宝に恵まれることを願って作られたおしら様ではないかとされている。（『陸前高田市史』）

小守の天狗 ［こもりのてんぐ］

岩手県二戸郡一戸町に伝わる話。明治初期、岩館小守集落の子守三七さんの家に、天狗が住みついた。天狗といっても影も姿も見せず、話し声もしない。いわば透明人間のようなものであった。煮炊きする音がするので見ても、火の気すらない。しかし姿が見えないが、足跡はあった。

ただし見えないからと天狗の悪口を言おうものなら、わっちゃぎ薪が飛んできて、板の間を打ち鳴らしたりした。（『一戸町誌下巻』）

天狗に関する現象には「天狗倒し」「天狗の礫《つぶて》」「天狗笑い」等があるが、どれも天狗そのものの姿は見えていない。基本的に、天狗の姿は見えないものと思った方が良いかもしれない。

ゴロメキ一つ眼の妖怪

［ごろめきひとつめのようかい］

岩手県遠野市小友町《おともちょう》に伝わる。大矢邦宣・出羽振治『遠野七観音』に紹介される遠野七観音の一つ、小友町山谷観音のそばを流れる小川は、ゴロメキの小川とも呼ばれる。それは、「ゴロメキ一つ眼の妖怪」が出ると伝わるからである。一つ目の妖怪の話は全国に広がりを見せるが、ゴロメキの語源が不明である。

【さ】

座敷婆さん

［ざしきばあさん］

岩手県岩手郡岩手町の遠藤家の奥座敷には、座敷婆さんが出ると伝わる。その遠藤家に、試しに泊まった女祈禱師《きとうし》がいた。夜中の二時頃、床の間から音がしたと思うと婆さんが近付いてきて「起きろ、起きろ」と言う。女祈禱師は声を出したくとも出ない。次は「餅を食え、餅を食え」と言う。次は「柿を食え、柿を食え」と言うが、布団の中で震えていると立ち去った。四尺五寸（約一三五センチ）くらいの婆さんであったそうだ。（岩手日報社『いわて怪談奇談珍談』）

座敷婆子

［ざしきばっこ］

岩手県栗橋村字砂子畑《すなごはた》にある「清水の六兵衛」という裕福な家の奥座敷には、夜寝ていると部屋の床の間の辺りに、坊主頭の老婆が現れる。ゲタゲタと笑っては、四つん這《ば》いになって寝ている者の近くに寄り、また離れていって笑うを繰り返す不気味な老婆が、佐々木喜善『遠野奇談』に「座敷婆子」として紹介されている。

栗橋村は、現在の釜石市橋野町にあたる。この話は佐々木喜善『遠野のザシキワラシとオシラサマ』に詳しい話が載っているが、そこでは座敷婆子という名称は使われておらず、ただ「ザシキワラシという物がいる」という言葉で紹介されている。この怪しい老婆はどうやら、時折泊まる客に対して現れるので驚きはするが、これといった害をなしていない。

寒戸の婆 [さむとのばあ]

岩手県遠野市松崎町に伝わる話。ある家に住む若い娘が突然行方不明となり、三〇年後の風の強い日、老いさらばえた婆様として帰って来た。それから風の強い日は、サムトの婆が帰ってきそうだと言われるようになった。（柳田國男『遠野物語』第八話）

しかしもともと地域に伝わっていた話は、寒戸の婆が帰ってくるたび暴風雨が吹き荒れるので、村人たちが困っていた。そこで山伏に頼んで、山と里の境界に道切りの法をかけてもらい、そこに寒戸の婆が来られないように結界石を置いた。

寒戸の婆は六角牛山の山男に攫《さら》われたので、結界石は六角牛山と里との境界に置いた。寒戸の婆は、六角牛山の乙女ヶ沢にある岩窟で暮らしていたそうである。六角牛山の登山口から少し登ったところに、婆石があるり、寒戸の婆が山神の怒りに触れ、石になったものだとも伝わる。

山形県の**寒沢の婆**も参照。

猿の経立 [さるのふったち]

柳田國男『遠野物語』第四五話には、「猿の経立はよく人に似て、女色を好み里の婦人を盗み去ること多し。松脂《まつやに》を毛に塗り砂を其上に附けてをる故、毛皮は鎧《よろい》の如く鉄砲の弾も通らず」と書かれている。干宝（著）竹田晃（訳）『捜神記《そうじんき》』の中の「猳国《かこく》」に、女性をさらい交わってしまう玃猿《かくえん》の話があることから、この猿の経立の性格は、中国から輸入されたものが結び付けられたのだろうか。日本が中国から輸入して参考にした、李時珍『本草綱目《ほんぞうこうもく》』にも、この玃猿が紹介されている。

猿の経立が女色を好むというのは、中国経由で伝わった猿のイメージであった。

猿回しや六部の祟りと座敷わらし [さるまわしやろくぶのたたりとざしきわらし]

大東町中川村では、猿回しや六部を泊めた時、金を奪い殺した祟《たた》りで、その家にザシキワラシ（**座敷わらし**）が現れるという話が、東洋大学民俗研究会（編）『旧中川村の民俗—岩手県東磐井郡大東町旧中川村—』に伝わる。

六部殺し譚《たん》は、旅の六部がある家に泊まったが、誰も出てくるのを見たことがないというものが多い。

沢内村の蛇 [さわうちむらのへび]

岩手県和賀郡沢内村（現・和賀郡西和賀町）に伝わる話。この地には、おびただしい種類の毒蛇がいる。もっとも異様なものは深い山奥に棲んでいて、その巨大なこと長さ数百尺に及ぶ。その両目はかがり火のようであり、樵《きこり》がこの蛇に出くわし、その毒気に当たると、たちまち卒倒して死をま

ぬがれない。また、首二つの蚺《うわばみ》、体全体が黒く頭が牛に似ているが、角や鱗《うろこ》もなく、ただ顎《あご》から咽喉にかけてつなぎ連ねた珠《たま》のようにくびれて垂れ下がり、真紅で光を発する蚺、両頭の蛇・蝮蛇《まむし》・蠂蛇《ぼくだ》・螣蛇《とうだ》・烏蛇・銀蛇・赤蛇・青のろし・蜥蜴《とかげ》・蠑螈《いもり》・平頭のもの、四つ足のもの、角あるもの、五色のもの、金と青の模様のもの、まだらなものにいたるまで、山や沢にいっぱいいる。それらが山道に横たわり、また方々にうごめき積み重なって塚を築いているところがある。この地には、あらゆる種類の蛇が生息しているという。（高橋子績『澤内風土記』）

サワ・寅松［さわ・とらまつ］

岩手県遠野市小友町《おともちょう》に伝わる。文化一〇年（一八一三）、小友町山谷《やまや》で、夫である甚之丞を殺した罪で、鷹鳥屋から嫁いだサワと近所の若者である寅松が、宮の目という地の殺傷場で処刑された。処刑の際に「三年たたないうちに、山谷の郷を黒焦げにしてみせる！」と叫んだ。それからの三三年後に、山谷で大火が起きたことから、祟《たた》りといわれた。（遠野高校社会科研究会『上閉伊今昔物語』）

お沢も参照。

山中の不思議な家［さんちゅうのふしぎないえ］

昭和六一年（一九八六）六月、初夏の穏やかな日に、岩手県大船渡市三陸町綾里田浜に住む山下トリさんは、いつも慣れ親しんだ山へと蕗《ふき》採りへ行った。ところがいつもの道を歩いていたはずが今まで見たことのない場所に辿《たど》り着いた。そこには見たこともない立派な家があった。その家では、とても綺麗《きれい》な女性が布団を干していたという。山で迷ったので電話を借りようと思ったが、何故かそのまま通り過ぎ、急に体が動かなくなってしまった。目が覚めると、目の前には、いつも見知った道があり、先ほどの立派な家に続く道は消えていたそうである。家に帰ってそのことを話すと、狐に騙《だま》されたんだろうと皆が言ったそうである。（三陸町老人クラブ連合会『三陸のむかしがたり』（第7集））

三人の六部の祟り［さんにんのろくぶのたたり］

岩手県遠野市に伝わる。遠野の会下《えげ》の家では明治時代、次々に息子三人が発狂した。事態を重んじた家主はイタコに占ってもらうと、この家の下にかつて殺された三人の六部が埋まっていると。それを掘り出して供養すれば治ると告げられた。そのためには、家を壊さなければならない。しかしその後、何事もなかったので、そのまま家に住んでいた。そのイタコの話も忘れかけた頃、会下家は新築するために古い家を取り壊した。その新築の基礎工事の時に、穴の開いている頭蓋骨が三つ発見された。やはりイタコの言う通りだったとされた（菊池照雄『遠野物語をゆく』）

六部殺しの話は、岩手県内にも数多く伝

わる。

三本足の猫 ［さんぼんあしのねこ］

岩手県遠野市に伝わる。佐藤秀昭『岩手民話伝説事典』には、「二郷山《ふたごうやま》の池の畔《ほとり》に敦盛草《あつもりそう》が咲き、その花影に三本足の猫がいて、それを見た人は必ず亡くなる」という伝承が紹介されている。

二郷山とは遠野市綾織町《あやおりちょう》において、綾織三山の一つに数えられる霊山である。柳田國男『遠野物語拾遺』第三七話にも書かれているように、二郷山の池そのもの自体が、まず見ることのできぬもの。また敦盛草は、柳田國男『遠野物語』第五〇話ではカッコ花と呼ばれ、「遠野郷にても珍しと云ふ花なり」と書かれているように、今でも遠野地方では稀有《けう》な花である。

塩ラーメン好きの何か ［しおらーめんずきのなにか］

寺井広樹・正木信太郎『岩手の怖い話—坊やがいざなう死出の旅—』「ラーメン研究会」に載る。

大学でラーメン同好会を主催する男性は、一日三食のラーメンは当たり前というほどのラーメン好きだった。ところがいつからか彼がラーメン屋のテーブル席に着くと、注文したラーメンと共に頼んでもいない塩ラーメンが配膳されるようになっていた。ある時ベトナム料理店に入り、注文したフォーを一口食べてみて「塩ラーメンぽいな」と呟いた途端、フォーのどんぶりが誰も座っていない正面の席にズズズズズッと引き寄せられたという。彼は「僕には塩ラーメン好きの何かが取り憑《つ》いているんですよ」と、自ら霊的な何かの存在を公言しているそうである。

地切の沼の主 ［じきりのぬまのぬし］

岩手県二戸《にのへ》郡一戸町の地切の沼に化物が棲んでいて、集落の民を襲っていた。その正体は、大うなぎともいわれる。大火になった時、化物はたまたま池から這《は》い出ており、池のそばで赤くなって死んでいた。村人は当初、火事で真っ赤になった長い化物の体を、不思議な火事の炎だと見間違った。近くに寄ってみてやっと、沼の主の姿だと分かったそうである。村人たちは、あの真っ赤な色をどうしても忘れることができないので、地切の沼を赤沼と言うようになった。（一戸町『広報いちのへ』（昭和五八年九月一日号）田中七助語り「地切の赤沼の主の死」）

現在は赤沼も干上がってしまったようだが、地名はいまだに残っているようである。また同じ県内に別の赤沼伝説がある。例えば遠野地域では、猿ヶ石川が赤くなると災いが起こるという。村を襲った山火事という凶事を赤沼伝説として、後世に残した可能性もあるのではなかろうか。

したがらごんぼ

岩手県二戸市浄法寺町坂本の白鳥川の下

川原の洞窟に、したがらごんぼという化物が棲んでいた。村の与三郎が化物退治に行き、手首を切り落としてきた。その晩、見たことのない婆様が切り傷に効く薬と腕を交換しに来た。その傷薬が評判となり、与三郎は大金持ちになった。（平野直『岩手の伝説』）

「したがらごんぼ」とは、「したがら」が「下の川原《かわら》」が転訛《てんか》したもので、「ごんぼ」は、よく岩手県では「ごんぼほり」という言葉があり「だだをこねる」などの意がある。この「したがらごんぼ」は、男性の局部を触る妖怪とも伝わる。

舌出岩［しただしいわ］

遠野市老人クラブ連合会（編）『遠野今昔』（第二集）に紹介される。天明年間（一七八一〜八九）の頃、岩手県遠野市土《つち》淵《ぶち》の栃内村《とちないむら》に大蛇がいたが、その村を通りかかった和尚により、大蛇は退治された。その退治方法が、大樽《おおだる》に入った酒をたくさん飲ませ、酔い潰れたところを退治し、そのまま大蛇は舌を出したまま石になったという。舌を出したまま石になった大蛇は頭の部分で、他にも胴体の石と尻尾の石があり、大蛇は退治され三分割になっていた。そして、その酒の入った大樽が、そのまま地名となった。

大樽という地にある、この大蛇を祀《まつ》る神社の別当によると、神社で祀られる大蛇は実は白龍であり、誕生した地は同じ土淵の沼袋という地であった。沼袋の地へと行くと龍神を祀る神社があり、この沼袋の沼に棲んでいた一匹の龍が火を噴き、その鼻先から一太刀の剣が出たという伝説が、菊池春雄・萩野馨『遠野市おける館・城・屋敷跡調査報告書』で紹介されている。その調査報告書によれば、安倍貞任《あべのさだとう》の時代になることからも、この大蛇の話は一一世紀まで遡《さかのぼ》ることになる。恐らく仏教布教のために、この大蛇伝説が天明年間に借用され、新たに焼き直された伝説ということではなかろうか。

枝垂れの樹木［しだれのじゅもく］

戦時中、岩手県の釜石は、製鉄業が盛んなことから武器も製造しており、アメリカ艦隊の艦砲射撃を受け、壊滅状態となった。釜石市と山一つ隔てた地にある遠野市でも、その艦砲射撃の音がかなり強く聞こえてきて、恐ろしくて震えていたという。それからのこと、釜石の次は遠野が攻撃されるとのデマが飛び交ったそうである。たまに遠野上空を飛ぶアメリカ軍の飛行機を見て、遠野の人々は、近くの枝垂れ柳や枝垂れ桜の木の下に隠れたそうである。（佐々木剛一聞き書き）

枝垂れ系の樹木は霊界と繋がっていると信じられ、霊的なものは上空のアメリカ軍の飛行機からは見えないと思ったそうである。枝垂れ系樹木は、天から降った霊が枝垂れを伝って霊界へと向かい、もしくは霊界からの霊が枝垂れを使って天へと向かうという迷信を信じたようだ。

柳田國男『山宮考』「信濃櫻の話」において「こういふ枝の垂れた木に、高行く神霊が來り依り易いと考へて……」という仮説を述べている。また別に、柳田國男『柳田國男全集（9）』「信州随筆」によれば、枝垂れ桜が植えられている場所は、神社仏閣や霊地のような場所に多いとされる。

島ノ越大神宮の御神体

［しまのこしだいじんぐうのごしんたい］

岩手県九戸《くのへ》郡野田村、下閉伊《しもへい》郡田野畑村《たのはたむら》に伝わる。野田浜（野田村）へ桑の木の船が流れ着こうとしたが、野田浜の人々は櫂《かい》で叩いて追い返した。その時、御神体から血が出て船を染めた。その後、島ノ越浦（田野畑村島越）に漂着し、村人は小祠《しょうし》に鎮守として祀《まつ》った。御神体は三、四歳くらいのミイラで、六〇年に一度お召し替えをする。麻の布で包んだ上を紐《ひも》で巻いてある。その御神体を拝もうとした三人が三人とも気が狂ってしまった。以上は、青木松太郎『たのはた風土記』に記されている島ノ越大神宮の御神体伝説をまとめたものである。

ところが、田野畑村芸術文化協会『新たのはた風土記』には、御神体についての詳細が書かれていた。「大神宮様の御神体は八歳くらいの女児の乾物《ミイラ》であり、左の腿《もも》に傷があって白絹で包帯されている。そして全身が生麻で巻かれている。六〇年に一回衣裳替えという儀式をもってお召し替えをするとの伝承がある」と記されている。

また御神体を拝もうとした三人が気が狂ったとの記述も、『新たのはた風土記』では、その御神体には一つの巻物がセットになっており、それを見て解読できない者には罰が当たるとされていた。そして、その巻物を見た三人のうち二人に不幸が起きたようであるが、それがどういう不幸であったかまでは記されていない。その巻物には「さわらんどに　さわらます　ますでおよばず　みではかる」と記されていたという。

蛇體姫大明神

［じゃたいひめだいみょうじん］

この話は、岩手県遠野市のある集落の裏山に祀《まつ》られる蛇體姫大明神の社《やしろ》にあった棟札に書かれていたことである。

大正一一（一九二二）年、ある女性が子供の頃蛇を殺したことにより、祟《たた》りを受け全身を煩い、四〇歳になるまで苦しんだそうである。ある時、村を通りかかった日蓮宗の坊さんの七日間にわたる祈禱《きとう》により、全身を覆った蛇の魂魄を封じ込めると、治ったそうである。女性を祟った蛇の魂魄は社に封印され、蛇體姫大明神として祀られている。（「岩手県遠野市の蛇體姫大明神の棟札」）

こういう特殊な神を祀る社は、岩手県内でもいくつかある。

正牛坊

［しょうぎゅうぼう］

岩手県遠野市の浄土宗の善明寺に、「真《ま》

似牛《ねうし》の角」と呼ばれる一本の角が寺宝としてある。その角には一つの伝説が付随している。

　ある悪い農夫が、旅の僧を捕まえて閉じ込めると、なぜかその農夫は牛になってしまった。旅の僧は金光《こんこう》上人で、牛になった農夫を元に戻してあげた。農夫はその後、罪を悔い改め金光上人の弟子となり、正牛坊と名乗った。正牛坊は、金光上人を追って遠野に辿《たど》り着き、そこで亡くなった。正牛坊が所持していた、自らが牛になった時の角の一本が、今でも善明寺の入口に展示されている。

　善明寺に伝わる「真似牛の角」と同じような話が、宮城県栗原市栗駒にある浄土宗の往生寺にも伝わる。（宮城県の**真似牛村**参照）しかしその原型は、どうも宮城県小《こ》牛田町《ごたちょう》（現・美里町）の「牛飼長者伝説」（宮城県の**牛飼村**参照）からきているようだ。（善明寺資料『金光上人由来 正牛坊の角伝説』）

猩々の屏風［しょうじょうのびょうぶ］

　岩手県遠野市土淵町栃内西内《つちぶちちょうとちないにしない》の佐々木某家に、古い一枚の猩々らしき物が描かれた小屏風があった。この屏風を他家に貸したところ、借りた家の人たち全員が、毎晩赤ら顔で垂れ髪の童子が歩き回る夢を見るようになった。占ってもらうとどうも屏風に原因があるようなので返したところ、夢は止んだという。（佐々木喜善『遠野のザシキワラシとオシラサマ』）

　この話には、この猩々の絵を見た沖舘さんの話も紹介されている。沖舘さんは小屏風の絵を「ザシキワラシによく似ておる」と述べている。この猩々だが、能楽の演目にもあって、福をもたらす神として登場している。また猩々は猿に似ているともされるが、遠野には河童の正体について里の淵に棲んでいた淵猿説があり、それが家に入り込んで座敷わらしになったなどの話もある。

　遠野の河童は、赤いとされる。そして座敷わらしも含めて、赤ら顔。佐々木某家にある小屏風に描かれた「猩々らしき物」とは、本当に猩々だったのだろうか。

障慢持法坊［しょうまんじほうぼう］

　元久二年（一二〇五）の頃、蛇柳明神の別当をしていた障慢持法坊は、大水により家族全てを失った。それから天に対して恨みを抱き、いつしか天狗となって、近郷に出没しては乱暴の限りを尽くしていた。そこの辺りを通りかかった金光《こんこう》上人はこれを聞き、念仏の功徳によって真人間に戻してやり、牙二本を差し出させ、仏法への帰依《きえ》を誓わせたと善明寺に伝えられている。その一本が、「天狗の牙」として善明寺の入口に展示されている。

　遠野の善明寺に伝わる話だが、怨みを抱いて鬼になる話が多い中、天狗になる話は珍しい。（善明寺資料『金光上人由来 天狗の牙伝説』）

白鼠［しろねずみ］

岩手県盛岡市に伝わる。山小屋を開けておくと、人を惑わす化物が知らぬ間に棲むと云われる。ある男二人で山小屋に寝ていたら、一人が夜中にうなされる声で目が覚めた。寝ている隣の人の上に白い鼠が乗り、身体を震わせるたびに、うなされていた。白い鼠が去ると、寝ていた者は何事もなかったように静かに眠りにつくという。

山小屋にも化物の通り道があり、そこに寝てしまうと化物が来て人を悩ますとされる。そのため小屋に入ったらまず火を焚《た》いて、その煙で化物を追い出すのが必要であるとされる。（太田忠雄『姫神物語』）

常光徹『妖怪の通り道』を読むと、山の尾根筋は魔が通るとされる話が多い。そういう通り道に山小屋があり、扉が開いていれば知らないうちに魔が棲みつくのかもしれない。そして小屋の内部に通り道があるとしても、それを見分ける方法は分かっていないようだ。

ちなみに岩手県の俗信に「夜、寝ていて頭に鼠が上ると、その人は死ぬ」というものがある。

雀の祟り［すずめのたたり］

岩手県釜石市に住む子供が朝起きようとしたら、手足も口も動けなくなっていた。驚いてハヤリ神に見てもらったら、鳥の祟りと言われた。昨日、雀の巣に悪戯《いたずら》したことを思い出し、お祓《はら》いの祈禱《きとう》をしてもらい一生懸命祈ったところ、翌日にはすっかり元通りになった。（奥寺正『続海のむかし話』「雀の祟り」）

ちなみに、この話でのハヤリ神とは、イタコのことである。

スルメ星［するめぼし］

岩手県釜石市に伝わる話によれば、文久元年（一八六一）四月に釜石方面に「スルメ星」と呼ばれる箒星《ほうきぼし》が現れた。古来、このような時には天変地異が起きるといわれる。その年の秋になり作物が全滅し、大洪水が起き死者も多数出た。（奥寺正『海のむかし話』）

『遠野市史　四巻』によると、文久元年の秋に、岩手県では洪水と飢饉《ききん》が重なって起きていた。ただし箒星（スルメ星）の記述はないようだ。

杉岳志『近世日本における天変の文化史』によれば、安政五年（一八五八）八月、京都でコレラが大流行して命を落とす人が相次いだ時、偶然にも彗星《すいせい》が出現していたことによって、彗星と天変地異が結びつけて考えられるようになったようだ。そうしたなか、再び文久元年に彗星が現れたという。

殺生石と泉［せっしょうせきといずみ］

岩手県北上市の黒岩の東方、水押《みずおし》との境に標高約二〇〇メートルの山、通称岩井山

がある。この山の中腹に、人間の像らしき岩石が立っている。これが殺生石と呼ばれていた。この岩に近付くと蛇、蛙、その他の昆虫類は即死し、人畜さえ一時気絶するほどであった。この石の南方に泉があり、覗《のぞ》くと龍が現れ目が潰れるか死ぬと伝えられている。この泉の水をすくって飲んだ人が、途端に気絶したと多田貞蔵『黒岩伝説集』に伝えられる。

この岩井山の中腹の泉は、殺生石の瘴気《しょうき》に汚染された泉であったか。

千眼城山の蟲 ［せんがんじょうさんのむし］

岩手県遠野市小友町《おともちょう》字高木の崖下の路傍に、「蠢動含霊等」と刻まれ、由来も年号も不明の蟲《むし》供養塔と呼ばれる石碑があった。その八メートルほど近くに、明和戊子年（一七六八）七月一〇日と記されている路供養塔の石碑があり、それに関連するであろう伝説が、同じ小友町の常楽寺に伝わっていた。

小友探訪会『とおの小友探訪―「小友町勝蹟志」増補版―』によれば、この路《みち》の開発の際に、大蟻《おおあり》の如くまた蜈蚣《むかで》の如き寄虫が無数に出て、上の千眼城山に逃げ去ったのを、常楽寺の第一二世海岳呑船和尚が供養のために建立去したものだと言う。しかし無数の蟲が、何故逃げ去ったのかは不明。

地域の古老によると、その話には別伝があった。なんでも無数の蟲が湧いた時、ある娘の笛の音によって、その蟲は千眼城山の麓に集まり、その娘を包み込んで山の奥彼方《かなた》に消え去ったという。（佐々木剛一聞き書き）

「蠢動含霊等」と刻まれた蟲供養塔は、いつの頃か洪水のために流失し、今は路供養塔のみ現存している。

千本桂の狐 ［せんぼんかつらのきつね］

岩手県花巻市大迫町内川目《おおはさままちうちかわめ》の立石にある桂稲荷神社の境内に、千本桂と呼ばれる大木がある。その木には、狐が棲んでいた。狐が西の方角に鳴くと東の集落に、東の方角に鳴くと西の集落に不祥事があった。それから狐の鳴いた方角で、吉兆を占っていたそうである。（小形信夫『陸中の伝説』）

千本桂と呼ばれる桂の木は、株が増えていくつもの桂の木が密集して立っているもの。同じように千本桂と呼ばれる木は、岩手県内にいくつかある。樹木は年月を経て古木となると、見た目が異形となり神として信仰される場合もある。桂は古来から霊木とされ、桂の木から観音様などがよく彫られてきた。

底なし沼 ［そこなしぬま］

岩手県遠野市土淵町《つちぶちちょう》柏崎の沼の色は紺青色をなし、付近の家々から牛・馬・鶏などを捕らえ呑み、苗代を荒らし、水田を枯らすなど、奇怪変化を起こしていた。地域の者たちは毎年苗を三把を沼に投じて、この沼を祀《まつ》るようになった。この地域の者でこれを怠る者があれば必ず神罰があり、そ

の苗が初秋には所を異にして現れたという。（土淵小学校創立百周年記念事業実行委員会記念誌編集委員会（編）『土淵教育百年の流れ：土淵小学校百周年記念誌』）

ところが時代を経て、この沼は干からびてしまった。それから何も起こらなくなったということである。

外川の殺生石［そとかわのせっしょうせき］

遠野町地域づくり連絡協議会（編）『遠野町古蹟残映』に、岩手県遠野市の殺生石の話が記されている。

中村禎里『動物妖怪談』によれば、玉藻《たまも》前《まえ》の話は狐が関東武士の狩りによって殺されたことから、創られた話ではないかとしている。ここでの殺生石もまた、この地で狐が殺されたことによって作られた話であろうか。もしくは、源頼朝の奥州征伐の後に関東に帰らず、残って土着した関東武士が伝えた可能性もあるのかもしれない。

【た】

ダーンコロコロドンガラヤ

岩手県奥州市水沢に伝わる話。和尚夫婦から寺の留守番を頼まれた見習いの小僧が一人で夜を過ごしているところに「ダーン・コロコロ・ドンカラヤ」と奇妙な音と共に化物が入ってきて、小僧を喰らった。翌日の夕暮れ、和尚夫婦が帰ってきて小僧が殺されたことを知った。再び化物が寺に来ると思い、和尚は天秤棒《てんびんぼう》を手にし、奥さんは箒《ほうき》を手にして待ち構えた。予想通り化物がやって来たが、和尚夫婦が打ち据えて殺した。化物は転がって溜め池に落ちた。するとそこには、大きな瓢箪《ひょうたん》が浮かんでいた。（森口多里『黄金の馬』）

化物の正体は、瓢箪であったようだ。瓢箪は神霊が宿る器であるとされた。また、音を伴って現れるのは、雷などと同じく神と等しいものとされた。恐らく瓢箪は、祟り神だったのだろう。

大工の呪術と座敷わらし［だいくのじゅじゅつとざしきわらし］

岩手県東磐井《ひがしいわい》郡大東町中川村（現・一関市大東町中川）に伝わるザシキワラシ（**座敷わらし**）は、禍《わざわい》を呼び込むものとされている。柱を逆にして家を建てたり、柱に童形の人形を彫ると座敷ワラシが出ると古くから伝えられていた。あるとき、施主と大工が賃金のことで口論となり、頭に来た大工は密かに柱を逆にして家を建てた。そして、その新築の家にザシキワラシが現れ、家は没落し施主は死ぬという話が、東洋大学民俗研究会（編）『旧中川村の民俗―岩手県東磐井郡大東町旧中川村―』に記され

ている。

また、同じような話が、森口多里『黄金の馬』に、宮古市田老《たろう》の話として紹介されている。宮古市田老に、曲がり家の大きな家があった。その昔、その家を建てる時、建築費のことで旦那と大工の棟梁が言い争った。憤った棟梁は禁呪の法を使い、ノミで一尺（約三〇センチ）の木偶を作り、丑《うし》三時に家へ忍び込み、座敷の薄暗い隅に、木偶を置いてきたという。それ以来、その家では丑三時になると、一尺ばかりのザシキワラシが現れるようになった。この一尺ばかりのザシキワラシを鎮める方法は、座敷の奥に置かれている人形にお供えをして拝んでから、その人形を梨の木まで持って行き、呪言を唱えながら、梨《なし》の木に人形を打ち付け拝むと、現れなくなるそうである。

大日堂の怪石［だいにちどうのかいせき］

岩手県紫波《しわ》郡赤石村大字桜町（現・紫波町桜町）の橋に妖怪が現れ、往来の人を悩ましていた。ある男が、その妖怪を刀で切りつけると、橋の上には青石が切り砕けていた。同じ日のこと、その近所の大日堂で境内にある大石の上部が切り砕けて倒れていた。その大石に、橋の上の青石を合わせてみるとピッタリと合った。妖怪の正体は、石の精であろうとなった。ちなみに、大石を斬《き》った太刀は、伊達藩で有名だった、桃生《ものう》郡の刀工宝寿の作であったという。（佐々木喜善『鳥虫木石伝』）

遠野市で呪いの刀として有名になった太刀もまた、宝寿の作であった。名刀は、魔をも切り裂いてしまうのだろう。

平の神［たいらのかみ］

岩手県釜石市に伝わる。明治のある年の秋、釜石沖で一隻の船が突然の嵐に見舞われた。船が沈没しそうな時、カラケが飛び上がり、蝙蝠《こうもり》のように飛行して波の中に消えた。漁師たちはそれを「平の神のお通り」と呼んで、恐れおののいた。（奥寺正『海のむかし話』）

この話の中に登場する「カラケ」とは、海のエイである。塩谷亨『青森県における魚類等の方言名について』を読むと、青森県のエイの方言は、「カスベ」が多いようだ。岩手県内陸のスーパーでも「カスベ」として、エイがたまに売られている。釜石市では、エイをカラケと呼んでいるようだ。

日本人は、様々な生物を神として崇《あが》めてきた。その姿形や色彩、人間に持ちえないものを持つ生物をも信仰した。エイが「平の神」という神名で呼ばれるのには、その姿形が強烈な印象を与えたからだろうか。

高館物怪［たかだてもっけ］

岩手県胆沢《いさわ》郡衣川村《ころもがわむら》（現・奥州市衣川地区）に伝わる剣舞《けんばい》（祖霊の供養や魔を祓《はら》う目的で行う舞）の由来譚《たん》には、高館で滅びた源義経主従の亡霊が登場する。

昔、義経主従の亡霊が夜ごとに判官館の城に現れて、高館御所、伽羅《きゃら》の御所、柳の

御所で暴れ回ったうえ、猫間ヶ淵で浮き沈みして人々を恐れさせた。そこで藤原泰衡は霊を鎮めるため、中尊寺の僧たちに七日七夜にわたる山王山参籠《さんのうざんさんろう》を命じた。祈念の最中、どこからか一匹の猿が現れて、荒れる亡霊たちに交じって面白おかしく踊り始めた。すると亡霊もつられて踊りだし、そのまま猫間ヶ淵に退散した。以後、亡霊は現れなくなり、猿の踊りは衣川の「けんばい」として後世に伝えられ、「高館物怪」や「阿修羅踊り」とも呼ばれた。（本田安次「陸中のけんばい」『旅と伝説』通巻八一号）

岩手県に広く伝わる剣舞は、古からの戦に敗れた蝦夷《えみし》であり、安倍氏や奥州藤原氏、そして源義経主従の怨念を鎮めるための民俗芸能と伝わる。この本田安次「陸中のけんばい」では、源義経より先に死んでいる藤原泰衡が、源義経主従の魂を鎮めようとしているが、歴史的にもあり得ない話なので、恐らく時代と共に、過去の怨霊との混同があって、こうして伝わったものと思える。

滝沢の淵［たきざわのふち］

岩手県花巻市大迫町《おおはさままち》亀ケ森の袖子森を水源とする滝の下は、深い淵になっていたことから、滝沢の淵と呼ばれた。その淵に子供二人が魚獲りへ行ったところ、淵から子供のようなものが現れ、あっという間に一人の子供を淵の中に引きずり込んでしまった。

村人たちは大勢で滝沢の淵へ、いなくなった子供を探しに行った。淵に潜ると岩穴の所で座っている子供を発見し、どうにか引き上げた。その子供をよく見ると、尻の穴が破られ、内臓を全て食べられていて、その代わりに体の内部に石が詰められていた。

村人たちは、子供の復讐《ふくしゅう》のために滝沢の淵の水を汲《く》み干そうとしたが、逆に淵の水が溢《あふ》れて洪水になってしまった。（大迫町教育委員会『早池峰草紙―おおはさまの伝説―』）

河童は、人の尻子玉を抜くとか、尻から内臓を喰らうという伝承がある。恐らく、正体は河童なのであろう。

滝の人魚［たきのにんぎょ］

岩手県岩手郡岩手町の御堂《みどう》新田にある滝は、断崖にしぶきをあげ、玉吹きの滝と呼ばれていた。その滝で、しばしば不思議な若い娘を見たという話があった。それからのこと、**人魚**かと思われる姿の滝登りが目撃された。（太田忠雄『岩手郡の伝説・沼宮内通りの伝承民話』）筆者命名。

日野巌『動物妖怪譚』によれば、『北条五代記』（巻7）に「海山河にも有」と記されていることから、山河の人魚譚《たん》は古くからあったようだ。

岩手県内の人魚譚は、長生きしている人物に対して、人魚の肉でも食べたのかと問う程度の話くらいしかない。ただ山中に竜宮の入り口の話も多く、山と海は繋がって

いると考えれば、海の人魚が山の滝に現れてもおかしくはないだろう。人魚の目撃情報は、凶兆とも伝えられる。

蛸入道 ［たこにゅうどう］

三人の男が、岩手県釜石市箱崎町の三貫《さんがん》島《じま》の近くで漁をしていた。突然、蛸入道のようなものが現れたが、海の言い伝えを思い出し、船を蛸入道めがけて突進したら消えた。（奥寺正『海のむかし話』）

見えないものが目の前に現れ、覚悟を決めて突進すると、それは消えるとされる幽霊船の系譜であろうか。

蛸の淵 ［たこのふち］

岩手県下閉伊《しもへい》郡田野畑村《たのはたむら》の松前川の昔は、今では想像もつかぬほど水量が多くて川幅も広かった。大芦《おおあし》の人々は、船を浮かべて対岸の草を刈っていた。ある日、刈った草を満載した船が漕《こ》ぎ戻ろうとすると、水中から船べりへ手をかけて船を転覆させようとするものがいた。驚いて草苅鎌で手を切ってみると、それは蛸の足だった。それからそこを、蛸の淵と呼ぶようになった。（青木松太郎『たのはた風土記』）

蛸のような光り物 ［たこのようなひかりもの］

岩手県遠野市綾織町《あやおりちょう》に住む阿部さんの体験談。阿部さんは、夜に聞称寺《もんしょうじ》の前を通りかかると、奇妙な蛸のような光り物に遭遇した。それは東から西へと、空を泳ぐように渡って行ったそうである。阿部さんは何度となく人魂のような光り物には数多く遭遇したということだったが、タコのような光り物は初めて見たそうである。（遠野市老人クラブ連合会（編）『遠野今昔』（第一一集））

田代の狸 ［たしろのたぬき］

岩手県二戸市浄法寺町の田代山での話。雨の降る一夜を、山中の小屋で明かそうとした男がいた。真夜中になり「申す、申す」と女の声が聞こえたので、扉を開けると雨に濡れたうら若き女が立っていた。男は、相手が欲しい寂しい一夜であるから、狐狸《こり》の類ではないかと疑いつつも、小屋に引き入れた。翌朝、男は舌を噛《か》み切られ死んでいた。小屋の内部は、食料が食い荒らされており、辺り一面獣の足跡があったことから、犯人は狸の仕業ではないかとされた。それから、その地に「清源壽涼信士」という戒名を刻んだ一碑が建てられた。文化一三年（一八一六）六月一六日の夜の出来事であった。（佐藤源八『南部二戸《にのへ》郡浅沢郷土資料』）

ところで、この話には別伝がある。田代山は岩手県の浄法寺と沼宮内《ぬまくない》の境界にある山であった。沼宮内地方では事件の夜に埋葬された女の遺骸が墓から這《は》い出し、田代山の山中の小屋で倉之助と出逢い結ばれ、冥土の道連れにしたものだとも伝えられている。

祟りの木 ［たたりのき］

岩手県紫波《しわ》郡に伝わる。昭和の時代、東北本線の古館《ふるだて》駅（紫波町中島落合）と矢幅駅（矢巾町又兵エ新田）の中間に蝦夷森《えぞもり》と呼ばれる森があり、栃《とち》の木の大木があった。触ると祟りがあると言われたが、汽車の窓からも手を伸ばせば届いたそうである。しかし触れた者は体調を崩し、枝を折った者は亡くなる事故が続いて起きた。この事故から、いつしか蝦夷の祟りだと噂が広がったという。（『矢巾町史』）

魂と蜻蛉 ［たましいととんぼ］

岩手県遠野市で葬儀屋を営む者から直接聞いた話である。

平成初期の頃、若くして事故で亡くなった男性の葬式に、一匹の蜻蛉が現れた。喪主である兄の周りを飛び、声をかけて呼んだ者へも寄るほど、人慣れした蜻蛉であった。一旦、どこかへ消えたと思った蜻蛉は、今度は二匹の蜻蛉を連れて三匹で、再び葬儀の参列者の周りを飛んだ。その後の初七日、亡くなった男性の彼女が参加したところ、男性は死ぬ寸前に蜻蛉の撮影をしていたという。その蜻蛉が全部で三匹だったことを知った、男性の兄は、弟が蜻蛉に身を変えて来たのだと思ったそうである。（佐々木剛一聞き書き）

岩下均『虫曼荼羅―古典に見る日本人心象―』によれば、旧盆の前後に飛び交う蜻蛉の姿を見た人々は、先祖が蜻蛉に乗って来られるとか、亡き魂の仮の姿と考えられた。また、今井彰『蝶の民俗学』でも、蝶は人から抜け出した仮の魂と考えられている。更に、平安時代の末期に成立した『後拾遺和歌集』に含まれる和泉式部の歌「もの思へば沢の蛍も我が身よりあくがれいづる魂かとぞみる」もまた、浮遊する蛍を魂に見立てている。古くから人の魂は虫の姿で現れると信じられていたことが、実際に起こったという話であろうか。

山形県の**蜻蛉**も参照。

俵の形をした化物 ［たわらのかたちをしたばけもの］

岩手県遠野市青笹町には、前九年の役の時代に使われた臼館《うすだて》という館跡がある。古い伝説では、安倍貞任《あべのさだとう》はこの館から源義家軍の背後をついて、挟み撃ちにしたと伝わる。攻撃は失敗に終わり、貞任軍の兵の屍《しかばね》が山と積まれた。それから、臼館に俵の形をした化物が出るようになった。刀で切ったり、棒で叩いたりすれば、化物の姿は三つにも、四つにも分かれ、すぐに元の俵の形に戻ってしまう。人々は、この化物は死んだ兵たちの怨念が形となって現れたのだろうとされた。（菊池敬一『北天の魁』）

地球破壊のお告げ ［ちきゅうはかいのおつげ］

岩手県盛岡市東中野町に在住の女性が、不思議な夢を見た。彼女の前には、黒いあごひげを生やした体格のいい四〇歳くらい

の男性と、その両脇に一人ずつ人が座っていた。また、その周りには、牛の角二本としっぽのある青黒い人間のような生き物が、スプリングのように二本足で跳んでいた。彼女は座布団のようなものの上に正座をしていて、彼女の隣にも一人ずつ人が座っていた。すると、黒いあごひげの太った男性が「もうそろそろ、地球を終わらせたいのだが……」と言ったので、彼女は泣きながら壊さないでほしいと訴えた。その途端、夢から覚め、彼女は枕の上でずっと泣いていたという。（岩手日報社『いわて怪談・奇談・珍談　続々』「「地球破壊」のお告げ」）

千曳石 ［ちびきいし］

岩手県遠野市青笹町中館（現・糠前）の道の傍らに、一つの丸石があった。腰掛けたくなるような石だが、通りかかった人が腰掛けたりすると、たちまち気分が悪くなり、傷寒《しょうかん》のような容体になる。巫女《みこ》に聞くと、その石は千曳石といい、人の生き血を石に塗ったものであるということだった。（佐々木喜善『東奥異聞』）

遠野高校社会科研究会『上閉伊今昔物語』によれば、中館の館主が城中で相手を切り殺してしまい、自責の念から、石に座って切腹をしたという。その血を浴びた石を千曳石と呼ぶようになり、その石の前を通ると馬などが急に暴れ落馬する者が相次いだと記されている。正確には血引き石と書くのであろう。

ツチグモ

岩手県下《しも》閉伊《へい》郡岩泉町に伝わる話。遠い昔、この地方を初めて開拓した頃、アイヌとツチグモがいた。アイヌは狩猟をして山で暮らし、ツチグモは極端に小さい体で、山野に穴を掘ってその中に隠れ住んでいた。アイヌや村人が通ると、穴の中に引きずり込んで、獲物や食料を奪い、衣類を剥《は》ぎ取った。ツチグモは、アイヌによって退治されたと伝わる。（高橋貞子『山神を見た人びと』（坂下隆さんからの聞き取り））

『陸奥国風土記』にも八人の土蜘蛛《つちぐも》が登場する。この土蜘蛛は、津軽の蝦夷《えみし》と結託して抵抗したと伝えられる。青森県に近い岩泉地域にも、土蜘蛛と呼ばれた民族がいたのかもしれない。

田中勝也『古代日本の異族先住民・ツチグモ』によれば、土蜘蛛はツングース民族の一派で「挹婁《ゆうろう》」ではないかとしている。彼らは山林地帯で、酷寒の地に適応した居住形式で暮らしていたそうである。

天狗森の天狗 ［てんぐもりのてんぐ］

岩手県下《しも》閉伊《へい》郡岩泉町の天狗森は深く、天狗が隠れ棲んでいた。天狗森近くには宿があり、泊まっていた団体客一二人が全員、天狗に殺されたという。真夜中に、天狗が宿で寝ている一人一人に息を吹き込んで殺したそうだ。この地域では天狗に息を吹き込まれると、人は死ぬと伝わる。（高橋貞

子『山神を見た人びと』「武田博さんほか猿沢の数名から聞き取り。昭和五〇年」）

仏像などから息を吹きかけて魂を抜く「撥遣供養」という法があるが、この天狗の法もまた同じであろうか。

天正助定の銘刀［てんしょうすけさだのめいとう］

岩手県九戸《くのへ》郡種市村《たねいちむら》（現・九戸郡洋野《ひろの》町《ちょう》）の肝煎《きもいり》は、八戸の家老から天正助定の銘のある刀をもらった。ある時、柴刈りから帰った下男がただならぬ様子でおり、厩《うまや》には怪しい影がいた。肝煎は名刀を抜いて厩に飛び込むと、得体の知れないものが逃げて行った。（平野直『岩手の伝説』）

トイレのいく子さん［といれのいくこさん］

昭和一二（一九三七）年の警察署長一家心中事件が、当時の遠野西小学校に大きな影を落とした。

現在の遠野市民センター（岩手県遠野市新町）の敷地は、以前は遠野西小学校と呼ばれた校舎が建っていた。その小学校そばに住んでいた警察署長の妻が、夫の浮気を知って、一家心中をしようとした。一家には妻と二人の娘がいた。妻は、まず次女を絞殺した。それを目撃して怖くなった長女が家から逃げて、遠野西小学校の奥から三番目のトイレに隠れた。恐ろしい形相で母親が小学校を訪れ、用務員さんに娘の居場所を聞いた。用務員さんは女の子がトイレに入るところを見ていたため、それを母親に教えた。長女は、母親に捕まって家に連れ戻され、絞殺された。それから、遠野西小学校の体育館裏の共同トイレに女の子の幽霊の目撃話が出るようになり、あっという間に噂が広まった。誰もいないはずのトイレをノックすると、ノックが三回返ってきたり、居るはずのない女の子が何度も目撃されるようになった。殺された長女の名前は、いく子といい、細面の切れ長の目に、オカッパ頭で、よく質素なスカートをはいていたという。（佐々木剛一聞き書き）

遠野の赤河童［とおののあかがっぱ］

岩手県遠野地方に伝わる**河童**は、他の土地とは違って赤い色をしているという。このことは柳田國男『遠野物語』第五九話で「外の国にては河童の顔は青しと云ふやうなれど、遠野の河童は面の顔赭《あか》きなり」と紹介されて以来、遠野以外でもよく知られている。柳田に遠野の話をした佐々木喜善によれば、彼の曽祖母も実際に赤い顔の河童を見たのだという。

遠野市土淵町《つちぶちちょう》にある常堅寺裏に遠野観光で有名な河童淵がある。ここは本来、常堅寺とセットで語られる河童淵である。常堅寺境内にある十王堂の前に、頭が河童の皿のようになった狛犬《こまいぬ》が置かれている。ところで十王堂とは人の罪を裁く場所であるが、常堅寺境内の十王堂は子供の罪を裁く場所であった。子供の大きな罪とは、親よりも早く死ぬことであった。

今は撤去されたが、以前は常堅寺の十王

堂の傍らに童女・童子と刻まれた数多くの石碑がピラミッド状に置かれていた。古い時代の河童淵には、飢饉《ききん》の時に捨てられた子供が淵に流れ着き、常堅寺の住職が供養したと聞く。また、この河童淵は小烏瀬川《こがらせがわ》の支流にあたるが、小烏瀬川の語源が「子が涸《か》れる」から来ていると聞く。飢饉時に真っ先に見捨てられたのは、赤子などの幼い子供であった。遠野の赤河童の赤色は、赤子の赤から来ていると伝わる。（佐々木剛一聞き書き）

泥棒人形［どろぼうにんぎょう］

岩手県遠野市に伝わる。遠野の河原で「キチキチキチキチ」という奇妙な音を出し、話すことのできる人形を拾った男の性格が一変し、盗みを働くようになった。しかし、その人形を燃やしたことにより、男は正気に元に戻った。この不気味な人形は、泥棒の神の霊が宿った人形であったとされた。（伊能嘉矩『遠野くさぐさ』）

河原に捨てられた人形に穢《けが》れが付き、河童となって悪戯《いたずら》をする話がある。また流し雛《びな》があるように、川というものは様々な死の穢れも含め、様々な穢れを流す場所でもあった。これは河原に残った穢れの中から悪しき泥棒の魂が、捨てられた人形に憑《つ》いた話であったろうか。

トンゾウ

岩手県下閉伊《しもへい》郡岩泉町に伝わる、奇妙な化物。佐平殿というマタギが宮ノ沢という所で、人間の言葉を話すトンゾウという真っ黒い牛みたいな化物に出遭った。トンゾウは、「俺ァトンゾウだ。貴様俺を打ってみろ。打ったもんなら握りつぶして仕舞ァベア」と怒鳴った。佐平殿は、その後も横長嶺という所でトンゾウに出遭った。「貴様アよくも先だってうちからこの山を荒らしやがるなア、これから来てみろ、来たらば今度こそツカミ殺してくれッから、そう思えッ」と言った。恐れをなして家へ逃げ帰った佐平殿だったが、それから病みついて、一〇日ばかりで死んだ。トンゾウの正体は不明で、ただ牡牛のようで飛ぶ化物と伝わっているばかりだという。（佐々木喜善『聴耳草紙』）

トンゾウは牡牛のようなものとされるが、「握りつぶす」「ツカミ殺す」と言っていることから、牛のような小さな蹄《ひづめ》ではなく、人を摑めるほどの大きな手を持っているのだろうか。

とんとん塚［とんとんつか］

岩手県岩手郡玉山村（現・盛岡市）渋民《しぶたみ》の街はずれ、大森山に円形の土盛りの塚がある。耳を当てて聞くと、とんとんと音がするので、とんとん塚と呼ばれた。大森山の麓には昔、門前寺の影沼平から移された稲荷神社があった。神社移転の時、影沼平の狐穴にいた黒狐・白狐・まだら狐の三匹が移転先である大森山の稲荷神社に入ったという。とんとん塚と呼ばれるようになっ

たのはそれからのことで、とんとん塚は狐の入った狐穴ともいわれたようだ。（玉山村役場『村誌たまやま』）

柳田國男『狐塚の話』で「古塚には狐はよく穴居するから……」と記しているように、塚に穴を掘って狐が棲みつくこともよくあったようだ。また塚稲荷社の威厳を高めるため、意図的に神社の敷地内に塚を築いて狐を棲まわせる場合もあったようだ。

【な】

梨の木の空洞［なしのきのくうどう］

岩手県九戸《くのへ》郡野田村の明内《みょうない》の堅小路に、大きな空洞を持つ梨の木があった。梨の木には呪いがかけられており、近付く者に祟《たた》りがあるといわれていた。そばを通ると、空洞の中から泣いているような、苦しみに呻《うめ》く声のような、驚くほど大きな音がするなどしたので、近くを怖くて通れない者もいたそうだ。集落の人々が相談して、山伏に頼んで社《やしろ》を建て、四季神として祀《まつ》ると音は止んだそうである。（野田村教育委員会『野田民俗誌』）

『源平盛衰記』には、追手から逃げていた源頼朝が臥木《ふしき》に開いた空洞に隠れる話がある。また、天武天皇が木の洞に隠れた話、聖徳太子が木の空洞に隠れて助かった話もある。

柳田國男『遠野物語』八話では、梨の木の下に草履を脱いだまま消えた娘は、神隠しに遭ったとされた。（**寒戸の婆**を参照）その際、神隠しに遭った場所は、古くからある梨の木であると考えらた。遠野地方には、梨の木の古木を祀った梨の木明神という社がある。梨の木は、神の棲まう空間であり、異空間への入り口であった。この話の泣き声もまた、梨の木の空洞から通じる異空間から聞こえてきたのだろう。

ナマミ

岩手県上閉伊《かみへい》郡大槌町《おおつちちょう》金澤戸《と》保野《ぼの》の某家に、本物のナマミに子供がさらわれて大騒ぎになった話が、大槌の民話編纂委員会『大槌の民話』に紹介されている。

ナマミとは、秋田の**ナマハゲ**という来訪神と同じようなもので、北三陸ではナモミと一般的に知られている。そのナモミが山田町ではナゴミと転訛《てんか》し、この大槌町の戸保野では、ナマミと呼ばれている。見た目はナマハゲのような鬼面を被《かぶ》ったものではなく、般若面《はんにゃめん》を被ったもので床を這《は》って登場するそうである。

実際に息子は行方不明となって、この戸保野地域では山男の仕業なのだろうと噂されたそうである。

ニイギョ

岩手県下閉伊《しもへい》郡普代村黒崎に伝わる。海女など海底で働く者が出会うもので、海に潜ると、三歳くらいの子供の形で毛の生えた蓑《みの》を着たようなものを見るという。これを避けるために海に入る前に舷《げん》（船の縁）を叩くのだという。（柳田國男（編）『海村生活の研究』大藤時彦「海の怪異」）

ニイギョは、**人魚**だともされるようである。ただ岩手県沿岸域には昔、イルカやクジラだけでなく、海獣もいたようである。宮古市の魹《とど》ヶ崎という地名もまた、昔「魹」がいた名残からの地名であるようだ。他にアザラシなどもいたようである。

普代村黒崎には、アンモ浦と呼ばれる海岸がある。アンモとは、アイヌ語で鬼・妖怪・化物などの総称であり、元々怖い話があった地でもあるようだ。黒崎が、一〇〇メートル級の断崖絶壁が続く海岸であることから、こういう話が出たのかとも思える。

人形長根
［にんぎょうながね］

岩手県花巻市東和町小山田に、人形長根と呼ばれた地があった。長根の道の左右に、人間と同じ大きさの藁《わら》人形が置かれており、道行く人に異様な感じを抱かせていた。夜になると女子供はとても通れない不気味で寂しいところだった。実はその人形は、巨大な呪いの藁人形であった。呪う対象に合わせて老若男女人形が作られ、並べられていた。（『東和町史』）

村人総出で竹槍《たけやり》で刺したりしたことから、村人全員の呪いを込めるために、大きく作られた藁人形なのだろう。

抜け首
［ぬけくび］

岩手県遠野市に伝わる。柳田國男『遠野物語拾遺』第二二九話に、抜け首の話が載る。そこには「ある人が夜分に鍵町の橋の上まで来ると、若い女の首が落ちていて、ころころと転がった。近よれば後にすさり、近寄れば後にすさり」とある。そして、この抜け首の正体は、一日市《ひといち》の某《なにがし》という家の娘ということになっている。

遠野高校社会科研究会『遠野郷資料』には、同じ頃に遠野のあるおかみさんが抜け首だと紹介されている。そして、遠野高校社会科研究会『上閉伊今昔物語』では、その抜け首の正体は、新町の蕎麦《そば》屋の女房と記されている。その蕎麦屋の女房の首は毎晩抜けて、夜な夜な遠野の町を徘徊《はいかい》してい

たそうである。一日市町と新町は、目と鼻の先ほどの距離にある。つまり夜になると、この界隈《かいわい》には二つの女の生首が転がっていたことになる。

秋田県の**ろくろ首**、山形県の**轆轤首**も参照。

抜け眼［ぬけめ］

岩手県遠野市に伝わる。筆者命名。柳田國男『遠野物語』第七九話では、長蔵という奉公人が夜遊びして帰って来ると、家の前に立つ人影を見つけ、妻の所に来たヨバビトと思い後をつけた。すると、今の男が玄関の雲壁にぴたっと張り付き、長蔵を見下ろしていた。その首は低く垂れ、今にも長蔵の頭に触れそうになっていた。そして、その眼の玉が一尺以上（約三〇センチ以上）も抜け出ていたように思われたという。

その家の妻を部屋の外から覗《のぞ》いていることから、男の欲望が具現化した妖であろうが、その正体は不明である。

猫石［ねこいし］

岩手県盛岡市に伝わる話によれば、前九年の役の折、源義家は湯ノ館山に兵を引いた。山の獣を集めて食料とし、山猫を食べ骨を山裾に投げたところ、投げ捨てられた骨は一夜にして猫の形をした石になり源義家の殺生を戒めた。里人は猫の形をした大石を猫の霊、猫石と呼んで祀《まつ》った。（太田忠雄『盛岡の伝説—みちのくの伝承民話』）『南部叢書：第九冊』「祇嶺神霊翁之夜話」にも化け猫が現れ、石になった話がある。その猫石は、話の舞台となった遠野の笠通《かさかよう》山《やま》の中腹にある。**キャシャ**を参照。

猫坂の山猫［ねこざかのやまねこ］

岩手県岩手郡玉山村（現・盛岡市）寺林の坂は、昔から猫坂と呼ばれていた。年を経た大きな山猫がいて、体に松脂《まつやに》を塗って、矢も鉄砲も通らなかった。その山猫の化け物は、山を越え寺に来て坊さんを喰らい、廃寺にした。（玉山村役場『村史たまやま』）

体に松脂を塗る話は、柳田國男『遠野物語』第四五話において、**猿の経立《ふったち》**が同じことをしている。猫はある程度歳を経ると、尻尾が二又に分かれて猫又という妖怪になると云われている。この話に登場する化け猫は尻尾に関しては描写されていないが、行動などを考えみれば『遠野物語』四五話の猿の経立と同じく、猫の経立と捉えるべきだろう。

猫憑き［ねこつき］

岩手県遠野市に伝わる。遠野のある集落に住む家の息子が、ある日猫を車で轢《ひ》き殺してしまった。それを気にかけていた息子は、家に帰ってから様子がおかしくなってしまったそうである。家族は、猫を轢き殺したのがショックで落胆しているのだろう

と思っていたが、だんだんと仕草が猫のようになってしまったことから、これは猫に憑《つ》かれたと思い、お祓《はら》いをすることにした。霊媒師を呼んでくる間、近所の若い連中に息子を見てくれるように頼んだそうである。しかし息子は家を飛び出し、隣の小屋に逃げ込んだそう。若者たちは小屋に入り、目の前の光景に驚いたという。なんと息子は、小屋の壁を走っていたそうである。すぐさま皆で取り押さえた後、霊媒師のお祓いを受けて元に戻ったと聞く。これは昭和の話である。（佐々木剛一聞き書き）

猫の怨念「ねこのおんねん」

岩手県紫波《しわ》郡紫波町のある家に住む姑《しゅうとめ》が、倒れた。医者に見せても原因が分からない。占い師に占ってもらったところ、猫の祟《たた》りだとなった。少し前に姑は買ってきた新巻鮭を猫に食べられ、その猫をこっぴどく叩きつけたという。占い師の指示に従い、姑が寝ている場所の布団を移動し、畳を外し、床板を外したところ、そこにはうずくまったまま死んだ猫の姿があった。結局、姑は亡くなり、猫の怨念によるものだろうとなった。その後猫の死体は敷地内に埋葬し、供養した。（岩手日報社『いわて続怪談奇談珍談』「猫の怨念」）

猫祭り「ねこまつり」

岩手県遠野市に伝わる。遠野の元八幡宮が宮代《みやしろ》に鎮座していた頃、八幡様の御縁日には松崎じゅうの猫が集まって夜籠《よごも》りして、一晩中喧《やかま》しくにぎわったという。この時には何故か西教寺《さいきょうじ》の猫が参加しなければ、どうしても、その夜籠りはものにならなかったという。（遠野高校社会科研究会『上閉伊今昔物語』タイトルは、筆者命名。）

柳田國男『遠野物語拾遺』第一七四話では、化け猫の話が紹介されている。「先だっての月夜の晩に、わたしの庭に一匹の狐が来て、しきりに踊りを踊りながら、どうしても虎子さんが来ないと踊りになりませんね」と似たような話をしていたことが記されている。

北嶋廣敏『不思議猫の日本史』では菅江真澄『かたゐ袋』で「いちもつ猫」を語る話が紹介されている。この「いちもつ猫」は、自ら先に立ち踊り、他の猫たちをも鼓舞して踊らせている。『不思議猫の日本史』の作者は、「群を抜いてすぐれた猫を言ったものだろう」と述べている。恐らく西教寺の猫も、このいちもつ猫と同じような猫だったのだろう。

ねずみ女「ねずみおんな」

岩手県遠野市土淵町《つちぶちちょう》での話。昭和五六（一九八一）年九月二七日、山口集落に向かう女性たちの前方に、鼠色のだぼだぼの服と帽子を被《かぶ》った女性がしゃがんでいた。手籠《てかご》には、季節外れの花が入っていた。その花が気になった女性たちはその女性に話しかけたが、下を向いたままだった。女性たちは、その女性の雰囲気やたたずまいも

含め、変だ、おかしい、不思議だと話したそうである。

それから数日後、ある男性が水光園《すいこうえん》の帰りに山口集落への裏道を歩いていると、やはり、その不思議な女性に出遭った。そして、手にしていたお土産の魚がなくなったことから、あの女性は狐が化けた姿だろうとなった。（遠野市老人クラブ連合会（編）『遠野今昔』（第三集））

水木しげる『ゲゲゲの鬼太郎』に、だぼだぼの服を着て、頭にも同じ色の帽子のようなものを被った、よく人を騙《だま》すねずみ男というキャラクターがいる。人を騙し、またその服装のイメージから「ねずみ女」と命名した。

鼠の経立 「ねずみのふったち」

岩手県下《しも》閉伊《へい》郡岩泉町に伝わる話。仕事もしないで毎日猫の絵ばかり描いている息子が、家を追い出された。その晩は、化物が出ると言われた寺に泊まることにした。猫の絵を壁に貼り、化物の出る丑《うし》の刻になると息子は割ッツァキカァシを用意し待っていた。化物が現れると、絵から猫が一斉に飛び出して化物を退治した。化物は、体長一尺五寸（約四五センチ）、尻尾の長さが八寸（約二四センチ）の鼠の経立《ふったち》だった。（高橋貞子『火っこをたんもうれ―岩泉の昔ばなし―』）

岩泉町では、薪割に使う鉈《なた》を「割ッキカァシ」と呼んでいる。つまり鼠の経立は、鉈で退治されたのであろう。ちなみに、福島県では「割っつぁき」とは、「割ることのできる」「割るための」という意味の方言で、岩手県盛岡市では「割り箸《ばし》」を「ワッツァキバシ」という。

ノックの音 「のっくのおと」

岩手県遠野市上郷中学校の生徒会室には、暗くなるまで活動していると、その部屋のノックがしきりに鳴るそうである。某君がやはり生徒会室で遅くまで作業をしていたら、しきりに部屋をノックする音がしたそうである。先生が来たのかとドアを開けても、誰もいない。それが数度も続いたそうである。原因は不明であるそうだが、ポルターガイスト現象ではないかとされたそうである。上郷中学校の生徒会だけに伝わる怪奇現象である。（佐々木剛一聞き書き）

ノリコシ

岩手県遠野市に伝わる。ノリコシという化物は、影法師のようなものだそう。最初は見る人の目の前に小さな丸刈りになって現れるが、はっきりしないのでよく見ると、その度にめきめきと丈が伸びて、ついに見上げるまでに大きくなるのだそうである。だんだんに下へ見下ろして行けば消えてしまうものだといわれている。

柳田國男『遠野物語拾遺』第一七〇話に、ノリコシの話が紹介されているが、他にも、いくつかノリコシらしき大入道の話

が載る。初めは僧形の大男が最後は大入道となり、大口を開けて迫ってきたとも伝わる。追われた男は高熱を出し一週間寝込み、誰にもその時の話を語ろうとしなかったそうである。

遠野の宮守地方に乗越《のりこし》という地名が存在するが、大入道と何らかの関係がある地名ではないかとされている。

山形県の**乗越しの怪**も参照。

呪いの刀 ［のろいのかたな］

岩手県遠野市に伝わる。柳田國男『遠野物語拾遺』第一四三話に記される松田家の先祖であり、葛西家の浪人鈴木和泉が所有している刀が、いつしか綾織《あやおり》の石上《いしがみ》神社所有となっていた。しかし昭和になり、宮司がお金に困って他人に売ってしまったそうである。ところがそれからのこと、その刀を所有すると自身の家だけに地震が起き、眩暈《げんうん》が頻発したという。とても手元に置けないということで、宮城県の人、茨城県の人と、転々と所有者を変えていき、最後に手にしたのが遠野市に住む、水本氏であった。やはりその刀によるものなのか、体に不調をきたし最終的に遠野博物館に引き取ってもらった。現在では、たまにこの呪いの刀が遠野市立博物館で展示されているが、何か変わったことが起きたという話は聞いたことがない。（佐々木剛一聞き書き）

呪いの十一面観音 ［のろいのじゅういちめんかんのん］

天明（一七八一〜八九）の頃、女六部が岩手県上閉伊《かみへい》郡大槌町《おおつちちょう》の岩窟を借りの宿としている最中に、賊に襲われた。女六部は逃げる途中に盗まれてはなるまいと御本尊の十一面観音像は近くの沼に沈めて隠し、命からがら笛吹峠の能舟木《よいふなき》まで辿《たど》り着いた。しかし集落の民に罪人と間違われ、道之下敷地の老木である桧葉《ひば》のそばで竹槍《たけやり》によって刺殺された。女六部は無念の中で死んでいったが能舟木の集落の民は、遺体を他の場所へと運んで焼却し、証拠を隠滅した。すると、その日の夜から村では火災などの厄災が続いたという。そしてそれ以来、女六部が殺害された道之下敷地には、女六部の地縛霊が出ると恐れられ、今なお伝えられている。地縛霊が出るとの道之下敷地に、当時豪傑で名の知られた孫兵衛が集落の民の反対を押し切って家を建てた。しかしその家では相次いで不幸が続いたために、集落の民からは「呪い屋敷」と噂された。時代を経て、道之下家七代目八幡福太郎の頃、いまだ続く不幸に対して祈禱師《きとうし》に祈禱してもらった。その祈禱師によれば、女六部の観音像を見つけ出して祀《まつ》れと告げたそうだが、観音像を見つけることは叶わず、観音像の発見は道之下家の悲願となっていた。時代を経て、昭和四八年（一九七三）四月七日に、釜石共栄大槌店新築工事に関連する側溝掘削工事の際、観音像が無傷で見つかり、発見された場所には現在、石碑と五輪の塔が建っている。観音像を祀る社殿は、女六部が仮の宿とした岩窟の下に昭和五二年五月一四日に建立され、

道之下家で安置していた女六部の御魂を昭和五三年三月二三日に遷《うつ》し、これによって女六部の遺言でもあった観音像と同じ社《やしろ》で祀られることとなった。こうして長きにわたった、道之下家の呪いの終焉《しゅうえん》と悲願が達成された。（釜石市教育委員会『歴史の道―笛吹街道と大槌街道―』（第四号））

呪いの藁人形［のろいのわらにんぎょう］

昭和五〇年代、岩手県遠野市鱒沢《ますざわ》の林の中から五寸釘が打ち込まれた藁人形が発見された。これは大変だと集落で問題になった時、一人の老婆が自分がやったと白状した。しかしそれから一カ月も経たないうちに、老婆の家は災難続きで荒廃し、老婆も間もなく亡くなってしまった。その集落では、口々に老婆は呪い返しに遭ったのだと噂された。（佐々木剛一聞き書き）

呪いの藁人形は、神社境内の神木などに打ち込まれるのが一般的である。それは神の大事にしている神木に藁人形と共に五寸釘を打ち込み、「この藁人形に打ち込んだ釘を取って欲しくば我が呪いを叶え給え」と、神を脅す行為でもあった。

【は】

化け栗［ばけぐり］

岩手県遠野市に伝わる。柳田國男『遠野物語拾遺』第七〇話でも紹介されているが、大平山山麓の上会下には神明社があり、その境内に「化け栗枕栗」と呼ばれ、九頭竜《くずりゅう》権現を祀る栗の老樹があった。その栗の老樹は枕に化け、人身御供として女性を取って食ったと伝えられる。

この地は、元々積善寺という天台宗寺院の敷地内であった。他にも白山権現を祀《まつ》る楓《かえで》の木があったと伝えられる。人身御供があったとの現

実的な記録はないが、老樹であったことや異形な見た目から、人を取って食らうという伝承が後から付随したのかもしれない。

早池峯神社の座敷わらし

［はやちねじんじゃのざしきわらし］

岩手県遠野市の早池峯神社では、毎年四月二九日が座敷わらし祈願祭となっている。祈願祭では**座敷わらし**人形に魂入れを施す。その人形を手に入れた人たちから、幸運が舞い込んだ話をいくつか聞いた。

早池峯神社の鳥居と山門を潜った右手に、樹齢一千年を超える杉の大木がある。昔、そこから小さな子供が覗《のぞ》いていた。それは恐らく座敷わらしではなかったかという古い話が伝わる。

座敷わらし祈願祭では、座敷わらし人形に魂を入れるという神事がある。人形に入れる魂は座敷わらしの魂ではなく、早池峯大神の魂であるそうだ。神仏がこの世に姿を現す場合、子供の姿で現れることが多々あるという。杉の大木から覗いていた子供は、早池峯大神の仮の姿だったのだろうか。（佐々木剛一聞き書き）

余談であるが、昭和時代では早池峯神社の社務所に泊まると、夜に不思議なことが起きたという話をよく聞いたものである。当時早池峰山登山をする人たちが前日、早池峯神社の社務所を宿泊所としてよく借りていたという。現在、その社務所には座敷わらし人形が置いてあるのだが、カメラで撮影すると人形の周りにモヤが写ることがよくある。（佐々木剛一聞き書き）

ひかりごけの間

［ひかりごけのま］

岩手県遠野市附馬牛《つきもうし》町《ちょう》大出《おおいで》にある早池峯《はやちね》神社の隣に、廃校となった小学校を利用して大出地域を紹介する「遠野早池峰ふるさと学校」と呼ばれる建物がある。そこで平成の世に、**座敷わらし**騒動が起きた。騒動が起きた部屋の名前を「ひかりごけの間」と言った。

学校がオープンしてから、「ひかりごけの間」で子供の足音やら姿が、訪れた客によっていくつか目撃され、座敷わらしが噂されるようになった。聞くと、廃校になった教室を掃除している最中、小さな子供の人形が見つかり、人形を公開したところ、大阪に住む人が小さな社《やしろ》を作って持ってきた。その人形を御神体として「ひかりごけの間」の片隅に納めた後、いつしか座敷わらし神社と呼ばれるようになったそうである。

それから、座敷わらしは子供の妖怪であるということから、その神社にはお菓子と玩具が供えられるようになった。現在でもその小さな社の下には、沢山のお菓子と玩具が供えられている。座敷わらしが出ると有名な、岩手県の二戸の緑風荘の一室でも、同じようにお菓子や玩具が置かれているのを写真で見たことがある。

その後、遠野早池峰ふるさと学校は何故か一日閉鎖され、最近再びオープンしたが、「ひかりごけの間」の名称はなくなり、座敷わらしに関するものは全て撤去さ

れたそうである。（佐々木剛一聞き書き）

光る雉［ひかるきじ］

岩手県遠野市に伝わる。遠野市老人クラブ連合会（編）『遠野今昔』（第一二集）には、遠野の猟師の間で伝わる、冬になると光って飛ぶ雉の話が紹介されている。明治生まれの阿部さんは、綾織《あやおり》在住で猟師でもあった。冬山の淡い月明かりの夜、峰の下で獲物を待っている時のこと、冷たく澄んだ空気の中、雉が下方へ飛んだ。その雉が飛んでいる最中に、白く強く光ったそうである。原因は、冬山の澄み乾き切った空気が、雉の体に起こった静電気と触れて発光すると伝わっているようだ。

同じ県内の玉山村役場『村誌たまやま』に、彗星《すいせい》のように光る雉の化物の話が紹介されている。盛岡市玉山の猫坂付近で大きな声で「行くじぇー、行くじぇー」という声が聞こえ、箒星《ほうきぼし》のような光で飛んでくる化物がいた。山仕事をする人々は恐れたが、炭焼きの男が鉈《なた》で退治したところ、それは大きな雉であった。（玉山村役場『村誌たまやま』）

地域の俗信として、歳を取った雉の尾の節模様が一二以上あれば、人を騙《だま》すと伝わっている。この玉山村の雉の化物と、遠野で目撃された白く光る雉の話の元は同じであるのかもしれない。岩手県では他にも、鶏の経立《ふったち》や魚の経立の話がある。

光る物［ひかるもの］

岩手県二戸市浄法寺町に住むある人は、二、三回光る物を見たところ、自分の身内が死んでしまった話が伝わる。（野村純一（編）『岩手県　浄法寺町昔話集』）

光る物とは、俗にいう光り物であり、人魂などのことであろう。人魂の話は全国に広がり、多くの目撃例がある。しかし、光る物を見た後に身内が死んでしまったということは、死者の魂ではなく生者の魂が抜け出したものの可能性がある。この話の例も**離魂病**となった魂を目撃した可能性があるのではなかろうか。

日高見の国のおしら様［ひだかみのくにのおしらさま］

岩手県下閉伊《しもへい》郡田野畑村《たのはたむら》には、次のような**おしら様**起源譚《たん》が伝わる。昔、日高見国の白浜海岸（現・茨木県鹿嶋）に、桑の木で造られた一艘《そう》の丸木船が流れ着いた。船には大きな洞がある桑の木が積んであり、その中には白髭《しろひげ》の翁《おきな》が座っていた。翁は白浜の人たちに桑の木の洞ごと、山へと運んでもらった。すると、翁の姿は消えてしまった。

その翌年の春、桑の木の洞は芽を吹き、蚕がその桑の葉を食べて育っていた。イタコに占ってもらったところ、白浜の人が親切にしてくれたので、蚕を与えたのだという。それから白浜では養蚕が盛んになり、みな裕福になったそうである。白浜の人たちは、翁の恩に報いるために桑の木から人の形を彫って、神として拝んだ。それから

その木彫りの神様を、白浜に上陸された神だからとおしら様として称えるようになったそうである。（青木松太郎『たのはた風土記』）

　ここでの日高見とは常陸国のことであり、現在の茨木県鹿嶋での話である。ただ、何故この常陸国のおしら様起源譚《たん》が岩手県下閉伊郡田野畑村の、青木松太郎『たのはた風土記』に伝えられていたのか不思議である。蝦夷《えみし》国が平定されてから、現在の茨城県鹿嶋から船が何度も東北の地を行き来していたので、その頃に直接伝えられた可能性もあるのかもしれない。

人首丸［ひとかべまる］

　岩手県奥州市江刺米里に伝わる。江刺《えさし》郡米里《よねさと》村はかつて人首村《ひとこうべむら》と呼ばれた。地名は**大武丸**の息子であり、その兄の**悪路王**にとって甥《おい》である人首丸《ひとかべまる》に由来するという。

　その昔、坂上田村麻呂の征討によって人首丸は江刺まで落ち延び、大森山の岩屋を拠点としてなおも抵抗を続けた。最後は坂上田村麻呂の部下によって討たれ、その地に葬られたという。（伊能嘉矩『悪路王とは何ものぞ』（遠野史叢　第2篇））

　民話では、人首丸は鬼として伝わる。人首丸という鬼を退治するため田村麻呂が物見山頂から大森山の様子を眺めたが、五色の妖雲で覆われており見えなかった。そこで祠《ほこら》を建て祈ったところ妖雲は晴れ、人首丸を退治することができた。坂上田村麻呂が建てた祠は、今の麓山《はやま》神社である。（佐々木喜善『江刺郡昔話』）

　人首丸は当初は「ひとこうべまる」と呼ばれたようだが、いつしか「ひとかべまる」、現在は「ひとかべまる」が主流となっている。岩手県における人首の地名も「ひとかべ」となっている。

　菊池敬一『北天鬼神―阿弖流為・田村麻呂伝―』によれば、人首丸は一五、六歳の美少年だったとされている。ただし心は鬼で、顔ばかり人という意味で「人首丸」と伝わる。あくまで伝説であり、本当にいたのかは定かではない。

一つ眼［ひとつまなぐ］

　岩手県二戸市浄法寺町に住むある男がある地に行こうとしたが、汽車で行くのもなんだからと歩いて行くことにした。山深い沢に入ると一つ眼の人が現れ、煙草《たばこ》に火を付けろと言われた。また別に、山奥で山男に出遭い、煙草の火を求められ、火をつけてやると後から山男から贈り物をもらった江戸時代以前の話がある。（野村純一（編）『岩手県　浄法寺町昔話集』）

　柳田國男『一目小僧』では、山神が零落した姿だと説く。

　知里真志保（編訳）『アイヌ民譚集―えぞおばけ列伝』に、キムナイヌという煙草好きな妖怪が紹介されている。山の中で煙草を吸っていると、キムナイヌは煙草が大好きなので寄って来るが、煙草を少しつまみ取って「山の神さんにあげます」と言えば、害を受けることはないという。

人の生まれる岩［ひとのうまれるいわ］

岩手県遠野市附馬牛町《つきもうしちょう》には、人型に窪《くぼ》んだ岩がある。その人型の窪みからは、人が生まれたと伝えられる。近くの集落の人々は全て、この岩から生まれたそうである。（『定本　附馬牛村誌』）

他の話では、次郎という男がその岩の窪みに体をはめ込んでみるとピッタリだったため、周りから次郎岩と呼ばれるようになった。または、次郎が庭石にちょうど良いから持っていこうと、その岩を紐《ひも》で括《くく》り背負おうとしたところ、次郎の体が岩にめり込んだので次郎岩ともいわれる。

また、松崎町地域づくり連絡協議会『まつざき歴史がたり』には、遠野の三女神が各々の山へと別れる時、長女が石上山は遠いからと行き渋った。すると岩から地蔵様が抜け出して、長女を石上山まで案内したという話が今に伝わる。それから地蔵の抜け出た岩を地蔵岩。地蔵岩の下に流れる沢を、地蔵沢と呼ぶようになった。しかし現在は、次郎沢と呼ばれている。

白狐退治の槍［びゃっこたいじのやり］

岩手県遠野市宮守町の善勝寺の寺宝に、一本の槍が伝えられている。岩手日報社『いわてのお寺を巡る』によれば、文政年間（一八一八〜三〇）、第一一世和尚が狐を追い払うために使用したと伝わる。その狐だが、住職から直接聞くことによれば、恐ろしい白狐であったようだ。ただし戦後のどさくさに紛れて、その寺宝である槍がどこかへ行ってしまったという。

藤田和日郎《かずひろ》の漫画『うしおととら』に、主人公が操る妖怪退治の獣の槍が描かれているが、漫画の中に遠野が舞台になっているシーンもあるため、獣の槍の構想はこの善勝寺の槍がモデルになったのかもしれない。

白狐の墓［びゃっこのはか］

岩手県遠野市土淵町《つちぶちちょう》の山口集落にあるデンデラ野の奥は昔、鹿ほどの大きさの白狐の縄張りであったと伝えられる。最後は寿命のために、カラ松林の中で息絶えたそうである。その場所に、地域の名主が円墳状に土を盛りその上に墓石を建てて供養したが、それからしばらく経つと、その墓の周辺には穴を掘った跡がいつもあり、野兎《のうさぎ》などが埋められていたそうである。恐らく地域の、他の狐たちが白狐のために供えたものと言われている。

この話は、菊池照雄『遠野物語を歩く』で紹介される。妖怪である白狐を埋葬した墓が現存するというのは、珍しい。この白狐の墓はカラ松林の中で、一本だけ瘤《こぶ》だらけの異形なカラ松の根元にあり、今でも不気味な雰囲気を醸し出している。

フケチノカイ

岩手県遠野市に伝わる。佐々木喜善『遠野の昔話』で、「私の祖父が言うて聴かせたったが、人間がフケチノカイとかいう物を食うと不老長命を保つものだとされている。それはちょうど赤児のような形の物だそうである」と、記している。

奥寺正『海のむかしばなし』によれば、これを釜石ではフケツノケェと呼ぶ。釜石地方では、歳を取っても若々しい老人に対し「フケツノケェでも食ったか」とか「人魚の肉でも食うたか」と言う。どうやら何かの貝らしいのだが、いまだにその正体が不明である。

宮城県の**富結の貝**、山形県の**老けずの貝**、福島県の**ふけつの貝**も参照。

不思議な沼［ふしぎなぬま］

岩手県遠野市綾織町《あやおりちょう》にある、綾織三山の一つである二郷山《ふたごやま》での話。柳田國男『遠野物語拾遺』第三七話に記されているが、二郷山山中に稀《まれ》に人目に見える沼が現れ、その沼には海川の魚が全ているとされている。

遠野市老人クラブ連合会（編）『遠野今昔』（第五集）には、『遠野物語拾遺』と若干内容が違う形で、この沼が紹介されている。

ある男が二郷山で六尺（約一八〇センチ）ばかりの池を見つけ、その池には、赤・白・黒・青・黄の五色の魚が泳いでおり、その沼を魂が抜かれるほど立ち尽くして見とれていたと記されている。

藤原三代のミイラ［ふじわらさんだいのみいら］

岩手県西磐井《にしいわい》郡平泉町に伝わる話。世界遺産に登録され、今でも賑わいを見せる平泉中尊寺。その中尊寺は戦後、朽損が酷《ひど》い状態だった。それから中尊寺は国から予算を獲得し、金色堂などの金箔《きんぱく》を貼り直して、昭和四三（一九六八）年にリニューアルオープンされた時には、金色堂に納められていた藤原三代のミイラも一般に公開された。しかし、今では公開されていないようだ。

小形信夫『陸中の伝説』によれば、元禄一二年（一六九九）、伊達藩が破損箇所の修復をすることになり、その時に藤原三代のミイラを密かに見てしまった者が三人いたが、その中の二人は間もなく亡くなり、残りの一人は気が狂って行方不明となったそうである。またそれ以前の天正年間（一五七三～九三）でも、藤原三代のミイラを見た者は間もなく死ぬか、あるいは盲目になったと伝えられた。

昭和四三年のオープンから一般客にも公開された藤原三代のミイラだったが、そのような怪事は起きなかったようである。

二つが森の山霊［ふたつがもりのさんれい］

岩手県二戸《にのへ》郡一戸町に伝わる話。高善寺が西法寺にあり、住職が七世の頃の話であ

る。秋のある日、寺の小僧が茸《きのこ》とりに行きそうなので和尚は、行かなくてもいいように二つが森に向かって呪文を唱えた。しばらくすると見慣れない小僧が現れて何かを探していた。夕方になると、松茸《まつたけ》が七本ばかり入ったつぼけを門前に置き、見慣れぬ小僧は姿を消した。この七世の和尚は、不思議な術を行う偉い僧だった。ある日和尚は、部屋で休むからと小僧に何事があっても戸を開けるなと命じた。しかし我慢できなくなった小僧が戸を少しばかり開けて中を見ると、部屋いっぱいにとぐろを巻いた大蛇が寝ていたという。（『一戸町誌　下巻』「二つが森の山霊と茸とりの話」（白鳥喜八郎談））

『一戸町誌　下巻』「第三節　仏教」によれば、話に登場する天台宗であった高善寺は既に廃寺となったようだが、代わりに廣全寺と寺名を変え、宗派も曹洞宗となって現在はあるようだ。また七世の住職であるが名を霊玄和尚といい、実際に高徳な方で知られたようだ。この霊玄和尚は、根反《ねそり》明神に血脈を授与したとの伝説があるそうである。血脈《けちみゃく》とは、仏教において法典や真理、説法など法と呼ばれるものが師から弟子へと受け継がれていくことを意味し、血の繋がりにたとえた表現である。

根反明神は「根反の雨降り明神」という話に紹介されている。高善寺九世和尚が屋根の上を這《は》っている大蛇に対してお経を唱えると、大蛇は一二、三歳ほどの小僧に姿を変え、九世和尚は、小僧に姿を変えた大蛇に対して、小根反の地へ行き明神となれとお経を唱えると、小僧の姿が消えて明神となろうとの声が聞こえ、一条の光と共に根反の方へと飛び去ったという。

ブチブクレ

岩手県遠野市綾織町《あやおりちょう》の日増山を歩いていると、味噌玉のような小さな黒い玉が、ころころと転がって来る。見過ごせば下まで転がっていくが、手にしている杖《つえ》などでこれを叩くと、一斗笊《ざる》ほどの大きさになる。また、逃げれば、どこまでも後を追いかけてくると伝わる。打てば膨れて人に仇を成すので、村人の間ではブチブクレと呼ばれるようになった。遠野市老人クラブ連合会（編）『遠野今昔』（第一集）で紹介される、奇妙な妖怪。

鳥取県東伯《とうはく》郡に伝わる、山から転がる妖怪に「ツチコロビ」と呼ばれるものがある。柳田國男『妖怪談義』によれば、ツチコロビ（槌転び）は転がってきて通行人を襲うとされる。ブチブクレもまた人を襲いもするが、見過ごせば襲われることはないようである。また、ツチコロビと違ってブチブクレは、形も違い、毛も生えていないようだ。ただ転がるという類似点から、ツチコロビと同型としてもおかしくない妖怪であろう。

ブツボコリ

岩手県陸前高田市の山中に現れた妖怪。山中で焚火《たきび》をすると、炎の中からキノコの

ようなモノがニュウッと出てくることがある。それを突き転がしても、再び炎の中から同じものが現れる。名前はブツボコリと伝えられている。これと遭遇した者は自らの氏神の声によって難を逃れたが、どのような厄災を受けるのかまでは明らかになっていない。

このブツボコリは『陸前高田市史』「鬼のマアヤの妖怪」の中に登場する、不思議で奇妙な妖怪である。

幣束を振る座敷わらし

［へいそくをふるざしきわらし］

岩手県盛岡市藪川《やぶかわ》に伝わる話。古い昔に藪川で宿屋をしていた山伏の家に、**座敷わらし**が出たと伝えられる。その座敷わらしは、幣束を持った白装束の男の子であったそうである。その座敷わらしが現れると、幣束を振りながら移動する音が聞こえたそうである。（太田忠雄『姫神物語』）

この座敷わらしは、山伏である家主の真似をして幣束を振って遊んでいたのだろうか。もしくは家内の穢祓《みそぎはら》いをしていたのかもしれない。

兵隊さんの狐

［へいたいさんのきつね］

岩手県遠野市に伝わる。昭和時代の戦後、間もなくのこと。八幡山の「さの長根」と呼ばれる峠で、三光楼キワさんが実際に体験した話。

キワさんが八幡山の峠道を歩いていると、後ろから兵隊さんの格好をした者が自転車でやって来た。戦後でもあったので、軍服を着た人はさほど珍しくはなく、初めは気にしていなかった。しかし、いつまでも歩いているキワさんを追い越すことなく後ろを付いてくるので、キワさんは立ち止まって先に行ってもらおうとすると、その兵隊さんも自転車で立ち止まる。キワさんは気味が悪くなり走り出すと、その兵隊さんの自転車も走り出す。キワさんは気になって、チラッと後ろを確認すると、その兵隊さんからは黄色いフサフサした狐の尻尾がお尻の辺りで揺れていたという。驚いて再び走り出したキワさんだったが、もう一度振り向いた時には、兵隊さんも自転車も見えなくなっていたそうである。（青笹町地域づくり連絡協議会『ものがたり青笹』）

牛を連れた雪女

［べごをつれたゆきおんな］

岩手県遠野市に伝わる話。昔、太一という、親の言うことを聞かない困った子供がいた。太一が、小正月の夕暮れまで外で遊んでいると、牛《べご》を連れた**雪女**に遭遇した。雪女は、辺りの木に降り積もった雪を連れている牛の口元にやると牛はうまそうに雪を食った。すると雪女はその牛の乳をチュウポチュウポと搾り、雪のように白い乳を太一の顔に向かってかけてきた。太一は顔をそむけたことで気を失っただけで済んだという。（岩手県小学校国語教育研究会『読みがたり　岩手のむかし話』）

原美穂子『遠野の河童たち』には、遠野地方では小正月の日に限って雪女が出るか

ら、暗くなるまで遊ばないで早く帰って来いと言われていることが紹介されている。または、雪女が家々を覗《のぞ》き回り悪い子を探して回るとも言われると書かれている。

柳田國男『遠野物語』第一〇三話で紹介される雪女の話には、雪女は童子をあまた引き連れて来ると記されている。

蛇石［へびいし］

玉山村役場『村誌たまやま』に紹介される。岩手県岩手郡玉山村（現・盛岡市）巻堀の山道を東に行ったところに「しびし」という、戦後開拓されて畑地もある、やや平坦《へいたん》な山地がある。そこに高さ三メートル、幅三メートルを超える丸形の花崗岩《かこうがん》が山脇から出ており、その石には長い大きな蛇の這《は》った跡がある。いつからか、それを蛇石と言うようになった。この地に、釜石から来て暮らしている一軒の農家があった。この山で誰かが蛇を殺すと、夜半に必ず蛇の頭が権現様のように光って、この家に来たという。それからこの蛇石に年に一回御幣《ごへい》があげられ、蛇石神社と呼ばれるようになった。「しびし」の地名は、蛇石の転訛《てんか》ではないかとされている。それから釜石から来た農家は気味が悪いので、別の地に引っ越したという。

蛇塚［へびつか］

岩手県二戸《にのへ》郡金田一村では、蛇は縁起が良いと大切にしていたら増えすぎて困った。イタコのお告げにより、村中の女の髪の毛を集め燃やすと、蛇は一つの穴に逃げ込んだ。その穴を塞《ふさ》ぎ出られないようにして蛇塚とした。（『金田一村誌』）

村中の女の髪を集めて燃やしたのは、魔除けとしての効果を狙ったものだろう。戸部民夫『神秘の道具』によれば、異臭によって魔物を追い払う方法に、髪の毛を焼いた悪臭が使われるそうである。女の髪が集められたのは、男の髪よりも霊力が強いとされたからだろう。

蛇憑き［へびつき］

昭和時代、岩手県遠野市で聞いた話である。あるお爺さんが庭仕事をしている最中に、現れた蛇を殺してしまったそうである。それからというもの、お爺さんは高熱を出して寝込んでしまった。数日の間高熱がなかなか引かないことから、往診に来た医者に、これ以上高熱が続くようなら、覚悟を決めてくださいと宣言されたそうである。ところがその時、そのお爺さんは皆の前で蛇のように、くねくねとうねりながら布団を這《は》い出してきたことから、お婆さんは病気ではなく蛇に憑《つ》かれたと思い、その後お祓《はら》いをしてお爺さんは元に戻ったそうである。蛇を殺して祟《たた》りを受けた話は昔から伝わるが、昭和の時代にもなってこういう話が起きるとは、誰も信じられなかったそうである。こういう話もまた「遠野物語」の一つになるのだろう。（佐々木剛一聞き書き）

部屋を歩き回る子供［へやをあるきまわるこども］

岩手県遠野市での話。平成も終わりになる頃、駅前の宿に宮城県の野球少年団の子供たちが泊まった。朝食は七時だったのだが、宿の主人は朝の四時頃には起きていた。すると「ミシミシミシ」「パタパタパタ」と、まだ夜明け前の暗い中なのに、子供たちが起きているのか足音が聞こえる。気になったので、朝食の時に子供たちに聞いてみた。「四時頃に足音が聞こえたけど、もう起きていたんだね」と聞くと、三人くらい手をあげて「寝てたんだけど、誰かが起きて歩き回っていたので、目が覚めちゃった」と言う。「その前から起きていた子は誰？」と聞くと、子供たちは顔を見合わせて沈黙した。その誰かが分からなかったみたいである。野球少年団の監督さんと「**座敷わらし**でも出ましたかね」と笑い話としてお終《しま》いになった。（佐々木剛一聞き書き）

座敷わらしは、子供が集まった中によく現れるとも伝わる。実は、この宿ではしばしば宿泊客から、似たような話を聞かされてきた。

便所からの手［べんじょからのて］

岩手県遠野市六日町の遠野高等学校の弓道場は、山際に建っている。そこの便所は汲《く》み取り式なのだが、昔から女便所に入ると手が出てきてお尻を触ると言われる。実際に昭和五四年（一九七九）にもクラブ活動中に、便所を利用した女子生徒が便槽から伸びてきた手を目撃し、大きな悲鳴を上げた。その当時、昔から弓道場を管理していた大泉師範代によれば、以前にも同じ事件が起きたという。だから、この時にも「またか……」という言葉を吐き出した。（佐々木剛一聞き書き）

吉田政吉『新・遠野物語―伝承と歴史―』に掲載されている遠野の古地図を確認すると、南部氏の藩政時代、遠野高等学校の弓道場跡は馬見所であり厩《うまや》があった。水が豊富で馬の水飲み場でもあり、馬の体を洗える淵《ふち》もあったようである。古老の話では、弓道場の裏は藪《やぶ》になっており、そこに水神の碑があったという証言がある。昔は遠野市に数多くある河童淵の一つであったのかもしれない。水が枯渇したと共に明治三四年（一九〇一）に造成され、旧制中学校が建設されたのが遠野高等学校の前身であった。その遠野高校に弓道場と共に便所が建てられたのは昭和になってから。地面の穴は、異界と繋がっているという話が古くからあり、石川純一郎『河童の世界』によると、厠《かわや》で用を足していると便槽から手が出てきてお尻を触る河童の話などが紹介されている。古くは河童淵であった地に便槽という穴を開けたことから、水中異界へと繋がったのであろうか。

ボーズ

岩手県九戸《くのへ》郡に伝わる。飯を一膳だけ食

べたり、裸で便所に行ったりするとボーズ（化物のこと）に出遭うという。また、湯に二回入るとボーズに皮を剝《は》がれるともいわれている。（『九戸郡誌』）

ボーズという化物が実際にいるというわけではなく禁忌を破ると化物が出ると諌《いさ》める言葉であるだろう。飯島吉晴『竈《かまど》神と厠神—異界と此の世の境—』によれば、裸は日常とは違う姿であるため、裸のまま厠へ行けば中に引き込まれたり、頭が痛くなったり気がふれてしまったりなど、厠の世界と同一化してしまうと伝えられる。また厠にも神がいることから、裸で行くのは無作法でもあるようだ。

また、湯に二回入るのは贅沢なことであるから、やっては行けないこととされていた。

ボコ

岩手県遠野市に伝わる話。柳田國男『遠野物語拾遺』第二五六話には、生活の中の禁忌が紹介されている。その中に、炉の灰を掘ると中から「ボコ」というものが出てくると伝わる。

遠野地方においてボコとは子供のことで、通常はボッコと言う。遠野に伝わる座敷ワラシも、座敷ボッコなどと言う。このボコ・ボッコは頭に毛のない坊主から来ており、昔の男の子は頭を丸めている子供が多かったから、丸刈りの子供をボコ・ボッコ呼び、いつしか子供を総じて言う言葉となっている。

また別に魚釣りなどで、全く釣れないことを坊主ということから、全くない意を指す。

毛藤勤治『岩手の兆《きざし》禁《いましめ》呪《まじない》俗言《のろい》』には、内陸地方では炉の灰を掘ったり叩いたりすると、天邪鬼《あまのじゃく》や貧乏神が現れると伝わる。

囲炉裏は、毎日使用する大事な場所であり、火の神を祀《まつ》る神聖な場所でもあるので、犬猫のように灰を掘ったり、自在鉤《じざいかぎ》を叩いたりするというのは、神への冒瀆《ぼうとく》にも繋がる。つまりボコという坊主が現れるのは、禁忌を破って財産を失ってしまうことを意味する。

広域の**アク坊主**も参照。

細い赤い手 ［ほそいあかいて］

岩手県遠野市土淵町《つちぶちちょう》字火石《ひいし》の、長田家の座敷での話。ある時、その家の子供が奥の座敷へと入っていくと、長押《なげし》の処《ところ》から細い赤い手が一本垂れ下がっていた。それがちょうど、三、四歳の小児の手くらいであったが、長さが六〇センチくらいで長く、きわめて細長い蔓《つる》のようでもあったと。それを見た子供は、驚いて叫びつつ、家の人と連れ立ってもう一度見に行ったが、その時にはもうなかったそうである。その後、その長田家は大雨による大洪水に遭い、家屋など全てを流したそうである。その細い赤い手も、**座敷わらし**のような吉兆禍福を知らせる細手というものであったらしい。（佐々木喜善『遠野のザシキワラシとオシ

ラサマ』）

細手長手［ほそてながて］

岩手県遠野市土淵町《つちぶちちょう》字火石《ひいし》の代々山伏であった北川家に、叔父が泊まりに来ていた。神仏を祀《まつ》ってある隣の部屋の襖《ふすま》の隙間から、細い長い手が出て、手招きをしていた。その後、叔父は津波に遭って、家屋財産は申すに及ばず、妻子までも失ったのである。その細い長い手は、それらの前兆であったろうかと言っていた。襖の隙間から現れた手を俗に細手長手といって、やはり吉凶禍福につれて、人の家に現れるものとされる。これも**座敷わらし**の一種だとされている。（佐々木喜善『遠野のザシキワラシとオシラサマ』）

ぼた餅のなる木［ぼたもちのなるき］

二戸市浄法寺町に伝わる話。天台寺毘沙《びしゃ》門堂《おんどう》脇の池の畔《ほとり》に、旧正月の七日に行って見ると、その木にたくさんのぼた餅がなっていた。たくさんのぼた餅がなると、その年は豊作で、そうでなければ凶作だと言われている。昭和二八年（一九五三）頃、悪徳な坊主が不思議な木だと伐《き》ってしまった。（野村純一『岩手県　浄法寺町昔話集』「ぼた餅のなる木」語り手　佐藤基三）

地域の方によれば、本当にあったと信じる人は殆《ほとん》どいないようである。また、この辺ではぼた餅を食べる習慣がないのに、何故ぼた餅なのだろうと不思議がっていたそうである。（佐々木剛一聞き書き）

この「ぼた餅のなる木」のあったとされる場所は、天台寺である。天台寺は平安時代に開かれた比叡山《ひえいざん》系の寺院であり、清い水が湧き出る桂《かつら》の木から聖観音を彫り上げ開山したとされ、その桂の木は「桂清水」と呼ばれるようになった。比叡山系の布教は東北全体に及び、この浄法寺にある天台寺の桂と同じように桂清水と呼ばれる桂は秋田県や青森県にも存在する。

小館衷三『水神竜神　十和田信仰』には、青森県弘前市大沢堂ケ平の「桂清水」が紹介されている。この堂ケ平の桂清水が流れ込む池には、モリアオガエルが生息している。モリアオガエルは夜間に樹上産卵をするのだが、それを当地では「モチ」がつくといい、産卵の多少によって豊凶を占ったようである。

天台寺の桂清水と同じ流れをくむ信仰の地であるから、天台寺の「ぼた餅のなる木」もまた、モリアオガエルの卵塊のことを言ったのだろう。そしてモリアオガエルの卵塊を「モチ」と呼んでいたのが、いつしか「ぼた餅」になったのではということであった。（佐々木剛一聞き書き）

骨腐り［ほねくさり］

これは、岩手県下閉伊《しもへい》郡田野畑村《たのはたむら》に伝わる話。妻の妊娠中に、夫が死人や死んだ牛馬を担ぐと、その胎児が生まれてから成長し始めると脚の中の骨が腐りだす。（青木松太郎『たのはた風土記』）

恐らく、死の穢《けが》れの黒不浄が、生まれた子供に影響を与えるという話だろう。ある日蓮宗の住職は、狐憑《つ》きなどの憑き物祓《ばら》いをよくやっていた。そんな中で子供が生まれたが、手の指が数本なかったそうである。それは祓いの穢れが住職に蓄積し、生まれてきた子供に影響したためだと檀家《だんか》の間で噂された。

【ま】

松川姫 ［まつかわひめ］

柳田國男『遠野物語拾遺』第三一話に鱗《うろこ》を残して消えた松川姫のことが書かれているが、この松川姫の怪異は、それだけに留まるものではなかった。

遠野町地域づくり連絡協議会（編）『遠野町古蹟残映』によれば、この松川姫は遠野を統治した二六代城主の娘、トリという名だった。トリは現在の八幡平《はちまんたい》市松川温泉の女護沼《にょごぬま》で亡くなったことから松川姫と呼ばれるようになった。遺骸は遠野に運ばれ、城主の帰依《きえ》していた東禅寺に埋葬された。ところが松川姫が埋葬されてから遠野の城中で、頻繁に怪異が起こることになったため、松川姫の祟《たた》りだとされた。その東禅寺には池があり、その中島に祀《まつ》られていた弁財天に松川姫を合祀《ごうし》し松川神社として新たに祀り直したところ、その怪異は止んだ。ところが時代を経た大正一一年（一九二二）、女学校の建設のために東禅寺跡地にあった松川姫神社の社が撤去され、池が埋め立てられた。それから工事中に不可解な事故が頻繁に起きたことから、松川姫の祟りであるとされた。

また金野静一・須知徳平（著）『日本の伝説42（岩手の伝説）』によれば、八月三日になると、遠野南部家の奥座敷に膳部を供えたうえ、家人の出入りを禁ずる。そこへ蛇体となった姫が現れて一年間の無沙汰を謝するという。姫は、その奥座敷に訪れた印として、鱗《うろこ》の一片を残して去るのだそうである。また八幡平市の松川では、八月一三日は沼の主が留守にするので、この日必ず暴風雨が起こると伝わる。

大正時代の新聞である『遠野特信』では、松川姫追善供養に関する記事が紹介されている。新たに松川姫神社の社《やしろ》と池が作られ、大々的な松川姫の追善供養が行われ、不可解な事故はそれからなくなったという。

しかし時代は昭和となり女学校は小学校となってからのことであった。昭和四〇年代となった頃、遠野小学校では頻繁に煌《きら》びやかな着物姿のお姫様の幽霊が、宿直した先生方に目撃された。そして二度にわたる不審火の後、木造の遠野小学校校舎は全焼した。学校火災の前夜もまた着物姿のお姫様の幽霊が目撃され、松川姫の祟りだと恐れられた。それを目撃した方は既に亡くなってしまったが、校長にもなった方で、他の人々にも生々しくその体験談を語っていた。（佐々木剛一聞き書き）

マッサージする座敷わらし
［まっさーじするざしきわらし］

岩手県遠野市の早池峯《はやちね》神社の近くに、かつて民宿があった。当時、その宿の主人から聞いた話によると、宿泊客が夜遅くに夕食を頂いた部屋へ行くと小さな子供がいたそうである。少し酒を飲んでいたせいか、その子供の近くで横になったそうである。そして「坊主、ちょっとこっちへこい」と、その小さな子供を呼び「俺は疲れてるから、マッサージをしてくれ」と、その子供にマッサージをさせたそうである。その翌日、宿泊客は宿の主人に、昨夜の話をしたところ、そんな子供は宿にはいなかったとのこと。それは**座敷わらし**ではないかとされたそうである。（佐々木剛一聞き書き）

マヨイシマシのもの

森のマタギと呼ばれる男が、岩手県上閉《かみへ》伊《い》郡大槌町《おおつちちょう》浪板の奥の沢で鹿笛を吹いていると、草や灌木《かんぼく》がぼうぼうたる中を、白地の布を被《かぶ》ったとても美しい声で歌う女が現れた。魔性のものと思ったマタギは、金の弾で撃ったら、沢の上流へと逃げた。翌日となり父親と連れ立って湿地に行くと、巨大なフルダがうつ伏せになって死んでいた。鹿笛に誘われてくるのは、この地域で「マヨイシマシのもの」と伝わる。「マヨイシマシのもの」とは「人を惑わす魔性の者」の意。またフルダとは、ヒキガエルのことである。岩手県ではヒキガエルのことを、フルダもしくはフルダビッキと言う地域は多い。（大槌の民話編纂委員会（編）『大槌の民話』）

美しい歌声の女も参照。

真ん中の怪
［まんなかのかい］

岩手県大船渡市に伝わる俗信に、夜中に部屋の四隅に鏡と火を灯した蠟燭《ろうそく》を立て、一人で真ん中に座っていると、未来の夫が現れる。（『大船渡市史　第四巻』「第6章俚諺・俗信」）

これは俗に言われる、真ん中の怪なのだろう。板橋作美『俗信における怪異について―真ん中で不思議が起きる―』では、四

畳半、八畳間の真ん中に布団を敷いて寝ると何かが起きた例が紹介されている。また古くは畳四畳半の真ん中の半畳は、切腹する場所であった。四畳半の真ん中半畳が霊界と繋がっており、切腹した者の魂が霊界であり異界へと送り込まれると。

真ん中は、霊界・異界と繋がっていると信じられている。

見返しの大入道 ［みかえしのおおにゅうどう］

岩手県二戸《にのへ》郡一戸町の古街道を夜更けに歩くと大入道が現れて、顔を舐《な》めるという噂が伝わっていた。大入道の長い舌で顔を舐められると、口もきけないまま三日も経たないうちに死ぬ。遭遇しただけで長い病気に罹《かか》ると恐れられていた。ある時、物知りから聞くと八幡石の精が大入道になるので、祀《まつ》れば鎮まると言われ、祠《ほこら》を建てて祀ると出なくなった。また別に、大入道が出たのは、播磨屋という財産家が飢饉《ききん》の時に救いを求めた人々を追い払ったため、その場で死んだ人たちの怨みが祟《たた》りとして大入道が出てきたと言われ、祠を建てて祀ると出なくなった。（『一戸町誌　下巻』）

八幡石の精が大入道になるとされているが、よく石の精が石から抜け出て人を襲う話がある。

巫女の化物 ［みこのばけもの］

岩手県遠野市松崎町には山間の寂しい洞地があり、同間洞とも呼ばれ、そこに巫女の化物が出るとの話が伝えられている。しかし、巫女の化物に関する詳細は書かれていない。（松崎町地域づくり連絡協議会『まつざき歴史がたり』）

かつて遠野の笛吹峠では、熊野の歩き巫女が殺され祟《たた》りを成した話が伝わる。また花巻市大迫町《おおはさままち》側の早池峯山《はやちねさん》の入り口付近には、**傀儡坂**《くぐつさか》と呼ばれる地がある。これは昔、旅の傀儡女が怨みをもって死んで行ったことから名付けられた地名である。このように、古い時代には布教活動の関係から熊野の歩き巫女を筆頭に、かなりの女性宗教者も東北の地に入り込み、様々な事件に巻き込まれていたようである。この巫女の化物もまた、怨みを持って死んだ旅の巫女の姿なのかもしれない。

弥勒院の墓 ［みろくいんのはか］

岩手県遠野市綾織町《あやおりちょう》みさ崎に弥勒院《みろくいん》という法印がいた。生前より法印は、八方を遠望できる高台の地を入定《にゅうじょう》する場所に定め、住居よりその入定の地まで一〇〇本の松を植えて、百本松坂と呼んでいた。いざその時が来ると、法印は地中に潜り、竹筒を出して息をし、そこで鉦《かね》を打った。その鉦の音は、七日後には聞こえなくなってしまった。その場所には、明法弥勒院と刻まれた石碑が今も置かれている。（『綾織村誌』）

綾織町にある集落の裏山の見晴らしの良い場所に、この弥勒院の塚がある。しかし、今でもその地は薄暗く、たまに鉦の音が聞こえると伝わる。平成になっても、そ

の地で鉦の音を聞いたとの話がある。

百足姫［むかでひめ］

岩手県盛岡市の伝説を紹介する、高橋智『盛岡伝説案内：其の壱―其の百』によれば、南部利直の正室である於武《おたけ》の方は、俵《たわら》藤太《とうた》が百足退治した時に使用した鏃《やじり》を持参してきたという。そして、その於武の方が九一歳で亡くなり遺体を納棺する時、遺体を納めた棺《ひつぎ》の下が百足の這《は》い回る姿に変色し、人々を驚かせたそうである。百足の祟《たた》りを恐れた南部利直は、水を嫌う百足対策から、墓の周囲に水を巡らせた濠《ほり》を作るように命じた。そしてその墓へ行くための濠に橋を架けたのだが、その都度に百足の怨霊が現れて橋を破壊したと伝えられる。光台寺の住職が、一体の仏像を彫り墓前に置いて供養したところ、その怪事は止んだという。

また別に、太田忠雄『盛岡の伝説：みちのくの伝承民話』にも百足姫の話が紹介されており、於武の方の墓から大小の百足が這い出し、更に於武の方の髪も片目の蛇に変化して石垣の隙間から出てきたとも言われる。それから於武の方を百足姫と呼び、その墓を百足姫の墓と名付けたそうである。

大百足を退治した伝説の鏃が、この百足姫の墓の中にあるのではないかとされている。

【や】

八つの頭の魔物［やっつのあたまのまもの］

岩手県上閉伊《かみへい》郡大槌町《おおつちちょう》の海に「ひょっこりひょうたん島」のモデルとされる蓬莱島《ほうらいじま》が浮かんでいる。この蓬莱島、別名弁天島とも呼ばれ、現在も弁天様が祀《まつ》られている。昔八つの頭を持つ魔物が棲み付いたことがあった。漁師が船で近付くと八つの頭を持ち上げるので、島に誰も近寄れなかった。ある時、鵜住居《うのすまい》の山伏が、その魔物を退治しようと島に上陸し読経を続けると、二一日目の夜に魔物は島からいなくなったという。魔物の詳細は記されていない。

（小形信夫『陸中の伝説』）

山姥の骨［やまうばのほね］

岩手県上閉伊《かみへい》郡大槌町《おおつちちょう》金沢の折合家の奥の機屋の淵《ふち》のそばに岩窟があって、山姥が機を織って棲んでいた。ある時マタギが淵のそばを通り、山姥を鉄砲で撃った。数年後、マタギがその淵で、足に妙な骨が刺さり病気になった。なかなか治らないので巫女《みこ》に祈祷《きとう》してもらうと、それは山姥の骨であった。マタギは傷が治らずに死んでしまった。（大槌の民話編纂委員会（編）『大槌の民話』）

これは、山姥の執念による祟り話である。淵のそばで機織りするというシチュエーションは、やはり水神系の主が登場する淵の話が多い。伊藤龍平『ヌシ：神か妖怪か』にもあるように淵の主の殆《ほとん》どは、竜や大蛇や大魚などの水棲系である。この山姥もまた、淵の主ということだろう。

小松和彦『憑霊信仰論』では、山姥は山神の零落した恐ろしい存在であるとしている。この話の山姥のような怨み深さ、執念深さを持っているのかもしれない。

山姥の魔［やまうばのま］

妊婦は、遠出をしたり山を歩いたりすると、山姥に魔をかけられる。岩手県下閉伊《しもへい》郡岩泉町の猿沢の家の奥方は、妊婦の身でありながら山道を歩き回っていた。そのせいで山姥に魔をかけられ、お腹の中身を変えられたまま、お産をした。フルタビッキ（ヒキガエル）の子のようなのが、大きな盥《たらい》一杯に生まれた。（高橋貞子『火っこをたんもうれ―岩泉の昔ばなし―』）

山伏石［やまぶしいし］

岩手県西磐井《にしいわい》郡平泉町に伝わる話。旅の山伏が、戸河内川《へかないがわ》の琵琶《びわ》ヶ滝の淵《ふち》で腰を下ろして休んでいると、歩けなくなった女から、夫の棲む家のある琴ヶ滝まで連れて行って欲しいと頼まれた。女は鱗《うろこ》の肌の化物だった。女は「この秘密を人に言えば石にする」と言う。

山伏は命の覚悟を決め、琴ヶ滝近くの村人たちに女の秘密を話し、化物と対決することを伝えた。山伏が一心不乱に唱える読経によって、化物の恐ろしい叫びが聞こえた。その後滝の底には、人間とも魚ともつかないどす黒い二つの奇怪な石が横たわっていたという。山伏もまた化物の魔力によって、石になっていた。それからその石を、山伏石と呼ぶようになった。（朴沢謙一郎『民話の平泉』）

簡単にまとめたが、実際は化物退治の描写が激しい、岩手県の代表的な化物退治物語である。アニメ『まんが日本昔ばなし』でも放送された。

横崖峠の狐［よこがけとうげのきつね］

岩手県大船渡市三陸町綾里《りょうり》田浜《たはま》の海岸道路は、横崖峠と呼ばれ、夜は寂しいところ

だった。大正一〇年（一九二一）頃まで悪い狐がたむろしていて、通る人に悪さをしていた。狐は、田浜から港へ行く人には近寄らず、港から田浜に来る人に寄り添うのだった。木下さんが一五歳の頃、横崖峠を歩いていると、道路脇の笹を鳴らしながら狐が並んで歩いている。たまに手にしていた石を投げると、狐は立ち止まり静かになるが、再び並んで歩き始める。その時代は、老人たちが狐がいかに人を騙《だま》すか真剣に語っていたが、今では新しい道路ができて、横崖峠を歩く人はいなくなり、狐の話もなくなってしまった。（三陸老人クラブ連合会『さんりくのむかしばなし』「木下庄吉さんの語り」）

呼ばり石［よばりいし］

岩手県遠野市宮守村に、「呼ばり石」と言われるようになった石がある。ある男が石の近くで「昼飯だ！」と呼ぶと、石が「おーい！」と返事をした。それが何度も続くので、狐の仕業と思った人が鉄砲で撃ったら、それから返事をしなくなった。（宮守村『広報みやもり』一九七八年一〇号）。

紫波《しわ》郡にも音を出す化け石の話があるが、その石は鉈《なた》で切りつけると血を出して、そのまま化けることはなくなったと言う。このよばり石は恐らく狐狸《こり》の霊魂が憑《つ》いた石であったのだろうか。鉄砲で撃たれたために、その霊魂が抜けてしまった。その鉄砲の玉の痕は、今でも石に残っている。

呼び起こすもの［よびおこすもの］

岩手県下《しも》閉伊《へい》郡田野《たの》畑村《はたむら》の田代から黒森へ行く途中に、イモリ峠がある。峠の頂上に文字の摩耗した石碑があり、墓石だろうと言われている。そこでは絶対に眠るなと伝わる。ある日、そこで眠った人がいたが、突然呼び起こされた。目を覚ましたが、誰もいなかった。（青木松太郎『たのはた風土記』）

同じ『たのはた風土記』の別の峠の話に、津波の時にこの峠に逃げ上った者だけが助かったので、それから生森峠《いもりとうげ》と呼ぶようになったと記されてあった。ただし、この石碑がいつの時代のものなのかは、分からない。田野畑村芸術文化協会『新たのはた風土記』によると、田野畑村のいくつかの場所には明治二九年（一八九六）の津波の時の供養碑と、昭和八年（一九三三）の供養碑が建てられているということから、どちらかの時代のものなのだろう。

夜の峠を歩くサラリーマン［よるのとうげをあるくさらりーまん］

岩手県遠野市と気仙郡住田町《すみたちょう》の間に、難所である赤羽根峠がある。平成になって、その難所の赤羽根峠を通らないよう別の箇所に道を作り、トンネルを着工することになった。着工されてからの開通間近の頃の夜、トンネル内部の設備関係者が間違って旧道方面へ行くと、街灯のない暗がりの峠をサラリーマン風の男が歩いていた。こん

な暗がりの山道を歩く人を見て、恐ろしくなったそうである。確かに峠を越えれば住田町へと行き着く。しかし、どう考えても普通背広を着た格好で、何キロにも続く街灯もない峠の山道を歩くだろうか。その後も立て続けに目撃されたことから、幽霊かと騒がれた。峠には、赤羽根スキー場という市民スキー場があるのだが、冬以外は人も滅多に訪れないためか、何件かの自殺が起きていた。そのことからも、その赤羽根スキー場で自殺した人の幽霊ではないかと噂された。（佐々木剛一聞き書き）

【ら】

羅刹鬼 ［らせっき］

岩手県盛岡市に伝わる。昔、羅刹鬼という鬼が、盛岡辺りの里を荒らしており、人々は三ツ石神社に願を掛け、これを捕えてもらった。羅刹鬼は二度とこの地を踏まないと約束をし、三ツ石の神様はその証文として、三ツ石に手形を押させた。岩手県の県名はこの岩に残った手形に由来するという。（今野静一・須知徳平『岩手の伝説』）

　この話は、現在東北四大祭りの一つである「さんさ踊り」の起源譚《たん》や、「不来方《こずかた》」という地名譚にもなっている。鬼は、もうこの地には来ないと三ツ石に手形を押して退散したことからこの地域は、鬼が来ない「不来方」と呼ばれた。また、鬼が来なくなったことに村人たちは「さんさ、さんさ」と喜び、感謝の踊りを捧げたのが「さんさ踊り」の起源とされる。

　岩手日報社『岩手の伝説を歩く』によれば、この三ツ石は岩手山が噴火した時に飛んできた石だとか、大きな岩が長い年月のうちに割れたとか、雨上がりには手形が浮かび上がるとも言われているようである。

　岩手県全般に現れる鬼の話の殆《ほとん》どは、朝廷に対抗した蝦夷《えみし》の民であった。岩手県を含む東北の地は、常に敗れ続けてきた。坂上田村麻呂率いる朝廷軍に敗れ、源頼朝率いる関東軍にも敗れ、いくつもの敗北があった。そのために、伝説の殆どが征服者の視点によるものが多い。この羅刹鬼の話も、またしかりである。

離魂病〔りこんびょう〕

岩手県二戸市浄法寺町に伝わる話である。ある男が夜道を歩いていると、前方から自分とそっくりな者が歩いて来てすれ違った。その男はそれから病に伏し、行者に看てもらうと離魂病だと告げられた。そしてその男は、しばらくして亡くなった。この地域で離魂病は、古くから遊離魂とも影患いとも呼ばれていた。（野村純一（編）『岩手県　浄法寺町昔話集』）

犬飼公之『影の古代』によれば、人の姿を形成しているのは魂であると考えられていたようだ。つまり、自らの肉体から魂が分離すれば、その魂が同じ姿を形成する。男が夜道で自分そっくりな者に出合ったのは、自らの肉体から分離した魂であったのだろう。俗説ではドッペルゲンガーに出合うと死ぬと言われる。

広域の**影の病**、青森県の**先魂こ**も参照。

COLUMN 01 境界

『遠野物語』を著した柳田國男は、その序文に「路傍に石塔の多きこと諸国其比を知らず」と書き記している。これを簡単に訳せば、「遠野の石塔の多さは日本一」という意味になる。遠野の石塔のほとんどは村境にある。辻などの境界は異界と繋がっていると信じられているため、これらの石塔は魔除けの意をも含んでいる。つまり石塔が多いということは、厄災が多い地域であることを表す。

　古くから境界は魔が忍び寄るともいわれ、家の境問題で隣人同士が喧嘩するのもまた魔が入ったものと考えられた。だから、家との境には境界石が置かれる。『遠野物語第八話』にはサムトの婆というものが登場する。サムトの婆が来るたび厄災が起こるので、サムトの婆の棲む六角牛山《ろっこうしさん》と村との境界に結界石を置き、サムトの婆が来られないようにした。境界石と結界石は、ほとんど同じものと思ってよいだろう。

『遠野物語第五五話』に「川には河童多く住めり」と記されている。川とはあちら岸とこちら岸との境界で、その境界に住むのが河童である。遠野では、河童が川から這《は》い上がり、家に入ると座敷わらしになるとも伝えられる。家とは、外界から身を守る結界である。河童の姿では家に入れないが、座敷わらしのような人の姿なら入ることができるということだろうか。また、家の中にも「縁の下」と「天井裏」という境界がある。子供の抜けた乳歯を、縁の下や天井裏に投げ入れる呪術は、境界の住人である鼠に対して「丈夫な歯が生えるように」と祈願する行為でもある。天井裏にも座敷わらしが隠れる話もあることから、座敷わらしもまた家の境界の住人といえるだろう。

　ともかく境界には、様々な魔が潜んでいるようである。

［佐々木剛一］

［参考文献］
柳田國男『遠野物語』

宮城県

【あ】

あがつあかきつつあか婆

〔あがつあかきつつあかばあ〕

宮城県大崎市古川石森に伝わる。赤坂というところにいた狐で、ザクリザクリと小豆《あずき》を磨《と》ぐような音をさせて人々を驚かせていたという。(『古川市史　下巻』)

奇妙な名前であるが、由来などは一切不明である。小豆を洗う妖怪には、老婆の姿で現れるものもあり(**小豆洗婆**《あずきあらばば》参照)、この狐も老婆に化けて小豆を洗っていたのだろうか。同じく狐が正体の小豆を洗う妖怪は、福島県の**小豆洗《あずきあら》い狐《ぎつね》**など、各地に伝わっている。

赤沼河童

〔あかぬまかっぱ〕

宮城県大崎市鳴子《なるこ》温泉川渡《かわたび》に伝わる。

昔、川渡中学校の西隣地には、「赤沼」という水が赤く濁った沼があり、身の丈が九尺(約二・七メートル)ほどの大**河童**《かっぱ》が棲んでいた。全身が青く、頭には皿、下顎《おとがい》や背中に甲羅がある。この沼に近付く牛馬や人は、河童の霊に招かれ(取り憑かれる?)夢遊病者のようになって自ら沼に飛び込み、餌食になった。

この河童の犠牲者の血で沼の水が赤く染まったため、赤沼という名がついたとされる。(『鳴子町史　上巻』)

朝比奈三郎

〔あさいなさぶろう〕

宮城県黒川郡大和町《たいわちょう》の七ツ森の由来に登場する巨人。

昔この巨人が、今の品井沼《しないぬま》の所からタンガラ(背負い籠《かご》)に土を入れて運び、七ツの山《モリ》を造り、それが「七ツ森」なのだという。出来上がってからタンガラの土を払い落としてできたのが「タンガラ森」、土を掘った跡の水が「品井沼」、土を運んで往復した足跡が「吉田川」になったとされる。

また、巨人が足駄《あしだ》の歯に挟まった石を飛ばすと加美郡色麻町《しかまちょう》の小栗山《こぐりやま》に落ちて「男石」となり、土を全部投げ出してできたのが同郡加美《かみ》町味ヶ袋の「薬萊山《やくらいさん》」であるとも言われている。この巨人の名前は「ダイダラ坊」とされる場合もある。(『宮城縣史21　民俗Ⅲ』)

朝比奈三郎の名は、『吾妻鏡』などに登場する鎌倉時代初期の武将、朝比奈三郎義《あさひなさぶろうよし》秀《ひで》から来ていると思われる。海中で鮫《さめ》を三匹捕らえたなど、数々の逸話をもつ豪傑として知られ、狂言や講談にも登場する。(乾克己ほか(編)『日本伝奇伝説大事典』)怪力のイメージを伴った「朝比奈三郎」の名が、地方の山や湖沼を作る巨人の伝説と結びついた結果、生まれた伝承であろう。

あさひわかみこ

宮城県栗原市高清水には、かつて「アサヒワカミコ」という人物がおり、オカミサン（巫女《みこ》）の始祖とする由緒書が伝わる。アサヒミコとも。

鎌倉時代、生まれた時から目が見えなかった彼女は、見世物歩きをしていた父の手伝いをしていたが、付き添いの男が彼女に知恵を付け、不思議なことができるようになった。彼女は、付き添いの男が作ったオシラサマ（**おしら様《さま》**）と、ああでもねえ、こうでもねえと神遊びをすると、オシラサマが歩くなど、色々な芸当をした。

そしてそのオシラサマが、彼女が生まれていない時代のことを語ったので、次第に話題になり、お客がついて繁盛した。やがてその噂は頼朝《よりとも》公の耳に届き、彼女は呼び出しを受けた。頼朝公は桐《きり》の箱の中の書き物になんと書かれているか読んでみよと命じた。すると彼女は「何編に何でホノボノと読む」と答え、箱を開けると本当にそう書いてあった。（『巫覡・盲僧の伝承世界第1集』）

足長小僧の怪［あしながこぞうのかい］

宮城県仙台市青葉区川内《かわうち》に伝わる。仙台城二之丸の登城口に扇坂というところがある。その下の筋違橋は「足長小僧の怪」で知られ、坂路に人間の生首が転がっていたりした。（『宮城縣史21　民俗Ⅲ』）

「足長小僧の怪」とはどういったものなのか、生首との関連性など、同書に記載がないため一切不明である。

小豆洗婆［あずきあらいばばあ］

宮城県富谷《とみや》市西成田の小川に現れた**小豆《あずき》研《と》ぎ**の類。

日暮れになると小豆を洗う音が聞こえ、見ると老婆が小豆を研いでいる。手伝ってやろうかと背後から声を掛けると、振り向いてこの世のものとは思えないほど醜く恐ろしい顔を見せて脅かしてくるという。正体は狐であるとされる。（『富谷町誌』）

天探女［あまのさぐめ］

宮城県角田《かくだ》市旧西根村地区に伝わる。飛《ひ》騨《だ》の甚五郎《じんごろう》が三日で弥陀堂を造る約束をしていたが、三日目の夜に天探女が真似た鶏の声を聞いて焦って四方の垂木《たるき》を短くしてしまった。天探女は人の邪魔をするのが好きな小鬼で、田畑に雑草が生えるのもこの鬼のせいだという。（『伊具《いぐ》郡誌』）

天探女は記紀神話や万葉集にみえる神の名で、天邪鬼の元になったともいう。名前の由来はこの女神だろうか。

福島県の**天邪鬼《あまのじゃく》**も参照。

アマビエ様［あまびえさま］

令和二年（二〇二〇）、新型コロナウイルス感染症の流行を契機として、アマビエ

は「疫病退散に御利益がある妖怪」と解されて、創作活動などの題材として好んで用いられるようになった。それぱかりか、時として「アマビエ様」と敬称つきで呼ばれ、感染症終息への期待が寄せられた。日本各地の寺社でも御朱印の図柄として描かれたり、地域住民から彫像が奉納されるなどの動きがみられるようになり、祈禱《きとう》や入魂が施された例も複数確認できる。

　宮城県大崎市の鹿島台神社には、令和二年八月に氏子制作の「アマビエ様」の像が奉納された。これは神木を用いたチェーンソーアートで、同月七日には新型コロナウイルス鎮静祈願祭とアマビエ様御霊入れの神事が執り行われている。

　寺社の情報サイト『ホトカミ』の鹿島台神社公式ページに投稿された記事によれば、木像の制作者を神社に紹介した氏子の某氏は、以前から膝痛に悩まされていたという。ところがアマビエ様の御霊入れ直後、正座もできなかったほどの症状が消えてなくなり、鹿島台神社の大神様の御利益だったのでは、と喜んだという。(「アマビエ様」『ホトカミ』鹿島台神社、二〇二〇年一一月一七日投稿)

　このほか、同じ大崎市の鳴子《なるこ》温泉末沢《すえざわ》にある洞川《とうせん》院には、高さ二・二メートル、重さ二トンで金箔《きんぱく》の鱗《うろこ》に覆われた巨大アマビエ木像が置かれている。

　岩手県の**アマビエ菩薩**、福島県の**天彦命**も参照。

荒ラ獅子魔王［あらししまおう］

『船形山手引草』に記述された、船形山(山形県と宮城県の間に跨《また》がる山)に祀《まつ》られる神の縁起に登場する魔王の一人。

　身の丈は五丈(約一五メートル)余りもあり、**貪多利魔王**《とんたりまおう》、**烈風魔王**《れっふうまおう》、**天龍魔王**《てんりゅうまおう》とともに、阿弥陀如来《あみだにょらい》率いる神仏と戦った。毘沙門天《びしゃもんてん》に斧《おの》で襲いかかったが、彼の八十文字の槍《やり》によって斧の柄が折られると、跡形もなく消えてしまった。(『船形山の民俗吉田潤之介採訪資料』)

異形の蟹［いぎょうのかに］

宮城県岩沼市玉浦の玉浦観音の縁起に登場する。

　坂上田村麻呂《さかのうえたむらまろ》が、まだ人家がなく野原が広がっていた頃の名取を訪れた時、このようなところには毒蛇が出るだろうから、仏閣を建立して周辺に人家を建てれば、悪鬼も自然に退くであろうと考えた。そこで、この辺りに居住する東衛と名乗る老翁《ろうおう》に事情を説明し、ここに住むよう命じると、東衛はもってのほかと、首を横に振り、この原には異形の蟹が多く棲んでいて、大きいものは七〜八尺(約二一〇〜二四〇センチ)から五〜六尺(約一五〇〜一八〇センチ)もあり、二〜三尺(約六〇〜九〇センチ)以下の蟹だと何万もいて、人を見ると鋏《はさ》み殺すのだと語った。そこで田村麻呂は大釜に湯を沸かして、原の三方から火を放ち、火のないところに集まってきた蟹に熱湯を掛けて全て殺し、一カ所に埋めて観音

堂を建立した。東衛は名を「熱燃」と改めて、観音堂の近くに住むようになった。（大塚徳郎『坂上田村麻呂伝説』）

池がらす ［いけがらす］

宮城県本吉郡南三陸町志津川米広《しづがわこめひろ》に伝わる。牧場の牝馬と、池のそばの林に棲むカラスとの間に生まれた馬で、天馬のように空を飛び、魚のように水中を泳いだ。源《みなもとの》頼朝《よりとも》に献上され「池がらす」と名付けられ、戦場で活躍したため、「宇治川の先陣争いの池月磨墨《するすみ》にも勝るとも劣らぬ名馬よ」と噂された。

やがて主人の頼朝が亡くなると、故郷へ飛び去り、そこで一生を終えた。帰郷の際に鞍《くら》を落とした場所が、田束山《たつがねさん》の「鞍骨峠」、余生を送った森は「帰国が森」、村人がその亡骸を埋めた場所は「馬の骨壇」と呼ばれた。（高橋静男『ふるさと歌津の民話と伝説　第一集』）

イズナ様 ［いずなさま］

宮城県気仙沼市に伝わる。ある百姓が道端で頭のない雉《きじ》が落ちているのを見つけた。これは良いご馳走が手に入ったと喜んで持ち帰ると、そこに白い狐のイズナ様が赤い狐の背に乗ってやって来た。するとイズナ様は雉がいないことに気付き、腹を立て、乗っていた赤い狐の頭を切り落とした。

その日の夜、イズナ様は百姓の家で馬道具を切り刻んだり、土蔵の格子を破ったり、屋根の萱《かや》を抜いたりと散々に暴れ回った。百姓はこれを退治しようとメヌケ（魚の一種）の胴体に火薬を詰めて吊るしておいたが、頭と尾だけ食われた。（川島秀一「モノバナシの伝承」『漁村』五三巻八号）

ここでいうイズナとは狐という意味であり、憑《つ》き物である**飯綱**《いづな》とは無関係であろう。

糸取グングン ［いととりぐんぐん］

宮城県角田《かくだ》市旧東根村地区に伝わる七不思議の一つ。

夕刻に鹿又館の馬場前で三眼の怪人が糸車をグングン回しているという。柳沼傳三郎という人の祖先である四郎八という豪傑が、この怪人と格闘して捕まえたところ、数百年生きた古狸《ふるだぬき》が正体であった。糸取グングン以外の不思議も、どうやら殆《ほとん》どがこの狸の仕業であったらしく、退治されて以降、七不思議のうち、六不思議は起こらなくなったという。（『伊具《いぐ》郡誌』）

東根の七不思議とは、①旱魃《かんばつ》でも水が涸《か》れない「平貫《ひらぬき》弁天池」②大雨でも濁らない「鳩原《はとばら》福應寺の手洗水」③糸取りグングン④夕刻に鐘の音が聞こえる「狭田のカンカン」⑤夜に小豆を研ぐ音が聞こえる「ドハドハの小豆研ぎ」⑥瀬木橋の**松明太郎**《たいまつたろう》⑦深夜に花嫁衣装で現れる「ドバの嫁子」、の七つである。これらのうちどの六つが古狸

が起こしたものであったのかは、同書にはなかったため不明である。

イヌメ

宮城県牡鹿《おしか》郡女川町江島《おながわちょうえのしま》に伝わる。「イヌメ」という目に見えない不思議な生き物を持っている人がいた。それがこの人にまつわり、この人が変なことを言うと必ず集落のどこかで死人が出たと噂されたという。（『宮城縣史21　民俗Ⅲ』）

「まつわる」とは、憑依《ひょうい》するという意味だろう。憑《つ》き物である点や、「イヌメ」という字面から、イズナ（**飯綱**《いづな》）と書かれていたのを誤読した可能性が考えられる。

いろは狐［いろはぎつね］

宮城県仙台市青葉区に伝わる。花京院通りの一角にあったお仮宮《かりみや》という鬱蒼《うっそう》とした森に棲んでいた化け狐で、いろはの文字の模様の着物に、同じくいろはの文字の入った提灯をぶら下げた美女に化けて通行人を惑わしたのだという。

また、この場所には「狐石」と呼ばれる大石があり、もしこの石に小便をかけてしまうと、たちどころに狐に化かされて方角が分からなくなったり、泥田に沈められたりと酷《ひど》い目に遭わされたのだという。（富田広重『滅び行く伝説口碑を索ねて　第1輯』）

岩倉の鬼夫婦［いわくらのおにふうふ］

宮城県大崎市鳴子《なるこ》温泉鬼首《おにこうべ》に伝わる。ここには鬼の夫婦が住んでいたが、夫婦喧嘩の末に別れることになった。彼らは三人の子供を一人ずつ分け合ったが、三人目の子の足を互いが摑《つか》んで半分に引き裂いてしまった。引き裂かれた子供の喚《わめ》く声が聞こえたことから「鬼叫び」という地名ができ、それが訛《なま》って「鬼叫《おざか》み」と呼ばれるようになったという。（『鳴子町史　上巻』）

名称は岩手出版『東北の鬼』に倣った。

温麵婆［うーめんばっぱ］

寺井広樹・とよしま亜紀『宮城の怖い話-杜の都に魔が巣食う』収録「温麵ばっぱ」に登場する奇妙な老婆。

早春の頃、大阪在住のある夫婦が旅行で宮城県白石市の白石城に向かう途中、夫が白石の名物である「温麵」を食べたいと言ったが、妻はもっと豪華なものが食べたいと言って喧嘩になった。白石城に着いてから天守閣に登ったが気まずい雰囲気は続き、耐えられなくなった夫が先に城の外に出ていると、雪の残る道端に一人の老婆がいた。その老婆は丼を持っていて、うつむいたまま彼に丼を差し出して「食べてけさいん」と言ってきた。彼が断ると顔を上げた老婆と目が合った。その瞬間、足が動かなくなり丼の中身から目が離せなくなった。丼の中身は「温麵」であった。その時背後から妻に声を掛けられ、我に返ると先ほどの老婆も温麵も消えていたという。

牛飼村 [うしかいむら]

宮城県遠田《とおだ》郡美里町牛飼に残る地名。

昔この地に牛飼いを営む正直者の爺さんがいた。爺さんが古川へと用達に出かけた帰り道、みすぼらしい旅の僧と出会い、食べ物を恵んでくださいと言うので自分の食べ物を食わせてやった。心優しい爺さんは僧を一晩だけ自分の家に泊めてやろうと思ったが、その夜に僧は長旅の疲れから病に罹《かか》り、気の毒に思った爺さんは四、五日ほど家で介抱してやった。病が治ると僧は爺さんに礼を言って旅を続けたのだが、なぜか周りの人々から笑われる。不思議に思った僧が川の水に自らの姿を映すと、なんと身体は人間なのに顔が牛の化け物になっていた。「このままでは旅を続けられない。世間の人に笑われるくらいなら牛飼いの爺さんのもとで一生働かせてもらおう」と考えた僧は、爺さんの元へ戻り、その家の作《さく》男《おとこ》になった。牛となった僧の働きのおかげで、田畑の収穫や飼牛の売り上げは倍以上に増え、やがて爺さんは「牛飼長者」と呼ばれ、「牛飼村」という地名ができたのだという。（富田広重『滅び行く伝説口碑を索ねて　第1輯』）

また、この爺さんは伊藤孫右衛門という名前の信心深い人であり、経文を教えてもらいたくて何日も僧を泊めたのだとする異説もある。こちらの話では、孫右衛門の修行が足りないとして、なかなか経文を教えず長居していた僧が、仏罰によって体だけが牛となった人面牛に変貌している。（『宮城縣史21　民俗Ⅲ』）

この伝説の続きとして、栗原市を舞台とした**真似《まね》牛村《うしむら》**伝説というものもある。

大人 [うしと]

宮城県名取市高舘山《たかだてやま》にいた巨人で高舘山の中腹に腰を掛けて足を洗ったという。その時についた足跡が吸川《すいがわ》に架けられた大人《うしと》橋の近くにあり、この足跡は三角形の田になっていてアグト（踵）田と呼ばれた。（三崎一夫『陸前の伝説』）

また、この橋の由来として次のような話も伝わっている。高舘山の麓に住んでいたある男は木を伐《き》ったり、栗の実を拾ったり、山菜を採ったりして生活していた。ある時山中で怪物と鉢合わせし、男はこの怪物に追いかけられたり、逆に追いかけたりした。するとどういうわけか男の手足がどんどん伸びて、遂には怪物に勝利した。しかし伸びた手足は元に戻らず、高舘山の麓から足を伸ばすと下鹿野東《しもかのひがし》（名取市高舘吉田）まで伸びたのでそこで足を洗うようになった。そこからそばに掛けてあった橋を「大人脚橋《おおひとあしばし》」と呼ぶようになり、それが訛《なま》って「おした橋」の愛称で親しまれるようになったのだという。（名取市観光協会（編）『なとりむかしばなし』「大人脚橋」）

出会った怪物とはどのようなものであったのかは、同書に記述がないため不明である。**大人《おおひと》**と呼ばれる妖怪は東北各地に伝わるが、高舘山の大人は手足の長さが強調さ

れており、**手長足長**《てながあしなが》や鹿狼山の**手長明神**《てながみょうじん》に近いものと言える。

唸り坂獺の大入道
「うなりざかかわうそのおおにゅうどう」

宮城県仙台市青葉区に伝わる。仙台城下の八幡町と山上清水の境にあった荒巻伊勢堂山の「唸り坂」という坂道に現れた。

この坂にまだ名前がなかった頃、ここにある大岩の一つが毎夜唸《うな》り声をあげるという噂が立った。強がりの連中がやって来ることもあったが、岩を叩いたりすると唸り声が更に大きくなり、終《しま》いには雲を突く大入道となって割れ鐘のような声をあげるので、やがて退治に行く者もいなくなった。

この噂は藩主、伊達政宗《だてまさむね》の耳にも届き、政宗は、家臣に命じて正体を確かめさせようとしたが、翌日には顔を青くした家臣たちが、噂は本当であり自分たちではどうすることもできないと戻ってきたので、ついに政宗自らが大入道の正体を見届けようと現場に赴くことになった。

政宗が坂を訪れると、いつもの倍はあろうかという大入道が現れた。しかし、政宗は恐れることなく、大入道の足元を狙って矢を放つと、物凄い叫び声とともに大入道は元の岩の姿に戻った。その後、辺りを捜索したところ、少し離れた岩と岩の間に、脛節《すねぶし》を矢で射抜かれた子牛ほどの大きさの獺《かわうそ》が苦しんでいたので、これが正体だと分かった。それ以来この坂を「唸り坂」と呼ぶようになったという。

「唸り坂」の名の由来は上記の妖怪譚《たん》とするほか、仙台城の石垣を作るための石を石切り場から牛に運ばせる時に、あまりに急な坂であるため牛が唸りながら登ったことを由来とする説もあるそうである。（富田広重『滅び行く伝説口碑を索ねて　第1輯』）

海坊頭
「うみぼうず」

宮城県塩釜市浦戸朴島《うらとほおじま》に伝わる海の怪。

天明三年（一七八三）、不漁と疫病のせいで多くの人が苦しんでいたこの島のある家で、軒先に大事に吊るしていた味噌玉がなくなるということがあった。寄り合いを開いてみたが誰が盗《と》ったのか分からず、終《しま》いには「不漁も味噌玉がなくなったのも全部海坊頭のせいだ」と皆が言い始めた。後日、夜の寒い時に海辺の方から妖しい声で「味噌玉を盗ったのは俺でネーゾ。この島の中にいるぞう」と二斗樽（約五〇センチ×五〇センチ）ほどの丸頭で三つ目を輝かせた海坊頭が現れた。そして海坊頭は、ある家の前で立ち止まり、大きなウワバミ（大蛇）のような手で一人の子供をつまみ出して「これ小僧、なんで正直に話さないんだ」と言って連れ去ってしまった。連れ去られた子供は「みそ玉」という名前の小島になったと伝わる。（鈴木寛蔵『塩竈の伝承と史話』）

「海坊頭」の読み方の記載がないが、恐らく**海坊主**《うみぼうず》であろう。

梅ノ木の怪火［うめのきのかいか］

宮城県石巻市鹿又《かのまた》に伝わる怪火。

昭和一四年（一九三九）の夏、北上川には毎晩怪しい光り物が現れると噂されるようになった。夫が戦死して北上川に身を投げた妻の霊であるとか、毎晩同じ時刻になると流し場から皿を洗う音や子供の名を呼ぶ声がするとか、様々いわれた。しかし結局、怪火の正体は、発光する虫が電灯の周りを旋回しているのだということで決着が着いたという。（『河南町誌　下巻』）

「梅ノ木」というのは、この辺りの地名のようで、現在でも「梅木屋敷」や「梅木内田」といった地名が残っている。電灯に集まる発光する虫については、恐らくユスリカ（ハエ目ユスリカ科に属する昆虫。電灯の下などで蚊柱を形成し、発光バクテリアによって青く光ることがある）のことであろうか。

栄存法印［えいぞんほういん］

宮城県石巻市牧山の長禅寺の住職で、後に牡鹿《おしか》郡女川町《おながわちょう》江島《えのしま》に流されて怨霊となった人物。

豊臣秀吉の家臣であった片桐且元《かたぎりかつもと》の孫であり、秀吉の死後、諸国を放浪した末にこの地に落ち着いた。初めは仙台の満願寺という寺にいたが、伊達政宗《だてまさむね》の家臣である笹町但馬にその才覚を買われ、当時荒れ果てていた牧山の長禅寺の住職となった。栄存は無事に寺を再興し、人々から深く慕われるようになった。

しかし、笹町但馬の息子である頼重は栄存のことを良く思っておらず、彼を圧伏《あっぷく》しようと企てた。頼重は「栄存は僧侶の身でありながら幼い姪《めい》である楓《かえで》に手を出そうとしてる」などとあらぬ噂を言いふらし、栄存はそのせいで投獄され江島に島流しにされてしまった。

島流しにあった栄存はその日から毎日欠かさず、両手十指に蝋燭《ろうそく》を灯したまま巨岩の上で座禅し、笹町家とその一味に対する呪いの儀式を行った。天和元年（一六八一）二月、栄存は自らの死骸の口に鰹節《かつおぶし》を咥《くわ》えさせ、逆さまに埋葬せよ、と遺言を残し、鬼籍に入った。遺言とは言え逆さまに埋めるのは気の毒だと思った島民が普通に埋葬したが、関係者が病気になったり、島に不漁や凶事が重なるなど祟《たた》りが起きたため遺言通りに改葬した。

一方、石巻市湊町《みなとまち》では栄存の呪いによって大火が頻発し、笹町家では当主の頼重が栄存の幽鬼に悩まされ、狂死して一族もろとも滅びてしまったという。（宮城県教育会（編）『郷土の伝承　第二輯』）

また、栄存の死後、笹町家の裏山の林に何やら光り物が現れ、近付いてみるととそれは、頭と両手に蝋燭を灯した栄存の亡霊が杉の木から逆さまに吊り下げられた姿だったという話もある。（及川儀右衛門『日本の民話　別巻3　みちのくの和尚たち』）

エデッカの森 ［えでっかのもり］

宮城県黒川郡大和町《たいわちょう》に伝わる。ある山に小さな森があり夜に入ると「エデッカッカスイソン」という声とともに生首が人の足元に飛んできて、きょろきょろと辺りを見渡して、ガサガサと藪《やぶ》の中に入っていくことが繰り返されると恐れられていた。

ある時、勇敢な若者が飛んできた生首を全て袋に詰めていくと、やがて生首は出てこなくなった。帰宅して袋の中を見ると、生首は全て年を経た山鳥に変わっていた。それ以来その森を「エデッカの森」と呼ぶようになったという。（小野和子・山田裕子（編）『宮城県黒川郡七ツ森周辺の民話』「エデカッカ　スイソン」）

海老穴の大海老 ［えびあなのおおえび］

宮城県柴田郡柴田町の海老穴という洞窟に棲んでいた巨大なエビ。稲妻のように光る目をもち、髭《ひげ》は剣のように鋭く尖《とが》っていたという。村人たちはこの大エビを恐れ、年に一度の祭りのときに美しい娘を一人、人身御供《ひとみごくう》として供えていたが、小さな村なので間もなく娘が一人もいなくなってしまった。

そこで与市兵衛という男が、村人たちが集めた金子《きんす》でよその村から娘を買うことになった。与市兵衛は出羽の国、越後の国と渡り歩いた末に、ある狩人の家の娘を買うことになった。その娘の母親と狩人である兄は、娘が大エビの人身御供になると知ると与市兵衛の話を一度は断ったが、当の娘は自分の命で多くの人を救えるならと人身御供になることを承諾した。娘は母親から如意輪観音の姿が刻まれた守り札を受け取り、与市兵衛と共に村へと向かった。

そして、祭りの当日。村人たちが娘を海老穴へと置いて帰ると、突然稲妻のような光が走り、恐ろしい悲鳴が響いた。村人たちが驚いて空を見上げると大エビが東の方へ飛んで逃げていくのが見えた。我に返った村人たちが海老穴へ戻ると、大エビの姿はなく手を合わせて拝んでいる娘の姿があるだけだったという。（大河原町教育委員会（編）『大河原のざっとむかし』）

絵馬の鶏 ［えまのにわとり］

宮城県仙台市青葉区八幡に伝わる。大崎八幡宮に奉納されていた絵馬に描かれた金色の鶏で、夜な夜な絵馬から抜け出して、八幡森西側の沢の畔《ほとり》の岩の上で鳴き声を上げたという。

付近に住む人々が鶏が出てこられないよう絵馬に金網を張ると、それ以来鶏の声は聞こえなくなったが、間もなく大雨によって川が増水し、家が流され、多くの人畜が命を落とす大損害となった。人々は、例の鶏は神の使いで、洪水が起きることを知らせようとしていたのだろうと語ったという。その後、鶏が現れた沢を「鶏沢《にわとりざわ》」、沢に架けられた橋を「鶏橋《にわとりばし》」と呼ぶようになった。（富田広重『滅び行く伝説口碑を索

ねて　第1輯』）

御出山の大男

［おいでやまのおおおとこ］

宮城県仙台市太白《たいはく》区茂庭《もにわ》に伝わる天狗。

その昔、御出山（現・太白山）には巨大な天狗が住んでおり、その頭は雲より高く、片方の足が名取の高舘山《たかだてやま》にある時に、もう片方の足を吉田集落の泥田の中まで伸ばすことができた。時には坪沼や川崎の方まで片足を伸ばして、踵《かかと》で地面を叩いて窪《くぼ》地《ち》を作って、猪《いのしし》や鹿を足の指で摑《つか》んで手元まで投げて受け止め、ムシャムシャと食べたりした。また、もう片方の足は名取の平地まで伸ばして、小川や田を足で叩いて鰻《うなぎ》や鯰《なまず》を取って食べたり、閖上《ゆりあげ》まで伸ばして貝を掘り出して食べたりもした。おかげで閖上の浜には大きな水溜まりがいくつもでき、そこに鰈《かれい》がたくさん棲むようになったが、鰈は平べったく砂と同じ色をしているので、大男がいくら捕まえようとしても増える一方だった。閖上は鰈の名産地となり、感謝した人々は山頂に貴船《きふね》神社を作り天狗を祀《まつ》ったが、大男はそのうち北の国へと旅立ってしまったという。（樫山巌『伊達な男自慢・仙台（太白・青葉・泉・宮城野・若林）編』「太白山の天狗様」）

奥州の蛇藤

［おうしゅうのへびふじ、おうしゅうのじゃふじ］

宮城県柴田郡村田町の白鳥《しらとり》神社の神木に巻き付いた二株の大藤。

前九年の役において、奥州の安倍貞任《あべのさだとう》征伐に赴いた源《みなもとの》八幡《はちまん》太郎《たろう》義家《よしいえ》がこの神社で必勝を祈願した。戦いは一時、義家軍の劣勢となったが、突如大雨が降って敵軍の前に大きな沼ができ、沼の波間から炎のように赤い目と舌を出した二丈（約六メートル）の大蛇が現れ敵を蹴散《けち》らした。この大蛇は先述の白鳥神社の大藤であり、以来「奥州の蛇藤」と呼ばれたという。（宮城県教育会（編）『郷土の伝承　第一輯』）

大菅谷・佐賀野

［おおすげや・さがの］

宮城県仙台市泉区山の寺の洞雲寺《どううんじ》の縁起に登場する。

昔、この地には「大菅谷」と「佐賀野」という異人の夫婦が住んでいた。二人とも顔が美しく、また五〇〇～六〇〇年も前のことを話すくらい長く生きていたが、全く歳をとる様子がなかったという。慶雲年中（七〇四～七〇八）のこと、定恵という僧がこの地を訪れ、霊地を開くのに適したこの土地に寺を建てることにした。定恵は二人を説得したが、彼らは長年住み慣れたこの地を離れたくないと語り、定恵はそれならば錫杖《しゃくじょう》の届くところまではどうかと提案した。二人は承諾したが、定恵の錫杖はどこまでも伸びてこの地のあらゆるところまで届いてしまった。二人は約束通り別の地に移り住み、定恵はこれにちなんで円通寺（洞雲寺の前身）という寺を建てたのだという。（『封内風土記　巻之3』）

大手の白けつ［おおてのしろけつ］

宮城県登米《とめ》市登米町《とよままち》に現れた怪物。

万治元年（一六五八）に横山外記《よこやまげき》という武士の子が、城からの帰りに大橋を渡ろうすると、橋の下から白い尻《けつ》を出した怪物が大声を上げて迫ってきた。彼は一時は驚いたが、すぐさま抜刀してこれを斬《き》った。しかし、よく見てみると、なんとそれは怪物でなく、人間であった。彼がこのことを登城して城主に伝え、検死を行ったところ、この者は岸波太郎左衛門の下僕であり、妖怪の真似事をして人を驚かすことが好きな「変態者」であったということが分かった。その後、この一件について家老たちで話し合い解決しようとしたがうまくまとまらず、飛脚をもって仙台へ伺いを立てたが、その返事がまだ届かないうちに、家老たちによってこの下僕は主人の命で切腹したということにされたという。（『登米町誌第二巻』）

文中に出てくる「大橋」は、登米《とよま》大橋のことと思われる。かつて登米大橋の西側には、寺池城の大手門があった。

大人魚［おおにんぎょ］

宮城県石巻市広渕《ひろぶち》に現れた巨大な**人魚**《にんぎょ》。

この付近の入り江には、一丈五尺（約四・五メートル）の緑色の髪をもち、半身が金の鱗《うろこ》で覆われた大人魚が棲み、船を沈めたり、積み荷を奪ったりしていたため恐れられていた。陸前（宮城県・福島県）方面に商船を出すことがあった加賀国金沢（石川県金沢市）のとある勇士がこの人魚退治に名乗り出て、大人魚は生け捕りにされたといい、この人魚を引き揚げた場所を「人魚森」または「人形森」と呼ぶようになったという。しかし、この勇士が人魚を金沢城に持ち帰った際、突然大人魚の腹が割れて火炎が噴き出し、城は焼け落ちてしまった。（富田広重『滅び行く伝説口碑を索ねて 第1輯』）

おかっぱ様［おかっぱさま］

宮城県加美《かみ》郡色麻町《しかまちょう》一ノ関にある磯良神《いそらじん》社《じゃ》のこと。水難除け、縁結び、安産、足腰の病に御利益があるとされる。祭神は、気長足姫（神功皇后）、表筒男命、底筒男命、中筒男命の四柱に加え、全国で唯一と言われる木彫りの**河童**《かっぱ》像が祀《まつ》られており、そのため「おかっぱ様」の名で親しまれている。ちなみに、社名になっている磯良神は祭神に含まれていないそうである。（小澤葉菜「宮城の「おかっぱ様」 加美町色麻町の磯良神社を中心に」）

『色麻町史』によると、「おかっぱ様」の名は、坂上田村麻呂《さかのうえたむらまろ》が東征した際に「東右衛門」という水練の達者な武士が激流を恐れず先導役を務めた褒美として「川童」の姓と色麻に住居を与えられ、この一族が後にこの神社の宮司になったことがこの神社の由来であるという。この川童氏が水辺の妖怪である河童と結び付けられた結果、河

童の像を祀るまでに至ったのだろうか。

一方で、この神社は最初から妖怪の河童を祀るために作られたとする伝説もある。昔、ある農夫が馬の尻にくっついた河童を捕らえたが、以後人や馬に害をなさないと約束をさせ逃がしてやった。それから農夫の家では膳椀が足りない時に、不足の分だけ軒先に置いてあり、使い終わって元の所に置くと、夜中のうちになくなっているということが起きるようになった。ある時一つの椀の蓋《ふた》をなくしてそのまま戻したら、以後持ってこなくなった。河童が助けられたお礼によその家から借りて持ってきていたのだが、一つでもなくしたら借りた家に申し訳ないと思ったのだろう。河童はいたずら者だが、恩も恥も知っているのだなという話になり、祠《ほこら》を立てて祀ったという。（『宮城縣史21　民俗Ⅲ』）

この神社では毎年、旧暦の六月一五日（現在は七月の第四土日）に「おかっぱ様祭り」という祭りが執り行われてきた。かつては、神前や川、堀に棲む河童に胡瓜《きゅうり》を供えた後でなければ人々は胡瓜を食べず、子供らは神社から守札を請けてから水浴びする慣習があったという。（小澤葉菜「宮城の「おかっぱ様」　加美町色麻町の磯良神社を中心に」『宮城縣史21　民俗Ⅱ』）

また、磯良神社には「河童膏薬《こうやく》」なるものがあり、手足の捻挫に効果があるとされた。昭和五九年（一九八四）当時、拝殿に掲げられていた「川童膏の伝説（由来）」によれば、昔ある館の姫様に厠《かわや》でいたずらをした河童が若侍に腕を斬《き》られ、それを返してもらう代わりに「川童膏」を送ったとされる。円形で炭のような黒塗りで、ヨモギが使われており、宮司の家の女性たちが手作りしていたのだという。（小澤葉菜「宮城の「おかっぱ様」　加美町色麻町の磯良神社を中心に」『宮城縣史21　民俗Ⅲ』）

お大師様の化物 [おだいしさまのばけもの]

宮城県宮城郡松島町に伝わる昔話「千貫目太郎」に登場する化物。筆者命名。

千貫目の金棒をもつ「千貫目太郎」という怪力の男が、仲間の「竹つぶす」と「石ころがし」と旅をしている道中、ある村に立ち寄った。その村には出歩いている人が誰もおらず、ようやく見つけた村人に訳を聞くと毎晩化物が現れて人が食われてしまうと語った。千貫目太郎はこれを退治しようと村人の家で待ち構えていると、大きな足音とともに化物が現れ、あっという間に仲間二人が飲み込まれてしまった。千貫目太郎も挑んだが全く歯が立たず、何者だと聞くと化物は、自分はお大師様であるが村人たちが一一月の三大師の祭りをしないから人を食べている、と言った。千貫目太郎が祭りを行うように村人を説得すると約束すると、化物は先ほど飲み込んだ二人を口から出した。二人は人形のような姿になっていたが息を吹きかけると元に戻った。他の村人も人形になって各家の床下に隠されていたので息を吹きかけて元に戻した。（宮城県教育委員会（編）『宮城県の民話―民話伝承調査報告書―』）

祀られなくなった神仏が里人を恨んで化物と化す話の一種である。青森県の**産土様《うぶすなさま》の化物《ばけもの》**も参照。

お大黒様［おでえこくさま］

宮城県登米《とめ》市迫町新田《はさまちょうにった》の昔話に登場する。あるところに太郎、次郎、五郎という三人兄弟がいた。ある時、太郎が母親に頼まれて大きな木の根元を掘っていると、地中からうーんうーんと唸り声がした。太郎は逃げ帰り、次に行った次郎も唸《うな》り声が恐ろしくて帰ってきたが、最後の五郎だけは勇気を出して土を掘り返した。すると木の根の下の洞穴の中から小さな「お大黒さま」が出てきて、「たんたんころりん　たんころりん　たんたんころりん　たんころりん　たんたんころりん　たんころりん」と歌いながら踊りを踊った。すると踊るたびにお大黒さまの尻からぽたりぽたりと銭《ぜに》が落ちてきた。五郎は喜んでこれを持って帰り、母親に事の次第を話した。翌日、お大黒さまの出した銭を持って五郎は町に買い物に出かけた。しかし、その隙に母親が、尻の穴をもっと大きくしたらもっと銭の出る量が増えるのではと考えて、焼けた火箸《ひばし》で尻の穴を大きくしたところ銭は一枚も出なくなってしまった。（伊藤正子『母の昔話』を語りつぐ：登米郡迫町新田の民話』「踊るお大黒さま」）

お大黒さまが歌った歌の中に「たんころりん」とあるが、柿《かき》の妖怪である**たんたんころりん**との関連があるのかは不明である。

お猫様［おねこさま］

「猫の島」の別名で知られる、宮城県石巻市の田代島《たしろじま》に祀《まつ》られている神様。

お猫様という年を経た大山猫を祀った祠《ほこら》があるといい、時々怪異を起こすという。島では、犬を上陸させると海が荒れるとされて犬は嫌われ、鶏も飼われていなかったとされる。また、漁の初穂をお猫様に供えたとも言われる。（『宮城縣史21　民俗Ⅲ』）

お歯黒今晩［おはぐろこんばん］

宮城県登米《とめ》市東和町に伝わる。錦織から狼河原《おいのがわら》に行く途中の坂は「赤坂」とか「お歯黒今晩」と呼ばれ、バケモノが出るという噂があった。大谷野《おおやの》の芳賀筑後という侍の家来が雨降りの晩にここを通ると、後ろから追いかけてくる者がおり、振り向くと年頃の可愛らしい娘であった。驚きながらもじっと見ると、娘はだんだん小さな「お多福《たふく》」に変わり、底力のある声で「今晩、今晩」と言った。家来は刀を抜いて斬《き》りつけるとお多福は消え、恐ろしくなって屋敷に逃げ帰った。

それを聞いた鉄砲ぶちの惣七という者が、一〇発の弾を持って坂に向かった。坂の上がピカッと光って例のバケモノが現れると、惣七はお多福めがけて撃ったが、平気で笑っている。惣七は一〇発全て撃ってしまうと、バケモノが「弾があっか」と聞いてきた。惣七は弾の数が知られていたこ

とに驚いたが、隠し持っていた二発の弾を、お多福でなくその後ろの暗闇に向かって撃つと、二発目で何かが壊れる音と恐ろしい声がして真っ暗になった。翌朝、そこには娘が倒れており、惣七は焦ったが、日の光が当たると、娘の姿は額を撃ち抜かれた血だらけの狸《たぬき》に変わり、そばに三つに割れた茶釜の蓋《ふた》が落ちていた。その蓋を持ち帰ると、なんとそれは惣七の家のもので、夕べから見当たらなかったとのことであった。（登米地方文化協会連絡協議会『登米地方の民話』）

お化けしめじ［おばけしめじ］

宮城県白石市に伝わる茸《きのこ》のお化け。

山奥に貧しい寺があり、そこには一人の和尚が住んでいた。ある晩、和尚が床に入ると白い笠《かさ》と白い着物を着た者たちがぞろぞろと現れ、寝床の周囲をぐりぐりぐりぐりと回り始めた。怖いながらも眺めていると、殆《ほとん》どの者たちは終始無言で回っては帰っていく中、一人だけ「塩と味噌《みそ》　おっかねえ　塩と味噌　おっかねえ」と唱えている者がいた。これが毎晩続いたので、和尚はその正体を確かめてやろうと思い、糸をつけた針を用意して寝床に潜った。その晩、いつものように現れた奴らの中から「塩と味噌おっかねぇ」と言っている者の着物の裾に糸を縫いつけた。翌朝になって和尚が糸を辿《たど》って行くと、裏の杉山の大きな切り株へと続いていた。そこには大量の「千本しめじ」があり、この茸《きのこ》が和尚に食べてもらいたくて化けて出ていたということが分かった。塩と味噌を掛けるとしめじは生えないとも言われている。（宮城県教育委員会（編）『宮城県の民話―民話伝承調査報告書―』）

おはま

宮城県岩沼市早股《はやまた》前川に伝わる「蛤《はまぐり》女《にょう》房《ぼう》」の類。

昔、倉海岸に「亀吉」と「おはま」という働き者の夫婦がいた。妻のおはまは非常に料理上手で特に煮物の出汁《だし》は絶品であった。夫の亀吉はそれが自慢であったが、彼が料理のことを褒めるとおはまはなぜか辛そうな顔をする。ある時、亀吉が出汁の作り方を教えて欲しいとおはまに頼むと、私が台所で料理しているところを覗いたなら、お前さんと私は一緒にはいられない。それを承知できるなら覗いてもよい、と彼女は泣きながら言った。しかしある夕刻、亀吉が台所の戸の隙間からこっそり中を覗いてしまう。そこには料理をしているはずのおはまの姿がなく、かわりに鍋のそばに大きな蛤《はまぐり》が一つあった。まさかこれがおはまかと亀吉は驚き、名前を呼び続けたがおはまが元の姿に戻ることはなかった。翌朝、その蛤は消えていて、亀吉の家から海岸まで蛤が移動した跡が残っていた。おはまの正体は、槻木町葉坂（現・柴田郡柴田町葉坂と思われる）の「お葉山権現」の巫《み》女《こ》であったのだという。（岩沼市老人クラブ連合会（編）『岩沼の民話』）

尾ひれがある女［おひれがあるおんな］

寺井広樹・とよしま亜紀『宮城の怖い話‐杜の都に魔が巣食う』収録「尾ひれ」に登場する怪女。

体験者の男性が塩釜港から松島海岸へと向かう遊覧船に乗っている時、窓の外の景色を見ていると、ある島に人影を見つけた。それは髪の長い女のようで、岩に腰掛けて両足を海中に入れていた。海女さんだろうか、と見つめていると、女は頭から海に飛び込んだ。逆さまになって高く上がった女の両脚は魚のような尾ひれだった。

その後、彼は松島を観光したが、先ほどの尾ひれのある女のことが頭から離れなかった。帰りの遊覧船内でもあの女がまた現れないかと窓の外を凝視すると、船からそう遠くない島に例の女が、今度は尾ひれまで見える状態で座っていた。彼は興奮して船内を見渡したが、同乗したはずの客が誰もいない。妙だと思って再び窓の方を見たその時、女の顔が急にガラス越しに現れた。長い髪が濡れてべっとりと張り付いたその顔は干からびたようにひび割れ、崩れかかった口元からはまばらに残った数本の黒い歯が見えていた。その瞬間、彼は目を覚まし、夢だったと安心した。しかし、再び窓の外を見ると海中に尾ひれが沈んでいく光景を目にしてしまったのだという。

この話は現代における**人魚**《にんぎょ》の目撃談と言える。

おまんにじぺろぺろ

宮城県栗原市一迫町《いちはさまちょう》に伝わる「飯食わぬ女房」の類。

ある所に、欲張りな母親とその息子がいた。息子は、働き者でよく稼ぐ嫁を迎え入れ、嫁のおかげでたちまち土蔵や倉が建った。しかし、息子は嫁を働かせるばかりでろくに飯も食わせなかったので無理が祟《たた》って亡くなってしまった。息子が可哀想なことをしたと墓の前で泣いていると、色の白い美しい女が現れ「おままもなにも食わねで稼ぐがら、どうぞ嫁ごにすてけらえん」と言ってきた。息子は喜んで嫁にしたが、女は本当に飯も食わずよく稼ぐかわりに、夜に髪をとかしているところだけは見せなかった。ある時、夜中に起きた息子が偶然髪をとかす女の姿を障子の穴から見てしまった。女は髪を解《ほど》くと「おまんにじペロペロ、おまんにじペロペロ」と言いながら頭の上の口に握り飯をどんどん放り込み、ついには釜の中の米がなくなってしまった。息子が部屋に戻り布団を被《かぶ》ってガタガタ震えていると、女が戻ってきて地獄から来たような声で「俺どご見たなぁ」と言った。息子は誰にも言わないから勘弁してくれと言ったが、次の日には重い病気に罹《かか》って死んでしまった。女も姿を消し、土蔵や倉もなくなってしまった。（大内金光『ろばたできいたむかしばなし　ふるさとの民話』）

朴沢謙一郎『民話の北上川』によると、「おまん」とはご飯のことで、「ペロペロ」とは飲み込むことであるらしい。

【か】

カーネーション売り 「かーねーしょんうり」

宮城県黒川郡大和町宮床《たいわちょうみやとこ》に伝わる。ある若者が酒を飲み、食い残しのスルメをポケットに入れて夜道を帰っていた。峠で立ち小便をしていると、赤いカーネーションをたくさん抱えた可愛い花売り娘が現れ「カーネーション買わねぇか」と言ってきた。用を足したら買うと答えて娘を待たせていると、バイクに乗った知り合いが通りかかり、何をしているのかと聞かれたので花を買うところだと答えた。こんな山の中に誰が花を売りに来るのだとバイクのライトで娘を照らすと、その姿はぼーっと消えてしまった。目の前にざさーんと笹の葉が落ちていて、これをカーネーションに見せかけていたことが分かった。スルメを狙った狐《きつね》の仕業だったという。（小野和子・山田裕子（編）『宮城県黒川郡七ツ森周辺の民話』）

鏡の中の老人 「かがみのなかのろうじん」

寺井広樹・とよしま亜紀『宮城の怖い話 -杜の都に魔が巣食う』収録「鏡」に登場する謎の老人。

ある会社員の男性が、県内某所のビジネスホテルに泊まった時のこと。部屋の全ての照明が同時に点滅したり、テレビが勝手に点《つ》いたりするなど、次々と奇妙なことが起こった。彼がベッドに入ると、今度はバスルームから水が垂れる音がする。洗面台に向い、蛇口を締めたが、水滴が止まらない。不思議に思っていると、ふいに背後に気配を感じた。振り返ると大きな鏡があり、自分の後ろ姿が映っていたのだが、そこには白髪頭で皺《しわ》だらけの老人が映り込んでいた。鏡の中から部屋の様子を窺《うかが》う老人を見て、彼はベッドへと駆け戻ったが、なぜか鏡から目が離せない。すると、鏡の中の老人は鏡の縁を両手で摑《つか》み、縁の下部に片足を乗せてこちらに入ってこようとした。彼は大きな声をあげたが、気付くと朝になっていた。老人が部屋に入ってきて以降の記憶がなく、老人の姿もどこにもなかったという。

笠に化けた狢 「かさにばけたむじな」

宮城県黒川郡大和町《たいわちょう》吉岡に伝わる。ある若者が夜中に欅《けやき》の大木の下を通りかかると、木の枝に饅頭笠《まんじゅうがさ》が掛かっていた。若者は怪しんでその笠の紐《ひも》を摑《つか》んで地面に叩きつけると、それは笠に化けた**狢**《むじな》であった。その亡骸《なきがら》を埋めたところを近年まで「キンタマ塚」と呼んでいた。今は自衛隊キャンプ基地になっているという。（『宮城縣史21 民俗Ⅲ』）

賢渕の大蜘蛛［かしこぶちのおおぐも］

宮城県仙台市青葉区八幡の広瀬川に架かる牛越《うしごえ》橋の少し上流には「賢渕」と呼ばれる渕がある。昔、一人の男がここで釣りをしていた時、一匹の蜘蛛《くも》が男の脛《すね》に何か粘々《ねばねば》するものを付けてきて、向こうの岩に渡って行ってはまた何かを付けて帰ってくる。それを何度も繰り返すので、男はその粘々するものをそばにある柳の大木に擦《こす》り付けた。しばらくすると柳の大木が恐ろしい音を立てて根こそぎ渕の中に引き込まれていった。男があっけにとられていると、渕の底から「賢い、賢い」という声がした。この声の主は渕に棲む大蜘蛛であるとされ、それからこの渕を「賢渕」と呼ぶようになったという。

その他にもこの渕の大蜘蛛が、**源兵衛渕《げんべえぶち》の鰻《うなぎ》**や**藤助渕《とうすけぶち》の鰻《うなぎ》**といった近隣の渕の主と縄張り争いをして勝ったというような話が残っている。（三原良吉『仙台伝説集』）

余談であるが、この賢渕の大蜘蛛は女郎蜘蛛（美女に化ける蜘蛛の妖怪）であると紹介されることがある。これは類似の伝説が残る静岡県の浄蓮《じょうれん》の滝の主が女郎蜘蛛であることからきているのだが、賢渕の主と女郎蜘蛛を直接結びつける記述のある資料は現在のところ見つかっていないため、これは誤りである。

秋田県の**桁倉沼《けたくらぬま》の蜘蛛**も参照。

香背男［かしろを］

宮城県塩釜市浦戸諸島の桂島に伝わる魔神。

塩釜明神が陸奥《むつ》に降臨した時、この魔神を桂島に追い込み、二度森《にどもり》と白崎山の間の海岸に降り立ってトヤケ山で討ち取った。討ち取った場所を「鬼ヶ浜」、死体を埋めた場所を「香背崎《かしろざき》」と呼んだのだという。（『宮城縣史21　民俗Ⅲ』）

がに沢の大蟹［がにさわのおおがに］

宮城県宮城郡利府町《りふちょう》春日に伝わる。この地にはかつて柳沢寺という寺があり、度入ったものは二度と帰ってこないことから「魔の寺」とも呼ばれていた。ある武人がこの寺を訪れると、公卿《くぎょう》姿の美女が現れ、これこそ魔の曲者《くせもの》の化身であろうと思った武人は刀で斬《き》りかかった。しばらく格闘が続いた後、額から鮮血を流した美女は姿を消し、血の跡を追っていくと沢で年を経た「大かに」が死んでいた。この「がに」が死んでいた沢を「がに沢」と呼ぶようになったという。がに沢を流れる水は毒水であるとも伝えられている。（『利府町誌』）

観音堂森の鈴虫［かのどもりのすずむし］

宮城県栗原市鶯沢《うぐいすざわ》の昔話に登場する。鶯沢の日向《ひむかい》の田の神様に鈴がぶら下がっ

ていたが、これがとても音の悪い鈴であった。参拝に来る人々から「音が悪い」と言われ続けた鈴は、やがて自分の居場所を探そうと別の神様のところへ行くことにした。しかし、袋の金比羅《こんぴら》さま、鎮守の八幡さま、向原《むかいはら》のお駒さま、細倉鉱山を通ってずっと山奥の山神さま、と神様のところを転々としたが、どこに言っても「音が悪い」と言われる始末であった。思い詰めた鈴は観音堂森の観音様の立っている崖から身を投げて死んだ。その様子を見ていた観音様は鈴に同情し、この鈴を美しい声で鳴く鈴虫《すずむし》に生まれ変わらせたという。（宮城県教育委員会（編）『宮城県の民話―民話伝承調査報告書―』「鈴と観音様」）

生き物や無機物を擬人化した昔話で、実在する地名が多く登場するのは珍しい。

かぶき蛇［かぶきおろち］

宮城県伊具《いぐ》郡丸森町に伝わる。大張大蔵《おおはりおおくら》中平《なかだいら》の北の山麓にある沼は、歌舞伎役者が着る着物のような、赤、黄、緑、そして金色の美しい周辺の自然風景を水面に映し出していたため「かぶき沼」と呼ばれていて、そこに住む大蛇も「かぶき蛇」と呼ばれていた。

ある時、この大蛇が村にやって来て、泣いたまま縁側に放置されていた赤ん坊を住《すみ》処《か》の沼に連れて帰った。赤ん坊がいなくなったと気付いた家族が探しに行くと、かぶき沼の水底から赤ん坊の笑い声が聞こえてきた。大蛇に攫《さら》われてしまったと家族が諦めかけていると、赤ん坊の家に住んでいた「屋敷蛇の白」が現れ、水中に潜って大蛇を退治し、赤ん坊を取り戻した。白蛇も岸に着くと命が尽き、大蛇は沼の土手に、白蛇は家の裏の森にそれぞれ埋葬されたのだという。（樫山巌『果報は寝て待て - 仙南（名取・岩沼・角田・亘理・伊具）編』）

鎌倉山の大百足［かまくらやまのおおむかで］

宮城県白石市小原《おばら》鎌倉山に伝わる。鎌倉山の大百足は小原で食べ物が足りないときは、おけさ沼に鰻《うなぎ》を喰いにきた。その際、自分の棲む鎌倉山の沼から火の玉となって飛び上がり、花房山頂の「一本ぶな」という大木に飛びつき、そこから眼下のおけさ沼に飛び込んだという。こうしてこの沼の鰻は百足の餌食《えじき》となり、困った親鰻は田原田越前という人物に助けを求めた。その年は旱魃《かんばつ》であり、助けてくれれば雨を降らせるという親鰻の願いを越前は聞き入れ、蓬《よもぎ》の太い茎で作った矢の鏃《やじり》に唾《つば》をつけ、大百足の眼を狙って退治した。翌日、約束通り大雨が降り、その年は豊作になったという。

また、この百足は付近の集落から娘を攫《さら》って食っていたという話もある。この話では、百足を退治したのは、鎌倉権五郎《かまくらごんごろう》、俵《たわら》藤太秀郷《とうたひでさと》、片倉小十郎《かたくらこじゅうろう》家中の某など、諸説あるようである。（『白石市史3の（2）』）

かむろ屋敷［かむろやしき］

宮城県仙台市青葉区北七番丁付近にあっ

た屋敷の名。

仙台の城下ができる前、この屋敷には大崎の家臣である湯田靭負《ゆきえ》が住んでいた。明応年中（一四九二〜一五〇一）、この家に振る舞いがあると、見ず知らずの若い女が現れて一〇人分も働き、膳ができるといなくなるという。食事が済むと再び現れて、一人で後始末をして姿を消す。家人は心得ていて話しかけもせず、女も口をきかない。どこから来てどこへ帰るのか誰も知らないのだという。（『宮城縣史21　民俗Ⅲ』）

烏のお灸［からすのおぎゅー］

宮城県白石市に伝わる。口角炎のことを「烏のお灸」と呼び、子供が烏の鳴き真似をすると、烏が怒って口の端にお灸を据えてくるという。炊きたてのご飯を患部に何度もつけてそれを屋根の上に投げて烏に食べさせれば良いとされる。（片倉信光『白石地方の言葉』）
烏の鳴き真似をすると口角炎になるという禁忌自体は、関東や中部地方を中心として、全国に見られるものである。（鈴木棠三『日本俗信辞典　動物編』）

川口勘平［かわぐちかんぺい］

宮城県加美《かみ》郡加美町鹿原《かのはら》に伝わる化け狐。「小田刈《こたかり》」という沢に棲んでおり、ホラばかり吹いて人をだましていた。そのため、同じようなホラ吹きの人間を「川口勘平の子分」と言ったりした。

また、同じ小田刈に棲む**小田刈《こたかり》小太郎《こたろう》**という狸と化け比べをしたという話もあるらしいが、どうなったかまでは伝わっていない。（山田和郎『どーびんさんすけ　さるまなぐ　小松仁三郎のむかし語り・はなし語り』）

閑所婆［かんじょばば］

宮城県白石市に伝わる。午後六時に便所に入ると「カンジョババ」に体をつねられる。外にいる人が気付いて中にいる人の名前を呼んでやるとつねられない。つねられた跡は痛くもなんともないが黒くあざになっており、気付いた人は「カンジョババにつねらっちゃ」と言い、悔しがったという。（片倉信光『白石地方の言葉』）

金成太郎［かんなりたろう］

宮城県白石市福岡の金成沢の上流の山奥に棲んでいた小牛ほどの大きさの大猪《おおいのしし》。背中に小松が生い茂っていたほど年を経たものだったという。

昔、この地には強盗の一族が砦《とりで》を作って住んでおり、近郷一帯から作物を強奪するなどしていた。この一族が滅んで以降、この大猪が現れ、強盗の親玉が獣化したものであろうと人々は言い伝え、「金成太郎」と名付けた。しかし、明和元年（一七六四）の七代伊達《だて》重村《しげむら》の大巻狩りの際に射殺されたという。（『白石市史　3の（2）』）

願念沢のネンネン狐〔がんねんさわのねんねんぎつね〕

宮城県遠田《とおだ》郡涌谷町《わくやちょう》に棲む白い狐の夫婦。篦岳山《ののだけやま》の花立《はなだて》から少し下がったところの七曲りという山道にある大きな杉の木の根元の洞穴が住処《すみか》であったという。

この狐夫婦は赤子の泣き真似が得意で、その泣き声を聞いた旅人は可哀想に思って山に入っていくが当然赤子の姿は見当たらない。疲れ果てた旅人が腰を下ろして一服していると、今度は「ねんねんころりよ、おころりよ……」と子守唄が聞こえてきていつしか深い眠りについてしまう。気付いた頃には持っていた食べ物がなくなっている。そのため、この狐らを「願念沢のネンネン狐」と呼び、恐れたのだという。（篦岳老人クラブ連合会（編）『篦岳のむかしばなしと伝承』）

同じく赤子の泣き声や子守唄を聞かせる狐に、栗原市の**ネンネング**がいる。

観音狐〔かんのんぎつね〕

宮城県柴田郡川崎町に伝わる昔話「三狐ばなし」に登場する、三匹の狐の大将のうちの一匹。小野のお城山に棲む身体の毛が三色のおしゃれな狐であったという。

同じく川崎の狐の大将であった**薬罐太郎《やかんたろう》**と**泥牛蒡《でろごんぼ》**と激しい領地争いをしていたが、このままでは互いに傷つくばかりだと悟って、話し合いをした。その結果、川崎の中では助け合うことになり、観音狐は獲物を獲る際、村田（柴田郡村田町）の方面に行くようになった。

ある時、村田で鶏を三羽盗んだ時に虎ばさみに足を挟まれてしまい、以来後ろ脚が片方ないのだという。（樫山巌『ほうすの玉・仙南（白石・柴田・刈田《かった》）編』）

「小野のお城山」とは、かつて小野城のあった川崎町小野の笹平山《ささだいらやま》のことであろう。同書では、観音狐という名前は観音様《かんのんさま》に化けるのが上手いことが由来であるとし、次のような話を紹介してる。

小野の観音狐は、龍雲寺という寺の前でよく観音様に化けて、豆腐や油揚げをお供えさせたり、騙《だま》して肥溜めで湯浴させたりした。この話を聞いた梁川《やながわ》の庄八《しょうはち》という侍がこれを退治すべく龍雲寺に行くと例の如く観音様がいたので、「ちっぽけな観音様だな。こんな小さい観音様なら、こんな大きな魚はいらないな」と言って魚をちらつかせた。するとその観音様はみるみる大きくなっていったので、庄八はこれを大刀で斬《き》り捨てた。翌朝見ると、石の観音様が肩から斜めに切り落とされていて、その後ろで大狐が死んでいたという。

木伐り坊・山男〔きぎりぼう・やまおとこ〕

宮城県仙台市太白《たいはく》区秋保町《あきうまち》馬場の磐司岩《ばんじいわ》に伝わる**空木返《からきがえ》し**の類。

山中で木を伐る音がしたり、多勢で歌ったり笑ったりする声がするので行ってみると、誰もいない。「木伐り坊」に会うこと

があり、時には怪奇な「山男」の姿を見るという。（『宮城縣史21　民俗Ⅲ』）

原文の文意が読み取りづらいためそのまま記載した。「木伐り坊」と「山男」が同一の存在であるかは、同書で明言されていないため判断できない。

菊の精［きくのせい］

宮城県栗原市一迫真坂《いちはさままさか》の昔話に登場する。

ある所に独り者の若者が暮らしており、毎年秋になると村はずれの道端に咲いた野菊を見て「今年も美しく咲いたな」と語りかけていた。ある雨がシトシト降る晩、彼のもとに美しい娘が今夜一晩泊めて欲しいとやって来た。若者は娘を快く泊めたが何日経っても娘は帰ろうとせず、やがて二人は夫婦となった。娘は大変働き者であったが、なぜかいつも足が土で汚れたようだったので、若者は風呂に入るように娘に言った。すると娘は私の足はどんなに洗っても綺麗《きれい》にならないと断ったので、ならば俺が洗ってやると若者が湯で無理やり洗うと、娘の姿がパーッと消えてしまった。翌日、若者が村はずれに行くと、根っこに湯がかかった一本の野菊が枯れていたという。（佐々木徳夫『みやぎ昔ばなし百選〜月の夜ざらしほか〜』）

木田の大蛸［きだのおおだこ］

宮城県塩釜市野々島に伝わる。毛無囲《けなしかこい》にある木田という白い砂浜にいた「大だこ」で、足の長さが二〇尺（約六メートル）、吸盤の大きさが茶碗ほどもあり、船に吸いついて、人を海中に引きずり込んだり、夜中に畑の作物を荒らしたりしたりして村人を悩ませていた。酒屋新助という潜りの名人が、蛸が寝ている隙に足を一本ずつ切っていったが、八本目の足を切りに行ったっきり戻って来なかった。村人たちは海中をくまなく探したが、結局、新助も「大だこ」も見つけることができなかったという。（塩釜市教育委員会（編）『しおがまの昔話』「木田の大だこ」）

木ノ下の薬師［きのしたのやくし］

宮城県仙台市若林区の木ノ下国分寺に祀られている薬師如来《やくしにょらい》。

伊達政宗《だてまさむね》が大崎義隆と戦って旗色が悪かった時に、四八人の法師武者が現れて敵を切り崩し、伊達勢に勝利をもたらした。政宗が「いずこの御僧か」と尋ねると、「宮城野の木ノ下の住人」とのみ答えて姿を消した。家臣に調べさせると野原の中に石殿があって、そこに薬師如来が安置してあった。その夜、政宗は夢のお告げで、戦に加勢してくれたのがその薬師如来であったことを知ったという。（『宮城縣史21　民俗Ⅲ』）

きわえわえ

宮城県名取市の高舘山《たかだてやま》に伝わる。山奥に一人で住む爺《じい》さんのもとに雪の降る晩にな

ると「きわえわえ（ごめんください）、きわえわえ」と言って、見覚えのない男が囲炉裏の火にあたりにやって来るようになった。ある時、その男が火にあたりながら自らの「けっぽ（おちんちんのこと）」を両手で伸ばし始めた。山の「むじな」（ここでは狸《たぬき》のこと）が自分を馬鹿にしているのだと気付いた爺さんは、握りこぶしほどの石を真っ赤になるまで焼いて、気分良さそうに「けっぽ」を二尺（約六〇センチ）ほどまでに広げたり縮めたりしているところに放り込んだ。すると男に化けた狸は「ギャー」と叫びながら山に逃げていったのだという。（名取市観光協会（編）『なとりむかしばなし』）

狸が陰嚢《いんのう》を使って人を化かす話は数多くある。同書では「おちんちん」と言っているが、恐らく陰茎ではなく陰嚢のことを指しているのであろう。

食いしん坊 ［くいしんぼう］

宮城県登米《とめ》市南方町《みなみかたまち》の昔話に登場する。

ある所に、どんなに稼いでもなぜか裕福になれないおやんつぁん（親父さん）がいた。ある時、庭掃除をしていたおやんつぁんが咳《せき》をすると青い着物を着た三寸（約九センチ）ばかりの男の子が口から飛び出してきた。驚いたおやんつぁんが何者かと聞くと男の子は、自分は「食いしん坊」という者だが、お前は稼ぐわりにろくなものを食べてよこさないから隣の境に埋めろと言ってきたので、その通りにした。

その後、隣に住む金持ちだが欲深なおやんつぁんが自分の家の敷地を広げようと境を掘っていると、カチッと音がして瓶が埋まっているのに気付いた。金でも入っていそうだと喜んだ欲深なおやんつぁんが瓶の蓋《ふた》を開けると、青い着物を着た「食いしん坊」が飛び出して口の中に入った。以来、欲深なおやんつぁんの家は「食いしん坊」に食い荒らされて貧乏になり、反対に働き者のおやんつぁんの家は裕福になったという。（佐々木徳夫『永浦誠喜翁の昔話　宮城』）

首もげ地蔵 ［くびもげじぞう］

宮城県仙台市泉区根白石《ねのしろいし》の大満寺の門前にある地蔵。

頭が胴体から外れていて、取れた首が子供たちの遊び道具になっていたという。大人が取れた首を元に直すと、子供たちと遊べなくなってしまう、と怒って祟りを起こしたとされる。（『宮城縣史21　民俗Ⅲ』）

九枚莚 ［くまいむしろ］

宮城県亘理《わたり》郡亘理町北新町にある、とある屋敷の呼び名。亘理伊達《わたりだて》家に仕えた武士の屋敷であったという。

昔、ここに嫁いびりの姑《しゅうとめ》がおり、一〇枚の莚を嫁に渡して麦を干すように命じ

た。しかし、姑は一〇枚のうち一枚を隠したので、嫁が夕方にいくら数えても九枚しかなく、嫁はそのことを責められて井戸に身投げして死んだ。その日から夜になると井戸のそばに嫁の亡霊が現れて莚を九枚まで並べて数え、一〇枚目にわっと泣くような声がした。以来、この屋敷は「九枚莚」と呼ばれるようになり、今でも曇った夜になると九枚の莚を敷いた跡がはっきりと見えるのだという。（宮城県教育会（編）『郷土の伝承　第一輯』）

各地に点在する「皿屋敷」の類話の一つである。山形県の**お花**《はな》や**竹**《たけ》も参照。

久米田堤の怪物［くめだづつみのかいぶつ］

宮城県石巻市北村久米田に伝わる。大正一二～一三年（一九二三～二四）の頃、夕方から夜にかけて久米田堤から異様な啼《な》き声が聞こえると噂になった。この声の主は怪物であるといわれ、大きな頭に二本の角が生え、真っ赤な舌を出した怪物が水面に浮かび上がるともいわれた。

しかし、堤の水を全部出してみると、一匹の食用蛙《がえる》が現れ、これが正体であろうということになった。（『河南町誌　下巻』）

鞍掛沼［くらかけぬま］

宮城県栗原市栗駒沼倉玉山の沼ヶ森の頂上付近にある大きな沼。

この地の城主が戦に敗れて退く際に、この池に馬と黄金の鞍を沈めた。以降、三年に一度、旧暦七月七日の明け方に馬の首と黄金の鞍が浮かび上がり、見た者は三年のうちに死ぬのだという。（千葉光男『栗駒の話』）

蔵人坂の一把藁［くらんどさかのいっぱわら］

宮城県大崎市岩出山《いわでやま》に伝わる狐の怪異。役場の通りを北へ、「森や」の前を通り、踏切を越え、六十人町へ抜ける通り（川原町大通り）を一〇〇メートルほど行くと、西に向かって丁字路がある。この道を、富岡蔵人という人物の名前から取って「蔵人坂」と呼び、ここには油揚げと肴《さかな》が好きな狐がいて、それらの好物を持って通ると必ず化かされたという。人がこの坂にさしあたると、不思議と履物の鼻緒が切れた。すると目の前に藁が一把落ちており、これ幸いと荷物を置いて、それを使って履物を直していると、いつの間にか荷物がなくなっているという。この坂は湧き水のせいで石がゴロゴロしており、この石につまずいて鼻緒を切らす人が多くいたことからこのような伝説が生まれたと考えられるという。（『岩出山町史　下巻』）

『岩出山町史　下巻』が発行された昭和四五年（一九七〇）当時の役場（岩出山町役場）があった場所は、現在の大崎市岩出山二ノ構辺りである。読みは『使跡のまち岩出山のむかしかたり　第一集』に倣った。

黒羽織狢［くろばおりむじな］

宮城県東松島市矢本に伝わる。ここでいう「ムジナ」は狸《たぬき》のことである。

猿子山という山には黒羽織を着た悪戯《いたずら》者の古ムジナがいたという。矢太郎という若者がこれを退治しようと山に入ると、大きな足音とともに身の丈七、八尺（約二・一〜二・四メートル）もあり、針金のような毛が生えた赤く光る目をもつムジナが現れ、黒い塊のようなものを飛ばして砂や石を降らせてきた。逃げ出した矢太郎だったが、長老からムジナは股ぐらの尻尾を摑《つか》むと退治できると聞いて、再び山に登ってその方法でムジナを退治した。するとムジナがこれまでのお詫《わ》びにと、幻術で見事な源平合戦を披露したが、矢太郎が夢中になっているうちにムジナは逃げていった。（東北放送（編）『みやぎのむかしばなし　第3集』）

源兵衛渕の鰻［げんべえぶちのうなぎ］

宮城県仙台市青葉区米ケ袋の広瀬川に架かる御霊屋橋《おたまやばし》（霊屋橋）の川下の渕の主。

昔、渕の崖上に源兵衛という者が住んでいた。ある年の梅雨頃、彼の元に若い女が訪ねてきて「実は私はこの下の渕の主の鰻《うなぎ》ですが、明日の晩に川上の**賢渕《かしこぶち》の大蜘蛛《おおぐも》**と一騎打ちの勝負をしなければなりません。その時、あなたに一言『源兵衛ここに控えておるぞ』と声を掛けてくれれば私が勝ちます。ぜひお願いします」と言い、源兵衛はこれを承知した。しかし翌晩、雷鳴と電光を交えた風雨が荒れ狂い、渕の水が狂騰する中、鰻と蜘蛛の大合戦が始まると、源兵衛はあまりの恐ろしさに声を出すことができなかった。夜明けに見ると、渕の水は一面に血潮となり、向こう岸に大きな鰻の首が噛《か》み切られて源兵衛の方を睨《にら》んで浮かんでいた。それを見た源兵衛は狂って死んでしまい、その後この渕を「源兵衛渕」と呼ぶようになった。（三原良吉『仙台伝説集』）

同じ広瀬川の**藤助渕《とうすけぶち》の鰻《うなぎ》**の伝説と似ているが、主である鰻が若い女に化けて現れる点と、声援を送って欲しいと頼む点が異なっている。

また、源兵衛渕の由来として次のような別の話も伝わっている。お盆の頃、若者たちが毒揉《も》み（川に毒を撒《ま》いて魚を取る漁法）をして鰻を根こそぎ捕まえようとしていると、毎年やって来るお坊さんが現れて殺生は良くないと言ってきた。彼らは坊さんに麦飯をご馳走して帰したのだが、源兵衛という無鉄砲な一人の若者が「あの和尚はきっと渕の主であろう」と言って一層張り切って毒揉みを行った。すると大きな鰻が獲れ、皆で食べようと腹を裂くと先ほど坊さんに食わせた麦飯が出てきた。源兵衛はその祟《たた》りで死に、以降「源兵衛渕」の名がついた。（宮城県教育会（編）『郷土の伝承　第一輯』）

河川の主同士が戦うものとしては、属性

別索引「ヌシvsヌシ」、魚が坊主に化けて漁を止めさせようとするものとしては、福島県の**岩魚の怪**なども参照。

蚕飼山のぐひん［こがいさんのぐひん］

宮城県登米《とめ》市東和町米川《よねかわ》に伝わる。ある満月の寒い夜、心優しいが貧乏な男が蚕飼《こがい》山《さん》の裏で炭焼きの火を焚きながらどうにか娘に赤い着物の一つでも買ってやりたいと思っていた。そんな時、突然月が雲で隠れ、「エイサ、エイサ、ヨイシャ、ヨイシャ」と雲の上を誰かが何かを担いでやって来た。「グヒンだ」と男が気付くと、「蚕飼山で一服だ」と声が聞こえたので、これはまずいと動けないでいると、今度は「ここでぇ近ぇから津谷川のでえだけんもち（太田山剣持）までぶっとおせ」と別の声がした。男がほっとしたのも束の間、炭焼きの火がグヒンたちに見つかり、「この寒いとき、あそこで炭焼いてっから、なんだり落としてやれ」と声がした。男は焦ったが、目の前にぼたっと落ちてきた風呂敷包みの中を見ると金がたくさん入っていた。

「グヒン」は羽の生えた天狗《てんぐ》様のことで、正直で優しい人を助けるという。また人の心を見透せる者が天狗様になるとも言われている。（登米地方文化協会連絡協議会『登米地方の民話』）

小田刈小太郎［こたかりこたろう］

宮城県加美《かみ》郡加美町鹿原《かのはら》に伝わる化《ば》け狸《だぬき》。「小田刈」という沢に棲んでいたため、この名で呼ばれていた。

煙草《たばこ》を咥《くわ》えた一つ目の大入道に化けるのが得意で、沢を通る人をよく驚かしていた。しかしある時、自分に会った酔っぱらいが全く驚かなかったので、自分も年をとったものだと思って、以来人を化かさなくなったという。同じ小田刈に棲む**川口勘平**《かわぐちかんぺい》という狐と化け比べをしたという話もあるらしいが、どうなったかまでは伝わっていない。（山田和郎『どーびんさんすけ　さるまなぐ　小松仁三郎のむかし語り・はなし語り』）

小天狗［こてんぐ］

宮城県栗原市栗駒文字《もんじ》に伝わる。文字にある天狗森には天狗の夫婦がおり、手にした八つ手の葉っぱを扇ぐことで、一本歯の高下駄を履いたままどんな山でも坂でも森でもひとっ飛びすることができた。この夫婦には「小天狗」という子供がいたが、ある時両親がいないのを見計らって八つ手の葉っぱを勝手に使って空を飛んでみた。最初は面白がっていたがやがて力尽きて落ち、その場所を山内の天狗森と呼んだ。（篦岳老人クラブ連合会（編）『篦岳のむかしばなしと伝承』「山内の天狗さま」）

五駄鱈［ごんだら］

宮城県気仙沼市に伝わる地名由来。

この地にはかつて立派な長者屋敷があ

り、そこには美しい娘が住んでいた。ある晩からその娘の元に美しい若衆が通ってくるようになった。それ以降、娘は日に日にやつれていき、心配した乳母《うば》が心当たりがないか聞いてきたので娘が正直に話した。話を聞いた乳母は、それは化生《けしょう》の者かもしれないと言って、袴《はかま》の裾に糸を付けた針を刺しておくことを勧めた。娘がその通りにして、翌朝その糸を辿《たど》っていくと、河口で大きな鱒が死んでおり、男の正体がこの鱒であることが分かった。この鱒を駄馬《だば》につけると五頭分もあったので、ここを「五駄鱒」と称したのだという。

その後、娘は同じ場所に入水して後を追い、その小川を「思い川」または「毒川」と呼ぶようになったという。これらの出来事の後、鱒の魚群が小川を遡行《そこう》しないうちは近海で鱒漁を行わず、またこの折立の海辺で一番早く鱒が獲れたという。

また一説では、鱒が化けた若衆が死んだのは、長者の家の奉公人たちが打ち殺したためという話もある。（宮城県教育会（編）『郷土の伝承　第二輯』）

こんにゃくべろ

宮城県塩釜市に伝わる。障子に穴を開けると、夜にその穴から「こんにゃくべろ」という化け物が長い舌を出して嘗《な》めてくるので、穴を開けてはならないという。（内ヶ崎秀子「宮城県黒川郡・塩釜両地方の俗信と憑き物など」『東北民俗資料集（十）』）

【さ】

逆さ女 ［さかさおんな］

宮城県大崎市古川石森《いしのもり》にある「さかさ杉」という一本杉にまつわるもの。

かつてあった築館《つきだて》という城の主の奥方は、大変な癇癪《かんしゃく》持ちであった。ある女中が大事な南蛮渡来の真珠の湯呑みを壊してしまった時、奥方は家来に命じて彼女を逆さまに生き埋めにしてしまった。殺された女中の霊は、四九日目に北浦から下中目《しもなかのめ》の撃剣の道場に稽古に通う若者に頼み、逆さまに背負ってもらい、城へと向かった。そして、城で奥方を絞め殺して、恨みを晴らす

ことができたという。その後、女中の霊を城へ連れて行ったその若者は、剣術の腕がめきめきと上達し、中目道場三羽烏《がらす》の一人に数えられるまでの腕前となった。これも「さかさ女」のおかげだと、女が埋められた場所に一本の杉を植えてその冥福を祈ったという。（『古川市史　下巻』）

坂の貝峠の化物石［さかのがいとうげのばけものいし］

宮城県本吉郡南三陸町入谷に伝わる。坂の貝峠にあった巨石で、道いっぱいに広がって人が通れないようにしたり、腰掛けにちょうどいいような大きさになったと思いきや突然巨大な海鼠《なまこ》に化けて座った人を驚かしたり、地中から愉快そうな笑い声を発したりと、怪事を次々に引き起こした。豪の者がその話を聞きつけて、化けて出たところを斬《き》りつけると、石は二つに割れ、それ以来化けて出なくなったという。

この化物石は後に地中に埋められたのだが、近年、道路工事によって出土し、その際ブルドーザーを操縦していた男性が頭痛に悩まされたり、後ろから服を引っ張られたりするなどの不思議なことが起きた。化物石の祟《たた》りであるとか、久しぶりに地上に出られた化物石が喜んでいるのだなどと噂され、出土した化物石の近くに謂《い》われを書いた標識と賽銭《さいせん》箱が設置されて、祀《まつ》られるようになったという。（小田嶋利江『山内郁翁のむかしかたり　南三陸町入谷の伝承』）

座敷おぼこ［ざしきおぼこ］

宮城県気仙沼市本吉町小泉に伝わる、**座《ざ》敷《しき》わらし**の類。

名前に座敷と付くが、公民館、学校、役場など、民家の座敷以外にも現れる。子供の姿をしている点は共通しているが、おかっぱ頭の女の子であったり、丸坊主であったり、白い着物を着ていたり、赤い下着を身に着けていたりと、性別や服装は様々である。綺麗《きれい》好きであるらしく、箒《ほうき》や雑巾を使って掃除をしていたという話が多い。また、頭を叩くと「カーン」と音が鳴るとか、「ポリッポリッ」と奇妙な音を出したとか、音に関する話も多い。その他にも、握りこぶしの小指側ほどの大きさの足跡を残す、焼いていた餅をひっくり返す、じゃんけんでは石（グー）しか出さない、など様々な話が残るが総じて人に危害は加えないようである。正体は、無理心中した者の霊であるとか、家の裏にある埋められた井戸の霊であるとされる。また、同じ宮城県の本吉郡南三陸町や歌津地区にはケセランパサラン（**けさらんぱさらん**）と名付けられた座敷おぼこがいたとされ、人目の付かない部屋にいて、白粉《おしろい》を食べたという。（東洋大学民俗研究会『小泉の民俗―宮城県本吉郡本吉町旧小泉村』）

さっくべ婆［さっくべばば］

宮城県大崎市田尻町の山奥に住む、超人的な能力をもった老婆。

この老婆は普通の人間の三〇倍もの視覚、聴覚、嗅覚をもっていて、夕方から夜の浅い頃にかけて風のような速さで道を往来する。この時、各家庭の子供の様子や、親子の話などを調べ、親の言うことを聞かずに遅くまで遊んでいたり、夕食に文句を言ったりする子供を探すのだという。そして見つかった子供は、数日のうちに必ずこの老婆に攫《さら》われ、そのままどこかの家の炉端の火にさっくべられて（火にくべられて）、顔面に一生残るような火傷を負わされてしまうため、「さっくべババ」と呼ばれるのだという。また、この老婆は透明で、捕まった子供も同様に透明になってしまうので、見つけるのは困難である。親が「さっくべババ、来てけらえん」というと必ず来るとされたので、子供たちから非常に恐れられていた。（田尻郷土研究会（編）『続・田尻のむかしばなし』）

小夜姫の娘たち［さよひめのむすめたち］

宮城県塩釜市寒風沢島《さぶさわじま》に伝わる。昔、小夜姫という人が、戦で落ち延びて死んだ夫を偲《しの》ぶために、一〇歳ほどの娘二人を故郷に残して大島（寒風沢島）に移り住んだ。しかし、娘たちは母を追って故郷からやって来てしまった。小夜姫は、なんとか二人には故郷に戻って家を再興して欲しいという思いから、鰐《わに》ヶ《が》渕《ぶち》に身を投げた。残された姉妹は悲しみのあまり「小夜恋し、母恋し」と鳴く鳥になり、この鳥たちが棲む二つの小島を、「大夜鳥島《おおよどりしま》」「小夜鳥島《さよどりしま》」と呼んだという。（塩釜市教育委員会（編）『しおがまの昔話』『小夜姫の哀話』）

四角い人魂［しかくいひとだま］

宮城県本吉郡南三陸町入谷の空に現れた奇妙なもの。

同地出身の山内郁《かおる》氏が幼少期の頃、隣の家の婆さんが亡くなりそうだという時に、空に浮かんでいた。それはボール紙のように見える四角い光り物であり、片面が銀色で白く光り、もう片方が黒く光っていたのだという。やがて光り物は歌津の方へと飛んで行って、山内氏がこのことを家に帰って親に伝えると、歌津生まれの婆様の魂《たましん》が、生まれた家に戻っていったのだろう、と聞かされたという。（小田嶋利江『山内郁翁のむかしかたり　南三陸町入谷の伝承』）

描写が理解しづらいため、原文のニュアンスを損なわないようそのまま記載した。四角形のボール紙が一枚、空中に浮かんでいて、銀色の面が表だとすると、裏面が黒かった、ということだろうか。

地震の親父様［じしんのおやんつぁま］

宮城県栗原市栗駒猿飛来《さっぴらい》の昔話に登場する。歩くたびに揺れを起こすという男。「地震の親父つぁん」や単に「地震」とも

呼ばれる。

ある野郎っこ（男の子）が海の向こうに行ってみたいと船を漕《こ》いでいくと、ある島に辿《たど》り着いた。野郎っこが山の中の一軒家にいた女に頼んで泊めてもらっていると、夜中に大きな揺れが起きた。何事かと女に尋ねると、この家の親父が帰ってきたのだと言った。この家の親父は「地震」であるのだという。地震の親父が帰ってきて野郎っこを見つけると、家に置いて仕事をさせようと女に言ったので、野郎っこは逃げ出した。野郎っこが船に乗って海に出ると、追ってきた親父が大きな熊手で船を引き寄せようとした。野郎っこは、故郷を出発する際に母親から「大事な時に開けろ」と言われ渡された箱を開けた。中にはヤスリが入っていたので船に引っ掛かった熊手の歯をそれで削ってなんとか逃げ切った。

野郎っこは島を離れて上陸したが、それでも地震の親父は諦めず追いかけてきた。足が速くて追い付かれそうになったが、野郎っこが松の木に登ると、木の下にあった井戸の水面に映った野郎っこを本物だと思って、井戸に落ちて閉じ込められた。それからこの親父が外に出ようともがく時に地震が起きるようになったのだという。（小野和子『楳原村男翁の唄と語り　栗駒町猿飛来に伝わる伝承』「井戸に落ちた地震」）

下戸沢の天狗様［しもとざわのてんぐさま］

宮城県白石市小原下戸沢に、明治から大正の初めにかけて実在したとされる人物。不思議な術を使ったため「天狗様」もしくは「ガマ仙人」（**蝦《が》蟇《ま》仙人《せんにん》**）と呼ばれたという。刃を挽《ひ》いて切れないようにした刀を腰に差し、足駄を履いて「大天狗、小天狗、山越え、谷越え、沢の石はゴーロ、ゴロ」といって歩き回っていたとされ、煮立った湯の中にある芋を手摑《てづか》みで取ったり、ガンガン燃えた炭火の上を歩いたり、刀で作った梯子《はしご》を登ったという。無論、この刀の刃渡りを行った際、袴《はかま》の裾はズタズタに切れても手足はなんともなかったとされる。（沢史生『みちのく白石物語―天狗と河童のはなし』）

また同書にはこの天狗様の甥《おい》であるという高橋十蔵氏の語る話が載っている。彼が二三歳の頃、おじ（叔父か伯父かは不明）である天狗様とともに大阪、神戸、岡山、四国、東京の浅草などで興行を行ったという。岡山で刃渡りを見せた際には「その刀はナマクラだべ」と言われたため、急遽《きゅうきょ》その場にいた人から備前長船《びぜんおさふね》の刀を借り、それを梯子にしたが見事に渡りきった。神戸から徳島の小松島に渡った際には、コレラが流行っていてなかなか客が入らなかったが、「天狗様の火渡りの紙さ持ったもんは、コレラにかかんね」と言ったら大勢の人が見に来たという。浅草では暴力団が術を教えろと言ってきたが、教えても誰も習得できなかった。また、天狗様は肉のような生臭ものは食べず、ネギも食わず、大根とか葉ばかりを食べたので、宿で肉が出ると高橋氏が二人前食べたという。

更に高橋氏は、天狗様の最期について、

後ろから何者かに頭を殴られて川にはまり、助けられたが三日後に亡くなったと語っている。白石市小原下戸沢の六角バス亭付近に彼の碑が建っており、それには「片田翁碑」と刻まれている。俗称蟇仙人《がませんにん》、明治四二年（一九〇九）、仙術の妙奥を体得した時は六〇歳を超えており、刃渡り、火《か》遁《とん》、探湯《くがたち》の術をもって北海道から朝鮮まで渡り歩き、大正六年（一九一七）に没したとも記されているという。

蛇が崎の長左衛門狐
［じゃがさきのちょうざえもんきつね］

宮城県宮城郡松島町に伝わる。葉山沢には「蛇が崎の長左衛門キツネ」という狐がいて、月の良い晩に、頭巾で頭を隠した美しい小姓に化けて、横笛を吹きながら蛇が崎の辺りをさまよい歩いた。これに心を奪われた女が付いていくと、葉山沢の奥に連れ込まれ魂を吸われて正気を失ってしまうという。（『松島町誌』）

シャジホコ

宮城県宮城郡七ヶ浜町に伝わる。海にいる蛇のようにひょろ長い魚で赤、青、緑、黄などに体が光り輝いていてとても綺麗《きれい》だという。体長は五〇～六〇センチ、太さは四～五センチくらいであり、海底に潜ることもあれば海面に上がってくることもあるとされる。

この魚の鰻《うなぎ》のようになった尻尾を二、三センチ切って身に付けると大漁になり、一生金に困らないという言い伝えがある。尻尾を切る際は、船霊様《ふなだまさま》の納められているオモテのタツの上で切るそうで、普段はその上で作業をすることを禁じられている神聖な場所であるが、シャジホコは神様の使いであるのでそれが許されるのだという。太郎爺と伝庄爺という人はこの尻尾を持っていて、二人とも時化《しけ》にも遭わず、いつでも大漁であったそうである。

一方で、治太爺という人は、欲張って尻尾を余計に切りすぎてシャジホコを殺してしまい、大きな屋敷を持っていたが、不漁が続いて財産をなくし山の方へ移ってしまった。神様の使いであるシャジホコは、尻尾を切ったら生きたまま海に返さなければいけないとされる。（小玉敏「漁村生活の一考察」『東北民俗資料集（九）』）

鯱
［しゃち］

宮城県気仙沼市に伝わるシャチ（鯨偶蹄目マイルカ科シャチ属の海獣）の怪異。

この地方では「山にいるものは必ず海にもいる」と伝えられていて、山には人を襲う狼がおり、海の狼に当たるものはシャチであるという。これらの動物は石を当てられるとその部分が腐ってしまうので、石を投げられることを恐れている。そのため、山や海でこれらに出会った時に屈《かが》んでしまうと、石を拾っていると思われて攻撃されるので、決して屈んではいけないとされる。

また、同地方にはこのシャチにまつわる

怪異譚《たん》として以下のようなものが伝わっている。ある船がシャチに行き会って追いかけられたことがあった。これは船に乗っている誰かが「シャチにねめられた（睨《にら》まれた）」からであるという。船には大勢人が乗っていて誰がねめられたのかが分からなかったので、船員たちは一人ずつ炭の火を自分の布団にくるんで海に投げていった。するとシャチは、自分がねめった船員の布団だけに食い付き、腹の中で炭の火が燃えて口を開けたまま浜に打ち上げられて死んだ。ねめられた船員はシャチの死体に向かって、人間が化け物に負けるものか、食えるものなら食ってみろ、と言ってシャチの口の中に頭を突っ込むと、突然シャチの口が閉じて船員は死んでしまった。一度シャチにねめられると、何があっても必ず命を取られてしまうという。（川島秀一「山の漁師と海の漁師」『漁村』五三巻一一号）

十兵衛蘭土〔じゅうべえらんど〕

宮城県石巻市桃生町《ものうちょう》寺崎の植立山《うえたてやま》にある高さ五、六尺（約一・五〜一・八メートル）の石碑。ある時から寺崎と中津山の境にある細小路辺りを「豆腐食いたい、豆腐食いたい」と叫んで歩くお化けが出るようになり、人々は恐れていた。この話を聞きつけた中津山の大館滝本房という修験者が、これを退治しようと物陰で待ち伏せ、お化けが来たところを大刀で斬《き》りつけた。怪物の姿は消え失せ、翌朝辺りは血に染まっており、血を辿《たど》っていくと刀傷の付いた「十兵衛蘭土」の石碑が倒れていた。その後、この石碑は植立山の佐藤十兵衛という人物の墓所に安置され、現在に至るのだという。（『桃生町史　第3巻』）

この石碑の由来については以下のような話もある。その昔この付近で、何の罪か、数人の座頭が焼き殺されたことがあった。彼らを供養するために供養石が建てられたが、その施主が佐藤十兵衛という人であったため、この供養石を「十兵衛蘭土」と呼ぶようになったのだという。（宮城県教育会（編）『郷土の伝承　第二輯』）

「蘭土」の意味は不明であるが、無縫塔《むほうとう》（墓塔、特に僧侶の墓塔）のことを、その形状から「卵塔《らんとう》」と言うことがあり、これが名称の由来であるかもしれない。

ジンベイ様〔じんべいさま〕

宮城県石巻市金華山《きんかさん》沖に伝わる怪魚。鰹《かつお》がよく獲れる時に遭うとされる。ジンベイサマは鰹を食うと体が爛《ただ》れ腐ってしまうので食わない。そのため鰹はジンベイサマの周りに集まるという。また、船がジンベイサマの背に乗ることがあり、覗くと周囲が淡く光るので分かるという。（木下利次「ジンベイサマ」『民俗学』三巻一〇号）

名前からして、テンジクザメ目ジンベエザメ科のジンベエザメを妖怪視したものであると考えられる。川島秀一『憑霊《ひょうれい》の民

俗』によれば、実際に三陸沿岸ではジンベエザメを利用した「ジンベエ釣り」という漁法が行われていたという。鰹は「ジンベエの子」とも呼ばれ、ジンベエザメの下に寄って来るので、鰹を連れたジンベエザメに出会うと大漁になる。ジンベエザメの上に船を当て、動かなければ竿で背中を叩きながら動かし、移動しながら鰹の満船へと導いていく。そのためジンベエザメのことを「エビス様」と呼ぶ漁師もおり、出会うと米を撒《ま》いてから鰹漁に向かったという。

また、同県宮城郡七ヶ浜町花渕浜には「ジンベサマ」という怪魚の伝承がある。アンコウに似た形をした鯨くらいの大きさの魚で、潮を噴くという。鰹を捕るときによく一緒に網にかかるが、うまく逃がしてやらないと網を破られてしまうため、漁師たちからは、タカラモノ（厄介者）とも呼ばれている。鰹の守り神のようなものだという。（小玉敏「漁村生活の一考察」『東北民俗資料集（九）』）名前や鰹との関係性から、これも金華山沖のジンベイサマと似た存在、もしくは同一のものであると考えられるが、こちらは漁師から厄介者扱いされている点が興味深い。

一方で日野巌『日本妖怪変化語彙』には、ジンベイサマは蛇のように長い体をもち、これが船を超えるとジンベイサマの体から落ちた油が船に溜まって沈没してしまうという、実在のジンベエザメとはかけ離れた特徴が記されている。

堰の下地蔵 ［せきのしたじぞう］

宮城県名取市増田に祀《まつ》られている地蔵。七〇〇年ほど前、関の下（増田）から下増田の方へ流れる堀の堰付近では、月も陰る頃にぼうっと「にど坊主」（入道坊主）が出た。伊深家の先祖にあたる人が正体を確かめようと待ち構えていると、現れた「にど坊主」が、俺は堰の下に沈んでいる地蔵であり、掘り起こして欲しいと語った。翌日堰の下を掘り起こすと金の地蔵が見つかり、子育てに御利益のある「堰の下の延命地蔵」として大切に祀られたという。その後、この金の地蔵は盗難にあって行方不明となったが、祠《ほこら》は今でも伊深家の庭先にあり、木の地蔵が安置されている。（名取市観光協会（編）『なとりむかしばなし』）

宗禅寺の義鶏 ［そうぜんじのぎけい］

宮城県仙台市太白《たいはく》区根岸町に伝わる。宗禅寺で飼われていた鶏がある晩、突然鳴きだした。鶏の夜鳴きは不吉と思った和尚は、鶏を絞め殺して広瀬川に捨てた。翌朝、隣の住人が血相を変えて飛んできて、昨晩、鶏が夢に現れて、「寺で飼っている老猫が和尚を殺そうとしている。自分は長年世話になった和尚に危機を知らせるために夜鳴きをした」と語った、と和尚に伝えた。するとその時、かの老猫が和尚の朝食の膳の上を飛び越え尾の先が汁物に一瞬ついた。和尚が汁物を調べてみると、なんと毒虫であるハンミョウが仕込まれていたため、本当に鶏が自分を助けてくれたのだと

後悔し、墓を作り、弔った。この墓は「鶏墓」と呼ばれ、眼病の御利益があるとして信仰されたという。（富田広重『滅び行く伝説口碑を索ねて　第1輯』「宗禅寺の鶏墓」）

また、義鶏を飼っていたのが隣の家の方で、家主に危機を知らせようとしたが叶わず、死後宗禅寺の和尚の夢に現れて、事の次第を伝えるという展開の話もある。（宮城県教育会（編）『郷土の伝承　第一輯』）

【た】

大天姿様［だいてんしさま］

宮城県気仙沼市旧階上村《はしかみむら》に伝わる神様。階上地区では正月の神棚を飾る時に、十二重ねの年の餅の他に「大天姿にあげ申す」と言って、ひときわ大きな餅を一つ供える。重い病気に罹《かか》った子供をミコさんのところに連れていくと「大天姿さまの祟《たた》りだ」とか「大天姿さまに行き会ったからだ」と言われた。一方で、大天姿さまに参拝すれば子供の病気が治るともされる。

この大天姿さまの正体は、一説には「天姿さま」に化けた怪猫で、その正体を見せずに必要以上に悪さをしたので、神様として祀《まつ》るようになったという。（階上地区老人クラブ連合会（編）『階上よもやま話』）「大天姿」の読みは同書になかったため、便宜上「だいてんし」と読むことにした。同市内に**大天婆**《だいてんばば》という妖怪の話があり、「大天姿」と字面が非常に似ており、正体が猫であるなど共通点も多いことから、何かしら関係があると思われる。

大天婆［だいてんばば］

宮城県気仙沼市に伝わる猫の怪物。

昔、この地に儀八郎という男がいた。彼の母は「おさん」という物静かな人だったが、ある時から急に好まなかった魚を食べたり、猫のように踊ったりするようになった。その頃、近所では何者かに鶏が盗まれるという事件が起きるようになった。

ある時、一人の六部が旅の道中でこのあたりの杉並木を通った際、頭上から謎の怪物に襲われたが、六部は咄嗟《とっさ》に仕込み杖《づえ》で

これを撃退し、怪物は逃げて行った。その晩、六部は宿を探して一軒の家に辿《たど》り着いた。そこは儀八郎の家であった。六部が泊めてくれるよう頼むと、儀八郎は母が急病であるからと最初は断ったが、あまりにも強く頼まれたので泊めてやることにした。六部が夜中にふと目覚めると、隣の部屋から物音がする。覗《のぞ》いてみるとそこでは子猫たちが遊び戯れており、大きな虎猫が後ろ足で立って、行灯《あんどん》の油を嘗《な》めていた。

杉並木で出会った怪物、急病の母、怪しい猫の振る舞い。これは何かあるぞと思った六部は、翌朝儀八郎に全てを打ち明けた。あのおさんは怪物が化けた偽物ではないかと思った二人がおさんが眠っている寝室に飛び込むと、おさんは老女とは思えない身軽さで飛び掛かってきたが、ついには仕留められた。その正体は、松岩の猫渕に棲む怪猫《かいびょう》であったという。（宮城県教育会（編）『郷土の伝承』第一輯』「怪猫大天婆」）

老婆になりすました獣（狼や猫など）が旅人を集団で襲うも失敗し、正体が露見する昔話は「千疋狼《せんびきおおかみ》」や「鍛冶《かじ》が嬶《ばば》」などと呼ばれ各地に伝わっており、これもその一種と言える。しかしこれらの妖怪は青森県の**太郎左衛門《たろうざえもん》の婆様《ばあさま》**、福島県の**またえん婆《ばば》**など、なりすました老婆の名前で呼ばれることが多いが、大天婆はそうでないようで、由来も不明である。

また、関連性は不明だが、同じ気仙沼市階上《はしかみ》地区には**大天姿様《だいてんしさま》**という神様が伝わっている。

松明太郎 ［たいまつたろう］

宮城県角田《かくだ》市旧東根村地区に伝わる七不思議の一つ。「瀬木橋の明松太郎」の名で知られ、夜の暗闇の中、松明を灯しているという。（『伊具郡誌』）

「明松」は「松明」の誤表記と思われる。『伊具《いぐ》郡誌』を参考にした『宮城縣史21 民俗Ⅲ』では、「松明太郎」と表記している。東根の七不思議については、**糸取グングン**の項目を参照。

竹島の大蛸 ［たけしまのおおだこ］

宮城県本吉郡南三陸町志津川に伝わる。蛸の産地であるこの地には多くの漁師がいたが、若い男の漁師が行方不明になることが多かったという。ある時、一人の若い漁師が夕暮れに竹島の辺りを通った際、洞窟の中からにぎやかな声が聞こえてきた。中を覗《のぞ》くと、壁が金色に光った立派な御殿のようになっており、美女たちが楽しそうに唄ったり舞ったりしていた。あまりの美しさに男は見惚れてしまい、一人の女に手を引かれて中に入っていったのだが、気付いたら御殿も女たちも消えていて、巨大な蛸が今にも自分を食らおうとしていた。男は咄嗟《とっさ》に持っていたソゾメ（ガマズミ）の木でできた網針で蛸の口を刺し、大蛸を殺した。以来、この地では蛸を釣ると口にソゾメの木を刺す風習ができ、ソゾメのことを「蛸殺し」と呼ぶようになった。（小田嶋利江『山内郁翁のむかしかたり　南三陸町入

谷の伝承』）

竹島の天女［たけしまのてんにょ］

宮城県本吉郡南三陸町志津川沖の竹島に現れた天女。

作兵衛という漁師が竹島の洞窟で天女の群が唄ったり踊ったりしているのを見つけた。天女たちは作兵衛を見るなり空へ飛んで逃げていったが、白い子犬を連れた一人の天女が逃げ遅れてしまい、作兵衛は気の毒に思って彼女らを家に連れ帰った。天女は何も語らず、豆柿を少し食べただけで他には何も口にしなかったため、ついに死んでしまい、連れていた子犬も後を追うように死んだ。天女を葬ったところを「天女塚」、子犬の墓を「犬塚」と言ったという。（『封内風土記　巻之14』）

また、塚を建てた場所を天女の美しさから取って「艶《つや》の宮《みや》」と呼ぶようになり、現在の「津《つ》の宮《みや》」という地名の由来となったのだという。（小田嶋利江『山内郁翁のむかしかたり　南三陸町入谷の伝承』）

立沢太郎［たちさわたろう］

宮城県栗原市栗駒沼倉留岡から岩の目坂を登ったところにある立沢の上流に棲むムジナ。ここでのムジナは狸《たぬき》のことである。

人を化かすのが得意だったが、決して害を与えなかったため可愛がられていた。このムジナは白い光る珠《たま》を持っていて尾の先が一部白毛であった。また、年寄りでカバネ病み（怠《なま》け者《もの》）だったので狩りをせず、夏の夜には持っている珠を地面に置いて光に寄ってきた虫を食べて生きていた。立沢を通る人がお土産に油揚げを一枚でも置いていくと、立沢太郎に騙《だま》されずに安心して山道を行くことができたという。

ある時、中川の永七という人が、夜更けに酔っぱらって立沢の辺りを通った際に「太郎や何でもええから化けて見せろ」と言った。すると波の音が聞こえてきて、目の前に沖合に浮かぶ官女を乗せた船が現れ、その端にある扇の的を馬に跨《また》がった武士が弓矢で射抜く見事な様子が映し出された。そして拍手、太鼓、鉦《かね》、三味線などの鳴り物が一斉に鳴り渡り、やがてその音も止むと永七もその面白さに満足して帰っていったという。（千葉光男『栗駒の話』）

垂この毛・おぢゃん狐［たれこのけ・おぢゃんこ］

宮城県石巻市桃生町《ものうちょう》永井の山道にある「お壁土場」と「ぢゃんがさ」という低湿地の密林に現れた二体の怪物。

「垂この毛」は身の丈六尺（約一・八メートル）で、日没後に通行人を脅かしていた大怪物だったという。

一方「おぢゃん狐」の方は可愛らしいおかっぱの子供の姿をしていたもので、侍屋敷の庭先や道端でよく子供たちと一緒になって遊んでいたそうだが、遊んでいる子供のうち、どれが「おぢゃん狐」なのか分からなかったらしい。（『桃生町史　第三巻』）

また、同じ桃生町には、「たれこ狐《ぎつね》」「蛇

笠のおさん狐《こ》（おちゃん狐）」という狐の話が伝わっているとされ、関連性がうかがわれる。（『宮城縣史21　民俗Ⅲ』）

太郎大王［たろうだいおう］

宮城県大崎市鳴子《なるこ》温泉に伝わる狐《きつね》の統領。太郎狐とも。中山平《なかやまだいら》、堺田峠付近の遠《とう》鈴山《すずやま》という山に棲み、何千何万という眷属《けんぞく》を従え、里に下りて家畜を奪ったり、人々の持ち物を取り上げたりと暴れ回っていた。

伊達の殿様の指南役を務める、鈴木主水《すずきもんど》という侍がこれを退治しようと中山平を訪れると、物干し竿のような朱鞘《しゅざや》の大刀を腰に差し、深編笠で顔を隠した七尺余りの大男に化けた太郎大王が、洗面器のように大きな杯を傾けて酒を飲んでいた。主水と太郎は互いに刀を抜いて打ち合ったが、三合目の打ち合いで主水の刀が太郎の足を払った。太郎はギャンと一声上げて血を流しながら何処《いずこ》へと去っていった。

主水は仙台へと戻り、太郎大王を退治したと報告した。しかし、彼は高熱を出してそのまま死に、太郎大王の祟《たた》りだと人々に噂された。これに激怒した伊達の殿様は、太郎の棲む遠鈴山周辺を焼き払おうとした。この話を聞きつけた、遠鈴山の近くの末沢山洞川院の和尚は、遠鈴山に向かってお経をあげ、このままではお前の眷属の狐たちや村の人々が死んでしまうぞ、と太郎を説得した。やはり人間の英知にはかなわない、と悟った太郎大王は自ら寺の井戸に身を投げ、眷属の狐たちや村の人々の命は救われた。（『鳴子町史　上巻』）

たんたんころりん

宮城県仙台市に伝わる妖怪。古い柿《かき》の木が化けた大入道で、熟した柿を収穫せずに放置していると、これが出たという。

以上が佐藤清明『現行全国妖怪辞典』にあるタンタンコロリンに関する記述の全てであり、現状この妖怪に関する情報はこれ以外に見つかっていない。柿が化けた大入道という特徴から、宮城県をはじめ東北各地に伝わる**柿《かき》の精《せい》**と同一視され、人間に糞を食わせてくる妖怪と紹介されることがあるが、昔話に登場する柿の精が「タンタンコロリン」という名で呼ばれ、同一の存在として扱われている事例が見つかっていない以上、この解説は正しいとは言えない。

また、内田邦彦『津軽口碑集』にある、言うことを聞かない子供に「タンコロリンが来るぞ」と言って脅す事例（青森県の**たんころりん（1）**を参照）もよく引き合いに出されるが、名前が似ていること以外の共通点は見つかっておらず、両者の関連性も不明である。

山田野理夫『おばけ文庫6　たんたんころりん』には、仙台市宮城野区二十人町に現れた、袖口から柿の実をぽろぽろと落としながら歩くたんたんころりんの話がある。が、参考資料は不明であり、実在する伝承であるか信憑性《しんぴょうせい》に乏しい。

「タンタンコロリン」という名称の由来も不明だが、似た響きの言葉が昔話などに

登場することがある。

①古い足駄の化け物が「でっかばっかはなひとつうっしょにまなぐふたつあるたーんころりん たんころりん」と歌った。（宮城県の**でっかばっか**を参照）

②土の中に埋まっていた小さなお大黒さまが、「たんたんころりん たんころりん」と歌いながら踊ると、尻からぽたりぽたりと銭を出した。（宮城県の**お大黒様**《でえこくさま》を参照）

③狐が三年味噌を付けた木を屋根の上で「タンコロリン」と三回転がしてから窓から住人の名前を呼ぶことで、住人の命を奪う。（青森県の**たんころりん（2）**を参照）

④大きな瓢簞《ひょうたん》が「ダーン コロコロ ドンガラヤ」と音を出す怪物に化けて出た。（岩手県の**ダーンコロコロドンガラヤ**を参照）

これらを比較してみると、①は足駄、②は銭、③は三年味噌を付けた木、④は瓢簞という違いはあるが、いずれも何かが転がるときの擬音から来ているように思われる。柿の妖怪であるタンタンコロリンの名も、柿の実が転がる擬音から来ているのだろうか。

チャッパ蟹 ［ちゃっぱがに］

宮城県仙台市若林区荒浜に伝わる。「チャッパガニ」は鎧《よろい》を着けた武士のように、甲羅の上に貝を乗せた蟹であるという。これは、敗北した平家武士が恥ずかしさのために海に入って変じたものだとされる。（『仙台市荒浜の民俗』）

「チャッパ」とは、仏教儀式で用いられる手拍子《チャッパ》のことであろうか。手拍子は小さなシンバルに似た形状の打楽器であり、二枚貝を背負った姿が手拍子を被《かぶ》っているように見えたことから付けられた名前なのかもしれない。

長者様の鬼瓦 ［ちょうじゃさまのおにがわら］

宮城県名取市高柳に伝わる怪異。筆者命名。

昔、この村には長者様と呼ばれる大金持ちの屋敷が何軒もあり、各家の屋根には「鬼がわら」が飾られていた。それを羨《うらや》んだ隣村の若者たちは、雨の強く降る晩に梯《はし》子《ご》を使って「鬼がわら」を盗もうとしたが、「鬼がわら」が唸《うな》り声をあげたので逃げ帰った。諦めきれなかった彼らが今度は星の美しい晩に梯子をもってやって来ると、村中の「鬼がわら」が唸り出した。彼らは反省し、懸命に働いて金を稼ぎ、自分の家の屋根に「鬼がわら」を飾ったという。（名取市観光協会（編）『なとりむかしばなし』）

提灯小僧 ［ちょうちんこぞう］

『仙台萩 古地誌』にある怪異。雨の降る夜、堤通の東の横丁、北七番丁と六番丁の間（現・宮城県仙台市青葉区堤通雨宮町《あまみやまち》、上杉付近と思われる）を通って一番丁（現・青葉区東一番丁通り）に向かっていた人が、小さな提灯を持った一二、三歳の

少年が自分と同じ方向に歩いていくのを見かけた。少年の顔は火のように赤く、一番丁の辺りで消えてしまったという。（阿刀田令造（編）『仙台萩　古地誌』）

『仙台萩　古地誌』には、この少年を表す固有の名称はない。「提灯小僧」という名は、同書からこの話を紹介している『宮城縣史21　民俗Ⅲ』や山田野理夫『怪談の世界』にて命名されたもののようである。また、『仙台萩　古地誌』では少年の顔の赤さを火にたとえているが、それ以降の書籍においては、なぜか「ホウズキのように赤い」と描写されている。

更に、『仙台萩　古地誌』において、かつて提灯小僧が姿を消した辺りでは、「きりこ」（切子灯籠《きりこどうろう》、盆提灯）を見て乱心した侍が妻を殺《あや》めるという事件があり、以来謎の火が上がることがあったという話も紹介されている（**富岡十之介屋敷《とみおかじゅうのすけやしき》の妖火《ようび》**を参照）。このことから、水木しげるの書籍などで、提灯小僧は理不尽な殺人が起きた場所に現れると解説されることがある。しかし、提灯という共通要素があるものの、両者の因果関係は不明であるため、この解説は適切であるとは言えない。

長老沼の赤べこ［ちょうろうぬまのあかべこ］

宮城県刈田《かった》郡七ヶ宿町《しちかしゅくまち》にある長老沼（長老湖とも）の伝説に登場する五月の節句の日の長老沼には、赤い牛（赤べこ）と麻裏草履《あさうらぞうり》が浮かんでくるとされた。

昔この地には長老寺という寺があり、この和尚はある女に想いを寄せていた。しかし、その想いは遂げられず自暴自棄になった和尚は暴れ回り、それに困った村の人々に追い詰められて沼に沈み、以来、この恐ろしい赤べこが現れるようになった。

伊達政宗《だてまさむね》の家臣である片倉小十郎《かたくらこじゅうろう》がこれを退治しようと訪れたが、和尚の霊は、緋《ひ》の衣を着て麻裏草履をはき、首にビードロを吊るした大男の姿で現れ、小十郎を追い返したのだという。（『白石市史　3の（2）』）

ビードロとは、ガラス製の楽器のことである。織物であるビロードの誤記であろうか。「赤べこ」と呼ばれる他の妖怪との差別化のため名称は「長老沼の赤べこ」とした。

角神［つのがみ］

宮城県刈田《かった》郡及び柴田郡に伝わる古木の精と思しき化け物。

その昔、刈田郡宮村《みやむら》（現・蔵王町宮）の向山に天まで届く大きなブナの古木があったが、あまりにも大きすぎたため、田畑が日陰になり作物が育たなかった。困った村人たちはこれを伐《き》り倒すことにしたが、不思議なことに何度伐り倒そうと斧《おの》で傷をつけても、削った木くずがすぐに切り口にくっついて元通りに直ってしまった。そこで村人たちは知恵を絞り、木の周りで祈禱《きとう》を行いながら火を焚《た》き、木くずを燃やして元に戻れないようにして、やっとのことで伐り倒した。すると木の中からギャーという

叫び声とともに、人間とも獣ともつかない恐ろしい化け物が現れ、血塗《まみ》れのまま鳥のように羽ばたいて飛んでいったという。この化け物は柴田郡大河原町金ケ瀬の堤まで飛んでいったがやがて力尽きて田んぼに落ち、全身から火を噴いて燃え尽きた。この時、田んぼの周りで人々が大変だ大変だと騒いだことから、その田んぼは「大変田」と呼ばれるようになったという。また、堤地区では六月一六日に角神のお祭りというものが行われているらしい。確証があるわけではないが、向山の化け物が現れたのは麦の熟れる頃だと伝わっているらしく、この日が化け物が燃え尽きた日である可能性が高い。（大河原町教育委員会（編）『大河原のざっとむかし』）

ここでは「角神」という名称の由来については特に触れられていない。しかし、ほぼ同じ内容の話が載る『蔵王町史　民俗生活編』によれば、この化け物は角を生やし、光る青い目を持ち、赤く口が裂けていて、大きな羽を持つという姿をしていたらしく、これが名称の由来となっているようである。また、同書によると、ブナの大木があった場所には「ブナ堂さん」と呼ばれる祠《ほこら》が、堤には「角神」と呼ばれる神社ができたとしている。

翼のある猫［つばさのあるねこ］

明治一七年（一八八四）一二月一日の『奥羽日日新聞』、一二月五日の『東京絵入新聞』、一二月六日の『絵入朝野《ちょうや》新聞』に掲載された記事にある。

明治一七年一一月一五日のこと、宮城県桃生《ものう》郡馬鞍村《まぐらむら》（現・石巻市馬鞍）の山田丑蔵という杣人《そまびと》が、深山で虎のような声で鳴き空を飛び回る怪物を生け捕りにした。その怪物は、全身は黒くて形は猫のよう、背中に翼があったという。記事には、背中に鳥のような羽を生やした、ぶち模様の猫に似た怪物の図が添えられている。（湯本豪一『明治期怪異妖怪記事資料集成』）

いずれの記事にも怪物の固有名称は特になく、項目名は『明治期怪異妖怪記事資料集成』に倣った。

津花谷地のお龍［つばなやちのおたつ］

宮城県大崎市田尻沼木の「津花谷地」というところに棲んでいた古い女狐《めぎつね》。尻尾の先が二つに分かれた狐で、秋祭りのときに丸く平たい小石を銭に見せかけてうどん屋で買い物をしたり、大名行列に化けて道行く魚屋から魚を奪ったりした。

ある時、他の狐と二匹で二人の若い娘に化けて、以前も魚を奪ったことがある「磯松」という魚屋を狙って近付いた。しかし、これに気付いた磯松に逆に騙《だま》され、彼が寺から借りて家の座敷に隠していた唐犬に噛《か》まれた。死ぬことはなかったが、それ以来姿を現さなくなったという。（田尻郷土研究会（編）『続・田尻のむかしばなし』）

手倉田［てくらだ、てぐらだ］

宮城県名取市に伝わる地名由来。

昔、この地に住む貧しい女が弾三郎という金持ちの百姓から借金をした。その時に亡き母の形見である着物を借金の形として預けていたのだが、約束の日までに金を返すことができなかったので着物を返してもらえなかった。女は無念のあまり病気になり、そのまま死んでしまったのだという。翌年の夏、弾三郎が借金の形として預かった品々をしまい込んでいる倉に入ると、例の女の着物の袖から真っ白く痩せた細い腕が出てきて、みるみる長く伸びて弾三郎の頬を撫《な》でた。弾三郎は気を失ってそのまま息を引き取り、彼の家系は滅んで屋敷は潰《つぶ》れて田んぼになったので、「手倉田」という地名ができたとされる。（名取市観光協会（編）『なとりむかしばなし』）

また、同じように借金を苦に死んだ母と娘の幽霊が倉の中に現れ、預けていた着物を手で引っ張り、着物がしまわれていた倉ごと近くの池に引きずり込んで沈めたことを由来とする場合もある。（樫山巌『果報は寝て待て・仙南（名取・岩沼・角田・亘《わた》理《り》・伊具）編』）

でっかばっか

宮城県栗原市栗駒猿飛来《さっぴらい》に伝わる。化け物が出るという寺に虚無僧《こむそう》が泊まっていると、遠くから「でっかばっかはなひとつうっしょにまなぐふたつあるたーんころりんたんころりん」という声が近付いてきたので仕込み杖《づえ》で斬《き》りつけた。翌朝血の痕を追っていくと、斬られて死んでいる古狸のそばに古い足駄がごろごろあったので、古い足駄《あしだ》が狸《たぬき》の化け物になって出てきたことが分かったという。（小野和子『楪原村男翁の唄と語り　栗駒町猿飛来に伝わる伝承』「でっか、ばっか」）

下駄《げた》の化物《ばけもの》の一種であるが、足駄がわざわざ狸の姿に化けている点が珍しい。歌の中に「たんころりん」とあるが、柿の妖怪である**たんたんころりん**との関連があるのかは不明である。

手長の怪物［てながのかいぶつ］

宮城県黒川郡大郷町《おおさとちょう》に伝わる。品井沼《しないぬま》には不思議な「手長の怪物」が棲み、周辺住民を苦しめていた。この怪物は、手先が剣のようになった二丈（約六メートル）余りの長い腕を持ち、鏡のように光る三丈（約九メートル）余りの目をもった巨大な黒い蛭《ひる》に似た姿をしていたそうで、これに見つかると岩間に追い込まれて、生き血を吸われて即死してしまうか病人になったという。

困った住民は奈良の都に助けを求めたところ、中将為義と光雄姫という人物が派遣されてきた。怪物は叢雲《むらくも》の剣《つるぎ》を持った中将に斬《き》り倒されたが、今度は無数の小さな蛭となって住民を苦しめた。二人は小蛭退治に奮闘したが、何度焼き払ってもきりがなく、心労が祟《たた》った中将は病に罹《かか》った。しか

し、村の百姓である彦兵衛が、山海の珍味を差し入れるなどをしたおかげで、なんとか小蛭を全て退治することができた。（大郷町教育委員会（編）『おおさと　昔かだり』収録「深谷権現由来」）

目が三丈余りというのは、目玉の直径がそれぐらいということか、もしくは蝸牛《かたつむり》のように長く飛び出ているということだろうか。前者の場合は随分とアンバランスであるし、後者の場合は「手長の怪物」というよりむしろ「目長の怪物」になってしまう。また、同書の挿絵では、怪物の目は普通の大きさで描かれている。以上のことから、これは誤記である可能性が高い。

泥牛蒡［でろごんぼ］

宮城県柴田郡川崎町に伝わる昔話「三狐ばなし」に登場する、三匹の狐《きつね》の大将のうちの一匹。中之内のお城山に棲む狐で、身体が真っ黒であったという。

同じく川崎の狐の大将であった**薬罐太郎**《やかんたろう》と**観音狐**《かんのんぎつね》と激しい領地争いをしていたが、このままでは互いに傷つくばかりだと悟って、話し合いをした。その結果、川崎の中では助け合うことになり、泥牛蒡は獲物を獲る際には、円田《えんだ》（刈田《かった》郡蔵王町円田）の方面に行くようになった。

ある時、獲物を獲りに出かけた際に尾を鉄砲で撃たれ、逃げるためにもげそうな尾を自ら木の叉《また》に挟んで思いっきり走り、尾を切って以来、尾がなかったという。（樫山巌『ほうすの玉・仙南（白石・柴田・刈田）編』）

「中之内のお城山」とは、中ノ内城の異名をもつ前川本城のあった川崎町前川本城山のことであろう。「泥牛蒡」の名前の由来は不明だが、真っ黒い体が泥にまみれた牛蒡にたとえられたのだろうか。

天馬［てんま］

宮城県北部に伝わる、馬を害す妖怪。

栗原市花山では、天竜様とも呼び、二月九日には、「天馬が屋根を横切る」とか「天竜様が屋根を通る」と言って、馬の両耳に団子を付ける真似をして「悪いことを聞かないように、良いことを聞くように」と言うのだという。天馬の声を聞いた馬は死んでしまうため、このような呪《まじな》いをするのだという。（國学院大学民俗研究会「宮城県栗原郡花山村」『民俗採訪』昭和四八年度号）

大崎市鳴子《なるこ》温泉鬼首《おにこうべ》でも、大正の初め頃、ある人が矢木付近の宿という所を馬に乗って通った時、元気な馬が突然倒れて死んでしまい、天馬の鳴き声を聞いたからだと言われたという。そのためこの辺りの人たちは、馬に天馬の声を聞かせないように、馬に金の鈴を付けたという。（郷右近忠男『聞き書き秘境・鬼首物語』）

同じく馬を害する存在として、**馬災塚**《ばさいづか》や山形県の**天魔**《てんま》、福島県の**頽馬**《だいば》なども参照。

天龍魔王［てんりゅうまおう］

『船形山手引草』に記述された、船形山（山形県と宮城県の間に跨《また》がる山）に祀《まつ》られる神の縁起に登場する魔王の一人。小山かと思うほどの大きさをしており、**貪多利《とんたり》魔王《まおう》**、**烈風《れっぷう》魔王《まおう》**、**荒《あ》ラ獅子《しし》魔王《まおう》**と共に、阿弥陀如来率いる神仏と戦った。

摩利支天《まりしてん》に鉄棒で襲いかかったが、片手で受け止められ、取り押さえられそうになると跡形もなく消えてしまった。（『船形山の民俗　吉田潤之介採訪資料』）

東五郎明神［とうごろうみょうじん］

宮城県登米《とめ》市東和町米谷《まいや》に伝わる。大関川で魚を釣る者は、最初に釣れた魚を「東五郎様」に供えるといって、近くに投げる。そうしなければ獲物は全部「東五郎様」に取り上げられて、いつの間にか全てなくなってしまうとされる。この話が採集された昭和三〇年（一九五五）当時も、この言い伝えは堅く信じられて実行されていた。（『宮城縣史21　民俗Ⅲ』）

藤助渕の鰻［とうすけぶちのうなぎ］

宮城県仙台市青葉区八幡の広瀬川に架かる牛越橋の川下にある渕の主。

昔、藤助という男がこの渕で釣りをしていると、水底から「藤助、藤助」と呼ぶ声がした。藤助が何の用かと聞くと、「俺はこの渕に古くから棲んでいる鰻《うなぎ》だが、明日の晩、**賢渕《かしこぶち》の大蜘蛛《おおぐも》**が攻めてくるから決して声を出さないでくれ。万が一声を出されると俺が負けてしまう」と言うのであった。翌晩、渕では鰻と蜘蛛の激しい合戦が繰り広げられたが、藤助は恐ろしさのあまり「あっ」と声を出してしまった。そのせいで鰻は負けてしまい、敗れた鰻の生首が物凄い形相で藤助を睨んだので、彼は狂い死にしてしまった。それから「藤助渕」の名で呼ばれるようになったという。（三原良吉『仙台伝説集』）

同じ広瀬川の**源兵衛渕《げんべえぶち》の鰻《うなぎ》**の伝説と似ているが、主である鰻が声のみで姿を現さない点と、声を出さないで欲しいと頼む点が異なっている。このほか、河川の主同士が戦う話は県内外に多く伝わっている。

属性別索引「ヌシvsヌシ」も参照。

どこでそろ

宮城県宮城郡松島町鹿渡《しかわたし》に伝わる。あるところに仲の良い爺様と婆様がいた。二人はどちらが先に死んでも山に捨てずにミイラにして床の間に飾っておこうと約束していた。そのうち婆様が死んで、爺様は約束通りに遺体に漆を塗って床の間に飾った。すると飾っていた婆様が「どこでそろ、どこでそろ」と叫ぶようになり、それを聞いた爺様は「ここでそろ、ここでそろ」と言いながら、ご飯をお供えした。

そんなある晩、その家に「鍋ふたぎ」（鋳掛け屋）がやって来て、気のいい爺様

は泊めてあげることにした。爺様がお供え物を取りに行こうと外出する際、この家には「どこでそろ、どこでそろ」と叫ぶ者がいるから、聞こえたら「ここでそろ、ここでそろ」と答えるようにと鍋ふたぎに言った。爺様が出かけた後、例の如く「どこでそろ、どこでそろ」と聞こえてきたので、鍋ふたぎは言われた通りに「ここでそろ、ここでそろ」と答えた。そのやり取りがしばらく続いたが、いつまでたってもお供え物が出ないためか、ランランと目を光らした婆様のミイラが床の間から這《は》い出てきた。鍋ふたぎが逃げ出すと、ミイラは「どこでそろ、どこでそろ」と叫びながら追いかけてきた。鍋ふたぎは、やっとのことであるお寺に駆け込んで、和尚さんに匿《かくま》ってもらった。「どこでそろ」が寺にやってくると、和尚さんは「なむとらや、なむとらや」と唱えながら勢いよく撞木《しゅもく》をぶつけた。すると引っ繰り返った「どこでそろ」の中から大きな虎猫がボーンと飛び出て来た。それから経文の中に「なむとらや」という文句が入るようになったのだという。（佐々木徳夫『みちのくの海山の昔』）

富岡十之介屋敷の妖火 ［とみおかじゅうのすけやしきのようび］

『仙台萩　古地誌』にある怪火。一番丁（現・宮城県仙台市青葉区東一番丁付近）の南側東角にある菅野新七の屋敷は、かつて富岡十之介という人の屋敷であった。十之介は正徳年中（一七一一～一六）七月一五日の夜に、町の「きりこ」（切子《きりこ》灯籠《どうろう》のこと、盆提灯）を見に行った帰りに急に乱心して井戸の近くで妻を斬《き》り捨てた。それから夜更けになるとその辺りで火が燃え上がると噂になったのだという。（阿刀田令造（編）『仙台萩　古地誌』）

『仙台萩　古地誌』では、**提灯小僧**《ちょうちんこぞう》の話の後に続けて、この話が紹介されている。提灯という共通要素があるものの、両者の因果関係は不明である。（詳しくは**提灯小僧**《ちょうちんこぞう》の項目を参照）「妖火」という名称は『宮城縣史21　民俗Ⅲ』に倣った。

十宮の蛇 ［とみやのへび］

宮城県富谷《とみや》市に伝わる地名由来に登場する大蛇。

昔、富谷の長者の娘の元へ夜な夜な通う美しい若殿がいて、やがて娘は身持ちになった。ある日、その娘が蛇に呑まれかけている蛙を助けてやると、その蛙が恩返しのため易者に化けて娘を訪ねてきて「毎夜通ってくる男は蛇だから、今夜着たら着物の裾に針を刺しておけ」と教えた。娘は易者に教えられた通りに針を刺し、翌朝糸を手繰ると、近くの山の大杉のゴラ穴に入った。そのとき杉の木に止まっていた一羽の鴻《こう》の鳥《とり》が穴から蛇を引き出して十切れに噛《か》みちぎって殺した。村の人は祟《たた》られないように蛇の死骸を一切れずつ、合計十の宮を作って祀《まつ》り、これを「十宮」と称したのが後に「富谷」となった。娘は身重を恥じて川へ身投げして死に、今も娘の名をとってそこを「おまさ渕《ぶち》」という。（『宮城縣史21

民俗Ⅲ』）

各地にある「蛇婿入り」の話の一つ。娘が助けた蛙が対処法を教えるのも、この系統の話ではよく見られる展開である。

また、蛇が化けた若殿が「紫太夫」と名乗る場合もある。（『富谷町誌』）

青森県の**蛙《かえる》のいたこ**も参照。

取首坂［とりくびさか］

宮城県石巻市桃生町樫崎《ものうちょうかしざき》から山田船場へ行く途中にある峠道。

昔、この坂の麓には「取首入道」という人がいて、通行人を取り調べて罪人がいれば竹鋸《たけのこぎり》で首を引き落とし晒《さら》し首にしていた。ある時この坂を通った花嫁に入道が罪人の首を引かせようとしたが、そんなむごいことはできないと断られた。その後、この花嫁の縁組みは不縁となり、またそれ以来この坂を通った縁組みはことごとく不縁になったという。

昭和の初めの道路改修の際に、人骨が出てきたとか、この坂には昔から光り物が出るとも言われていた。（『桃生町史　第三巻』）

貪多利魔王［とんたりまおう］

『船形山手引草』に記述された、船形山（山形県と宮城県の間に跨《また》がる山）に祀《まつ》られる神の縁起に登場する魔王。

神代の頃、数万の悪魔邪神を眷属《けんぞく》として従えていた「貪多利魔王」という魔王が、金剛山を根城にして日本を魔国にしようと、暴風雨による洪水や疫病の流行を引き起こした。これに気付いた浄土の阿弥陀如《あみだにょ》来《らい》は魔王を退治すべく、鳳凰《ほうおう》をかたどった船に乗って、無数の仏神や唐土《もろこし》の文昌帝、文宣王といった聖なるものたち、高天ヶ原の天照大神らを引き連れて金剛山へと向かった。

初めに阿弥陀如来の守護神である三宝荒《さんぼうこう》神《じん》が落雷により火炎を巻き起こすと、悪魔たちは雨や霧を呼んで消そうとした。しかし火の勢いが強すぎて消えず魔王の館は燃え尽き、更に四方の川を塞《せ》き止められ、天の川の水が流し込まれると、魔王は逃げ場がなくなり山頂に取り残された。後がなくなった魔王は自ら宝剣を抜いて三宝荒神に挑んだが、眷属である**烈風魔王《れっぷうまおう》**、**荒《あ》ラ獅子《しし》魔王《まおう》**、**天龍魔王《てんりゅうまおう》**らが、次々と不動明王や毘《び》沙門天《しゃもんてん》や摩利支天らに敗れると逃げ出し、最後には一〇〇〇斤の神弓による無数の矢に射たれて降参した。降参した「貪多利魔王」は改心して、自らが裸身になってでも、信心の深い行者に富貴福徳を授ける「源元貧乏神」という存在になったという。

金剛山と呼ばれていた山々は、阿弥陀如来たちが鳳凰をかたどった船でやって来たことに因《ちな》んで「船形山」、三宝荒神に因んで「荒神山」と名を変え、魔王が源元貧乏神となった場所は「裸森」と呼ばれるようになったという。（『船形山の民俗　吉田潤之介採訪資料』）

【な】

ナガスナガジラ

宮城県本吉郡南三陸町歌津泊浜に伝わる。ナガスナガシラとも。海に棲む怪物で、船の縁に手のようなものをかけて船を引っくり返そうとする。手のようなものを鉈《なた》で切れば助かるという。（國學院大學民俗文学研究会『傳承文藝　第二十一號―宮城県気仙沼市及び本吉郡昔話集―』）

長頭島の異人［ながつむりじまのいじん］

宮城県塩釜市浦戸諸島に伝わる。この島には、大昔に背が低く頭の長い寿老人《じゅろうじん》のような異人が住んでいたため、このような名前が付いたのだという。（『宮城縣史21　民俗Ⅲ』）

長根のパーヤ［ながねのぱーや］

宮城県宮城郡松ケ浜の長根坂に伝わる。大きな一つ目の化け物で毎晩、通行人の前に立ち塞《ふさ》がり、大きな一つ目を剝《む》き出して見せたので、村人たちは恐れてこの坂を通る者は少なくなった。

ある時、この話を聞いた村の座頭がわざと長根坂を通ると、例の如く「長根のパーヤ」が現れ、座頭の頭を鷲掴《わしづか》みにして、「俺が怖くないのか」と脅かしてきた。座頭は「目の見えない自分にとってお前など怖くもなんともない」と言って樫《かし》の棒を振り回すと、「長根のパーヤ」は一目散に逃げていった。化け物の正体は結局分からなかったが、「長根のパーヤ」に掴まれた頭は傷だらけでなかなか治らなかったという。（鈴木与蔵『七ヶ浜の民話と言い伝え』）

泣息屋敷［なきやみやしき］

宮城県亘理《わたり》郡亘理町逢隈《おおくま》にあったという屋敷の名。

長健寺という寺の門前で、夜になると「おぶさったい」と泣き声がした。ある磊《らい》落《らく》な主人がおぶって家に連れて帰ってみると夜泣きは止み、下ろしてみるとそれは黄金であったという。（宮城県教育会（編）『郷土の伝承　第三輯』）

青森県の**おぼさる**なども参照。

梨のお化け［なしのおばけ］

宮城県仙台市に伝わる。東北各地に伝わる**柿《かき》の精《せい》**の昔話の派生の一つと考えられる。

山の寺に和尚と小僧が二人で住んでいた。和尚が法事で出かけたので小僧が留守番をしていると、どこからか太鼓のような音が聞こえてきた。すると「戸を開けろ」

という大きな声が聞こえ、開けると大きな「にと坊主」（入道坊主）が立っていた。にと坊主は小僧に椀を持ってこさせ、そこに糞をすると小僧に食えと言ってきた。小僧は食わなければ殺されると思い必死の覚悟でそれを食うと、なんととても美味しい味がした。それからというもの毎晩太鼓の音とともに、にと坊主が現れて小僧に糞を食わせた。小僧がそのことを和尚に話すと、糞が美味いとはおかしな話だと思った和尚が、その晩にやって来たにと坊主を鉞《まさかり》で殴った。すると坊主は、そのまま山に逃げて行き、後を追うと山奥の大きな梨の木の辺りで姿が見えなくなった。その木を見てみると美味しそうな梨の実がたくさんなっていて、その中の一つが割れていた。山奥にあるため誰にも食べられなかった梨が、食べてもらいたくて化けて出たのだと分かったという。（宮城県教育委員会（編）『宮城県の民話―民話伝承調査報告書―』）

夏井沢のお夏 ［なついさわのおなつ］

宮城県宮城郡松島町高城《たかぎ》夏井沢に棲む狐。夜な夜な三味線を引く美しい女に化けて出歩いたという。

人々が心づけで銭を渡しても受け取らず、代わりに油揚げをあげると喜んでもらっていった。正体を見破ろうと後をつけても必ず見失ってしまうという。（『松島町誌』）

七ツ森の雪男 ［ななつもりのゆきおとこ］

宮城県黒川郡大和町《たいわちょう》七ツ森に伝わる。宮床に住むおじんつぁん（お爺さん）が吹雪の夜に炭焼き小屋にいると、雪を被《かぶ》った狸《たぬき》が「くうくう　くうくう」鳴きながら訪ねてきて、中に入れと言うと嬉しそうに入ってきた。訳を聞くと、雪男が大きな音を立てて歩くから怖くて大森山から逃げてきたと語った。七ツ森には、「雪男」という頭も手も足も大変大きく真っ白な毛を生やした男がいて、吹雪の夜にはドッスンドッスンと音を立てながら大森山を揺らして歩き回るが、暖かくなるとどこかに行ってしまうという。（小野和子・山田裕子『宮城県黒川郡七ツ森周辺の民話』）

冬の山中に現れる「雪男」という名前の妖怪は他の地域にも伝わっているが、その性質は一様ではない。

青森県の**雪男**の項目も参照。

生首杉 ［なまくびすぎ］

宮城県仙台市に伝わる。進藤勘四郎という人が帰宅すると、屋敷の門際に生えた老杉の上から自分の名を呼ぶ声がした。仰ぎ見ると、そこには散らし髪の白衣の女がいて、生首をいくつも抱えてそれを投げようとしてくる。彼が早く投げてくれと言うと、女は二〇～三〇もの生首を投げてきたが、やがて全て消えてしまったという。

（宮城県教育会（編）『郷土の伝承　第三

輯』）

『仙台萩　古地誌』にも同様の話があるが、そちらにはこの怪の固有の名称は載っていない。『宮城縣史21　民俗Ⅲ』では「生首の怪」と命名している。

「元寺小路観音堂」という場所が仙台市のどの辺りであるのかははっきりしないが、宮城野区元寺小路か、もしくは青葉区本町の満願寺（元寺小路満願寺とも呼ばれる）のいずれかであろうか。

人参おなご［にんじんおなご］

宮城県栗原市志波姫伊豆野《しわひめいずの》の昔話に登場する。筆者命名。

ある馬方が馬に米俵を載せて町まで運んでいる道中、森の中から見上げるばかりに背の高い「おなご」（女）が、高い足駄をぱかっぱかっと鳴らしながら現れた。おなごは三寸ほどもある小指の爪で米俵を軽々と持ち上げると、森の中に姿を消してしまった。それ以来、馬方がここを通るたびにおなごが現れ、米俵を奪っていった。このままでは暮らしていけないと思った馬方が、米を奪っていったおなごの後を付けていくと、おなごは森の奥の一軒家に入り、大きな釜で米を炊いてそれを平らげるとそのままその釜で風呂を焚《た》いて湯につかった。馬方は咄嗟《とっさ》に釜の蓋《ふた》をおなごの上に被《かぶ》せて更にその上に碾《ひ》き臼《うす》を置いて釜の中に閉じ込めた。それから二日二晩、馬方は釜の下で火を焚き続け、三日目に恐る恐る蓋を取ってみた。釜の中には真っ赤などろどろしたものが入っていて、気持ち悪く思った馬方はそれを遠くの畑まで行って捨てた。

それからしばらく経ち、あのどろどろしたものがどうなっているか気になった馬方は馬を連れて畑へと向かった。すると畑の地中には赤い根っこが埋まっていて、それを見つけた馬が美味そうに喰い始めた。この赤い根を喰った馬は大変力持ちになったといい、これが「人参」の始まりであるという。（東北放送（編）『みやぎのむかしばなし　第二集』「にんじん」）

鰻主［ぬす］

宮城県黒川郡大郷町《おおさとちょう》粕川《かすかわ》土手崎にある長沼という沼の主。

何人かの釣り人がこの主に沼へ誘い込まれて命を落としたと言われていた。この鰻主というのは背中が黒く腹が赤いもので、風のない暖かい日に水面に背中を現しているのがたびたび見られたという。ある時、藤太郎という釣り人が長沼の岸辺でうとうとしていると、急に自分の名前を呼ぶ声が聞こえてきた。目を覚ますと、目の前に今にも襲いかかってきそうな鰻主の姿があり、夢中で逃げ出した。藤太郎を呼び起こして命を救ったのは、岸辺に祀《まつ》られていた雷神さまであったという。（大郷町教育委員会（編）『おおさと　昔かだり』）

何の生き物であるのかは不明だが、「背中が黒く、腹が赤い」という特徴からか、同書にはアカハライモリに似た姿の鰻主の挿絵が掲載されている。

盗人松［ぬすびとまつ］

宮城県仙台市泉区西田中杭城山《くいしろやま》に伝わる。ある泥棒が盗みを働いた後、松の下で休んでいる時に、「これ、俺のことを誰にもしゃべってはならないぞ」と松に向かって戯れに言った。すると松が「俺は誰にもしゃべらないが、お前自身がしゃべらないようにしろ」と返事をした。

それから何年後かに、その泥棒はとある雑談の最中に、木でも話をする、しないで言い争いになった。その泥棒は「木でも話をする」と言い張り、つい熱が入って以前の松のことを自ら話してしまった。泥棒はそれがきっかけで役人に捕まり、人々はその松のことを「ぬす人松」と呼ぶようになったという。（『泉市誌　下巻』）

願い人［ねがいびと］

寺井広樹・とよしま亜紀『宮城の怖い話・杜の都に魔が巣食う』収録「願い人」に登場する。

体験者の女性が県外から仙台市に引っ越してきて間もない頃、「多賀城市にある多賀城政庁跡に宝くじが当たるパワーを秘めた礎石がある」という噂を耳にした。スピリチュアル好きの彼女は早速行ってみることにしたが、願いを他人に知られると効果がなくなってしまうと聞き、人と出会わないように薄暗くなってから現地へと赴いた。政庁跡に着くとそこには礎石がたくさんあったが、一つの礎石が彼女には光っているように見え、宝くじが当たるように祈りながら一心不乱にその礎石を撫《な》で回した。ふと辺りを見ると、少し離れた別の礎石の前に、和服を着た髪の長い女性らしき人物が顔を隠してうずくまっていた。この女性も願い事をしてるのだろうかと思った彼女が、自分も願い事をしているのを気付かれないようにこっそりその場を立ち去ろうしたその時、その女性が上半身を起こした。女性の顔は目鼻もない**のっぺらぼう**だった。彼女は悲鳴を上げながら逃げ去ったが、背後からいつまでも女性のすすり泣く声が聞こえたという。この世のものではないものとはいえ、願い事をする姿を見られたからか、宝くじは当たらなかったそうである。

ネンネング

宮城県栗原市栗駒町の大森山に棲む狐《きつね》。夕方に山路を通る時、どこからともなく赤児の泣き声が聞えてくることがあったという。そして次に「ネンネンコヤーネンネンコヤー」と子守唄が聞こえたため、「大森山のネンネング」と呼ばれるようになったのだという。（千葉光男『栗駒の話』）

同じく赤子の泣き声や子守唄を聞かせる狐に、遠田《とおだ》郡涌谷《わくや》町《ちょう》の**願念沢《がんねんさわ》のネンネン狐《ぎつね》**がいる。

のろ坊主［のろぼうず］

宮城県宮城郡七ヶ浜町要害浜《ようがい》に伝わる。

その昔、鶏が何者かに襲われるという被害が続出していたが、犯人が分からず村人は困っていた。ある日、村の男が笠岩堂の前を通りかかると、「かくまき」（毛布を三角折にして外套《がいとう》代わりに女性が着るもの。角巻）を着た「のろ坊主」（想像上の化け物）が食べ終わった鶏の羽をそのままにして鼾《いびき》をかいて昼寝をしていた。男がこれを杖《つえ》でつつくと、慌てたのろ坊主は鼬《いたち》の姿に戻って逃げていったという。村人たちはさっそく鼬用の罠《わな》を仕掛けたが、鼬は掛からず、それ以来鶏泥棒が現れることもなくなったのだという。（鈴木与蔵『七ヶ浜の言い伝え　第2集』収録「化けた鼬」）

「のろ坊主」という名前の由来は不明だが、宮城県では「入道坊主」と書いて「にどぼうず」と読んだりするため、同じような意味なのかもしれない。

【は】

梅木猿［ばいぼくえん］

宮城県各地に伝わる昔話に登場する入ったものは二度と帰ってこられないという無住の寺に現れる化け物のうちの一体。他の化け物たちから「ばいぼくえん」と呼ばれているのを、寺に泊まった博打《ばくち》打ち、もしくは僧に聞かれて、正体（梅の木で作った猿）が発覚し退治されるというのが主な展開である。

栗原市若柳町畑岡《はたおか》に伝わる話では、男の子の姿をした「げそくり（下足履。縁の下にある古下駄）」と体の大きな「さいちくりんのいちのけい（西竹林の一の鶏。西の竹藪《たけやぶ》に棲む古い鶏）」という化け物とともに現れている。（佐々木徳夫『陸前の昔話』）

登米《とめ》市南方町《みなみかたまち》青島に伝わる話でも同じように下駄と鶏の化け物とともに現れるが、それぞれ「ぽっくり（床下の古下駄）」と「さいちくりんのこけい（西竹林の古鶏。竹藪の古い鶏の死骸）」であり、呼び名と正体が微妙に異なっている。（佐々木徳夫『永浦誠喜翁の昔話　宮城』）

登米市豊里町赤生津《あこうづ》に伝わる話には、「ばいぼくのえへえ（梅木の位牌）」という化け物が登場する。背の高い「クス（楠で作られた家の土台）」、口の尖《とが》った「せえつくりんのこけえ（西竹林の古鶏）」、腹の大きな「南方太郎（南の庭の隅の狸）」、髭《ひげ》の生えた「東方太郎（東の池の鯉）」とともに化けて出たが、気丈な六部に燃えカスをぶつけられ、退散している。（佐々木徳夫『むがす、むがす、あっとごぬ』）

山形県の**空寺の怪**も参照。

馬牛沼の主 〔ばぎゅうぬまのぬし〕

宮城県白石市斎川《さいかわ》と五賀《ごか》の境の西明堂山《にしみょうどうやま》にある「馬牛沼」の主。この主は、湖上に浮かんで遊んでいる姿を見られることがあったが、その姿が馬首牛身であったため、馬牛沼という名前がついたのだという。（『白石市史　3の（2）』）

同書では、この沼の主を「沼の主の怪獣」と呼んでいる。その他、『宮城縣史21　民俗Ⅲ』では「馬首牛体の怪物」、馬牛沼現地にある伝承を伝える案内板では「馬首牛身の魚獣」とそれぞれ呼称している。

白狼 〔はくろう〕

宮城県大崎市岩出山《いわでやま》に棲む人喰い狼《おおかみ》。夜中に人に出会うと、物凄い鳴き声とともに頭上を飛び越えて、小便を目に入れて目潰《めつぶ》ししてから襲い掛かってきたという。

原田甲斐《かい》という人がこれに会った時、刀を自分の頭上で垂直に立てて動かないでいると、狼は腹を斬《き》られて退治された。（宮城県教育会（編）『郷土の伝承　第一輯』）

破軍星の童子 〔はぐんせいのどうじ〕

宮城県大崎市鳴子《なるこ》温泉郷中山平《なかやまだいら》に伝わる。筆者命名。

「星湯」という温泉の名の由来は、和田某《なにがし》という人物の夢に「破軍星」が童子に化身して現れ、この温泉の在処《ありか》を教えたからであるという。（『宮城縣史21　民俗Ⅲ』）

破軍星とは、北斗七星の第七星、おおぐま座η《イータ》の中国名である。

馬災塚 〔ばさいづか〕

宮城県遠田《とおだ》郡涌谷《わくや》町《ちょう》成沢《なりさわ》に伝わる。この塚に馬を近付けると必ず馬に災いが起きたという。具体的な記録がいくつか残っているので以下に挙げる。

・天保三年（一八三二）の夏、涌谷の六蔵という農夫が草刈りに行った際に、この塚の近くの木に馬を繋いでおいたところ、馬は変な声で嘶《いなな》き、そのまま死んだ。

・貞享四年（一六八七）七月、前谷地村《まえやちむら》の幸七という者が馬を曳《ひ》いて塚の辺りを通り過ぎると、突然倒れて数声嘶いて絶命した。

・享和二年（一八〇二）、土地の庄松という若者が馬に乗って塚の前を駆け抜けようとした時、突然馬が倒れ、泡を吹いて死んだ。

・天保七年（一八三六）三月、涌谷の馬夫である六右衛門という男が朝に草刈りに行くと、馬が手綱をほどいて野原を奔走し、塚の辺りで倒れ、荷鞍《にぐら》に挟んでいた鎌で背中を切り裂いて死んでいた。

どのような原因で馬だけが災禍に遭うのか古老に尋ねても由来が分からず、一切不明であったという。（『宮城縣史21　民俗Ⅲ』）

同じく馬を害する存在として、**天馬**《てんま》や山形県の**天魔**《てんま》、福島県の**頽馬**《だいば》などもいる。

はすりげぁ

宮城県石巻市に伝わる。突然熱病に罹《かか》ることを「はすりげぁにあった」と言う。「走り交ふ」が由来であると考えられる。（辨天丸孝（編）『石之卷辯　語彙編』）

民俗学研究所（編）『綜合日本民族語彙』では「ハシリガイ」と呼んでいる。

八面鬼王［はちめんきおう］

『船形山手引草《ふながたやまてびきぐさ》』にある魔王。船形山（山形県と宮城県の間に跨《また》がる山）にある「八魔か森」という森の由来に登場する。

「げんがい嶋」という島に住む魔王であり、日本に攻め入ったが退治されてしまったのだという。その時、討ち取られた角がこの地に飛来し、魔力を顕現したことから「八魔か森」という名がついたとされる。

（『船形山の民俗　吉田潤之介採訪資料』）

バッチリ爺［ばっちりじ］

宮城県登米《とめ》市米山町西野の昔話「黒い箱、白い箱」に登場する。

ある所に大変親思いの男がいた。ある日、この男が山の中でバッチバッチと碁を打つような音を聞き、奇妙に思って音の方へ行くと、大きな松の木の下で二人の爺様が碁を打っていた。しばらく見ていると、白い碁石を持った爺様がお前は碁が好きかと尋ねてきた。大好きだと答えると、その爺様は男に白い箱を渡した。家に帰った男が箱を開けると、中から紫色の光が飛び出しゴロゴロと大きな音が鳴ったと思ったら、あばら家だった男の家があっという間に立派な家に変わった。すると天井から「夢でねぇ、夢でねぇ、お前、親思いで働ぎ者だがら授げだんだ」と声がしたので、何者かと尋ねると「山でバッチリバッチリ碁打すてだバッチリ爺だ」と返ってきた。

またある時、その隣に住む欲張りな男が同じように碁を打つ爺様を見つけたが、爺様は男に見向きもしなかった。しびれを切らした男が自分から話しかけると、黒い碁石を持った爺様が何も用はないが、これでも良ければ持ってけと重くて黒い箱を渡された。喜んだ男が家に帰って箱を開けると、黒い煙とともに入道坊主が現れ、男は襟首を摑《つか》まれて吊るし上げられた。それ以来、男は心を入れ替えて働き者になったという。（佐々木徳夫『みやぎ昔ばなし百選～月の夜ざらしほか～』）

花潜姫［はなむぐりひめ］

宮城県大崎市鳴子温泉の花渕山《はなぶちやま》の主。絶世の美女であり、この主を巡って周りの山の主たちが日々争っていた。そのうち、力の弱い大柴山の蜘蛛《くも》、矢楯山の蟹《かに》、鍋倉山の亀といった主が脱落していき、残るは黒森山の大蛇と耳突山の大百足《おおむかで》のみとなった。二匹の主は小野原で決闘を行い、七日七夜にもわたる戦いの末に大百足が勝利し

た。大蛇は満身創痍《そうい》の状態で東沢を逃げ下り、大谷の主流の辺りで気を失った。しかし、目を覚ますと、なぜか傷が完治している。川岸から湧き出る温泉の効果であると気付いた大蛇は、神の恵みに感謝し、薬師如来となって、里から里へと行脚を続けて、この温泉の効用を人々に伝えた。やがてこの温泉は「蛇の湯」と呼ばれるようになったのだという。（『鳴子町史　上巻』）

原文では「花潜姫」の読みは記されていなかったため、ここでは便宜上「はなむぐりひめ」と読むこととする。

ハフコホツ狐［はふこほつきつね］

宮城県石巻市広渕《ひろぶち》に伝わる。かつてこの地には年貢米を貯蔵する伊達家の御蔵場があった。ある夜、御蔵守の当番になっていた村人が囲炉裏の前で独り煙草《たばこ》をくゆらせていると、夜更けだというのに彼の年老いた父親がひょっこり訪ねてきた。奇妙に思った御蔵守が父親の顔を見つめると、左目だけが見えるはずの彼の父が、今は右目の方が開いている。これは畜生が化けてきた偽の父だと察した御蔵守は、おかしさをこらえつつ「村の衆からもらった餅があるから食わないかね」と声を掛けると、偽の父はニコニコして餅を欲しがった。何の餅が食べたいのかと聞くと、偽の父は「俺ァ……ハフコホツが好きだィ……」と答えた。どうやら本物の父親の好物である豆粉《まめこ》餅《もち》（黄粉餅《きなこもち》）を上手く発音できないのであろう。これは古狐に違いないと考え、御蔵守は偽の父に豆粉餅をご馳走した。やがて御蔵守は眠りに就こうとしたときに、偽の父に布団がないから空俵にくるまって寝てくれないかと頼んだ。偽の父は不思議がる様子もなく空俵の中に横になったので、御蔵守はすかざす荒縄で俵ごと縛り上げた。翌朝になって偽の父はようやく自分の状況に気付き、俵の中でもがいてついに尻尾を出した。正体はやはり年を経た大狐だったという。この出来事は村中の評判となり、この間抜け狐の噂は「広渕御蔵のハフコホツ狐」として後々まで語り草になった。（富田広重『滅び行く伝説口碑を索ねて　第1輯』）

化け狐の「片目違い」の失敗譚《たん》として各地に伝わるものの一つである。

青森県の**めっこ爺様《じいさま》**の項目も参照。

万人渕［ばんにんぶち］

宮城県仙台市泉区実沢《さねざわ》山下に伝わる。昔、山邑《やまむら》城の首藤氏が結城氏に攻められて落城した時、城中の女、子供は城の北側断崖から七北田川《ななきたがわ》の渕に身を投じた。以来この渕には水泡が発生するようになり、これは亡くなった一族の怨念であろうと噂され、「万人渕」と呼ばれるようになった。（『泉市誌　下巻』）

山邑城とは現在でいう山野内城のことである。この城の崖下にある万人渕の水泡は天然の炭酸ガスが噴出したもので、大正末期にはこの炭酸水を利用しラムネの製造が行われていた。昭和初期に物資不足で製造

が不可能になってからは、飛行機用の消火剤を作る軍工場に替わったという。（仙台市ホームページ「山野内城址・万人渕」（二〇二一年八月参照））

飛鶴の城［ひかくのしろ］

宮城県志田郡（現・大崎市、遠田《とおだ》郡美里町の一部）に伝わる。館山というところにあった城で、この城を攻めようとすると、鳥の羽ばたく音とともに城が跡かたもなく消えてしまうのだという。伊達《だて》政宗《まさむね》がここを攻めようとした際、敵方のある武者が城主を裏切って山が鶴《つる》の形をしているから城が飛ぶのだと教えた。政宗は山の形を変えてしまうことで城の動きを封じ、攻め落とすことができたという。（小寺融吉「城の怪異（二）」『旅と伝説』四巻二号）

この城の城主は渋谷某という小大名であったという。館山という地名や城主の名前から考えるに、現在の大崎市三本木町の館山公園にあったという桑折城《こおりじょう》（城主は渋谷相模守、別名「鶴館」）のことであろうか。

額の数字［ひたいのすうじ］

宮城県仙台市泉区在住の女性から聞いた話。筆者命名。

話者の知り合いの看護師は、患者の額に数字が浮かび上がるのを見ることがあり、それはその人が死ぬまでの期間を表しているという。しかし、分かるのは数字までで、例えば「3」という数字が見えても、それが三日なのか、三カ月なのか、三年なのかは分からないのだという。

話者は、その看護師に「もし私の額に数字が見えても絶対に言わないで」と日頃から訴えていたという。（佐藤卓聞き書き）

筆甫の山神［ひっぽのやまのかみ］

宮城県伊具《いぐ》郡丸森町筆甫に伝わる。駒吉という炭焼き男が山で働いている時に、頭の大きな男の姿の山神がニョーッと炭窯の中から現れた。山神はニコニコ笑いながら「お前にいいこと教えてやっか」と言って、栗の木を炭にする時は細い木を使うこと、太い木は長さ一尺（約三〇センチ）厚さ五分（約一・五センチ）の木っ端にして屋根の材料にすると良いことを教えた。駒吉はその知識を生かし一介の炭焼きから数年で丸森一番の大商人となった。彼は山神に感謝し、山の炭窯の脇に立派な社《やしろ》を建てて祀《まつ》った。（樫山巌『果報は寝て待て・仙南（名取・岩沼・角田・亘理・伊具）編』収録「木端割り駒吉」）

原文では山神の姿は「頭の大きな男」と記述されているが、同書の挿絵では、頭髪がなく、目が大きくて爬虫《はちゅう》類のように口元が尖《とが》った、人間には見えない姿で描かれている。

人取沼［ひととりぬま］

宮城県宮城郡七ヶ浜町の菖蒲《しょうぶ》田浜《たはま》にある沼。この沼には若い娘の舌が好物だという

大きな鰻《うなぎ》が棲んでいたという。

沼の近くを若い娘が通ると女が寄ってきて髪を美しく結んでくれるが、女に言われるままに沼の水面を鏡にして覗《のぞ》いていると、大鰻に引きずり込まれ舌を抜かれて死んでしまうとされた。そのため「人取沼」とか「舌取沼」と呼ばれて近付く者はいなかったという。（鈴木与蔵『七ヶ浜の言い伝え　第2集』）

一目千本桜の怪 ［ひとめせんぼんざくらのかい］

寺井広樹・とよしま亜紀『宮城の怖い話-杜の都に魔が巣食う』収録「桜のトンネル」に登場する怪異。筆者命名。

体験者の女性が四歳の頃、家族に連れられて柴田郡柴田町から大河原町にかけて白石川の堤に続く桜並木、通称「一目千本桜」を見に行った。幼い彼女は満開の桜を見上げながらはしゃいでいたが、急に大声で泣き出した。母親が理由を聞いても泣くばかりで、心配した父親が彼女を抱き上げると泣き声はますます大きくなったという。

高校生になった彼女がその話を母親から聞いた際、当時のことが鮮明に思い出され、次のように語った。桜のトンネルを歩いていた彼女がふと頭上の桜を見上げると、花々の隙間からぎょろっとした大きな目玉が見えた。驚いた彼女がそのまま見つめていると、桜の花と花の隙間から瞼《まぶた》が一つずつ開くように、次から次へと目玉が現れ始めた。その光景を見た彼女は思い切り大きな泣き声を上げ、父親があやそうと抱き上げてくれたが、そのせいで奇妙な目に一段と近付いてしまったのだという。高校生になった彼女は、今思うとあれはメジロか何かの鳥の目だったのかもしれないが、もしかしたらこの世のものではない何かが棲みついていたのかもしれないと語ったそうである。

火の口山のお化け ［ひのくちやまのおばけ］

宮城県東松島市大塩に伝わる。かつて「火の口山」は、夜になるとカキーン、カキーンと斧《おの》で木を切る音やバリバリと木が倒れる音が聞こえてくることがある恐ろしい山であった。

ある日、太郎という男が山に猟に出かけたが、不思議なことに獲物が一匹も捕れず、気付いたら夜になってしまった。彼が一人で焚《た》き火に当たっていると、ズスン、ズスンと大きな足音と共に闇の中から身の丈が一丈（約三メートル）余りの天狗《てんぐ》のような大男が現れた。「太郎よ、おら、腹が減っている。餅は持って来ちょらんか」とお化けの大男が大声で怒鳴ると、太郎は震えながら今日はないから明日持ってくると頼むと、大男は黙って去っていった。

次の日、太郎は約束通り再び山に行き、餅のように白い岩を焚き火で焼きながら待っていた。すると昨日の大男がやって来たので、餅だと言って焼いた岩を大男の口に放り込んだ。大男は熱い熱いと山が揺れんばかりのの大声を出して崖から落ちていった。怒った大男は、吐き出した岩を力いっ

ぱい投げると、岩はどこかへ飛んでいった。落ちた所には、人が手を広げて回すほどの大きな窪《くぼ》みができた。それからこの土地を「大窪」と呼ぶようになり、餅を焼いた山を「火の口山」、白い岩が採れた山を「白岩」と呼ぶようになったという。（片倉舜『矢本の伝説』宮城県教育委員会（編）『宮城県の民話―民話伝承調査報告書』）

富結の貝［ふけつのかい］

宮城県宮城郡七ヶ浜町に伝わる。昔、松ケ浜の漁師が御殿崎の沖で漁をしていると、大きな亀がやって来た。漁師は亀を連れ帰り、酒を振る舞ってから背中に印を付けて海に返した。亀は次の年も、その次の年も来たので、漁師は同じように酒を振る舞った。

それから二、三日後、その亀が見たこともない貝を背負ってやって来て、受け取れと言わんばかりの素振りを見せてきた。漁師は貝を受け取ったが、亀は足に大怪我をしていた。深い所まで潜って貝を採った時に鮫《さめ》にでも襲われたのだろうと思った漁師は、亀を連れ帰って手当てをしてから海に返したが、その甲斐もなく翌日亀は死骸となって砂浜に打ち揚げられていた。気の毒に思った漁師は、その亀を「亀宝明神」と名付けて、近くの寺に懇《ねんご》ろに埋葬した。

それから数日、とある巡礼がこの貝を見て「これは富結の貝という珍宝、漁に出るとき拝んで行がえん」と教えてくれたので、神棚に飾って拝むことにした。漁師はそれから毎日大漁が続いたので噂はたちまち広がり、遠くは四国から貝を拝みに来た人もいたという。（鈴木与蔵『七ヶ浜の言い伝え　第2集』「亀の恩返し」）

岩手県の**フケチノカイ**、山形県の**老けずの貝**、福島県の**ふけつの貝**も参照。

普美子・竹阿［ふみこ・ちくあ］

宮城県仙台市泉区山の寺の洞雲寺の縁起に登場する。

天長年中（八二四～八三四）、勘新太という長者の妻である「普美子」と寺の美童である「竹阿」は、相思相愛であったがその思いは叶わず、二人は寺の渕《ふち》に身を沈めた。普美子は大蛇となって火焔《かえん》で長者宅を焼き尽くし、竹阿は毒蛇となった。雌雄の大蛇は暴風雨を起こして大池を作り、そこに潜んで人を害するようになった。

五〇〇年後の暦応元年（一三三八）、加州金沢の大乗寺三世明峯素哲《めいほうそてつ》禅師が老翁からこの話を聞き、大蛇の棲む大池の前で七日間祈禱《きとう》したのち一喝して杖《つえ》を投じた。すると二頭の大蛇が現れて逃げ去っていった。禅師は祈禱した地に実相寺を建立した。

更に時は経ち、応永七年（一四〇〇）、梅国祥三《ばいこくしょうざん》和尚が寺を再興したとき若い夫婦が毎朝寺に勤めて夕方帰っていく。ある日、二人は和尚に、かつての雌雄の大蛇であることを告白して解脱ができたことを謝し、大蛇の牙を二本ずつを贈り上天したという。（田辺希文『封内風土記　巻之3』）

蚋女房 [ぶゆにょうぼう]

宮城県大崎市三本木伊場野《いばの》の昔話に登場する。

ある所に仲の良い兄弟がいて、早朝に二人で山へ行った。弟は喉が渇いて、飲み水を探しているうちに山の中に立派な家を見つけた。すると、家の中から美しい娘が出てきて、弟は娘に誘われるまま家の中に入り、そのままその家の婿となった。

その後、娘との間に子供も生まれ、気付くと三年の月日が流れていた。兄が心配しているだろうと自宅へ帰ると、まだ自分がいなくなった日の朝飯時であった。再び山に行き例の家を探したが見当たらず、かわりに沢のそばの蜘蛛《くも》の巣に一匹の蚋が引っ掛かって死んでいたのを見つけた。「蚋の一時（今の二時間）朝飯前」という言葉がある通り、蚋は小さい虫であるからほんの朝飯前の短い時間で一生を終える。弟はその蚋に化かされて三年の月日が流れたように思わされたようだった。（佐々木徳夫『みやぎ昔ばなし百選～月の夜ざらしほか～』）

この昔話は「ブユの一時」という題で宮城県各地に伝わっているものの一つである。日本標準出版『読みがたり　宮城のむかし話』にも「ブユのいっとき」という、ほぼ同じ内容の話があるが、このブユとはカゲロウのことであると注釈がある。確かにカゲロウの成虫の寿命は約一日と非常に短く、約一年生きる蚋よりもこの話の内容に合っている。これは恐らく、カゲロウを漢字で書くと「蜉蝣」であり、音読みすると「フユウ」となるので、元々カゲロウであったものが、蜉蝣、フユウ、ブユ、蚋、といったように語り継がれる過程で別の虫へと変化してしまったのではないかと考えられる。

弁天渕の河童 [べんてんぶちのかっぱ]

宮城県大崎市鳴子温泉に伝わる。百姓の山太は荒雄川《あらおがわ》一の大渕である弁天渕の近くに女房の千代と一緒に暮らしていた。しかし、弁天渕の大**河童**《かっぱ》が千代に惚れてしまい、何とかして自分の妻にしようとして、千代が鍋を洗いに渕に来た時に、山太が毎日着ている蓑《みの》に化けて渕の水面に浮いて見せた。千代がこれを拾おうと手を伸ばすと、河童はその手を取って渕深くに沈んでいった。

田仕事から帰った山太は千代がいないことに気付くと川沿いを歩き回り「千代、千代」と呼びながら探した、しかし結局見つけられずとうとう千鳥と化してしまい、川面を飛び回り「チヨ、チヨ」と今でも探し続けているという。（『鳴子町史　上巻』）

ホウ

宮城県栗原市栗駒山南山麓の昔話に登場する。

ある所に花が売れ残るといつもそれを川に流していた若い花売りがいた。ある時、

流した花の上に蛇が現れて、川下に住むお姫様の使いの者だが、いつも綺麗《きれい》な花を流してくれるので礼をしにきた、と語った。花売りが蛇の背中に乗るとやがて川下の御殿に辿《たど》り着き、そこでお姫様と楽しい時間を過ごした。

月日が経ち、花売りが帰りたいと言うと、お姫様はお土産にと言って、「ホウ」という名前の目だれ、耳だれ、鼻くそまみれの面臭い（醜い）男の子を花売りにあげた。花売りは仕方なく連れ帰ったが、このホウというのは実は花売りが欲しいと言ったものならなんでも「あかべらうんけいそわか」と呪文を三回唱えるだけで手に入れられる力をもっていた。ホウの力のおかげで何不自由ない生活を送っていた花売りだったが、しばらくすると退屈になり、都へでも遊びに行こうと考えるとホウが自分も連れていけと言い出した。しかし花売りは、連れていかない、どこかへ行け、と命令したので、ホウはその通りに川に飛び込み、蛇になってどこかへ消えてしまった。ホウがいなくなると、花売りが手に入れた物も全て消えてしまったという。（小野和子『むがすむがす　ずうっとむがす　栗駒山南山麓の昔語り』「川流《かなが》れ童《わらし》」）

疱瘡婆［ほうそうばば］

只野《ただの》眞葛《まくず》『只野眞葛の奥州ばなし』収録「七ヶ浜」にある怪物。

文化年間（一八〇四〜一八）の初め、陸奥の国七ヶ浜の大須というところで疱瘡《ほうそう》が流行し多数の死者が出たが、その頃から墓が荒らされ死体が喰われるということがあった。魔除けの祈禱《きとう》をしたり、墓の上に大きな角塔婆《かくとうば》を置いて大きな石で下を固めたりしても、どかされて土が深く掘り下げられていて、どんな怪力の化け物であろうかと言われたという。また、墓地には人間の腕を押し付けたような一尺（約三〇センチ）の足跡が残っていて、その大きさも想像できたという。そのようなことが繰り返され、いつしか「ほうそうばばというものが死体を食べるために疱瘡を流行らしている」と噂が流れるようになった。

ある時、土地の庄屋の息子が三人とも疱瘡で亡くなった。庄屋はせめて遺体だけでも化け物の餌食《えじき》にすまいと、鉄砲を持つ見張りをつけ、一七人がかりでようやく動かせる大石を墓の上に置き、松明《たいまつ》の火を弱めて待ち伏せすることにした。すると、何者かが墓を荒らす音が聞こえ、見張りが近寄るとそれは物凄い速さで柴木立を左右になぎ倒して逃げ去った。遺体は無事であったが、大石は軽々とどかされていたという。

ちょうど同じ頃、町の市に来ていた齢《よわい》五〇ばかりの女が何かに脅えた様子で気絶した。周りの人が介抱して息を吹き返したが、女は固く口を閉ざして何があったのか語ろうとしなかった。三年の時を経てようやく女が語ったところによると、あの時ふと向かいの山を見ると、白髪を生やし、赤くて老婆のような顔をした身の丈一丈（約三メートル）はある獣が自分を睨《にら》みつけていたのだという。女は、これこそ死体を掘

り返して喰うという獣であろうと思い恐怖で気を失い、このことをすぐに話したら災いが降り掛かると考えて数年もの間、黙っていたのだという。（只野眞葛『只野眞葛の奥州ばなし』）

陸奥国七ヶ浜の大須とあるが、現在の宮城県宮城郡七ヶ浜町に「大須」という地名は残っていない。少し離れた石巻市雄勝町《おがつちょう》に大須というところがあり、こちらが舞台であるという説もある。（「東北のアマビエたち　2遺体を食べる疱瘡婆」『毎日新聞』二〇二〇年八月三〇日）

ぼうふり田［ぼうふりた］

宮城県富谷《とみや》市三ノ関にある忌み地。この地を耕作しようとすると、恨めしい顔をした老婆が棒を振り回して邪魔をしたり、ボー（腸チフス）に罹《かか》ったりしたという。

伊達政宗《だてまさむね》が黒川晴氏の居城である鶴巣城（鶴巣館）を攻めた際、近くに住む老婆が恩賞目当てに城の秘密を洩《も》らした。おかげで政宗は城を落とすことができたが、欲に目が眩《くら》んだ不届き者としてこの老婆を斬首し、その首を近くの田に捨てた。以来、この田を耕作する者には祟《たた》りが起き、誰も近寄らなくなったという。（『富谷町誌』）

ぼうふり田の「ぼう」の部分が、「棒」と「ボー（腸チフス）」のダブルミーニングになっているようである。また、小野和子・山田裕子（編）『宮城県黒川郡七ツ森周辺の民話』に「よみがえった棒振り田の幽霊」と題して、この老婆の亡霊が現代に甦り、人に取り憑《つ》いたという話がある。

東京のとある家の息子が原因不明の高熱を出し、医者にもどうすることもできなかった。オガミやさん（祈禱《きとう》や占いをする人）に相談したところ、黒川郡富谷のボウフリタというところの老婆の霊が乗り移っている、と言われた。両親は東京からはるばるボウフリタを訪れ、線香を立てて手を合わせ、供養塔を建てたところ、息子の熱も下がった。この息子は中学二年生で、友達と一緒に東北旅行をしている際に取り憑かれたのではないかと言われたという。

ホー鳥［ほーどり］

宮城県仙台市太白《たいはく》区秋保町《あきうまち》に伝わる。おしめを夜に干すと「ホー鳥」から小便を引っかけられる。そうなれば子供が死ぬという。（太田康治「宮城県南地方の禁忌俗信」『東北民俗資料集（三）』）

鳥の怪異のようだが、妖怪なのか、実在の鳥であるのか、一切不明である。

干し柿の霊［ほしがきのれい］

宮城県登米《とめ》市登米町《とよままち》の昔話に登場する。

旅の僧が、お化けが出るという荒れ寺に泊まると、夜中に本堂の奥から見上げるような大入道が現れた。大入道は「今ここで俺が腹を切る。俺の腸は大変うまいから食ってみろ」と言いながら自らの腹を引き裂いて腸を取り出した。僧は恐れながらも思い切って食べてみると、なんとも甘くてお

いしい味がしたのでついつい腹一杯食べてしまった。大入道もその様子を見てさも満足そうに帰っていった。

翌朝、僧は昨晩のことを思い出し、本堂の奥の方を探してみた。すると、本堂の裏に大量の干し柿が干してあり、食べてみると昨日の腸とそっくりな味がしたので、昨日の大入道は「ほし柿の霊」であり、こんなに甘くできたので食べてもらおうと化けて出たのだと分かった。僧はこれも御仏の信仰のおかげだと感謝し、寺に向かって長い合掌をしてから去っていった。（登米地方文化協会連絡協議会『登米地方の民話』収録「ほし柿とお化」）

柿《かき》の精《せい》は糞を食わせてくる場合が多いが、この干し柿の霊は腸を食わせるという点において非常に珍しい。

行器様［ほっかいさま］

宮城県仙台市泉区加茂にある「行器壇《ほがいびつだん》」に祀《まつ》られているもの。

寛永一六年（一六三九）、古内村の古内重吉の屋敷に一個の行器（赤飯や飯を盛るための曲木の櫃《ひつ》）が天から降ってきて、中には蒸したままの温かい赤飯が入っていた。不思議なことと思い、これを土中に埋めて壇を築いて上に稲荷明神を祀った。「ホッカイサマ」といって賀茂神社（加茂神社）の地主神とし、神社参詣に先立って参拝するようになったという。（田辺希文『封内風土記　巻之3』『泉市誌　下巻』）

【ま】

前垂娘［まえたれむすめ］

宮城県富谷《とみや》市富谷奈良木《ならぎ》に伝わる。この里では、狐が前垂れを付けた娘に化けて通行人に悪戯《いたずら》をすることがたびたびあったという。（『富谷町誌』）

魔鬼女［まきじょ］

宮城県石巻市湊牧山《みなとまぎやま》の牧山観音の由来に登場する。

その昔、遠田《とおだ》郡涌谷町《わくやちょう》の箟岳山《ののだけやま》には大嶽《おおたけ》丸《まる》という鬼がいて、牧山には大嶽丸の妾の

魔鬼女が住んでいた。坂上田村麻呂がこれらを退治して都へ帰る際に、魔鬼女の髻《もとどり》を納めた正観音を本像として魔鬼山寺を建立し、魔鬼女の霊を慰めたという。

牧山観音は、富山《とみやま》観音（松島町）、箟岳観音（涌谷町）と並んで奥州三観音とも呼ばれている。三観音縁起には先述の魔鬼女は登場せず、奥州の達谷窟《たっこくのいわや》にいた**大武丸**《おおたけまる》、**高丸**《たかまる》、**悪路王**《あくろおう》を坂上田村麻呂が討った時に、大武丸の首、胴体、四肢を三つに分けて埋め、その上にそれぞれ観音堂を建立したのが、この三観音であるとしている。（大塚徳郎『坂上田村麻呂伝説』）

松ヶ沢の大蝦蟇［まつがさわのおおがま］

宮城県気仙沼市本吉町松ケ沢に伝わる。遠藤老人という人が若い頃に、屋敷の裏の竹藪《たけやぶ》で大きな蝦蟇と青大将が睨《にら》み合っているのを見かけた。青大将が首を前に出すと蝦蟇は片手に挟んだ小さな竹で蛇の頭を叩いた。戦いは二時間ほど続いたが、やがて青大将は動かなくなった。これは蝦蟇が妖気を吐いたからかもしれないという。蝦蟇は動かなくなった青大将に跨《また》がって小便をかけてとどめを刺し、悠々と立ち去っていった。（本吉町立図書館（編）『本吉町に於ける口碑伝承』）

真似牛村［まねうしむら］

宮城県栗原市栗駒菱沼真似牛に残る地名。遠田《とおだ》郡美里町の**牛飼村**《うしかいむら》伝説の続きであるため、そちらの項目も参照。

この地に住む欲深な婆さんが、牛飼村の爺さんが長者になった話を聞いて、自分も旅の僧を牛に変えて長者になろうと企《たくら》んだ。婆さんは方々を歩き回り、一人の僧を見つけると無理やり家に泊めた。しかし、一向に牛に変わらず働きもしないので、婆さんは打つやら蹴るやらで僧を酷《ひど》い目に遭わせた。すると、僧ではなく婆さんの顔の方が牛に変わってしまった。困り果てた婆さんの元に今度は別の旅の僧が現れた。婆さんが自らの行いを恥じ、心を入れ替えることを僧に誓うと、婆さんの顔は牛から優しい人間の顔に変わっていた。この旅の僧は、法然上人という立派なお坊さんであったといい、人の真似をして富を得ようとした婆さんの行いから、「真似牛村」という地名ができたのだという。（富田広重『滅び行く伝説口碑を索ねて　第1輯』）

牛飼村伝説と同様、この話にもいくつか異説があり、法然上人でなく彼の高弟の金《こん》光《こう》上人が登場する場合もある。その話では牛になるのは欲深な婆さんでなく欲深な男であり、金光が牛となった男を元に戻すにはどうしたらよいかと法然に尋ねると、「私の木像を男の元に届け、その前であなたが私の代わりに経を唱えなさい」と言ったので、その通りにすると男の額にあった牛の角がもげて元の人間に戻ったという。男は金光の弟子となり、往生寺という寺を建てた。額の角は寺の寺宝として納められているという。（『宮城縣史21　民俗Ⅲ』）

岩手県の**正牛坊**《しょうぎゅうぼう》も参照。

真夜中に歩きまわる獅子頭［まよなかにあるきまわるししがしら］

宮城県本吉郡南三陸町入谷《いりや》に伝わる。昔、入谷には入谷踊りとか行山《ぎょうざん》踊りと呼ばれる豊作を祈るための獅子踊りがあったが、ある年から不作が続き祭りどころではなくなったので、二、三年の間祭りも踊りも行わなかった。すると、真夜中になると獅子踊りで使っていた獅子頭が神社の座敷に出てきて、ガッタガッタと音を立てて歩き回るようになった。人々はきっと祭りをやって欲しいという催促ではないか、と相談して盛大に祭りを行ったところ、次の年は大豊作になったという。（入谷地区公民館（編）『入谷のむかしかたり　第2集』）

帝鮫［みかどさめ］

明治一六年（一八八三）四月四日の『奥羽日日新聞』、四月一一日の『東京日日新聞』に掲載された記事にあるもの。

明治一五年一月一八日のこと、宮城県蒲生村《がもうむら》（仙台市宮城野区蒲生）の鈴木源左衛門という人が同県牡鹿《おしか》郡金華山《きんかさん》沖で奇妙な鮫を捕獲した。形は普通であったが、頭から背中にかけて菊の模様が刻まれており、世にも珍しい鮫として「帝鮫」と名付けられてすぐに県庁に献上されたという。

記事には頭部に菊の花のような模様がある吻《ふん》（口の上の突出した部分）が長く発達した鮫の図が添えられている。（湯本豪一『明治期怪異妖怪記事資料集成』）

箕ぐらいの顔の女［みぐらいのかおのおんな］

宮城県大崎市岩出山《いわでやま》に伝わる。昔、二の構の西側は学校下まで（ちょうど現在役場のある付近）一二〇間（約二一八メートル）の馬場兼馬検所であった。馬場と道路の境には差し渡し三～四尺（約九〇～一二〇センチ）もある大きな杉の大木が鬱蒼《うっそう》と茂っており、夜にその杉の森に「箕ぐらいの顔の女」が現れて、「おはぐろついたか見てくれろ」と言って歯を出してニヤニヤ笑ったという。また、この辺りには狐《きつね》が多く棲んでいたとも言われる。（『岩出山町史 下巻』）

出現した場所についての記述が分かりづらいが、同書が発行された昭和四五年（一九七〇）当時の岩出山町役場（大崎市岩出山字二ノ構）周辺が舞台のようである。

みずごろう

宮城県気仙沼市本吉町小泉に伝わる。養蚕をしている家で、飛べないはずの蚕がどこかへ飛んでいくという奇妙なことがあり、家主がこれを追いかけていくと、大きなガマガエルが舌を伸ばして蚕を食べていた。退治されたが、家主が祟《たた》りを恐れたため、「ミズゴロウ」という名で、弔い祀《まつ》られたという。（東洋大学民俗研究会『小泉の民俗―宮城県本吉郡本吉町旧小泉村』）

味噌の化物［みそのばけもの］

宮城県本吉郡南三陸町志津川に伝わる。熊吉という小僧が、寺から山へ行った帰り道に、自分の乳母《うば》だと名乗る老婆と出会った。夜も遅かったので老婆の家に泊まったが、熊吉は老婆が頭の上に口がある鬼婆だと気付いて逃げ出した。熊吉は、和尚からもらっていた五枚の札を追いかけてくる鬼婆に投げつけると、山や川、炎が出て鬼婆の行く手を阻んだが、それでも追いかけてきたので寺に着くと和尚に匿《かくま》ってもらった。和尚は追ってきた鬼婆に、寺の中を探しても良いが見つけられなかったら自分の言うことを聞けと言った。結局、鬼婆は熊吉を見つけられず、和尚の言う通りに一粒の味噌になって、熊吉にペロリと食べられた。鬼婆の正体は、熊吉が山に行ったときに弁当からこぼした味噌だった。（東北放送（編）『みやぎのむかしばなし　第3集』「味噌の化けもの」）

御手洗池の機織り姫［みたらいいけのはたおりひめ］

宮城県加美《かみ》郡色麻町《しかまちょう》一ノ関に伝わる。筆者命名。

磯良《いそら》神社（**おかっぱ様《さま》**を参照）の境内にある御手洗池の底には竜宮のような御殿があり、毎年七夕になるとそこに住む姫が機織りをする音が聞こえるとされる。（『宮城縣史21　民俗Ⅲ』）。

また、只野眞葛《ただのまくず》『只野眞葛の奥州ばなし』に「かつは神」と題した、以下のような話が収録されている。

中新田（加美郡加美町中新田の辺り）に「合羽神《かっぱがみ》」と呼ばれる社があり、ここにあった池は、どんな日照り続きでも水が涸《か》れることがなかった。昔、安彦甚之丞という者が仲間と二人で池に繋がる用水堀の中を泳ぎ回っていると、いつの間にか水のない所に出た。そこには立派な家があり、窓から覗《のぞ》くと美しい娘が機織りをしていた。機織り娘は、ここは人間の来る所ではない、ここに来たことを三年経たぬうちに人に語れば必ず禍がある、と言ったので二人は夢中で逃げ帰った。そのうち一人は酒の席でうっかり口を滑らせてしまい、ほどなくして死んだ。甚之丞は生涯語ることをしなかったという。（只野眞葛『只野眞葛の奥州ばなし』「かつは神」）

この姫の正体は不明であるが、同じ中新田に伝わる同様の昔話では、池の底で機織りをしていた若い娘が「沼の主のカッパだ」と名乗るものもある。（中新田町むかしばなしの会（編）『むがぁす　あったづおんなぁ　中新田の昔話』「おカッパさま」）

福島県の**機織御前《はたおりごぜん》**も参照。

緑色の物体［みどりいろのぶったい］

寺井広樹・とよしま亜紀『宮城の怖い話 - 杜の都に魔が巣食う』収録「緑色の物体」に登場するもの。

体験者の女性が、彼氏と一緒に加美《かみ》郡加美町の大滝農村公園キャンプ場に来た際、

近くの荒沢の大滝を一人で見に行った。そこで彼女は滝壺の底から緑色の物体がゆらゆらと浮かび上がってくるのを見た。レジャーシートぐらいの大きさで、クラゲのようにふっくらとして柔らかそうなその物体は、次第に流れ落ちる滝に近付き、流れに逆らって滝を登り始めた。彼女が呆気《あっけ》にとられていると、物体は一番上まで登り切り見えなくなった。そしてしばらくすると「グオオオ！」という人のものとは思えない、野生動物のような悲鳴が辺り一面に響き渡った。

彼女はその場にいなかった彼氏にそのことを伝えると、なんと彼も以前、同じようなものを見たと語った。しかし、彼が見たものは緑色ではなく、黒っぽく見えたり、時折、姿が消えたりしたそうである。その話を聞いた彼女も、緑色の物体が半透明に見えた瞬間があったことを思い出し、二人が見た物体は同じもので、透明の物体に光の加減などによって周りの景色が映ったのではないかと考えたという。

宮床の竹太郎 [みやとこのたけたろう]

宮城県黒川郡大和町《たいわちょう》宮床に伝わる。雪がしとしとと降る夜、宮床に住むおじんつぁん（お爺さん）は、裏に生えた竹が雪の重みで次々と折れる音を聞いた。翌日竹藪《たけやぶ》を見に行くと、折れた竹の中に野郎っこ（男の子）がいた。何者かと尋ねると野郎っこはにこにこしながら「ん、おれ、竹太郎でがす」と答え、おじんつぁんに鍬《くわ》を貸すように頼んできた。訳を聞くと、宮床では冬になると雪で竹が全部だめになってしまうから竹を植えて歩きたい、と言ったので、おじんつぁんが快く貸すと、竹太郎は宮床中に竹を植え始めた。それから雪がしとしと降る日には「竹太郎が来る」と言うようになったという。今でも宮床に竹藪が多くあるのは、竹太郎のおかげであるとされる。（小野和子・山田裕子（編）『宮城県黒川郡七ツ森周辺の民話』）

狢沢のぎんぎょ [むじなさわのぎんぎょ]

宮城県加美《かみ》郡加美町谷地森根岸大地沢の上にある狢沢という大きな池の主。

二匹のぎんぎょ（ギバチのこと）、もしくは鯰《なまず》で、それぞれ「ササ坊」「トサ坊」と呼ばれていた。大洪水で池の堤が壊れた時、ササ坊とトサ坊は共に流されて、本郷真似屋敷三軒の一番南の家に流れ込んだ。トサ坊が捕らえられ縄で縛られると、ササ坊は水の中から声の限りトサ坊の名前を呼んだ。するとトサ坊は大いに暴れ、家がぐらぐらと揺れたので家の主人はトサ坊の縄を解《ほど》いてやった。トサ坊とササ坊は仲良く池に帰っていったという。（『宮崎町史』）

盲鰻 [めくらうなぎ]

宮城県名取市高舘吉田舘山の舘山堤に棲む、目のない鰻。

眼病を患う人が不動堂（名取熊野那智神

社の滝沢不動尊か）の裏側にある滝の水で眼を洗い、二一日間堂に籠《こも》って祈ると不治の眼病でも治るとされた。治ると同時にこの滝の源である舘山堤の鰻の眼が一つなくなるので、眼を清める人はあらかじめ堤に鰻を一匹放しておいたという。（名取市観光協会（編）『なとりむかしばなし』）

亡霊の水くらげ ［もうれんのみずくらげ］

宮城県石巻市金華山《きんかさん》沖に伝わる。海で亡くなった人の怨霊を「亡霊《もうれん》」といい、ヤリ（船の舵《かじ》を吊るす場所）から船に侵入して取り憑《つ》くのだという。これに取り憑かれた船は鰹《かつお》の大群に出会うが、実はそれは亡霊の化身である水クラゲであり、大漁だと思って釣り上げ続けていると重さで船は沈んでしまう。そういう時は水クラゲに灰を掛けて伍板（帆柱の前に縦に敷いてある板）の上で細かく切って海に捨てればよいのだという。（鈴木与蔵『七ヶ浜の言い伝え第2集』「亡霊船（一）」）

土竜婆さん ［もぐらばあさん］

宮城県亘理《わたり》郡山元町の昔話に登場する。

山沿いの村に「お月」という娘がいた。母が亡くなり父と二人で暮らしていたが、やがて父は後妻をもらい、「お星」という妹ができた。姉妹二人はとても仲が良かったが、後妻はそれを快く思わず、自分の娘のお星ばかり可愛がり、ついにはお月を殺してしまおうと考えた。

ある日、後妻はお月の弁当に毒を入れたが、それに気付いたお星がお月の弁当を捨てた。お月を殺せなかった後妻は今度は落とし穴を作ったが、お星が穴の位置をこっそりずらしておいたので、後妻自らが穴に落ちてしまった。

穴に落ちた後妻は罰が当たって顔は人間のままモグラの姿になってしまい、その姿を見たお月とお星は心を痛めて、首を吊って死んだ。そして、お月は月の国に、お星は星の国に飛び去って行ったという。（樫山巌『果報は寝て待て - 仙南（名取・岩沼・角田・亘理・伊具）編』「モグラ婆さん」）

各地に伝わる「お月お星」という昔話の派生の一つである。この系統の昔話において、お月とお星という仲の良い姉妹がいて、後妻がお月を殺そうとするまでは共通の展開であるが、その後の話の流れや結末は多岐にわたっている。後妻がモグラになるという結末も、よくみられるパターンのうちの一つであるが、人面のモグラになってしまうというのは他に例を見ない。

もとぶろの古鼬 ［もとぶろのふるいたち］

宮城県刈田《かった》郡蔵王町に伝わる。円田《えんだ》土橋周辺に通称「もとぶろ」と呼ばれるところがあり、そこに棲む古イタチは、人間を肥《こえ》桶《おけ》に浸からせたり、様々なものに化けて驚かしたりした。梁川庄八《やながわしょうはち》という侍がこれを退治に行くと、松の大木の梢から尻尾を出してそれを大きな龍に化けさせて、庄八を

飲み込もうとした。しかし、庄八が煙草《たばこ》を吸いだすと火が怖くて近寄れず、そのまま龍に見せかけていた尻尾を斬り落とされてしまった。翌晩、今度は大入道に化けて庄八を驚かそうとしたが、彼に煙草の火を投げられると熱くて退散した。

　最後はカンコ爺い様という知恵者の老人に、いつも大入道に化けているが可愛い子入道にはなれないのか、という口車に乗せられて小さくなったところを捕らえられてしまった。（樫山巌『ほうすの玉 - 仙南（白石・柴田・刈田）編』）

【や】

薬罐太郎［やかんたろう］

　宮城県柴田郡川崎町に伝わる昔話「三狐ばなし」に登場する、三匹の狐の大将のうちの一匹。「お城山」に棲む狐で、この狐をはじめとした一族は代々全身が真っ白で、尾が三つに分かれていたとされる。
　同じく川崎の狐の大将であった**泥牛蒡**《でろごんぼ》や**観音狐**と激しい領地争いをしていたが、このままでは互いに傷つくばかりだと悟って、話し合いをした。その結果、川崎の中では助け合うことになり、薬罐太郎は獲物を獲る際、本砂金《もといさご》（川崎町本砂金）の方面に行くようになった。
　ある時、秋保《あきう》（仙台市太白区秋保町）の方まで獲物を獲りに行ったが、その際に人に追いかけられて真っ白い全身の毛を真っ黒にして帰ってきたことがあった。この狐の一族は、他の二匹の一族と違って長い間続いたのだという。（樫山巌『ほうすの玉 - 仙南（白石・柴田・刈田《かった》）編』）
　「お城山」とは、かつて川崎城のあった川崎町前川館山のことであろうか。現在、川崎城址は「城山公園」という名前の公園になっている。「薬罐太郎」の名前の由来は不明だが、狐の異名の一つに「野干《やかん》」というものがあり、関連があるかもしれない。

弥惣・龍福［やそう・りゅうふく］

　宮城県本吉郡南三陸町入谷《いりや》に伝わる。

　昔、入谷の奥には弥惣という女の蝦夷《えみし》が住んでいた。弥惣は驚くほど美しかったが、妖術を使い、石のそばによれば石に、杉山に入れば杉に、松林に入れば松に姿を変え

ることができたので、誰も本当の姿を見た者はいなかった。ある時、気仙郡於鬼来から龍福という男の蝦夷がやって来て二人は夫婦になった。龍福は六尺（約一・八メートル）を超す大男で、猪《いのしし》や鹿を追うとゴウゴウと音を立ててつむじ風が通っていくように草木をなぎ倒したという。二人は子供をもうけて親子八人で八十峠の辺りで暮らすようになった。

しかし、この蝦夷たちは入谷を魔国にしようと長雨を降らせたり洪水を起こしたりして作物を荒らしたので、村人は平泉の藤《ふじ》原秀衡《わらのなりひら》に助けを求めた。秀衡の世話になっていた源　義経《みなもとのよしつね》がこれを退治しようと赴いたが、どうしても蝦夷たちの姿が見つからない。そこで京都の石清水八幡宮に参詣すると、通常、巻狩りというのは山の下から上へと獲物を追い上げるが、今度は上から下に追ってみろと、神様のお告げがあった。義経がその通りに上から見下ろすと、蝦夷たちは妖術が解けて姿が露《あら》わになり、山を下って逃げて行った。義経たちは捕らえた蝦夷たちを片っ端から斬《き》り倒していったが、幼い子供の蝦夷二人が、自分たちはどんな仕打ちを受けてもいいので親たちを助けて欲しいと語り、感心した義経は彼らだけは助けてやった。二人の蝦夷は小鷹、熊鷹といい、その後義経に仕えたという。

ところが退治されたはずの龍福は実は於鬼来に逃げ帰っていた。気付いた義経は龍福にとどめを刺すと、首を岡に埋めて龍福山長谷寺と名付けて供養した。その後、大嵐で吹き飛ばされてしまい、土の中から菅笠くらいの大きな頭に剣が刺さったものが出てきた。その首から大きな歯を抜いて墨を付けて紙に押したものが災難除けとして配られたという。（小田嶋利江『山内郁翁のむかしかたり　南三陸町入谷の伝承』）

山猫嫁ご ［やまねこよめご］

宮城県大崎市三本木の昔話に登場する。

旅の坊さんが山道を歩いている時に突風に吹かれて、ある大きな茅葺《かやぶ》き屋根の上に飛ばされてしまった。下りれなくなって困っていると、家の中から嫁ごが出てきて小便をすると屋根の上を見て、けたけたと笑って家の中に戻っていった。おかしな嫁ごだな、と思っていると、家の人たちが出てきて屋根の上の坊さんに気付いて梯子《はしご》を使って下ろしてくれた。

坊さんが、あの嫁ごはどこからもらったか、と聞くと向こう沢からもらったと言われたので、一晩実家に返したほうがよいと薦めた。そして嫁ごが実家に帰っている間に納戸に鍵を掛けられるようにして、嫁ごが帰って来て納戸に入ると閉じ込めて鍵を掛けた。嫁ごは戸を開けてくれと言い続けたが誰も開けてくれず、終《しま》いに嫁ごの声はゴロニャオーンという鳴き声に変わり、納屋の中を駆け回り出した。

そこで戸の隙間から鉄砲を差し込んで撃つと音がしなくなり、中を見ると大きな山猫が死んでいた。（山田和郎・山田裕子（編）『むがす　あったづぉんな　ほれ　大友かのえの昔語り　宮城県志田郡三本木

町』）

野老童子［やろうどうじ］

宮城県本吉郡南三陸町入谷《いりや》に伝わる。この地には金山があって栄えていたが、金を洗う水が不足していた。ある時、一人の見知らぬ童子が現れて水の導き方を教え、「野老童子」と名乗ると金色に光って飛び去っていった。これによってできた用水を「童子用水」または「野老堰《ぜき》」、堰のある山を「童子山」と呼ぶようになったのだという。（小田嶋利江（編）『山内郁翁のむかしかたり　南三陸町入谷の伝承』）

また、この童子山の名の由来となった童子は、**河童**《かっぱ》であったともいわれている。（三崎一夫『陸前の伝説』）

夕顔に似た化け物［ゆうがおににたばけもの］

宮城県多賀城市東田中の昔話に登場する。ある所に病気がちな母親と一郎、二郎、三郎という三人兄弟が住んでいた。夜になると「ズンズンガラリンズンガラリン　バンバンバラリンバンバラリン　カラガサバラリンバンバラリン　フルガネフルミチフルダイジョ　ヤラスコヤラスコヤンヤラリン　ソレシャッキリモッキリカラカラベッチョサベッチョ」とどこからか歌が聞こえてきて母親はうるさくて眠れなくなってしまった。

まず一郎と二郎が声の正体を確かめようとしたが怖くて逃げ帰ってきたので、最後に三郎が家の前の瓜《うり》畑に櫓《やぐら》を組んでその上で待ち伏せていた。すると櫓の下の方からゴーッと風が吹き上げて例の歌が聞こえてきたので、三郎が櫓から降りてみると「夕顔に似た化け物」が歌っていた。三郎が夢中で化け物の首の辺りを押さえると歌をやめて「苦しい、苦しい。どうぞ、手をゆるめてけろ」と泣いて頼んできた。三郎が手をゆるめるとまた歌いだし、押さえると歌うのをやめるので三郎は面白がって町に連れていって見世物にして金儲けをした。あまりに首を絞めるものだから首の辺りがすっかりくびれてしまい、フクベ（瓢《ひょう》箪《たん》）は今のような形になったという。（佐々木徳夫『みちのくの海山の昔』「フクベのおこり」）

雪女郎・雪の怪［ゆきじょろう・ゆきのかい］

宮城県栗原市栗駒山南山麓に伝わる。ある雪の降る晩のこと、城で宿直をしていた侍が外に出ると、赤子を抱いた「きれぇな女《おなご》」が立っていた。女が捜し物をしたいから赤子を抱いていて欲しいと頼んできたので抱いてやると、赤子はみるみる大きく重くなって抱えきれないほどになった。仲間の侍が様子を見に行くと、侍は大きな氷柱を抱き抱えたまま気絶していた。

さては「雪女郎」だな、と思った仲間の侍は、今度は自分が行ってやろうと場所へ向かうと、捜し物をしている様子の女の後ろ姿が見えた。侍が話しかけると女は振り向いたが、その顔は先ほど聞いた美しい女

ではなく、顔の長さが三尺ほどもある目鼻のない「のっぺり女《おなご》」だった。これは「雪女郎」だ、と気付いた侍は一目散に逃げたという。

　これらの話を聞いた別の腕の立つ侍が、それなら自分が退治してやろう、と晴れて月が出ている晩に外へ出かけると、目の前に「身《み》の丈《たけ》一尺（約三〇センチ）位《くせ》ぇの小《こ》僧《ぞ》っこ」が現れて侍の進路を阻んだ。侍が小僧の頭を擱《つか》んで押すと、押す度に小僧の背丈がぐんぐん伸びていったので「こいつ。雪の怪めっ」と侍が斬《き》りつけると、一丈（約三メートル）も跳び上がってぱーっと猛吹雪になって消えてしまった。（小野和子『むがすむがす　ずうっとむがす　栗駒山南山麓の昔語り』「雪女郎」）

　この話の特徴は、赤子を抱いた「きれぇな女」、大きな顔の「のっぺり女」、背丈が伸びる「身の丈一尺位ぇの小僧っこ」と、と様々な姿の妖怪が登場する点である。前半の女の姿をした二つの妖怪は侍たちによって「雪女郎」だと言われているが、後半の小僧の妖怪が何者であったのかは明記されていない。よって小僧のほうは侍のせりふから取って「雪の怪」とし、項目名は「雪女郎・雪の怪」とした。

　また、大内金光『ろばたできいたむかしばなし　ふるさとの民話』に「雪女」と題して同様の話が収録されており、栗原市一《いち》迫《はざま》で採集された話であるとしている。

代ヶ崎浜の入道坊主 ［よがさきはまのにどぼうず］

宮城県宮城郡七ヶ浜町の代ヶ崎浜に伝わる。ある日の夜、寺の本堂の前に「入道坊主」（頭に毛がなく大きな目と口がある化け物）が現れたので、和尚はジャラボン（葬式などで用いる鐃鉢《にょうはち》）を鳴らすと、スーッと消えていった。その後もたびたび現れるようになったので、檀家《だんか》の人たちが見張っていると、正体は大きな二匹の狸《たぬき》が肩車しているだけだったという。（鈴木与蔵『七ヶ浜の言い伝え　第2集』）

【ら】

竜駒 ［りゅうが］

宮城県仙台市太白《たいはく》区竜駒嶽《りゅうがたけ》に伝わる。この山の頂が花畑になっていて、そこに棲む竜駒という怪物が草を食べているのをよく見かけたことが名前の由来だという。（『秋保町史　本編』）

　龍と馬の間に生まれた霊獣を龍馬といったりするので、その類だろうか。竜駒の読みは不明だったため、竜駒嶽の読みから「りゅうが」とした。

　山形県の**龍馬**も参照。

烈風魔王［れっふうまおう］

『船形山手引草』に記述された、船形山（山形県と宮城県の間に跨《また》がる山）に祀《まつ》られる神の縁起に登場する魔王の一人。身の丈は五丈（約一五メートル）余りもあり、**貪多利魔王**《とんたりまおう》、**荒ラ獅子魔王**《あらししまおう》、**天龍魔王**《てんりゅうまおう》とともに、阿弥陀如来《あみだにょらい》率いる神仏と戦った。
不動明王《ふどうみょうおう》に素手で戦いを挑み一時は圧倒したが、最後には取り押さえられて縄を掛けられそうになると跡形もなく消えてしまった。（『船形山の民俗　吉田潤之介採訪資料』）
「れっぷう」と読みたくなるが、原文での読みは「れっふう」である。

【わ】

侘助［わびすけ］

宮城県仙台市青葉区川内《かわうち》に伝わる。城に仕える槍《やり》持ちであり、稀代《きたい》の酒飲みであったという。ある時、殿様の前に召し出され、飲めるだけ飲んでみよとの仰せに、大盃を見事に傾けるうちに頓死《とんし》した。殿が典《てん》医《い》に命じて腑《ふ》分けをさせたら、なんと腹の中から大きな瓶が出てきた。この瓶を仙台城二之丸の紙蔵に保存したので、それを「侘助蔵」と呼ぶようになった。（『宮城縣史21　民俗Ⅲ』）

COLUMN 02

果物妖怪考〜柿の妖怪はなぜ宮城に多いか〜

柿の精という妖怪がいる。柿を食べたがっている人のもとに現れ、自身の糞（正体は柿の実）を食わせてくるという、友好的かつ大変下品な妖怪である。妖怪好きの間でもたびたび話題に上がる強烈な妖怪であるが、実は宮城の妖怪としてのイメージが非常に強い。なぜなら現状見つかっている柿の精の話の殆《ほとん》どが宮城で採集されたものだからである。広域の章で紹介している七つの事例のうち六つは宮城の事例である。また同じく柿が化けた妖怪である烏《え》帽《ぼ》子《し》柿《がき》の化物も宮城県内で複数伝承が確認されている。なぜ宮城で柿の妖怪が多く見つかっているのだろうか。

これには佐々木徳夫（一九二九〜二〇一〇）という人物が大きく関わっている。彼は生涯で約一万話もの昔話を集めた昔話収集家で、柿の妖怪の話を意識的に収集し、二〇〇五年までの時点で七つもの類話を見つけていたそうである。宮城で柿の妖怪の話が多く記録されているのは、宮城を主な活動範囲としていた彼の綿密な調査の成果であるといえるのである。

これは言い換えれば、宮城以外でも詳しく調査を行えば、柿の妖怪が見つかる可能性があるということだ。実際、数は少ないが岩手や秋田でも柿の妖怪は見つかっており、また同じ系統で梨や林《りん》檎《ご》など他の果物の精が現れる話は東北各地で見つかっている。さらに異なる文化圏であるアイヌの昔話にも、人間に糞を食わせるオオウバユリとギョウジャニンニクの精が登場するものがあり、国内だけでなく海外でも似たような話が見つかるかもしれない。

［佐藤卓］

［参考文献］
佐々木徳夫『東北ふるさとの昔ばなし―「まてい爺とそそう爺」他八十七話』
知里眞志保「アイヌの昔話―糞を食わせつつ来る女―」『旅と伝説』七巻一二号

秋田県

【あ】

赤倉山の八面鬼

［あかくらやまのはちめんき］

秋田県五城目町《ごじょうめまち》、上小阿仁村《かみこあにむら》に伝わる。赤倉山は別名を「八面山《やつおもてやま》」と言うが、これは昔、頭が八つある鬼が住んでいたためだという。山頂から少し脇へ下った辺りに洞窟があるが、鬼の住処《すみか》の穴ともされる。(『秋田繁昌記』)

阿賀者・四郎者・阿王者

［あかじゃ・しろじゃ・あおじゃ］

鳥海山《ちょうかいさん》周辺に伝わる。鳥海山に住んでいたと伝わる三人組の怪人で、それぞれ次のような特異体質を持っていたという。阿賀者は真っ赤な顔で、龍鱗《りょうりん》のような皮膚に覆われた体を持ち、口から火を噴く。四郎者は白粉《おしろい》を塗ったような顔で、白い鱗《うろこ》の皮膚を持ち、口から霧を噴く。阿王者は真っ青な顔で、皮膚には青苔《あおごけ》が生え、割れ鐘のような声で周囲を震わせる。この三人組は、鳥海山麓に住む百合姫という美女に揃って求婚した。申し出に百合姫と親が困っていると、酒の神の化身が現れて策を授けた。策を実行した百合姫は、三人組が互いに争うように仕向け、最終的に自ら三人組の首を切り落としたという。三人組が斬首《ざんしゅ》された際、鳥海山は呼応して鳴動し、谷川は真っ赤に染まったとされる。(『伝説の四季』)

秋田作兵衛の怨霊

［あきたさくべえのおんりょう］

秋田県能代《のしろ》市二ツ井に伝わる。秋田氏一門に作兵衛という素行の悪い者がいた。関ヶ原の戦い後の領地替えの際、秋田氏一門は常州宍戸《ししど》に一時居たが、作兵衛は出奔、種村《たねむら》(現・能代市二ツ井町)に戻り、千光院という修験の家に潜伏した。しかし、時をおかず作兵衛は村人との間に諍《いさか》いを起こした。村人たちは、千光院が外出したのを狙って作兵衛を襲撃。木履で作兵衛の額を打って殴殺した。その後、作兵衛の霊が祟《たた》りを為して立ち会った者たちを取り殺したが、怨恨は晴れず、以降も祟りが続いた。作兵衛の命日になると、とある老婆が憑依《ひょうい》状態となり、歯を噛《か》み締めて怒り狂った。この際に老婆の額には木履で殴られた痕が現れたとされる。老婆が死んだ後は祟りは止んだという。(『伊頭園茶話』)

秋田藩の記録に載る赤河童

［あきたはんのきろくにのるあかかっぱ］

秋田藩公的記録に載る。文政六年(一八二三)陰暦六月三日一四時頃、角館《かくのだて》の斎藤作兵衛屋敷を散歩していた石崎才治の子供(九歳)が、**河童**に袖を引き留められたので組み打ちした。この子は河童を三度投げ飛ばし、双方揉《も》み合っていたが、家の人が

駆け付けたため、河童は逃げた。河童の背丈は三尺ばかりで、終始無言だったという。河童と組み打ちしている場面を、小姓伊藤五助の子供が対岸で目撃している。以上の記録が角館佐竹北家から秋田藩に提出されている。この記録には証言を元にした絵も添えられている。図の河童は全身が赤く、黒髪で後ろ髪は長いが前髪は短い、三本指には鋭い爪が生え、サワオグルマらしき植物を持った姿で描かれている。（『奇々怪々あきた伝承』）

悪病神［あくびょうがみ］

秋田県北秋田市に伝わる。チフス、赤痢、風邪などの伝染病をもたらす悪病神は、坊主と少女の二種類がいる。坊主に憑《つ》かれた人は治るが、少女に憑かれた人は死ぬ。チフス患者のある男は、病んでいる間、坊主が窓から入ってきて、自分の頭を押さえられた。帰る時はまた窓から出て行ったという。ある日、この坊主が「帰るから小豆飯を食わせてくれ」と所望して来たので、男は小豆飯を調理し台所に置いた。坊主が小豆飯を食って立ち去るとすぐに快癒したという。また、違う男は、旅先で少女とすれ違ったが、振り向いたらもう少女の姿はなかった。男はすぐに寒気に襲われ、チフスになって死んだという。（『みんなで綴る郷土誌Ⅱ 山村民俗誌』）山伏の姿で現れる病の神には、山形県の**疫病《えきびょう》の神《かみ》**がいる。

アグリコ狐［あぐりこきつね］

秋田県羽後町を中心に伝わる。羽後町の元稲田《げんどうだ》神社（アグリコ神社）に祀《まつ》られている神狐。アグリコという名前には「もう飽きてしまった」という意味があり、女児ばかり産まれて男児ができない婦人が参拝し、アグリコの名前を唱えると男児ができるという。祀られる前は、綺麗《きれい》な娘の姿に化けて現れては、家々を手伝って回っており、村人たちから可愛がられていた。一時姿を消したが、肝煎《きもいり》の夢に現れてお告げし、村人たちから金一〇両借りて都へ上り、官位をもらって帰って来た。この際、一晩で田を杉林に変える奇跡を見せ、今の元稲田神社を建ててもらったとされる。元稲田神社の近隣一帯の狐の女王とされ、配下には雷堂の髭長、伝仏野の祖父悪九郎、大樋の五郎麻呂、大堀の迦須子、柏原の匍匐松子、袖鳥居野の甚太五郎、高幅野の甚九郎、中島の左衛門四郎などの狐たちがいる。村人達が鼠害《そがい》に苦しんでいた際は、配下を総動員して鼠《ねずみ》を根絶やしにした。娘姿の他には、侍や火炎を噴き出す老婆に化けたこともある。（『羽後町の伝説』『奇話珍話秋田巷談』）『羽陰温故誌』によれば、毎年九月八日、元稲田の西南に位置する松岡山の頂に登ると、アグリコ狐の元に参じる狐火を見ることができるという。『伊頭園茶話』には、横手の上遠野という者が仲間と共に罠《わな》を仕掛け、アグリコを捕らえようとしたが、アグリコを見ると不思議にも平身低頭してしまい、餌に使う油鼠だけを取

られてしまった話が載る。

阿計徒丸の首［あけとまるのくび］

秋田県能代《のしろ》市に伝わる。二ツ井辺りは、かつて蝦夷《えみし》の首領である阿計徒丸、阿計留《あける》丸《まる》、阿計志丸《あけしまる》の長面《ながつら》三兄弟に支配されていた。都から蝦夷征伐に派遣された坂上田村麻呂は三兄弟と激戦を繰り広げ、順次撃破していった。一番手強かった長兄の阿計徒丸も、最終的に房住山《ぼうじゅざん》で斬首《ざんしゅ》したが、その際に阿計徒丸の両目が飛び出して米代川《よねしろがわ》に落ちた。以降、阿計徒丸の首が毎晩米代川の川面に浮かび上がるようになり、近隣には洪水や疫病といった様々な災厄が起こるようになった。里人が祟《たた》りを鎮めるために建てたのが、現在も能代市常盤《ときわ》にある魔面《まおもて》神社だという。（菅江真澄『房住山物語』）阿計徒丸は大長丸とも呼ばれ、同じく蝦夷首領である広域の**大武丸**《おおたけまる》とも関係がある。

アパートの落武者［あぱーとのおちむしゃ］

秋田県秋田市に伝わる。体験者の女性が、秋田市の某アパートに住んでいた頃の話。部屋に甲冑《かっちゅう》を着た落武者が現れたり、点いていないテレビ画面に揺れる水面のようなものが映ったり、子供の笑い声が聞こえたりした。霊感のある友人を部屋に招いた時によく起きたという。そのアパートは「霊道」として有名な場所だったと後に分かった。霊媒師に相談したところ、写経した半紙と清めた塩をフライパンで炒め、真空パックに入れたものを大量に作り、部屋中に吊るすという除霊法を教わった。実行したら、霊感のある人を呼んでも怪現象は起きなくなったという。（佐藤卓聞き書き）

安麻留咩明神［あまるめみょうじん］

秋田県大仙市に伝わる。**アグリコ狐**の子孫（姪《めい》っ子とも）を名乗る狐。今の余目《あまるめ》公園の辺りには村があったが、ある時を境にどんどん寂れていった。ある年、巫女《みこ》が神《かみ》憑《がか》りを起こし「我は、もと雄勝《おがち》郡杉ノ宮の末社元稲田《げんどうだ》の神狐アグリコの子孫である。年月を経て社もなく、余目村の跡に彷徨《さまよ》いながら、子孫たちとわびしく住んでいる。この者たちに恵みを賜って、寺山の地に小社を建ててもらいたい。そうすれば、村が繁栄するように守護してやる」と託宣した。人々はこの託宣をありがたがり、安麻留咩明神として老狐を祀った。（『奇話珍話秋田巷談』）

荒沢座の化け蟹［あらさわざのばけがに］

秋田県由利本荘市に伝わる。荒沢座山（現・東光山《とうこうさん》）近くの赤田大滝奥の沢には、常に霧が立ち込める気味の悪い滝がある。ここには八升鍋の蓋ほどもある蟹が住んでおり、背には苔《こけ》が生えて蔦《つた》が絡んでいるという。この蟹が付近の村人をたびたび悩ませていた。ある時、是山和尚が山籠修

行として荒沢座に入った。和尚は石に座り毎日のように読経していたが、ある時、いつものように読経していると、はるか向こうの藪《やぶ》が揺れ、何かがこちらに向かって来るのに気が付いた。藪を透かしてよく見ると、それは例の化け蟹で、鋏を立ててこちらに向かって来る。和尚はこれを見ると血脈書を取り出し、化け蟹に投げてやった。すると、化け蟹は血脈書をハサミで受け取り、差し上げるようにして去っていったという。以降、化け蟹は人を襲わなくなったとされる。（『赤田の閑居様』）

活き龍掛け軸 ［いきりゅうかけじく］

秋田県由利本荘市に伝わる。赤田長禅寺の是山《ぜさん》和尚（赤田の閑居様。コラム参照）は、一文字「龍」と書いた書や札、生きた龍を写生した絵を機会があれば配っていた。この書や絵には火防の力があり、火に投げ込めば、逆に火の方が消えてしまったという。ある時、大阪の船頭彦兵衛が、石脇の問屋を連れて赤田へ参詣に来た。だが彦兵衛たちが挨拶しようにも、和尚は何やら熱心に絵を描いていて返事もない。しばらくして絵を描き終えた和尚は彦兵衛たちに、「先ほどは龍神が来ていたので、大変無礼致しました。たった今写したばかりの雨竜をよければ差し上げます」と言ったが、問屋は、「私は一向宗ですので、せっかくですが遠慮します」と断ってしまった。これを聞いた彦兵衛は進み出ると、「私に頂かせてもらえないでしょうか？」と申し出て、和尚は快く絵を彦兵衛にくれた。和尚は彦兵衛に、「この龍神は常に粗末にしてはいけない。必ずや雨をもたらす」と注意事項を教えてやった。以降、彦兵衛は川の水が枯れると、この絵に頼んで雨を降らせてもらい、船の出入りに差し支えがないようにしたという。また、道川村の正眼寺の衆寮《しゅりょう》の天井には是山和尚直筆の龍が描かれているが、この寺が無住だった時代、龍が天井から抜け出しては縁側を這いずるので、村人たちは恐怖したという。（『赤田の閑居様』）長谷寺には、是山和尚が描いた龍の掛け軸が三幅現存する。同じく雨を呼ぶ龍の掛け軸については**水難《すいなん》を呼《よ》ぶ掛《か》け軸《じく》**参照。

イタコの小匣 ［いたこのこばこ］

柳田村（現・秋田県秋田市）に住んでいた梓巫《あずさみ》女《こ》が占いに用いた呪具。梓巫女は依頼者の家へと赴き、住民を全員外に出すと自分のみ家に残って占いをした。ある時、依頼者の女房が占いの様子を外から覗《のぞ》き見していると突然気絶した。慌てて夫が駆け寄り介抱すると目を覚ましたが、何を見たのか尋ねると「巫女の前に奇妙な小匣《こばこ》が置かれていて、質問するとその匣が返事をする」と答えた。夫が驚いて近所の人に事情を話して集まって貰い自宅に踏み入ると、巫女は既に死んでいた。その前に置かれた匣を開けて中を見ると、奇妙な骨が入っているだけであったという。類話として、赤沼（秋田県秋田市）の巫女は占いの際にイ

ラタカの数珠（イタコが用いる動物の牙や骨で装飾された数珠）を用い、この数珠に付けられた牙が占いの結果を告げたという。（『黒甜瑣語《こくてんさご》』）

鼬和尚［いたちおしょう］

秋田県横手市、にかほ市に伝わる。浅舞（現・横手市）にあった龍泉寺の住職が読経していると、ある時から大鼬が寺の縁側に現れ、読経に耳を澄ませるようになった。住職はこの様子に気が付き、鼬に向かい「汝《なんじ》は人間に生まれ変わりたいのか？　もしそう思っているなら、二一日間、葉っぱを一枚ずつ持って来なさい」と教えてやると、翌朝から鼬は言われた通りに柏葉を持参して来るようになった。住職は鼬が持参した葉に経文を書いてやり、書き終わると鼬に授けた。二一日後、須弥壇《しゅみだん》の下で、経文が書かれた柏葉に包まれて鼬が死んでいるのが発見され、寺では鼬の葬式をして、住職が引導を渡した。更に二一日後、住職の夢に鼬が現れ、「井上喜兵衛家の長男夫婦の子として生まれ変わりました。今世では住職の弟子にさせてください」と頼んで来た。住職が井上家を訪ねてみると、確かに男の子が生まれており、胸と背には鼬の毛が生えていた。住職はこの子が五歳になった時に弟子に取った。修行を終えたこの子は、後に蚶満寺《かんまんじ》一六代目住職（関山和尚）になったという。（『秋田県の名僧』）

羽化の娘［うかのむすめ］

秋田県秋田市に伝わる。延宝年間（一六七三～八一）頃、宝河（現・秋田市下北手宝川）に住む与治の家には一六歳になる美しい娘がいたが、ある年の春、娘は突如行方不明になってしまった。半世紀ほどが経ち、正徳年間（一七一一～一六）の頃、娘が行方不明になった当時の容貌のまま村に帰って来た。娘は村に祝い事があると必ず現れては炊事の手伝いをしたが、他人とは言葉を交わすことを嫌っている様子だったため、今はどこに住んでいるかも分からなかった。声を上げない以外は常人と変わらないため村人たちも娘を受け入れていたが、それから一〇年ほどして娘は「羽化の人（仙人）ではないか」と近隣に噂されるようになり、見物人まで現れた。娘はこれを嫌ったのか、それからしばらくして再び姿を消し二度と現れなかったという。『竹窓劇談』にも常陸国中村の話として似たような事例が載っている。同書では、人家が少なくなると陰気が凝り固まってこのような妖怪が生まれると書かれている。（『黒甜瑣語』）

浮木明神［うききみょうじん］

秋田県仙北市に伝わる。田沢湖潟尻《かたじり》にある浮木明神の御神体は湖中に沈む流木だが、元々は角館《かくのだて》にあった桂《かつら》であったとされる。昔、角館中森黒川にある元木明神の境内に、樹齢数百年の桂が生えていた。この桂はいつ頃からか夜ごと怪光を放つように

なり、占いの結果「桂は仏体を刻まれたいと願っている」と託宣が降りた。村人たちはさっそく桂を切り倒し、仏像を刻み始めたが、四体目を刻んだところで、どうしたわけか桂は突如飛び上がり、田沢湖へ向かった。桂は湖上空を七日七晩飛び回り、最後に小杉沢湖岸から数十間沖の地点に直立したまま落ちて刺さった。後にこの木は湖中を漂うようになり、これに賽銭《さいせん》を投げて吸い付けば、願いが叶うとされた。ある不届き者がこの流木を香薬にしようと鋸《のこぎり》で切ると、切り口から血が噴き出して田沢湖は血に染まり、不届き者とその家族は死に絶えたとされる。（長山幹丸『秋田の伝説』）流木を神とし、切ったら血が噴き出て祟《たた》られた話としては山形県の**お根っこ様**がある。

姥池の主 ［うばいけのぬし］

秋田県由利本荘市に伝わる。大昔、石脇の銚子口の辺りには二〇〇間四方の大池があり、主として大蛇が住んでいた。この大蛇は時折、女の姿に化けて現れたので、近隣ではこの池を「姥池」と呼んでいたという。この主に懸想したのが**竜巻《たつまき》の白竜《はくりゅう》**である。（『赤田の閑居様』）

御家の猫婆々 ［おいえのねこばば］

秋田県秋田市に伝わる。天徳寺には「御家（佐竹家）の猫婆々」なる猫の怪に関する墓碑がある。だが、寺には猫婆々に関する言い伝えや書物はなく、「佐竹家に格別の功がある人が葬られている」という話があるのみである。この墓に葬られているのは、佐竹義処《よしずみ》の側室である清子という人で、猫婆々と呼ばれるのは単に清子が生前に猫好きだったからとされる。この墓碑は常に縄で縛られているという噂もあるが誤りだという。（『伊頭園茶話』）

太田山の怪音 ［おおたやまのかいおん］

秋田県大仙市に伝わる。馬蛭山《まひるやま》の北に太田山がある。天保三年（一八三二）七月一八日、横沢村（現・太田町）に住む人が太田山にミヅ採りに出かけた。穴場を見つけたのでミヅを採り、沢水で根っこを洗っていると、「ヒイ、ヒイ」と音が聞こえてきた。気味悪く思っていると、「早く帰れ！」と山中に響くような大声が轟《とどろ》き、この人は魂《たま》消《げ》て逃げ帰ったという。（『伊頭園茶話』）

大町三丁目屋敷の亡霊 ［おおまちさんちょうめやしきのぼうれい］

秋田県秋田市に伝わる。秋田市大町三丁目西側中ほどに、門口四間の屋敷があった。この屋敷の土蔵前には、蓑《みの》またはケラを着た怪しい者がたびたび立っているのが目撃されたという。永く住む住人はおらず、住んだら住んだで不幸な目に遭う住人もいた。ある住人は妻が土蔵の中で例の変なモノを見たので、以降、土蔵の後ろに一腕の仏供《ぶっく》をするようになったという。明治一九年（一八八六）頃に桜田又蔵という旧御小人が住んだ際は、通運会社に勤める養

子栄太が自社の金を盗もうと夜盗に入り、番人に見咎《みとが》められたのでその番人を殺害した。人々は「屋敷の怪は狐狸《こり》ではなく亡霊であろう」と噂した。（『伊頭園茶話』）

大森山少年の家の力士［おおもりやましょうねんのいえのりきし］

秋田県秋田市の大森山少年の家（現・太平山自然学習センター）で語られる。当施設の二階には大横綱大鵬の写真が飾られており、夜中に写真の目が動き、飛び出して来て施設内を歩き回る。また、夜中に出てきては目撃者を絞め殺す。このために人気《ひとけ》のない二階に置かれているのだという。大鵬の生霊という噂もある。2chのスレッド「秋田の心霊スポット」に書き込まれていた怪談。

大森山の怪鳥［おおもりやまのかいちょう］

秋田県鹿角《かづの》市に伝わる。文明一三年（一四八一）、大森山から毎日昼夜関係なく不思議な光物が飛び出し、牛のような鳴き声を上げながら麓の村の上空を飛び回った。村人が恐る恐る観察してみると、それは金色の火を噴きながら飛び回る、両翼を広げた長さが二〇メートル前後もありそうな怪鳥であった。怪鳥はそのうち田畑を荒し回るようになったため、村人たちは毎晩、山伏と一緒に怪鳥調伏《ちょうぶく》を祈るようになった。ある晩に大森山から苦悶の叫びが上がってから、怪鳥は飛んで来なくなった。村人たちがこわごわ確かめに行くと、怪鳥は大森山にある黒瀧という場所で血を流して死んでいた。間近で見ると、両翼の長さが二四メートル、身体に生えた羽毛は紅白のまだら模様だが所々に金銀の毛も生え、頭は蛇、足は牛の蹄《ひづめ》に似ていた。調べてみると死因は首に四、五カ所付けられた切り傷で、腹を裂いてみると胃袋からは金銀銅鉛などの様々な鉱物が出てきた。試しに大森山を掘ってみると、怪鳥の胃袋に入っていたのと同じ鉱物がザクザク出てきた。これが尾去沢《おさりざわ》鉱山の始まりだという。（『秋田に伝わる土地々々の物語』）

オカムイ様［おかむいさま］

秋田県八峰町《はっぽうちょう》に伝わる。八森の海岸にある於加牟恵《おかむい》神社の御神体で、アイヌ語で神や精霊を表す「カムイ」に、尊敬語の「お」「様」が付いたのが名前の由来であるという。『八森町誌』によると、明治一〇（一八七七）年秋に大時化《しけ》があり、妖光が海面を走り、小入川《こいりかわ》の崎に大岩塊が上がった。翌年から鰊《にしん》の大漁が続いたので、村人たちは「蝦夷島《えぞがしま》から鰊の神が渡って来た」と信じ、一四年にノケゾリ麓に神社を新築して大祭を催した。以降、三〇年代まで鰊の大漁が続いたが、三三年から不漁となり、三七年には皆無となって経済不況となった。大正一四年（一九二五）、五能線工事により社地がなくなり、神威崎の岩祠のみが現存している。

『伊頭園茶話』では筋が異なり、慶応年間（一八六五～六八）頃、八森村の者が夢で

西蝦夷のオカムイが八森村の海岸に引っ越して来る夢を見た。以降、八森の椿から岩《いわ》館《だて》にかけてはいつになく豊漁となり、明治五年（一八七二）春は大漁過ぎて〆粕《しめかす》にしようにも道具不足で追い付かない程だった。引っ越して来たカムイというのは、西蝦夷の積丹《しゃこたん》にある高さ三、四丈の人型にも見える岩で、その頂上には鳥は止まらないという。蝦夷たちはこの岩を神として尊敬しているが、何の神なのかは蝦夷人も知らない。以前はこの神の禁忌として、岩から奥には本邦の女が入ることは厳しく禁じられていたが、安政初め頃、開拓のために人足や足軽の妻女が入るようになった。この際、神に威を示そうと、船中から山手にある神の祠へ発砲したが何も起こらなかった。しかし、目的地に着いてから二人の足軽が乱心して一人は自殺、一人は牢に入れられた。更には後に火事が起こり、誰も助けに行かなかったので投獄された者はそのまま焼け死んだ。このため、現地では神の祟《たた》りが降ったとされた。文中に出てくる「西蝦夷の人型にも見える岩」というのは、積丹半島神威岬に現存する神威岩のことと思われる。

尾土［おづち］

秋田県秋田市に伝わる。元は虻川《あぶかわ》にある「飛蛇森」に住んでいた大蛇だったが、ある時、湊九郎によって胴体の真ん中から両断されてしまった。この際に頭は虻川に飛び込み、残された尾は土と化して土手になった。このために尾土という名前になったが、誤って野槌《のづち》と呼ばれているという。その後は女夫石《めおといし》の辺りに住んでいたが、姿が見苦しいので土地神の藤倉権現に退去勧告されてしまい、旧友である**太平八郎《たいへいはちろう》の鹿毛《かげ》馬《うま》**と共に洪水を起こして海に引っ越したという。また、三本松集落の与助が芝刈山で昼寝していると尾土が夢に現れ「四丁目川端の某氏の所へ行け」とお使いを頼んだ話もある。（『伊頭園茶話』）

胴体を切断された蛇というモチーフは**バチヘビ**、**バチ渕龍神**と共通する。文中の野槌は『和漢三才図会』にも紹介されている怪蛇であるが、この話では元々は尾土という名前が正しいとされているのが珍しい。尾土から野槌へ名前が転訛《てんか》したとも受け取れるが、野槌は寸胴体型とされているため、胴体から両断された尾土とは似たような形であることが想像でき、実見した人が名付け直した可能性もある。

御富加稲荷［おとみかいなり］

秋田県秋田市に伝わる。佐竹家は水戸にいた頃、御富加稲荷という白狐を祀《まつ》っていた。秋田に領地替えになった際、この白狐を船に乗せて連れてきた。しかし、港入りして新地小路の船着場で一休みしていると、白狐は近くにあった大きな旧家（屋号・三日家）の縁の下に逃げ込んでしまった。白狐に訳を尋ねると「久保田城にはもう行きたくない。城には氏神の与次郎稲荷（**与次郎狐**）がいるではないか」と駄々を

こねる。そのまま三日三晩出てこないので、仕方なくその地に堂を建てて白狐を祀った。（秋田県国語教育研究会（編）『秋田の伝説』）

おぼう力［おぼうぢから］

秋田県横手市を中心に広域に伝わる。産《うぶ》女《め》から授かる怪力のこと。仙北市角館《かくのだて》では、この力を持った者が相撲を取ると、対戦相手からはおぼう力を持った者が四本腕になったように見えると伝わる。産女から赤ん坊を預かる試練に耐えるには、赤ん坊を抱く際は指を組んだ上で少し捻《ひね》ると良いという裏技的な話もある。（『特別展妖怪博覧会　秋田にモノノケ大集合』）また、長山幹丸『秋田の伝説』によると、文化か文政年間の頃、田沢湖町神代《じんだい》の辺りに宇治川という相撲取りがおり、天正寺の墓地で産女からおぼう力を授かった。宇治川は力試しとして寺の庭石を田んぼに投げ込む悪ふざけをしたが、天正寺の和尚も同じ力を持っていたのに気が付き、恐れて以降は力を誇示しなくなったという。同じく角館に伝わる民話では武藤鉄城『秋田郡邑魚譚』に、大威徳神社の眷属《けんぞく》である鮭が化けた産女から怪力を授かった話が載る。横手市には、妹尾《せお》兼忠という武士が、早朝に蛇《じゃ》の崎橋で産女に出会い、怪力を授かった話が伝わる。横手城跡にある妹尾兼忠の石碑の前には、兼忠が片手で持ち上げたという岩が今でもある。女怪または女神から赤ん坊を抱く試練を課される話は全国にあり、山形県の**産女《おぼめ》**、福島県の**乳授け幽霊**参照。

【か】

怪獣［かいじゅう］

秋田県上小阿仁村《かみこあにむら》に伝わる。仏社村《ぶっしゃむら》の沼には、怪獣が住んでいるとされていた。享保二〇年（一七三五）四月、農夫が怪獣に殺された。農夫の弟は復讐《ふくしゅう》するために阿仁小沢から金屑《かなくず》を持って来て火で熱し、沼にばら撒《ま》いたため、怪獣は沼で泳ぎづらくなったらしく、七～八町離れた所に一里ばかりの堤を作り出し、そこに引っ越したという。（『黒甜瑣語《こくてんさご》』）東洋大学民俗研究会（編）『上小阿仁の民俗』にも似た話が載り、上仏社の梨の木岳という所には、「ガ

ニ沼」という場所がある。この沼には正体不明の生き物が主として住んでいて、お神酒《みき》と米糠を持って行って米糠《こめぬか》を撒いておくと、人がいなくなった後に主が出てきて米糠を食うと言われる。別の話では、ガニ沼に棲むのはその名の通り大蟹《おおがに》で、ここを若者が通った際に襲いかかって来たためこの名が付いたという。今は大蟹はおらず二尺ほどの鯉がいるともされる。

隠れ菩薩様［かくれぼさつさま］

秋田県北秋田市に伝わる。夜に隠れん坊をすると、隠れ菩薩様に隠されて出てこれなくなる。（『民話叢書2 阿仁の民話』）

影取沼の怪魚［かげとりぬまのかいぎょ］

秋田県横手市に伝わる。昔、東北が藤原《ふじわらの》秀衡《ひでひら》の治世だった頃、横手市板井田の辺りに大きな沼があった。この沼は近隣では「影取沼」と呼ばれ、晴れた日に沼の水面に影を映された人や獣は、水中に引き込まれて溺死《できし》させられていた。近隣に住む人々はこの沼に近付かないか、通る場合は曇りや雨の日を選んで通ったが、旅人が溺死するという状態は続き、相談の末に藤原秀衡に言上《ごんじょう》した。秀衡はさっそく陸奥と出羽から人夫一〇〇〇人ばかりを招集し、伊勢神宮から神を移し祀《まつ》って曇りの日が続くように祈った。祈りが通じたのか曇りの日が続いたので、秀衡は人夫に号令を掛け、沼の水を掻《か》き出す作業を始めた。数日後、水嵩《みずかさ》が減った沼の中に逃げ回る巨大な怪物の影が見え始めた。しかし、影が見えたと思ったのも束の間、急に豪雨が降り注ぐと水嵩が戻り始めた。「この好機を逃すな！」と秀衡は水掻きを中止させ、人夫たちに鍬《くわ》や鎌を持たせると怪物に打ち掛からせた。さしもの怪物も多勢に無勢で滅多打ちにされて殺され、死骸を検分してみると怪物の正体は二メートル近くもあるギバチ（ナマズ目の魚）であった。人々はこの怪魚の全身にタモの木で作った串を刺し、頭には同じくタモで作った杭《くい》を打ち込んでトドメを刺した。しかし、後年、このタモの杭が根を張ると、そのうち見上げるような大木となった。更に経ってこの大木が空木になると、その木洞に怪魚の魂が化した大蛇が住み着き、道行く人を害し始めた。しかし、ある年の夏に雷がこの木に落ち、大蛇も遂に焼け死んだという。（秋田県国語教育研究会（編）『秋田の伝説』武藤鉄城『秋田郡邑魚譚』）

柏子所の狐［かしこどころのきつね］

秋田県能代《のしろ》市に伝わる。柏子所に住むある爺さんが能代の街へ出かけ、チカ（ワカサギに似た魚）を買って帰った。日が暮れる中、爺さんが柏子所の集落が見える道を急いでいると、向こうから大男が歩いて来る。更に不思議なことに田の中の道を歩いていたはずなのに、いつの間にか周りは一面の蕎麦《そば》畑と化していた。大男は爺さんに近付くと、爺さんを引っ摑《つか》み、山の上の神

社（脇廼澤《わきのさわ》稲荷神社と思われる）に引っ張っていった。大男は神社に着くなり土手にあった大量の煎餅《せんべい》を爺さんに食わせた。爺さんはその煎餅を食い、持っていた魚を放って麓の村に帰った。翌朝、爺さんが神社に確かめに行くと、昨日煎餅だと思ったのは大量の落ち葉だったという。（『能代の昔ばなし』）脇廼澤稲荷神社にはトラ子という狐がいるとされる。

頭無の大蛇〔かしらなしのだいじゃ〕

秋田県能代《のしろ》市に伝わる。能代市浅内《あさない》頭《かしら》無《なし》に伝わる怪蛇。頭無《かしらなし》の地名の由来として語られる。昔、春先に村人たちが田植えに精を出していたが、一人が田の近くの泉に大蛇がいるのを見つけて逃げ出し、続いて他の者も逃げ出した。通りがかった見回りの侍が、「退治してくれよう！」と太刀を抜き放つと、大蛇の頭を切り飛ばした。しかし、不思議なことに蛇の傷口が盛り上がると新たな頭が現れた。「この化け物め！」とまた切り飛ばしたが、再び頭が生えてくる。いくらやってもその繰り返しであるため、あきれた侍は「蛇よ、この地の名を頭無にするから観念しろ」と叫んで切り飛ばすと今度は二度と生えてこなかった。（『能代の昔ばなし』）

片面〔かたづら〕

秋田県仙北市角館《かくのだて》に伝わる。ある人が雨夜に田んぼで小便していたら、目の前に物凄い片面の化け物が現れた。小便を中断して逃げたら、向こうから来た人と行き合ったので、震えながら、「さっきそこで小便してたら、恐ろしい片面の化け物が出てきた」と語ると、その人は、「そうか、こんな風な面ではなかったかな？」と言うなり顔を突き出してきた。見ると、その顔は先刻見た片面そのものだった。また逃げ出し、向こうから来る人に行き合ったので助けを求めて事情を話すと、その人も「そうか、そりゃこんな面であったか？」と顔を突き出してきて、その顔も片面であった。この話に終わりはなく、同じ筋を延々と繰り返し、聞き手が飽きるまで続けるという。（『全国昔話資料集成12 角館昔話集』）

同じような再度の怪には山形県の**大口の化物**がいる。

刀の怪〔かたなのかい〕

秋田県能代《のしろ》市に伝わる。濁川《にごりかわ》の田村家に金作という人がいた。ある日、金作は下岩川まで出かけたが、刀を忘れて来てしまった。その帰路、金作が歩いていると背後から誰かが「オイ、オイ……」と呼び掛けて来るが、振り返ると誰もいない。これが何回か続いた時、刀を忘れたのに気が付いた。急いで戻ると、刀は汗をかいていたという。その後、金に困ってこの刀を田代の人に売ったが、金作が家に帰ると刀は先に帰って来ていたという。（関口修克『秋田県山本郡二ツ井町の民俗』）

語り部狢［かたりべむじな］

秋田県男鹿市に伝わる。船越村には延享元年（一七四四）頃、老翁に化けて人と親交する狢がいた。この狢は物語を語るのが巧みで、特に**三吉様**や**八郎太郎**、**与次郎狐**について詳しかった。ある漁師がこの狢と友達になると、狢は自身の好物である白魚を一包みお土産に持って、漁師が住むあばら屋に遊びに来るようになった。漁師がある時、狢に年齢を尋ねると四〇〇歳という事だった。また、神罰という物の如何《いかん》について尋ねると「神に祟《たた》られる程の徳がある人は、そもそも道を踏み外すようなことはしないものだ。そういう立派な人は老衰して死ぬのみだ」と答えた。男鹿の方から悪狢が船越にやってきて多くの人を殺したが、この狢が撃退したともいう。（『黒甜瑣《こくてんさ》語《ご》』）

河童の宝物［かっぱのほうもつ］

秋田県に広く伝わる。馬を引き込もうとして失敗した**河童**を捕まえて、その後逃がしてやると、礼として河童から不思議な宝をもらうという話は各地にある。由利本荘市須合田《すごうだ》の小松家には、河童から贈られた宝刀「河童丸」が伝わっている。これは大巻淵の河童の命を助けたところ、河童が「礼がしたいので、明朝、鎌研ぎ場に来て欲しい」と言った。翌朝鎌研ぎ場に行くと、この河童丸が置かれていた。正月一一日には一般にも公開されていたという。（『日本の伝説14 秋田の伝説』）秋田市太平《たいへい》目《め》長崎の嵯峨家には、河童に作り方を教わったという腎臓病に効く薬がある。嵯峨家の近くを流れる太平川にある「おたまぶち」に住む親子の河童から教わったという。（『奇々怪々あきた伝承』）角館町小勝《おが》田《た》集落の甚助という人の家には、かつて河童からもらった薬さじが伝わっていた。これは檜木内川《ひのきないがわ》の藤ノ下淵に住んでいた河童からもらった物で、これで調合した金瘡《きんそう》薬がよく効くと評判になって、甚助家は大金持ちになった。しかし、後年、この薬さじを紛失すると家運が傾いてしまったという。（『秋田郡邑魚譚』）現存する物では、由利本荘市大内の菅原家に、河童からもらった水難除けの護符の板木が保管されている。この護符の板木は桜でできており、大きさは縦二二センチ、横一〇センチ、厚さ四センチ。図面には三匹の河童が描かれ、その上に「このすがた持たる人へ　あたをなす川童　従類たやす」（この札を持っている人に仇を為す河童は全滅する）と書かれている。これは芋河原の河童から貰った物で、この河童は赤飯が好物だったので、昔はたびたび菅原家に赤飯を貰いに来たとも伝わる。（『奇々怪々あきた伝承』『特別展妖怪博覧会　秋田にモノノケ大集合』）

蟹娘［かにむすめ］

ある爺さんが子供たちにいじめられている蟹を助け、沢に放してやった。それからというもの、爺さんが沢へ行くと、綺麗《きれい》な娘が出てきて、話し相手になってくれるようになった。数日後、爺さんが毎日楽しそうにしながら沢へ行くので、怪しんだ婆さんが尾行すると、爺さんが沢へ着き「蟹コウチ　コウチ　翁は参った」と歌うと、どこからか娘が出てきて爺さんとお喋《しゃべ》りしている。次の日、爺さんを強引に留守番させると、婆さんは爺さんに変装して沢へ向かった。婆さんが「蟹コウチ　コウチ　翁は参った」と唱えると、例の娘が出てきたので婆さんは胸ぐらに摑《つか》みかかった。すると娘は驚いて蟹の本性を現した。婆さんはこの蟹を叩き殺し、バラバラにした後、ハサミは小屋の屋根に、甲羅を畑に遺棄した。翌日、爺さんは沢へ行ったが、例の文句を唱えても娘が来ない。怪訝《けげん》に思っていると、頭上のカラスが「ハサミは屋根に　甲羅は畑　カロン　カロン」と教えてくれたので、言われた場所を探すと、そこには蟹のバラバラ死体があった。（『秋田郡邑魚譚』）筆者命名。

鐘渕の大蛇［かねふちのだいじゃ］

秋田県横手市に伝わる。横手川上流（本郷橋の辺り）の鐘渕に住んでいた大蛇だったが、身体が大きくなった事で住処《すみか》が手狭になり、下流の蛇《じゃ》の崎に移住しようと考えた。しかし、蛇の崎の渕には**河童**《かっぱ》夫婦が住んでおり、これを追い出そうと攻撃を仕掛けたが雄河童に撃退された。次に上流から尻尾で砂利を流して蛇の崎の渕を埋めようとしたが、河童夫婦が力を合わせて砂利を掘り返すので失敗に終わった上、砂利で擦《こす》れて尻尾がボロボロになってしまった。しばらくして、河童夫婦は子供が産まれて引っ越したので、ようやくこの大蛇も蛇の崎の渕に引っ越したという。（『横手盆地のむかしっこ』）引っ越した河童夫婦の子孫たちが**百曲がりの河童**である。

カブキリ

秋田県北秋田市に伝わる。蛙が年経た化け物のこと。幕末頃のある夏、若者たちが櫓《やぐら》の上で寝泊まりしていると、櫓の下に、腰から下がない化け物が現れた。気付いた若者が化け物に枕を投げようとしたが、金縛りになって動きを封じられたという。この化け物もカブキリだとされる。（『みんなで綴る郷土誌Ⅱ　山村民俗誌』）また、仙北市角館《かくのだて》では**小豆研ぎ**をカブキリとも呼び、こちらも大蝦蟇《がま》だとされる。（『旅と伝説』11巻7号　音と民俗）

カブキリコ

秋田県上小阿仁村《かみこあにむら》に伝わる。**座敷わらし**の類。カブキリは「禿切《かぶろき》り」つまりは「おかっぱ頭」の意味と思われる。黒く汚れた

子供の姿をしており、金持ちの家や倉の暗がりに住んでいる。これが出て行くと、家は落ちぶれてしまうという。伝承としては、沖田面《おきたおもて》で火災が起きた際、どこからか二、三人の汚い子供が現れた。村人が「どこに行くのだ?」と尋ねると子供は「阿仁《あに》合《あい》に行く」と答え、以来、阿仁合は栄えるようになった。また、人形が本体とされる場合もある。ある家では蔵においていた竹人形が、毎夜騒ぎ出した。うるさく思った近所の人がこの人形を解体した所、その家は没落したという。また、堂川の武家にも同種の人形があり、こちらもうるさく思って釜茹《ゆ》でにしたところ、家は衰退した。人形の姿で移動することもあるようで、ある大金持ちの家では、ある日、突然カマドがひっくり返り、中からカブキリ人形が出てきてスタスタ歩き出した。「どこに行くのか?」と人形に問いかけると「某《なにがし》の家へ行く」と答え、その行先の家はそれ以降栄えたとされる。(『上小阿仁の民俗』)

雷の祟り［かみなりのたたり］

秋田県北秋田市に伝わる。本城《ほんじょう》に善兵衛という大百姓がいて、常に雷を馬鹿にしていた。雷はいつも西から来るので二里ほど離れた場所にある羽根山沢を指して、「雷様はあそこに巣を作っているのだろう」と笑っていた。ある日、この家で飼っていた馬数匹が、山で落雷にあって全部死んだ。(『みんなで綴る郷土誌II 山村民俗誌』)

河熊［かわくま］

雄物川、神宮寺川、淀川に伝わる。雄物川の河熊は菅江真澄《すがえますみ》『月の出羽路 仙北郡五』に記載がある。椿川に住む船子が夜に雄物川で舟守をしていると、何者かが水中から船縁に手を掛けてきた。舟守が鉈《なた》で手を切り落として見ると、毛むくじゃらの片腕だったという。神宮寺の辺りでは、河童《かっぱ》と河熊は別物と伝えられている。雲沢村に住んでいた青柳松五郎という筏《いかだ》乗りによると、夜中に神宮寺の辺りを筏が通ると、河熊が水中から手を出して乗り手を引き込もうとする。このため夜中に筏に乗る時は端に寄ってはいけないという(『秋田郡邑魚譚』)。また、神宮寺川の河熊は、佐竹義宣がこの川の畔《ほとり》で鷹狩りをした際、水中から片腕を出して義宣の鉄砲を奪ったとされる。この鉄砲は後に、萩台村《はぎだいむら》の六兵衛が川に飛び込んだ際に見つけたが、銃身の中ほどには妖怪の手跡がしっかり残っていた。鉄砲はそのまま佐竹北家に売られ「河熊の御筒」と呼んだという。発見者の六兵衛は、翌年に鉄砲を見つけた同じ場所で溺死《できし》したとされている。大仙市協和を流れる淀川の土淵という深みにも河熊がいるといわれる。ある夜、二人組の筏乗りが、この淵を通りがかった。川幅が広いので二人とも仮眠していたが、一人が目覚めると、筏の中ほどが不自然に盛り上がっている。「乗り上げたのか?」と思って調べたが深さは充分あったので、河熊の仕業と思い鉈を抜

いて構えたら、筏乗りの心を読んだように盛り上がりが引っ込んだという。相方にこの話をすると「河熊は小手先が利かないから蛇だろう」と言われたという。また、この土淵へ岩に括り付けたダイナマイト三〇発を投げ込んだところ、なぜか水中で爆発せず、全て浮かんできてから、ようやく爆発したという。（『秋田郡邑魚譚』）

鬼辰黒王［きしんこくおう］

秋田県秋田市に伝わる。霊亀元年（七一五）頃、雄和《ゆうわ》の高尾山に鬼辰黒王という悪鬼が潜み、住民を苦しめていた。百合若大臣は悪鬼の話を聞き付けると、退治のため秋田に下向し、福館辺りに陣を敷いた。百合若軍は一帯を捜索したが、鬼辰黒王は隠れる術に優れていて埒《らち》が明かない。そこで、大臣は金峰山と山城国高尾山の神々に祈った。すると、願いが通じたのか炎のような雲が現れ、強烈な光を放って辺りを照らした。このために鬼辰黒王は隠れることができなくなり、大臣は白羽の矢二本を放って鬼辰黒王を仕留めたという。その後、大臣は祟《たた》りが起きないように、大般若心経を一軸書くと、鬼辰黒王の死骸と共に菊森に埋め、その上に盤石を敷いて墓とした。（『羽陰温故誌』）

煙管を咥えたモノ［きせるをくわえたもの］

秋田県北秋田市に伝わる。ある夜、比立《ひたち》内《ない》の郵便屋が墓場を通った際、大きな婆さんが煙管を吹いてるのに出くわした。見ていると婆さんはスーッと消えたという。狐に化かされたのだろうということだ。別パターンでは、ある秋の夜、比立内の郵便屋が何者かが追いかけて来るような気配を感じ、一〇〇回も振り返ったが特に何もなかった。そのうち道路の脇に五メートルもありそうな大きな太った人が煙管を吹かしているのに出くわした。引き返すにしても人家が遠過ぎるので、覚悟を決めて走って前を横切ったという。（『民話叢書2 阿仁の民話』）

狐使いの秦与五兵衛［きつねつかいのはたよごべえ］

秋田県横手市に伝わる。横手に僧が不在だった時代のこと、横手給士に秦与五兵衛という者がいて、狐使い（**飯綱使《いづなつか》い**）になるべく信州の飯綱山《いいづなやま》へ修行に出かけた。飯綱山の別当は当初、修行するのを止めたが、諦めずに何度も頼み込むので遂には折れ「七日間、飯綱権現に参籠《さんろう》して祈れ。だが、何か恐ろしいことが起こっても必ず驚くなよ」と狐使いになる方法を教えた。参籠を始めて数日後、祈っていると、実家の下男が急いだ様子で現れ「主の妻が大病に罹《かか》った！」と告げて来たので、思わず声を上げて驚いてしまった。その瞬間、下男は姿を消した。起きたことを別当に報告すると「それは狐だ。これにて行が破れたので、改めて七日参籠せよ」と申し渡され、言われた通り再び七日参籠した。今度の参籠中は何も起こらなかった。参籠を終え、

下山の途に着くと、山中で数多《あまた》の人が笑う声が聞こえた。別当曰く「その声も狐だ」とのことだった。こうして狐使いとなり横手に帰った与五兵衛だったが、ある日、友人らがやって来て「狐を使ってみろ」とからかった。その夜、いずれの友人の家にも生首が現れたので、以降、与五兵衛を笑う人はいなくなったという。また、使いの狐は与五兵衛に金を貸した。この金は他家で差し当たって不用な分を持って来た物で、その家で入用になった際にはまた他の家から不用な金を持って来て補塡《ほてん》していたという。この金のおかげで与五兵衛の子孫は献金して旗本になった。（『伊頭園茶話』）飯綱山での修行場面は、今昔物語集に登場する外法《げほう》（外術）使いの修行を思い起こさせる。飯綱山はその名前が示す通り飯綱の本場であり、金品を他家から持ってくる点も飯綱、管狐《くだぎつね》、西日本の犬神などの憑《つ》き物に通じるが、この話では補塡を考慮して金融システム化しているのが興味深い。

狐髑髏木［きつねどくろぎ］

秋田県大仙市に伝わる。神岡町北楢岡には「大木が下の水沼」という場所がある。昔この辺りは鬱蒼《うっそう》と木が茂っていたという。ある人がこれを切ろうとしたところ、夜毎狐が現れては木の周りを鳴き巡った。また、木自体も唸り声を発した。この木を切ったところ、中は空洞で、白御幣《ごへい》二束と狐の髑髏が出てきたという。（『秋田の伝説』）現在、この地は翁木稲荷神社になっている。筆者命名。

狐の館［きつねのだて］

秋田県八郎潟周辺に伝わる。蜃気楼《しんきろう》を「狐の館」と呼ぶ。春夏に湖で見られる現象で、ある人は湖で遊んでいた際、水上一里ほどの高さに宮殿楼閣が現れ、その中には行き交う人々の姿を見ることができたという。（『黒甜瑣語《こくてんさご》』）また、『汁講話』によれば、春夏にかけて、明け方頃の空に虹のような白い気が現れ、男鹿から五城目町《ごじょうめまち》の方に架かる。この白気《はっき》の中に山や川、往来する人や馬の様子が見える。稀《まれ》に月夜の晩にも現れるとある。

同じく狐の館の名前で呼ばれる蜃気楼現象に、青森県の**狐隊**がある。

狐の化け杓文字［きつねのばけしゃもじ］

秋田県八峰町《はっぽうちょう》に伝わる。狐が人に化ける際に用いる杓文字で、狐が化ける姿はこの杓文字によって個体差があるとされる。

昔、利口な男がいた。この男は近隣で狐が悪さをしている事を耳にすると、ある夜、杓文字一つを携えて狐が出るという松林に出かけた。すると案の定、二二～二三歳くらいの美女が現れ、誘惑して来た。男は「自分も狐なのだ」と偽ると、「お互いに杓文字を交換してみよう」と切り出した。狐が化けた女は騙《だま》されて「私も男に化ける術を学びたい」と応じ、こうして男はまんま

と化け杓文字を手に入れ、狐の悪行は止んだ。（『峰浜村誌』）関係があるかはわからないが、人見蕉雨《ひとみしょうう》の『黒甜瑣語《こくてんさご》』には、狐が化ける際に使った人の髑髏《どくろ》の傍には**ボッケイ**という杓子《しゃくし》のような物があると紹介されている。

狐娘［きつねむすめ］

秋田県八峰町《はっぽうちょう》に伝わる。筆者の家に伝わる怪談で、体験者は大叔父ということとなので七〇年ほど前の出来事と思われる。ある日、大叔父が歩いていると向こうに、この辺りでは見かけない綺麗《きれい》な着物を着た女の子が歩いているのが目に入った。これを見た大叔父は魅入られたようになって、前を歩く女の子にフラフラと付いて行ってしまった。大叔父がハッと気が付くと、いつの間にか川に膝まで浸かっていたという。この川沿いの林には狐の巣穴が点在しており、昔から化け狐の話もあるので、「化かされたのだろう」と近所の人々は噂した。（戦狐聞き書き）

九尾の脱狐［きゅうびのだっこ］

秋田県湯沢市に伝わる。最禅寺《さいぜんじ》の寺伝に登場するいわゆる九尾の狐。昔、九尾の脱狐は那須野ヶ原に巣食い、旅人や土地の人たちを苦しめていた。事態を重く見た朝廷は弓の名人を広く募集し、那須野ヶ原で大巻き狩りが行われることになった。大巻き狩り当日、近隣の土地の人々数万人が手に手に鍬《くわ》や鎌を持って那須野ヶ原を包囲し、合図の狼煙《のろし》が上がると野原に犬が放たれ、火も付けられた。しかし、一向に脱狐は現れない。拍子抜けした猟師たちが談笑していると、燃え盛る野原の中から、真っ白な装束を来た身の丈七尺の山伏が現れた。山伏が言うには、旅の途中、野原を通ったら火に巻かれて困って迷い出たらしい。山伏が持っていた食料を配り始めたので最初は警戒していた猟師たちも打ち解けたが、この様子を少し離れた所で見ていた狩人の杢《もく》兵衛《べえ》は山伏を大変怪しんだ。火に巻かれた割には着ている白装束がどこも煤《すす》けていなかったからだ。杢兵衛は山伏に近付くと、その足を思いっきり踏ん付けた。すると山伏は悲鳴を上げ、たちまち巨大な九つの尾を持つ白狐に変わった。正体を見破られた脱狐は逃げたので、杢兵衛は弓の連射でこれを仕留めた。この脱狐が化した殺生石を済度《さいど》したのが、最禅寺の開祖である玄翁《げんのう》和尚であるとされる。（『山田の民話集』）

キリシタンの魔法を授ける塞の神［きりしたんのまほうをさずけるさいのかみ］

秋田県仙北市に伝わる。小勝田《おがた》集落に太平山という山があり、この山麓から北沢集落へ越す所に塞の神の祠《ほこら》がある。キリシタンバテレンの魔法を得たいと願い、この祠に百日参籠《さんろう》して願いが通じると、季節外れのコノシロが生きたまま檀《だん》に置かれる。これを食うとキリシタンの魔法を会得することができる。ある人はこの方法で魔法使いになり、角館《かくのだて》の町で色々と不思議を起こし

たという。（『秋田郡邑魚譚』）

くねくね

インターネット掲示板2chの「洒落《しゃれ》にならないくらい怖い話を集めてみない？」発祥の二〇〇三年生まれの怪異だが、前身となる怪談「分からないほうがいい」は二〇〇一年まで遡《さかのぼ》る。（伊藤龍平『ネットロア：ウェブ時代の「ハナシ」の伝承』朝里樹『日本現代怪異妖怪事典』）

二〇〇三年、この話の投稿者は「別サイトに掲載されてて、このスレの投票所でも結構人気のある「分からないほうがいい」って話あるじゃないですか。その話、自分が子供の頃体験した事と、恐ろしく似てたんです。それで、体験した事自体は全然怖くないのですが、その「分からないほうがいい」と重ね合わせると、凄い怖かったので、その体験話を元に「分からないほうがいい」と混ぜて詳しく書いてみたんですが、載せてもいいでしょうか？（原文ママ）」と断った上で次のような話をしている。投稿者は幼い頃、兄と共に、秋田の祖母宅へ帰省した。実家に着いた兄弟は、田んぼの周りで遊んでいたが、投稿者がふと気付くと、兄がどこかを見ている。カカシを見ているのかな？と思い尋ねてみると、兄は「その向こうだ」との返事。兄の視線を追ってみると、田の向こうに人間大の白い奇妙な物体が、くねくねと蠢《うごめ》いているのが目に入った。兄弟は正体について論議したが決着が付かず、直《じか》に見て正体を確かめるべく、兄は双眼鏡を実家から持って来て覗《のぞ》いてみた。直後、兄は真っ青な顔になると冷や汗をダラダラと流し始め、双眼鏡を落としてしまった。投稿者が兄の変貌ぶりに恐怖しながら「何だったの？」と尋ねると、兄は「わカらナいホうガいイ……」と、兄ではない声で返事をし、投稿者を置いて家に帰ってしまった。投稿者が双眼鏡を拾い上げ、自分も見るべきか否か躊躇《ちゅうちょ》していると、凄い勢いで祖父がやって来て「あの白い物体を見てはならん！　見たのか！　お前、その双眼鏡で見たのか！」と詰め寄られた。投稿者が否定すると祖父は「良かった……」と言って安心して泣き崩れ、そのまま訳も分からず一緒に家に戻った。家に帰ると家族が全員泣いており、その中で兄だけが発狂してくねくねと乱舞していたという。滞在最終日、投稿者は祖母から「兄は都会では持たないだろうから、ここに置いておき、数年したら田んぼに放してやる」旨を教えられ、兄を置いて帰ることとなった。この話の最後は、帰路に着いた投稿者が兄との思い出を懐かしんで双眼鏡を覗き込み、間近でくねくねを見てしまった所で終わっている。

以上が現在流布している「くねくね」の元となった話で、創作された怪談ともされているが、実際にくねくねらしきモノを秋田県内で目撃した人がいる。今から一〇年以上前の夏、当時中学生だった投稿者は、阿仁《あに》にある祖母宅へ向かう途中、北秋田市鷹巣にある大手スーパーJ（現在はE）付近を通りがかった。投稿者は車の窓から

外を眺めていたが、その時、妙なモノが田んぼの中にいるのが目に入った。それは全身が白い光沢感に包まれ、くねくねと動く、たとえるなら「関節のない人型」で、当時見た時の印象は「でかいビニール袋が何かに引っかかっているのかな？」だったという。後年、前述したくねくねの怪談を知り、「アレはくねくねだったのか」と思ったとのことだ。（２０２１年10月　さわちゃさん投稿　戦狐聞き書き）

クネ揺すり［くねゆすり］

秋田県仙北市に伝わる。中川村の若神子《わかみこ》には、**小豆研ぎ《あずきとぎ》**が出没する場所があり、そのすぐそばにクネ揺すりが居る。生垣を酷《ひど》く揺する化け物だという。（『旅と伝説』11巻7号　音と民俗）

黒土の稲荷［くろつちのいなり］

秋田県五城目町《ごじょうめまち》に伝わる。黒土の稲荷神社は、元は八森山にあったものを田の真ん中に遷宮したものだという。社《やしろ》を移したばかりの頃、黒土村には五軒ばかりの家しかなかった。しかし、村の田畑に夜盗が入ろうとすると、どこからともなく家数を上回る大勢の声が響き、盗人を追い出したという。この噂が広まり、神威を恐れて盗人が村に入ることはなくなった。後年、黒土村に住む嘉右衛門は、育てた瓜《うり》を狐によく盗まれていたので、盗人をよく防ぐという村の稲荷神社に出向き、「一村の鎮守なのに、使者である狐に瓜を盗らせるとは護《まも》っていないのと変わらない。昔のように神がいると言うなら験《しるし》を現し給へ」と憤りながら祈った。翌朝、瓜を咥《くわ》えた一匹の狐が嘉右衛門宅の門前に現れたかと思うと、続いてもう一匹の狐が現れた。後から現れた狐が、瓜を咥えた狐を飛び越えたかと思うと、たちまち後者は死に、飛び越えた方は消えてしまったという。（『秋田繁昌記』）

黒マント［くろまんと］

秋田県八峰町《はっぽうちょう》の塙川《はながわ》小学校（二〇一六年四月閉校）に伝わる。筆者が在学中に起こった怪異。この小学校の体育館と通用口の間にあるトイレは、狭い上に薄暗いため不気味に思う生徒が多かった。ある生徒が昼休みにこのトイレに入り、用を済ませて手を洗っていると、前方の鏡の端にチラッと黒い布切れのような物が映った。怪訝《けげん》に思い、横を見たが特に何もない。気を取り直して前方を見たところ、鏡の中の自分の隣には黒いコートかマントを着た影のようなモノが立っていた。生徒はパニックになってすぐ横のドアに手を掛け転がり出て、恐る恐る振り返ったが、そこには何もいなかった。（戦狐聞き書き）

解退の松［げたいのまつ］

秋田県湯沢市に伝わる。昔、雄勝町《おがちまち》秋の

宮の中山に「解退の松」と呼ばれる松があった。心と身体が清廉な人はこの松を見てもなんともなかったが、身も心も汚れている人がこの松を見ると、恐ろしい魔物の姿が見え、恐怖のあまりそれ以上先に進めなくなったという。（長山幹丸『秋田の伝説』）

似たような伝説に**竜に見える桜**がある。

桁倉沼の蜘蛛［けたくらぬまのくも］

秋田県湯沢市に伝わる。皆瀬にある桁倉沼は、中央にある弁天島裏手がもっとも深く、魔物が住んでいるので通ってはいけないとされていた。ある時、小安という人が、魚捕りのために筏《いかだ》に乗り、弁天島裏手に差し掛かった。すると、筏の周りに白い物が付着し始め、前にも後ろにも進まなくなり、おまけに筏は沈み始めた。驚いて腰から鉈《なた》を抜き、白い物を切り離すと、ようやく筏は動き出したという。この白い物は沼の主である蜘蛛の糸だった。この事があってから、近隣の人は付近の山に行く際は鉈を手放さなくなった。（長山幹丸『秋田の伝説』）

同じく糸を使って獲物を水中に引き込む蜘蛛妖怪には、宮城県の**賢渕《かしこぶち》の大蜘蛛《おおぐも》**、水中には引き込まないが糸を獲物の首に絡めて捕らえる蜘蛛妖怪に岩手県の**蜘蛛女**がいる。

元稲田の大百足［げんどうだのおおむかで］

秋田県羽後町に伝わる。元稲田にあるアグリコ神社の西には、かつて体長三尺とも五尺とも言われた黒漆色の大百足が住んでいた。この大百足は子狐も捕らえて喰らうため、氏神である**アグリコ狐**もこれを恐れて逃げ出した。アグリコは西馬音内《にしもない》掘り廻りまで逃げたが、大百足はしつこく追い掛けて来る。アグリコはついには御嶽山《みたけさん》に逃れて隠れたという。文化五年（一八〇八）、雷が御嶽山の社《やしろ》に落ち、焼け跡から百足の大きな骨がたくさん出てきた。アグリコはこれに安心して元稲田に戻ったとされる。一説には御嶽山で死んだ百足と元稲田の百足は別物で、以降も元稲田の大百足を見た人はいるという。（長山幹丸『秋田の伝説』）

鯉川の妖怪［こいかわのようかい］

秋田県三種町《みたねちょう》に伝わる。寛保二年（一七五七）に、鯉川で実際に起きた事だという。この地に貧乏な百姓夫婦が住んでいたが、この家にいつの間にか姿の見えない妖怪が住み着くようになった。最初のうちは夫婦共に妖怪を怖がっていたが、そのうち慣れてきて会話するようになり、仲良くなったからか妖怪は時折夫婦に「何が食べたい？」と聞いてくるようになった。食べたい物を答えると、その品物がいつの間にか家の中に置いてあり、そんな時は決まって近所の家から同じ物が消えていた。この妖怪は占いも得意で、評判を聞いた人がわざわざ訪ねて来るほどだったという。おかげで夫婦は次第に裕福になり、そうすると妖怪はいつの間にか出て行ってしまった。（『奇話珍話秋田巷談』）

牛王の玉［ごおうのたま］

秋田県秋田市に伝わる。一乗院には「牛王の玉」という宝物があった。豆粒大で一面に鼠《ねずみ》色の毛が生え、人肌ほどの温かみがある不思議な物体だったという。東清寺にも似たような物があったが、こちらは温かみはなかった。嘉永か安政の頃、一乗院の物は安産祈願になるということで大奥へ貸し出したが、その後、何度返すように催促しても返って来なかった。大奥で紛失したらしい。（『伊頭園茶話』）

極印狐［ごくいんぎつね］

秋田県北秋田市に伝わる。阿仁《あに》鉱山には稲荷坑という坑口があり、極印稲荷という狐が祀《まつ》られている。次のような由来が伝わる。昔、大阪に高岡八右衛門という金持ちがおり、彼には美しい妻がいた。ある日、八右衛門が庭を通りかかると、一匹の銀狐が寝ているのを見つけた。八右衛門が「しっしっ」と銀狐を追い払おうとすると、飛び起きた銀狐はたちまち妻の姿に変わった。驚愕《きょうがく》する八右衛門に、妻は「私は出羽国阿仁の極印沢に住まう狐です」と言うなり姿を消してしまった。八右衛門が妻を求めて阿仁を訪ね、疲れ果てて木陰で寝ていると、夢に妻が出てきて金色に光る石を差し出した。八右衛門はそこで目を覚まし、妻を求めて沢の奥深くに入っていった。しばらく行くと、先ほど夢で妻からもらった金石が露出しているのを発見した。これが阿仁鉱山の始まりだという。（『日本の伝説14秋田の伝説』）

小玉鼠［こだまねずみ］

マタギの間に伝わる鼠の姿をした妖怪。猟をしていると、ポンッと何かが弾けるような音がする事があり、音を聞いたマタギは猟を取り止めて帰る、という習わしがある。この時、音がした方を見に行くと、小玉鼠が臓物を撒《ま》き散らして死んでいるという。爆発する様子を目撃した話はあまり聞かないが、背中から破裂するともされる。また、人によっては厄払いとして「ソッチは　小玉の類か　コッチは重野ルイブンブキママニクラス　南無アブランケン、ソワカ」と三唱する。この呪文は小玉鼠の「小玉」が、マタギの流派である小玉流に由来することに端を発するという。この鼠は、元は小玉流のマタギたちであったのだが、ある時、お産の助けを求める山神の願いを不意にしてしまった。山神はこの者たちに「木の洞へ入って何でも食らえ、もし食えなかったら飛んで行ってしまえ」と呪いを掛けて鼠に変えた。これが小玉鼠の始まりとされる。（武藤鉄城『マタギ聞き書き　その狩猟民俗と怪異譚』）小玉鼠の正体は**山鼠**《やまね》ともされ、マタギの兄弟がヤマネに変えられる話が山形県にある。

ゴノゴノ狐［ごのごのきつね］

秋田県大館市に伝わる。昔、大館市常盤木町の辺りには鶏を喰い殺す狐がいた。困った町人たちはマタギを雇い、マタギは待ち伏せしてこの狐を撃ったが、弾は急所を外れて脚に当たり、狐は逃げ出した。狐はそのまま谷地町《やちまち》にある高橋家の小屋に逃げ込み、狐を憐《あわれ》んだ高橋家の主人は、追ってきた町人たちから狐を匿《かくま》ってやった。しかし、追い返された町人たちは巡査にこのことを訴え、巡査は高橋家を訪れて説得したので、主人は庇《かば》い切れなくなり、狐は引き渡されて殺されてしまった。その後、狐の祟《たた》りなのか高橋家の周りでは凶事が続き、祈禱師《きとうし》に占ってもらうと「殺されたのは真心のある立派な狐だったので、祀《まつ》られない事に腹を立てている」とのこと。町人たちが占いを信じて狐を祀ったところ凶事は治まったという。この狐が住んでいた切り株に食い物を供え、「ゴノゴノ」と狐の名前を呼ぶと、供えた食い物はすぐなくなったとされる。（『大館のむがしっコ　巻之七』）

御夢切［ごゆめきり］

秋田藩九代藩主佐竹義和の頃まで、佐竹家に伝わっていた備前三郎国宗の刀。元は上杉謙信の刀だったが、親交の証として佐竹義重に贈られた。義重はこの刀を気に入り常に持ち歩いていたという。義重は常州にいた頃、城の櫓《やぐら》で午睡《ごすい》するのが趣味だった。ある日も櫓で午睡していると、夢の中で、櫓の下にある池から凄《すさ》まじい大きさの蛇が現れると、櫓を登って来た。蛇は義重を呑み込もうとしたが、義重は咄嗟《とっさ》に備前三郎国宗の刀で切り付けて撃退した。義重が目覚めてみると、そばにあるのは鞘《さや》だけで中身がない。「どこに行ったのだろう？」と探すと、刀は櫓の戸に立て掛けてあったという。以降、この刀は夢の中で怪蛇を倒したことから「御夢切」と呼ばれるようになった。（『奇話珍話秋田巷談』）また、人見蕉雨『黒甜瑣語《こくてんさご》』には御夢切の名は出ないが、同じ刀の怪異譚《たん》がある。義重は後にこの刀を息子の義宣に贈ったが、ある時「この刀は茎に傷がある」と言う者がいたので、義宣はこれを武州の刀工に預け、磨《す》り上げて貰う事にした。それから少しして、義宣の夢枕に血塗《ちまみ》れの大入道が現れ、必死に助けを求めて来た。飛び起きた義宣が原因についてしばし考えると、修理に出した刀の事が頭をよぎった。急いで武州へ飛脚を走らせたが、時既に遅く、もう磨り上げは終わった後で、義宣は修理に出したことを後悔したという。

狐狸タクシー［こりたくしー］

秋田県能代《のしろ》市に伝わる。能代市けやき公園付近に出没した怪異。けやき公園は西光《さいこう》寺《じ》という寺の跡地に作られた。その事が関係するのか、五〇年ほど前、夜にこの公園を通りがかると不思議な事が起こると噂された。公園近くにはスナックがあるのだ

が、スナック帰りの客がタクシーを拾って乗り込むと、翌朝けやき公園で寝ているのが発見されるというのだ。一人だけなら単に酔っ払って寝ぼけたのかとも思えるが、それが何人も続き、証言も皆一様だったので狐狸の仕業であろうとされた。筆者命名。（戦狐聞き書き）

【さ】

魚を隠す地蔵［さかなをかくすじぞう］

秋田県秋田市に伝わる。笹岡村には地蔵堂があり、この近くを魚を持って通行するのは禁忌とされる。禁を犯すと、必ず魚は隠され、風雨が巻き起こるという。ある時、銭谷という人が肴にする予定で鰊《にしん》などの魚を持って知らずにここを通りがかったら、気付けば魚が消失してしまった。困った銭谷が近隣住民を訪ねて事情を話すと、住民は、「この辺りの地蔵は魚を忌むから隠されたのだろう。地蔵堂に行って詫《わ》びてみなさい」と教えてくれた。銭谷が地蔵堂に行ってみると、消失した魚はお堂の石段下にそのまま置いてあり、驚いた銭谷は平身低頭して地蔵に詫びた。また、地蔵堂の近くには湖があり、ここには大蛇が住んでいる。この大蛇は湖から引っ越したいと考えているが、大蛇が去ると笹岡一帯が海に沈んでしまうので、地蔵が大蛇を湖中に封印しているのだという。（『羽陰温故誌』）

酒買い弁天［さけかいべんてん］

秋田県湯沢市に伝わる。今から一六〇年ほど前、高橋三左衛門という酒屋に毎晩奇妙な客が訪れるようになった。その客は華やかな身なりの手拭いを被《かぶ》った女性で、人目を避けるように店仕舞いの時間帯を選んで酒を買いに来た。この客が酒の容器として持ち込む物もまた変わっていて、他では見たことがない八角形をした四合入りの酒《さか》樽《だる》であった。この客は毎回酒を二合五勺買い求めるのだが、ある時、店の者がイタズラ心を起こして満杯に入れてやると、驚く

べきことに四合入りのはずなのに倍近い七合五勺も入ってしまった。店はこの不思議な客と容器の話で持ちきりになり、試しに店の者に女を尾《つ》けさせてみたが、女は行き止まりの小路に入り込むとそのまま消えてしまった。この小路は、川を挟んだ反対側に弁財天の祠《ほこら》があったので、店では「もしかしたら客の正体は弁天様では？」とますます盛り上がり、正体を確かめるために作戦を立てた。翌日、また例の客が酒を買いに来た。今度は強引に頼んで八角樽を借り受けると、代わりに高橋家の家紋が付いた白徳利に酒を入れて客に渡した。客は抵抗したが、最後には諦めた様子でしおしおと帰って行った。翌日、みんなで弁財天の祠に詰め掛けると、そこには昨夜貸し出した家紋入りの白徳利が大きくひび割れ、中身が空の状態になっているのが発見された。以降、例の客は店を訪れなくなり、残された八角樽は家宝として扱ったが、弁天の祟《たた》りなのか高橋家はそれから衰退してしまったという。（『山田の民話集』）

彷徨う視線［さまようしせん］

秋田県八峰町《はっぽうちょう》の峰浜中学校（現・八峰中学校）に伝わる怪談。この学校の二カ所ある階段のうち、玄関寄りの階段に沿った部屋は、放課後になると何者かが覗《のぞ》いてくるという。階段を上り切った三階突き当たりの音楽室の扉にはお札が貼ってある。これはあまりにも頻繁に覗かれたのでお祓《はら》いをし、その際に貼ったのだという。このお札が貼られてからは、覗いてくる者と部屋の中にいる人の目が合うことはなくなった。筆者命名。（戦狐聞き書き）

三吉鬼［さんきちおに］

只野真葛《ただのまくず》『むかしばなし』に載る。見慣れぬ男が酒屋へ入り酒を多く呑み、お代を払わずに出て行くが、この際に無体に払わせようとすれば必ず災いが降る。その逆に、快く酒を振る舞った者の店には、夜中に酒代一〇杯（一〇倍）分ほどの薪が門前に置かれたという。それから誰言うともなく例の男を三吉鬼と呼び始め、「〇〇の山にある大松を庭中に移してくれよ」と願掛けて酒樽を三吉鬼に捧げれば、酒がなくなり、一晩で大松が移植されたりもしたとされる。秋田の人は三吉鬼三吉鬼と言い囃《はや》して重宝したが、文化年中より三、四〇年前から人里に現れなくなってしまったという。（『むかしばなし　天明前後の江戸の思い出』）太平山に祀《まつ》られる**三吉様**《みよしさま》は同じく人里に降りては酒屋で鯨飲するので、名前的にも同一存在の可能性が高い。

三巻坊狐［さんこうぼうきつね］

秋田県潟上《かたがみ》市に伝わる。元木村に暮らす菅原源八という隠居老人の元に度々遊びに来た狐で、人に化身する際は小綺麗《こぎれい》な格好をした四〇歳ほどの男に化けていた。当初は三河から来た旅人を名乗っていたが、あまりにも古今に通じて博識な上、時折、獣

のような仕草をするので源八に正体を看破され、正体を明かした。狐とバレた後も源八とは交流を続け、狐社会の在り方、術の仕組み、**与次郎《よじろう》狐《ぎつね》**や九尾の狐についてなど様々なことを教示した。また、人間とのパイプ役として仲間の狐に頼られ、源八に餅を狐二〇四分用意してもらって宴を開いたり、狐の仲間内で問題が起こった際、源八の知恵を借りて解決したりしたという。三巻坊という名前は自ら名乗った名前ではあるが生来の名前ではなく、近隣の人が勝手に付けた名前を名乗ったもの。（『秋田繁昌記』『枯尾花集』『自由自在鍵』）

三光坊の識神［さんこうぼうのしきがみ］

秋田県五城目《ごじょうめ》町《まち》に伝わる。天文年間（一五三二～五五）頃に五城目にいた三光坊という行者は、天狗使いとか識神使いと呼ばれており、赤倉山に住む山男を識神として使役していた。この識神は、三光坊に教えてもらい無形法（隠形術の一種。姿を消すことができる）を習得していたという。ある時、三光坊が京都に出かけた際、京都から秋田へ識神をお使いに出した。識神は一昼夜で京都～秋田間を往復して帰って来て、秋田に行った証拠として三光坊の妻の櫛《くし》を持参した。秋田に帰った三光坊が妻に櫛を見せると、妻は「あなたの留守中、少し目を離した隙になくした物です」と怖がったという。（『秋田繁昌記』）

山神堂の大蛇［さんじんどうのだいじゃ］

秋田県北秋田市阿仁《あに》に伝わる。ある年、若者たちが山神堂で集まって博打《ばくち》をしていた。そのうち、参加していた一人の顔色が真っ青になっているのに仲間が気付き、「具合でも悪いのか?」と尋ねると、「俺の内股に手を入れて確かめてくれ」。言われた通りに腕を突っ込んで探ると、お堂の下から毛むくじゃらの腕が床板を突き破って伸びていて、顔色の悪い若者の金玉をしっかり摑《つか》んでいた。仲間たちが全員恐怖して逃げ出すと、金玉を握られて逃げられずに取り残された若者に、床下から魔物が話しかけて来た。「自分はこのお堂の後ろの沢に住む大蛇で、引っ越したいので、邪魔になる桂《かつら》の大木を切って欲しい」と言うのだ。半ば脅迫された形の若者が了承すると、金玉を掴んでいた腕はスッと消えた。翌日、若者が桂を撤去してやると、沢から大蛇が這《は》い出して来て去っていった。次の日にもう一度同じ場所に行くと、桂が生えていた場所に大量の銭が置いてあった。（『全国昔話資料集成　阿仁昔話集』）

『民話叢書2阿仁の民話』では、阿仁萱《かや》草《くさ》の十二沢で起こった出来事とされていて、地名は大蛇の頭が一二個あったことに由来するという。

三頭沼の龍神［さんとうぬまのりゅうじん］

秋田県能代《のしろ》市長崎に伝わる。この地には三頭沼と呼ばれる芦原《あしはら》で囲まれた大きな沼がある。沼ができる前、この地は蝦夷《えみし》の砦

で、蝦夷征伐のためにやって来た坂上田村麻呂は攻めあぐねた。正攻法では砦《とりで》を落とせないと思った田村麻呂は、三ツ頭の龍神を呼び出すと沼を作るように命じ、この水攻めが功を奏して砦を落とすことができた。三ツ頭の龍が作ったことから沼は三頭沼と呼ばれるようになり、今も畔《ほとり》には龍を祀《まつ》った祠《ほこら》がある。（『秋田民話集一二〇選』『日本の伝説14　秋田の伝説』）また、『能代市史　民俗』によると、ここに住む三頭の蛇は片目が悪く、沼に住む魚も同じく片目が悪い。菅江真澄《すがえますみ》『宇良の笛多幾《ふえたき》』でも、この沼の魚はたいてい目が悪く、神使なので捕ってはならないとある。

四角岳の荒神［しかくだけのこうじん］

秋田県秋田県鹿角《かづの》市に伝わる。四角岳に住む山猿似の顔を持つ妖怪で、**マタギの左多六**の家来であるという。獲物の運搬役として左多六からは便利に使われていたとされ、イタズラした時は左多六から罰としてシゴキを受けていた。この扱いに不満を抱いた荒神は、ある時、ヘットウカモシカ（白っぽい灰色のカモシカ）に化身してわざと左多六に撃たれ、手負いのフリをして三戸領まで左多六を誘導した。この仕返しの末、左多六は三戸で首を切られる羽目になったという。（『左多六とシロ物語　伝承の背景を探る』）

獅子怪人［ししかいじん］

秋田県鹿角《かづの》市尾去沢《おさりざわ》鉱山の由来の一つとして伝わる。天平二〇年（七四八）尾去沢に清吉という人がいた。ある時、清吉が大森山の後ろにある三四森に入ると、獅子《しし》に似た顔の怪人が現れた。怪人は「前沢に天与の宝物がある。採掘すべし」と言うと掻《か》き消すように消えた。翌日、清吉が前沢に行って採掘すると、金色に輝く石を発見した。清吉はこれを持って帰ったが、本人はもちろん周りの人間もなんなのか分からない。ある日、清吉の家に白髪の老人が訪ねて来て、件《くだん》の石を見ると「それは黄金と言う物だ」と教え、水晶山の方に去った。清吉がこれを朝廷に献上したのが、尾去沢鉱山の始まりだという。（『秋田の伝説』）

枝垂れ桜の精［しだれざくのせい］

秋田県仙北市に伝わる。佐竹義隣《よしちか》が京都の円山で夜桜見物をした際、一本の枝垂れ桜が萎《しお》れているのに気が付き、可哀想に思って手当てしてやった。それから少しして、秋田に帰る日の夜、義隣の夢に枝垂れ桜の精が現れ、「私は助けられた小桜です。せっかくお情けを掛けてもらったのに、私は間もなく枯れてしまいます。せめて、ひこばえなりとも移植してください」と訴えた。義隣は言われた通りにひこばえを角館《かくのだて》に持ち帰って植樹し、これが角館の枝垂れ桜の始まりになったという。（木崎和広（編）『羽後の伝説』）

ジャウドウ狐 ［じゃうどうきつね］

人見《ひとみ》蕉雨《しょうう》『黒甜《こくてん》瑣語《さご》』に紹介されている憑物の一種。この本によると、四国でトウビョウ狐と言われる憑物は、秋田ではジャウドウ狐と呼ばれる。狐と名が付いているが、本当の狐ではなく蠱《むし》であり、見た目が狐と似ているのでこの名前だという。これが狐を騙《かた》って人に取り憑き、油揚げや酒を所望するのは、自分の出自を知らないからだとされる。

狐に似て非なる憑物としては関東のオーサキに近いが、オーサキを筆頭に集団行動する性質を持つことが多い憑物としては珍しく、その辺りの言及はない。

杓子の如き形に手足が付いたモノ ［しゃくしのごときかたちにてあしがついたもの］

秋田県秋田市に伝わる。元文年間（一七三六～四一）前後、大堰端に住む前立原某の婦人が杓子の如き形に手足が付いたモノを産んだ。懐妊した時「父の無き子産む」と世間から後ろ指刺されたが、当人には身に覚えがなく口惜しく思っており、産まれた怪物は門柱に括《くく》り付け三日間晒したという。（『伊頭園茶話』）

ジャルの化け物 ［じゃるのばけもの］

秋田県藤里町に伝わる。大砂崩《おおざくれ》にあった「ジャル」という屋号の家に住み着いていた化け物。夜中になると泣き声を上げ、障子には尻尾のような影、天井には人とも獣とも判別できない影絵を写して老夫婦を脅かした。また、魚を買って来て台所に置いておくと、いつの間にか紛失し、夜中になって魚の頭のみが布団の上に投げつけられた。そこで当分の間魚は買わないことにし、包丁を仕舞い込もうとしたら、今度は包丁が刺された魚の頭が枕元に投げ込まれた。老夫婦は相談の末「仏壇を粗末にしているから祟《たた》りかもしれん」という結論に達し、神官にお祓《はら》いしてもらったが効果はなかった。その後、噂を聞き付けた「魔戸の坊様」がジャル家を訪れお祓いしたら、怪異は止んだという。（『藤里の民話』）

ジャンケン大入道 ［じゃんけんおおにゅうどう］

秋田県藤里町に伝わる。滝之沢の奥に明星院という大寺があったが、次第に廃れて行き、終《しま》いには和尚一人がいるだけになった。ある時、この和尚が額を強く打たれて撲殺されているのが発見され、代わりの坊さんを住まわせたが一カ月もしないうちにまた撲殺された。以降は近所の坊さんが二、三人ずつ行って管理したが、いつまでもこの体制で管理できないので、門前に「誰でも希望する者は、この寺の和尚にしてやる」と立札を置いた。するとある時、通りすがった文殊坊という修験者が立札を見て名乗りを上げた。文殊坊は里人たちから連続撲殺事件の下りを聞くと、鉄鍋を用意し、夜は用心のためにそれを被《かぶ》った。一週間ばかり経った夜二時頃、本堂の方から

ミシ……ミシ……と物音が迫って来たので文殊坊が消災妙を唱えて身構えていると、大入道が現れ、文殊坊の前に座ると、「さあ！　ジャンケンだ！　勝った者は負けた者にスッペ（デコピン）を張るのだ！」と勝負を仕掛けて来た。「今までの和尚はこれにやられたのか」と悟った文殊坊は、勝負を受けて立った。一戦目のジャンケンでは文殊坊は負けてしまいスッペされたが、鉄鍋を被っていたおかげで、かえって大入道の方が痛がった。二戦目のジャンケンで勝った文殊坊は、スッペを張る振りをし、ゲンコツで大入道を殴り飛ばした。脳天を打たれた大入道は、キイー！と悲鳴を上げて本堂の方へ逃走したが、途中の廊下で倒れて死んだ。追い付いた文殊坊が観察すると、大入道の正体は年経た大蜘蛛《おおぐも》だったという。（『藤里の民話』）筆者命名。

十三騎明神　［じゅうさんきみょうじん］

秋田県五城目《ごじょうめ》町《まち》に伝わる。五城目の十三騎神社は湊《みなと》合戦で敗走し、この地の立腹池で自害した北弾正とその配下の十二騎である山口喜四郎、戸沢惣介、四戸又次郎、相坂顕明、岩間伴内、中屋敷小三郎、高森与惣、杉沢鶴助、田子助九郎、大槌大助、関根孫八、黒瀬喜蔵が祀《まつ》られている（十三騎の霊魂が様々な怪を為《な》したので、鎮めるために建立したものともされる）。五城目の町に火災が起こる二、三日前になると、予兆として十三騎神社の中から夥《おびただ》しい馬の駆け足の音が聞こえ、鈴を鳴らしながら上町、下町を駆け回って再び神社に帰るとされる。姿を見た人は一人もいないが、この予兆が起こると五城目では火の元に用心した。また、明治一四年（一八八一）九月に天皇が巡幸した際、三倉鼻《みくらはな》の南面岡《ひづらおか》公園で十三騎が天皇を出迎えたという。（『五城目郷土史』）

聖天娘　［しょうてんむすめ］

秋田県秋田市に伝わる。ある時、浄光院（佐竹義宣《よしのぶ》）は夢で「南方より歓喜天を得て祀《まつ》れば国は益々繁昌すべし」とお告げを得、一乗院の住持も同じ夢を見た。そこで、藩士である杉村氏ともう一人を南方探索に行かせた。二人は南へ南へと向かううちに越後国に着き、聖天村なる所があると聞き付け「そこなら聖天像（歓喜天と聖天は同一起源）もあるだろう」と見当を付け、現地に向かった。聖天村に着いた二人は、酒買いのお使い中の一〇歳余りの娘を呼び止め「この村に聖天の堂はあるだろうか？」と尋ねると、娘は「しかじかの山にあります」と教えてくれた。二人は教えられた山へ行って聖天像を回収し、娘にお礼をしようと酒屋へ向かい所在を尋ねたが、酒屋の主人曰く「その女は毎日酒を買いに来るが、住んでいる所は知らない」とのことだった。二人は娘と出会った場所に行き、現れるのを待ってみたが遂に現れず、酒屋にもこの日を境にお使いに来なくなった。そのため、「娘は聖天像の化身だったのだろう」と二人は考え、そのまま秋田に

帰って聖天像を一乗院に納めたという。（『伊頭園茶話』）筆者命名。

小便地蔵［しょうべんじぞう］

秋田県大仙市に伝わる。昔、神宮寺嶽の下を流れる雄物川の深みは「魔の淵」として恐れられていたので、漁師たちは安全祈願のため、岩手県花館の石工に依頼して地蔵を作ってもらった。しかし、完成した地蔵は見た目が良くなかったので、漁師たちは怒って地蔵を河原に捨てた。秋になり、その年は日照りの影響で川の水が少なくなったので、鮭が登って来なかった。イライラした漁師たちは地蔵で憂さ晴らしをしようと、みんなして小便を引っ掛けた。すると、急に豪雨が降り注ぎ、川が増水して鮭が登ってきた。以降、味を占めた漁師たちは日照りのたびに地蔵に小便を引っ掛けた。すると必ず豪雨が降り注ぎ、鮭が遡上《そじょう》してくるようになった。現在、太平山麓に祀《まつ》られているのが、この地蔵だという。（『秋田郡邑魚譚』）筆者命名。

女郎出［じょうろうで］

秋田県横手市に伝わる。大森町には「女郎出」という変わった地名がある。昔、この地に大きな池があった。その畔《ほとり》では、赤児に乳を含ませる姿がよく見られた。村人たちはこの美女の人間離れした端正な容貌を見て「これは只者《ただもの》ではない。きっと大蛇の化身だ」と恐れて、池のそばに近寄らなくなり、この地名を付けたという。（長山幹丸『秋田の伝説』）

白い猫［しろいねこ］

秋田県能代《のしろ》市の怪談で、風の松原で起きるとされる怪異のバリエーションの一種。神社の鳥居を潜り、頂上の境内へ行くと出会う何の変哲もない白猫だが、この猫に触ると呪われて憑依《ひょうい》されるという。ネット上ではウェブサイト「東北心霊地図」の「能代の心霊スポット」というスレッドに投稿者の友達が憑依された体験談が載っている。この投稿では「風の松原近くの神社」となっているが、鳥居を潜って境内まで登っていく神社は大森稲荷神社ぐらいしかないため、この話はここが舞台と思われる。

白頭巾ヶ沢の鬼［しろずきんがさわのおに］

秋田県北秋田市に伝わる。森吉山《もりよしざん》東南面には岩窟があり、昔から鬼が住んでいると言われる。この鬼は墓場から死体を奪って来ては食い、その白装束を剝《は》がして岩窟前の木に掛けていたため、近隣ではこの場所を「白頭巾ヶ沢」と呼んで恐れている。一説には、ある時、旅の権現が鬼と「夜明けまでに、山頂に大石を三つ重ねることができなければ鬼は退去する」という賭けをし、鬼はもう少しで勝てそうだったが、権現は小細工をして阻止した。鬼は負けたがそれでも退去しないので、怒った権現は鬼を追い回した。この際に鬼は片目をウドに

突いて隻眼《せきがん》になってしまったため、権現は同情して「今後、人間を害さないなら一の腰にいて良い」と許可を出した。このため、森吉山に登る人は、七月中はウドを食べるのが禁忌とされる。また、江戸時代のこと、山麓の鈴木家に居候していた相撲取りが何気なく外を見ていると、白頭巾ヶ沢の木に何か布切れが掛かっているのに気が付いた。相撲取りは正体を確かめようと、周囲が止めるのも聞かずに二度探索へ岩窟へ行ったが、二度目に真っ青になって帰ってくると病死したという。(長山幹丸『秋田の伝説』)

神光［しんこう］

秋田県由利本荘市に伝わる。子吉《こよし》駅を東南に下った辺りに鳴沢台(現・鳴瀬台)という地があり、かつては小さな丸沼があった。この地名には次の謂《いわ》れがある。ある夏の夕暮れ、野良仕事を終えた農民たちが帰路に就いていると、不意の夕立に襲われた。一同は帰路を急いだが、そのうち妙なことに気が付いた。自分たちはずぶ濡れになっているのに、目の前の丸沼には雨粒が落ちた波紋が一つも起きていない。この怪事にみんなで顔を合わせていると、更に妙なことが起きた。沼の上空の黒雲が割れると、その隙間から異様に輝く光球が現れたのだ。そうかと思うと、今度は天地が鳴動し始め、光球は丘の方に落ちて行った。不思議なことに光球が落ちると、夕立も天地鳴動も止んだという。その後、農民たちは光球が落ちた辺りを散策したが、特におかしな痕跡は見つからなかったという。(『伝説の四季』)

神迹明神［しんしゃくみょうじん］

秋田県大仙市に伝わる。大仙市には蛇塚神社、または水沢神社と呼ばれる神社がある。この神社には次のような由来があるという。昔、この辺りに住む男が山に木を伐《き》りに行った際、一匹の蛇が出てきた。男は持っていた柴《しば》で蛇を殺した。すると、また一匹蛇が出てきたので、これも柴で叩き殺したが、殺すと次々と出てきてキリがない。男は不気味に思って家に逃げ帰ったが、蛇も追いかけて来て、戸口や窓から入ってきた。男は夢中になって手当たり次第に打ち殺し、ようやく落ち着いた時には家の中も庭も蛇の死骸まみれになっていた。付近の人はこれを見て「神に祀《まつ》らないと、きっと祟《たた》りがある」と思い、蛇の死体を集めて埋めて蛇塚を作り、神迹明神として祀った。(長山幹丸『秋田の伝説』)

神木童子［しんぼくどうじ］

秋田県秋田市に伝わる。昔、藤倉村(現・秋田市山内《さんない》)のある山には、山神とされる栗の木が生えていた。ある時、炭焼きのために村人たちは山へ入ったが、この中にいた弥兵衛という男が何を思ったのか、例の栗の神木を切ると言い出し、周りが止めるのも聞かずに切りにかかった。村

人たちが遠巻きに見ていると、斧《おの》を振るっていた弥兵衛は急に切るのを止めて、ひとり相撲を始め、最後には仰向けに倒れてしまった。しばらくすると起き上がってまた伐採を再開したが、今度もまたひとり相撲を始め倒れた。しばらくするとまたまた弥兵衛は起き上がり、神木に向かって罵《ののし》ったかと思うと再び斧を振るい始めたが、一〇回ほど振るった時、弥兵衛は一人でに吹き飛ばされ、しばらくしても今度は起き上がって来なかった。村人たちが近寄ってみると弥兵衛は完全に気絶しており、介抱してやると息を吹き返した。何があったのか話を聞いてみると、「斧で神木に切りつけると血が迸《ほとばし》ったが、気にせず切り続けた。そうしたら、木の中からボサボサのザンギリ頭をした五、六歳ほどの子供が怒った様子で現れ、「なぜにこの木を伐《き》るか！」と言って、自分に飛びかかって来た。この子供が恐ろしい怪力で突き飛ばして来たので、自分は気絶してしまった。しばらくして起き上がって作業を再開したが、今度も子供が現れて自分は再び突き飛ばされて気絶した。今度もしばらくして気が付き、斧を取って振るうと、またまた子供が現れ「汝《なんじ》、我が言を用いず強いて伐らんとするなら許さない。これで懲りろ」と罵って来たかと思うと、そのまま投げ飛ばされて気絶してしまった」。村人たちは、恐ろしくなってその場を立ち去ったという。その後、弥兵衛は身体の節々が痛んだが、三〇日後に全快した。（長山盛晃『耳の垢』）筆者命名。

水難を呼ぶ掛け軸［すいなんをよぶかけじく］

久保田城で厨人《ちゅうじん》（料理人）として働く某氏が、江戸に行った際に神田で吉山明兆《きつさんみんちょう》の筆だという雲竜の掛け軸を手に入れた。この掛け軸には書き付けが添えられており、そこには「此《この》画竜は吉山（吉山明兆）の筆にして住吉宝殿の什物《じゅうもつ》たり。表装して再ひ宝殿へ納へし。俗家に置かば水難の祟《たた》りに遭ふと伝へり」と記されていた。にもかかわらず、この掛け軸を秋田の実家に持ち帰り、箱に入れて保管していた。すると、宝暦九年（一七五九）に大洪水が起こり、住居ごと掛け軸は押し流されてしまった。後にこの掛け軸が湊《みなと》の浜に流れ着いたと聞いた某氏が訪ねたが、大阪の商人に買い取られた後だったので諦めたという。（『黒甜瑣《こくてんさ》語《ご》』）同じく雨を呼ぶ龍の掛け軸については秋田県の**活《い》き龍《りゅう》掛《か》け軸《じく》**参照。

雀蜂の宝瓶［すずめばちのほうびん］

秋田県由利本荘市に伝わる。ある神社の巫女《みこ》が蜘蛛《くも》の巣に引っかかっていた雀蜂を助けたところ、その晩の夢に女王蜂が現れて謝礼として授けてくれた瓶子《へいし》。無限に御神酒を出すことができ、「飲むと幸運になる」と評判になって数多《あまた》の参拝者が神社を訪れるようになった。評判を聞いた隣村の熊八が独り占めしようと神社に夜盗に入ったが、瓶子からは酒ではなく、無数の雀蜂が現れて熊八を散々刺しまくった。その後、巫女から神酒をもらって飲んだ熊八は

改心し、酒に不自由しない老後を送った。（『伝説の四季』）

相撲を取る奪衣婆［すもうをとるだつえば］

秋田県横手市に伝わる。祝融山正伝寺の本堂祭壇横には奪衣婆像がある。この像は夜になると祭壇下に降りてきて相撲を取るため、いつも祭壇下の畳は擦り切れているという。（『ウソ？ホント？栄地区の伝説』）同じく奇譚《きたん》が付随する奪衣婆像には、青森県の**優婆寺《うばじ》の奪衣婆《だつえば》**がある。

清七首塚の胴無し蟻［せいしちくびづかのどうなしあり］

秋田県由利本荘市東由利に伝わる。宿村に清七が首塚なるものがあり、胴体が無く首から直《じか》に足が生えている蟻が生じる。この塚の主である清七は寛文年間（一六六一～七三）頃、村備のことで論争となり、訴状を出すために江戸へ行って訴えた。この際、論争の相手は清七の訴えを妨害すべく、山伏を雇って「口止めの法」を掛けたので清七は口を利けなくなったが、筆談で訴えを申請した。その後、訴状が上手く運んで清七は帰郷したが、越訴《おっそ》の罪に問われ斬首《ざんしゅ》刑に処された。論争相手が通りがかった際に清七の生首が動いたとも伝わる。（『伊頭園茶話』）

梅木大明神［せんぼくだいみょうじん］

嘉永年間（一八四八～五五）の初め頃、大阪に出向している秋田藩勘定奉行に近藤瀬兵衛という者がいた。ある夜、瀬兵衛の元に女がやって来て言うには「己は梅檀《せんだん》ノ木橋に年久しく住んでいる狸です。この屋敷に祠《ほこら》を建て、祝い奉って欲しいのです」。以降、狸女は度々やって来てはお願いして来るので、瀬兵衛は御蔵屋敷の鎮守稲荷側に小さい祠を建て、橋の名前に因《ちな》んで「梅木大明神」として祀《まつ》り、どこからか位を請うて来て授けてもらった。建てた当初は詣でる人も多かったが、そのうち落ち着いたという。狸女は初めに来た時は瀬兵衛のことを「瀬兵衛さん、瀬兵衛さん」と敬称で呼んでいたが、位を授かってからは烏帽子《えぼし》直垂《ひたたれ》の格好で現れるようになり「瀬兵衛、瀬兵衛」と呼び捨てするようになった。また、狸女曰く「瀬兵衛の所に来る前は、他の屋敷の留守居役にお願いしていたのだが、その留守居役は気弱だったと見え、怪事に思い患って病になってしまったので懇願を諦めた」とのことだった。瀬兵衛が秋田に帰る際、駕籠《かご》の中から独り言が響いていたが、これは狸が付き添って来たので会話していたのだとも云う。（『伊頭園茶話』）

ぞうり沼の竜［ぞうりぬまのりゅう］

秋田県潟上《かたがみ》市に伝わる。昔、半十郎という商人が久保田に出かけた帰りに天王町追分にある大沼を通りがかると、水面が波打ち、突如、大きな竜が現れた。腰を抜かした半十郎に竜は大口を開けて迫ったが、その時、どこからか一人の男が現れた。その

男は自分が履いていた草履を脱ぐと、竜の喉奥目掛けて投げ込んだ。思わず草履を飲み込んだ竜は急に苦しみ出すと、水中に逃げた。半十郎が我に返った時には、助けてくれた男もいつの間にか消えていたという。この謎の男の正体は東湖《とうこ》神社の祭神である牛頭天王《ごずてんのう》であったとされ、ちょうどこの出来事があった直後、村外れで男が白い御幣《ごへい》に変身し、東湖神社に飛んで行くのが目撃されている。それからというもの、半十郎の子孫は天王祭のたびに東湖神社に草履を奉納し、祭りが終わると竜が復活しないように草履を大沼に捨てるようになった。このことから大沼は「ぞうり沼」と呼ばれるようになった。（秋田県国語教育研究会（編）『秋田の伝説』）

そでさま

秋田県八峰町《はっぽうちょう》に伝わる。峰浜石川の南の村外れに位置する魔所である林。名前の由来は、この林が馬頭観音（ただし神体の形は馬鳴菩薩）を祀《まつ》る竹原神社の敷地であることから「蒼前様（馬を守護する神）」だと思われる。この林には昔から化け狐が住んでいて、足を踏み入れた人は時折、神隠しになると云われている。今から三〇年ほど前、石川に住むお婆さんが、この林に山菜採りに入ったきり行方不明になった。周りを田畑に囲まれた広くもない林なので、集落の人たちは隈なく探したが、どうしても見つからない。三日後、お婆さんは石川から三〇キロメートル離れた北秋田市鷹巣の国道沿いで保護された。消えた時の格好のままで汚れてもおらず、行方不明になっている間の記憶はなかったという。（戦狐聞き書き）

【た】

大威徳さま ［だいいとくさま］

秋田県仙北市角館《かくのだて》に伝わる。大威徳山の麓を流れる玉川には、かつて多くの鮭が遡《そ》上《じょう》していた。ある年、漁師たちが網引きしていると、その様子を遠くからジッと見ている背の高い坊主がいる。これに気付いた漁師は、「必要ない」と固辞する坊主に、アケビの蔓《つる》で縛った鮭を無理やり持たせて帰した。以来、玉川に鮭は遡上しなくなったという。この坊主の正体は、大威徳山に祀《まつ》られた大威徳明王だったとされる。また、別説では、赤い着物の子供に化身した

大威徳明王が、漁師たちが焚《た》き火をしている隙にアケビの蔓で縛って鮭を盗み出したともいう。そのため、この神に祈る際はアケビと鮭を絶つと良いとされる。実際、玉川に鮭が遡上して来ない理由は「玉川毒水」と呼ばれる酸性水の影響である。（『秋田郡邑魚譚』）

大五郎稲荷 ［だいごろういなり］

秋田県由利本荘市に伝わる。三〇〇年ほど前、西目村沼田に住む源内左エ門という人が諸国を見聞するために一人旅に出た。旅の道中、とある山村の外れで源内左エ門は薄汚れた稲荷堂を発見し、可哀想に思って堂内を清掃した。掃除を終えた源内左エ門は、賽銭《さいせん》を供えて立ち去ろうとしたが、その時、「もしもし、旅の旦那。ちょっとお待ちください」と呼び止められた。源内左エ門が振り返ると、誰も居なかったはずの稲荷堂から旅装束の若者が出てきた。不思議に思い「私に何の用でしょう？」と尋ねると、若者は「旅の道連れが欲しいので、同行させてくれないか？」と言う。悪人には見えなかったので、同行を許可した。若者は「自分は佐渡の大吉と言う者です」と名乗った。それから日本のあっちこっちを二人で回ったが、大吉は大変な博識者で、その上、行く先々で不思議な能力や行動を見せた。まず、大吉はどんなに山奥に入り込んでも道に迷うことがなく、その上、夜目が効くらしく、真っ暗な夜道でも的確に案内した。更には心が読めるような仕草を見せ、源内左エ門が「休みたいな」「腹が減ったな」などとちょっとでも思えば、狙ったかのように休憩を申し入れた。宿屋に着いた時などは最高の料理を注文し、資金の心配をすると「私はお金が有り余っているので心配いりません。金の心配などせず、ずっと楽しい旅を続けましょう」と嘯《うそぶ》いた。あまりにも大吉が人間離れしているので、ある時、源内左エ門は「もしかして大吉はただの人ではないのでは？」と考え、「お前さんは不思議なお人だ。どこでそんな力を持つようになったのだ？」と尋ねたが、大吉は、「私は佐渡の大金持ちの息子で、幼い頃からあっちこっち回っているので旅慣れているのです」とはぐらかされた。しかし、源内左エ門も大吉と続ける旅が楽しかったので、この言葉を信じることにした。それからも二人は旅を続け、最後に記念として伊勢神宮に大々神楽を納めると、いよいよ国元に帰ることにした。二人が出羽への帰路に就き、越後に入った時、大吉が急にこんなことを言い出した。「源内左エ門さん、いよいよお別れの時が来ました。実は、私は普通の人間ではなく、佐渡の大五郎稲荷なのです。初めて出会った時、あなたが掃除してくれていた稲荷堂は、私の末裔《まつえい》の住処《すみか》で、たまたまあの場に居合わせた私はあなたの優しい心が嬉しくて、一緒に旅をさせてもらったのです。今までお世話になったお礼に、あなたが村に移植したがっていた質の良い竹を贈りたいと思います。今から一カ月後、出《で》戸《と》浜《はま》に四〇〇〇本の竹の苗が入った船が

漂着するので、それをお使いください。長い間、ありがとうございました」。こう言い終わると、大吉は煙のように消え失せてしまった。それから一ヶ月後、源内左エ門が約束通りに出戸浜に赴くと、波をかき分けて小舟がやって来て、目の前に来ると止まった。中を改めると、大吉の言葉通り、四〇〇本の竹の苗がキッチリ詰め込まれていたという。源内左エ門はこの苗を持ち帰って植樹し、西目村では質の良い竹が取れるようになった。（『西目のむかし話　血をふくわら人形』）

太子堂の翁［たいしどうのおきな］

秋田県由利本荘市に伝わる。代内《のしない》には太子堂があり、中には聖徳太子像が祀《まつ》られている。この像は境内に生えていた神木の杉を使って作られた物だが、その際に不思議なことが起こったという。宝暦八年（一七五八）、権吉という仏師が、彫像するために使う杉を太子堂の敷地で見繕い目印を付け、そのまま太子堂に泊まった。その夜、権吉が眠っていると、どこからか白髪の翁が現れ「これこそ我が姿なり！」と叫んだかと思うと、境内に生えていた杉を引き抜き振り回し始めた。権吉はこの際に吹き飛ばされ、気が付くと境内で伸びていたという。夜が明けて権吉が境内を調べてみると、目印を付けた杉が昨日より五寸ほど上に抜けていたとされる。（『赤田の閑居様』）筆者命名。

帝釈坊［たいしゃくぼう］

秋田県仙北市に伝わる。田沢湖町の抱返《だきがえり》神社の背後にある小影山に「大尺の岩屋」という洞窟があり、かつてここに葬式を嫌う帝釈坊という鬼が住んでいた。帝釈坊は村で葬式がある度に現れては悪事を働き、このために、葬式を断念した村人たちが葬具を捨てたのが近くにある「棺坐平」だという。（長山幹丸『秋田の伝説』）

大天場［だいてんば］

鳥海山《ちょうかいさん》に伝わる。鳥海山の東に「大天場」という難所があり、怪物が住んでいるとされる。ある日、この辺りで木樵《きこり》たちが木を切り始めると、どこからか木を切る音に合わせて女の歌声が聴こえてきた。面白半分で聴いていた木樵達だったが、歌声はだんだん妖しい響きになって行き、終《しま》いには恐怖を覚えて仕事を放ってみんなで逃げ帰ったという。（長山幹丸『秋田の伝説』）

似たような魔所は**広域の大天魔**参照。

太平八郎の鹿毛馬［たいへいはちろうのかげうま］

秋田県秋田市に伝わる。宝暦九年（一七五九）七月二日に下中島お堀端に住む梅本坊という行者の夢に現れ、五日後に起こる大洪水を警告した堀の主。元は太平八郎という武将の愛馬であったが、不慮の事故により水死し主になった者だという。女夫石《めおといし》

に住む尾土《おづち》とは旧友で、宝暦九年七月五日に秋田市内を襲った大洪水「中島流れ」は、この主と尾土が海へ行くために起こしたものだとされる。（石井忠行『伊頭園茶話』）

滝天狗［たきてんぐ］

秋田県鹿角《かづの》市に伝わる。昔、曙村《あけぼのむら》に大石太右衛門という武芸者がいた。太右衛門は、日頃から夜明島渓谷《よあけしまけいこく》に住むとされる天狗に弟子入りしたいと考えており、四〇歳になったある時、遂に渓谷へと分け入っていった。太右衛門はまず渓谷の中にある泊《とまり》滝《だき》に着き、その場で祈願した。しかし、泊滝からは「我は女滝、そなたの願いには添えぬ」と答えが返ってきた。太右衛門は気を取り直し、更に渓谷の奥へと向かった。次に着いたのは泊滝より立派な茶釜滝で、太右衛門はここで先ほどと同じく祈願した。しかし、茶釜滝からは「儂《わし》は男滝だが、老齢。汝《なんじ》の願いには応えられん」との返答。太右衛門はガッカリして帰路に就いたが、途中で屁《へ》を一発こくと、思い直して茶釜滝に取って返し、再び必死に祈願した。数日後、しつこさに根負けしたのか茶釜滝の化身の天狗が現れ、太右衛門の弟子入りを許可した。この天狗の元で数年修行した太右衛門は、一〇間（約一八メートル）を一飛びできるようになったという。（『秋田に伝わる土地々々の物語』）筆者命名。

竹島潟の蛇怪［たけしまがたのじゃかい］

秋田県にかほ市に伝わる。黒川には竹島潟という沼があり、主の大蛇が住んでいるとされ、その祟《たた》りに関する記録が三つほど残っている。始まりは徳川吉宗の時代、黒川に住む佐々木治兵エという百姓が、この沼付近の湿地を開田しようと堤防工事にとりかかった。工事が九割方終わり、完成を控えた夜、突如として堤防は崩れた。治兵エは諦めず再度着工したが、またもや崩壊した。近隣では「竹島潟の主である大蛇の罰であろう」と噂したという。数年後、治兵エの娘が野良仕事に出たまま行方不明となった。村人が総出で探すと、竹島潟の中島の木にぶら下がった娘の死骸が発見された。次に明治一二年（一八七九）、由利本荘市金浦町に住む斉藤熊吉が、竹島潟の中島へ竹を盗むためにタライ船で乗り付けた。竹を盗んでタライ船に戻ると、中で大小の蛇がトグロを巻いて戯れていたという。数日後、また熊吉は盗みに向かったが、今度は帰りに湖面が湧き立ち、空が黄色に変わった。熊吉は逃げ帰ると卒倒し、そのまま死んだ。最後は大正六年（一九一七）九月二二日、黒川村の佐々木留吉ほか数名が、カモ撃ちのために竹島潟の中島に乗り込んだ。すると、連れて来た猟犬が竹《たけ》藪《やぶ》に潜り込んだかと思うと、間もなく犬の奇声が響いた。更に急に血なまぐさい風が吹き付け、沼の蓮《はす》の葉が怪しげに揺らめき出したので、みんな慌てて帰ったという。（長山幹丸『秋田の伝説』）

田代岳の翁［たしろだけのおきな］

田代岳周辺に伝わる。田代岳に現れる不思議な老人で、山内に存在するといわれる隠れ里「武陵桃源《ぶりょうとうげん》」への案内人。年をとらず、薬学に通じ、縮地法《しゅくちほう》（瞬間移動）や時間移動のような不可思議な術を用いるため、神とも仙人だともいわれる。隠れ里へ案内する人の基準は不明だが、『秋田に伝わる土地々々の物語』に載る話では、信心深い農夫を隠れ里に引き込み、美女に誘惑させて試すような真似をしている。一説には、この老人の正体は津軽の猟師彦之丞という者が田代岳に登った際に目撃し、山頂に祀《まつ》った「白髭明神」だという。（『黒甜瑣《こくてんさ》語《ご》』『秋田に伝わる土地々々の物語』木崎和広『羽後の伝説』）

辰子姫［たっこひめ］

田沢湖に住まうとされる龍神。時代によっては亀鶴や鶴子などとも呼ばれ、姫を祀《まつ》る神社では金鶴姫命と云われる。元は美しい娘であったが、一八歳になった頃に永遠の若さを切望するようになり、大蔵山観音に百夜通いした。満願の日、観音からお告げが下り、その助言のままに院内岳へ向かい、そこに湧く泉の水を呑み続けたことで龍と化したという。このために、人里に帰れなくなり住処《すみか》として田沢湖を作り上げたとされる。その後、辰子の母が娘を探して田沢湖に辿《たど》り着いて名を呼ぶと、龍の姿で母の前に現れた。これを見た母が変わり果てた娘の姿に嘆くと、辰子は今までの経緯を説明して波間に姿を消したという。（秋田県国語教育研究会（編）『秋田のむかし話』）様々な伝承パターンがあるが、大まかな内容は以上のものである。井上武兵衛『夜籠雑談噺《よごもりぞうたんはなし》』では、田沢湖は姫（この話の中では亀鶴姫名義）が作り上げたのではなく、最初から存在したことになっている。また、姫が化した龍は黒金の鱗《うろこ》を持った黒龍として描写されている点が興味深い。

辰子姫を祀る田沢湖潟尻《かたじり》の「浮木《うきき》の宮」では、御神体として流木が祀られており、これが姫の化身とされる。この流木には姫の加護があるということで、昭和一四年（一九三九）以前は地元の子供たちがこれを借り、ビート板のように使って湖を泳いだという。

また、辰子姫が百日祈願をした大蔵山観音堂の裏には「納経杉」がある。この木は姫が住む田沢湖の竜宮と繋がっており、四月八日の釈迦誕生日、七月九日の祭典の日に、この杉の洞に写経した紙を入れておくと、朝までに辰子姫が取りに来てくれると言う。（『田沢湖のむかしばなし』）似たような境遇の**八郎太郎**とは恋仲とされる。

竜巻の白竜［たつまきのはくりゅう］

秋田県由利本荘市に伝わる。ある時、一匹の白竜が姥池《うばいけ》の上空を通りがかり、**姥池《うばいけ》の主《ぬし》**の姿をチラリと見て一目惚れしてしまった。白竜は求婚のため、姥池に飛び込ん

だが、主の方はその気がなかったので隠れた。ガッカリした白竜だったが、更に悪いことに、色に迷ったので飛行できなくなってしまった。白竜はそれでもなんとか飛ぼうと思い、大蛇に変身し、高砂子という場所を這いずり回った。こうして三日間、大蛇が這《は》いずり回ったので物凄い土煙が上がり、近くの道を人々が通行できなくなってしまった。事態に困った住民たちは領主に大蛇退治を訴え、領主は鉄砲の名人である武藤兵右衛門を派遣した。兵右衛門が門弟二人を連れ、高砂子に着くと、錦のような色とりどりの鱗《うろこ》を持ち、長さ二〇尋《ひろ》、胴回りは両手を回しても余るほどの大蛇が寝こけていた。「眠っているなら好機」と兵右衛門は鉄砲で大蛇を撃ち取ろうとしたが、火薬の臭いで大蛇は目を覚まし、四方を睨《にら》むと、吠《ほ》えながら火炎を噴き、土砂を巻き起こした。兵右衛門が大蛇の目眩《めくらま》しに動転していると、大蛇は白竜の姿に戻り、鳥海《ちょうかい》山《さん》の方に飛び去った。この時から高砂子の地は「竜巻」という地名になった。享保九年（一七二四）五月一〇日、白竜は大雨を伴い戻ってくると、水の流れに乗って姥池に押し入った。姥池の主も今回は観念し、白竜と夫婦になると、二匹して昇天したという。（浅田照子『赤田の閑居様』）

煙草ねだり［たばこねだり］

秋田県能代《のしろ》市二ツ井に伝わる。フドウデンに住む人が、舟のカイの材料となる木を取りに山に通っていた。仕事をしていると「煙草をくれ」と言ってねだる者がいるので、この人はそいつの顔も見ずに煙草くれてやった。そういうことが何日か続いた。ある日、山へ子供を連れて来て、木を切っていたが、間違えて子供のいる方に木を倒してしまった。「しまった！」と思ったが、なぜか子供はさっき切った切り株の上にいて無事だった。煙草のお礼に「奴」が助けてくれたのだろうという。（関口修克『秋田県山本郡二ツ井町の民俗』）筆者命名。

多茂木の犬神様［たもぎのいぬがみさま］

秋田県大館市に伝わる。昔、長走村《ながばしりむら》の人が弘法大師に村の守護神を祈願した。それから半年後、白い犬が現れて多茂木の洞窟に住み着き、村へやって来る盗賊や獣を追い払ってくれるようになった。このため村人たちは白犬を「犬神様」と呼んで大事にしていたが、ある時、犬神様は姿を消したかと思うと、一年後に帰って来て仔犬を産んだ。犬神様が帰って来た年の夏は大変な旱魃《かんばつ》で、村人たちが困っていると犬神様の洞窟から「私たち親子を祀《まつ》ってから、滝壺へ投げ込んでください。そうすれば雨が降ります」と声が響いた。村人たちがこのお告げに戸惑い躊躇《ちゅうちょ》していると、山師が「俺の持ち山の木が枯れて困っていたのだ」と言うなり、祀りもせずに犬神様親子を滝壺へ投げ込んだ。すると、間もなく大雨が降って田を潤したが、山師の持ち山の木は全て流されてしまった。現在、多茂木神社に

は犬の親子の形をした石が祀られているが、これは犬神様の遺骸を滝壺へ捜索しに行った村人たちが見つけて持ち帰った物だという。（『大館のむがしっコ　巻之八』）

小さい騎馬武者［ちいさいきばむしゃ］

棚谷某氏《ぼうし》の義父が実際に体験した怪異。ある秋の夜、この人が一人で留守番をしていると、席の縁から筆ほどの大きさの騎馬武者が三、四人出てきて戦い始めた。持っていた煙管《きせる》で打ち払ってみると、騎馬武者は全員消えてしまった。しばらくすると、また一人、騎馬武者が現れた。その者の格好は金甲焜燁大将軍に似ていた。この騎馬武者が弓を引き絞ってこちらを狙って来たので、また煙管で打とうとしたが、それより早く片目を射抜かれた。その時からこの人は隻眼《せきがん》となったが、他人には「煙管で自傷した」と語った。（人見蕉雨《ひとみしょうう》『黒甜瑣語《こくてんさご》』）

血と涙を流すマリア像［ちとなみだをながすまりあぞう］

彫刻家若狭一郎によって作成された秋田市添川湯沢台の聖体奉仕会に現存する聖母マリア像。一九七五年一月四日から一九八一年九月一五日に掛けて計一〇一回の涙を流す奇跡を起こした。この現象は五〇〇人以上の人が目撃しており、涙を拭き取った脱脂綿を秋田大学医学部で調べたところ血液型ＡＢのヒト体液が検出された。また、涙を流す約一年半前の一九七三年七月には、この像の右掌に鋭利な刃物で削ったような十字型の傷が出現し、ここから血が噴き出す奇跡も起きた。秋田大学医学部で調査したところ、こちらは涙と違って血液型Ｂのヒト体液であった。（安田貞治『聖母マリア像の涙』）また、このマリア像を写真に撮ろうとすると、なぜか写らないという現象も報告されている。作家の遠藤周作も聖体奉仕会を訪れマリア像を写真に撮ったが、周囲の物は写っているのになぜかマリア像その物は写らなかったという。（佐藤有文『怪奇全百科』）

海外では「アワ・レディー・オブ・アキタ」（秋田の聖母）と呼ばれており、日本より知名度があるらしい（産経新聞2017/7/13付）

鍔神［つばがみ］

鳥海山《ちょうかいさん》周辺に伝わる。鳥海山の東北に高寺という場所があり、ここには深さが計り知れない池がある。この池には鍔神が祀《まつ》られており、池に汚物など投げ込もうものなら、たちまち異形の者が現れて人民を害するという。（『羽陰温故誌』）鍔は鰐の誤字と思われるが、定かではない。

釣り蜘蛛［つりぐも］

秋田県北秋田市阿仁《あに》に伝わる。山の上にあるお堂に巣食っていた巨大な蜘蛛の化物で、幻覚を見せて誘導した相手の手足を粘

着力のある小皿へくっつけて身動きを封じ、そのまま天井裏に引っ張り込んで食っていた。この方法で一六戸あった集落の住民を全滅させたが、最後は猟師に鉄砲を撃ち込まれ倒された。鋭い三本爪の手足に青白く光る目を持った大蜘蛛で、天井裏にはそれまでに食い荒らした人骨が散らばっていたという（野添憲治（編）『全国昔話資料集成　阿仁昔話集』）筆者命名。

天狗合戦 ［てんぐかっせん］

秋田県秋田市に伝わる。安永六年（一七七七）秋の初め頃のある夜、秋田市上空で大勢が「切れ切れ、討て討て」と騒いでいる声が響くことがしきりにあった。長野辺では「山の手」、楢山辺では「根小屋中城」と言っているのを聞いた人もあるという。ある人は、山の手から手形へ行く際に、如意山の坂の辺りで喧嘩をしているような大勢の声が響いているのを聞いた。この声は、次第に空の高い位置へと移動して行き、「鎌を起こせ起こせ」と叫んでいたという。（人見蕉雨《ひとみしょうう》『黒甜瑣語《こくてんさご》』）

天狗の再生術 ［てんぐのさいせいじゅつ］

人見蕉雨《ひとみしょうう》『黒甜瑣語《こくてんさご》』に載る。昔、雄猿部（北秋田市鷹巣七日市）の深山に大きな楠木《くすのき》があり、その梢《こずえ》に死骸が引っ掛かっていた。この死骸の身元は比内《ひない》（大館市）に住んでいた作之丞という男だとされていて、天狗に攫《さら》われてこうなったのだといわれていた。作之丞が失踪してから八〇年経ち、比内に残っていた作之丞の子孫の家に作之丞を名乗る男が訪ねてきた。自称作之丞は次のようなことを述べたという。「自分は四〇歳の頃に、山で知り合った大男に未来を占ってもらおうとしたところ、大男が「お前をこの場で殺し、八〇年後に目覚めさせた上で三〇年の寿命をくれてやる」と言うなり自分は首を絞められて気絶し、目を覚ましたら大男に按摩《あんま》されていた。山を降りてみると、村の様子は変わっていたが、間違いなく自分の知っていた雄猿部の集落で、ここまで帰って来た」。家人は訝《いぶか》しんだが、更に聞いてみると昔のこの辺りの様子を詳細に語るし、雄猿部にあった梢の死骸も消えていたので、最後には本当に本人だろうと納得したという。この人はその後、大男との約束通りに三〇年ほど生き、正徳年間（一七一一～一六）末に病死した。

天狗の矢 ［てんぐのや］

秋田県男鹿市に伝わる。北ノ浦近辺の村は正月二二日には山仕事をしない。この日に山へ行くと、山神もしくは天狗に矢で射られることがあるためだという。天狗の矢は石鏃《せきぞく》ばかりで矢柄《やがら》はない。畠村に住むある人は天狗の矢で膝下を射抜かれ、その傷が元となって病に罹《かか》り死んだという。（『伊頭園茶話』）鏃《やじり》が降る現象については山形県の**神軍**《かみいくさ》がある。

天保の白気 ［てんぽうのはっき］

秋田県北秋田市に伝わる。土佐屋三吉控覚『桐内沢村年代記』に載る。「天保一四年二月四日昼四ツ頃空に晶物が飛ぶ。その大きさ目より大きな晶物なり。二月中、西から南へ雲の如《ごと》く白く長き物天に現る。その長さ四尋位なり。毎晩五ツ頃より出でる。この名を白気と云うものなり」。前半の飛来した晶物は隕石。後半の白気は彗星《すいせい》（1843 I Brilliant Comet）と考えられる。（『みんなで綴る郷土誌II 山村民俗誌』）

髑髏宿借り ［どくろやどかり］

寛政年間（一七八九〜一八〇一）頃、寺内草生津《くそうづ》（現・秋田市）の辺りで夜な夜な髑髏が舞うという怪事が起きた。ある夜の丑三時、土崎に住む侍が港で用事を済ませて寺内の辺りを通りがかると、道端から何か白い物が這《は》い出し、足元に寄って来た。目を向けるとそれは髑髏で、驚いた侍が斬《き》りかかると、それは逃げ出した。侍が追い縋《すが》って髑髏を捕まえると、中からハサミが出てきて手を挟んで来た。ちょうどその時、提灯《ちょうちん》を下げた旅人が通りがかったので照らしてもらうと、それは髑髏を被《かぶ》ったヤドカリであった。侍はこのヤドカリを持って帰って食ったという。（『黒甜瑣語《こくてんさご》』）筆者命名。

徳利お化け ［とっくりおばけ］

北秋田市阿仁《あに》に伝わる。お堂に供えられ放置された徳利が化けた妖怪。女の姿に化け、酒盛りと称しては男をお堂の中に引き入れて食べてしまう。誘い入れた男の前で舞を踊り、男に「高づき舞いやにっさいな」と拍子を取らせるが、この拍子を言うごとに女の背は高くなり、口が裂けて行くという。ある知恵者が、この特性を逆手に取って「低づき舞いにっさいな」と拍子を取ると、どんどん小さくなっていったので、「高づき舞いやにっさいな、低づき舞いやにっさいな」と交互に拍子を取って攪《かく》乱《らん》したところ、最後は軒から落ちて割れてしまい、徳利の本性を現した。（『全国昔話資料集成　阿仁昔話集』）

虎子姫狐 ［とらこひめぎつね］

秋田県能代《のしろ》市に伝わる、能代市田子向《たこむかい》にある虎子姫稲荷神社の祭神。昔、能代市の三頭沼《さんとうぬま》の付近に、美しい少女が現れるようになった。この少女が姿を現した時は必ず豊作になったため、近在の人たちは少女を「虎子姫」と呼び、作物の神の使いとして敬っていた。ある年、能代の代官がこの辺に狩りに来て、大きな牝狐を仕留めた。その年は大凶作に見舞われ、虎子姫もそれ以降は姿を現さなくなったので、人々は「代官に討ち取られた牝狐が虎子姫の正体だったのだ」と言い始め、虎子姫稲荷神社を建てて祀《まつ》った。（『秋田民話集一二〇選』『日本の伝説14 秋田の伝説』）

虎子狢［とらこむじな］

秋田県五城目町《ごじょうめまち》に伝わる。浦《うら》城主の三浦兵庫頭《ひょうごのかみ》が存命の頃、里で盆踊りがあると、紅の帽子を被《かぶ》った美少女が城から踊り出して来た。少女の家がどこにあるかは誰も知らず、ある人が後をつけてみると、丑の刻頃に林の奥から「虎子、虎子」と呼ぶ声が聞こえ、少女がそれに応えると、姿が消えてしまった。人々は「虎子の正体は狢であったのではないか？」と噂し、盆踊りの際には「浦の城から出た丁女《めらし》、年は一七、名は虎子、今は盛りと咲きたる花よ、人が見たがる折りたがる」と歌ったという。（『奇話珍話秋田巷談』）

鳥海三郎［とりうみさぶろう］

『鳥海山《ちょうかいさん》大権現縁起』に載る。後冷泉院の御代（一〇四五～六八）に奥州を支配した阿部景高と鳥海大権現の間に生まれた四人息子の一人で、特に色濃く神の血を継いだので「鳥海」と名乗ったという。後に三郎は由利城主となったが、兄である安倍貞任《あべのさだとう》たちと共に朝廷へ謀反。朝廷軍の源頼義、義家との合戦で鎌倉景政の左目を射抜くなど活躍した。しかし、兄の厨河《くりやがわ》次郎が討たれた際に三郎は悲しんで叫び、この隙を狙われて鎌倉景政に復讐《ふくしゅう》の一矢を受けてしまった。射抜かれた三郎は鳥海山に飛んで行って霊神となり、鳥海山湖水の本尊となった。（神宮滋『鳥海山縁起の世界』）

トリカブトの翁［とりかぶとのおきな］

秋田県大仙市に伝わる。天明（一七八一～八九）か天保（一八三一～四五）の頃、松倉村に夫と妻、五人の子供という七人家族がいたが、大飢饉《ききん》により餓死を待つばかりになった。夫婦は相談の末に心中を決め、山からトリカブトを取って来て「これを煮て食うように」と指示を出し、子供たちの死に様を見るのは忍びないので自分たちは出かけた。留守中、子供たちがトリカブトを煮ていると、見知らぬ翁が訪ねて来て「食い方を教えてやる。鍋に灰を入れて煮る。これを三回繰り返してから食え」と言い、姿を消してしまった。子供達が指示通りにして食ってみると、非常にうまい。ちょうどそこに帰って来た夫婦はこの様を見て仰天した。子供達が「安全に食う方法を教えてもらった」というので、夫婦も恐る恐る食ってみたがうまい上に身体に異常も起きない。一家はこの食事法で飢饉を乗り切り、感謝として謎の翁を神として祀《まつ》り、庭にトリカブトを植えたという。（『羽後角館地方に於ける鳥蟲草木の民族学的資料』）筆者命名。この調理法を試したNNさん（仮名）曰く、「味は出来の悪い土生姜に似ていて、あまりうまくはなかった」という。

ナマハゲ

秋田県男鹿市に伝わる。ナマハゲは、元々は漢の武帝が連れて来た五匹のコウモリだったとされる。五匹は親子で、両親は「眉間鬼《みけんき》」と「逆頰鬼《さかつらき》」、子供は三兄弟で「眼光鬼」「首人鬼《しゅじんき》」「押領鬼《おうりょうき》」と言う名前であった。五匹の鬼たちは、白鹿が引く飛車に乗った武帝に伴われて大陸から男鹿へやって来て、武帝に散々こき使われた。疲労した鬼達が休日を懇願したところ、武帝は「正月一五日は好きにして良い」という許可を出した。こうして鬼たちは、正月一五日になると里に降りて来て悪さをするようになったので、今度は村人達が困って武帝に直訴した。相談の結果「鬼たちは一晩で五社堂の石段を一〇〇〇段積む。できたら毎年一人、娘を生贄《いけにえ》に捧げる。できなければ二度と村には降りてこない」という賭けをすることになった。勝負当日、鬼たちは日が暮れると早速石段を積み上げ始めた。村人たちは「一晩で一〇〇〇段は無理だろう」と油断していたが、石段は積み上がって行き、夜明け前に完成してしまう勢いだった。焦った村人たちは物真似上手な天邪鬼《あまのじゃく》を呼んでくると、一番鶏の鳴き真似をしてもらった。これを聞いた鬼たちは勝負に負けたと怒り狂い、腹立ち紛れに千年杉を引き抜き、梢《こずえ》を地面に突き刺すと、山へ去っていった。（秋田県国語教育研究会（編）『秋田のむかし話』稲雄次『ナマハゲを知る事典』）一説には、この後、鬼たちは再びコウモリに戻って、男鹿の洞窟に住んだという。また、ナマハゲは男鹿の西水口部落には入れないとされる。氏神である宇賀神が大の子供好きであるため、子供が怖がるナマハゲを許さないのだという。無理に入ろうとしたナマハゲは村境の橋から落とされてずぶ濡れにされてしまう。（『男鹿の昔ばなし』）

この話がもっともポピュラーな由来譚《たん》だが、**三吉様**《みよしさま》が鬼の姿に化身した物がナマハゲという話もある。変わった話としては、平将門の末裔である於仁丸がナマハゲの起源であるという物語もある。村から放逐された於仁丸が、神の使いに扮して妻子の様子を見に来た姿を真似たのが現在のナマハゲなのだという。（『男鹿の昔ばなし』）また、類話として八峰町大久保岱《はっぽうちょうおおくぼだい》に、**山男**が石段を積み上げる話が伝わる。ナマハゲとほぼ同様の来訪神には、青森県の**ながめへずり**、岩手県の**ナマミ**、山形県の**あまはげ**がいる。

成らずの林檎 ［ならずのりんご］

秋田県能代《のしろ》市に伝わる。檜山《ひやま》のＫ家に

生えた林檎の木には実が成らないが、次のような理由があるという。昔、近所にある某家の一二歳になる猫が腹を病み、汚物塗《まみ》れになってしまったので飼い主が山に捨てた。しかし、数日後、猫は家に戻って来て鳴き回り始めた。この様子を見て哀れに思ったK家の人は、猫を箱に入れて涼しい場所に置き寝かせてやった。更に数日後に見てみると猫は死んでいたので、K家の人は「肥料になるだろう」と考え、死骸を庭に生えた林檎の木の根本に埋めた。以降、林檎は実をつけなくなったという。(『傳承文藝　第十六號　能代・山本昔話集』)

ならのき石 [ならのきいし]

秋田県仙北市に伝わる。昔、西木町西《さい》明寺《みょうじ》の漆原《うるしばら》付近には丑三時になると一つ目の大入道が現れ、通行人を襲ったり、時には人家の戸を蹴破って闖入《ちんにゅう》して来た。原因を占うと、北外れの墓地にある「ならのき石」が化けていると託宣が降ったので、村人たちはこの石を祀《まつ》ってみたが、それでも大入道は現れ続けた。ある夜、村の八幡神社の別当を務める慈明院法師が墓地を通りがかると、大入道が現れて摑《つか》みかかって来た。この人は坊主ながら剣の達人だったので、腰の一刀を抜いて応戦し、隙を見て大入道へ一太刀浴びせたところ「ガチッ」と手応えが返ってきて、大入道は消え失せた。翌朝、法師が墓地に改めて来てみると「ならのき石」に刀傷が付いていたという。(長山幹丸『秋田の伝説』)

にしこり遊び [にしこりあそび]

杣人《そまびと》は山で暇になると、無聊《ぶりょう》を慰めるために「にしこり(サワフタギ)」を燃やす。この木を燃やすと色々な怪物が現れるので、眺めて暇潰しするのだという。ある人が言うには、南部と秋田の境にある山でこれを燃やすと、年の頃四〇歳ばかりで薜羅を身に纏《まと》い、イバラのように髪を振り乱した白髪の女が現れた。女はこちらに微笑みかけて馴染む様子だったので、その人はそのまま怪女を犯したという。以降、その人は山で時たま怪女に出会うようになった。(『黒甜瑣語《こくてんさご》』)

二面合鬼 [にめんがっき]

秋田県男鹿市に伝わる。昔、二面合鬼というモノが女米木《めめき》(雄和)の高尾山に住んでいた。ある時、田村麻呂将軍に攻められた二面合鬼は男鹿に遁走《とんそう》、真山《しんざん》に隠れたが、追って来た将軍に討ち取られ斬首《ざんしゅ》された。浦田村に石を敷いた場所があるが、二面合鬼の首を埋めた場所だという。一説には、埋まっているのは**大武丸**《おおたけまる》の首だとも言う。(石井忠行『伊頭園茶話』)

鶏嫌いの神 [にわとりぎらいのかみ]

秋田県仙北市に伝わる。仙北市玉川には男体山と女体山がある。この山の二柱の神

は鶏をタブー視していて、玉川村では鶏を食うことはおろか卵の話をしたり、夢に鶏が出てきただけで神罰が降るとされる。隣村から獅子舞が来る場合は、獅子頭の左右にある鶏毛を抜いておくほど徹底している。（『羽後角館《かくのだて》地方に於ける鳥蟲草木の民族学的資料』）明治一九（一八八六）年頃、仙北郡田沢辺の奥、駒ヶ岳の男神女神（男体山女体山）に加藤才治、森田主鈴、北条順治の三人が参詣した。この山では魚類（※原文ではこうなっているが鶏の間違いと思われる）を食うことが禁忌とされているが、三人は「そんなことはあるものか」と言って、歩夫に鶏肉を入れた弁当を背負わせて登山した。ところが、歩夫が転んでしまい、その際に背負っていた弁当が谷に落ちた。このために皆空腹に苦しみ、神のお咎《とが》めであろうと言われたという。（『伊頭園茶話』）

忍術人形 ［にんじゅつにんぎょう］

秋田県由利本荘市に伝わる。西目町《にしめまち》にかつてあった西目潟が、まだ干拓されていなかった頃、この村に沼田市蔵という武術家が住んでいた。ある夜、市蔵は女から子供を預けられ、預けた女は西目潟の水上を歩いて去って行くという夢を見た。ハッと市蔵が目を覚ますと、その胸には小さな藁《わら》人形が置かれていた。市蔵は「きっとこれは神の霊示であろう」と、人形を大事にし、身中から離さないようにした。すると、不思議にも市蔵は、水上歩行、闇夜で指先に火を灯す、火に掛けた鍋のツルの間をお膳を持ったまま潜り抜ける等の忍術が急に使えるようになった。後に、市蔵は西目村と院内村の間で起きた山争いの調停役として現場へ出向いたが、この時藁人形を家に忘れたため忍術が使えず、暴徒と化した両村の人たちに殺されてしまったという。その後の藁人形の行方は不明だが、市蔵の墓は西目町にあり、三宝荒神として祀《まつ》られている。（原田明美『西目のむかし話　血をふくわら人形』木崎和広（編）『羽後の伝説』）筆者命名。

布淵の魔 ［ぬのぶちのま］

秋田県大館市に伝わる。水沢村近くの長《なが》木川《きがわ》上流には「布淵」という深みがあった。この布淵には魔物が住んでいて、村人が近くを通りがかると金縛りにかけ、その後、白い布を水中から伸ばして村人を水中に引き込んでいた。困った村人たちは、村に住む浪岡矢出治という豪傑に魔物退治を依頼した。矢出治が布淵に赴くと、噂通り、白い布が絡み付いて来たので、矢出治はこれを一刀のもとに斬《き》り伏せて退治したという。（『大館のむがしっコ　巻之九』）筆者命名。青森県にも布に化けて人を取り殺す**布絡み**という妖怪がいる。

ヌマクジラ

秋田県能代《のしろ》市四日市に伝わる、この地にある沼（轟沼《とどろきぬま》と思われる）は、元は米代川《よねしろがわ》の一部で、その流れが地殻変動で取り残されて出来上がったものだと言われている。この沼は一番深い所で一三尋《ひろ》（約一九・五メートル）もあって、主はこの深みに潜んでいるという。今から一一〇年ほど前、ある若者が沼の近くで草刈りをしていると、突如、沼からクジラのような怪物が飛び出し、水面を跳ね回るのを見た。主が身動きするからなのか、沼の水の色は日に二、三度変わるともされる。（『能代の昔ばなし』）筆者命名。

猫石［ねこいし］

秋田県湯沢市に伝わる。皆瀬《みなせ》皿小屋《さらごや》の猫石神社には、丸まった猫のような形をした大岩がある。この岩は猫石といわれ、昔は夜ごと鳴きながら歩き回り、恐れた村人たちが社《やしろ》を建てて祀《まつ》ったところ、鳴き歩くことはなくなったという。（『特別展妖怪博覧会　秋田にモノノケ大集合』）

猫森の大猫［ねこもりのおおねこ］

秋田県八峰町《はっぽうちょう》に伝わる。峰浜村横内には猫森と呼ばれる場所があり、ここにはかつて慈覚大師が彫った十一面観音を祀《まつ》るお堂があったという。十一面観音には眷属《けんぞく》として大猫が仕えており、お堂の後ろにある洞窟に住んでいた。後にこの観音像が青森深浦に持っていかれると、この大猫も観音を慕って引っ越したという。（菅江真澄《すがえますみ》『遊覧記』）この観音像は青森深浦の円覚寺にある十一面観音のことと思われる。寺伝では、この観音像は厩戸皇子《うまやどのおうじ》によって作られたことになっている。

野狐丸［のざつねまる］

岩城《いわき》藩士の矢嶋家に伝来した友成《ともなり》銘の刀。切れ味は甲冑《かっちゅう》ごと人を両断するほどだが、切る相手を選ぶともされる。矢嶋清兵衛が狩りの勢子《せこ》として野原で待機していた際、前後左右に突如として川が出現するという幻覚に襲われた。その際、この刀がひとりでに鞘《さや》走り、幻術を見せていた白狐を斬首《ざんしゅ》して清兵衛を救った。この事がきっかけで「野狐丸」と呼ばれるようになったという。また、清兵衛の息子である矢嶋雅楽介が合戦帰りに天狗の住処《すみか》近くを通りがかると、暴風雨に襲われた。天狗の仕業と気付いた雅楽介が天狗に姿を見せるように呼び掛けると、天狗からは「友成の刀を持っている者がいるから、手を切り取られかねん」と返答されたという。（『汁講話』）

【は】

白煙の猿

［はくえんのさる］

秋田県能代《のしろ》市に伝わる。能代総鎮守日吉神社の神使である猿が化身した白煙。今から二八五年ほど前、日吉神社の社殿から一筋の白煙が立ち昇ると、一群の雲となり能代の街へと流れて行った。この雲が流れに沿った家々からは次々と火が起こり、たちまち全町が火の海と化した。数刻後、白雲は再び神社に戻ってきたが、今度は社殿には入らず、拝殿側の大きな槻《けやき》の木に吸い込まれた。神使である猿が火災を起こしたので、神が怒って社《やしろ》から締め出したのだといわれ、この槻の木はそれから「猿木」と呼ばれるようになった。この猿木も昭和二四年（一九四九）に大火で燃えてしまったという。（『能代の昔ばなし』）能代は風の影響で昔から火事の街として知られる。

白山神社の小蛇

［はくさんじんじゃのこへび］

秋田県秋田市に伝わる。白山村の白山神社では、鳥居を潜った先で小蛇の話をすることが禁忌とされている。もし、誤って小蛇の話をしようものなら数万匹の小蛇が群れを成して現れるとされる。（『羽陰温故誌』）

化け物坂

［ばけものざか］

秋田県湯沢市稲庭町《いなにわちょう》には、菅江真澄《すがえますみ》が『雪の出羽路』で「さへの神坂を雲深くあるは、小雨そぼる夕ぐれなんど通れば、男は女に逢ひ、女は男に往き会う事あり、又ぬらりひょん、おとろし、野槌《のづち》なんど百鬼夜行することありと、化物坂といふ人あり」と書き記した坂がある。現在でも塞《さい》の神の社《やしろ》はあり、金精《こんせい》さまと山神が祀《まつ》られている。思うに「男が女に逢い、女は男に往き会う」というのは、この人通りの少なそうな場所を利用した逢引《あいびき》のことを指しているのではないか。また、出てくる妖怪がいずれも鳥山石燕《せきえん》『画図百鬼夜行シリーズ』に登場するものなのは、江戸帰りの秋田藩士が肝試しなどした際に広めたのかもしれない。地元の人に聞いてみたが、「化け物坂」などという名前は知らないし、怪談も特にないという。（戦狐聞き書き）

バチ渕龍神

［ばちぶちりゅうじん］

秋田県横手市に伝わる。大森町本郷には龍神社がある。昔、この地は雄物川の渡し場で、一匹の尾無し龍が住んでいた。この龍は悪戯《いたずら》者で、渡し場を通る人をよく困らせていたという。ある夜、龍の夢に神が現

れ、「お前は東鳥海の大神に会って位を授けて貰え」とお告げされた。喜んだ龍はさっそく東鳥海に行き、大神に願い出たが、大神は龍の悪戯が酷《ひど》いことを知っていたので、これを退けた。そのため龍は正式な神になることができず、安田万治郎家の内神として祀られたという。（木崎和広（編）『羽後の伝説』）また、大雄村《たいゆうむら》（横手市）阿《あ》気《げ》のバチ渕の主は、尾を切られてバチ（尾無し）になった大蛇が伊勢神宮の札の力で龍神になったものだと記されている。（秋田県国語教育研究会（編）『秋田の伝説』）

バチヘビ

秋田県内で広く分布する怪蛇。矢口高雄の漫画『幻の怪蛇バチヘビ』で一躍有名になり、ツチノコの別名としても知られるが、伝承によっては無尾蛇と書いて、字の通り尻尾が切れた大蛇を指す場合もある。名前の「バチ」の由来は、秋田弁で瓶や壺を意味するバチと思われる。

原武男『奇話珍話秋田巷談』には、砂子《すなご》（北秋田市）の沢に住み着いていた身の丈七尋《ひろ》半、胴回り一尋余りで尾が切れた大蛇の記録がある。「トグロを巻いて寝ていた」と記されているため、一般的にツチノコと言われる蛇とは違う体型であることが分かる。山形県には、**でこつち**というツチノコの話があり骨もある。

八幡符の鷲羽［はちまんふのわしば］

秋田県秋田市に伝わる。上中城《うわなかじょう》の真壁家には、永延年間（九八七～九八九）頃に禁裏から与えられた「八幡符の鷲羽」が伝わっていた。普段は古記録と共に長持に入れていたが、泊まり番する際に足を向けて眠ると枕返しされたという。宝の見た目は、名前の通り鷲の粕尾《かすお》で茎には焼金が当てられている。羽の部分にクッキリと「八幡」の文字が浮かび上がっていて、裏側からも透けて文字が見える程だったという。（『伊頭園茶話』）

八郎太郎の呪い［はちろうたろうののろい］

八郎太郎によって武内弥五郎に掛けられ、七代続いた呪詛《じゅそ》。男鹿半島には一ノ目潟という丸い湖がある。ここに住む女神はかつて、八郎太郎によって一ノ目潟を奪われそうになったことがあった。八郎太郎が毎晩攻めて来るため、困った女神は、真山《しんざん》神社神職であり、弓の名手であった武内弥五郎に助けを求めた。弥五郎は快諾し、湖の近くで待っていると、やがて、寒風山《かんぷうさん》の上に怪しい黒雲が現れた。黒雲が湖に近寄って来たので、弥五郎が狙いを定めて矢を放ったら、矢は雲の中に吸い込まれ、辺りには大音響の悲鳴が響き渡った。やがて、黒雲から八郎太郎が顔を出し、片目に刺さった矢を引き抜くと、呪詛を込めて弥五郎へ返し矢を放った。矢は見事に弥五郎の片目を射抜き、以降七代の間、弥五郎の家系は片目になったという。（『八竜町史《はちりゅうまち》』）

発狂する土地［はっきょうするとち］

秋田県秋田市に伝わる。明治頃、秋田市土手長町三丁目橋向かいに田中屋という商人が住んでいたが、女房が突然発狂してしまった。実はこの土地は曰《いわ》く付きで、田中屋の前に住んでいた住人も何人か発狂していたのであった。困った田中屋は、小野崎通亮に祈禱《きとう》を依頼した。奇縁というものか、実は通亮はかつてここに住んでいた真崎伝五郎とは同僚で、原因と思われる話について聞き及んでいた。曰く真崎家が住んでいた頃、下男が畑を耕していると、土中から平石が出てきた。平石を退けると、更に下からは小瓶が出てきたが、中を改めると髑髏《どくろ》、鎧《よろい》の袖、瓦佩立《かわらはいたて》などの朽ちた断片が詰められていた。真崎氏は遺物だけ頂戴して髑髏を元の場所に埋めたが、その後、埋めた場所に土蔵が建てられてしまった。通亮は以上のことから「住民が発狂するのは髑髏の祟《たた》りであろう」と判断し、田中屋に髑髏を神として祀《まつ》ることを勧め、真崎氏に頼んで遺物を少し分けてもらって、それを御神体としサナキ神社として祀らせた。このおかげか、田中屋の女房は正気に戻ったという。（『伊頭園茶話』）現在で言うところの事故物件ということになる。

バッコ杉［ばっこすぎ］

秋田県大仙市に伝わる。西仙北町土川には「鉤掛《かぎか》けの大杉」という杉があり、近隣では「バッコ杉」と呼ばれている。これには次のような理由がある。昔、旧暦二月九日は山神が「木種子おろし」する日なので、入山は禁忌とされていた。ある時、貧乏な炭焼き男がこの禁を破って山へ入り仕事をしていた。仕事中は特に何も起きず、夕方になったので帰路に就いた。男が帰路を急いでいると、道の前方に、家で留守番しているはずのバッコ（娘）が、なぜか歩いているのに気が付いた。娘の名を呼んだが、娘は振り向きもせずどんどん行く。男は追いつこうと急いだが、不思議なことに距離は縮まらず、そのうち「鉤掛けの大杉」に差し掛かった辺りで娘は消えた。帰宅すると娘は炭俵を作る仕事をしていた。男はさっき見たことを話したが、娘は「今日はずっと留守番していた」とのことだった。このことがあってから、鉤掛けの大杉は「バッコ杉」と呼ばれるようになった。（長山幹丸『秋田の伝説』）なお、鉤掛けの大杉の「鉤掛け」は、木に鉤を掛けることで山神に祈ったことに由来するという。

八百八つ狸［はっぴゃくやつだぬき］

秋田県藤里町に伝わる。十六貫の地に住み着いていた八百八つ（歳）になる古狸で、道にたびたび現れては大の字になって眠り、人々を困らせていた。津軽から巡業に来ていた「魔戸の坊さま」夫婦は里人からこの困り事を聞き付けると、十六貫に赴き三日三晩の祈禱《きとう》をした。以降、古狸は現れなくなったという。（『藤里の民話』）

羽鳥沼の生面「はとりぬまのいきめん」

秋田県能代《のしろ》市に伝わる。能代市龍泉寺には鎌倉時代の作とされる一対の舞面があるが、それらのうちの翁面《おきなめん》の方は、かつて秋田市羽鳥沼辺りに夜な夜な化けて現れ、人々を恐れさせたという。この噂を藤原という侍が聞きつけ、ある夜、羽鳥沼へ化け物退治に赴いた。藤原が木の陰に隠れて待っていると、道の先で光が弾け、真昼のような明るさを伴って何かがこちらにやって来る。目を凝らすと、それは身体から光を放つ着飾った若い女で、不思議なことに一歩踏み出すごとに身の丈が伸び上がり、それに比例して放つ光も眩《まぶし》さを増して行く様子であった。藤原は女が近寄ってくるのを待ち伏せし、機を見計らい飛び出すと、女の顔を袈裟懸《けさが》けに切り付けた。女が断末魔の声を上げると、辺りを照らしていた光は消え失せた。夜が明けるのを待って調べると点々と血の跡があり、藤原が追跡すると、血の跡は龍泉寺の中に続いている。寝ていた住職を起こして調べてみると、本堂の中に血塗《まみ》れの翁面が転がっていた。後に龍泉寺が能代市に移転した時、一対の舞面も一緒に持って行った。（秋田県国語教育研究会（編）『秋田のむかし話』）また、現住職曰く、五城目《ごじょうめ》の小学校に生面を貸し出したことがあった。ある夜、宿直の先生が夜に見回りをしていると、何やら床を這《は》っている。ライトで照らしてみると、それは学校で借りていた面のうち嫗面《おうなめん》で、ひとりでに床を這いずり回っていた。あまりにも不気味だったため、面はすぐに龍泉寺へと返却された。寺にある間は動くことはないという。（戦狐聞き書き）

鼻血妖刀「はなぢようとう」

秋田市の添川大蔵院にかつてあった全体が錆《さび》に覆われた古い長脇差。この脇差は不思議な事に、不浄な者が手に取ると、その者は鼻血を噴き出したという。持ち主が死に、子孫も絶えてしまったので今は行方が知れない。（『奇々怪々あきた伝承』）筆者命名。

早口川の大蚯蚓「はやくちがわのおおみみず」

秋田県大館市に伝わる。今から二五、六年前のこと、当時小学生だったせつなさんが、下校中に大館市の早口橋の辺りを通りがかると、早口川の中に肌色の極太ホースのような物があるのに気が付いた。「変わったホースだな……」と思いよく見ると、その物体には横筋があり、先端も妙に丸っこい。そこで気付いたが、それはホースなどではなく、軽く一・五メートル以上はありそうな巨大なミミズであった。あまりにも気色悪いのでその場を逃げたが、今でも思い返しては、「アレは何だったんだろう?」と思うという。（『秋田妖怪蒐異』読者せつなさん投稿）

林縫殿冬嗣が遭遇した変化〔はやしぬいどのふゆつぐがそうぐうしたへんげ〕

秋田県大仙市に伝わる。昔、刈和野《かりわの》に林縫殿冬嗣という、新陰《しんかげ》、柳生両流の師範にまでなった達人がいた。一七四三年頃のある日、冬嗣は所用で外出したが、帰りは夜になり小雨が降っていた。夜道を歩いていると、前方から伊藤玄恕という医師が来るのに気が付き、「これは玄恕坊、いずくまで？」と声を掛けたが、医師は返事をしない。「はて？」と思い、更に声を掛けたがなおも無視するので、腹を立てた冬嗣は、医師の脇を擦り抜けて通ろうとした。すると、医師は無言で摑《つか》みかかって来た。冬嗣は腕に覚えがあるのでそのまま組み合ったが、捻《ね》じ伏せようとしても医師の腕は鉄棒のように力強く思うようにいかない。夜明けまで格闘したが決着は着かず、日の光を見た医師は、今度は逃げようとし始めた。冬嗣は「逃がさん！」と頑張ったが、終《しま》いには逃げられてしまった。後で冬嗣が手を見ると、黒くて太い牛の毛のような物が残されていて、よく見てみれば、毛先はみな二股に分かれていた。山猫か古狸の仕業であろうと、この毛は保存していたが、ある年、洪水が起こって流出してしまった。その後、冬嗣は八二歳の時に武芸試合で優勝し、天明六年（一七八六）一一月二三日に八三歳で没した。（長山幹丸『秋田の伝説』）

腹病み石〔はらやみいし〕

秋田県鹿角《かづの》市湯瀬《ゆぜ》に現存する岩。この岩はもともと神々に使役された牛であったが、**八郎太郎《はちろうたろう》**が鹿角に襲来した際、撃退のために神々が岩や金槌《かなづち》を運ぶ作業で酷使した。最終的に牛は腹を病んで血を吐いて死に、そのまま石化したのがこの岩だという。牛の祟《たた》りなのか、この岩に触れると腹痛に襲われるとされる。（戦狐聞き書き）

はんぞう石〔はんぞういし〕

秋田県横手市に伝わる。山内上黒沢《さんないかみくろさわ》の辺りに「はんぞう石」という岩があった。昔はこの岩に天狗が水を貯めて水垢離《みずごり》していたという。（『傳承文藝　第十七號　秋田県平鹿《ひらか》郡山内村昔話集』）

飛行人〔ひこうじん〕

人見蕉雨《ひとみしょうう》『黒甜些語《こくてんさご》』に記述がある。宝暦七年（一七五七）に秋田市広小路上土橋（現在の広小路には、中土橋はあるが上土橋はない）の上空に現れた人型の存在。これを実見した医師の稲見氏曰く、「年齢は定かではないが、羽織り大小して形付きの袴《はかま》に、白い足袋を履いているように見えた。風を御して空中歩行しているように見えたが、しばらくすると見えなくなった」という。筆者命名。

ヒヒ憑き［ひひつき］

秋田県横手市に伝わる。昔、田代沢から筏《いかだ》に嫁に来た女が娘を産んだが、女は産後の肥立ちが悪く死んでしまい、生まれた赤ん坊は田代沢の母親の実家へ帰された。七、八歳になった頃、この娘は夜になると、見えない何者かと会話している様子で独り言を言うようになった。更に時を同じくし、台所に覚えのない魚の塩引きが置かれているのが発見される事が続いた。同居していた婆さんが「お前がどこからか盗んだのではないか？」と叱《しか》ったが、娘は否定した。叱ったその日は魚が台所に置かれることはなかったが、代わりに火棚にいつの間にか木屑《きくず》が置かれる悪戯《いたずら》がされていて、危うく火事になるところであった。それからは娘を褒めればいつの間にか食い物が台所に出現し、叱れば酷《ひど》い悪戯がされるようになった。ある日、娘を酷く叱ったら、鍋にどっさりウンチがされていた。激怒した婆さんが娘を詰問すると、娘は「私ではない。ヒヒがやったのだ」と言う。詳しく問い質《ただ》すと、娘にはヒヒの姿が見えていて、独り言と思ったのはヒヒと会話しているためらしい。その日の夜、娘を叱ったからか、またもや火事が起きかけたので、婆さんは「ヒヒが憑《つ》いてる子供など置いておけん」と、筏にある父親の実家へ娘を突っ返したという。（『山内村のむかしっこ』）

火伏せ地蔵［ひぶせじぞう］

秋田県秋田市に伝わる。土崎の蒼龍寺《そうりゅうじ》境内には「享保十七年提明」と銘が刻まれた地蔵があった。この地蔵は、土崎の港町に異変があると汗を流し、火事などがあると大入道に化身して人々を守るという。（秋田市史民俗部会『秋田市史民俗調査報告書（二）』）

百曲がりの河童［ひゃくまがりのかっぱ］

秋田県横手市に伝わる。横手から黒川に向かう街道は通称「百曲がり」と呼ばれる。この街道の脇を流れる川には、一曲がりごとに一匹ずつ河童が住んでいるという。ただ、百曲がりなのに、なぜか九九匹しかおらず、河童たちは最後の一匹を探しているとされる。一説には、この河童たちの先祖は蛇の崎の淵《ふち》に住んでいた河童夫婦で、淵を狙う大蛇から避難してここに引っ越し繁殖したという。また、一匹足りない理由は、かつてこの地を治めていた戸村氏の鷹を草履取川の河童が殺してしまった。激怒した戸村氏は、その河童の住処《すみか》の水を干し、捕らえて殺したという。（『秋田郡邑魚譚』『横手盆地のむかしっこ』）この河童たちの先祖の来歴については**鐘渕《かねふち》の大蛇《だいじゃ》**参照。神保川にも一曲がりごとに河童が住んでいるという話がある。

封蛇石［ふうじゃいし］

秋田県男鹿市に伝わる。延命寺の貯水池近くには、溶岩の割れ目から清水が湧き出した泉がある。この泉を左側から覆っている大石は真ん中から二つに割れていて「封蛇石」と呼ばれているが、これには次のような理由がある。昔、飯《いい》の森の徳禅和尚がここで一休みしていると、奇妙な色をした一メートルほどの蛇がいるのを見つけた。和尚は「これはやがて大蛇となり、災害をもたらす蛇だ！」と驚き、法力によって大石を二つに割って、その中にこの蛇を封印した。（木崎和広（編）『羽後の伝説』）封印されてからも蛇は時折り姿を見せていたが、明治頃、子供が蛇を鎌で引っ掛ける悪戯をしたので以降は見せなくなったという。

また、封蛇石にいたずらをした二人の教師が奇病で死亡。矢を放った石工は鼻血が止まらなくなったという話もある（『男鹿の昔ばなし』）また、この石に空いている穴を覗《のぞ》くと、鼠《ねずみ》色をした黒斑《くろまだら》の蛇が見えるとされる。（『秋田名跡考』）

藤娘［ふじむすめ］

秋田県大館市の長泉寺に伝わる。昔、この寺の境内には大藤が生えていた。ある時、伸び過ぎたので当時の住職は藤を伐採しようと考えた。その夜、和尚が境内を散歩していると、大藤の前に白無垢《しろむく》を着た綺《き》麗《れい》な娘が現れた。和尚が誰何《すいか》したところ、娘は「私はこの藤に住まう蛇で、伐採を思い止まって欲しい。思い止まって頂けるなら、火難から寺を守る」と言う。和尚が承諾すると、娘は微笑みながら溶けるように消えた。それから時代が下り、五代目住職の時に近所で大火が起こったが、見慣れぬ娘がどこからか現れると、藤の根本にある泉から水を汲《く》んでは寺の屋根に登って注水し、おかげで寺は火災を免れたという。戊辰戦争が起きた際、長泉寺に火が放たれ大藤に燃え移った。この際、役目を終えた藤娘は白装束姿で現れ、東天に遊泳するように昇天したという（『秋田に伝わる土地々の物語』）

二口狸女房［ふたくちたぬきにょうぼう］

秋田県北秋田市阿《あ》仁《に》に伝わる。ある男が、山小屋で泊まり仕事をしていた。ある夜、外から自分の女房が子供をあやしながらこちらに向かって来る声が聞こえたが、軒下まで来るとフッと消えてしまった。この怪事が続いて何日目かの晩、その日は女房が小屋まで入ってきたが、話してみるとどうも様子がおかしい気がする。怪しんだ男は火を絶やさないようにしたが、そのうち眠くなって来て、あくびをしてしまった。女房もつられて大きなあくびをしたが、あくびをしたのは人間の口ではなく、囲炉裏の前に広げた股《また》の間にある下の口であった。化け物だと気付いた男は、斧《おの》で滅多打ちにして女房を殺した。偽の女房の死骸は正体を現したが、それは上下逆になる

形で組んだ二匹の狸であった。騙《だま》されて寝ていたら男性器を噛み切られるところであった。（『全国昔話資料集成　阿仁昔話集』）筆者命名。

古舘の奇物［ふるだてのきぶつ］

秋田県由利本荘市に伝わる。岩城《いわき》の八幡神社がある場所には、昔は館が建っており、掘り返したら古銭や太刀、挽臼《ひきうす》などが出てきた。この古館の井中から奇物が発見され、藤右衛門という者が所持していた。ある時、藤右衛門がこれを分家の七之助に貸したが、奇物が奇怪な声を発して騒ぐので、七之助はすぐに返したという。秋田藩の梅津藤十郎は、茶会がある際はこの奇物をたびたび借りたとされる。（『羽陰温故誌』）同書の奇物の図には「目形九目　足龍頭大きさ九寸」と書かれている。なお、奇物の見た目は宇宙人狼ゲーム「Among Us」のキャラクターに似ている。

平家蜘蛛［へいけぐも］

秋田県八峰町《はっぽうちょう》峰浜石川に住む某氏《ぼうし》が見たという奇妙な蜘蛛。某氏がある時入浴していると、風呂の壁に奇妙な蜘蛛がいることに気が付いた。それは尻に人の笑顔を戯画化した紋様のある親指大の蜘蛛であった。珍しいので某氏は一瞬捕まえようかと思ったが、なんだか不気味な感じを覚えたので放置して風呂から上がった。少しして気が変わり、やっぱり捕まえようと思って風呂に戻ったが、もういなかったという。後日、虫図鑑で調べてみたが、該当する種類の蜘蛛は見当たらなかった。九州の方には「平家蟹」と呼ばれる甲羅に人の顔を持つ蟹がいて、甲羅の顔は平家の怨念によるものと言われる。石川集落は、平家の落人が流れ着いて築いたという伝説があるので、この蜘蛛もその類かもしれない。（戦狐聞き書き）

蛇薬［へびぐすり］

秋田藩士の朝日家に伝わる蛇の解毒剤。この薬を作るには、五月五日朝、白菫《しろすみれ》を取って来て陰干しし、挽《ひ》いて粉にする。この粉を酒で呑んだり、患部に塗れば、人でも馬でも一貼で回復する。ただし、菫は朝日家当主が採った物でないと効果はない。この薬には次の謂《いわ》れがある。昔、朝日家当主は蛇を飼っていて「盗っ人が来たら食い付け」と言い聞かせていた。ある時、当主が夜に帰って来ると、蛇は盗っ人と勘違いして当主に噛み付いた。毒気に侵された当主が危篤状態で苦しんでいると、人に化けた蛇が盃と白菫を干した物を持って夢に現れ、「兼ねてから「盗っ人に噛み付け」と言われていたので見誤って噛み付いてしまった。これを召してください」と言って謝罪し、目が覚めた。翌朝、蛇は死んでおり、その側に盃《さかずき》と白菫があったので当主が服用してみると、たちまち回復したとい

う。（『伊頭園茶話』）

蛇の兜［へびのかぶと］

秋田藩士の間に伝わる。長野町に住む小野寺家には「蛇の兜」なる物が伝わっている。大きさも形もカブトムシの頭に似ていて、色黒く鍬形《くわがた》に似ている物もあって家宝としている。安産のお守りともされ、嫁入りの際に持っていけば目出度いともいう。この宝物は梅津家から嫁入りして来た人が持って来た物で、その由来は昔、梅津家の庭にあった手水石《ちょうずいし》のそばに小蛇が忽然《こつぜん》と現れた。この小蛇は手水石の水を巻き上げて昇天したが、その跡にこの兜が残されていたのだという。（『伊頭園茶話』）蛇の兜は一つだけではなく、文政初年頃に十二所の給人《きゅうにん》をしていた矢田部久太夫という人の家にもあった。ある時、久太夫は登城した際、同僚に蛇の兜を自慢し、皆が見たがったので次に登城する際に持って来て見せる約束をした。後日、久太夫は約束通りに蛇の兜を持参して披露したが、それはカブトムシの角を朱、緑青に彩色したものであった。これを見た長山盛晃は爆笑し、その場で近所の子供からカブトムシをもらって似たようなものを作って見せた。このため久太夫は大恥を掻《か》いたという。（長山盛晃『耳の垢』）

蛇の館［へびのやかた］

秋田県大仙市大曲《おおまがり》のどこかにあると云われる心霊スポット。実際に蛇が出るわけではなく。夫に不倫され逃げられた奥さんが首吊り自殺をした。その後、家には夜な夜な奥さんの亡霊が蛇のように這《は》って出てくるようになった。そこから「蛇の館」という名前が付いたそうな。２ｃｈのスレッド「秋田の心霊スポット」に書き込まれていた怪談で、投稿主によると蛇の館の名前は母親、由来は先生から聞いたという。

法興寺の狢［ほうきょうじのむじな］

秋田県秋田市に伝わる。土崎にかつてあった法興寺（現在は山形県に移転。跡地に建立された見性寺《けんしょうじ》に当時の山門のみ残る）には齢数百歳といわれる狢が住み着き、たびたび不思議なことを起こした。気の良い狢だったらしく、寺が閉まっている遅い時間に来た参拝者には本堂に明かりを灯してやり、下駄の鼻緒が切れて困っている参拝者には、参拝者の実家へ狢が赴いて下駄を持って来てやったりしたという。また、月待ちの夜に寺に集まった人が「狢よ、唄うか、木を伐《き》る真似をしておくれ」と声をかければ、望みに応えて陰々とした唄声を流したり、杣人《そまびと》が木を伐る音を響かせて楽しませたとされる。（『羽陰温故誌』）

豊氏［ほうし］

秋田県大仙市に伝わる。延暦二〇年（八

○一）頃、高梨の辺りに「豊氏」という異形の人が住んでいた。豊氏には顔が一六あり、「四問答」という風を発生させる不思議な袋を持っていた。豊氏は時折、この袋を使って悪風を起こし、雲霧を湧かせ、野山や村をスッポリ隠してしまったという。付近の村人たちは、豊氏を仙人として扱っていた。また、豊氏は麒麟《きりん》に乗って飛行し、白鷹《しらたか》を連れていた。ある時、豊氏は駒ヶ岳に帰ってしまったが、白鷹はこの地に残った。後に坂上田村麻呂が、男鹿の鬼神退治のためにこの地に陣を張った際、この白鷹が道案内して討伐を成功に導いたという。（長山幹丸『秋田の伝説』）

亡霊牛［ぼうれいうし］

秋田県八峰町《はっぽうちょう》峰浜の竹生橋《ちくぶばし》とポンポコ山の間には、かつて牛の屠殺場があった。そのためなのか、この区間の国道一〇一号線には真夜中になると亡霊の牛が走るという。（戦狐聞き書き）

星の碑［ほしのひ］

秋田県美郷町に伝わる。仙北郡六郷土崎村には星の碑がある。地元では石星と呼び、星が落ちて石となったものだという。星の碑は二つあり、その下には金銭が埋まっているという。（石井忠行『伊頭園茶話』）

ボッケイ

人見蕉雨《ひとみしょうう》『黒甜瑣語《こくてんさご》』に載る。槻木村《つきのきむら》（現・潟上市昭和）に住むある商人は、日頃から口寄せの秘法を知りたいと思っていた。そこで、梓巫女《あずさみこ》を自宅に招いて酒でもてなし、酔って眠ったところでその持ち物を漁《あさ》り、占いに使う髑髏《どくろ》と自分があらかじめ用意した普通の髑髏をすり替えてしまった。翌朝、目覚めた巫女は帰ったが、しばらくすると血相を変えて戻ってきて「普通の髑髏は占いに使えないので、すり替えた物を返してくれ」と言った。商人が「返してやるから術法を教えろ」と脅迫すると、観念した巫女が語るには「口寄せの術には、一〇〇〇歳の狐が人に化けるのに使用した髑髏を用いる。狐が使用した髑髏なら、その近くに晒《しゃれ》という木から作った杓子《しゃくし》のようなボッケイという物が落ちているので、それで見分ける」と語ったという。

保戸野の怪女［ほどののかいじょ］

秋田県秋田市に伝わる。ある夜、橋本甚之丞という武士が保戸野新橋を通り、御小人町に入ると、前方を奇妙な女が歩いているのに気が付いた。後ろ姿を見るに若い娘のようなのだが、奇怪なことに、帯を長く垂らして地面に引きずって歩いているのだ。甚之丞は心憎く思い、引きずられた帯の両端を手に取ると、女の腰に結び付け、力任せに締め付けた。しかし、女は気にしたふうでもなく黙々と歩いて行く。甚之丞は今度は帯の両端を持つと、引き倒さんばかりの勢いで思いっきり引っ張ってみた。

すると、女はようやく振り返ったが、その顔を見て甚之丞は驚愕《きょうがく》した。女の顔は、眼は鏡のように光り、口は耳元まで裂け、眉は太く鼻は大きく、およそ人間の顔ではなかったのだ。甚之丞が異形の顔に怯《ひる》んで手を緩めたので、女は手を振り払って逃げた。甚之丞は追い掛けたが取り逃したという。（長山盛晃『耳の垢』）

掘ると狂乱する大石［ほるときょうらんするおおいし］

秋田県羽後町に伝わる。上到米《かみとうまい》村唐松《からまつ》には古柵跡があり、三畳ほどの大きさの平石が存在する。この下には金銀財宝が埋まっているとされ、掘って財宝を得ようとする者が何人かいたが、全員途中まで掘った所で発狂してしまったという。明治一三か一四年頃、唐松村の佐藤重五郎が、例の如く宝物を得んと石下を掘ったらたちまち発狂、狐憑《つ》きのような状態になってしまったという。（『伊頭園茶話』）

【ま】

魔王堂［まおうどう］

秋田県五城目町《ごじょうめまち》に伝わる。富田にある魔王堂は、山田城主の妾を祀《まつ》ったものだという。ある時、妾が孕《はら》んだが、城主は不貞の疑いを持ち、妾を殺してしまった。無実の罪で殺された妾は城主に祟《たた》りをなし、人々が妾を慰めるために祀《まつ》ったのが魔王堂の始まりだという。（『羽陰温故誌』）

まさかり石［まさかりいし］

秋田県北秋田市に伝わる。阿《あ》仁《に》中村《なかむら》の裏山の畑には斧《おの》で切り付けた跡がある大石があり「まさかり石」と呼ばれている。昔、この村には美しい娘がおり、男たちは争って言い寄ったが、娘はことごとく誘いを突っぱねた。ある夜、荒くれ者が娘の家を覗《のぞ》こうとやって来ると、娘の寝所から怪しい男が出てきたのに出くわし、カッとなった荒くれ者は持っていたマサカリで男に切り付けた。男が倒れたが、荒くれ者がよく見てみるとそれは大石であったという。（木崎和広（編）『羽後の伝説』）

鱒女房［ますにょうぼう］

秋田県北秋田市阿仁《あに》に伝わる。昔、ある男が漁師から鱒を一匹買い取り、川に逃してやった。しばらくして、男の女房が亡くなり、相手もいないので男は独り身で暮らしていたが、ある時、見知らぬ女が訪ねて来て、なし崩し的に女房になった。女はまともな材料もないのに毎食美味しい汁物を出すので、不思議に思った男が調理風景を

覗《のぞ》いてみると、女は鍋にまたがって何かしていた。それからだんだん女の顔は日焼けしたように黒くなって行き、ある日、女は暇《いとま》乞《ご》いをすると川に飛び込み、そのまま大きなほっちゃれ鱒（産卵を済ませた鱒）になって淵《ふち》に入った。（『全国昔話資料集成阿仁昔話集』）女の顔が黒くなるのは、産卵を済ませた鱒が黒ずむことからきていると思われる。別パターンでは、夫の不在中に盥で水浴し、その残り水で料理していた。この鱒女房の背中には桜の花弁のような痣が三つあったという。（『民話叢書2阿仁の民話』）

マタギの左多六［またぎのさたろく］

秋田県鹿角《かづの》市に伝わる。かつて、下草木《しもくさぎ》の里には、藤原秀郷《ふじわらのひでさと》及び日光派マタギの始祖万事三郎の子孫である左多六というマタギがいた。左多六は優れたマタギであったため、南部利直から天下御免のマタギ免状なる物をもらっていた。ある時、左多六は相棒である**老犬《ろうけん》シロ**とカモシカを追ううち、三戸領に踏み込んでしまった。現地のマタギに見つかった左多六は間者と間違われて捕らわれてしまい、運悪くマタギ免状を家に忘れて来てしまっていたため弁解も通じず、三戸城で打ち首にされた。首を落とされた際、左多六の生首はギラギラと目を見開き輝かせ「生まれ変わって七代まで祟《たた》る」と叫び、三戸城下を流れる熊原川《くまはらがわ》を鹿角方向に遡上《そじょう》して行った。その後、下草木の地では、罪人として処刑された左多六を表向きは「三宝荒神《さんぽうこうじん》」として祀《まつ》った。地元では「荒神様」「左多六様」と呼ばれており、「左多六」と呼び捨てると罰が当たるとされる。生前は優れた呪術師的な側面も持っており、春先に雪を降らせたり、皮《かわ》投岳《なげだけ》の山人、**四角岳《しかくだけ》の荒神《こうじん》**などの異類を弟子にしていたと言われている。また、天原の沢に住んでいた**蝦蟇《がま》仙人《せんにん》**は左多六の化身であったという。（『左多六とシロ物語　伝承の背景を探る』）

ミコシ

秋田県北秋田市に伝わる。村人が、中柳の田で雨上がりに一丈（約三メートル）もある大男の化け物を見た。これは「ミコシ」という雨上がりに現れる化け物で、出逢ってしまったら「ミコシタ」と言うと良い。（『みんなで綴る郷土誌II 山村民俗誌』）

また、秋田市で同類の妖怪を実見した話がある。

今から半世紀程前、夜19時頃に体験者（投稿者の叔父）が秋田市小泉潟から高岡方面へ歩いていると、向こうから人影が歩いて来た。

その人影は近づいてくる度に徐々に背が伸びて行き、すれ違う距離まで来たら突然グーンと大きくなったので、体験者は腰を抜かし、髪の毛が逆立つ程驚いたという。

正体は狐狸とも言われている（『秋田妖怪蒐異』読者　保坂さん投稿　戦狐聞き書き）

水無の鬼 ［みずなしのおに］

秋田県北秋田市に伝わる。七、八尺（約二・一〜二・四メートル）の身の丈で、身体中に針金のような毛が一面に生え、ギラギラと輝く赤い眼をした鬼。外見は厳《いか》ついが、自分を負かした山猫相手に終始ビビるなど臆病なところがある。元は北秋田市水無の山奥深くに住んでいたが、赤倉山に住んでいた山猫に住処《すみか》を追われてしまった。食う物にすら困った鬼は、山で芝刈りをしていた百人力のヘノという男に食い物を恵んで貰うついでに助けを求めた。ヘノは自分では役不足だと判断して凄腕《すごうで》マタギの与作を紹介してやり、この与作が山猫を討ち取ってくれたおかげで、鬼は住処を取り戻すことができた。（松谷みよ子（編）『日本の伝説上』）

三峰様 ［みつみねさま］

埼玉県秩父市にある三峯神社の神使である狼のこと。御眷属《けんぞく》、御犬様などとも呼ばれる。三峯神社は眷属である狼を貸し出しており（狼そのものではなく札などに付与）、火難、盗難、四足（作物を荒らす動物）を防いでくれることから全国各地に信者が多かった。秋田県内でも例に漏れず信仰者が多く、付随する霊験譚《たん》は多い。秋田県秋田市の伝承では、湊里敬（曽兵衛）家で三峰神社の札を祀《まつ》っていた。透視能力を持っていた清覚院という僧は、湊家の門前を通った際、たびたび狼を見かけ恐ろしく思っていた。この話を聞いた湊家ではますます三峰様を信仰したという。巷《ちまた》では、「清覚院は湊家で三峰さまを祀っているのを知らなかったので、狼を見たのは実に不思議なことだ」と噂された。（『伊頭園茶話』）以上の話は透視能力者が介入することで、直接的に三峰様を見ている稀有《けう》な例で、他の話では姿を見せることはまずない。同じく秋田市築地本町に住む深谷家でも三峰様を祀っており、守り札を屋根の棟下に納めていた。明治一五年（一八八二）頃、隣に住む石井家の四、五歳になる女児が屋根に出て遊んでいたが、家に戻ると祖母に、「深谷と石井の間の生垣に、ホヤホヤと火が燃えている」と報告した。祖母が外に出てみると確かに垣に火が燃えていたが、よく見てみればそれは風に飛ばされたらしい深谷家の三峰札二、三枚で、垣に引っ掛かっていたのであった。祖母は札を回収して深谷家に返したが、火に見えたのは実に不思議だと語ったという。（『伊頭園茶話』）こちらの話では、火を幻視させることで救助を求めている。火難を防ぐ三峰様が火の幻を見せるというのもなかなか面白い話である。仙北市の伝承では、角館《かくのだて》町横町丁丙に伊藤吉左衛門という金持ちがいて、三峰様を信心していた。吉左衛門は毎朝、自らご飯を用意すると一旦《いったん》神棚へ上げ、その後、屋根へとお供えしていたが、

翌朝見ると屋根に供えた飯はなくなっていたという。同家では「夜のうちに三峰様が来て食べているのだろう」とされ、こうして日頃から厚く信心しているおかげか、近所で盗人が出てもこの家に入られたことはなかった（『現代民話考10 狼・山犬・猫』）

こちらは盗難除けに関する霊験譚である。この話では未然に防いでいるが、三峰様を祀る家に盗みに入ると、狼に食い付かれるとされる。このような霊験譚は今でもあり、ある時、筆者は、能代《のしろ》市某ホテルの清掃員として働く知人に、三峯神社の神拓守りを土産として贈った。この知り合いの職場は「上階ほど幽霊が出る」と従業員の間では有名で、無人の階で不審な人影が横切ったり、誰もいない背後から声を掛けられたりなどの怪現象が珍しくなかった。しかし、知人は神拓守りをもらってから、職場で怪現象に逢わなくなったという。他の従業員に聞いてみたが、怪現象に逢っていないのは知人だけで、相変わらず怪現象自体は止んでいないとのことだった。（戦狐聞き書き）山形県にも同じく三峯神社の眷属である**おいの様**の伝説がある。

耳のある蛇［みみのあるへび］

秋田県仙北市に伝わる。かつて桧木内《ひのきない》にあった戸沢館は、大蛇に守護されていた。この大蛇は、今では「奥石森」という大小の石が散乱する山に引っ越したとされ、昭和頃にワラビ取りにこの山に入った女たちは、耳のある蛇を目撃したという。（長山幹丸『秋田の伝説』）

三吉様［みよしさま］

太平山の山神。元は貴人であったが、人界に嫌気が差したため太平山に籠《こ》もって修行し、鬼神になった者だという（凍死した猟師を祀《まつ》った、山姥《やまうば》の真似をして石モチを食ったなど諸説ある）。善良な性格であり、困っている人がいれば助けてくれたり、怪力を授けるともされるが、一方で約束を守らない者やケチな輩《やから》には容赦がなく、伝承の中では悪人を様々な手段で懲らしめている。酒と煙草《たばこ》と相撲が大好きで、これらを楽しむために「サンキチ」と名乗る人間に化けては、たびたび人里へ遊びに出かけるともいわれる。人に化ける際は、神影によく描かれる髭《ひげ》もじゃ大男になる場合もあるが、端正な顔立ちの男や小男に化ける話もある。特に小男に化けた際は見かけに似合わぬ怪力を発揮し、人々を驚かせるとされる。『羽陰温故誌』によると、人間だった頃の名前は大井鶴寿丸藤原三吉といい、太平城の城主で領民からも慕われる仁君だった。しかし、ある時、太平領を狙う大井太郎五郎が攻め入ってきて敗走。三吉は城を脱出して太平山に隠れた。潜伏先で三吉は一念の恨みから鬼神と化し、大井太郎五郎を取り殺したが、その程度では怨《えん》嗟《さ》は晴れず、秋田中を飛び回って災厄をもたらし、人民を恐怖に陥れた。これを鎮めるために三吉を三吉大明神として祀ったところ、災害はたちまち止んだと記されてい

る。同書によると戊辰戦争の際、新政府軍が太平山三吉神社に朝敵退治を祈念させたところ、戦地に大砲を抱えて雲に乗った三吉様が現れ、幕府軍と戦う秋田藩を援護射撃したという。この際の姿を描いた掛け軸は県内に多く残る。大砲を装備した姿は石井忠行『伊頭園茶話』にも記されており、戊辰戦争の時、神宮寺辺りが破られそうになった時、大砲二挺を両脇に抱えた大男が現れると、賊軍に向けて発砲したという。また、仙北辺りでは、賊軍が台場を築いていると、なぜか賊軍陣営から小筒鉄砲による射撃が相次ぎ、このために賊軍では死者が多く出た。これも太平山の神仙の仕業だと恐れられたとされる。どうやらスナイパーでもあるようだ。また同書によると、三吉を「ミツヨシ（ミヨシ）」と呼称し始めたのは楢山村《ならやまむら》に住む百姓の伝之助であり、慶応三年頃のことだという。それ以前はサンキチ読みが主流だったと思われる。**三吉《さんきち》鬼《おに》**も参照。

三吉様の鴉 ［みよしさまのからす］

秋田県羽後町に伝わる。**三吉様**が化身した鴉たちで、杉の宮に住んでいた意地悪婆の葬式に無数に現れ、棺を攫《さら》おうとした。追い払ってもキリがなかったが、後に塩田《えんでん》山《ざん》能持院一七代目住職となる若き日の存光さんがたまたま通り掛かり、「自分を棺の上に乗せれば追い払ってやる」と申し入れ、人々は言われた通りにした。棺の上で存光さんが払子《ほっす》を振ると、鴉たちは散って行ったという。（羽後町郷土史）

百足を焼く天火 ［むかでをやくてんか］

秋田県湯沢市に伝わる。湯沢市寺沢の白山の峰には、大杉が生えていた。安永九年（一七八〇）七月六日～九日の四日間、この杉に天火が降り注ぎ（九日夜、空から星のように光る物が杉に落ちたとも）燃え盛った。燃えるに従い辺りには異様な臭気が立ち込め、耐えられないほどになった。火が消えた後、村人たちが見に行くと、虚《うつろ》になった杉の中に無数の百足の焼けた骨が残されていたという。（長山幹丸『秋田の伝説』）

芽吹きの槍 ［めぶきのやり］

秋田県大仙市に伝わる。協和峰吉川の武藤家は、先祖が水戸から落ち延びて来てこの地に根付いたという。ある時、武藤家の人が、唐獅子《からじし》に追われた狐を助けようとした。この人は槍を持って唐獅子と戦ったが、槍先が欠けてしまった。しかし、不思議なことに間もなく欠けた部分は伸びて元通りになった。この事から槍は「芽吹きの槍」と呼ばれ、家宝となった。数日後、狐がお礼に訪ねて来て、稲を植えるように勧めて来た。しかし、当時この辺りには稲などない。これを聞いた狐は案内を買って出ると、現在の山形県庄内まで連れて行ってくれた。見事に稲が生えているので、武藤

家の人が取ろうとすると、唐獅子が現れて邪魔して来た。追い回して来るのでなかなか取れなかったが、四回目で遂に成功し、この稲を持って帰り植えると見事に育ったという。この稲は「御前ワダボ」と呼ばれ、案内してくれた狐は村で祀《まつ》られることとなった。唐獅子と戦ったので、この村に獅子舞が入ることは禁忌だという。（長山幹丸『秋田の伝説』）

面が渕［めんがふち］

秋田県能代《のしろ》市二ツ井に伝わる。伊勢堂岱《いせどうたい》（北秋田市）と呼ばれる場所があり、この場所の前を流れる米代川《よねしろがわ》の急流は、「米代鳴門」または「面が渕」と呼ばれる舟の難所として知られていた。面が渕の名は、天気が荒れると渕から赤い面が浮かび上がって来ることに由来する。この赤い面はもともと坂上田村麻呂の持ち物であったという。蝦夷《えみし》征伐の際に田村麻呂は渕を通ろうとして面を落としてしまい、面は沈んで渕の主になったとされる。（『二ツ井町史』）

面箱石［めんばこいし］

秋田県仙北市に伝わる。田沢湖の畔《ほとり》にある大沢集落の背後には、おきな台（地元では現在この名は使われていない）という丘があり、「面箱石」と呼ばれる長方形に整えられた大石がある。この大石の中には、翁面《おきなめん》が封印されている。昔、翁面は丘にある小さなお堂に収められていた。この面はあまりに精巧に作られていたため、里人達は不気味がり、滅多なことでは丘に近づかなかった。しかも、この面には魔物を惹き付ける力があった。真夜中になると奥山から魔物が二、三匹出てきて、この面を顔に付けると飛び上がり、田沢湖の水上でダミ声で唄いながら夜明けまで踊り狂うのだ。村人たちは毎晩のように村まで魔物のどんちゃん騒ぎが聞こえてくるのでウンザリし、協議の結果、大石を二つ用意し片方の石に穴を開けて面を入れ、もう片方で蓋《ふた》をして封印することにした。首尾よく翁面を石中に封じると、魔物が湖上で踊ることもなくなったという。（秋田県国語教育研究会〈編〉『秋田のむかし話』、戦狐聞き書き）

蒙古の魔風［もうこのまふう］

秋田県大館市に伝わる。昔、白沢村の女男神の嶺の麓では「蒙古」という魔風が起こり、近隣の人たちを苦しめていた。そこで森昌寺《しんしょうじ》（現在は花岡に移転して信正寺になっている）の僧が加持祈禱《きとう》をし、魔風を退けた。（『羽陰温故誌』）お化け全般を意味する蒙古については、青森県の**もこ**参照。

魍魎［もうりょう］

秋田県秋田市、男鹿市に伝わる。文化年間（一八〇四～一八）の頃、保戸野《ほどの》八丁新町にある西野林蔵家の桃の木に死装束が引っかかっているのを通行人が発見し、同家に教えた。同家では心当たりがなく、調べ

てみたが近隣でも該当しそうな死人の話はなかった。また、ある時、男鹿の畳ヶ嶋という離島の木に、近隣住民には心当たりのない棺《ひつぎ》がぶら下がっている怪事が起きた。調査に乗り出そうとした人がいたが、調査前日に棺は忽然《こつぜん》と消えてしまった。これらは魍魎の類の仕業とされ、男鹿の本山、真《しん》山《ざん》に多いという。（長山盛晃『耳の垢』）

もふれい火［もふれいひ］

秋田県秋田市に伝わる。矢橋村《やばせむら》の草生津《くそうづ》の辺りでは、夏から秋にかけて燐火《りんか》が燃えることがある。これは「もふれい火」と呼ばれ、人馬の血が溢《あふ》れた跡に生じるとも、暑くて湿った場所に燃えるともいう。（長山盛晃『耳の垢』）「もふれい」は亡霊の意味と思われ、草生津でキリシタンが大量に処刑されたこととの関連を匂わせる。また、草生津の地名の由来は「臭水《くそうず》」つまりは石油の意味で、石油が採掘される場所で知られており、科学的な面でも興味深い。

モミ

人見蕉雨《ひとみしょうう》『黒甜瑣語《こくてんさご》』に載る。阿仁《あに》山中にはモミと呼ばれる虫（この場合の虫は昆虫以外にも爬虫《はちゅう》類や両生類を含む）がいて、草深い所には必ず潜んでおり、姿はヤモリに似ていて、人の腎水（精液、愛液）を好物とする。土地の人が言うには、モミは、男女問わず山中でうたた寝している人がいると、股間に取り付き四本足で愛撫する。取り付かれた人は気持ち良くなって夢精するので、モミはこれを吸い取るという。吸い取られた人は虚労《きょろう》状態になってしまうため、防ぐにはフンドシや股引《ももひき》をしっかり締めて予防しなければならない。また、このモミからは媚薬《びやく》効果のある香薬を作ることができるという。木曽山中にもいるとされる。青森県の**チミ虫**はモミのことを書いた物と思われる。

主水淵の蟹［もんどぶちのかに］

秋田県秋田市に伝わる。追回町《おいまわしまち》（現在の楢山登町《ならやまのぼりまち》）の主水淵には蟹が多く群生している。この蟹たちは、かつてこの地にいた揮毫《きごう》の名人である小倉主水高貞が、戯れに馬蹄《ばてい》を投げ付けて襖《ふすま》に描いた蟹が抜け出したものだという。（『羽陰温故誌』）

【や】

夜間警備する金花猫

［やかんけいびするねこまた］

秋田県潟上市《かたがみし》に伝わる。一帯の猫たちを取り仕切る猫の親方で、通力自在にして風雨や地震を起こすことができた。日中は山の洞穴に潜み、夜になると出てきて鼠《ねずみ》やモグラなどを食っていたが、量が足りなかったのか、常に腹を空かせていた。ある時、菅原源八の飼い猫を通じて源八に交渉し、汁碗一杯の飯と引き換えに、夜間は菅原家を警備することになった。源八が寝る前に飯を庇《ひさし》の上に置いておくと、翌朝には必ず食われて空になっていたという。同文中では猫鬼と書いて「ネコマタ」とも読ませている。（菅原源八『枯尾花集』）

金花猫（金華猫。きんかびょう）は元々は中国の金華地方に伝わる妖怪で、『説聴』によれば、「金華地方の猫は飼われてから三年経つと、いつも夜になると屋上で蹲《うずくま》るようになり、月に向かって口を開いて月精を吸う。久しくして怪を為《な》すようになり、深山幽谷あるいは仏殿文廟《ぶんびょう》などに巣穴を作り、昼は隠れて暮れになると出てきて人を化かす」とある。話中の菅原源八は**三巷坊《さんこうぼう》狐《きつね》**とも交流があった。

弥五郎狐・坊子狐

［やごろうきつね・ぼうこきつね］

秋田県五城目町《ごじょうめまち》に伝わる。昔、鵜《う》ノ木森には弥五郎という雄の老狐が棲んでおり、森山坊ヶ沢に住む坊子という牝狐の元に通っていたが、ある時、弥五郎は病に罹《かか》って立つことができなくなった。心配した坊子は人間に化け、村医者である一導引師に来診を請うた。導引師が案内されるままに付いて行くと、堂々とした民家に行き着いた。患者の脈を取ろうと手を取ったが、どうも骨組が尋常の人ではない。「これは魔物だ！」と気付いた導引師は慌てずに針に毒を塗ると、治療のフリをして患者にそれを刺して帰った。毒針が効き、翌日、鵜ノ木森で全身灰白色の毛が生えた老狐が死んでいるのが発見された。ところが、それから導引師は関節を患って立てなくなり、その子供も関節を患ったため、時ならずして一家は断絶。この事態に恐れを為《な》した村人たちは祠《ほこら》を建てて老狐を祀《まつ》ることにした。これが鵜ノ木稲荷の始まりだという。後年、鵜ノ木の森に転住した畠山定吉という人がおり、畑を開墾して祠のそばまで拡げた。すると、まず雇い人が病気になり、更に屋敷では毎晩のように内外を歩き回る下駄の音が響くようになった。家人一同はこの事態に恐怖し「稲荷の屋敷を狭めた祟《たた》りだ！」と、供物を用意して詫《わ》びた。そうしたら雇い人の病もたちまち治癒した。また、昭和半ば頃、中央交通社が駅の構内を

拡張するため、鵜ノ木稲荷を移転することを重役会議で決めた。すると、決まった日の晩、社長である渡辺氏宅の鶏三羽が、首を嚙み切られた死骸で発見された。この不気味な事件のためか、神社の移転は実現しなかったという。五城目には火災が数多くあったが、鵜ノ木森がある新畑町に限って火災があった例《ため》しがないとも云われる。

(『五城目郷土史』)

弥左衛門の三獣「やざえもんのさんじゅう」

秋田県秋田市に伝わる。元文年間(一七三六〜四一)頃、岩見村に弥左衛門という百姓がいて、狐、狸、猫を飼っていた。三匹はそれぞれ妙な芸を覚えていて、狐は暗所で狐火を灯し、狸は二足歩行で歩き、猫は箸の真ん中を咥《くわ》え両端に両前足を掛けて踊ることができた。飼い主である弥左衛門が死去すると、狐はどこかに消えてしまったが、狸と猫は残ったので、家人は二匹を岩見山中に放した。数年後、この近辺で行方不明者が続出するようになった。ある時、木樵《きこり》の兵太郎が夕方の仕事終わりに一服していると、向こうの山から自分の名を呼ぶ声が近寄って来る。怪しく思った兵太郎が木の陰に隠れて窺《うかが》うと、大狸が兵太郎の名を呼びながら二足歩行で歩いているのが目に入った。兵太郎は隠れてやり過ごし、機会を見て狸の背後に駆け寄ると、斧《おの》で頭をカチ割って殺した。狸は藤蔓《ふじづる》を帯に巻き、桜の樺胴乱《かばどうらん》を提げていて、胴乱は行方不明者の物だったという。それからしばらくして宝暦年間(一七五一〜六四)の初め、岩見の山下に役所があった。ある暴風雨の晩、介川という侍がここで宿直《とのい》をしていて、夜更けに台所で何か物音がしたので戸を開けると、通いの飯炊きがいた。「飯炊きはさっき帰ったのに、なぜわざわざ戻って来たのだろう?」と思った介川は、飯炊きとお喋《しゃべ》りして暇を潰しつつも、油断しないようにした。やがて、夜も更けたので介川は寝る準備をしたが、念のために抜身《ぬきみ》の脇差と火打箱を布団の下に隠した。介川が寝たふりをして窺うと、飯炊きは棚の辺りを漁《あさ》り出した。どうやら火打箱を探しているらしい。しばらくして探すのを諦めると、今度は囲炉裏の火に水を掛けて消そうとし始めたが、この時にはすでに飯炊の顔は完全に猫になっていた。化け猫は次に行《あん》灯《どん》の火も消すと、今度は「旦那、旦那」と呼んで、介川が寝ているか確かめた。介川が答えないでいると化け猫はそのまま覆いかぶさって来た。この時を待っていた介川は、夜具を跳ね除けて布団を化け猫に被《かぶ》せ、その上から脇差で滅多刺しにした。化け猫は悲鳴を上げて暴れていたが、しばらくして絶命した。火を灯して見てみると凄《すさ》まじく巨大な猫だったという。弥左衛門の猫だった場合、一八歳だった計算になる。

(『井窓夜話《せいそうやわ》』)

夜叉鬼「やしゃおに」

秋田県秋田市に伝わる。昔、秋田市の高《たか》雄山《おさん》には夜叉鬼という鬼が住んでいた。ま

た、その近くに住む豪族白石善五郎の娘に米子という者がいて、彼女は身の丈約二メートル近い美人であった。夜叉鬼は米子を妻とし、二人の間には大滝丸（**大武丸**《おおたけまる》）という子が生まれた。後に坂上田村麻呂率いる朝廷軍がやって来て、夜叉鬼は彼らと戦ったが敗北。夜叉鬼は大滝丸を抱えると、男鹿の山へ一足飛びに逃げて行き、その時の足跡は沼地になった。米子は人間だったので夜叉鬼に付いて行くことができず、逃げ惑っている間に流れ矢に当たって死んでしまった。米子の流した血が山路を染めたので、この場所は赤坂と呼ばれる。高雄山の名は、田村麻呂が夜叉鬼を狙って放った矢が鷹羽だったので、鷹尾山という名前になり、後に更に変わって高雄山になったのだという。（木崎和広（編）『羽後の伝説』）

山からやって来る半裸の若者たち ［やまからやってくるはんらのわかものたち］

秋田県能代《のしろ》市に伝わる。鶴形の釣潟《つりかた》神社には神主の老夫妻が住んでいたが、神主が留守にしていると、婆さんはたびたび不思議なものを見た。ある夜、婆さんが社務所で留守番していると、どこからか水が流れる音がし始めた。婆さんがそちらを見ると、神社の前が大きな川になっている。そうすると今度は裏山から十数人の半裸の若者たちが現れ、川に飛び込むと遊泳しだし、それに飽きると陸に上がって相撲を取りだした。お婆さんはその光景を見ていたが「いい加減にして帰れ」と油揚げを数枚投げてやると、川も若者たちもパッと消えたという。（『能代の昔ばなし』）

山人の道案内 ［やまびとのみちあんない］

秋田県藤里町に伝わる。ある人が沢を下って行った際に道に迷ってしまった。そうしたら、大男が現れ、その人の前を歩き始めた。付いて行ったところ、無事に知っている道に抜けたという。山人が道案内してくれたのだと言われる。（『ふるさとお話の旅 ①秋田 秋田のとっぴん語り』）

山伏刀 ［やまぶしがたな］

秋田藩士の梅津家に伝来した刀で、由来は次のようなものだという。元和六年（一六二〇）五月一三日、梅津家に見知らぬ山伏が現れ「会津の虚空蔵《こくうぞう》に参詣した際に夢想を得て、「この刀を秋田の梅津半右衛門に届けよ」と預けられたので、この刀を半右衛門に差し上げたい」と申し出てきた。取次の者には心当たりがなかったので、山伏には玄関で待ってもらい、預かった刀を半右衛門本人に見せて確認したが、やはり半右衛門にも心当たりはなかった。「手違いではないか？」と取次が玄関に戻ると、山伏はもう帰ってしまっていた。後に判明したことだが、山伏は帰る際に番所を通ったのだが、この時の山伏の背丈は異様に伸びており、番所詰めの者には腰から上が見えなかったという。そのため、「山伏の正体は天狗だったのでは？」と人々は噂し、梅津家では貰った刀を「山伏刀」と名付け

て土蔵に仕舞っておくことにした。この刀は関物の刀に似ており、長さは二尺七寸余り。土蔵に仕舞い込んだままで研いだりはしなかったが、不思議なことに錆《さ》びなかった。（『汁講話』）

ヤモリの怪物［やもりのかいぶつ］

秋田県秋田市に伝わる。慶応年間（一八六五～六八）初め頃、梅津家の庭前にある堀側に生えた大木を伐《き》ったら、空洞となっていた中から、ヤモリに似た大きさ四尺余りの怪物が出てきた。棒で叩いたが弱る様子もないので、梅津家の犬と向かいの大渋江の犬を連れて来て怪物に嗾《けしか》けた。犬は怪物に噛み付き、人々も加勢してようやく殺したが、犬の一匹も怪物により殺されてしまった。堀から出てきたヤモリがうつろ木で年経た物だろうと噂されたという。（『伊頭園茶話』）

幽霊狢［ゆうれいむじな］

秋田県河辺《かわべ》郡（現秋田市南部、大仙市北部）に伝わる。ある奥村で婆さんが亡くなり、親しかった人が葬式に出向くために着替えていると、表の戸を何遍も開け閉めする音がした。「誰だろう?」と見に行ったが表に誰も居ない。怪訝《けげん》に思ったが、とりあえず寺へ向かった。寺に着くとすでに読経が始まっていたので、自分も加わろうと参列者を見たら、そのなかの一人がなぜかドンガリ（米菓子）を背負っている。あまりの奇妙な光景に声を出すと、その瞬間にドンガリは消えてしまった。背負っていた人に話を聞いたが、特に重さは感じなかったという。葬式はそのまま滞りなく終わり、釈然としないまま家に帰ると、なんと仏壇の前に、さっき葬式で弔われた婆さん本人が寝転んでいた。驚いて「オヤ、お前は死んだ人じゃないか!」と声を掛けると、婆さんは、「ある人に金を貸しているので返してもらわねばならぬ」と言い返してきた。言い争ったが、生前親しかった婆さんを追い出すのも気が引けたので、結局しばらく同居した。この婆さんは日がな一日仏壇の前でゴロゴロしていたという。ちょうど同じ頃、地外で馬車を買った人がいたが、運悪く直後に死んでしまった。それからというもの、毎晩この辺りを姿なき馬車が走り、音だけが響くようになった。少しして、寺の下から真っ白な古狢の死骸が発見され、以降は付近で不思議なことが起きなくなった。人々は「きっと白狢が人の情にほだされて、幽霊に化けていたのだろう」と噂したという。（『現代民話考11狸・むじな』）

ゆきばんば

秋田県八峰町《はっぽうちょう》、上小《かみこ》阿仁《あに》村《むら》に伝わる。八峰町石川では、吹雪の夜に山から降りて来る婆さんの妖怪で、泣く子供や遅くまで外遊びしている子供を攫《さら》っていくという。

（戦狐聞き書き）上小阿仁村では、雪のたくさん降る時に出歩くと、雪バンバに攫われる。悪い事をすると、雪バンバが来て山へ連れて行かれるという。（上小阿仁村史通史編）仙北郡にも「かざばっこ」という冬の強風の日に現れる妖怪の話がある。（『秋田妖怪蒐異』読者ゆーふぉさん投稿）

夜這いこき地蔵［よばいこきじぞう］

秋田県仙北市に伝わる。角館《かくのだて》白岩花園には「夜這こき地蔵」と呼ばれる、台を含めた高さ二尺ほどの美男の地蔵がある。昔、この地蔵が毎夜、村へ行っては娘たちに夜這いするので、困った村人たちは懲らしめるために背に釘を打ちつけた。この時に流れた血によって、地蔵の背が赤く染まっているのだという。（長山幹丸『秋田の伝説』）

与兵衛狐［よべえぎつね］

秋田県由利本荘市に伝わる。昔、本荘長沢に七蔵と吉左衛門という二人の炭焼きがいた。ある日、七蔵が一人で山へ行き、泊まっていると、帰宅したはずの吉左衛門が現れた。七蔵は怪しんで、「この辺を根城にしている与兵衛狐に違いない……」と思い、斧《おの》を持って襲い掛かった。そうすると、狐はあっさりと正体を現し、命乞いをし始めた。「いかにも私は与兵衛狐だ。お前さんを化かせばちょうど一〇〇人化かしたことになり、正一位の位を頂けたのだ。どうか許してくれ」。七蔵は聞き入れず、打ち殺した。以降七蔵と吉左衛門の家は家運が傾き、倒産してしまったという。（木崎和広（編）『羽後の伝説』）

【ら】

雷公包丁［らいこうほうちょう］

秋田藩に仕えた田代家には、雷神からもらった薬刻み用の折り畳み包丁が伝わっていた。由来として次の話が伝わる。天正（一五七三～九二）か文禄（一五九三～九六）の頃、田代家の先祖で医師を生業《なりわい》にしていた三喜斎のもとに、病を患った爺さんが訪ねてきた。そこまで難しい病気でもなかったので、薬を二、三帖出して治療してやると、完治した爺さんが「これを持っていれば雷に害されない」と言って、治療費代わりにくれたのが薬臼と例の包丁だっ

た。爺さんが三喜斎の屋敷から門外へ出ると、その瞬間、雷が鳴り響き、一群の黒雲が降下して来て、爺さんは黒雲に乗って去って行った。薬臼はその後、縁あって他人に贈ったため行方不明になってしまったという。件《くだん》の包丁の材質は、刀身は南蛮鉄に似て、柄は木製であるが何の木かは不明。常時は刀身を柄の中に畳み込み、特に手入れもしなかったという。(『黒甜瑣語《こくてんさご》』)

雷虎猫［らいこねこ］

能代《のしろ》市二ツ井《ふたつい》に伝わる。虎猫は普段は山の上で遊んでいる。天気が悪くなって山へ雲が降りると、虎猫は雲に乗って天に昇り、雷となって落雷を起こす。落雷の後には虎猫の爪痕が残るとされる。(国学院大学民俗学研究会刊『民俗採訪　秋田県山本郡二ツ井町旧響村』)筆者命名。

雷獣［らいじゅう］

雷獣は名が示す通り、雷と共に現れる獣の妖怪である。秋田にはこの雷獣を取り押さえた話が二例ある。一つは『甲子夜話《かっしやわ》』にある話で、佐竹公の近習である屈強な者が、雷と共に落ちて来た獣を捕獲し、煮て食ってしまったという。二つ目は、横手の赤坂喜門という者が庭の木に落ちた雷獣を登って取り押さえた。このことが天樹院(佐竹義和)の耳に入り褒美をもらったという。また、『羽陰草』によると鳥海山《ちょうかいさん》には雷獣が住んでいる。イタチのような姿をしていて、旱魃《かんばつ》になると谷川の水を飲んでいるのを見ることがある。この獣が沢水を飲み干すので旱魃が起きると考える人もいるとある。(原武男『奇話珍話秋田巷談』)

福島県の雷獣については**神立子《かだちこ》**参照。

リカちゃん人形の怪談［りかちゃんにんぎょうのかいだん］

秋田県能代《のしろ》市の風の松原近くにある某校に伝わる怪談。この学校の図書室には、放課後になるとリカちゃん人形が現れ、室内を高速で走り回るという。(戦狐聞き書き)

また、藤里町藤里小学校に伝わる怪談では、校舎三階には三本足のリカちゃん人形が住んでおり、郷土芸能である駒踊りをするという(『秋田妖怪蒐異』読者　藤里町郷土史愛好会さん投稿)

龍に見える桜［りゅうにみえるさくら］

秋田県五城目町《ごじょうめまち》に伝わる。前平山後方の羽黒山には、江戸時代、参詣者が多かった。しかし、不浄な者は山の入り口(瀬戸座の辺り)にある大きな桜が龍の姿に見えて入山できなかったという。このため、折角やって来ても入り口で引き返す者が多かったとされる。(『五城目郷土史』)似たよ

うな伝説に**解退の松**がある。

竜の角オサ［りゅうのつのおさ］

秋田県仙北市に伝わる。秋田と岩手の県境にある仙岩峠《せんがんとうげ》を登り切り、国見温泉へ分かれる付近には「ヒヤ潟」もしくは「オサ沼」と呼ばれる沼がある。この沼へ機織りに使うオサや、材料にする予定の木材を持ち込むと、沼が荒れ狂い雷雨を呼ぶという。これには次のような理由がある。昔、この付近に住んでいた娘が、沼から白いオサを引き上げた。不思議なことに、このオサを使って機織りすると面白いように滑り、小鳥が歌うような美しい音を奏でた。ある時、オサを見たいと言う若者が訪ねて来たので、見せてやると、若者は見るなり「これは俺のツノだ！」と言ってオサを強奪し、外へ飛び出した。娘も慌てて外に出てみると、若者は恐ろしい竜に姿を変え、沼へ飛び込むところだった。娘もオサを取り戻したい一心で沼へ飛び込んだが、そのまま二度と帰って来なかった。以来、オサを持って沼へ近付くと、暴風雨が起きるという。（長山幹丸『秋田の伝説』）

霊泉台の衝障［れいせんだいのついしょう］

秋田県秋田市に伝わる。久保田城の霊泉台書院には、曽我五郎と朝比奈三郎が描かれた衝立《ついたて》障子があったが、不思議なことに夜になると描かれた二人が「エイオウ、エイオウ」と掛け声を上げ、宿直《とのい》の者を驚かせた。この怪事がたびたびあるので、藩主は画公渡部元機を召し出し、描かれた二人の眼玉を抜き去る（絵の魂を抜き取る）ように命じたが、渡部は、「この絵は妙画なので寄特を現すのです。城の守りにもなりますので、考え直してください」と辞退して諫《いさ》め、藩主も考え直して命を取り下げた。その夜、渡部の夢に曽我五郎と朝比奈三郎が現れ、「おかげで命拾いしたので礼を言いに来た。これより我らは他方に遊びに出るので、殿内が騒がしくなることはないであろう」と告げ、以降、衝立障子に描かれた二人が掛け声を上げることはなくなったという。（長山盛晃『耳の垢』）

蓮華台の大蝦蟇［れんげだいのおおがま］

秋田県湯沢市に伝わる。蓮華台の沼に住んでいた四尺（約一・二メートル）もある大蝦蟇で、美女に化けて坂上田村麻呂に接触し、あぐろ王（**悪路王**《あくろおう》）征伐への助力を申し出た。口から放水することであぐろ王の霧の魔法を無効化し、このおかげで田村麻呂は砦《とりで》に攻め入ることができたという。（『横手盆地のむかしっこ』）

老犬シロ［ろうけんしろ］

秋田県鹿角《かづの》市、大館市に伝わる。**マタギの左多六**が飼っていた猟犬で、子牛ほどの大きさがあり、名前の通り雪のように白い犬だったという。ある時、主人である左多六と狩りに出かけたが、運悪く三戸領に踏

み込んでしまい、左多六は三戸城に捕らわれてしまった。左多六に頼まれたシロは免罪の鍵となるマタギ免状を下草木《しもくさぎ》の家まで取りに向かったが、シロが免状を持って戻って来た時には左多六は処刑されてしまっていた。主人を殺されて悲しんだシロは、三戸城が見える大きな森（犬吠森《いぬぼえもり》）に駆け登ると、七日七晩、恨みの遠吠えをした。この遠吠えは三戸城下に響き渡り、天変地異が相次ぎ、祟《たた》りなのか左多六殺しに関わった者は次々に死んだ。その後、遺された左多六の妻と共に葛原《くぞはら》（大館市）に引っ越したシロは、村にやって来る悪人を追い払ったり、溺《おぼ》れた村人を助けたりと活躍し「老犬さま」と慕われるようになった。だが、ある時、シロは姿を消してしまい、前後して葛原近くにあった「降り橋」では、武士が連れた馬が暴れる怪事が相次いで起こるようになった。後日、降り橋の近くでシロの白骨死体が発見されたため、村人たちは「主人を武士に殺されたシロが祟《たた》っていたのだろう」と噂し合ったという。その後、葛原の人たちはシロを葬ってやり、老犬神社を建ててシロを祀《まつ》った。老犬神社の氏子である葛原の人たちは犬の毛皮を使う事を禁忌とし、もし使ったりすると祟りがあるとされている。（『左多六とシロ物語伝承の背景を探る』）

ろくろ首 ［ろくろくび］

昭和五〇年（一九七五）頃の話だという。詳しい場所は忘れたが、秋田市の某所に夜な夜なろくろ首が出るという噂が広まった。友達が真相を確かめるべくカメラを仕掛けて一晩撮影したが、特に何も映らなかったという（由利本荘市古書店『文弘堂』ご主人談戦狐聞き書き）その他のろくろ首の話は、本事典では山形県の**轆轤首**、岩手県の**抜け首**参照。

【わ】

腕童子 ［わんどうじ］

秋田県仙北市に伝わる。昔、角館《かくのだて》に近い日三市《ひさいち》という地の洞窟には、腕童子という鬼が住んでいた。この鬼を退治するために坂上田村麻呂将軍がやって来たが、葛蔓《くずかずら》が将軍の馬に絡まって進めなくなり、蔓を外すのに手こずっているうちに腕童子は逃げてしまった。今でも日三市には絶対に葛の生えない場所があるが、ここが蔓が絡まった場所で、将軍の逆鱗《げきりん》に触れたため二度と生えなくなったという。（『羽後角館地方に於ける鳥蟲草木の民族学的資料』）

COLUMN 03

秋田呪術師列伝～式神使いと異能僧～

秋田には、マタギの左多六、狐使い秦与五兵衛、式神使《しきがみつか》い三光坊、赤田《あかた》の閑居様など、職能で呪術を行う者が数多くいた。

この中でも特に逸話が多いのが、式神使いの三光坊、赤田の閑居様の二人である。

一人目の三光坊は、戦国時代終わり頃に五城目にいたとされる行者で、姿を隠す黒竜法、遠地へ高速で移動する早道法などの術を得意とし、「式神使い」の異名の通り、赤倉山の山男を使役したとされる。後に、大和国吉野に修行に出た三光坊は、前鬼《ぜんき》吾家（五鬼家と思われる）から秘伝書を授かり、忍術をも習得したという。一説には、霊鬼三浦義包《よしかね》を鎮めたのも三光坊の法力とされている。

二人目の赤田の閑居様は、現在でも由利本荘市赤田を中心に広く親しまれており、僧号を是山《ぜさん》和尚という。彼が生まれた時（一七三二年生まれ）には数々の瑞象《ずいしょう》が現れたとされており、幼少期から不可思議な異能の力を駆使したという伝承は挙げればキリがないほどある。

彼は重瞳《ちょうどう》（瞳が二つある異相。鬼を見ることができるともされる）を持っていたとされ、このためか妖狐や龍神とは交友関係にあったとされる。特に龍神とは親しく、たびたび、和尚の元に龍が遊びに来ていたようである。

また、人を困らせる化け蟹や竜馬、天狗、木霊《こだま》、亡霊などの妖怪たちと相対した逸話も多いが、興味深いことに是山和尚はこれらを退治はせず、交渉や説得などの手段を用いて大人しくさせたという。さながら妖怪バスターならぬ、妖怪ネゴシエーターである。

［戦狐］

［参考文献］
新秋田叢書編集委員会『第三期新秋田叢書（九）』
伊藤多仲忠政、浅田照子『赤田の閑居様』

山形県

【あ】

青大将［あおだいしょう］

山形県鶴岡市本町での蛇の祟《たた》りの事例。

ある家の旦那が玄関にいた青大将を殺すと、どこを歩いていても蛇がついてくるようになった。向町の御不動様という神憑《がか》りの人に祈禱《きとう》してもらうと、近くの祠《ほこら》からの使いである青大将二匹のうち一匹を殺したため、残る一匹が祟っているとわかった。欅《けやき》に蛇二匹を彫り、酒二升をお宮に納め祟りを祓《はら》い清めると、蛇はついてこなくなったという。（『東北民俗資料集（八）』）

赤い兎［あかいうさぎ］

山形県上山市楢下《ならげ》に伝わる。

ある人たちが春先のまだ残雪がある時期に兎追いに行くと、パッパッ、パッパッと走りゆく赤い兎を見た。野原の小藪《こやぶ》のような所に潜り込んだので、そこを掘ってみると人の死体が出てきた。行方不明になっていた上山の相生《あいおい》の人だったという。いずれ雪がとければ分かることだからと、皆は互いに口止めしてその場を去ったという。

別の昔話では「赤い兎は神様の使い」とも語られている。（『佐藤家の昔話』）

赤い筍［あかいたけのこ］

山形県飽海《あくみ》郡を舞台とする怪談。

庄内三十三観音霊場を巡礼する娘が飽海郡の中平田《なかひらた》（現・酒田市）で、ある農家に宿を求めた。家の主人は娘の美貌と金を見て悪心を起こし、眠る彼女を襲い散々に犯したすえ鉈《なた》で惨殺した。娘は怨念を口にして息絶え、死骸は裏庭の竹藪《たけやぶ》に埋められた。その後、この家の部屋に奇妙な赤い筍《たけのこ》が生えてきた。瞬く間に天井まで伸び枝葉を広げる様は、血に染まって死んだ女の最期を彷彿《ほうふつ》とさせた。やがて主人は病で体の肉が崩れ落ち、筍の恐怖に慄《おのの》きながら死んでいった。（畠山弘『山形県怪談百話』）

赤滝の獅子［あかたきのしし］

山形県飽海《あくみ》郡平田村田沢（現・酒田市）に伝わる。

昔、赤滝（米沢市）に獅子が生まれ、大きくなるにつれて田沢の方へ移り、薬師神社に飛来して松の木に居を定めた。人々はそこに棲みつかれては困るといって、獅子を飛鳥《あすか》神社へ移して祀《まつ》った。これが飛鳥神社の獅子舞の由来だという。（『山形県伝説集』）

空寺の怪「あきでらのかい」

山形県西置賜《にしおきたま》郡小国町大石沢に伝わる。

白川村（飯豊町《いいでまち》白川）の白川寺は住職が必ず化物に食われるので、いつも空寺だった。ある旅僧が泊まると、夜中に寺の梅林《ばいりん》殿《どの》なる化物のもとに、東堂《とうどう》の老狐《ろうこ》・西竹林《さいちくりん》の一鶏《いっけい》・南池《なんち》の大魚《たいぎょ》・北山《ほくざん》が岳《たけ》の白骨《はっこつ》が来て踊りだした。僧は梅林が梅の木で拵《こしら》えた猿と見抜くと、東の堂に住む古狐、西の竹林の盲鶏《めっこ》、南の池の鯉《こい》、北の山に埋まる髑髏《しゃれこうべ》と、他の化物の正体もみな言い当てた。化物たちは退散して、僧は寺の住職になった。（武田正（編）『飯豊山麓の昔話』）

「化物寺」型の話の舞台に実在の寺院の名が使われた例。宮城県の**梅木猿**《ばいぼくえん》も参照。

阿古耶の松「あこやのまつ」

山形県山形市千歳山《ちとせやま》の松の木の伝説。

「あこや」は千歳山の古称でもある。

陸奥《むつ》信夫《しのぶ》の領主・藤原豊充《ふじわらのとよみつ》の娘である阿古耶姫が琴を奏でていると、名取左衛門太郎という若者が笛で調べを合わせた。これをきっかけに二人は逢瀬《おうせ》を重ね、深い契《ちぎ》りを結んだが、あるとき左衛門太郎は己の正体が出羽国最上浦の平清水《ひらしみず》の老松の精であると告白して去った。折しも名取川氾濫により橋が流され、架け替え用の木材が必要なときだった。占いで平清水の松が橋に最適と分かり、大勢の村人たちが伐採に挑んだが、どうしても老松は動かせなかった。神意を問うと、信夫の阿古耶姫が来れば木はたやすく動くとの御託宣。招かれた姫は松に取りすがって泣き伏せ、何事かを囁《ささや》いた。すると松は動くようになり、橋は無事に架けられた。姫は老松を偲《しの》んで山に若松を植え、庵《いおり》を結んで菩提《ぼだい》を弔ったという。この庵が萬松寺《ばんしょうじ》の起こりで、姫は慶雲四年（七〇七）に「消えし世の跡とふ松の末かけて名のみは千々の秋の月影」という辞世の句を遺《のこ》して亡くなった。（『山形県伝説集』沢渡喜彦『出羽の民話』）

阿古耶の松の伝説には異説異伝も多く、起源も不明確だが、土地の伝承が一八世紀中頃に萬松寺の縁起譚《たん》に取り込まれ、木霊《こだま》婿入の伝説としても定着したようだ。（鬼頭尚義「あこや姫伝説の諸相——説話から縁起へ」『京都精華大学紀要』第四〇号）

また「阿古耶の松」の名は古くから歌枕として詠まれてきた。能の『阿古耶松《あこやのまつ》』は、藤原実方《さねかた》が塩竈《しおがま》明神の化身の老人に導かれて阿古耶の松に至り、その徳を讃《たた》える神の舞を目の当たりにするという筋。萬松寺の境内には阿古耶姫の墓と実方の墓が残されている。（『日本伝奇伝説大事典』『能・狂言事典』）

姉こ田「あねこだ」

山形県最上郡最上町に伝わる。

老いた父母をもつ娘がいた。庄屋は娘に求婚するも断られ、腹いせに「小作田を返すか、さもなくば七反歩の田に一夜で稲を植え上げてみろ」と無理難題を言った。娘

は神仏に願をかけ、驚くべき速さで田植えをした。だが庄屋が鶏の鳴き真似をしたため、娘は植え終わらぬうちに朝が来たと絶望し「神も仏もないものか。この見だぐなし田さ、もう米コなるなッ」と叫んで泥田に沈んだ。死体は見つからず、娘は龍神様の嫁になったと噂された。植えた稲は赤く枯れ、庄屋一家はその年のうちにみな病死した。村人は田を耕せばアネコの祟《たた》りがあると恐れ、次第に荒れ果てて悪土と呼ばれた。（『羽前小国郷の伝承』）

暴れ唐獅子［あばれからじし］

山形県最上郡最上町富澤《とみさわ》に伝わる。伝説的な彫刻師・出羽の勘七《かんしち》の逸話のひとつ。

名工・勘七は富澤の富山《とみやま》観音堂に木彫の唐獅子を奉納した。この獅子は夜ごとに吠《ほ》え叫んで騒ぎ回るので、村人は対になる雌獅子を彫って鎮めてほしいと頼んだが、勘七は気が向かず作らなかった。そこで村人たちは太い綱で獅子を軒下に縛りつけ、宙吊りにして動きを封じた。その後も吠え声を響かせていたが、次第におとなしくなったという。（『羽前小国郷の伝承』）

唐獅子像は現存し、町の有形文化財に指定されている。観音堂を管理する東善院の年代記から、二代出羽勘七こと一刀官龍の作と推測される。（最上町ウェブサイト）

天いぬ子［あまいぬこ］

山形県新庄市に伝わる。

幕末頃、作の巻と山道との分かれ道近くにある「あま池」で、畑集落の人々が水をかき出し鮒を獲ろうとした。ところがいつまでも水の減る気配がなく、誰かが「天いぬ子が出た」と騒ぎだしたのでみな帰った。作業の参加者は熱病に罹《かか》って大いに苦しみ、その後あま池の水抜きは戒《いまし》められた。笹喜四郎『かつろく風土記』（一九七二）には、この話を語った人も「天いぬ子」がどのようなものかは知らなかったとある。畠山弘『山形県怪談百話』（一九八三）では同じ話が「あまいぬ」の題で載る。あまいぬは夜目にも白いふさふさした毛並の物《もの》の怪《け》で、禍事を呼ぶとされているが、実際の伝承に基づく描写であるかは不明。

あまはげ

山形県飽海《あくみ》郡遊佐《ゆざ》町《まち》女鹿《めが》、滝ノ浦、島崎に伝わる年始行事に登場する来訪神。**ナマハゲ**などと共通の性質をもつもの。

アマハゲは鳥海山大物忌大神《おおものいみのおおかみ》の眷属《けんぞく》ともいわれる。面には赤鬼・青鬼・黒鬼・ジオウ（赤面に白髭）、ジンジ（黒面。爺）、シロジンジ（白面）、ガングジといった種類があり、手には包丁を持ち、ケンダン（注《し》連縄《めなわ》）とヤマダシ（御幣《ごへい》）をいくつも身に巻き、ノメゾ（藁沓《わらぐつ》）を履く。

女鹿では毎年一月三日に、番楽《ばんがく》（山伏神楽）の鬼面を着けアマハゲに仮装した人が家々を訪れる。「ギーギー」と奇声を発して家に上がりこみ、子供を追い回して訓戒

を授ける。そして家の主人から酒などで饗《きょう》応《おう》され、祝儀と餅を受け取って去る。

滝ノ浦のアマハゲは神と位置づけられ、翁《おきな》面で仮装する。女鹿のように荒々しいものではなく、玄関先で「ハゲ、ハゲ」と発する程度であまり喋《しゃべ》らないとされている。

島崎のアマハゲは古い形を残しているといわれ、岩倉・笠森・水坪という三つの鬼面が伝承されている。（戸川安章『日本の民俗　山形』平辰彦『来訪神事典』稲雄次『ナマハゲを知る事典』）

雨龍〔あまりゅう〕

降雨をもたらす龍の一種。

山形県西置賜《にしおきたま》郡長者原の某家の先祖は法印様で、二匹の「アマリュウ」を家宝とし、雨乞いの法も伝えられていた。雨乞いの際は雨乞山（三角山）の頂上で洗足盥《せんそくたらい》の水に二匹の雨龍を浮かべて祈禱《きとう》する。空には黒雲が現れ、雨龍がそれに乗って天へ上ると雨が降る。雨がやみ、再び祈禱すると雨龍は盥へ戻るという。『山形県西置賜郡小国町小玉川民俗調査報告書』の調査時は「龍《たつ》の落《おと》し子《ご》のミイラのような」雨龍が現存していたという。これには法力があり、見ると目が潰《つぶ》れるとされた。

荒沼の大蛇〔あらぬまのだいじゃ〕

山形県最上郡真室川町及位《まむろがわまちのぞき》に伝わる。

及位の名所沼は、大蛇が棲んでいたので荒沼と呼ばれていた。しかし村の女たちは大蛇を恐れず沼に集まり、平気で着物や汚れものの洗濯をした。気の弱い大蛇はいたたまれず、山を越え秋田の大沼に移り棲んだという。（戸川安章『羽前の伝説』）

現人神〔あらひとがみ〕

山形県西置賜《にしおきたま》郡小国町小玉川《こたまがわ》に伝わる。
小玉川開祖・遠藤五郎右衛門の家にあった刀が祟《たた》るというので、土中に埋めて祠《ほこら》を建て、現人神として祀《まつ》った。これは戦争前に壊れて現存しないという。（『山形県西置賜郡小国町小玉川民俗調査報告書』）
現人神とは人間の姿でこの世に現れる神。天神こと菅原道真も時に現人神と呼ばれた。（『大日本神名辞書』）戦時中には天皇の尊称としてよく使われた。小玉川の刀が何ゆえ現人神と称されたのかは未詳。

行燈平の幽霊・化物平の化物〔あんどんたいのゆうれい・ばけものたいのばけもの〕

山形県東田川郡朝日村（現・鶴岡市）に伝わる。

かつての八《や》久《く》和《わ》地区には行燈平と化物平という場所があった。人が住まなくなると行燈平には行燈を手にした幽霊が、化物平にはいろいろな化物が出るようになり、誰も足を踏み入れなくなったという。（戸川安章『羽前の伝説』）

安隆寺坊主〔あんりゅうじぼうず〕

『因果物語（片仮名本）』下巻「破戒ノ坊

主死シテ鯨ト成ル事」にある鯨の怪異。

羽州最上川の河口、坂田（現・山形県酒田市）へ続く磯辺に、体長一二、三間の黒い鯨が打ち寄せられた。鯨の背には「安隆寺」という大きな文字があり、腹の中には人の足と種々の仏具があった。やがて、数年前に坂田の安隆寺にいた放逸無慙《ほういつむざん》で欲深い坊主が、越前敦賀へ渡ろうと乗った船の難破により死んでいたとわかった。鯨は背に寺の名がある以上、安隆寺坊主に違いないだろうと思われた。この鯨を食う者もなく、死骸は油も取られず捨てられた。（高田衛（編）『江戸怪談集（中）』）

生き地蔵［いきじぞう］

地蔵の怪異。

山形県天童市蔵増《くらぞう》矢野目の生き地蔵は、ある人が割って橋石に使おうとしたが、火花が散るだけで決して割れなかった。

西村山郡朝日町西五百川《にしいもがわ》の生き地蔵は、満月の夜になると野兎、野鼠《のねずみ》らと共にいかにも楽しそうに踊るという。（戸川安章『羽前の伝説』）

いたか仏［いたかぼとけ］

山形県庄内地方でいう憑物《つきもの》。これを祀《まつ》る家筋は忌まれ、婚姻にも支障があった。（喜田貞吉（編）『憑物』）

イタカ仏は家の娘が嫁《とつ》ぐときや次男三男が養子に入るとき、箪笥《たんす》や長持《ながもち》に隠して持ちこみ、婚家で増えるとされた。そのため嫁や婿の荷物は必ず衆人の目がある場所で調べるものだといわれた。イタカ仏は経木《きょうぎ》（薄い木の板）のようなもので、これを祀る家をイタカソンと呼ぶ。資産家が多いが村人は交流を避けたという。イタカ仏は普段は奥座敷や土蔵の二階などに隠れているが、家の主人が正装して食事を捧げる日があった。膳を運び、別間で控えていると、ピチャピチャと舌鼓を打って食う気配や大勢が談笑する声がして、静かになると膳を下げるという。（戸川安章「羽黒山夜話（五）」『旅と伝説』通巻一九一号）

鼬明神［いたちみょうじん］

山形県東置賜郡《ひがしおきたま》高畠町《たかはたまち》亀岡に伝わる。

昔、井上家の一人娘が、風邪がもとで死に、彼女をかわいがっていた父母は悲嘆に暮れた。ある日父母が墓参りへ行くと、土《ど》饅頭《まんじゅう》に鼬《いたち》が座っていた。数日後、川上から娘の櫛《くし》が流れてきて、それを拾った母の目に亡き娘の姿が見えた。さらに数日後、娘の生首が川下から遡《さかのぼ》ってきた。また別の夜は、寝床の父に四斗樽ほどもある人の脚がのしかかった。このような怪事がたびたび起こるので占ってもらうと、娘への思慕につけこんだ鼬の仕業だと分かった。祠《ほこら》を建てて鼬を祀《まつ》ると、不思議なことは起こらなくなったという。（『山形県伝説集』）

糸取り婆［いとりばば］

昔話に登場する妖怪。糸績《いとう》み婆などとも

呼ばれる。糸車を回す老婆の怪で、老婆自身を攻撃しても効果がなく、糸車や行灯《あんどん》を狙わなければ退治できない。正体は狐狸《こり》や**山姥**《やまうば》などと語られる。最上川流域にはこの種の話が広く伝わるという。（大友義助・武田正「最上川物語」『季刊民話』第二号）

山形県最上郡最上町では、深山に山姥が小屋を造って住み、いつも糸車を回して糸積みをしていたという。婆に悪さをされたら糸車の軸に石を投げるか、鉄砲を撃てばよいという。（『羽前小国郷の伝承』）

西置賜《にしおきたま》郡小国町小玉川《こたまがわ》の昔話では、炭焼きの兄弟が糸とりばばの化物と遭遇する。兄は銃弾が尽きて食い殺され、後から挑んだ弟は傍らの灯火を撃ち抜いて仕留めた。化物の正体は大蜘蛛《ぐも》で、弟に兄の仇としてずたずたに切り刻まれた。（小野和子（編）『長者原老媼夜話』）

青森県の**機織婆**、福島県の**細足踏むなよ**も参照。

稲荷様の熊蜂 ［いなりさまのくまばち］

山形県北村山郡大石田町横山に伝わる。

高橋という人が来迎寺近くの稲荷神社を参拝したとき、床下に真白《まっしろ》な狐が三匹ほどいるのを見て、びっくりして逃げ帰った。話を聞いた友人は面白がり、高橋を連れて神社に行くと、床板の壊れた所に手を入れてみた。このとき狐は熊蜂の巣に化けていたため、二人は蜂に襲われ頭や足にさんざん痛手を受けて帰った。（滝口国也『北村山地方の民話　一』）

犬憑き ［いぬつき］

山形県米沢市に住んでいた女性の体験。

小学生の息子が、夜中になると恐ろしいものを見たように飛び起き、泣きながら何もない空間に謝り続けるようになった。医師には夜驚症と診断されたが原因不明で、親戚が知人の霊媒師に相談すると、息子には飼犬の霊が憑いているという。それは番犬にしていた血統書付きのシェパードで、よく吠《ほ》えたため扱いに困り、犬好きの人に譲り渡したものだった。その犬は後に毒殺されてしまったと風の噂で聞いていた。親戚はお米などのお供え物と、憑かれた子が描いた犬の絵を上杉神社に持っていった。だが症状はその後も数年間続いたといい、結局、犬の霊の仕業だったかも分からないという。（佐藤卓聞書および命名）

岩倉様 ［いわくらさま］

山形県南陽市漆山の岩倉神社は養蚕の守護神として信仰され、置賜《おきたま》一円のみならず福島県や東京からの参詣者もあった。岩倉様は白蛇の姿をしていると信じられ、社《やしろ》には鶏卵が供えられた。信者は田畑などで蛇を見つけても決して殺さなかったという。

あるとき、李ノ沢の某家の蚕室《さんしつ》で蛇がとぐろを巻いていた。よく見ると本物の蛇ではなく、板の間に蛇の姿が浮かんだものだ

った。蛇の姿は拭いても消えなかったが、一週間ほどでなくなった。「岩倉様が御姿を現したのだろう」と、蛇形の写真を撮って額に飾った。その後、不都合なことが続いたのでワカ（祈禱《きとう》師）に尋ねると「何かの生き物の呼吸ができなくなっているからだ」とのことで、写真の額のガラスを少し切り取ってみると、蚕《かいこ》の出来もよくなり、沢山の繭《まゆ》が採れた。蛇の姿はヒキボン（蚕を運ぶ盆）にも現れたことがあるという。（江田忠ほか「南陽市漆山地区の民俗」『置賜の民俗』第七・八合併号）

右近・左近［うこん・さこん］

米沢城内に棲んでいたという二匹の名狐。江戸時代の米沢地方の地誌『米沢地名選』などに記述がある。

八代藩主上杉宗房《むねふさ》の時代。将軍から賜った鶴の請書《うけしょ》を送る際、飛脚が誤って案書《あんしょ》を持って出立してしまった。城代・岩井大膳元則は**飯綱《いづな》**の法を修得しており、その力で城内に棲む右近・左近のうち一匹を呼び出し、首に書状箱をかけて走らせた。白狐は飛脚が急な眠気が差して仮眠をとっている間に案書と清書《せいしょ》を取り換え、翌日帰還すると精根尽き果て息絶えた。狐の骸《むくろ》は大膳の申し出により城代の屋敷内に葬られ、稲荷として祀《まつ》られた。（『米沢古誌類纂』）

岡村良通の随筆『寓意草』には、東北で名を知られている千歳の老狐として、信夫《しのぶ》山《やま》の**御山の権坊**・一杯森の長七と共に米沢の右近・左近の名が挙げられている。（『日本随筆大成第三期3』）

広域の**与次郎狐**も参照。

牛沼の主［うしのまのぬし］

山形県最上郡最上町本城《ほんじょう》に伝わる。

本城東南には牛沼という大沼があった。日照りに苦しむ村人が神降ろしで沼の龍神の声を聞くと「一三の娘《めらす》を一人欲しい」とのことで、娘を黒牛に乗せ生贄《いけにえ》に捧げた。よって牛沼と名がついたという。別の由来譚《たん》では、沼に沈んだ牛が水底で大石に化したといわれる。（『羽前小国郷の伝承』）

青森県にも**牛沼《うしぬま》の主**の話がある。

唄う狐［うたうきつね］

山形県最上郡最上町に伝わる。

ある夏の朝、草刈り山で若者が聞きなれぬ、すばらしい声と節回しの馬子唄《まごうた》を聞いた。山に分け入っていくと、大木の切株に赤毛の狐がちょこんと座り、笹の小枝をくわえて歌声を響かせていた。「んまいぞォ若い衆ッ」と野次を飛ばすと、狐は驚いてひっくり返り逃げていった。小国郷（最上町）では狐狸《こり》に顔を覚えられると後で化かされるというが、この狐は驚くあまり顔を見ていなかったのか、若者は仕返しされなかったという。（『羽前小国郷の伝承』）

馬塚の六部［うまづかのろくぶ］

山形県飽海《あくみ》郡八幡町《やわたまち》（現・酒田市）に伝

わる。筆者命名。

小泉の馬塚（馬墓）は馬の埋葬場ながら犬猫や無縁仏も葬られていた。あるとき旅の六部が来たが、悪さばかりするので村人に殺害され、鉦《かね》と共に馬塚に埋められた。それ以来、毎晩のように鉦の音が馬塚から聞こえたという。昭和一三年（一九三八）の県道工事の際、馬塚が発掘されると本当に鉦が出てきたので、菩提寺山《ぼだいじやま》の地蔵に納めたという。（戸川安章『羽前の伝説』）

運動会の雨［うんどうかいのあめ］

山形県新庄市での雨に関する俗信。

かつては十日町の沼田小学校（明治三五年創立）の運動会は雨天となることに定評があり、他校では同日に運動会をするのを嫌った。明治末、旱魃《かんばつ》に苦しむ農家たちは猿羽地蔵尊に雨乞いをした。願いは叶って雨が降ったが、偶然その日は沼田小の運動会で、それからも運動会には決まって雨が降るようになってしまったのだという。

新城北高等学校も旧制中学時代は運動会にたびたび雨が降った。運動会の準備中、整地ローラーに乗って遊んでいた生徒が転落、ローラーに轢《ひ》かれて圧死した。その恨みが残り、運動会には雨が降るといわれていた。（笹喜四郎『かつろく風土記』）

疫病の神［えきびょうのかみ］

『童子百物かたり』にあるもの。著者である出羽米沢藩（山形県）の吉田糠山《こうざん》の父・吉田藤助の体験談だという。

宝暦（一七五一～六四）初め頃、疫病が流行し、藤助の親族も看病の甲斐なく逝去した。葬送を済ませ帰宅した藤助が丑《うし》三時にふと外に出ると、大柄で異相の山伏がにょっきと立って目を見開いていた。「すわ曲者《くせもの》ひと討ちにしてくれん」と脇差に手をかけたが、その瞬間に山伏は消え失せた。藤助は薄気味悪くなって早々に帰宅した。ある人は、藤助は居合の稽古に励み陽気活立なため、陰邪気の者も消えたのではないかと語った。病人は時に山伏姿の疫病の神を見ることがあるという。恐ろしげな山伏より美女にでも化ければ、人にも憑《つ》きやすいだろうに――と、糠山は世説を茶化している。（『米沢地方説話集』）

秋田県の**悪病神**も参照。

置いてけ淵［おいてけぶち］

山形県最上郡最上町に伝わる。

瀬見あたりにあった淵で、水中から「置いてげ、置いてげ」と釣り人を呼ぶ声がする。**河童《かわわらす》**が釣られた同族を返すよう求める声だという。（『羽前小国郷の伝承』）

全国各地に分布する「置いてけ堀」系の伝承のひとつ。

お稲荷様の前知らせ［おいなりさまのまえしらせ］

昭和五一年（一九七六）に建物一五一九棟を焼いた酒田大火にまつわる怪異。

山形県東田川郡立川町（現・庄内町）三《み》

ケ沢《かざわ》の稲荷神社は地元民から信仰を集めていた。熱心な信者によれば、火災発生前、稲荷様の狐がしきりに家の後ろを走り回っていたという。酒田大火の際に神仏が奇験を示した話は他にもいくつかある。（阿彦周宜（編）『庄内・酒田の世間話』）

おいの様 ［おいのさま］

御犬様《おいぬさま》。三峯神《みつみねしん》の眷属《けんぞく》として崇《あが》められた狼のこと。『羽前小国郷の伝承』には、山形県最上郡最上町における「オイノ様」の不思議な話が記されている。

本城《ほんじょう》のオイノ様の碑を、息をつかずに三周すると、白い狼が現れ願いを聞いてくれる。お帰り願う際は碑を逆に回らねば後でひどい目に遭うという。ある村に盗癖のある男がいて、火を放ち混乱に乗じて盗みをはたらいた。困った村人がオイノ様に頼むと、男は病に罹《かか》り罪を白状して死んだ。オイノ様が咬《か》んでくれた証だという。

秋田県の**三峰様**も参照。

おうばこ

山形県酒田市の飛島でいう船幽霊。

とりつかれると「柄杓《ひしゃく》を貸せ」と言われるが、貸すと船を沈められるので、底を抜いた柄杓を海中に投じてやる。短刀を紐《ひも》で船尾に結びつけておくと追い払えるともいう。（菅原兵明「羽後飛島に於ける信仰的習俗に就いて」『民間伝承』一五巻一号）

お圓さん ［おえんさん］

『新小説』明治四四年（一九一一）一二月号「怪談百物語」にある山形県の幽霊談。

童話作家・安部村羊の郷里は山形で、よく幽霊を見る縁者がいたので様々な怪談を聞いたという。お圓さんは山形の二百人町にいた二四、五歳の女で、安部の養母はその従兄と親交があった。ある晩、養母が鳥居町の従兄宅を訪ねると、病床に臥《ふ》せっているはずのお圓さんが現れて仏壇に手を合わせ、養母の背に負ぶさってきた。はじめは重かったが辛抱していると次第に軽くなり、その姿が消えてなくなると同時に従兄が帰宅した。話を聞いた従兄が八町ばかり隔てた二百人町を訪ねると、お圓さんは息を引き取ったばかりだった。（東雅夫（編）『泉鏡花〈怪談会〉全集』）

大石沢の狐 ［おおいしざわのきつね］

山形県西置賜《にしおきたま》郡小国町大石沢に伝わる。

ある馬喰《ばくろう》は、大石沢の狐と中津川の狐が、馬喰と馬に化けて馬市に出て、人間から金を騙《だま》し取ろうと相談しているのを聞いた。後日、馬喰は「大石沢の狐が化けた馬喰」のふりをして、中津川の狐が化けた馬を小国番の金持ちに売って儲《もう》けた。金持ちの家から逃げてきた中津川の狐は大石沢の狐に分け前を要求するが、大石沢の狐は何も知らないので大喧嘩になってしまう。ようやく騙されていたと気づいた二匹は、美女に化けて馬喰を誘いこみ、仕返しに温泉

にみせかけた沼に浸からせた。（武田正（編）『飯豊山麓の昔話』）

山形以外でもみられる話型で、狐が最後まで人間にやりこめられる展開と、一矢報いる展開のどちらも伝わっている。

大鬼 ［おおおに］

山形県最上郡最上町に伝わる。

昔、禿岳《かむろだけ》南麓に棲む悪い大鬼が里人を困らせていた。大明神山の神は大鬼に、米か糠《ぬか》を使って一夜でより高い山を盛る勝負をしかけた。鬼は糠を選んだところ、高く積んでも鼻息で吹き飛んでしまい、米を選んだ神が勝った。鬼は悔しがって山を蹴《け》飛《と》ばして逃げ、二度と現れなかった。この勝負の跡が米塚・糠塚の森であるという。（『羽前小国郷の伝承』）

大蟹 ［おおがに］

月楯《つきだて》弁天の縁起で語られる小国郷（山形県最上郡最上町）の由来譚《たん》に登場する。

その昔、小国郷は大きな湖で、湖水の主として三ツ頭の大蛇が棲んでいた。大蛇は竜巻で昇天して天竜になろうとしたが、湖底から大蟹が現れて尾を挟み妨害した。蛇と蟹が激しく戦い、西の山の端が崩れ、湖水が流れ出した。これにより小国盆地が形作られ、崩れた山は蟹割山が転じて亀割山《かめわりやま》と呼ばれた。そして大蛇は月楯弁財天、大蟹は蟹ノ股薬師如来に祀《まつ》られた。他にも両者の戦いの場が戦イ沢、切断された大蛇の各部位が流れ着いた場所が野頭、仲神、長尾という地名になったという。大蟹の相手は大鰻《うなぎ》だとする話や、大亀と大蛇が戦う話もある。（『羽前小国郷の伝承』）

宮城県の**源兵衛渕の鰻**や**藤助渕の鰻**の話でも、水辺の主同士が対決する。また、福島県にも**大蟹**の伝承がある。

大口の化物 ［おおぐちのばけもの］

山形県最上郡最上町に伝わる。

明治末から大正初め頃。郵便持ち（郵便配達）の若者が小国川沿いの夜道で爺に出会った。しばらく共に歩いていると、爺は獅子頭《かんぐら》のような大口の化物に変じた。若者は驚いて気絶し、目を覚ますと別の男に行き合ったが、彼もまた大口の化物だった。再び気を失った若者は、次に目覚めたとき白髪の爺に出会ったが、どうせまた化物だと無視して先を急いだ。が、追いかけてきた爺と会話してしまい、三たび大口を見せつけられてまたもや気絶。後には他の者も大口の化物に遭遇したが、それを馬上から見下ろすと、年経て白毛になった鼬《いたち》が見えたという。（『羽前小国郷の伝承』）

二度同じ妖怪に驚かされる「再度《さいど》の怪」の一種だが、この話では駄目押しの三度目がある。秋田県の**片面**《かたづら》も繰り返し妖怪に驚かされる語りである。

大久保村の怪物 ［おおくぼむらのかいぶつ］

山形県北村山郡大久保村（現・村山市）

における怪異。明治一六年（一八八三）四月の『山形新聞』にて報じられた。

大久保村の家々では、夜に一陣の腥《なまぐさ》い風が吹き、行灯《あんどん》の陰に髪を振り乱した異形の怪物が立つという事件が続いていた。村人は化物を恐れ夜は早く戸締りをしたが、このままでは安眠はままならないと、巫女《みこ》を招き占ってもらった。結果、出没しているのは、村の薬師寺の元住職の霊と判明。無住となった寺の荒廃ぶりを哀しんで出るとのことだった。村人たちが百万遍《ひゃくまんべん》の念仏で供養してからは、怪物を見なくなったという。（『明治期怪異妖怪記事資料集成』）

大蜥蜴［おおとかげ］

山形県寒河江《さがえ》市の長岡山頂に生える、根元が湾曲した松の巨木の由来として語られるもの。古来の伝説のように紹介される場合もあるが、実際は元寒河江市職員の工藤恒雄らによる創作「寒河江新伝説」のひとつ。（「語り部『昔からある話かと…』創作者も戸惑う新しい民話」『朝日新聞デジタル』二〇二〇年九月二二日）寒河江市ウェブサイト内に掲載されていた「大とかげ退治の大蛇松」の概要は次のようなもの。

山形盆地が「藻《も》が湖《うみ》」という湖だった時代。黒伏山から湧き出た黒雲が東根の空を覆い、それが薄れると湖から恐ろしげな大とかげが出現した。大とかげは荷舟を襲って破壊し、上陸すると船着場や七日町の家々を蹂躙《じゅうりん》、猛《たけ》り狂って丸内に迫った。その時、人々が避難していた長岡山の松林から大蛇が現れ、大とかげに立ち向かった。激闘の末に大蛇は大とかげを咥《くわ》えこみ、その姿勢のまま夜明けと共に松の木に変わった。寒河江の人々は、長岡山の松の精霊が大蛇の姿で助けてくれたのだと悟り、草木をいっそう大切に扱ったという。

大鳥［おおとり］

山形県と秋田県にまたがる鳥海山《ちょうかいさん》の縁起譚《たん》の一種に登場する巨大な霊鳥。鳳《おおとり》とも。飽海《あくみ》郡遊佐町吹浦《ゆざまちふくら》の大物忌《おおものいみ》神社の『大日本国大物忌明神縁起』によれば、天地の清濁の中から月氏霊神と百済大神の両所大菩薩《だいぼさつ》が出現、大鳥の両翼に乗り日本へ飛来した。または大鳥は両翼に卵を抱えており、左から両所大菩薩、右から丸子元祖（鳥海山開祖の丸子親王。遊佐の丸子氏の祖とされる）が産まれたともいう。大鳥が沈んだ北嶺池は鳥の海と呼ばれて、鳥海山の名の由来ともなった。江戸時代の『鳥海山和讃縁起』には、鳥の海の畔《ほとり》に孔雀《くじゃく》のような姿で翼に金文のある霊鳥がいるとある。

鳥が運んだ二つの卵のうち、右からは薬師如来、左からは日光・月光菩薩が誕生し、共に鳥海山大権現になったともいう。麓の民が鳥を獲って食することがないのは、山の湖に大鳥が身を沈めているためという。（戸川安章『羽前の伝説』鈴木正崇「山岳信仰の展開と変容―鳥海山の歴史民俗学的考察―」『哲学』第一二八集）

おかた

山形県南置賜《みなみおきたま》郡中津川村（現・飯豊《いいで》町《まち》）に伝わる。

栃ノ木沢という清水の流れている場所をオカタ沢とも呼ぶ。昔、この沢でいいオカタ（美しい女）が髪を梳《す》いているのを見た人がいる。オカタ沢は夕方などに行くと、なんとなく気味が悪い場所だという。（『民俗採訪』昭和二九年度号）

お狐様［おきつねさま］

一九八〇年代以降、山形県長井市の迎田家を発信地として信仰された神霊。

昭和五五年（一九八〇）、長井市十日町の迎田家で火災が発生、旧住宅が全焼した。新住宅は半焼し、床の間の壁面には、正面を向いた狐のように見える模様が浮かび上がっていた。煤《すす》の沈着で形作られた模様と思われるが、住宅敷地にはかつて宝徳稲荷神社が建っていたため「おキツネ様」が類焼を防いだしるしだと話題になった。やがて地元紙から雑誌、テレビ番組にまで取り上げられて全国的に知られるに至った。迎田家には参拝者も訪れはじめ、多い時は一日に三〇〇人もの訪問があったという。翌年に伏見稲荷が勧請《かんじょう》され、おキツネ様は伏見大社分霊長井稲荷神社となった。

おキツネ様は雌狐とされ、後に別の場所で小さな子狐の模様も見つかった。迎田家では孫の頭痛が火事の後にピタリと止んだといい、商売繁盛や病気平癒を祈りに来た参拝者たちからも、おキツネ様の霊験を語る礼状や不思議な現象の報告が数多く寄せられたという。（阿部八郎『都市伝説・事実の行方』松田義信『病と信仰・伝説』）

奥山の化猫［おくやまのばけねこ］

山形県最上郡最上町に伝わる。

昔、小国郷に片目《めっこ》の勝というマタギがいた。あるとき彼が炉で鉄砲弾を鋳造していると、老いた三毛猫が尾を振って弾を数えていた。翌日、勝は奥山の岩で謎の獣に発砲した。獣は銃弾が命中しても弱る気配がなく、ついに勝は弾を使い果たした。そこでお守りの隠し弾をこめ発砲すると、獣はあっけなく斃《たお》れた。その正体は勝の飼猫で、茶釜の蓋《ふた》を盾に身を守っていた。前日数えた弾は防いだが、想定外の一発を浴び息絶えたのである。（『羽前小国郷の伝承』）

おこない様［おこないさま］

山形県地方の民家などで祀《まつ》られる男女一対の神で、オコナイガミ、オクナイサマ、オクメナイサマとも呼ばれる。庄内地方、特に田川地域に多いとされ、家や農耕の神の性格が強い。岩手県や青森県の**おしら様**と類似したもので、神像は篠竹《しのだけ》に紙のオセンダク（着物）を着せた形式が一般的。

巫女《みこ》の口寄せにより予言や託宣を下すといわれ、祀る家では鳥獣や鶏卵を食べるのは禁忌とされる。ある村会議員は自宅外の

宴席で牛肉を食べたところ、たちまち口が曲がってしまった。それで「こんなめんどうな神様は祀っておけない」とおこない様を川に捨てたが、神像が川を逆流して戻ってきたので、恐れをなし再び祀ったという。このような祟《たた》りの話はおしら様など家で祀られる神にはよく聞かれる。

　また、おこない様を祀る家では、秋には「稲場（田）の風にあてる」といって、神像を背負って田を回り、他の村人から米銭の寄進をうける。そして近隣や親類の集まりに巫女を招き、新しい着物を神像に着せる「おころもがえ」を行う。おこない様は衣替えがすむと喜び、出雲大社に行ったときも他の神の上座につけるようになるという。（戸川安章『日本の民俗　山形』）

　御神体に竹を用いるのは、寛大な検地を実施した庄内藩初代藩主の酒井忠勝の徳を讃《たた》えた農民が、測量用の間竿《けんざお》を切って祀ったのが始まりとも伝えられる。（喜田貞吉「オシラ神に関する二三の臆説」『東北文化研究』第一巻第二号）

お駒［おこま］

山形県が舞台の怪談に登場する幽霊。怪談同好会（編）『古今怪異百物語』（昭和五年）には次のようにある。

　新派劇の藤野《ふじの》長二郎《ちょうじろう》一座は山形の壽座《ことぶきざ》で公演が決まり、俳優たちは大部屋に泊まった。下階の四畳半の部屋には「出る」との噂があり、龍之助という男が肝試しにその部屋で寝ることになった。その後、便所へ行こうと戸を開けると、その先に戸が何重にもあって一向に部屋から出られない。何かの祟《たた》りだと思い数珠を取ると、ひとりでに戸が開き、青い顔の娘が出てきた。娘は布団をかぶる龍之助を揺り起こして「あなた！」と抱きついた。龍之助は気を失って、仲間に介抱され息を吹き返したが、熱を出し「お駒、お駒」と譫言《うわごと》を繰り返した末に息を引き取った。お駒という女の怨霊に祟られたのだろうという話だった。（東雅夫（編）『昭和の怪談実話』）

おさん狐［おさんぎつね］

山形県西置賜《にしおきたま》郡小国町に伝わる化け狐。叶沢の塞《さい》の神を祀《まつ》った塚におさん狐が棲み、人を化かしたという。自分を驚かせた若衆や法印に仕返しをした話が伝わる。

　下叶水《かのみず》と胡桃平《くるみだいら》の間にはおさん以外にも廻戸のお梅、ぶな畑のお吉という化け狐がいた。胡桃平のある親子は買い物帰り、家の娘たちに化けた狐に荷物をみな盗られたうえ、風呂だと騙《だま》され川に入れられたという。（武田正（編）『飯豊山麓の昔話』）

　おさんという名の化け狐は各地に伝わっている。福島県の**おさん狐**なども参照。

おじょんこ

山形県最上郡最上町に伝わる化け狐。赤楯《あかだて》（最上町満澤《みつざわ》）に棲むオジョンコ狐は、紫地に萩《はぎ》の咲き乱れる裾模様の着物を纏う美女に化け、夜な夜な若い男を誑《たぶら》かし

て裸にしたという。

羽前小国郷には他にも万騎《まぎ》の原のネンネコ、明神けはい坂のケサゴ、本城《ほんじょう》ようがいのヨメゴ、比丘尼《びくに》楯のアマゴ、平沢口のオジョメなどの名を持つ化け狐がいた。これらはいずれも娘に化けるのを得意としていたという。（『羽前小国郷の伝承』）

おなつ狐［おなつぎつね］

山形県西置賜《にしおきたま》郡小国町小玉川《こたまがわ》に伝わる。

昔、那須野《なすの》が原《はら》の悪い狐が、おなつという女に化け通行人を騙《だま》しては金を奪ったりしていた。噂を聞いた秋山という男は、おなつが自分のおばに化けてきたとき、あえてご馳走を目一杯食わせてやった。これに深く感謝したおなつは綺麗《きれい》な娘に化けてある家に嫁入りし、祝儀を仲人の秋山に与えて恩を返した。おなつは夜中に逃げるつもりだったが、つい熟睡して狐の姿で朝を迎えたばかりか、布団に寝小便までしてしまった。新郎が大狐に抱かれていたので家は大騒ぎになり、ようやくおなつは逃げ出せた。秋山の方は仮病で追及を逃れ、全ては狐の仕業ということになった。話せば世間の恥になるといって、婚家の者もこの件について口を噤《つぐ》んだという。（小野和子（編）『長者原老媼夜話』）

お根っこ様［おねっこさま］

山形県酒田市十里塚に伝わる。

昔、関ヶ原の合戦の生き残り三人がこの地の浜辺で略奪をはたらいていた。だがある船頭の助力で更生して漁師になり、浜には七軒の集落ができた。この七軒家の者の夢に薬師如来を名乗る白髪の老人が現れ、木に乗って海からやって来るので祀《まつ》るようにと言った。夢のとおり大木の根が流れてきたので、浜に引き揚げ薬師様（お根っこ様）として祀った。漁に出るとき根を拝めば、いつでも大漁になったという。根は屋根をかけられると鬱陶《うっとう》しいのか、風を起こしてすぐ吹き飛ばしてしまったという。根は経年と共に朽ちてゆくが、三〇から五〇年ほどで同じような根が流れてきて、三代、四代と新たな守護神になったという。

ある男はお根っこ様を薪にしようと刃を入れたが、木から散った血飛沫《ちしぶき》が目に入り失明した。また、お根っこ様を軽んじて小便をかけた男は陰茎が曲がったという。（阿彦周宜（編）『庄内・酒田の世間話』）

秋田県の**浮木明神**も参照。

小野小町の霊［おののこまちのれい］

山形県米沢市塩井に伝わる。

深草少将は小野小町のもとへ九九夜通い詰め想いを伝えたが、返事さえもらえなかった。失恋した少将は急逝、その恨みのため小町も死病に侵された。小町はせめて遠い任地にある父と会って死にたいと願い京から旅立ち、塩井の地で倒れて世を去った。村人が小町を葬った場所は美女塚と呼ばれた。その死から二〇〇年後、旅僧が美女塚で読経していると、目前に小町の霊が

現れた。霊は米沢の粡町《あらまち》の呉服商・清欒が深草少将の生まれ変わりだと言う。これを当人に伝えると間もなく病死したため、美女塚の西方に美男塚を築いて葬ったという。

米沢市西部を流れる鬼面川《おものがわ》にも小町にまつわる伝説がある。生前の小町がこの川の水で手をすすごうとしたとき、川面に映った顔が鬼のように見えた。そのため川は鬼面川と呼ばれ、小町の怨霊の祟《たた》りで川岸の葦《あし》はすべて片葉になるという。昔は鬼面川で毎年のように子供が水死したが、これは怨霊を鎮めるための人身御供だという。（江田忠ほか「米沢市塩井地区の民俗」『置賜の民俗』第七・八合併号）

お花［おはな］

山形県西置賜《にしおきたま》郡小国町の百子沢《ひゃっこざわ》にまつわる怪談の登場人物。古くは『米沢里人談』『米沢地名選』に概要が示されている。

南小国村百子沢の分限者の家にお花という美しい女中がいた。あるときお花は奉公先の家宝である十枚揃の南京皿《なんきんざら》を過って一枚割ってしまい、叱責《しっせき》を受ける前に自ら池に身を投げて死んだ。その夜、池の周囲の土が崩れ、家屋敷のあった場所は沼と化した。これが今の大沼であるという。

お花が皿を損ねたというのは濡衣で、実は彼女を無理に我が物にしようとする主人が仕組んだことだったと語られる場合もある。皿を返すことなどできず、かといって主に身を任せることも耐えがたく、お花はついに池に身を投じる。するとその身は大蛇に変じ、一帯を一夜のうちに沼に変えてしまうのだった。（『山形県伝説集』）

百子沢には四八もの沼が点在し、最も大きな沼（大沼）にお花の化身である大蛇が棲みついているという。身を投げたお花の霊が「皿屋敷」のお菊《きく》のごとく皿を数える声を響かせる場面が挟まれる例もある。お花を追い詰める主は百子沢の大庄屋・与惣右衛門ともいわれ、江戸時代末頃の『百子沢お花恨報実録』では、与惣右衛門家滅亡や百子沢の崩壊がお花の怨念に端を発するものとして、壮大な因縁が語られる。

物語の後半が新潟県の関川村などに伝わる大里峠《おおりとうげ》の大蛇譚《たん》と類似する形になっている場合もある。この型では、蛇体になったお花が峠に潜んで周辺を沼に変えようと企むが、三味線弾きの盲僧に弱点（錆《さ》びた鉄など）を打ち明けてしまい退治される。

角川書店刊『出羽の伝説』（一九七六）では、百子沢を「ももこざわ」と読ませ、お花の愛称「桃コ」が由来であるかのように記されている。阿部八郎によれば、これは編者の佐藤義則が「かなり自由な発想で表現したもの」らしく、先行資料にはみられない展開のようだ。（阿部八郎『百子沢おはな恨報実録』）

お姫様こ［おひめさまこ］

害獣の名を直接呼ぶことを忌み、特定の隠語に置き換える習俗は各地にみられる。（柳田國男『禁忌習俗語彙』）

東北地方でも家にいる鼠《ねずみ》を姫、嫁などを

意味する言葉で呼ぶ例が多く、佐藤義則（編）『羽前小国郷の伝承』には、最上郡最上町で鼠のことをお姫様コ、嬢《じょっ》コ、嫁《あね》コと呼んでいたとある。鼠を呼び捨てにして怒らせようものなら、夜に小便をひっかけられて失明するなどといわれた。昼間に昔話を語ることも、梁《はり》の上のお姫様コに小便をかけられるといって忌まれた。

お藤［おふじ］

山形県天童市蔵増《くらぞう》に伝わる。

蔵増の「お藤地蔵」は、非業の死を遂げたお藤という娘の霊を弔うため建立されたという。昔は五月節句の機織《はたお》りを禁じる掟《おきて》があり、お藤はそれを破ったため生き埋めにされた。それ以来、夜には土中からキーコパタンと機織りの音が聞こえたが、供養のため地蔵を建てると音は止んだという。（武田正『山形県山形・村山地方の伝説』）

お藤の犯した罪が異なる伝承もある。お藤の村は水源に乏しく、毎月中の申《さる》の日は水の使用を禁じられていた。だがお藤は暑さに苦しむ祖父の体を拭くために水を使ったので処刑されてしまった。それ以来、お藤の亡霊が祖父母を案じてさまよった。村人は石碑を建てて彼女を供養したという。（戸川安章『羽前の伝説』）

産女［おぼめ］

山形県における「産女」の怪。おぼめ、おぶめなどと発音され、便所に出るという伝承が多く採集されている。

新庄市では正月一四日の晩などに雪隠《せっちん》へ行くとおぼめが出てきて、金のへらで尻《けつ》を撫《な》でられるという。そのため雪隠を綺麗《きれい》に掃除し、大根を切って供え、灯明をあげておく。そして家人の数だけ紙に眼《まなぐ》を書いて雪隠の壁に貼っておく。おぼめから赤子を渡され、重さに耐えて抱いてやると、大力と金のへらを授けられるともいう。（大友儀助（編）『新庄のむかしばなし』）

萩野《はぎの》地区では、ある旦那が正月一五日に雪隠から出てきたおぶめに「産子《おぼこ》ば抱いてけろ」と頼まれた。旦那は子を逆さに抱いて刃物を突きつけたので難に遭わず、おぶめから勇気を讃《たた》えられた。金か力のどちらが欲しいか問われたので、大力を授けてもらった。この際もしも金を選んでいたら、飲食するもの触れるものが全て金になってしまい、やがて死に至っていたという。

おぶめは出産で死んだ人の家に出るもので、正月一五日には供養のために便所などを綺麗に掃除し「おぶめのおせど」という小さな藁《わら》の灯明を捧げる。（野村純一（編）『定本関澤幸右衛門昔話集』）

最上郡最上町でも、十五夜に雪隠へ行くとオボメが子を抱いてくれと頼んでくるという。赤子は頭から育って重くなり、ついには抱いている人を飲んでしまう。子を預かったら頭を下にして、足に刃物を当てがえば大きくならない。出かけたオボメが戻るまで抱いていると、礼として力か金を授けてくれるという。（『羽前小国郷の伝承』）

最上郡金山町有屋《ありや》では、ウブメは難産で

死んだ女、間引きの子を便所に捨てた女、無実の罪で殺された女がなるものだとされた。（『有屋の民俗』）

産女の伝承自体は各地にある。秋田県の**おぼう力**や福島県の**産抱き**も参照。

おまん六部［おまんろくぶ］

山形県最上郡最上町では、いわゆる「六部殺し」の怪談に登場する女六部は「おまん」という名の場合が多いという。

ある家には土屋オマンという女の死霊が出た。彼女は二〇〇年ほど前、当地で男に絞殺された念仏六部で、屍《しかばね》が屋敷の下に埋まっていたため迷い出ていたのだった。家人は観音様を祀《まつ》って霊を慰めたという。

別の話では、ある家の主が旅の女六部おまんを刺し殺し所持金を奪う。主は家人に口外を禁じ、血まみれの座敷を掃除した。数年後、主が家で鯉《こい》を捌《さば》くと夥《おびただ》しい血が出て座敷は再び血の海になった。それを見た子供が「女六部を殺《あや》めたときのようだ」と言ったため、過去の罪が露見した。（『羽前小国郷の伝承』）この種の話には、捌いた魚の血で殺人が明るみに出るものがあり、新潟県などでも確認されている。（野村純一（編）『定本関澤幸右衛門昔話集』）

お里乃［おりの］

山形県西置賜《にしおきたま》郡小国町大石沢に伝わる。越後関川村、大里峠《おおりとうげ》の系統の大蛇譚。

昔、越後にお里乃という娘がいた。お里乃は自家製の蛇の味噌漬けを気に入り、家族に内緒で甕《かめ》ひとつ分を平らげた。すると強烈な渇きに襲われ、水を求めて川に入るや、その身は大蛇に変化した。大蛇は越後と小国を結ぶ峠がある大里の山に至り、その身で山を七回り半巻いた。あるとき、座頭の歌と三味線に聴き惚《ほ》れた大蛇は、女の姿で彼の前に現れると、己の身の上を語ったうえ、いずれ関八ヶ谷（越後下関《しもせき》一帯の八つの谷）を海にしたいと考えていることを明かした。座頭は村の衆にその企てを話し、蛇が鉄の錆《さび》などに弱いと伝えて息絶えた。村人に鉄杭《てつくい》を打たれた蛇は七日七晩苦しんで果てた。村を救った座頭は社《やしろ》に祀《まつ》られた。（武田正（編）『飯豊山麓の昔話』 沢渡喜彦（編）『出羽の民話』）

おるい

大里峠《おおりとうげ》の大蛇譚の類話の登場人物。山形県米沢市峠では次のように語られていた。

狩人の女房・おるいは、ある人に懇願され、夫が秘蔵する大蛇の味噌漬けを分け与えた。そのとき自分も一口舐《な》め、たちまち味の虜《とりこ》となって肉を食べ尽くし、喉が渇いて川の水を飲むうちに大蛇と化した。数年後、新潟と山形の境の峠で、ゴゼ様（瞽《ご》女《ぜ》。盲目の女性芸能者）が美しい女人に出会った。ゴゼ様の琵琶《びわ》に聴き惚《ほ》れた女は、自分は大蛇だと明かした。近くの山を取り巻いて住処《すみか》にするとも語り、これを他言すればすぐに死ぬと告げ姿を消した。ゴゼ様は山村に行き大蛇の企《たくら》みを伝えて死んだ。

村人が大蛇の嫌う鉄杭を山の周囲に打ちこむと、山がぐらぐら動き、やがて大蛇も死んだ。これこそかつてのおるいだったので、峠を「おるい峠」と呼ぶようになった。（武田正（編）『置賜のむかし　昔話・伝説・わらべうた』）大筋は大里峠の話そのものだが、おるいが禁を破る過程の描写など、随所に語りのきめ細やかさを感じる。

西置賜郡小国町小《こ》玉川《たまがわ》の伝承例でも「蛇《じゃ》身《ばみ》のおり」と瞽女のおくらが交流する。彼女は死後に功績を讃《たた》えられ、笠《かさ》と三味線を御神体に「大倉様」として祀《まつ》られたという。（小野和子（編）『長者原老媼夜話』）

おわおわ鳥［おわおわどり］

山形県最上郡金山町有屋《ありや》に伝わる怪鳥。尻《しっ》尾《ぽ》の長い鳥で、秋の雨の日に谷源寺や杉ノ入あたりで「オーワ、オーワ」と寂しく鳴く。姿はめったに見せないが、巣は葬式に使うガンダイと同じ形をしているという。これを見つけた者は三年のうちに死んでしまうという。（『有屋の民俗』）

関わると三年以内に死ぬというのは、同地域に伝わる**鮭《さけ》の大助、たけの大助**と似た言い回しである。

【か】

かおすの化物［かおすのばけもの］

かおすとは川獺《かわうそ》で、化ける獣とされた。

山形県西置賜《にしおきたま》郡飯豊町《いいでまち》数馬《かずま》では、トコロハギという川上の家にかおすの化物が出たと伝わる。ある雨の晩「ザンギリかぶったの」が入ってきて一尺ばりのフサフサしたのあたりをうろついたが、いつの間にかいなくなったという。

かおすには背高々と化けるものもいて、会うと喉首に食いつかれるので、決して天井を見てはいけないともいう。（武田正（編）『飯豊山麓の昔話』）**見越鼬《みこしいたち》**も参照。

隠れ座頭 ［かくれざとう］

山形県南陽市に伝わる。

川樋《かわとい》と金山《かねやま》の間にある、鬼の顔のような「鬼面石」には隠れ座頭という仙人が住んでいて、旧七月一六日の盆には忍びの道具や衣装の虫干《むしぼ》しをする。そのため村人たちは盆の入山を禁じていた。また、鬼面石付近の蟒《おかば》み沢に棲む大蛇が暴れ回り、仙人が金縛りの術で封じようとした。大蛇は抵抗して大雨を降らせ、村人たちは生きた心地がしなかった。やがて仙人が勝ち、大蛇は小さな白蛇に変えられ、諏訪明神《すわみょうじん》の使いになったという。（『南陽市史　民俗編』）

火事鳥 ［かじどり］

吉田糠山『童子百物かたり』に記されているもの。火事場で目撃された謎の鳥で、仮に「火事鳥」「火鳥」と称されている。

天明元年（一七八一）春、小姓町の某屋敷が火事で全焼した。火勢が盛んだった頃には多数の怪鳥が飛び出し空中を巡っていたが、火が弱まると失せた。鳥は鳩ほどの大きさで薄白色、糠山たち目撃者の中で名を知る者はいなかった。このような現象は以前からあり、夜鷹《よたか》や蝙蝠《こうもり》が火に迷って出てきたのだろうとも考えられた。焼き鳥にして食ったとか、飼ってみたという例もないことを鑑みると、吹き上げられた灰などを鳥と誤認したのではないかともいう。また或る人は、火気が鳥と化したものゆえ、火気が失われると消えるのだろうと考察した。（『米沢地方説話集』）

片目の魚 ［かためのうお］

水辺の伝説として日本各地で語られる。目を射られたり目を病んだりした者が沢や池などで患部を洗い清め、以後、その場所に棲む小魚はみな片目になるというもの。山形県では後三年《ごさんねん》の役《えき》で目を射られた武士が傷を洗い清めたことが発端の例が多い。

南陽市では鎌倉権五郎景政がある池で負傷した目を洗ったという。池の水は血で真《まっ》赤《か》に染まり、そこに泳ぐ魚は右目がなくなった。景政を祀《まつ》る島崎明神境内にあるのがその池だという。（武田正『置賜の伝説』）

東村山郡豊栄村（現・天童市）では、高擶八幡宮の池が景政の目洗い池と伝わり、この池に棲んでいる魚も片目だという。目を射られた人物は八幡太郎義家（酒田市東平田など）、安倍貞任《あべのさだとう》（山形市東沢など）の場合もある。（『山形県伝説集』）

最上郡最上町黒澤では後三年の役の際、武士が黒澤の阿倍城沢で射られた左目を洗うと、沢の鰍《かじか》もみな左目が潰《つぶ》れたメッコ鰍になったという。（『羽前小国郷の伝承』）

東田川郡立川町（現・庄内町）などでは、長者の家に奉公する女が美しい池の水で赤子のおむつを洗い、祟《たた》りで長者の家は濁水に呑まれ、池の鯉《こい》や鮒《ふな》がみな片目になったと伝わる。（戸川安章『羽前の伝説』）

河童 [かっぱ]

山形県では河童に相当する妖怪はカワラゴ、カワワラスなどとも呼ばれる。水辺で人や牛馬に危害を加えたり、女を孕《はら》ませたりする。例によって懲罰もされる。

南置賜《みなみおきたま》郡中津川村須郷《すごう》では、太郎兵衛という人の娘に河童が惚《ほ》れて恋仲となり、やがて娘が妊娠した。困った家の主が「悪いことをするなら河童を全部追い払う」と言ったので、河童は詫《わ》び証文《しょうもん》を書いた。証文を伝える家の人々は後に南米へ渡り、現物は所在不明になってしまった。(『民俗採訪』昭和二九年度号)

尾花沢市毒沢《どくさわ》の経塚は河童と馬を葬った塚だという。ある若者の連れていた馬が河童に引きこまれ、村人は今後の被害を恐れて法印に呪術で河童を捕らえてもらい打ち殺した。その後、河童と引きこまれた馬(じょんめん馬)を川傍に葬った。(武田正(編)『山形県山形・村山地方の伝説』)

蚊ぶーんの化物 [かぶーんのばけもの]

山形県最上郡鮭川村《さけかわむら》に伝わる。

ある村では長雨の後から、毎夜「取ってくろー」と化物の叫び声が聞こえるようになった。声は夜ごとに昂《たかぶ》ってやかましいので、爺様が様子を見に行った。声の主は、大きなサイカチの木の洞《うろ》で生まれたベゴアブ(ウシアブ)だった。洞に雨水が溜まり大量のボウフラが湧いて、それに阻まれ飛び立てず助けを求めていたのだった。爺様は蚊を駆除して「蚊ブーンの化物退治してきたぜ」と帰ってきた。寺では供養の太鼓と鉦《かね》を叩き、虫送りをした。(鈴木久子・野村敬子(編)『ミナエ婆の村むがす』)

禿切子 [かぶきりこ]

山形県鶴岡市の羽黒山に現れた妖怪。

近代以降、羽黒山本社殿は二度火事で焼けたことがあり、そのどちらかのときの出来事という。火災の一週間ほど前、社殿前を火達磨《ひだるま》のカブキリ子(禿髪《おかっぱ》の童子)が転がり歩いた。堂番の者は火災の予兆だと悟り「天運とあらば是非もないが、何卒七日間の猶予を与え給われ」と祈った。すると童子はかき消すようにいなくなり、一週間後に火災が起きたという。(戸川安章「羽黒山夜話(四)」『旅と伝説』通巻一九〇号)

神軍 [かみいくさ]

荒天時に鏃《やじり》のようなものが降る怪異。

菊岡沾涼《せんりょう》が諸国の奇事異聞を集めた『諸国里人談』には「飽海《あくみ》神軍」の題で載る。

出羽国庄内(山形県)の飽海神社は大物《おおもの》忌《いみ》大神と号され、倉稲魂神《うかのみたまのかみ》を祭神とする。ここでは年に一度、激しい風と雪や霰《あられ》に混じって矢の根が降る。人々はこの神軍を非常に恐れている。天気が戻ってから見つかる鏑矢《かぶらや》や蟇又《かりまた》の鏃は雷斧《らいふ》とも呼ばれる。(『日本随筆大成第二期24』)同様の記事は『塩尻』『卯花園漫録』『一挙博覧』など多

数の随筆類にもみえる。

この現象は古くから凶事の前兆とみなされていた。『続日本後紀』承和六年（八三九）一〇月一七日の条には、八月に続いた激しい雷雨の後、田川郡西浜にて鏃型の石が多数発見されたとある。これらはみな尖《せん》端《たん》が西を向いていたという。国司の報告を受け、朝廷は陸奥《むつ》方面への警戒や神仏への祈念を怠らぬよう命じた。（『六国史　巻六』）『日本三代実録』仁和元年（八八五）一一月二一日の条にも、六月に秋田や飽海郡神宮寺西浜に石の鏃が降り注いだとある。この時も陰謀や兵乱に備え、当地の神々の祭祀《さいし》が命じられた。（『国史大系　第四巻』）

これらの石は、雨で土が流された結果、埋没していた縄文・弥生時代の石器が地表に露出したのではないかとも推測される。（「歴史地名　もう一つの読み方」ジャパンナレッジ・日本歴史地名大系ジャーナル）

青森県の**矢の根石**も参照。秋田県の**天狗の矢**は、実際に矢を射られるという伝承。

神室山の大蛇［かむろさんのだいじゃ］

山形県新庄市、最上郡金山町と秋田県湯沢市の境にそびえる神室山に棲む大蛇。

金山町有屋《ありや》では七日七夜の大雨で有屋が洪水になったとき、神室山から一つの胴体に八つの頭がついた大蛇が流されてきたという。（『有屋の民俗』）

河童［かわわらす］

山形県地方でいう**河童《かっぱ》**にあたる妖怪。最上郡最上町では次のような話が伝わる。

昔、小国川の深い淵《ふち》にカワワラスが棲んでいて、子供を水中に引きこんでいた。しかし、旅の山伏と村人の祈禱《きとう》で顕現した地蔵様が子を取らぬよう言いつけると凶事は止んだ。それからは、村人たちは悪事をやめさせた代わりに、初なりの瓜《うり》か胡瓜《きゅうり》を淵に供えた。地蔵様の現れた岩は地蔵岩、淵は地蔵巻きと呼ばれた。

成合い淵《ぶち》である爺が岩魚《いわな》を串焼きにしていると、三尺ほどの禿切童《カブキシェワラス》（おかっぱ頭の子供）が来て、焼き魚を水に投げ入れた。すると焼いたはずの岩魚が泳ぎ出し、小僧も淵に飛びこみ水底に消えた。爺はカワワラスに会ったのだと気味悪がり、早々に帰宅したという。（『羽前小国郷の伝承』）

山鳥女房［きじにょうぼう］

山形県西置賜《にしおきたま》郡小国町大石沢に伝わる。

ある男が罠《わな》にかかって苦しむ山鳥《きじ》を逃がしてやった。翌日、女が訪ねてきて、行くところがないので嬶《かか》にして置いてほしいと頼んできた。女は綺麗《きれい》な反物を作り、夫に売らせて金儲《もう》けをした。仕事中に機織部屋を見ることは禁じられていたが、気になった夫はつい覗《のぞ》いてしまう。そこで見たのは羽根もろくに残っていない山鳥が一生懸命に機を織る姿だった。正体を見られた女房は、最後の一反を織り上げると去っていった。（武田正（編）『飯豊山麓の昔話』）

鶴女房の類話。青森県の**雉《きじ》女房**も参照。

鬼神［きじん］

『善悪因縁集』にある説話に登場する、破戒僧に現報《げんぽう》をあたえた鬼神。

出羽国小松の里（山形県東置賜郡川西町小松）の寺に怠惰な僧がいた。彼は睡眠と飲酒を何より好み、読経や仏の供養もおろそかにしていたため、人々からは疎まれていた。「あのような法師は牛になる」と誹《そし》られていた。あるとき、寺の庫裏《くり》から唸《うな》り声が聞こえてきて、不審に思った村人が覗《のぞ》き見ると、中に倒れ伏した牛がいて、大きな人影が棒のようなもので打擲《ちょうちゃく》していた。だが村人らが庫裏に踏み入ると牛の姿も人影もなく、僧がひとりで狼狽《ろうばい》していた。僧は酔って法事から帰った日より、いつも夢の中で牛になり、鬼神に「これまで食った飯米の価《あたい》を返せ」と責められ、鉄棒で打ち据えられていた。村の古老の説諭で改心した僧は修行に励み、慶長一六年（一六一一）、念仏を唱えながら往生した。臨終には四方の山から寺の上空へ紫雲がたなびいてきたという。（『仏教説話集成（二）』）

喜太郎狐［きたろうぎつね］

山形県天童市の喜太郎稲荷に伝わる。

最上義光は天童城を攻め落とすべく挙兵したが、立谷川《たちやがわ》上流から流れてくる泥水に行く手を阻まれ攻めあぐねていた。そこで宝幢寺《ほうどうじ》の法印による占いに従って飼犬を連れてくると、たちまち濁流が引き、城に攻め入ることができた。城主・天童頼久は城中に祀《まつ》っていた喜太郎稲荷の狐が灯す明かりに先導されて落ち延びたという。義光は祟りを恐れ、狐を歌懸稲荷《うたがけいなり》として改めて祀った。実は濁流も稲荷の術で、狐の名は吉太郎だという。また、稲荷神のお使い姫の狐ともいわれる。（戸川安章『羽前の伝説』武田正『山形県山形・村山地方の伝説』）

喜太郎狐が城主の書状を届ける飛脚として活躍する昔話も伝わっている。これは山形でも信仰された**与次郎狐**と同様の逸話。

天童の「きたろう」という狐は山形の殿様の書状を秋田の佐竹侯に届ける飛脚を務めていた。人の姿に化けてはいたが、たいへんな速さで秋田まで走り、道中必ず油揚げを買い求めたため、きっと人間ではないと噂されていた。あるときついに油鼠《あぶらねずみ》の罠《わな》にかかり、狐の正体を現してしまったという。（野村純一（編）『笛吹き聟』）

狐憑き［きつねつき］

狐が人にとり憑いて体調の異変や奇妙な言動を起こさせる怪異。宗教者の祈禱《きとう》などによって狐が落ちるとされることが多い。

山形県西置賜《にしおきたま》郡小国町長者原《ちょうじゃはら》では、ある女の様子が急におかしくなり「キツネが憑いた」と噂された。片貝の不動院で祈禱を受け、狐を別の者に移して語らせると「自分は稲荷だぞよ」「人に騙《だま》されたので祟《たた》っている。願を叶えてやったのにハタをあげない」と不満を述べた。狐が恨んでいたの

は女の姑《しゅうとめ》だったが、本人は意志が強く憑くことができなかったらしい。（『山形県西置賜郡小国町小玉川《こたまがわ》民俗調査報告書』）

　最上郡最上町では、ある男が戯れに鎌を投げつけて子狐を死なせてしまった。可哀想なことをしたと思ったが、死なせたからにはと子狐を持ち帰り、狐汁にした。それから彼は狐憑きとなり、山を眺めては「狐がオラば呼んでるズ」と駆けだしたり、父親に「このオヤズ、オラな子ば食ったな」と襲いかかるなど手に負えなかった。医者や祈禱のおかげで少しずつ元に戻ったが、それでも彼は生涯どこか一本ぬけたような男のままで、仕事もできなかったという。（『羽前小国郷の伝承』）

狐憑きの熊［きつねつきのくま］

田中康弘『山怪』にある。山形県鶴岡市朝日地区のマタギから聞いた話だという。

　彼らが「狐憑きの熊」と呼ぶのは、なかなか仕留められない熊のことで、どれだけ追っても結局逃げられてしまう。マタギたちが数日間必死で追い詰めても、銃口を向けた瞬間に行方が分からなくなるという。

狐ながし［きつねながし］

山形県南置賜《みなみおきたま》郡中津川村（現・西置賜郡飯豊町《いいでまち》）に伝わる。

　子供の夜泣きは狐が外で尾を振っているため起こるとされ、キツネナガシとも呼ばれた。夜泣きを止めるには拝んでもらった紙に歌を書いて子供に貼る、または藁《わら》打石に縄を結びつけ、家の周りを回るとよいなどとされた。（『民俗採訪』昭和二九年度）

　キツネナガシは「狐泣かし」の意か。

キリシタン鍋［きりしたんなべ］

山形県山形市飯塚町に伝わる。

　昔、飯塚にはキリシタン鍋というものがあった。一見普通の銅鍋だが、これを使うと何十人分ものご馳走ができ、何回おかわりしても食べ物が出てきたという。鍋は楊《よう》柳寺《りゅうじ》にあったが、大正一〇年（一九二一）の飯塚の大火を境に行方不明になってしまったという。（『東北民俗資料集（八）』）

　山形市周辺はカクレキリシタンが住んでいたと伝えられ、楊柳寺もキリシタンの支部だと噂されることがあった。

キリシタンの枕返し［きりしたんのまくらがえし］

キリシタン殉教《じゅんきょう》の地との伝承がある山形県山形市門伝《もんでん》の皆龍寺《かいりゅうじ》にまつわる怪異。

　処刑された信者たちの霊が怪異をなすため、皆龍寺は移転した（**ヤソ道の怪**）。すると本堂北西の太子の間で枕返しが起こるようになった。寺はお化け寺だといわれ、本山にまで噂が伝わった。昭和一〇年（一九三五）夏。上町《うわまち》の仏壇屋が枕返しの話を聞き「そんな馬鹿げたことはない」と寺で昼寝をしたところ、そのまま言葉を発することはおろか手足も動かせなくなり、中風につき絶対安静と診断された。家に連れ戻

された仏壇屋は二週間ほどで全快したという。(『東北民俗資料集(八)』)

首折れ女 [くびおれおんな]

山形県鶴岡市金沢の高館山《たかだてやま》展望台に出るという、首が折れ曲がった女の幽霊。

展望台の螺旋《らせん》階段を上っていると、女が不自然な姿勢で座りこんでいる。よく見ると、首がへし折れているという。(イリサワマコト『幽霊心霊現象大図鑑』)

寺井広樹・村神徳子『東北の怖い話』には、同種の「首が折れ曲がった女」の話がある。高校生男女のグループが高館山からナイトハイクに出かけ、ある男子は途中で出会った黒髪の少女を誘い、手をつないで展望台に上った。顔をよく見ようと振り向かせると、ようやく見えた彼女の顔は血だらけ、眼は飛び出し首は九〇度折れ曲がっていた。これを見て少年は精神を病んでしまったという。展望台で自殺者が出ていることが、この怪異と関連があるらしい。

熊の神社の化物 [くまのじんじゃのばけもの]

山形県尾花沢市に伝わる。

昔、鶴巻田《つるまきた》の村の「熊の神社」に一つ目玉の恐ろしく大きな化物が巣食っていた。化物は酒三升、子供一人、赤飯一斗を毎日供えなければ、田畑をひどく荒らし回った。旅の侍が化物退治を引き受け、箱に大石を入れ、酒三升の代わりに水三升、赤飯の代わりに籾殻《もみがら》と土を混ぜたものを用意して神社で待った。やがて化物が「トービシャーロ、トービシャーロ、アノゴドコノゴド聞カセダラ、俺ラノ命ナクナンベ、ピンヤラトン」と唄いながらやって来た。偽の供物に怒った化物が暴れだすと、侍は隙をついて斬《き》りかかった。化物の体は石のように硬かったが、喉元だけは刀が上手く刺さった。化物は悲鳴を上げて逃げ出し、翌朝山中の穴で死体が見つかった。侍は宝物を手に入れ、再び旅に出たという。(滝口国也『北村山地方の民話　二』)

黒森の道祖神 [くろもりのどうそじん]

山形県酒田市黒森に伝わる。

黒森の道祖神は大正一〇年(一九二一)に海から流れてきたもので、男根の形をした木像である。発見した子供たちは「こんな変なもの」と海へ放り投げていたが、二度も三度も戻ってくるので家に持ち帰ってみた。やがて「これは何かの精が入っているに違いない」という話になり、祀《まつ》られることになったという。(阿彦周宜(編)『庄内・酒田の世間話』)

恵海 [けいかい]

鶴岡市の羽黒山周辺で語られた、即身仏《そくしんぶつ》にまつわる怪異。「恵海」の読み方不詳につき、本項では仮に「けいかい」とした。

昔、立谷沢《たちやざわ》の木の沢に仙海・恵海という師弟の修行者がいた。恵海は師の死後、星野の四本松の下に築いた塚に入り、即身

成仏《じょうぶつ》の行を開始した。村人は塚に挿した竹筒から飲食物を土中に供えていたが、あるとき村の婆さんが入れた饅頭《まんじゅう》が詰まってしまい、恵海は死に至った。時は過ぎ、明治一八年（一八八五）頃の正月。若者たち六人が好奇心から塚を暴き、座禅を組んだ白骨を発見、塚にあった経巻《きょうかん》を破棄し、金の延板《のべいた》と鉦鼓《しょうこ》を売り払った。すると一人が火の病となって熱に苦しんで死に、四人は炭焼きの最中に竈《かまど》が破裂し死亡、ただ一人だけが何の祟《たた》りも受けず生き残った。経巻はある人が拾い集め、酒田の光丘文庫に納めたという。（戸川安章「羽黒山夜話（四）」『旅と伝説』通巻一九〇号）

竹筒に饅頭が詰まり窒息するという最期は、鶴岡市の大日坊に祀《まつ》られる即身仏・真《しん》如海《にょかい》上人の逸話と共通する内容。

警官狐 ［けいかんぎつね］

山形県最上郡最上町に伝わる。筆者命名。大正末頃、十日町（新庄市）の行商人が最上町黒澤からの帰り道、念仏壇あたりで警察官から「行商の鑑札《かんさつ》を持っているか」と呼び止められた。家に置いていると答えると、警官は「けしからん」とやたらに怒り、商人の背負い籠《かご》を調べようとした。その態度に商人も腹を立て、鑑札を見せるから家に来てくれと言ったが、警官の手がなかなか摑《つか》めない。これは悪戯《いたずら》狐の仕業だと悟った商人は、大声で助けを求めて駆けだした。すると警官の姿は消え、籠の乾魚と油揚げも無事だったという。（『羽前小国郷の伝承』）

けぼろき

千葉幹夫（編）『全国妖怪事典』では、山形県の妖怪として「ケボロキ」が挙げられ「奥羽地方の山村でいう山中の怪音。他地方のソラキガエシ、テングダオシのようなものをいう」とある。『47都道府県・妖怪伝承百科』でもケボロキは山形県の章に載る。ただし『綜合日本民俗語彙《ごい》』では、ケボロキの伝承地は奥羽地方とされている。

ケボロキに関する記述の初出は藤原相之助「原始山民とその分裂―奥羽の雪の山人を語る―」（『旅と伝説』九巻四号）と思われる。これには雪の山中でズイコン、ズイコンと鋸《のこ》を挽《ひ》く音や樹梢《じゅしょう》の枝のワリワリという音だけが聞こえる怪異をケボロキ、ケブルキと呼んだとある。語義は不明。奥羽の山人たちの間で伝えられていた語彙のようだが、具体的な伝承地ははっきりしない。少年時代の藤原も音を聞いたことがあるという。藤原相之助は一八六七年、秋田県仙北《せんぼく》郡生保内《おぼない》村の出身であるため（『奥羽戊辰戦争と仙台藩』）、現在知られている情報だけをもとにケボロキを「山形県の妖怪」と紹介するのは不正確かもしれない。広域の**空木返《からきがえ》し**も参照。

黄金堂の閻魔 ［こがねどうのえんま］

羽黒山（山形県鶴岡市）の黄金堂境内に安置されている閻魔王の像。

明治の神仏分離の際に破棄されることに決まったが、石工たちは恐れて手をつけなかったので、宮司が祝詞《のりと》を奏し性根を抜いた。ようやく鑿《のみ》が当てられた瞬間、閻魔は眼を光らせて「痛い」と叫んだ。これには宮司も肝を潰《つぶ》し、一転、像は保存されることになった。像の背中には鑿の跡があるという。この閻魔さまに香煎《こうせん》を供えて拝むと虫歯の痛みが止まり、胡桃《くるみ》を供えると歯が丈夫になると伝わる。（戸川安章「羽黒山夜話（一）」『旅と伝説』通巻一八六号）

極楽娘［ごくらくむすめ］

山形県鶴岡市出身の霊能者・長南（おさなみ／ちょうなん）年恵《としえ》（一八六三～一九〇七）の異名。予言や物品の引き寄せができるという神憑《かみがか》りの女性で、法廷で神水《じんすい》を湧出させた逸話がよく知られている。

年恵は庄内藩下級武士の家に生まれ、明治二五年（一八九二）頃からは調理品を食べず、二七年頃には両便不通となった。さらに日清戦争の予言を的中させ、祈れば病気が治るとのことで「極楽娘」と評判をとり、最上や村山地方からも依頼者が押し寄せたという。年恵は何もない場所から病気治療に効能のある神水を出現させるといわれたが、この行為に詐欺の疑いをかけられ山形県監獄鶴岡支署に勾留された。勾留中も神水、守り札、経文などを出現させたり、神憑り中に笛声鳴物の音が響いたりと、数々の超常現象を発生させたという。その後、年恵は一時大阪に移ったが、またしても拘留処分を受け、神戸地裁における「神水裁判」へと至った。無罪判決を受けた後は鶴岡に戻り、明治四〇年一一月に死去。その二カ月前には自身の死を予言していたという。鶴岡市砂田町の南岳寺には遺品を祀《まつ》った長南年恵霊堂がある。（学研『姫神の本』ＡＳＩＯＳ『超能力事件クロニクル』）

小松の女首［こまつのおんなくび］

『諸国百物語』「奥州小松の城ばけ物の事」にあるもの。筆者命名。小松の城とは東置《ひがしおき》賜《たま》郡川西町にあった小松城と思われる。

奥州小松の城の留守居番を務める侍の妻が、雪隠《せっちん》に女の首が飛来し、鉄漿《かね》を黒々とつけた歯を出し笑うのを見た。恐ろしいが負けてはいけないと睨《にら》み返すと、生首は遠ざかって消えた。妻が喜び寝床へ戻ると、なぜか家の灯火が全て消えていた。夫の帰宅時には妻は気絶しており、介抱されて目覚めた。雪隠を移設すると怪しいものは出なくなったという。（『百物語怪談集成』）

コロリの幽霊［ころりのゆうれい］

山形県米沢市塩井《しおい》に伝わる。

明治一二年（一八七九）、コロリが米沢に大流行して多くの死者が出た。関という爺さんは病死者を埋めた所に小屋を建て、

堤で鯉《こい》を飼っていた。ある夕方、見知らぬ婆さんを見かけ「どこの婆であった?」と訊くと、婆さんは「米沢だ」と答えて間もなく姿を消した。それで浮かばれなかったコロリの死人の怨霊だったとわかり、供養の塔婆を立てたという。（江田忠ほか「米沢市塩井地区の民俗」『置賜の民俗』第七・八合併号）

【さ】

酒田の海獣［さかたのかいじゅう］

寛政六年（一七九四）霜月に酒田（現・山形県酒田市）で撃ち取られた海獣。杉山宜袁《よしなが》『大泉百談』に記録がある。

酒田高野浜《こやのはま》の沖に浮上し、足達茂兵エなる人物に仕留められたもので、体長三尺四寸、毛は薄黄色で薄黒い斑点があった。海《あざ》豹《らし》に似ているが名はわからなかった。この獣が出ると漁民は恐れて船を出さなかったという。（大泉散士（訳）『大泉百談』）

近世の随筆類や見世物の記録、瓦版には、このような珍しい海獣捕獲の記事がしばしばみられる。

寒沢の婆［さぶさのばんば］

山形県最上郡最上町に伝わる。

遠山に雪が降り木枯《こが》らしが吹きすさぶ頃には「ほら寒沢の婆が来んぞォ」と言って泣き止まぬ子や夜更かしをする子をおどかしたという。（『羽前小国郷の伝承』）

冬季の強風と共に来訪する老婆といえば岩手県の**寒戸《さむと》の婆《ばあ》**が思い浮かぶ。『羽前小国郷の伝承』の豊富な妖怪談は、このように他地域の伝承を想起させる記述も多い。

三太待て［さんたまて］

山形県西置賜《にしおきたま》郡小国町小玉川《こたまがわ》地区に伝わる。田中康弘『山怪』に、マタギの男性が父親から聞いた話として載る。

昔、朝日村の方から猟師たちが熊狩りにやって来た。三太という者は熊の巣穴を見つけると、仮病を装って抜け駆けし、獲物

の独占を狙った。ひとまず熊の胆《い》を得て小屋へ帰ろうとしたとき「三太待てぇ！」と大声で呼び止められた。再び歩きだすと、また「三太待てぇ！」と呼び止められる。山の神様が怒っているのだと思った三太は帰って仲間たちに詫《わ》びたという。

三本尾の大狸［さんぼんおのおおだぬき］

山形県最上郡最上町に伝わる。

比丘尼楯の壇ノ沢に建つ馬頭観音堂には僧を食い殺す悪い化物が住みつき、無住の寺となっていた。旅の老僧が堂に泊まりこむと、毎夜緋《ひ》の衣を着た僧が現れて木魚や鉦《かね》を打ち鳴らし読経した。四夜目の晩、緋の衣の僧はいきなり問答をしかけてきた。「朝に四ツ足、昼に二足、晩方は三本足ッ」老僧はすかさず「それは、われら人間様だ」と答え、怪僧の正体が畜生だと看破した。その本性は千人の僧を喰らい仙人になる願を掛けた獣だった。獣は三面馬頭明王や釈迦牟尼仏《しゃかむにぶつ》に変じたが、老僧は動じず、やがて獣の方が屋根から転げ落ち、ばらばらに砕けて死んだ。真の姿は年経て白雪のような毛になった三本尾の大狸だったという。（『羽前小国郷の伝承』）

よく大蟹《おおがに》や天狗の話として語られる、無住寺に住みついて問答を挑む化物の一種。大狸が発した問いはギリシア神話のスフィンクスが投げかける謎と同じものである。

塩野の駿河［しおののするが］

山形県新庄市に伝わる化け狐。塩野とは新庄市萩野《はぎの》塩野のことで、そこを根城とする狐のことと思われる。

ある年の末、老狐・塩野の駿河は大清水の洞穴に名だたる狐たちを招いた。参集したのは鍋倉の与一、赤坂の太郎之助、陣場のお菊、近江の沢のおみん子、さんご沢のおさんこ、野々村の焼狐、だにやらの昌吾、長野の権吉、弥治兵衛山のびっこ狐といった武将級の狐とその配下ども。駿河は人間たちの餅つきに皆で乗りこみ、腹いっぱいご馳走にあずかろうと考えていた。狐たちは秋田の殿様行列に化けて小舟山《おぶねやま》の人家を訪ねたが、食物を目にするや下級の狐が本性をあらわし騒ぎだしたので、一同は犬に追われ逃げ回る羽目になってしまったという。（笹喜四郎『かつろく風土記』）

獅子塚［ししづか］

獅子舞に用いるお頭《かしら》を埋めた塚。

山形県酒田市北平田、新青渡《にいあおど》では、当地の獅子頭との喧嘩に負けた吹浦《ふくら》大物忌《おおものいみ》神社の獅子頭が埋められ塚ができたと伝わる。塚は獅子舞の囃子《はやし》が聞こえるとむくむく動いたという。吹浦の頭に負けた本楯《もとたて》の城輪《きのわ》神社の頭が埋められたという話もあり、この獅子塚もやはり囃子を聞くとむくむく動くという。（戸川安章『羽前の伝説』）

地蔵岩［じぞういわ］

山形県東田川郡朝日村（現・鶴岡市）の

荒沢ダム右岸にある岩。
屏風《びょうぶ》を立てたような赤い岩で、地蔵尊の姿が現れることがあったという。その姿を見た人は日を経ずして「お迎えを受ける」という。（戸川安章『羽前の伝説』）

四足の蛇［しそくのへび］

神谷養勇軒『新著聞集』祟厲篇「蛇を殺して忽ち死す」にて語られる怪蛇。

古来、出羽国の龍門寺（現・山形県山形市北山形）の鎮守は龍神と伝わっていた。あるとき寺の石垣が崩れ、六、七寸ほどの蛇が出てきた。集まった数名が蛇を追い回し殺してしまったが、かれらもたちまち目が眩《くら》んで死んだ。殺さず追いかけただけの者も五、六〇日ほど患いついた。この蛇は頭こそ普通の蛇と同じだが、胴は太く、四足を具《そな》えていた。死骸は江戸浅草の慶養寺へ納められたという。（『近世奇談全集』）

ジャガラモガラの龍［じゃがらもがらのりゅう］

山形県天童市貫津《ぬくづ》の雨呼山《あまよばりやま》にある擂鉢《すりばち》状の窪地は「ジャガラモガラ」と呼ばれる。地名の由来は諸説あるが、働けなくなった老人をこの場所に捨て、泣き声が聞こえないようジャガラ、モガラと囃《はや》したのが始まりとする姥捨《うばすて》の伝説がよく知られている。（安彦好重『山形県の地名伝説』）

ジャガラモガラには村雲龍神という龍が棲んでいたともいい、弘安（一二七八～八八）の頃、女人に化身して成生庄の仏向寺に参籠《さんろう》し、一向上人に血脈《けちみゃく》を授けられたと伝わる。龍女は昇天の前に上人へ縫目なしの衣《ころも》を授け、旱魃《かんばつ》の際これを着て読経すれば雨を降らせると約束したという。

龍は仏向寺の堂を七巻き半も取り巻く巨体だったとも語られる。雨乞いの時は龍の祠《ほこら》の周りで踊り「雨たもれ　雨たもれ　龍神さまから雨もろた」と囃《はや》したてる。

寺を訪れた龍女《りゅうにょ》は長く真黒《まっくろ》な髪に白い顔の美しい娘だったという。以前はジャガラモガラで捨てられた老人を食っていたが、あるとき村の悪習に気づいて己の行いを悔やみ、上人の力で天に昇りたいと願うようになったのだともいう。（長瀬一男『地名私考ジャガラモガラ』）

執客［しゅうかく］

遠州の西村白烏《はくう》の随筆『煙霞綺談《えんかきだん》』に載るもの。「執客」は執念を残した客人といった意味で、幽霊のこと。

洛陽（京都）の清水に伝わる話。連歌師《れんがし》の宗祇《そうぎ》が出羽国のある寺に泊まったときのこと。夜更け、数人が連歌に興じている様子なので聞き耳をたてると、一人が「薄《すすき》にまじる芦の一むら」と吟《ぎん》じ、他の者たちは次の句を案じた末「ハア」と声を洩《も》らし消え失せた。寺の僧は以前から同じことが起きていると言う。宗祇は良い付句《つけく》が浮かばなかった者の執念が現れるのだと考え、次に歌人が現れた晩は「古沼の浅きかたより

野となりて」と句を連ねた。すると各々感じ入り、喜んで消滅した。こうして執客は絶えたという。(『日本随筆大成4』)
　この話の舞台は「出羽」とだけあって詳細には特定できないが『怪異・妖怪伝承データベース』では、地域分類が山形県になっている(二〇二一年一二月閲覧)。
　岩手県の**歌を詠む幽霊**も参照。

朱盤［しゅばん］

　屋敷に出る妖怪。畠山弘『山形県怪談百話』には次のようにある。

　庄内藩(山形県)酒井家に仕える若侍・高力小右衛門は、廊下の天井からぶら下がる赤ら顔の大入道に遭遇した。化物は格闘のすえ組み伏せられるも、次第に縮んで溶けるように消えた。小右衛門は気絶し、家人が屋敷内を捜索したが大入道は見つからなかった。翌年、屋敷替で石原小百度という藩士が越してくると、庭の茂みから大入道が現れた。小百度が摑《つか》みかかるとまた消えたが、後に用人の土左衛門もこれに遭遇した。「お前は何者だ」と問えば、大入道は「しゅぱん」と答えて消えた。その後しゅぱんは出なかったが、高力・石原両家は変事凶事が相次ぎ断絶したという。

　福島に出たとされる**朱の盤**の類例と思われ、千葉幹夫の『全国妖怪事典』では「朱盤」の字が当てられている。

小便たれ御山王［しょうべんたれおさんのう］

　山形県最上郡最上町に伝わる。

　四月申《さる》の日にある森越の山王祭は必ず雨が降るため、小便たれ御山王と呼ばれた。昔、山王様のお使いの猿と親戚の**河童**《カワワラス》が小国川から山王参りに来たが、好天で川の水が減少し帰れなくなってしまった。山王様は困って泣く河童を憐《あわ》れんで小便をたれ、川の水を増やしてやった。これが毎年のならいとなったので雨が降るのだという。

(『羽前小国郷の伝承』)

白鷹［しらたか］

　山形県西置賜《にしおきたま》郡白鷹町に伝わる。

　天平二年(七三〇)、行基《ぎょうき》が諸国教化の旅でこの地を訪れ、麓の里から山上を眺めると、一羽の白鷹が何度も空を往来するのが見えた。やがて五彩の雲がたなびき、空中に虚空蔵《こくうぞう》菩薩《ぼさつ》の姿があらわれた。これこそ霊場だと感じた行基は、草を切り払い山上に登り、菩薩の尊像を刻んで祀《まつ》った。こうして山は白鷹山と呼ばれるようになった。(安彦好重『山形県の地名伝説』)

知らない女［しらないおんな］

　竹書房怪談文庫『奥羽怪談』にあるもの。

　ある女性の実家は山形県某所にあり、そこには家族ではない「知らない女」も住んでいた。女の右目は椿《つばき》の実のように大きいが、左目は胡麻《ごま》のように小さく、頸《くび》は鶴のように細長い。時折身体を揺らし、腰まで

ある髪が振り子のようにぶらぶら動いた。祖母から「あれは狐だ」と言い聞かされていたが、後に祖母は「狐だと思わなければ自分も怖くて住めなかった」と告白した。

人面魚［じんめんぎょ］

人面の魚。平成初期、山形県鶴岡市の善《ぜん》寶寺《ぼうじ》・貝喰《かいばみ》の池で飼われていた金色のニシキゴイが「人面魚」だと話題になった。

この鯉《こい》を上から見ると、頭部の模様があたかも陰影のついた人面のようだった。平成二年（一九九〇）春頃からメディアで扱われはじめると、珍奇な姿が人気を博し、観光客が殺到した。ブームのきっかけは週刊誌『FRIDAY』六月の記事「『人面犬』の仲間か『悪霊』のたたりか…山形県の寺で怪奇『人面魚』を発見したぞ！」とされる。写真を編集部に送った会社員曰く「池の主かもしれないと思って捕まえるのはやめた」とのこと。作家の聖咲奇による人面魚身のバカウオなる妖怪や平家蟹《へいけがに》を引き合いに出したコメントで怪奇性を強調する一方、魚類の専門家にも取材し、奇形の鯉ではないかとの見解も載せている。この記事が発端で『東京スポーツ』に取り上げられ、テレビ番組も人面魚を扱った。

時を経て人気は鎮静化したが、他所で人面模様をもつ魚が発見されると「人面魚」と報道されるなど、鶴岡の人面魚は折に触れて思い起こされてきた。その後も動物モチーフのメディアミックス作品『けものフレンズ』（二〇一五年開始）に善寶寺の人面魚がモデルのキャラクターが登場する（『けものフレンズBD付オフィシャルガイドブック④』）、令和への改元に際して平成の話題を振り返る新聞記事に載るなど、在りし日の名残を感じる事象もみられた。なお、善寶寺は大漁を祈願する龍神信仰の寺であるため、人面魚が寄ってくると御利益で大漁になったと語る人もいる。（「一大ブームの平成の『顔』人面魚、今も山形の寺に」『産経新聞』平成三一年四月一三日）

水天狗圓光坊［すいてんぐえんこうぼう］

羽黒山（山形県鶴岡市）信仰にみえる天狗で、水天狗なる異色の称号をもつ。

圓光坊の姿と名が確認できるのは、明治頃から刷られた「七千日護摩行者長教」の護符で、頭領らしき立ち位置の羽黒山三光坊と並び立つように描かれている。行者の装いで、口が尖《とが》った烏天狗《からすてんぐ》型の面立ちをしており、手には金剛杖《こんごうづえ》を握っている。

天狗を研究した知切光歳《ちぎりこうさい》は、圓光坊は羽黒登山者を運ぶ最上川船便の安全を担う護《ご》法《ほう》天狗と推測している。（『天狗の研究』）

杉山の怪獣［すぎやまのかいじゅう］

庄内藩士・杉山宜袁の随筆『大泉百談』に記されている謎の獣。

寛政一〇年（一七九八）正月の夜、杉山で不思議な獣が生け捕りにされた。大きさが犬ほどもある「土龍」らしく、江戸へ運

ばれ飼われる運びとなった。しかし獣は鎖さえ噛み切るほど歯が強く、改めて調べると土龍ではなく他の獣だったという。（大泉散士（訳）『大泉百談』）

助左衛わらし［すけざえわらし］

山形県飽海《あくみ》郡松山町（現・酒田市）に伝わる。

昔、松嶺《まつみね》に助左衛わらしという大柄で力持ちの子がいた。ある日、わらしは友達とのかくれんぼの最中に行方不明になった。五、六年後にひょっこり帰ってきたが、そのとき彼は何にでも化けられる忍者になっており、石を黄金、木の葉を小判に変えて大金持ちになった。すっかり得意気になったわらしは、ある子から「大蛇に化けてみせろ」と言われ、望みどおり変化してみせた。しかし子供たちが逃げだした拍子に元に戻るための呪文を忘れてしまい、蛇の姿のまま泣く泣く具足禿山の主となった。この山に蛇が多いのはそのためだという。

（烏兎沼宏之『やまがた伝説考』）

隅の婆様［すまのばさま］

出羽国米沢の奇談集『童子百物かたり』にある。肝試しの遊びで現れる妖怪。

まず四人組で夜中に静かな寺へ行き、それぞれ座敷の隅に屈《かが》む。そして灯火を消すと各人が座敷の真ん中へ這《は》い出し「一隅《すま》の婆様、二隅の婆様、三隅の婆様、四隅の婆様」と唱えながら、他の者の頭を順に撫《な》でていく。このとき、何度数えてもなぜか頭が四つあるという。昔から若い衆が集まれば「隅の婆様」で遊んだもので、『童子百物かたり』の著者・吉田糠山も一三、四歳頃に友人とこの遊びをしたという。その時も手に触れる頭は四つ、すなわち室内に五人がいる勘定になったという。糠山は「若い殿ばらたち、隅のば様して遊ぶべし」と語っている。（『米沢地方説話集』）

福島県に伝わる四隅探し、すまたらなども類似の怪異。現代でも山小屋を舞台にした同様の怪談がある。朝里樹『日本現代怪異事典』「四隅の怪」なども参照のこと。

千人塚［せんにんづか］

山形県南置賜《みなみおきたま》郡飯豊《いいで》町に伝わる。

小坂集落の下には沢山の塚があり、八幡太郎や官軍の討死した者を埋めた場所だといわれている。塚の砂利は粒揃いだが、これを掘った人は睾丸炎《こうがんえん》になったという。これは「睾丸一つ取った祟《たた》り」だといわれた。（『民俗採訪』昭和二九年度号）

善寶寺の龍神［ぜんぽうじのりゅうじん］

山形県鶴岡市の龍澤山《りゅうたくさん》善寶寺の守護神は龍神とされ、航海安全、大漁祈願の信仰を広く集める。善寶寺龍王講発行『善寶寺龍王講だより』では、龍神への祈りで不漁や海難から救われたなど、種々の霊験譚《たん》が示されている。（阿部友紀「霊験譚の語りと信者」『東北文化研究室紀要』第五〇号）

天暦五年（九五一）に妙達上人が開いた龍華寺が善寶寺の起源で、上人より法華経の功徳を受けた龍道大龍王・戒道大龍女は貝喰《かいばみ》の池に身を隠した。後に二龍神は峨山《がさん》禅師に参じて受戒、太年禅師より血脈《けちみゃく》を授けられ龍澤山の守護神になると誓い、池には龍神堂が建立された。（龍澤山善寶寺ウエブサイト、須藤克三ほか『出羽の伝説』）

貝喰の池に棲むのは夫婦の龍だともいわれ、この池に願うと膳や椀を必要分貸してもらえたという椀貸の伝説も残っている。他にも貝喰池の鯉《こい》を殺せば祟《たた》りがあるといわれたり、池から龍神の怒りを示す怪火が上がったこともあるという。池は龍宮に通じているともいわれている。（戸川安章（編）『羽前の伝説』）**人面魚**も参照。

素麺不動「そうめんふどう」

山形県東田川郡庄内町に伝わる。

肝入《きもいり》の御瀧《みたき》神社は、かつて慈覚大師円仁作の不動明王像を祀《まつ》った小堂だった。あるとき堂を訪ねた信者が小僧から素麺の振舞いを受けた。出先から帰った堂守の和尚はそれを聞き、羽黒の雛僧《すうそう》が来て気を利かせたのだろうと思った。だが堂内には雛僧の姿などない。不思議に思い本尊を仰ぎ見ると、その手から素麺が垂れ下がっていた。「不動明王のなせしことだったか」と主客ともに感じ入り、以後この明王像は素麺不動と呼ばれた。（戸川安章「羽黒山夜話（完）」『旅と伝説』通巻一九三号）

尊量の怨念「そんりょうのおんねん」

羽黒山（山形県鶴岡市）の僧の怨霊。

精海『羽州羽黒山中興覚書』によれば、別当の宥源《ゆうげん》との勢力争いに敗れた尊量は、慶長一九年（一六一四）に切腹して果てたという。その後、尊量の怨念はさまざまな祟《たた》りをなし、羽黒修験者であった真田清鏡が三戸城で切腹、学頭寺である宝勝寺からの出火、式部家の衰微などの凶事が続いたという。（戸川安章「羽黒山夜話（二）」『旅と伝説』通巻一八七号）

【た】

大天馬様 ［だいてんばさま］

山形県最上郡地方で祀《まつ》られている神。佐藤義則ほか『出羽の伝説』によれば、最上の里では五カ所ほどに祀られるという。名前の読みは「だいてんまさま」とも。

最上町黒澤の大天馬様は馬の守護や婦人病治癒、安産の神として崇《あが》められる。蛇体、もしくは頭が龍、体は馬、背には鷲《わし》の翼という奇妙な姿をした、雲と雨を呼び天空をかけめぐる神様だという。ときどき山奥のまのがみ滝で水浴びをする。蛙《かえる》が神使で、参拝者は木や石で造った蛙を奉納する。大天馬様が他の神様と力比べをした際、麦を目茶目茶に踏み倒したため、黒澤では麦作りが禁忌となった。また、大天馬様に投げられた神様が井戸にはまった、または神使の蛙が井戸に落ち苦しんだため、井戸を掘るのも禁忌とされたという。（最上町ウェブサイト）

鮭川村《さけかわむら》の大天馬様は京塚の与右エ門が稲田から掘り出した大石を御神体とする。鮭《さけ》延《のべ》城主の佐々木典膳が病のとき、この大石に蛙を描けば治るという夢を見て、その通りにするとすっかり癒えたという。（『山形県伝説集』）この神は別名をビッキ（蛙）神といい、春は境内にガマの大群が集まるという。疝《せん》気《き》や腰痛に霊験ありと信じられ、八月一九日の祭礼は多くの参詣人でにぎわった。（鮭川村観光協会ウェブサイト）

高道の稲荷様 ［たかみちのいなりさま］

山形県酒田市安田の高道稲荷神社の夏祭では、人々が狐の扮装で踊る「白狐踊り」が行われる。その由来は次のようなもの。

昔、安田村と北平田村は境界を巡る争いが絶えず、田植え競争の結果で白黒をつけることになった。競技当日、姉さんかぶりに襷掛《たすきが》けの早乙女《さおとめ》の一団が現れ、見事な手さばきで安田村の田に苗を植えつけていった。田植えを終えた早乙女は白狐になり、高道の森へ引き上げた。競争はもちろん安田村の勝ちで、村同士の対立は終結した。安田の人々は日頃信仰する高道の稲荷様の助力があったのだと考え、信心はいっそう篤《あつ》くなった。喜びを末永く伝えるため、田植えの様子を歌と踊りにしたのだという。また、狐が田植えをした場所は狐田と呼ばれた。（『山形県の民俗芸能』）

瀧太郎 ［たきたろう］

山形県鶴岡市の大鳥池《おおとりいけ》の主と言われた巨大魚。現在ではＵＭＡ（未確認動物）の文脈で語られることが多い。

タキタロウは体長一・五〜三メートル、

体色は赤茶色で斑点があり、下顎が異常に長い奇怪な顔つきの魚だという。直射日光を嫌って普段は水底に潜み、時折水面で餌を獲るという。大鳥池がある旧・朝日村の言い伝えでは、滝太郎または竹太郎と称する魚を獲ろうとすれば災いが起こるとされていた、などと紹介されるのが通例。一九八二年頃からは未確認動物、または大鳥池の未知の固有種としての関心が高まり、テレビや新聞でも取り上げられた。実地調査が何度も行われ、アメマス、イトウ、ヒメマスの変種など様々な正体説が唱えられた。（並木伸一郎『未確認動物UMA大全』宇留島進『日本の怪獣・幻獣を探せ！』）

　鶴岡の松森胤保《たねやす》による羽前・羽後の博物誌『両羽博物図譜』（一八八五）には、岩魚《いわな》の大物のことを「瀧太郎ト云フ」との記述がある。五尺ほどの岩魚が大鳥川の方から流れてくると噂されていたといい、この時期には既にタキタロウという魚の名称が通用していたこと、特定の一個体を表す語ではないことがうかがえる。（酒田市立図書館ウェブサイト「両羽博物図譜の世界」）

　工藤隆雄『マタギ奇談』には、大鳥池でクジラと見紛うような大魚がゆったり泳ぐ姿を三度も目撃したマタギの証言がある。曰く、三メートルのタキタロウはまだ小さいもので、自分が見たものは一〇メートルはあったかもしれないとのこと。

竹［たけ］

山形県東田川郡三川町横山土橋《つちはし》に伝わる。叶野岡右衛門家には一二枚組の錦焼きの皿が伝わっていたが、うち一枚を女中の竹が割ってしまった。竹は主に詫《わ》びるため井戸に身を投げ死んだ後、幽霊となって毎夜現れ、皿を一一枚まで数えてはさめざめと泣いた。哀れんだ主は菩提寺《ぼだいじ》の僧に頼んで竹を供養し、残った皿を彼女の墓に埋めて皿塚とした。（戸川安章『羽前の伝説』）

　東北地方における皿屋敷系の話は、他にも山形県の**お花**や宮城県の**九枚莚**《くまいむしろ》がある。

たけの大助［たけのおおすけ］

山形県最上郡金山町有屋《ありや》の稲沢地区に伝わる妖怪。**鮭《さけ》の大助**の類。

　夏の夜一二時から一時頃、眼が提灯《ちょうちん》のように下がり、頭が大きく、毛が長く、尻尾《しっぽ》の方がなく頭だけの魚の幽霊が「タケの大助今のぼる」と言って川を上る。この声を聞くと三年ほどで死んでしまうという。魚獲りに行く人たちも「タケの大助来ると良くない」と言って、夜の一二時半頃には畔《ほとり》に上がって休むという。（『有屋の民俗』）

妲己［だっき］

山形県新庄市の昔話に登場する化け狐。大友儀助（編）『新庄のむかしばなし』に「姐己の恩返す」として載る。姐己は妲己の誤字と思われる。

　昔、熊蔵という男が、娘姿に化けた妲己に出会った。病気の母に食べさせたいと言

うので、熊蔵は妲己に魚を分けてやった。おかげで母狐の病は治り、妲己は恩を返すため、人の姿で女郎屋に身を売った。その後ある客が妲己を一二〇両で身請けし、大阪一の金持ちである鴻池《こうのいけ》の息子に引き合わせた。息子は以前から**狐憑《つ》き**の病で奇行を繰り返していたが、妲己が問い質《ただ》すと、鴻池屋敷の正一位稲荷大明神が憑いているとわかった。稲荷は子狐を殺された恨みで憑《ひょう》依《い》していたが、妲己に諭《さと》されて息子から離れた。鴻池家は稲荷宮を新築し、妲己には礼として千両箱を与えた。妲己がこれらの金を持って帰ると熊蔵たちは喜び、自宅の竹林でも稲荷神を祀《まつ》った。この稲荷宮は竹熊様と呼ばれ、それが後に仙台の竹駒《たけこま》様になった。そのため、狐憑きになったときは竹駒様に参詣するのだという。

狐の報恩譚《たん》が宮城の竹駒稲荷の由来につながる例。東北の民話では富豪の代名詞として鴻池家の名がよく出てくる。妲己は九尾の狐が化した殷《いん》の紂王《ちゅうおう》の妃の名が元とみられるが、妖婦・悪女ではなく心優しい狐の娘として語られているのが面白い。

これとは別に西置賜《にしおきたま》郡白鷹町《しらたかまち》の昔話にも妲己という狐が登場するが、こちらはよく知られた玉藻前《たまものまえ》譚に近い。残虐な美女の妲己が天子を誑《たぶら》かしていたが、鏡の神威で七尾の大狐の正体を暴かれ殺生石《せっしょうせき》に変じる。玄翁《げんのう》和尚によって石は砕かれるも、妲己は石から抜け出し大陸へ飛び去る。なんと悪狐が生存する結末である。（武田正（編）『牛方と山姥　海老名ちゃう昔話集』）

狸の機関車［たぬきのきかんしゃ］

山形県最上郡最上町に伝わる。各地に伝わる狐狸《こり》の偽汽車《にせきしゃ》の一例。

小国郷（最上町）に陸羽《りくう》東線が開通して間もない頃、狐狸が線路上に人影を見せる悪戯《いたずら》でよく機関車を止めた。ある夕方、富澤・堺田《さかいだ》間を走る汽車の前方から、別の汽車が向かってきた。だが、あわや正面衝突という瞬間にその汽車は消え失せ、線路上では大狸が死んでいた。工事で巣を壊された大将狸の仕返しだろうと思われ、工夫《こうふ》たちは死体を狸汁にして食ったという。

平沢口や大堀の煉瓦場《れんがじょう》周辺も汽車を止める狐が出たという。（『羽前小国郷の伝承』）

狸の化物［たぬきのばけもの］

山形県東置賜《ひがしおきたま》郡高畠町高安《たかはたまちこうやす》にある犬《いぬ》の宮《みや》・猫《ねこ》の宮《みや》の由来譚《たん》に登場するもの。二社は犬猫の供養と健康を祈る場で、毎年七月にペット供養祭が執《と》り行われている。

犬の宮は生贄《いけにえ》を求める狸または**狢《むじな》**の化物を倒した名犬を祀《まつ》ったのが始まりで、その後に庄屋の妻を悩ませる屋根裏の大蛇を葬った飼猫を祀ったのが猫の宮の始まりだという。（『47都道府県・妖怪伝承百科』）

最初の化物退治は和同四年（七一一）八月末の出来事という。盲目の旅人が高安で野宿をしながら三弦を奏でていると、音色に乗って怪物の群れが現れて「甲斐《かい》の国の三毛犬・四毛犬にはこのこと知らせるな」と歌い踊った。甲斐の三毛・四毛は当時の

日本で一番強い犬だった。高安には七人の役人がいて、大内裏（御内裏）岩山を本拠地として人々に厳しい年貢を課していた。そのうえ春と秋には一三歳の娘を捧げる決まりで、庄屋の娘が次なる人身御供に決まっていた。旅人の話を聞いた村人たちは、役人の化物を倒すべく甲斐の名犬を探して連れ帰ってきた。犬は役人の酒宴を襲撃すると、猛烈な勢いで彼らを咬《か》み倒した。死闘のすえ役人に化けていた老怪獣たちは全滅したが、二頭の犬も深手を負い死んでしまった。村人は大恩ある旅人と三毛・四毛を正眞子大権現（犬の宮）として祀った。かつては縁起絵巻も伝わっていたが、所在不明になってしまったという。（大浦豊「山形縣高安『犬の宮』の傳説」『旅と伝説』通巻七八号）

猫の宮は「忠義な猫」型の話が由来譚として伝えられている。庄屋は妻の長患いの原因が不審な行動をとる飼猫かもしれないと疑い、その首を切り落とした。すると猫の首が飛び上がり、天井に潜む大蛇に食らいついた。庄屋は忠義者の猫を殺してしまったと大いに悔い、恩を忘れぬよう宮を建て祀った。（沢渡喜彦『出羽の民話』）

犬の宮の話に出てくる旅人は地蔵菩薩の化身ともいわれる。猫の宮の話で庄屋夫婦を苦しめる蛇は、かつて殺された狸の怨念の化身、または狸の血を吸った蛇が狸の復《ふく》讐《しゅう》のため庄屋につきまとうと語られる場合もある。（『山形県伝説集』ほか）

武田正（編）『米沢の民話　雪女房』にある話は、導入部に**出臍検《でべそあらた》め**の要素もある。畑の作物を食い荒らす狢の化物は、甲斐の国の三毛四毛・越後の国の文三猫という天敵と同時に対決する。相討ちになって果てた犬猫を明神様として祀ったのが犬の宮・猫の宮であるという。

この他、鶴岡市の大山祭りで知られる大山の「めっけ犬」村山地方の「べんべこ太郎」最上地方の「しっぺい太郎」など、名犬が狸や狢の化物を倒す猿神退治型の話は山形県内に豊富に伝えられている。

給た聖天［たべたしょうてん］

小越春渓『怪譚雨夜の伽』にあるもの。

出羽国米沢（山形県）主水町（門東町）の甘粕数右衛門家の鎮守は「給た聖天」の異名をもつ聖天（歓喜天《かんぎてん》）で、世にも尊い霊神だという。昔、主人が酒を供えようとすると、神像を納めた厨子《ずし》から「たべた、たべた」と気高い声が聞こえてきた。不審に思って下僕を問い質《ただ》すと、買ってきた酒がどうしても欲しくなり、主人に渡す前に少し飲んだと白状した。このとき、まず神前に供えようと「聖天様へ奉る」と唱え少しだけ酒を流したという。先の声は、聖天がその意を汲《く》み「給《たべ》た（もういただいた）」と、また供えるには及ばないと伝えたものだったらしい。（『米沢地方説話集』）

太郎八様［たろはちさま］

山形県酒田市千代田に伝わるもの。

千代田今泉の鎮守である諏訪《すわ》神社には、かつてとても大きな欅《けやき》があった。当時、神社には伊勢神宮より毎年「太郎八様」に御札が届けられていた。今泉には伊勢参りをした者もおらず、人々は大欅が参詣したのではないかと噂した。神主がこの欅の枝を切ろうと木に登ったときには、足をかけた枝が白い大蛇に変じた。神主は驚いて落下し、熱を出して一週間ほど寝こんだ。このような不思議な出来事があったため「お諏訪様の太郎八様」として欅に注連縄《しめなわ》を張って祀ったという。（阿彦周宜（編）『庄内・酒田の世間話』）

弾薬庫の女 ［だんやくこのおんな］

山形県における軍隊の怪談。筆者命名。

山形歩兵第三二連隊のある兵士は、軍務の合間に弾薬庫前で恋人と忍び逢いをしていた。しかし風雨の激しい晩、女の到着前に歩哨《ほしょう》が別人に交代してしまった。女を狐《こ》狸《り》の変化《へんげ》と考えた歩哨は、彼女に銃剣を突き刺し殺してしまう。その後で本物の人間だと知って仰天《ぎょうてん》、古井戸に死体を捨てた。数年後、雨風の晩には弱々しく歩哨を呼ぶ女の声が聞こえるようになったという。

松谷みよ子（編）『現代民話考［一二］』には千葉県の類話も示されている。この種の怪談は各地の兵士に流布していたようだ。青森県の**火薬庫の女**も参照。

地底の鼾 ［ちていのいびき］

庄内藩士・杉山宜袁の随筆『大泉百談』に記されている怪異。筆者命名。

御組頭・安藤源右衛門の屋敷に友人の石黒半蔵が訪ねた夜のこと。上《かみ》台所（客人用の台所）と台所の間から急に光が出て家中が明るくなり、地の底から折々いびきのような音が聞こえてきた。上台所の敷板を剝《は》いで調べてみたが、何も異常はなかったという。後に源右衛門は半知《はんち》（知行俸禄《ほうろく》の半減）蟄居《ちっきょ》を申しつけられたが、その理由は謎。（大泉散士（訳）『大泉百談』）

珍蔵寺の大銀杏 ［ちんぞうじのおおいちょう］

鶴女房の伝説で知られる山形県南陽市漆山の珍蔵寺にまつわる木の怪異。

昔、珍蔵寺にいた大酒飲みの和尚が、金に困って寺内の大銀杏を売ろうと考えた。その晩、和尚の枕元に「いちょう」と名乗る美女が現れ、伐採を思い留まるように頼んで泣き崩れた。そのため和尚は木を伐《き》るのを諦めた。美女は大銀杏の木の精だったという。（江田忠ほか「南陽市漆山地区の民俗」『置賜の民俗』第七・八合併号）

月楯の弁天様 ［つきだてのべんてんさま］

山形県最上郡最上町月楯の月楯弁天は市《いち》杵島姫命《きしまひめのみこと》（弁財天と同一視される）を祭神とし、土地の人々から信仰を集めた。

新庄の殿様が巡視に訪れたとき、月楯の弁天様は若い娘となって出迎え、道案内をした。帰りに殿様が労をねぎらうと、弁天

様は蛇体となって成合淵《なりあいぶち》から小国川を遡《そ》上《じょう》して去ったという。山上は弁天様の奥の院とされ、常人がこの神聖な地に入ると悪天になるという。（『羽前小国郷の伝承』）

つくつく法師［つくつくぼうし］

セミの一種。西置賜《にしおきたま》郡飯豊町《いいでまち》中津川須郷《すごう》では、この蟬は宇都宮神社のお使いで、須郷以外の近村にはいないと考えられた。

昔、栃木の宇都宮神社から御分霊を背負ってきた男が須郷で休憩した。このとき栃木から荷物にとまっていたつくつく法師が離れると、急に荷が軽くなった。神はこの地に鎮まりたいのだと考えられ、須郷にも宇都宮神社が建てられた。神使のつくつく法師はお姫様だともいう。（『民俗採訪』昭和二九年度号、戸川安章『羽前の伝説』）

土蜘蛛［つちぐも］

蜘蛛の妖怪。

山形県西置賜《にしおきたま》郡小国町舟渡《ふなと》では「蛇婿入《へびむこい》り」型の話に登場する。昔、長者の娘のもとに若い男が訪問するようになり、そのたび娘は非常に苦しがった。ある晩、糸を通した針を男の着物の裾に刺すと、男は血痕を残し姿を消した。血を辿《たど》ると土に穴が開いている所があり、大きさ七尺ほどの土蜘蛛が潜んでいた。蜘蛛は針で刺されて苦しんでいたので、村人が寄ってたかって退治した。（武田正（編）『飯豊山麓の昔話』）

最上郡真室川町《まむろがわまち》川ノ内に聳《そび》える権現山の土蜘蛛退治の話がある。

山の権現堂あたりに化物が棲みつき人に害をなしたうえ「人年貢《ひとねんぐ》（生贄《いけにえ》）を出せば村を守ってやる」と言い、毎年娘を要求した。化物退治を試みた者はみな殺された。そして新たに退治を志した侍は、ある婆さんから化物の正体は土ぐもで、呪文を唱えれば蜘蛛の糸はほどけると教わった。化物との対決時、やはり糸を吐かれ身動きがとれなくなったが、教えられたとおり「シャシャムシャや、シャシャムシャや、ムシャシャの中のシャシャムシャや、ナリピシャのオンペのゴウ、タドカシテタモレ」と三唱すると、糸はパッと消えた。そこで侍は蜘蛛の足をばらばらに斬《き》って退治した。それからというもの、人々はクモを見かけると、例の呪文を唱えるようになったという。（民話と文学の会「新田小太郎さんの昔話」『民話と文学』第二三号）

吊鐘の怪［つりがねのかい］

山形県最上郡戸沢村に伝わる。

ある武士が戸沢村の山伏の宿坊に泊まった夜、怪しい音が聞こえ目が覚めた。道場を覗《のぞ》くと妖怪の姿が見えたので斬《き》りつけ手応えを覚えたが、周囲は何もなかったかのように静まりかえった。翌朝調べると、道場の吊鐘に刀傷がついていたという。（戸川安章『羽前の伝説』）

鶴女房［つるにょうぼう］

鶴女房・鶴の恩返しは全国に分布し、現在もよく語られる昔話のひとつである。山形県においては南陽市漆山の鶴布山珍蔵寺《かくふざんちんぞうじ》の縁起譚《たん》になったものが有名で「鶴女房」発祥の地といわれることもある。

二井山の金蔵《きんぞう》という貧しい正直者は、ある者が鶴をいじめているところに出くわした。所持金と引き換えに鶴を助けたところ、美しい女が訪ねてきて嫁になった。嫁は上等の反物を作って売り、家は裕福になった。あるとき金蔵は嫁の仕事場を覗《のぞ》き、正体が助けた鶴であると知る。鶴は反物の材料として羽毛を抜き、既に赤裸になっていた。鶴は報恩のために織った曼荼羅《まんだら》を残して去り、金蔵は出家して金蔵寺を開いた。その後、寺は鶴の残した宝に因《ちな》み鶴布山珍蔵寺と改称された。（『南陽市史』）

鶴女房は織物を完成させた後に死亡して正体を現し、金蔵は供養のため出家したとも伝わる。（『山形県伝説集』）また、金蔵は薪売《たきぎう》りで、子供にいじめられていた鶴を薪と交換して救ったと語られることもある。（武田正（編）『雪女房　米沢の民話』）

つんぶく達磨［つんぶくだるま］

山形県東村山郡中山町に伝わる。

あるとき、木彫りの達磨《だるま》が最上川をツンブク、ツンブク浮き沈みしながら流れ、酒田の浜に流れ着いた。村名主がこれを持ち帰り、床の間に飾って拝んでいると、夢に達磨が現れ「わしをもとの村につれていってくれ」と頼んできた。達磨は須川の畔《ほとり》の村（中山町）の達磨寺にあったが、子供の遊び道具にされるうち、川へ投げこまれ流されたのだという。達磨は名主の助けで元の村に帰り、再び寺に納められた。当時この村では病が流行していたが、達磨様を拝むとケロリと治ったという。達磨は酒田の村に病が流行《はや》ったときは戻ってくると名主に約束しており、それを守って最上川を下ったり上ったりして両村を助けたという。（鳥兎沼宏之『やまがた伝説考』）

福島県の**生き達磨様**も参照。

でえでえ坊［でえでえぼう］

山形県鶴岡市の羽黒山地方をはじめ、庄内の山村地域に伝わる妖怪。

積もった雪の上には、大きな雪俵《ゆきだわら》（雪を踏み固めて歩くための履物）の跡のようなものが飛び飛びにつくことがある。これがデエデエ坊という一本足の巨人の足跡だという。（戸川安章『羽前の伝説』「羽黒山夜話（完）」『旅と伝説』通巻一九三号）

でご槌［でごっち］

デゴツチまたはデゴヅチは山形県庄内地方におけるツチノコのことだという。

東田川郡三川町の善阿弥《ぜんなみ》にある高禅寺には「デゴツチの骨」が安置されている。明治時代、付近の山の池が枯れた際に発見さ

れたもので、持ち帰ると不幸が相次いだため寺で供養され、龍神の骨として祀《まつ》られたのだという。（三川町ウェブサイト）

作家の宇留島進は鶴岡市の香頭浜《こうずがはま》でデゴヅチの探索を決行した。山奥のオクネ滝の岩穴にはデゴヅチが棲むというが、残念なことに収穫は何もなかったようだ。（『日本の怪獣・幻獣を探せ！』）

秋田県の**バチヘビ**も参照。

手之子大明神［てのこだいみょうじん］

宮負定雄『奇談雑史』に記されるもの。

延宝二年（一六七四）、出羽国米沢領内の村に住む男が遠方へ奉公に出ることになった。彼は妻の不義を心配し、七〇余歳の親族の老爺《ろうや》に監視を頼んだ。老人は頼みを固く守って毎夜女の横で眠り、手を女の陰部に載せて密通を防いだ。ところが日が経つにつれ女の腹は大きくなり、医者に診せると妊娠が発覚。帰ってきた夫は臨月の妻を見て激怒したが、二人とも不義密通の事実はないと弁明した。やがて妻は産気づき、六本の手だけを産み落とした。それらの手は確かに生きて動いていた。毎夜陰部に添えられた手の気に感じて手を孕《はら》んだのだろうと考えた人々は、六つの手を埋めて祠《ほこら》を建て「手之子大明神」として祀《まつ》った。そのため村には手之子村の名がついたという。（佐藤正英・武田由紀子（校注）『奇談雑史』）

西置賜郡《にしおきたま》飯豊町《いいでまち》には手ノ子という地名があり、夫の留守中、隣人が親切ついでに妻に手をつけ孕ませたため「手ノ子」と囃《はや》されたのが由来と伝わる。（安彦好重『山形県の地名伝説』）手之子大明神もこのような話と同根のものと思われる。羽後河辺《かわべ》郡の左手子《さてこ》村や近江栗太郡の手孕児《てはらみこ》など、類似した伝承は他の地域にもある。

てのひら変化［てのひらへんげ］

畠山弘『東北の伝奇』にある山形県の妖怪。命名は畠山によるものか。

幕末頃のある夜、羽前国酒田の新井田川《にいだがわ》畔《ほとり》を歩く武士のもとへ、青白いてのひらが指を開いて飛来し、からかうようにひらひら舞った。武士は付近に出没する変化の同族だろうと思い、手を斬《き》り捨てた。切断された指は血の尾を引いて飛び、それぞれ髪をなびかせた鬼面に変じると、牙をむいて武士を襲った。翌日、顔を酷《ひど》く噛み裂かれた武士の死体が発見されたという。

出臍検め［でべそあらため］

山形県酒田市などに伝わる。

越橋《こえばし》の伝四郎の内儀は大きな出臍の持ち主だった。あるとき代官の使いが来て、明日は代官が出臍《でべそ》を検《あらた》めに来ると言う。代官の命令では見せぬわけにもいかず、内儀は困ってしまう。夜、家の若い者が「越橋の伝四郎どのの内儀さん、出ん臍検め、面白《おもせ》ちゃ、スッコンコン」と歌い踊る狐を見た。翌日、若者は家に来訪した代官を風呂へ閉じこめて熱い湯に入れた。すると狐が

正体を現したので、そのまま生け捕りにしたという。（阿彦周宣（編）『庄内・酒田の世間話』）

狐が悪戯《いたずら》をしかけ、女房に体の秘密をさらけ出させようとして失敗に終わる話。出臍ではなく疣《いぼ》を調べにくる類話もある。

天狗返し［てんぐがえし］

山形県最上郡最上町に伝わる。

山仕事の人々が小屋に泊まると、カッキン、カッキンと斧《おの》で木を伐《き》る音、ワリワリと木が折れる音が聞こえることがある。しかし木が地面に倒れる音は聞こえず、翌朝周囲を見ても別段変わったことはないという。天狗返しや山人の笑い声を聞くと、近く天気が崩れ雨が降るとされた。（『羽前小国郷の伝承』）**けぼろき**も参照。

天狗の手鞠［てんぐのてまり］

山形県東田川郡横山村（現・三川町）に伝わる。

黒滝《くろたき》の向川寺《こうせんじ》の寺宝には、天狗の手鞠石または天狗のつかみ石と呼ばれるものがある。これは小さな球形の石で、指の跡のような凹凸がある。寺の南には親杉、北には天狗の石段桂という木があり、それぞれに天狗が登り、例の石を使ってキャッチボールを楽しんでいたという。（丹野正「天狗ノート」『あしなか』第二四輯）

黒滝の天狗は昼は姿を隠し、夜は羽音を轟《とどろ》かせ飛行しては子供を攫《さら》った。この天狗を見た人は気を失い、目覚めたときには体に爪痕がついていたという。（大友義助、武田正、佐藤義則「最上川物語」『季刊民話』第二号）

天狗の道中［てんぐのどうちゅう］

出羽三山（山形県）の月山《がっさん》での怪異。

月山五合目に小屋掛けしていた半兵衛という老人の体験。ある夏の月夜、大人数ががやがやと声を立てながら山を登ってくる音が聞こえた。集団は三組ばかりいたようだが、翌朝の下山者たちに訊いても、夜道を登ってきた組は一つもなかったと言い、ねぼけていたのではと馬鹿にされる始末。半兵衛は、年寄りから聞いていた天狗の道中とはこのことか、と気味悪く思ったという。（戸川安章「羽黒山夜話（五）」『旅と伝説』通巻一九二号）

天狗の嫁っこ［てんぐのよめっこ］

山形県最上郡最上町に伝わる。

明治頃のある春、明神村の娘《めらす》が大明神山で行方不明になり、山の神様の妻になったのだろうと囁《ささや》かれた。しかし、娘は一〇年ほど後の秋のタカ祭（富沢観音祭）に不意に姿を現した。友達に問い質《ただ》されると、山で天狗様に攫《さら》われて妻になったと語った。山での暮らしは不自由もないが、村へ帰ることは許されなかった。それでも祭囃子《ばやし》を聞くと望郷の念を抑え難く、晩までには帰るつもりで村まで下りてきたのだという。

娘は年数を経てなお若々しく、そのわけを訊けば「天狗様が時々耳たぶから悪い血を吸い取ってくれる」と恥じらいながら答え、人混みの中に姿を消していったという。(『羽前小国郷の伝承』)

天狗らしきもの [てんぐらしきもの]

竹書房怪談文庫『奥羽怪談』にあるもの。ある男性は、若い頃、山形県某所の山中で天狗らしきものに遭遇した。それはタヨサマ(神主)の格好で身の丈は九尺、顔も服も泥だらけの大男だった。顔の真ん中には赤子の腕が生えていて、小さな指がわさわさと動いていた。男性は、天狗の長い鼻とは、あの腕を見間違えたのではないかと語ったという。

伝正寺の白蛇 [でんしょうじのしろへび]

説話怪談集『因果物語(片仮名本)』下巻「僧ノ魂蛇ト成リ者ヲ守ル事」にて語られる怪異。舞台となる最上伝正寺は、高田衛(編)『江戸怪談集』では、山形県東村山郡中山町長崎の天性寺《てんしょうじ》と推測されている。

慶長(一五九六~一六一五)の頃、僧の快寿と快応が伝正寺を訪ねた。雑談中「この寺には金銀米銭みな思うままあって万事不足がないので、寺中を見られるがよい」と聞いて、二人は寺を見て回り、やがて蔵に入った。快応が俵の上に大きな白蛇を見つけ、竹で打ち殺そうとしたとき、方丈(居所)にいた長老の住僧がわっと叫んで気絶した。皆が駆けつけると、長老は快応を指し「私を打ち殺そうとした」と言い、急いで客僧二人を追い出してしまったという。

天童 [てんどう]

天上の童子。山形県天童市に伝わる。

昔、愛宕山《あたごやま》では満月の晩に紫雲《しうん》がたなびき、妙《たえ》なる音楽が響き渡った。不思議に思った山麓の樵《きこり》は、頂の様子を見届けようと山を登った。山頂には天から数人の童子が舞い降り、美女たちが相手をして舞い遊んでいた。樵は天女を嫁にしようと思い立ち追いかけたが逃げられ、結局ひとりの天童を捕まえた。後に愛宕山へ城を築き一帯を支配した天童氏の祖がこの童子だという。天童城に攻め入る者があれば、神が山頂を雲に包み、敵を寄せつけなかったという。(武田正『山形県山形・村山地方の伝説』)

天女と天童の間に産まれた子が天童氏ともいわれる。(戸川安章『羽前の伝説』)

天魔 [てんま]

西置賜《にしおきたま》郡飯豊町《いいでまち》中津川須郷《すごう》に伝わる。福島県の**頽馬**《だいば》などと同様の馬に憑《つ》く魔物。

五月五日は節供代《せっくしろ》といい、田の代掻《しろか》きが禁忌とされた。それは天魔の声を聞いて馬が暴れるからだとされ、この日に代掻きをした人は菅の峠の茶屋まで天魔を送って謝らなくてはならないという。馬を小屋から出すときは、天魔除けに耳に赤い布を被《かぶ》せ

る。（『民俗採探訪』昭和二九年度号）

通り神［とおりがみ］

人を病気にする厄神の類。

山形県米沢市塩井地方では、得体の知れない病気にかかることを「通り神にとり憑《つ》かれた」という。洗濯物を夜通し干す、洗濯竿を出したままにするといった行為は「通り神がつく」と嫌われた。（江田忠ほか「米沢市塩井地区の民俗」『置賜の民俗』第七・八合併号）南置賜《みなみおきたま》郡中津川村（現・飯豊町《いいでまち》）でも、子供の着物を夜干しすると通り神または飛び神が憑くといった。（『民俗採訪』昭和二九年度号）

どぶすまのどさりの怪［どぶすまのどさりのかい］

山形県東置賜《ひがしおきたま》郡高畠町《たかはたまち》亀岡に伝わる。

入生田《いりゅうだ》の数衛小屋に「どぶすま」という寂しげな場所があった。ある村人が夜更けにどぶすまを通ると「どさっ」と何かが落ちる音が聞こえ、一目散に逃げ帰った。翌朝行くと何もなかったが、それ以来どぶすまを通る人は同じような物音を聞くようになった。それで「どぶすまのどさりの怪」と恐れられた。糸引集落にある数馬家の墓（数馬壇）も、夜間に通ると「がさっ」と異様な物音が聞こえた。こちらはどぶすまと対をなすかのように「数馬壇のがさっの怪」と呼ばれた。（『山形県伝説集』）

とんと昔こ［とんとむがしこ］

山形県最上郡最上町に伝わる。

昔、ある子供が「トントン昔コ（昔話）」を聞きたいとあまりにせがむので、年寄りが一晩に一〇〇もの昔コを語った。すると、トント昔コという化物コ《モコ》が出て、童に「昔の赤塩《あがしし》コ」をつけてペロッと呑んでしまった。このようなことがあるため、昔コはあまり語るものではない。（佐藤義則（編）『羽前小国昔話集』『羽前小国郷の伝承』）化物の名は「百むがす」とも。

昔話は一晩一話などと限定し、多く語るのは忌まれる場合がある。この話では禁忌と化物が結びつけられ、百物語《ひゃくものがたり》の怪異にも重なる発想が感じられる。

蜻蛉［とんぼ］

鳥海山信仰に関連する俗信。

山形県飽海《あくみ》郡遊佐町《ゆざまち》吹浦《ふくら》では、鳥海山に入ってからは生物や草木をとってはならないとされ、なかでもトンボを獲るのは絶対の禁忌とされた。集落内の平地で獲ったときに同郷の人が鳥海山に登っていれば、人々の身の上に災いがふりかかると恐れられた。（『東北民俗資料集（二）』）

蜻蛉や蝶など飛ぶ虫は人間の魂の化身だと各地で信じられ、みだりに獲ることは忌まれた。岩手県の**魂と蜻蛉**も参照。

【な】

泣きみそ石［なきみそいし］

山形県東田川郡朝日村（現・鶴岡市）に伝わる。

大網上村と関谷の境の大石は「泣きみそ石」と呼ばれた。この石は大日坊《だいにちぼう》（湯殿山瀧水寺《りゅうすいじ》）の基礎に用いられる予定だったが、石工が来ると「雨の降る日まで待ってください」と言って涙を流した。石工は哀れに思い一旦帰り、雨の日に再び石の所へ赴いた。すると石はまた大声で泣きだし、気味が悪くなった石工は別の石を使った。

（戸川安章『羽前の伝説』）

七〇メートルの熊［ななじゅうめーとるのくま］

二〇二〇年一二月一日、山形県警鶴岡警察署がある注意喚起メールを発信した。

「本日午前7時12分ころ、鶴岡市三瀬《さんぜ》地内の空き地で、クマ1頭（体長約70メートル）が北側に走っていく姿が目撃されました。人的、物的な被害はありません、付近を通過する際はご注意ください」

初代ゴジラやウルトラマンの設定身長をも上回る巨軀《きょく》のクマとなれば、まさしく大怪獣だ。もちろん単なる誤入力で、実際目撃されたクマは七〇センチ程度とのこと。このメール画面のスクリーンショットがネット上で拡散され「巨大すぎる」などとしばらく面白がられた。（「「体長70メートルのクマが目撃されました」 山形県警メールにまさかの誤植→「70センチの誤りでした」と謝罪」『Jタウンネット』二〇二〇年一二月二日）

鍋下ろし［なべおろし］

山形県東村山郡山辺町《やまのべまち》に伝わる。

ほすばという所にある大杉のてっぺんから、夕暮れになると真赤《まっか》に焼けた鍋が下りてくる。日が暮れても子供がいれば、杉に棲む怪しいものが鍋に入れて攫《さら》ってしまうという。（斎藤たま「こどもたちのこわいもの」『季刊自然と文化』八四年秋季号）

名称は千葉幹夫『全国妖怪事典』による。

生首の怪［なまくびのかい］

山形県長井市長井に伝わる。

長井村成田の浅右エ門が夕刻に福蔵院を訪ねると、人の生首が少し青みがかった光を発して稲穂の上を飛んでいった。その明るさは灯火を点《つ》けずとも周囲がよく見えるほどだった。同時刻、同じ集落で首を縊《くく》った人がいたという。（『山形県伝説集』）

二度びっくり［にどびっくり］

『童子百物かたり』にあるもの。

出羽国米沢（山形県）の城下、片五十騎町の西海枝彦兵衛の屋敷では「二度びっくり」といって、代々家督継承の際に化物を二度見るという。ある代の当主がは炬燵《こたつ》一杯になるほどの大きな毛むくじゃらの脚を見た。しかも膝《ひざ》にはぎょろぎょろとした大目玉がついていたので、恐怖のあまり失神してしまった。老母に介抱され息を吹き返し、先刻の怪異を語ると、母は「それはこのような脚か」と言って裾をまくった。その脚には炬燵で見たのと同様に毛が生えており、膝には大きな眼があった。彦兵衛は再びたまげてひっくり返り、本物の母に介抱されて夜を明かした。時を経て化物の威が衰えたのか、後の代では怪異は起こらなくなったという。（『米沢地方説話集』）

いわゆる再度の怪（二度の威嚇）が特定の家に出るものとして語られた例。

盗人神［ぬすっとがみ］

山形県東置賜《ひがしおきたま》郡高畠町《たかはたまち》に伝わる。

船橋の鎮守《ちんじゅ》の春日神社は、村から遠く大木も茂っているため盗賊の根城になっていた。役人が捕らえようとすると、いつも遠くからは盗賊が見えるのに、境内に踏みこむと姿が全く見えない。それで「神様が盗人の味方をして隠してしまうのであろう」と噂され、盗人神の通称がついた。（戸川安章『羽前の伝説』）

猫の祟り［ねこのたたり］

山形県南陽市に伝わる。筆者命名。

大正の話。ある家に一六歳ほどの猫がいて、戸棚から魚を盗んだりするので皆に憎まれていた。近所の若者たちがこれを捕え肉鍋にして食べると、夜に布団の上へ猫が乗ってうなされるようになった。猫が来ると身体が痺《しび》れ、冷汗がダラダラ出たという。（松谷みよ子（編）『現代民話考［10］』）

猫股［ねこまた］

年経た猫が変化する妖怪。

山形県東田川郡庄内町科沢《しなざわ》には猫又退治の話が伝わる。東の山の「ねこまた」という化物が人に危害を加えるため、隼助という者が先祖伝来の名刀正宗で見事に仕留めた。しかし、ねこまたの怨念の祟《たた》りで家には災難が続いた。刀を東山に向けて屋根のグシ（棟）に立てると何事もなくなったという。あるいは怨念が宿った刀を羽黒権現に奉納したとも伝わる。（戸川安章「羽黒山夜話（五）」『旅と伝説』通巻一九二号）

西置賜《にしおきたま》郡小国町小玉川《こたまがわ》には、一〇〇〇年も生きたような大きな猫股《ねこまた》が竹藤一角《たけとういっかく》なる長刀使いと対決する話が伝わる。猫股は一角の実父に化けて現れるが、正体を見破られて斬首《ざんしゅ》される。（小野和子（編）『長者原老媼夜話』）これは『南総里見八犬伝』にある庚申山《こうしんやま》の山猫が原形と推測できる。

乗越しの怪［のっこしのかい］

山形県最上郡最上町に伝わる。

明治中頃。喜右衛門爺が背坂峠《せなざかとうげ》を越え尾花沢へ行く途中、頭と胴の境も曖昧《あいまい》なノッペラした入道坊主が立ちふさがった。坊主はずんぐりもっくり大きくなり、一つ目玉をグリグリさせて見下ろしてきた。ノッコシの化物だと思い、今度はなるだけ小さくなれと言うと、たちまち坊主はヘキタンムシ（カメムシ）になった。ヘキタンムシ嫌いの爺がすぐ踏み潰《つぶ》すと、何かが藪《やぶ》に逃げこんだ。化物の正体は狐だと悟った爺は、帰りに峠の地蔵に油揚げを供え「そなたの坊様さ、いたずらして苛《いず》めで、申し訳ねェことしたス」と詫《わ》びたので、狐からの報復もなかったという。（『羽前小国郷の伝承』）

岩手県の**ノリコシ**も参照。

【は】

羽黒山三光坊［はぐろさんさんこうぼう］

出羽国羽黒山（山形県）の天狗たちを統《す》べる存在と目される大天狗。羽黒山の護符に姿と名があるが、詳細は定かでない。

明治期に作られた護符（**水天狗圓光坊**などと共に描かれているもの）では白衣に輪《わ》袈裟《げさ》を纏《まと》い、一三葉の羽団扇《はうちわ》を持った鼻高天狗として表現されている。この護符には一五体の小天狗の姿もあり、三光坊・圓光坊の眷属《けんぞく》のようにみえる。修験の一大聖地である出羽三山の一角をなす羽黒山には、古来天狗にまつわる伝承も多い。知切光歳《ちぎりこうさい》は羽黒山の代表たる三光坊を「由緒、実力においては八天狗に一歩も譲らぬ大天狗」と評している。（『天狗の研究』）

化け石［ばけいし］

石の怪異。山形県では山形市や最上郡真《ま》室川町《むろがわまち》、上山市に化け石の伝承がある。

山形市七日町の化け石は「子育て幽霊」の話。夜な夜な墓場から長源寺町へ綿《わた》と飴《あめ》を買いに行く女がいた。侍が斬《き》りつけると女は墓石となって倒れた。死んだ母の霊が土中で産まれた子のため飴などを買い求めていたのだ。赤子は後に偉い僧になったといい、寺に残る石には刀傷がついている。

真室川町のものはキリシタンにまつわる伝説で、十字の化け石とも呼ばれる。徳川時代、弾圧から逃れたキリシタンの女が釜《かま》渕《ぶち》まで来たが、九月一三日に斬られて石と化した。それが化け石で、右肩あたりに十字の傷があるという。（『東北民俗資料集（十）』）女は島原の乱で捕まった信者で、

釜渕の谷口鉱山で飯盛女として働かされていたともいう。女は脱走して殺されるが、ある男が彼女の十字架を虚空蔵様の坂下に埋め、大石を載せて秘匿した。数年後の秋祭にて剣舞《けんばい》の舞子が何かに憑《つ》かれて狂乱する怪事が起き、庄屋は群衆の中に怪しい美女を見た。その後、舞子は例の石の前に呆《ぼう》然《ぜん》と立っており、この時から「お化け石」の名がついた。（『山形県伝説集』）

上山市下生居《しもなまい》の化け石（生き石）は、通りかかった村の庄屋に「子供たちが腹を空かせて困っています」と食物を乞うたという。庄屋が一俵分の握り飯を与えると、石からたくさんの手が出て握り飯を平らげた。化け石は礼として庄屋に小さな「子持石」を授けた。この石は池に入れておけば子を生んで家を繁盛させるもので、噂を聞いた城主に召し上げられても、ひとりでに庄屋の家に戻ってきたという。（武田正『山形県山形・村山地方の伝説』）

化猫南瓜 ［ばけねこかぼちゃ］

山形県酒田市船場町《ふなばちょう》に伝わる。

船場町の燈屋という宿屋に泊まった近江《おうみ》商人は、店の飼猫が食器棚を開けるのを見て「見だのぉー」と声をかけられた。部屋に逃げ帰ると天井から出刃包丁が落ちてきたので、商人は猫を捕らえ首を刎《は》ねた。首は家の裏へ飛んでいったのでそこに埋め、黙って宿を発った。翌年も当地を訪れた商人は、再び燈屋を宿とした。食事に季節外れの南瓜《かぼちゃ》が出てきたので訳《わけ》を訊くと、なぜか家の裏に立派な南瓜が生《な》ったという。調べてみると、南瓜は埋められた猫の口から生えていた。だから「時知らず」のようなものは食べてはいけないという。（阿彦周宜（編）『庄内・酒田の世間話』）

殺された猫が恨みのこもる南瓜で復讐《ふくしゅう》する「猫と南瓜（猫南瓜）」の話で、同様の民話は全国的に分布している。猫を殺した者が毒南瓜を食べて死ぬ結末も多い。

化物塔婆 ［ばけものとうば］

山形県東田川郡朝日村（現・鶴岡市）に伝わる。大網下村から大網上村へ行く途中にある石塔（巳待塔《みまちとう》）の怪異。

ある人が、ここから火の玉が飛び出し、上がり下がりしながら山の方へ消えていくのを見た。そのため化物塔婆という名がついたという。（戸川安章『羽前の伝説』）

蜂子皇子 ［はちこのおうじ］

第三二代・崇峻《すしゅん》天皇の第三皇子とされる伝説的人物。父が蘇我馬子に殺された際に聖徳太子の助けで宮中を脱すると、霊烏《れいう》に導かれて羽黒山・月山・湯殿山の出羽三山を開山、出羽国に農業・産業や病の治癒法を広めるなどして多くの人々を救ったという。民の全ての苦悩を除くことから能除太《のうじょたい》子《し》、能除仙とも称される。修験の祖である役行者《えんのぎょうじゃ》も、元は出羽で蜂子皇子の法を継

いだ者だったという。
　皇子は顔の長さが一尺五寸、口は大きく耳まで裂け、鼻は高さ三寸という異相の持ち主と伝わるが、これは人々の苦悩を一身に引き受けたからだともいわれる。『羽黒山縁起』には「悪面限なく、身の色黒く、更に人倫の類ともおもへず。悪音にして、其の声を聞く者、驚きさはぐ」と、顔のみならず声も異様であったと記されている。
宝永七年（一七一〇）の『三山雅集』は顔貌を「墓荒ノ相」と表現し、その醜怪さが原因で天皇家を放逐されたと語る。羽黒山秘蔵の尊影も色黒で鷲鼻、眼光鋭い人間離れした様相で描かれ、修行者を守護する金剛童子・除魔童子が前方に控えている。知《ち》切光歳《ぎりこうさい》は尊影の顔つきを「天狗面《てんぐづら》」と評し、蜂子皇子を数多《あまた》の天狗伝承を残す羽黒山の「開山天狗」と位置づけ、自ら組んだ全国の天狗番付においては超大物級の取締役のひとりに選んでいる。（『天狗の研究』）
　五来重は蜂子皇子の異相を狼の擬人化と解した。狼は大口真神《おおくちまかみ》の化身であり、それに擬《なぞら》えられる皇子もまた霊験ある山神の化身たる存在だという。（『修験道入門』）
　このほか、蜂子皇子には**麻石**《ませき》・庖石《ほうせき》なる鬼を退治した伝説や、神罰で身が不自由になっていた国司を救うため、その煩悩《ぼんのう》を焼いて火事を起こした伝説などがある。（戸川安章『出羽三山と修験道』同「羽黒山夜話（完）」『旅と伝説』通巻一九二号）

八郎［はちろう］

山形県西田川郡温海町越沢《あつみまちこえさわ》（現・鶴岡市）に伝わる。**八郎太郎**、**八の太郎**の類。

　越沢の八郎・次郎の兄弟は山へ柴《しば》刈りに行き、喉が渇いて小川へ向かった。八郎は大きな岩魚《いわな》を焼いて食べたところ、ますます酷《ひど》い渇きを覚え、見る間に大蛇に変わってしまった。八郎は「家にはもう帰れない。この川の主になろう」と考え弟を帰し、自身は川に留まった。日が経つにつれその体は大きくなり、小川に住めなくなると大洪水を起こして移動し、八郎潟という沼の主になったという。（『山形県伝説集』）

バテレン狢［ばてれんむじな］

山形県西置賜《にしおきたま》郡小国町に出たという狢。

　金目《かなめ》の孫右衛門はキリシタンだと噂され役人に捕まり処刑された。死の直前、彼は「金目の村はいまに狢のために滅びてしまうだろう」と告げ、実際その後から村には狢の群れが出没し、田畑を荒らし家畜を害した。狢は孫右衛門が手懐《てなず》けたもので、死後なおキリシタンの妖術を使って仇をなしているのだと噂された。村人は怨念を恐れ次々に金目を去り、村はすっかり荒れ果てた。その後、修験者が悪霊退散の祈願を行うと、満願の夜に護摩壇《ごまだん》の炎が火の玉となり飛び上がった。翌日、山の手に夥《おびただ》しい狢の死骸が転がっていたという。（畠山弘『山形県怪談百話』）

鳩人間［はとにんげん］

『山形民俗』第八号（平成六年）に掲載された高橋敏弘によるコラム「鳩人間と言う怪物」で紹介されている山形県の妖怪。

鳩人間は山形市松波で古くから伝承される妖怪だという。魔界の使いで、人間が脳髄を鳩のものと入れ替えられ誕生したとされる。魔物の手にかかった鳩は巨大になり、「コレダモンナ」と鳴く。人間の意識と動物の狂暴性を持ち合わせ、怒り狂うと村を破壊する一方、動物が好きな人や子供には危害を加えないという。鳩人間の全長は五〇メートルほど、羽ばたきは一瞬で木造住宅を吹き飛ばし、口から吐く怪光線にあたったものは爆発するか溶けてしまう。

伝承地は山形県だが、元は九州の福岡に出たものだともされている。江戸時代、夷隈梅之助という侍がオランダの医師に手術を施され、鳩の脳を移植された。目覚めた彼は己の姿を見て怒り、大暴れして福岡を破壊した。福岡にいた商人・武田毅麿は山形に逃げ帰り、故郷の人々にこの事件を語った。だが誰にも信じてもらえず、実際に福岡では何も起きていなかったという。

執筆者の高橋は調査のため「現地にいって聞きまくった」結果、何人かの古老から「昔聞いたことはある」との答えを得たというが、情報提供者の氏名などは記されていない。民俗学会誌の掲載記事とはいえ、このような古来の伝承が存在するとは俄《にわ》かには信じられず、鳩人間は鵜《う》呑《の》みにし難い。おそらく執筆者による創作的要素が多分に含まれていると思われる。妖怪を扱う書籍等で紹介される機会はほぼなかったが、近年では児童書『みちのく妖怪ツアー』（佐々木ひとみ、二〇一八年）に言及箇所がある。

高橋は『西郊民俗』『山形民俗』などにたびたび山形の妖怪に関する報告文を寄せているが、月ほどある巨大な火の玉「月火」猛スピードで飛行する首の妖怪「ふっ飛び坊さん」頭が三つで三メートルのトカゲのような「花子さん」明治頃まで触手で人を襲っていた「ブヨブヨしたピンク色の怪物」民家を踏み潰す一〇メートルの巨大ガマ「ガイラーゴ」など、奇《き》天《て》烈《れつ》とさえいえる存在が数多く紹介されている。

針雑魚［はりざっこ］

山形県最上郡最上町に伝わる。

昔、小国郷には**大鬼**がいたが、寄る年波にはかなわず禿岳《かむろだけ》で最期を迎えた。鬼は臨終に「死ぬだぐねェちゃ、死ぬだぐねェちゃ」と栃《とち》の実のような大粒の涙をこぼして泣き、涙は角のある針雑魚と化し川へ泳ぎ出したという。（『羽前小国郷の伝承』）

ハリザッコとは淡水・汽水域に生息し、背に棘《とげ》のあるトミヨという魚の地方名。

人喰い大亀［ひとくいおおがめ］

山形県北村山郡大石田町に伝わる。

昔、大石田の今宿から袖崎へ通じるへぐ

、りがあり、とても深い淵《ふち》があった。ここにいた大亀が通行人を食い殺したという。（山形県伝説集』）武田正『山形県山形・村山地方の伝説』によれば、この亀は大きさ六尺ほどで、薄暗くなってから淵を通ると引きこまれるため、昼の明るいうちしか通ってはいけないと噂されたという。滝口国也『北村山地方の民話　伝説篇』では「へぐり大亀」という名で呼ばれている。この大亀は実は**最上川《もがみがわ》の主**だともいわれていた。

一つ目のどうでん坊［ひとつまなぐのどうでんぼう］

山形県南陽市に伝わる。

小滝から宮内へ向かう街道で一番の難所・負《おぶ》が沢に出たという。人々は荷を背負って沢を越え、買い物をすませてもと来た道を辿《たど》ってゆく。疲れて帰る日暮れの道、ふと川辺に目を向けると、一つ目《まなぐ》のどうでん坊がにやりと笑って立っている。驚いたとたん、足をすくわれたように川へ落ちてしまい、這《は》い上がってきた頃には買ってきたものが全てなくなっている。このようなことがたびたびあるので、人々は「一つ目のどうでん坊が出るから、日暮れまでには沢を渡れよ」と用心しあった。暗くなってからも「おうい」と大声で呼べば、太郎村の者が提灯《ちょうちん》を持って迎えに出ることになっていたという。（『南陽市史　民俗編』）

姫次郎稲荷［ひめじろういなり］

山形県西村山郡朝日町などに伝わる。

昔、原田大膳が玉野で狐の親子を追い、親狐を狩ると、その皮で鼓《つづみ》を作り「時雨《しぐれ》の鼓」と名付けた。当初その音色は妙《たえ》なる無間の余情を感じさせたが、原田家に姫次郎という若者が雇われた頃から、胴を締めつけられるような暗く悲しい音に変わった。ある夜、誰かが鼓を盗もうとしたので、大膳は小柄《こづか》を投げつけた。盗人と思ったのは狐で、鼓を抱いたまま小柄に首を貫かれ死んでいた。親の皮が打たれるのがたまらなく悲しく、子狐が姫次郎に化け恨みを晴らそうとしていたのだった。大膳は子狐と鼓を手厚く葬り、姫次郎稲荷として祀《まつ》った。

尾花沢市原田にも姫次郎稲荷があり、同様の由来が語られる。（『山形県伝説集』武田正『山形県山形・村山地方の伝説』）

広河原の猫股［ひろがわらのねこまた］

山形県西置賜《にしおきたま》郡飯豊町《いいでまち》広河原に伝わる。

お婆さんが独りの留守番に退屈していると、猫が「唄うたって聞かせっから」と言い、手拭《てぬぐい》をかぶって歌や踊りを披露した。このことを話せばここにいられなくなるので黙っていてほしいと猫は言う。だがお婆さんは気味悪がって人に話した。そのため猫は広河原の「洗のう沢」で猫股となり、一年に一度は鳴き声を聞かせるようになった。（武田正（編）『飯豊山麓の昔話』）

各地に伝わる、浄瑠璃《じょうるり》を唄う猫の類。

貧乏の神［びんぼうのかみ］

山形県西置賜《にしおきたま》郡小国町の民俗行事「貧乏の神送り」にあらわれるもの。貧乏神。

白子沢《しらこざわ》地区では八月一日の夜、貧乏神の食事（エサとも）となる草餅や団子などを石碑の前に持ち寄ると、髭面《ひげづら》の貧乏の神を描いた紙を挟んだ竹を掲げ、集落を南から北まで「オックレ（送れ）、オックレ、オックレヤー」と声を上げながら歩く。集落の外れに着くと絵を燃やし、食べ物も焼くか桜川に流して厄払いとする。（菊地和博『やまがた民俗文化伝承誌』）

老けずの貝［ふけずのかい］

山形県西置賜《にしおきたま》郡小国町小玉川《こたまがわ》に伝わる。長寿をもたらす九穴《くけつ》の貝の伝承の一例。

昔、男衆が庚申待《こうしんま》ち（庚申の夜、神仏を祀《まつ》るなどして眠らずに過ごす行事）をしていると、白髪の爺が来て赤子のようなものを鍋で煮た。みな気味悪がって帰るなか、一人だけは爺が庚申様と確信し居残った。爺は「これは老けずの貝というもので、食えば九千年の命を得るものだ」と説き「九千年を生きれば元旦の雲行きを見て一年の出来事を悟ることができるようになるから、それを本に著せ」と教えて貝をご馳走した。その後、男は元旦の雲から予見したことを人々に伝え、九〇〇〇年後に『東方《とうぼう》朔《さく》の作試《さくだめ》し』という書物を著したという。（小野和子（編）『長者原老媼夜話』）

語り手（明治三五年生）は、実際にこの『東方朔の作試し』なる本を見た記憶があるという。山形県置賜地方など東北の農村では『東方朔秘傳置文』『東方朔秘傳書』と題された書物が家々に伝えられ、それを使い正月に一年の吉凶を占う習俗（作試し）がある。このような作者を東方朔に仮託した書物は、江戸時代に刊行された陰陽道書が原型と考えられている。（小池淳一「東方朔追尋―近世陰陽道書の受容過程をめぐって―」『西郊民俗』第一三三号）老けずの貝の話も、このような書物の由来として語られたものだろう。岩手県の**フケチノカイ**、福島県の**ふけつの貝**も参照。

蛇の刀［へびのかたな］

名刀が霊威を示して蛇に変じる怪異。筆者命名。山形県の各地に伝わる。

野村純一（編）『定本関澤幸右衛門昔話集』「萩野才兵衛昔話集」には、山形県新庄市萩野《はぎの》の安食才兵衛家の刀の話が載る。あるとき、家人が湧清水《すず》の辺りに刀を置き忘れてきた。しばらくして別の者が来ると、刀が大きな蛇に変じてとぐろを巻いていた。このとき村人に大きな石をぶつけられたため、刀身には曇りが生じてしまった。刀は安食家の床《とこ》の間《ま》に飾られたが、そうすると必ず南東風《だし》が吹き、風が止むとまた刀が大蛇に変わった。とても家には置いておけず、刀は羽黒山へ納められたという。

佐藤義則（編）『羽前小国郷の伝承』には、最上郡最上町の「蛇にばける名刀」の

話が載る。明治維新寸前の夏の話。鬼首《おにこうべ》から帰る途中の若者三人が、花立《はなだて》峠の草むらで昼寝中の武士の胸に小さな赤い蛇を見つけた。若者らが追い払おうとしても蛇は一向に逃げる気配がない。だが、目覚めた武士に摑《つか》まれると赤鞘《あかざや》の刀になった。蛇に化けるとは相当な名うての護身刀だろうと若者たちは語り合った。侍は後に勃発した戊《ぼ》辰《しん》戦争に関わりある者だろうと考えられた。

　また、最上郡舟形町楯の長沢の館には無銘の刀が伝わっていたが、これも蛇に化けたという。あるとき、この刀が失くなっていることに女中が気づき、皆で捜すことになった。一人の郎党が庭を横切る大きな青大将を棒で打ったところ、その姿がふっと消えて刀が戻ってきたという。（畠山弘『山形県怪談百話』）

舌食う化物［べろくうばけもの］

　人間の舌を食べて殺す妖怪。山形県西置《にしおき》賜《たま》郡小国町小玉川《こたまがわ》では次のように伝わる。

　一〇人の狩人が山小屋に泊まったとき、夜中に誰かが来て、寝ている者へ順に口づけをしてはけらけら笑った。最後の一人が刀を突きつけ撃退したが、九人は既に舌《べろ》を食われて死んでいた。残った男が化物の血痕を辿《たど》ると、下腹の毛がすっかり抜けた古い大狸が、喉を突かれて息絶えていた。（小野和子（編）『長者原老媼夜話』）

　岩手県の**田代の狸**なども同様の性質、舞台設定で語られる。

弁天淵の人魚姫［べんてんぶちのにんぎょひめ］

　山形県最上郡最上町、舟形町を流れる小国川随一の難所・弁天淵には若い女の**人魚**が住んでいたという。

　佐藤義則（編）『羽前小国郷の伝承』によれば、この人魚姫はもと月界の天女だったが、恋の過《あやま》ちを犯して下界に送られ、淵の弁天様として祀《まつ》られたという。人魚は夜になると波かぶり岩に登り、美しい声で不思議な歌を響かせた。淵を通る舟人があれば、その歌声に聴き惚《ほ》れて岩に突き当たり、淵の底へ沈んでしまう。波間に三日月が映る夜、人魚はその月を櫛《くし》に身の丈以上の黒髪を梳《す》いて唄う。人魚姫は魚腹に身籠《ごも》り下界に転生したもので、月が恋しく夜ごとに泣き声を発したともいう。なお、最上町には雪女郎こ（**雪女**）も元は月天世界の姫だったとする伝承もあるという。

　佐藤は「最上川の民話」（『季刊民話』第二号所載）では、弁天淵の大岩の上に「全身まる裸の若い女」が出て唄うと記している。これこそ弁才天の姿で、夜に船を出すことを戒めるため現れるとしており、人魚であるとは一切書かれていない。『羽前小国昔話集』収録の地元民からの聞き書きもほぼ同内容で「裸の若え女」と表現されている。百子沢の**お花**のような例を鑑みると、人魚説には佐藤義則の創意が含まれている可能性もある。

蛍姫［ほたるひめ］

山形県上山市楢下《ならげ》の昔話に登場する。

昔、子供たちが蛍狩りに出かけ、たくさんの蛍を追いかけているうちに、家へ帰る道が分からなくなった。子供たちが泣いていると、どこからともなく提灯をさげた少女が来て「わたしが案内してけっから」と言って家まで道案内をしてくれた。家の前まで来ると提灯はパッと消え、娘は蛍に変じてすうっと飛んでいった。こうして、皆は蛍も生き物であるからむやみに獲ってはならないと考えを改めたという。（武田正（編）『佐藤家の昔話』）

【ま】

まおー鳥［まおーどり］

山形県最上郡最上町に伝わる。

マオー鳥とは青鳩《あおばと》のこと。深山でマオーマオーと不気味に人を呼ぶような声を立てる。これは閻魔《えんま》大王の声ともいって、村人たちに忌み嫌われた。マオー鳥が叫ぶと雨が近いという。（『羽前小国郷の伝承』）

東北各地に伝わる、馬追鳥《うまおいどり》に関する俗信のひとつ。ここではマオーが閻魔王のことと解されているようだ。『羽前小国郷の伝承』には、この鳥の前生譚《たん》は特に記されていない。青森県の**まお鳥**も参照。

麻石［ませき］

山形県鶴岡市に伝わる。

推古天皇六年（五九八）、羽黒山後方の鬼名澤に麻石という鬼が現れて諸人を悩ませた。能除太子《のうじょたいし》（**蜂子《はちこの》皇子**）が八月に羽黒山へ登ってこの鬼を封じたが、翌年には男鹿の島に庖石という鬼が現れたので、太子は男鹿へ出向いて六月一五日に封じたという。（戸川安章「羽黒山夜話（五）」『旅と伝説』通巻一九二号）原文には麻石の字に読みがなが付されていないため、読みは『怪異・妖怪伝承データベース』や朝里樹（監修）『日本怪異伝説事典』に倣《なら》った。

見越鼬［みこしいたち］

山形県置賜《おきたま》地方などでは、ミコシイタチが大入道に化ける話が多く伝わっている。

西置賜郡小国町舟渡《ふなと》に伝わる昔話では、ある男が夜の山道で三丈ばかりの大入道に

出会った。その後、他の村人や侍が提灯《ちょうちん》も持たずに出かけ、いずれも喉笛《のどぶえ》を噛《か》み切られ殺された。村の長老は化物退治に出向いて、大入道が出てくると杖《つえ》で地面近くをなぎ払った。すると大入道は小さなミコシイタチの正体を現し、長老に捕らえられた。ミコシイタチは喉笛に食らいついて血を吸うため、人を見上げさせるのだという。

この他にも、ミコシイタチが化けた大入道を言いくるめ小さくして退治する旅僧の話が大石沢で採集されている。（武田正（編）『飯豊《いいで》山麓の昔話』）

水女［みずおんな］

出羽国米沢（山形県）の怪談集『童子百物かたり』に記されている妖怪。

国分鉄之丞という若者は見目麗《みめうるわ》しく勤勉だったが体が弱く、二三歳頃には酷《ひど》く患いついて部屋に閉じこもるようになった。実は彼のもとには、年の頃一六、七の美しい女が夜ごと通い来ていた。当初は恋い焦がれていたが、次第に世間体が気になり誘いを拒むようになった。それでも女は毎夜忽《こつ》然《ぜん》と現れ、涙ながらに恋慕の情を囁《ささや》きかけるので、いよいよ恐ろしくなり病みついてしまったのだった。事情を知った父らに叱《しっ》咤《た》され、鉄之丞は勇気を奮って女を斬《き》り伏せた。その途端、寝室には溺《おぼ》れんばかりの水が溢《あふ》れて流れ出た。それから鉄之丞は回復し、武道に精を出す壮健な男になった。彼は元来おとなしい気質で、少年の頃から精神に陰の気が増し、それに惹かれた水の気が凝《こご》って女の形をなしたらしかった。（『米沢地方説話集』）

話中には鉄之丞から名を問われた女が「我は身元も荒川の、親の名元も白浪の、並々ならぬ深き瀬の、深き思いに出でたれば、父もなければ母もなし……」と答えるくだりがあり、その正体が凝結《ぎょうけつ》した水の気であることを暗示している。

水上のみつこ［みずかみのみつこ］

山形県最上郡真室川町《まむろがわまち》及位《のぞき》に伝わる。

ミツコは及位の水上という沢に棲む赤毛の狐で、夜に提灯行列を見せるなどよく人を化かした。自分を脅かした者の所へ大坊主に化けて仕返しをしたこともある。ある爺さんの前には小さな坊主の集団になって現れた。爺さんは坊主を縛りあげ意気揚々と帰宅したが、実は石塔に縄を巻いただけだった。また、ミツコは一族を養うことに苦心しており、鶏の捕獲を邪魔されたときは悔しさのあまり男にとり憑《つ》いて体調を悪化させた。男の家では狐に赤飯を供え、稲荷《いなり》として祀《まつ》ることにしたという。

ミツコの他にも、水上の向かいに棲む田ノ沢のタッコ、**のっぺらぼう**に化けるヌマタ沢のネンネコ、汽車の幻を見せるオオミザワのオサンコ、狐囃《ばやし》子の得手であるヒトツヤのトラなど、真室川には数々の化け狐がいた。（民話と文学の会「真室川物語」

『民話と文学』第二三号）

妙多羅天 ［みょうたらてん］

新潟県や山形県で祀《まつ》られるもので、疫病退散、縁結び、安全祈願などの神として信仰を集める。妙多羅天女とも。縁起譚によれば、この神は元は鬼女であったという。

山形県東置賜《ひがしおきたま》郡高畠町《たかはたまち》一本柳の妙多羅天堂は特に咳《せき》に霊験あらたかで、トリシヤブキ（百日咳）流行の折に鶏の絵を奉納すると、たちまち効験があらわれたという。

一本柳の妙多羅天は、安部貞任《あべのさだとう》の系譜に連なる渡合弥太郎安信の妻・岩井戸を神として祀ったものである。安信死後、息子の弥三郎は御家再興のため武者修行に発ったが、その間に彼の妻子は病死した。残された岩井戸は狂うばかりに嘆き悲しみ、一夜のうちに白髪となったばかりか、雲を呼び起こし強盗をはたらく鬼婆になり果てた。帰国の途にあった弥三郎は鬼婆と遭遇し、それが母だと知らず片腕を斬《き》り落とした。弥三郎が帰宅すると、母はまた鬼婆となって腕を奪い返し、雲を呼んで去った。鬼婆は越後弥彦山に移り住んで悪行を止め、その後は佐渡の賊を滅するなどの善行を積んだ。最期には悪病退散、夫婦和合をもたらす神になると誓って果て、妙多羅天として祀られるようになったという。（『山形県伝説集』松田義信『病と信仰・伝説』）

むかさり絵馬 ［むかさりえま］

山形県村山地方で行われる冥婚《めいこん》（死後婚）の習俗。ムカサリとは婚礼のことで「迎さり」とも表記される。

最上三十三観音の札所を中心に広く分布するもので、若くして未婚で亡くなった人のため、親族が仮想の結婚式を描写した絵額や合成写真を奉納する。現存する最古の絵は明治期のもので、多くは専門の絵師が手がけるものとされている。死者の結婚相手は架空の人物に限り、生前の交際相手の名前なども記してはならないという。（小島独観『奉納百景』）

この習俗はテレビ番組等で取り上げられて知名度を増し、怪談や都市伝説と結びついた。怪談の設定として活かしやすい禁忌も、怪奇なイメージを形成する一因に挙げられる。（金田明日香「なぜムカサリ絵馬は『怖い話』として広まったのか」『東北民俗』四四巻）ネット掲示板発の怪談や実話怪談本、新作怪談落語にも、ムカサリ絵馬を題材にしたものがみられる。

麦搗地蔵 ［むぎつきじぞう］

山形県東置賜《ひがしおきたま》郡高畠町《たかはたまち》に伝わる。筆者命名。戸川安章『羽前の伝説』に「麦つきを手伝った地蔵」の題で載る。

昔、亀岡に大工の夫婦が住んでいて、妻は生活の足しにしようと畑で麦を作っていた。収穫が終わり、麦搗きの時期になると、見知らぬ若者が毎晩のように来て手伝いをしてくれた。気味が悪くなった大工は、ある晩斧《おの》で若者に打ちかかった。翌

朝、残された血痕を辿《たど》っていくと、村外れの地蔵堂に行き着いた。その中の石地蔵の眉間には血がべっとりとついていたという。

娘の霊［むすめのれい］

明治時代、山形県米沢地方の某寺を舞台に語られた怪談。熊田茂八（編）『怪談會』に「雪の透く袖」の題で、話者（箏曲家《そうきょくか》・画家として知られる鈴木鼓村《こそん》）の大伯父である老僧の若い頃の話として載る。

冬の晩、振袖を着て髪を文金高島田に結った一八、九歳の娘が寺を訪ねてきた。それは先日葬儀を行った某村の豪家の娘の霊で、今宵の婚礼衣装も、母親が死出の装束代わりに着せたものと寸分違わなかった。盛装してもらったばかりに未練が残り、いまだこの世をさまよってしまうのだと、娘は涙ながらに訴えた。そこで住職が剃髪《ていはつ》してやると、娘はにっこりと笑って去った。去り際、彼女の振袖は雪明りに透けて見えたという。（東雅夫（編）『泉鏡花〈怪談会〉全集』）

飯ば食わせろ［めしばくわせろ］

山形県最上郡真室川町《まむろがわまち》に伝わる。

昔、猟師の妻が留守番をしていると、見知らぬ男が来て「嫁《あんね》や、あんね。飯ば食わせろ」と言いだした。夫の親類かと思い豆腐汁などをふるまったが、夫が帰宅したとたん男は逃げ出した。夫と男には面識がなく、逃げた先には兎《うさぎ》の足跡があった。男は翌日もやって来たので、待ち伏せていた猟師が「妙なごどする者ぁ何者だべ」とたしなめると、うろたえてまた逃げた。今度も兎の足跡が残されており、兎が化けていたのだろうということになった。（野村敬子（編）『真室川昔話集』）

最上川の主［もがみがわのぬし］

最上川は山形県の中央を北方に流れて酒田から日本海に注ぐ河川で、古来この地方の交通や用水の要《かなめ》だった。

大正一三年（一九二四）冬。尾花沢市毒《どく》沢《さわ》から最上川を渡って最上町の瀬見《せみ》へ嫁入《よめいり》する一行の舟が、水上で突然ひっくり返った。美しく着飾った花嫁たちは一瞬にして波に呑まれ、村の者たちはありったけの舟を出し救助を試みた。しかし七人が助からず、花嫁に至ってはいくら探しても見つからなかった。人々は「最上川の主にみこまれたのだろう」と語った。（大友儀助、武田正「最上川物語」『季刊民話』第二号）

もりの霊［もりのれい］

「モリ供養」は主として山形県庄内地方にみられる習俗で、モリという小山や森に集まる死霊を弔うもの。モリとは森、盛、あるいは亡霊、亡利だという。死者の魂はモリに籠《こも》って浄化を待ち、やや清められると金峰山や羽黒山、胎蔵山《たいぞうさん》へ移り、完全に浄化されると月山や鳥海山で鎮まるとされた。（戸川安章『日本の民俗　山形』）

鶴岡市清水にある三森山の奥の森には事故死・自殺・変死者の霊が祀《まつ》られた。モリ供養の際に死者の歯や骨が収められるので気持ち悪がる人もいて、登った人が仏（死者）に憑《つ》かれた、三年続けて登ると仏に似た人に会うといった話も聞かれた。

飽海《あくみ》郡八幡町《やわたまち》（現・酒田市）の観音寺の亡利の山（菩提寺山《ぼだいじやま》）でも同様に、何年も続けてモリ供養に来ると死者に似た人に会うといわれた。高い場所で供養すれば霊が休まるため、高いモリには亡霊が集まるものとされる。祖先の霊は高い山から田を見守ってくれるともいう。

東田川郡立川町（現・庄内町）三ヶ沢《みかざわ》のモリ供養も亡利供養と表記されていた。ここでは先祖、無理死、海難死の霊を供養する。霊は盆に各々の家に帰り、その後もすぐには帰らずモリの山に留まるという。

西田川郡温海町《あつみまち》（現・鶴岡市）の小岩川のモリ供養は八月一六日で、祖先の霊、無縁仏、海難死者の霊を弔う。海から上ってきた亡霊が五輪塔に触るので音がするという。（『東北民俗資料集（八）』）

醪地蔵［もろみじぞう］

山形県東田川郡庄内町狩川に伝わる。

狩川の酒屋には、貧しげな坊主に姿を変えた冷岩寺《れいがんじ》の地蔵が毎晩酒を買いに来ていた。正体が判明し、地蔵に新酒のもろみを供えると、その年の酒の出来がよくなった。それが評判を呼び、やがて人々は地蔵の頭にもろみをかけるようになった。ある人が地蔵を水で洗い清めると家中の者が熱病に取りつかれたので、巫女《みこ》の託宣を聞いて元どおり地蔵へもろみをかけると全快したという。（戸川安章『羽前の伝説』）

【や】

夜陰の入道［やいんのにゅうどう］

『新御伽婢子《しんおとぎぼうこ》』巻三にある、羽州最上の北《きた》寒河江《さがえ》地方（山形県）に現れた妖怪。

谷地の八幡宮は円福寺《えんぷくじ》（西村山郡河北町）の僧が奉祀《ほうし》を務める社《やしろ》だった。雨の夜半、秀達という僧が縁側から堀を見やると、対岸に黒い毛の生えた足が見えた。驚き仰ぎ見れば、軒《のき》に法師の首が三つ、三角を作るように並んでいた。その首どもが蝶《ちょう》のように飛び落ちてきたので、秀達は恐れおののき逃げ帰った。祟《たた》りを避けるためこのことは黙っていたが、それでも秀達は病

みついてしまった。後に他の者も同じ怪異に遭遇し、一人は気絶したまま死亡した。秀達がようやく事情を打ち明けたので、以後は誰も夜に縁側へ出なくなった。何者の仕業なのかは分からないままだったという。（高田衛（編）『江戸怪談集（下）』）

ヤソ道の怪［やそみちのかい］

山形県山形市門伝《もんでん》に伝わる。筆者命名。現在の皆龍寺《かいりゅうじ》本堂がある場所はかつてヤソ道と呼ばれ、処刑されたキリシタンの死体が埋められた場所といわれていた。この道を通ると目が見えなくなったり、怪我をしたり、不幸があったり、悪病に罹《かか》ったりするというので通る人はいなくなった。処刑された者たちを供養すれば良いということで、皆龍寺を移転し死者の冥福を祈ったという。（『東北民俗資料集（八）』）

移転後の皆龍寺の怪異については**キリシタンの枕返し**を参照。

柳っ原の鬼婆［やなぎっぱらのおにばんば］

山形県最上郡最上町に伝わる。

昔、旅の母と三歳の娘が瀬見《せみ》温泉を通りかかった。母は子を岩風呂に入れたが、それは熱湯だったので、子は大火傷《おおやけど》を負い死んでしまった。母は気が狂って「この子と同い年の子が、この出湯《いでゆ》に入ると、呪い殺してやる。くやしや、くやしやァ」と叫んで山中に去った。人に化け湯治に来た山婆《やまんば》が災難に遭ったものだろうといわれ、人々は幼児を温泉に入れる際の戒《いまし》めとした。（『羽前小国郷の伝承』）

病田［やまいだ］

耕作すると病に罹《かか》る曰《いわ》くつきの田。このような土地の伝承は各地に残る。

山形県山形市下条町から三キロほど離れた所にも病田があり、この田を作る人は不思議と病気に罹って働けなくなるといわれた。稲荷社を建ててからはそのようなこともなくなり、二本松の田と呼ばれた。（戸川安章『羽前の伝説』）

西置賜《にしおきたま》郡白鷹町荒砥《しらたかまちあらと》には、博打《ばくち》に負けた者が勝った方を殺して金を奪い、死体を田の水が湧き出る所に埋めたという話が伝わる。この田を耕作すると不幸が起きるといわれ、人々はそこを病田と呼んで忌み嫌った。（安彦好重『山形県の地名伝説』）

山姥［やまうば］

山中に棲む女の妖怪。やまんば。

山形県東田川郡庄内町の科沢《しなざわ》集落には、代々「隼助」と名乗る家があった。ある代の隼助は、山にて竹で編んだめっけ（塵《ちり》を浚《さら》う器具）を見つけ、喜んで持ち帰った。その晩、何者かがどちみちと屋根の上を歩き「あしなか（履物の一種）返せ」と大声で喚《わめ》いた。翌朝、例のめっけがなくなっていたので、それが山姥のあしなかだったと気づいたという。（戸川安章「羽黒山夜話

（五）」『旅と伝説』通巻一九二号）隼助家には**猫股**退治の逸話も残っている。

最上郡戸沢村の真柄《まがら》にも、宗兵衛という人が山姥のあしなかを持ち帰った話が伝わる。山姥は熊のような手を伸ばして履物を取り返しに来たといい、雲つくばかりの大女だったと噂された。（大友義助、武田正「最上川物語」『季刊民話』第二号）

やまだのおろち

山形県最上郡真室川町《まむろがわまち》関沢地域に伝わる「山田白滝《やまだしらたき》」の昔話に登場するもの。

昔、山田十左衛門という名の下級の侍が、人々を困らせている「やまだのおろち」なる化物を退治した。殿様は褒美《ほうび》に欲しいものをやると言い、十左衛門は殿の妾《めかけ》の白滝を求めた。白滝が「影もかたちも見られぬ白滝に　想いかけたかや山田侍」と歌を詠むと、十左衛門は「山田の水も涸《か》れはてて　白滝おとして山田助ける」と返した。白滝との歌比べに買った十左衛門は、彼女を妻にして田舎に帰ったという。（野村純一（編）『定本関澤幸右衛門昔話集』）

「山田白滝」は、歌の才によって美女を娶《めと》る昔話で、関沢の話では怪物退治の要素が加えられている。山田という音から八岐大蛇《やまたのおろち》が連想されたものだろう。

山鼠［やまね］

ヤマネ科ヤマネ属に分類される齧歯類《げっしるい》。東北地方では山神に関わりのある動物としてマタギたちから丁重に扱われていた。秋田県の**小玉鼠**《こだまねずみ》の伝承がよく知られる。

小玉鼠の由来譚《たん》に似た話は山形県最上郡最上町にも伝わっていたらしい。昔、あるマタギの兄弟のところに、お産をするので小屋を貸してほしいと女が訪ねてきた。弟は女を追い返したが、兄は快く小屋を貸してやった。女の正体は山の神で、兄はどこの山の獣も自由に獲れるまじないを授けられ、弟は山鼠に姿を変えられてしまったという。（『羽前小国郷の伝承』）

山のバッコ［やまのばっこ］

山形県東田川郡泉村（現・鶴岡市）に伝わる。山荒川で茶屋を営む山窩《サンカ》（漂泊民）の娘で、美貌を利用して羽黒参詣者から金品を奪い、殺害していたという。民謡「おばこ節」は彼女を慕う男たちが唄った歌が元だという話もある。

あるときバッコは村の男たちと伊勢参りに出かけた。だが、琵琶《びわ》湖を渡る際に龍神様のお召しを受けて舟が動かなくなり、バッコは湖水に突き落とされた。湖に沈んだバッコは龍神の角に摑《つか》まり浮上すると「おらとこ悪口した奴は、三年うちに取り殺すど」と言って姿を消した。その言葉通り、彼女の悪口を言った者は三年以内に死んでいったという。（戸川安章「羽黒山夜話（四）」『旅と伝説』通巻一九〇号）

山姥・金時［やまんば・きんとき］

山形県東根市藤助新田《とうすけしんでん》や上山市などで六月（旧暦五月）に行われる厄払い行事「菖《しょう》蒲《ぶ》叩《たた》き」で追い払われる悪霊の類。

子供らが「山姥、金時、来ーんな来んな」と叫び、魔除けの菖蒲やガツゴ（マコモ）を束ねた「叩き棒」を地面に打ちつけ邪気を払い、音の大きさを競う。ここでいう金時は昔当地で流行した金時風邪《きんときかぜ》（おたふくかぜ）のことだと解されている。（菊地和博『やまがた民俗文化伝承誌』）

寒河江《さがえ》市西根《にしね》では各家ごとに菖蒲叩きをし、西田川郡温海町《あつみまち》（現・鶴岡市）では子供たちが蓬《よもぎ》と菖蒲を持ち、集落間で叩き合いをした。（安彦好重『山形のまつり』）

郵便持ち狐［ゆうびんもちぎつね］

山形県最上郡最上町に伝わる。**与次郎狐**など、各地に伝わる飛脚狐の類。

結城某という者が狐を獲るために鼠《ねずみ》を揚げていると、郵便持ち（郵便配達夫）が水を飲ませてくれと言って入ってきた。郵便持ちは鼠油を見つけると、狐狩りを頻《しき》りに止めた。しかし結城は取り合わず、鼠を狐の巣穴に吊るした。日が暮れると郵便持ちがまた来て、なんと自ら鼠油に食いついた。しばらくばたついていたがやがて動かなくなり、朝には立派な大狐の正体を現した。（『羽前小国郷の伝承』）

夢の誘い［ゆめのさそい］

夢に他界した親類縁者が出て死へ誘う怪異。山形県東置賜《ひがしおきたま》郡高畠町《たかはたまち》では、次のような体験をした人がいる。

ある日の夢に、小学生時代（大正初期）に死んだ仲良しの女の子が出てきた。彼女は霊山のような岩場で手招いていたが、体が重くそこまで行けなかった。もし岩まで跳びはねていたら、自分も死んでいたと思ったという。（松谷みよ子（編）『現代民話考［4］』）

与蔵［よぞう］

山形県の庄内や最上地方に伝わる。青森県や秋田県でいう**八郎太郎**の類話。

最上郡鮭川村《さけかわむら》では次のように伝わる。与蔵という男は友人と共に谷川で焼いた岩魚《いわな》を食べようとしたが、水を汲《く》んでくる友を待ちきれず、一人で二人分の岩魚を食った。その途端、急に喉が渇き、川で水を飲み続けるうち、恐ろしい大蛇に変わってしまった。与蔵は変わり果てた姿を友人に晒《さら》すことを嫌い、谷川の奥へ入っていった。それ以来、その辺りは「与蔵峠」と呼ばれた。（烏兎沼宏之『やまがた伝説考』）

新庄市萩野《はぎの》では、赤い魚を食った与蔵が大蛇となり「与蔵沼」の主として水を守るようになったという。（野村純一、大迫徳行、浜口一夫『日本伝説大系　第三巻』）

四匹の蛇［よんひきのへび］

山形県西置賜《にしおきたま》郡白鷹町《しらたかまち》に伝わる。

荒砥《あらと》の正念寺の住職の体験。近所の屋敷から弁才天の祠《ほこら》を寺の築山に移し、酒盛りをしていると、若草色に美しく光るかわいらしい三匹の蛇が出てきた。少し遅れてもう一匹現れ、やがて四匹とも本堂下へ潜っていった。実はこのとき移築した祠は、凶作の年に厳島、竹生島《ちくぶじま》、江の島、金華山の四ヶ所の弁才天を勧請《かんじょう》したものだった。金華山だけは海が荒れてすぐ渡れず、一年遅れでやって来たという。先ほどの蛇もそれぞれの弁天の使いだと思われた。（烏兎沼宏之『やまがた伝説考』）

【ら】

龍厳寺の仁王様［りゅうごんじのにおうさま］

山形県酒田市中央東町の龍厳寺の仁王像にまつわる奇談。

明治二七年（一八九四）、酒田大地震（庄内大地震）が発生する前のこと。南を向いていたはずの仁王様がいつのまにか西を向いていた。誰かの悪戯《いたずら》かと思い元に戻したが、翌日にはまた西を向いていた。不思議に思っていると大地震が起こり、仁王様が動いたのはその前兆だったと分かった。（阿彦周宜（編）『庄内・酒田の世間話』）

龍馬［りゅうば］

龍馬とは龍と馬の間に生まれた、あるいは龍と馬の性質を兼ね備える霊獣。

山形県最上郡金山町有屋《ありや》の龍馬山（竜馬山）は龍馬が六〇年に一度ほどの周期で姿を現すという。だが実見に訪れた新庄の戸沢公が鉄砲か矢で射てからは現れなくなったという。この龍馬の毛並は白で、山頂や岩場を渡り歩いていたという。

日露戦争の頃に龍馬が山を歩いたり川で体を洗ったりしているのを見た人がいたようだが、このときも神様が鉄砲で撃ったのでいなくなってしまったと伝えられる。

宮の太郎左衛門という人が山麓に雌馬を放し飼いにしていると、龍馬が来て孕《はら》ませたこともあった。龍馬の子は家の垣根の上を歩くほど身軽な名馬で、戸沢公に献上されて参勤交代にも用いられた。一行は江戸に着いたとき大火事に見舞われたが、馬が殿様を背に乗せ、家来を尾に摑《つか》まらせて隅

田川を飛び越えたので助かったという。（『有屋の民俗』）

宮城県にも**竜駒**の伝承がある。

霊童 ［れいどう］

仏教説話集『因果物語（片仮名本）』にあるもの。幽霊の母から産まれた子。

羽州最上の山方（山形）には「霊童」と呼ばれる者がいた。かつて最上の商人が京で妻を持ったが、帰郷する際には一人で帰ってしまった。その後に京から女房が追ってきたので再び一緒になり、一人の子をもうけた。商人は次に京へ上ったとき妻の実家を訪ねたが、そこの亭主が言うには、娘は三年も前に死んでいるとのことだった。娘が最上で結婚し子供もいると聞いて父は喜び、さっそく商人の家を訪ねた。だが女房は父との対面を拒《こば》む。痺《しび》れを切らした父が部屋に入ると、そこには京で立てた卒塔《そと》婆《ば》があった。戒名と年号は紛れもなく娘のものであった。よって、遺児を霊童と呼ぶようになったという。（高田衛（編）『江戸怪談集（中）』）

轆轤首 ［ろくろくび］

小越春渓『怪譚雨夜の伽』では、出羽国米沢（山形県）の轆轤首の話が三種紹介されている。ここでいう轆轤首とは首が伸びる化物ではなく、寝ている間に魂が遊離する怪病（離魂病《りこんびょう》）のことである。

一つは館山の番斎という人が御廟《ごびょう》町を通ったときのこと。夜更けにもかかわらず童のような者が歩いていったので、変化の者に違いないと追いかけた。童は存外足が速く、番斎が追いつく前に中津川次右衛門の屋敷へ入っていった。様子を窺《うかが》っていると次右衛門が目を覚まし「ああ、危なかった。夢の中で御廟へ遊びに行った帰り、向こうの番斎に追いかけられて斬《き》られるところだった」と語る声が聞こえたという。

二つ目は竹脵東蔵という者が館山口大橋を深夜に通ったときの話。ある店先に光物《ひかりもの》が浮遊し、その中に女の首が見えた。東蔵が斬り払うと光物は転がって店の中へ入り、間もなく「先ほど夢の中で店先に出たところ、竹脵東蔵様に斬られそうになり辛《かろ》うじて中へ入ってきました」と怯《おび》える婦人の声が聞こえてきたという。

そして三つ目は上村三右衛門なる者の体験。この男は片五十騎町の櫓《やぐら》に女の首がいるのを目撃した。首は三右衛門ににこにこと笑いかけ、斬りつけられるとひらりと飛び去っていった。後を追うと首は栗林半右衛門宅に入っていった。やがて栗林の妻が目覚めて「夢の中で辻《つじ》の櫓へ上って遊んでいたら上村三右衛門殿に斬られそうになって帰ってきました」と語ったという。（『米沢地方説話集』）

岩手県の**抜け首**、秋田県の**ろくろ首**も参照。

んばっだえ化物 ［んばっ だえばけもの］

山形県新庄市萩野《はぎの》に伝わる。青森県の**おぼさる**などの、おんぶお化けの類。

昔、ある山に「んばっだえ化物」が出て、毎晩「んばっだえ（背負ってくれ）」と叫んで子供たちを怖がらせた。ある男が化物を背負って連れ帰ると「大け、こが（桶《おけ》）さ入えて、寝っだえ」と言うので、大きな桶に寝かせた。翌朝、桶を取ると、沢山の大判小判が出てきた。男はこの金を親類たちに分けてやり、喜ばれたという。

（大友儀助（編）『新庄のむかしばなし』）

COLUMN

怪談実話の妖怪 04

現代の怪談文芸は二種に大別できるという。作者の創意から芽生えるオリジナルのフィクションと、実際に体験者がいる怪異がベースの「実話」系怪談だ。数多くの作家がこの種の怪談集を手がけ、現在もコンスタントに新作が発表され続けている。木原浩勝・中山市朗の『新耳袋《しんみみぶくろ》』シリーズや、竹書房や二見書房の怪談本が代表例といえるだろうか。稲川淳二ら怪談師の語りも、多くは体験談を元に組み立てられる。本書では試みに、それら「実話」に登場する地域の妖怪を一部収録した。青森県の旧監視所の怪、宮城県の温麺婆《うーめんばっぱ》、山形県の知らない女、広域の屋敷の怨霊などがこれにあたる。朝里樹がいう「現代怪異」に含まれ得るものたちだが、まだ『日本現代怪異事典』刊行時には充分な収集・分類が及んでいなかったジャンルでもある。すなわち、妖怪好き（＝怪談好き）の眼《まなこ》には沃野《よくや》あるいは鉱脈《こうみゃく》に映る分野だ。

もちろん、体験談が元とはいえ、多少なりとも内容の再構成や潤色《じゅんしょく》が施されているとみるのが妥当である。ゆえに純粋な民俗の報告とは一線を画するものだが、それでもこれらの話群に跋扈《ばっこ》する怪異妖怪には独特のよさがある。事典の項目として陳列すると本来の怖さ不気味さから遠ざかってしまうきらいはある。「怪談」側から見れば「妖怪」呼ばわりさえ厭わしいかもしれない。しかしキャラクターに惹《ひ》かれ妖怪を愛《め》でる身からすると、そこに跳梁《ちょうりょう》するのは「妖怪」なわけで、どうしても蒐《あつ》めて並べて分析したり絵に描いてみたりしたくなるのである。それもみな原典の怪しい魅力ありきの話だが。愉怪《ゆかい》。

［寺西政洋］

［参考文献］
「「現実がふわっと揺らぐ瞬間がある」〝怪談実話〟の定義とその魅力を『怪と幽』編集長に聞く」ダ・ヴィンチｗｅｂ　２０２０年８月１１日

福島県

【あ】

青五輪〔あおごりん〕

会津藩士・三坂春編《みさかはるよし》による『老媼茶話《ろうおうさわ》』にあるもの。五輪塔《ごりんとう》（墓石・供養塔として建てる五段構造の石塔）の怪異。

南山《みなみやま》街道の飯寺村《いいでらむら》（現・福島県会津若松市門田町《もんでんまち》）の路傍にある青五輪は、夜な夜な化けて東向かいの塚までの間に鉄の網を張り、人の通行を妨《さまた》げた。ある男が夜にここを通ると、身の丈六尺の黒入道が火を噴きながら鉄網を張っていた。網には稚児法《ちごほう》師《し》の首がいくつもかかっていて、男を見てにこにこ笑いかけてきた。入道の頭を斬《き》りつけると妖怪は消え失せ、翌朝調べると五輪塔の上部が斬り砕かれて血が出ていた。刀は「五輪砕」と呼ばれ秘蔵されたという。（『近世奇談全集』）

青麦狐〔あおむぎぎつね〕

福島県石城《いわき》郡江名町《えなまち》（現・いわき市）に伝わる。麦の穂が出る季節には狐が多く出るといい、これを青麦狐と呼んだ。

青麦狐が出る頃、薄磯《うすいそ》の人が赤沼の親戚のもとへ田植えの手伝いに出たまま行方不明になった。土産の鰹《かつお》を担《かつ》いでいたため、狐に騙《だま》され海にでも入ったのではと噂された。（佐藤孝徳『昔あったんだっち』）

赤猪〔あかい〕

福島県いわき市平赤井《たいらあかい》に伝わる。

第一三代・成務《せいむ》天皇の時代。山王の山には猪《いのしし》をはじめ数多の獣が棲息《せいそく》し、そのなかに近在の田を荒らす赤猪もいた。村人たちの請願を受け、朝廷は建許呂命を石城国造《みやつこ》に任命、狩人たちと共に山へ向かわせた。赤猪は一の矢に脇腹を貫かれてなお、人々を蹴倒し北山へ逃げ、二の矢でようやく仕留められた。その住処《すみか》は赤井岳（閼伽《あか》井《い》岳）、最期の地は二箭《ふたつや》山と呼ばれた。（『石城郡誌』）

あかひとり

福島県耶麻《やま》郡西会津町に伝わる。

高目《たかめ》の諏訪神社の森を通ると、菅笠《すげがさ》をかぶり蓑《みの》を着たアカヒトリという妖怪が出て「アカ取って食べか、人取って食べか」と鳴いたという。（『西会津地方の民俗』）名前の意味は未詳。『47都道府県・妖怪伝承百科』では鳥の妖怪と解説されている。

赤べこ〔あかべこ〕

福島県会津若松に伝わる張子《はりこ》人形で、福島県の代表的な郷土玩具。白の縁《ふち》取りと黒

の斑点がある真赤《まっか》な首振り牛で、現在の形式は大正頃から確立されていったという。

大同二年（八〇七）、徳一大師が会津の柳津《やないづ》に福満《ふくまん》虚空蔵堂《こくうぞうどう》を建立したとき、一頭のたくましい赤牛が用材運搬を助け、堂が完成するや石と化し寺に永く仕えたという。その後、鶴ヶ城主の蒲生氏郷《がもううじさと》が殖産振興の一環としてこの伝説に基づく牛《べこ》の玩具を作らせたのが「赤べこ」の起源といわれている。（斎藤良輔（編）『郷土玩具辞典』）赤牛が出現したのは慶長三陸地震（一六一一）後の虚空蔵堂再建工事ともいわれる。（中村浩訳『全国厄除け郷土玩具』）

赤べこは子供の魔除け、疱瘡《ほうそう》除《よ》けとして親しまれ、令和二年（二〇二〇）には新型コロナウイルス感染症の拡大から、疫病退散の縁起物として注目がより集まった。

赤目蛇等［あかめだら］

福島県田村郡大越町《おおごえまち》（現・田村市）に伝わる。「蛇婿《へびむこ》入《い》り」の要素をもつ伝説。

紅弥《べにや》長者の娘・紅姫御前のもとには謎の美しい若侍が通い来ていた。怪しんだ母親の指示で、紅姫は侍の袴《はかま》に糸をつけた針を刺しておいた。母子は糸をたぐり侍の行方を辿《たど》ると、下大越の大きな池に着き「娘の腹に俺の子供を宿してきた」「だが菖蒲湯《しょうぶゆ》を飲まれたら腹の子はみな死んでしまうぞ」などと話す声を聞いた。娘が五月節句の飾りの菖蒲で立てた菖蒲湯を飲むと、胎内の蛇の子が流れ出て盥《たらい》をいっぱいにした。やがて娘も死んで、若侍も大蛇の正体を晒《さら》し息絶えた。その後、池の畔《ほとり》では二頭の赤牛が歩き回るようになり、人々は恐れて農作業に出なくなった。僧の助言で蛇と娘を赤目蛇等大明神として祀《まつ》ると牛はいなくなり、池は赤目蛇等の池と呼ばれた。（『田村市の伝説』）

類似した名称のものに、安達《あだち》郡安達町（現・二本松市）の赤目たら主がいる。これは長谷堂大尽という長者の屋敷裏手の沼の主だった。屋敷が火事になり、沼の水が消火に使われてしまうと、少女に化けて他の沼に移り住んだという。この主沼も河川の氾濫で流れてしまい、次は女沼へ移ったという。（『安達町民俗誌』）

安積沼の大蛇［あさかぬまのだいじゃ］

安積沼はかつて岩代国《いわしろのくに》安積郡（現・福島県郡山市）にあった沼。ここに棲む大蛇が人を害したという伝説がある。

日和田《ひわだ》城主・安積左衛門忠繁の息女あやめ姫は御家騒動に巻きこまれた末に父と死別し、復讐《ふくしゅう》を願って沼に身を投げ大蛇となった。逆臣を滅ぼすも蛇の怒りは収まらず、人々は大雨や大雪を起こす蛇を鎮めるために人身御供を続けた。やがて大和国から来た心清い佐世姫《さよひめ》が唱える法華経の功徳で蛇は成仏し、天女の姿で昇天した。残された蛇の骨で彫った地蔵が、郡山市日和田町の西方寺《さいほうじ》に伝わる秘仏・蛇骨地蔵《じゃこつじぞう》だという。（郡山市観光協会・蛇骨地蔵堂案内板）

大蛇は竹生島《ちくぶじま》弁才天として付近八郷八村の守護神になったともいう。蛇骨地蔵堂後

ろの観音像三二体は人身御供の三二人を祀《まつ》ったものとされ、付近には蛇が頭を載せた蛇枕石もある。（岩崎敏夫『磐城岩代の伝説』片平幸三『ふくしまの民話』）
その他の**蛇骨婆**の項も参照。

足絡［あしがらみ］

佐藤中陵『中陵《ちゅうりょう》漫録』にある怪虫。

会津では人の髪を抜いて川の流れに入れておくと「足絡」になるという。佐藤中陵も、実際に溝《みぞ》の中に足絡がいるのを見たことがあり、このような虫は山水の出るところに生じるものだという。同様の存在は常州では針金虫と呼ぶとの記述があることから、ハリガネムシなどの水生生物が人毛から変化するという俗信があったものと思われる。（『日本随筆大成第三期3』）

小豆洗い狐［あずきあらいぎつね］

福島県石川郡浅川町に伝わる化け狐。
またの名を「美谷田《びやた》はねっこ」といい、人を化かしてはピョゴンピョゴンとイナゴのように跳びはねた。稲荷様の道を通るとこの狐がザックザックと小豆を洗う音をたてるという。美谷田は浅川町畑田《はただ》の地名。（『石川郡のざっと昔』）
宮城県の**あがつあかきつつあか婆**なども狐が正体とされる**小豆研ぎ**の例。

安達ヶ原の鬼婆［あだちがはらのおにばば］

奥州安達ヶ原の岩屋に住んでいたという鬼婆。能、長唄、歌舞伎、浄瑠璃《じょうるり》、神楽《かぐら》など各種芸能の題材になり、現在に至るまでよく知られている。安達ヶ原とは一般的には阿武隈川《あぶくまがわ》東岸、現在の福島県二本松市の安達ヶ原とされるが、土地の伝承によっては所在が異なるほか『諸国里人談』のように武蔵国足立郡を実説とする場合もある。

二本松の真弓山観世寺《まゆみさんかんぜじ》の縁起は、安達ヶ原の鬼婆の話を次のように伝える。

聖武天皇の時代、神亀三年（七二六）頃。紀州熊野の東光坊阿闍梨祐慶《とうこうぼうあじゃりゆうけい》は廻国《かいこく》修行のさなかに奥州安達ヶ原で日暮れを迎え、一人の老婆が住む山麓の岩屋（岩窟を住居としたもの）に宿を求めた。老婆の留守中、祐慶が岩屋の奥を覗《のぞ》き見ると、そこには山と積まれた人間の髑髏《どくろ》があった。噂に聞く旅人を殺し血肉を食らう安達ヶ原の鬼婆の住処に泊まってしまったのである。祐慶が逃げ出すと、老婆は本性を現し追いかけてきた。絶体絶命の祐慶は真言《しんごん》を唱え、所持する如意輪観音《にょいりんかんのん》像に祈りをささげた。観音像は空へ舞い上がって光明を放ち、破魔の白真弓に金剛の矢をつがえて鬼婆を射止めた。鬼婆は絶命したが仏縁を結んだために得脱《とくだつ》成仏した。骸《むくろ》は「黒塚《くろづか》」に葬られ、後に観世寺が建立された。祐慶の観音像は寺に安置され、白真弓観音と呼ばれた。

観世寺近くには鬼婆に殺された実の娘を祀《まつ》る恋衣《こいぎぬ》地蔵があり、鬼婆誕生の経緯が語られている。鬼婆は元の名を岩手《いわて》といい、かつては京の公家《くげ》にて環の宮という姫君の

乳母をしていた。あるとき環の宮が難病を患い、占いの結果、胎児（妊婦とも）の生き肝を飲ませれば治ると分かった。岩手は姫を救うため旅に出たが、肝を得られぬまま諸国をさすらい、奥州安達ヶ原の岩屋に流れ着いた。数年後、ある夫婦が岩手に宿を求めてきた。妻は身ごもっており、岩屋でにわかに産気づく。産婆を呼ぼうと夫が出ていったとき、岩手はついに妊婦の腹を裂いて赤子を取り出した。妊婦は息も絶え絶えに己の身の上を語りだし、それによって彼女が岩手の生き別れの実娘・恋衣だと判明する。図らずも娘を手にかけた岩手は狂気に陥り、安達ヶ原で旅人を取り食らう恐ろしい鬼婆になり果てた。

岩手という名は歌舞伎『奥州安達原』で設定されたもので、恋衣地蔵の由来譚《たん》も後世に付されたものとみられる。

鳥山石燕《せきえん》の『画図百鬼夜行』にある「黒塚」もこの伝説を題材としたもので「奥州安達原にありし鬼。古歌にもきこゆ」とある。鬼婆が糸車と共に描かれているのは能の「黒塚」を意識したものと思われる。ここでいう古歌とは『拾遺和歌集』に収められている平兼盛が詠んだ歌「陸奥《みちのく》の安達が原の黒塚に鬼こもれりと聞くはまことか」のこと。これは名取郡黒塚に住んでいた源重之の妹たちを、都から遠く離れた地に住み姿が見えないことにかけ、たわむれに鬼と呼んだものである。この歌について、当時から安達ヶ原に鬼が住むという伝説が知られていた証拠とする説がある一方、比喩を汲《く》み取れず額面通り解釈したため鬼の伝説が生じたとする説もある。（『日本伝奇伝説大事典』『能・狂言事典』『歌舞伎登場人物事典』『東北の鬼』『鳥山石燕 画図百鬼夜行』馬場あき子『鬼の研究』岩崎敏夫『磐城岩代の伝説』多田克己「絵解き画図百鬼夜行の妖怪」『怪』vol.0017）

穴尾の大蛇 ［あなおのだいじゃ］

福島県郡山市湖南町《こなんまち》に伝わる。

伏竜寺《ふくりゅうじ》は、猪苗代湖《いなわしろこ》から出現して毒気を吐いていた大蛇を弘法大師《こうぼうだいし》が退治し、その霊を弔ったことが起源と伝わる。大蛇は逃走したが、身を隠した洞窟から尾が出ていたため見つかって退治された。穴尾という地名はこの出来事に由来する。

これとは別に、昭和四〇年代頃にも穴尾地区には大蛇が出没したという。薬師堂の付近では胴回りが飯椀ほど、長さが二間ほどの大蛇が目撃された。片岸では穀物蔵に大青大将が棲みつき鼠《ねずみ》を食っていた。この蛇は目が見えず、ときどき屋根の上に出てひなたぼっこをしていたという。（橋本武『猪苗代湖畔の民話』）

天邪鬼 ［あまのじゃく］

福島県耶麻《やま》郡西会津町では弘法大師の伝説に天邪鬼が登場する。

弘法大師は安座に七八の谷があれば、この地を高野にするつもりだった。しかし天邪鬼に二つの谷を隠され、高野にはならなかったという。（『西会津地方の民俗』）

僧や職人を妨害する天邪鬼が現れる伝説は各地にみられるもので、一晩のうちに橋や堂を完成させる賭けに挑む展開が多い。猪苗代《いなわしろ》地方ではこの型の変形したものが伝わっている。弘法大師は猪苗代湖の翁島《おきなじま》に住む姫のために橋をかけようとするが、日中は天邪鬼に邪魔され工事ができない。夜のうちに橋掛けを終えようとしたが、鶏の声が響くと作業は中止された。一番鶏の声は天邪鬼が発したもので、実はまだ夜中であった。（橋本武『猪苗代湖畔の民話』）

宮城県の**天探女《あまのさぐめ》**も参照。

天彦命［あまびこのみこと］

令和二年（二〇二〇）に福島県二本松市上川崎《かみかわさき》字藤兵内《とうびょううち》に設置された像。同年、新型コロナウイルス感染症の拡大に伴い、疫病退散の象徴として注目されたアマビエをモデルとしている。制作者は農業・左官業兼業の地域住民で、像は東北新幹線の工事の際に見つかった石碑らしき石を土台に、セメントやタイルで作られている。

この像は鎮守の上川崎八幡神社で入魂され、設置場所の脇には祠《ほこら》も建てられた。上川崎地区南端の道路沿いに祀《まつ》られ、悪霊の侵入を防ぐ現代版の道祖神《どうそじん》と位置づけられている。（「コロナ退散！にらみ利かす「妖怪・アマビエ」二本松道路沿い」『福島民友新聞』二〇二〇年八月五日）

祠のかたわらには大小二体の像が鎮座しているようで、大きい方には帽子や睫毛《まつげ》、大きな前歯など元のアマビエ図にはない装飾がみられ、制作者独自の造形センスが発揮された結果の味わいが感じられる。

岩手県の**アマビエ菩薩《ぼさつ》**、宮城県の**アマビエ様**も参照。

蟻の姫様［ありのひめさま］

福島県地方で語られた昔話に登場する。『遠藤登志子の語り―福島の民話―』に「蟻の婿になった話」として載る。

昔、ある頭の良い男が役人の試験に合格し、迎えの者に連れられ都へ向かった。男は都で大臣になり、国で一番偉い人の姫を嫁にしたうえ居城も建ててもらった。夫婦は仲睦まじく、やがて二人の子供に恵まれたが、あるとき行者が「この国はあと三年以内になくなる」と予言した。この国に来て既に数十年。男は望郷の念に駆られて生国を目指し、そこでようやく目が覚めた。都での出来事は全て一炊の夢だったのである。家の近所の蟻の巣が、よく見ると夢の都そっくりの形をしていた。脇には城のようなもの、狩場の山に似た亀の甲まであった。どうやら寝ている間に蟻の婿様になっていたらしい。やがて嵐で木が倒れ、蟻の巣は雨水でみな流されてしまった。

中国の「南柯《なんか》の夢」を昔話として翻案したもの。**似我国《じがこく》**も参照。

生き達磨様［いきだるまさま］

福島県耶麻《やま》郡塩川町堂島（現・喜多方《きたかた》市）に伝わる。

大沢の宗久山少林寺の初代住職・大和和尚は、会津若松の興徳寺《こうとくじ》から当地へ来る際に、ひとつの達磨を持参した。あるとき、この達磨があまりにも黒ずんでいるので、寺のおば様が川で洗ってみた。すると達磨の肩あたりから真赤《まっか》な血が流れ出したので「これは生きダルマ様だ」となり、いっそう大切に祀《まつ》られた。村人が亡くなる夜は、生き達磨様がガタゴト音をたて、死を教えてくれるという。寺には韋駄天《いだてん》様も祀られていて、こちらはカチカチと拍子木を打ち鳴らして火事などの異変を知らせてくれたという。（『堂島むかしばなし』）

山形県の**つんぶく達磨**も参照。

石切小屋の幽霊［いしきりごやのゆうれい］

福島県の猪苗代《いなわしろ》湖畔地域で語られた死霊の怪異。筆者命名。

採石山の麓に住む酒好きの石切り（石工）が、隣村某家の墓石作りを頼まれた。若くして死んだ家の女房の法事に間に合わせる約束だったが、仕事が遅れ前日になっても完成しなかった。早朝から作業に臨んでいると、仕事場の小屋にすすきの穂を持った乱れ髪の女が現れ「石碑はまだか」と弱々しく言った。酔った石切りは「うるさい」の一喝で女を追い払い、やがて墓石を完成させた。法事の帰り、強《したた》かに酔った石切りは、自転車で湖岸の道から転落して大怪我を負った。このとき石切りは頭部を打撲して発狂し、入院後間もなく死亡した。死ぬ前の石切りは怒声を上げ目の前の何者かを追い払うような動作をとっており、妻は「幽霊に足をひきこまれたんだべ」と語っていた。例の崖道を夜更けに通ると、石切りの唸《うな》り声が聞こえるという。（橋本武『猪苗代湖畔の民話』）

一杯森の長次郎［いっぱいもりのちょうじろう］

御山《おやま》の権坊《ごんぼう》・**鎌田《かまた》の加茂左衛門《かもざえもん》**と共に信《しの》夫《ぶ》の三狐と称される狐。信夫山西麓の一杯森（福島県福島市森合《もりあい》）で人を化かし、後に商売繁盛の長次郎稲荷《いなり》として祀《まつ》られた。『寓意草』には「一盃もりの長七」の名で載る。（『続日本随筆大成8』）

昔、長次郎は森合の人々を騙《だま》しては髪を食い、坊主頭にして困らせていた。ある若者は長次郎が子を背負った女に化けて金持ちの家に入るのを見て、そこの主人に娘は狐が化けたものだと教えてやった。主人は娘と孫を閉じこめて煙でいぶして死なせたが、どちらも本物の人間だった。激怒して詰め寄る主人を前に若者は狼狽《ろうばい》し、僧の助言を聞いて懺悔《ざんげ》の剃髪《ていはつ》をした。これらは全て長次郎の思惑通りだったが、葬送の様子を見て後悔の念が湧き、この狐も涙を流したという。（片平幸三『福島の民話』）

いなだ貸せ［いなだかせ］

福島県の沿海における船幽霊。いなだとは船中で用いる柄杓《ひしゃく》のこと。

海にはいなだを貸せと言って出てくるものがいるといい、これに出会った船は、必

ずいなだの底を抜いて貸さねばならない。さもなくば、たちまち船を海水で満たされてしまうという。（『綜合日本民俗語彙』）

山崎美成『世事百談』巻之三にも、舟幽霊は生者の船に「いなたかせ」と迫るものだとある。いなたは舟人たちの言葉で大柄杓を指す。（『日本随筆大成18』）

イナッシー

福島県の猪苗代湖《いなわしろこ》に生息するという首長竜型の未確認動物（ＵＭＡ）。

平成五年（一九九三）発行『歴春ブックレット7　猪苗代湖』によれば、観光客から「大きな動物のようなものが写っているので調べてほしい」と町役場に送られた猪苗代湖の写真が騒動の発端だという。役場が調査のため関係機関に問い合わせたことが報道され、ネス湖のネッシーならぬ猪苗代湖のイナッシーとして話題を呼んだ。その正体にも想像が巡らされ、猪苗代湖の主として伝説が残る大亀や、トランボウと称される大ウナギ、大鯉、さざなみ、竜巻などの説が挙げられた。

湖付近にイナッシーをあしらった看板が設置されたり、グッズが作られたりするなど、一時期は観光資源として利用されたようだが、同類たる屈斜路湖《くっしゃろこ》のクッシーや池《いけ》田湖《だこ》のイッシーほどの知名度もなく、忘れ去られた存在となりつつある。（「猪苗代湖で『ネッシー』のような怪獣が目撃されていた!!」『中沢健のＵＭＡ・オカルトチャンネル（YouTube）』）

茨木童子［いばらきどうじ］

丹波《たんば》国大江山の酒呑童子《しゅてんどうじ》の眷属《けんぞく》として知られる茨木童子の話が、福島県石川郡浅川町の伝説として語られたもの。

茨木童子は浅川の畑田にいた唖者《アッパ》の作女《さくおんな》（農家に雇われ働く女性）を母に、彼女が草刈りに行く取上《とりあげ》（東白川郡鮫川村《さめがわむら》赤坂中野字取上）の山の鬼を父にもつ。童子は山中の石の間に隠され、母は毎朝乳をやりに通った。しかし、童子は次第に狂暴になり、母にさえ咬《か》みついたため乳をもらえなくなり、木の実を食い成長していった。それから松ノ入へ移り、里白石の鬼淵で魚を獲っていたが、更に成長すると淵も窮屈になり、茨城方面へ出ていった。それが後に酒呑童子ともども源頼光に退治されたという。また、母が子を隠し育てた場所はアッパ沢と呼ばれた。（『石川郡のざっと昔』）

童子には一六の角があり、頼光主従に退治されたとき飛散した血は蚊《か》や蛭《ひる》と化し人の生血を吸うようになったともいう。（石川純一郎・竹内智恵子『福島の伝説』）

岩魚の怪［いわなのかい］

福島県南会津郡に伝わる。南会津町の水《みず》無川《なしがわ》流域を舞台とする話で、岩魚坊主《いわなぼうず》の名でも知られる。

昔、角木《すまき》集落の若者たちは川に毒を流して魚を獲っていた。ある日も岩魚を狙って谷川を訪れると、白衣の僧が来て毒流しを

やめるよう言ってきた。若者たちは僧に団子を与え、機嫌をとって立ち去らせた。結局毒流しは決行され、やがて人間のおとなほどある不気味な大岩魚が水面に浮かんだ。それを引き揚げ腹を裂いてみると、かの僧に食べさせた団子が転がり出てきた。包丁を入れた男は毒気を浴びたのか即死し、残った者もみな気が狂ったようになったので、この集落では岩魚を獲らなくなったという。

この話は昭和三三年（一九五八）刊行の『福島の民話　第一集』（片平幸三）に収録されたもので、これを原作にテレビアニメ『まんが日本昔ばなし』「イワナの怪」が制作された（昭和五一年初回放送）。作中の台詞を元にした「やめなされやめなされ……むごい殺生はやめなされ」「根流しすっぺ」などはインターネットミームとして一部界隈になじみがあるもよう。

他県の類話には宮城県の**源兵衛渕《げんべえぶち》の鰻《うなぎ》**などがある。

磐椅の鬼婆 ［いわはしのおにばば］

福島県耶麻《やま》郡猪苗代町《いなわしろまち》に伝わる怪異。

日露戦争で戦死した長尾景正が子供の頃の話。小学校の補習を終え、夕暮れの道を急ぎ帰っていると、家の近くで下女の老婆に会い「婆や、迎えに来たのか」と声をかけた。うつむいていた老婆は「エエイ」と顔を上げたが、その顔は口が耳まで裂けた鬼婆だった。景正が一目散に逃げ帰ると、本物の婆《ばあ》やは家でご飯を炊いていたという。（『會津の傳説』）

宇宙人 ［うちゅうじん］

福島県福島市飯野町青木の千貫森《せんがんもり》はＵＦＯ（未確認飛行物体）の出現地として愛好家に知られ、一九九二年にはふるさと創生事業の一環で「ＵＦＯの里」が開園した。園内の施設ではＵＦＯや宇宙人に関する展示等も行われる。ＵＦＯの里公式ウェブサイトによれば、千貫森は三角形のシルエットから古代のピラミッド説もあり、昔から発光物体が飛来する不思議な地だったとのこと。他にも千貫森はＵＦＯ基地だとの説や、異星人と交流できる文明があったのではないかとの説もあるそうだ。

寺井広樹・村神徳子『東北の怖い話』には、福島出身の某氏が中学生の頃、千貫森でＵＦＯから降り立った宇宙人を見たという話がある。それは白人の中年男性、アラブ系の子供、日本人の青年にみえる三人組で、後にそれぞれが世界的な影響を及ぼす著名な人物になったらしい。

姥淵の怪 ［うばぶちのかい］

福島県南会津郡南会津町針生《はりゅう》に伝わる。七ヶ岳《ななつがたけ》から流れる川の中ほどには姥淵という深い淵がある。あるとき、一人の村人が岩魚《いわな》を釣りに淵まで来た。しかし一向に獲物がかかる気配もなく、ふと淵を覗《のぞ》きこ

むと、水泡の出ている岩と岩の間に目を見開いた白髪の老婆の首があった。村人は驚いて逃げ帰り、それ以来この川は姥髪沢の名で呼ばれた。(『会津田島の民話』)

雲中の美女 「うんちゅうのびじょ」

『虚実雑談集』巻一「雲中に美女の見えし事」にて語られる怪異。

昔、奥州岩城《いわき》領の荒田目川《あっため》(現・福島県いわき市)で鮭漁《さけ》を行う者がいた。ある日の夕方、一塊の雲が来て風が吹き、川の水が二丈ばかり吹き上げられた。それを目で追っていると雲の中に容顔美麗な女が見えたが、海上二、三町ほど飛んで行方がわからなくなった。このとき空は赤く、まるで火を焚《た》いたようだったという。(勝又基・木越俊介ほか(校訂)『諸国奇談集』)

『会津怪談集』には、延享三年(一七四六)夏に地震があり、磐梯山《ばんだいさん》から飯豊山《いいでさん》の方へ向かってたなびく白雲の中に、散らし髪で白装束の女や数多《あまた》の異類異形の姿が見えたという話がある。(伊藤龍平「翻刻『会津怪談集』」『澁谷近世』拾八)

黄金の精霊 「おうごんのせいれい」

上田秋成『雨月物語』第九話「貧福論《ひんぷくろん》」に登場するもの。

陸奥国《むつのくに》の会津若松城主・蒲生氏郷《がもううじさと》の家臣に岡左内《おかさない》という倹約家の武士がいた。彼は単なる節約第一の吝嗇《けち》な男ではなく、財貨の徳を貴び貯蓄を大いに奨励するという、当時の武士にしては一種の奇人だった。ある夜、左内のもとに黄金の精霊を名乗る小さな翁《おきな》が現れた。翁は左内が大切に貯めてきた金の精と称し、世に広まっている富についての観念とそれに対する不満を語った。左内がその論に疑問を呈すると、そこから貧福の差や道徳、政権の行く末にまつわる議論が始まった。問答を重ね、夜明けを迎えた頃、翁は別れを告げて姿を消した。(青木正次(訳注)『雨月物語(下)』)

岡左内(岡定俊)は会津(福島県)の蒲生氏に使えた実在の武将。「貧福論」は、佐内と翁の対話に仮託して、金銭の価値や倹約の徳について解説した物語といえる。

阿部正路は、本話の黄金の精霊は**座敷わらし**の祖型ではないかと論じ、著書『日本の妖怪たち』などに『雨月物語』版本の挿絵を掲載している。もちろん、これは数多《あまた》ある座敷わらし考察のひとつでしかない。

大赤亀 「おおあかがめ」

福島県の猪苗代湖《いなわしろこ》の主は巨大な亀だという。郡山市には次のような話が伝わる。

明治四二年(一九〇九)初頭、横沢村川崎(現・郡山市)の某氏は猪苗代湖の浜に打ち上げられていた四人の船乗りを救助した。彼らは二年前、湖上で大岩と見紛《みまが》うような大赤亀と遭遇していた。これこそ猪苗代湖の主とされるもので、姿を見た者の船は三年以内に難破すると伝えられていた。(橋本武『猪苗代湖畔の民話』)

大蟹［おおがに］

福島県福島市松川町に伝わる。昔、信夫《しのぶ》の金沢《かねざわ》では大蟹が田畑を荒らし人畜に危害を加えていた。村人は鎮守の明神に祈願し、神力によって大蟹を退治した。地名は蟹沢が金沢に転じたものだという。（岩崎敏夫『磐城岩代の伝説』）

山形県の**大蟹**も参照。

大きな黒い影［おおきなくろいかげ］

福島県を舞台とした現代の怪異談。

昭和六二年（一九八七）八月。車上荒らしの前科をもつ男が、福島駅からあてもなく歩き出した。彼は当座の必要品を手に入れようと夜間にさる民家へ忍びこんだ。彼はそこで住民の夫婦に犯行を目撃され、妻の方をナイフで刺し殺してしまった。連行時の供述によれば、殺すつもりはなかったが、鬼のように大きな黒い影が襲ってくるのが見えて恐ろしくなり、夢中でナイフを振り回していたのだという。黒い影が何なのかは男にも分からなかったが、事件現場は明治頃の監獄跡地で、罪人の処刑も行われていたとの噂がある。（三瓶源作「彷徨う霊魂」『福島の民俗』第二一号）

大杉の大蛇［おおすぎのだいじゃ］

福島県東白川郡塙町真名畑《はなわまちまなはた》に伝わる。

江戸時代末のこと。山幸神社の大杉の洞《うろ》からは時折恐ろしい唸《うな》り声が聞こえた。ある日、神社に見知らぬ老婆が現れ、杉の葉を拾っては洞の中へ投げこんでいた。それから間もなく大杉に雷が落ち、木は倒れて三日三晩燃え続けた。焼け跡には大きな蛇の骨が埋まっており、老婆は山幸神社の神様で、大蛇を焼き殺そうとしたのだろうといわれた。（『傳承文化』第五号）

大入道［おおにゅうどう］

福島県各地に伝わる。見越入道《みこしにゅうどう》の類。獣の仕業とされることが多いようだ。

石川郡浅川町山白石《やましらいし》では、大入道とは狸が人を馬鹿にするもので、使いに出た帰りなどに会うという。大入道の背丈は何十尺や一丈何尺ほどもあり、頭には毛がなく、足もなく、すうっと覆いかぶさるように出てくる。そのすぐ近くには狸がいるものだという。（『石川郡のざっと昔』）

猪苗代《いなわしろ》湖畔では無縁塚の辺りに見上げるような大入道が立つといわれた。鼬《いたち》の仕業とも刑死者の霊ともいわれたが、石地蔵を置き無縁仏を供養すると出なくなったという。（橋本武『猪苗代湖畔の民話』）

南会津郡南会津町には狐が化けた大入道の話がある。吉蔵という人が買物の帰り、日が暮れてから水無の道を通ると、二メートルもあるような大入道が覆いかぶさってきた。慌てて逃げると姿を消したが、荷物

からは魚がなくなっていた。水無街道は狐の住処《すみか》で、夜に食べ物を持って通ると必ずやられるという。（『会津田島の民話』）

阿部佐市『会津怪談集』には耶麻《やま》郡慶徳村（現・喜多方《きたかた》市慶徳町）の話がある。山崎の漁師は隣村から帰る途中、赤子か蛙《かえる》のようなものにぴたりぴたりとまとわりつかれ、帰って寝ていると青い衣の大入道に襲われた。大入道は荒縄で首を締めようとしてきたが、反撃を受けると幽霊のように消え失せた。漁師はその後もたびたび怪物に遭って病死したという。（伊藤龍平「翻刻『会津怪談集』」『澁谷近世』拾八）

大沼の主［おおぬまのぬし］

福島県耶麻《やま》郡西会津町に伝わる。

あるとき、金鞍をかけた馬に乗った美人が津川街道からやって来た。岩井沢の登り口からは馬を降り、馬子に馬を引かせ大沼へ登った。沼へ着くと女は「ここでお別れだ」と言って、金鞍を持って沼へ沈んでいき、大きな鯉《こい》と化した。女は大沼の主だったのである。（『西会津地方の民俗』）

おきし猫［おきしねこ］

福島県南会津郡南会津町川衣《かわぎぬ》に伝わる。

オキシという婆様の飼猫は三代にわたって生き続けた長寿の猫だった。あるとき頬《ほお》かむりをして納戸から出てくる姿を人に見られてしまい「人に見られるようでは家にいても困る」と、鰊《にしん》三匹を餞別《せんべつ》に家から追い出された。ある家にオキシ猫の子孫がいたが、体重が一貫四〇〇目ある大猫だったという。（野口長義「南會津の民俗（完）」『旅と伝説』通巻一二五号）

送り狼［おくりおおかみ］

全国各地に伝わる。夜道などで狼が人のあとをつけ、危害を加える怪異。

福島県福島市松川町水原では、狼ケ森《おいがもり》に送り狼が出るとされた。この森の山犬（狼）は山神様から「生きているものは食ってはならないが死んだものは食ってもよい」と言われており、通行人が転ぶと死んだものだと思い食らいついてくるという。あるとき平田の若者が狼ケ森で苦しんでいる山犬に遭遇し、口に刺さっていた骨を取り除いてやった。すると山犬は若者の後をつけ、家のそばでふっと姿を消した。以後、狼ケ森で転んだとしても、平田の里の者であれば狼には食われなかったという。（『遠藤登志子の語り―福島の民話―』）

おさい神様［おさいがみさま］

福島県耶麻《やま》郡西会津町、上小島《かみおじま》の観音堂境内で祀《まつ》られるお産の神。かつて新村にいた女中・おさいを祀ったものとされる。

おさいは父なし子を孕《はら》み、出産前に死んだので、遺体はそのまま埋葬された。すると毎晩化けて出るようになり、浮かばれぬ霊は小島の常勝寺を訪ねた。僧の読経でようやくおさいは成仏し、それからは死んだ

妊婦と胎児は分けて葬るようになった。(『西会津地方の民俗』)

おさん狐 [おさんぎつね]

福島県南会津郡南会津町に伝わる化け狐。

高野集落の人々は田島へ買い物に行く際、八反川にかかる丸木橋を渡る。この橋のあたりにはときどき狐が出て、せっかく買った魚などを取られてしまうことがある。おさん婆さんという人が最初に化かされたのが名前の由来だという。ある人は正月の買物をした帰り、八反橋の地蔵に供えてあった味噌饅頭を持ち帰り、家族に食べさせようとした。だがそれらは全て馬糞《ばふん》だったうえ、自分は風呂敷包みを取られていたという。狐が地蔵に化けて鰊《にしん》や数の子を横取りしたのだった。(『会津田島の民話』)

ある武士が夜道を歩いていると、田島が火事になっているのが見えた。帰りを急いだが足元は荊《いばら》だらけで、刀を振り回し「火事だ! 火事だ!」と狂乱していたが、これもおさん狐に幻を見せられ騙《だま》されていたらしい。(『田島町史4 民俗』)

おさんという名の化け狐は各地に伝わっている。山形県の**おさん狐**も参照。

鴛鴦 [おしどり]

番《つがい》の雄鳥を失った雌の鴛鴦(おしどり、えんおう)が奇異を示すもので、各地に伝説が残る。鎌倉時代の『古今著聞集』巻二十「馬允《うまのじょう》某陸奥国《むつのくに》赤沼の鴛鴦を射て後出家の事」は陸奥国田村郷(現・福島県郡山市田村町地区)が舞台の話で、小泉八雲『怪談』「おしどり(OSHIDORI)」の原案と考えられている。

田村の馬允某は、赤沼で鴛鴦の番を見つけ、雄を射止めて鷹狩の鷹に与えた。その晩、美しい女が馬允の夢枕に立ち、夫を殺された恨みを述べ、己も生きてはいられないと言う。そして「日くるればさそひしものをあかぬまのまこもがくれのひとりねぞうき」と死別を嘆く歌を詠み、泣きながら去った。目を覚ますと、鷹の餌袋の中で、雌鳥が雄鳥の嘴《くちばし》をくわえて死んでいた。これを見た馬允は出家したという。

小泉八雲は主人公の名を田村郷の尊允《そんじょう》とし、夢の女に赤沼へいざなわれ、雌の鴛鴦が自ら嘴で身を裂いて果てる様を見せつけられて出家したと語っている。

『奥相志《おうそうし》』は、類似の話を相馬郡小高郷小谷の円応寺の縁起として載せる。雌の情愛に感じ入った猟師が出家し、感銘を受けた藩主・相馬高胤《たかたね》が文明年間(一四六九~八七)に鴛鴦寺を建てた。その後、たびたび火難に見舞われるため円応寺と寺号を改めたという。

岩瀬郡長沼町(現・須賀川市)の伝説では、猟師が長沼の畔《ほとり》に鴛鴦山延命寺を建てて鳥の菩提《ぼだい》を弔ったとされる(後に廃寺)。こちらでは雄鳥が翼の中に雌鳥の首を抱えていたと伝わる。(『岩瀬郡誌』岩崎敏夫『磐城岩代の伝説』)

お神明様 ［おしんめいさま］

福島県地方でいう**おしら様**の類。男女一組の神像で布製の着物を着せて祀《まつ》り、諸々の祈願や霊を降ろしての尋ねごとをする。

耶《や》麻《ま》郡西会津町では他所の者がお神明様を持ちこんで信仰が根付いたと伝わる。某家では頭痛、腰痛、肩こりなどのときには「高天原《たかまがはら》、きよめ給え、きよめ給え」と唱えてお神明様の像を患部に打ち振るまじないをした。別の家ではお神明様は尊い神様ゆえ滅多に見られず、生きるか死ぬかの瀬戸際に祈禱《きとう》してもらうものとしていた。（『西会津地方の民俗』）

お神明様を祭祀《さいし》する巫女《みこ》たちは、病気や事故などの不幸について相談を受けると神降ろしを行い、それがお神明様の障りであることを解き明かし、祭祀の指導をする。単に神棚に祀るだけでは駄目で、年に一度は手に取り「アソバセル」ということをせねばならない（おしら様と同様の信仰）。遊ばせる場が賑やかであるほど喜び、よく人に憑《つ》くという。（佐治靖「祭祀にみる信者の動向」『福島の民俗』第二一号）お神明様の巫女たちは各地を渡り歩いて祈禱などを行っていた。いわき市鹿島町《かしままち》地域では、お神明様を背負った老女が家々を回り、お神明様を使って年寄りの肩こりを取り除いたり、子供の虫《むし》の根《ね》を切ったりしていたという。（『いわき鹿島地方の民俗』）

草野村（現・いわき市）某家で祀られていたお神明様の御神体は棒状だったため、子供が持ち出し太鼓のばち代わりにして遊んでいた。だが決して罰《ばち》は当てず、むしろ喜んでいたという。大野村（現・大熊町）某家のお神明様は家でじっとしているのを嫌い、出歩きたがる神だった。御神体を持ち歩くと気分が爽快になって、活発になり疲れも感じなかったという。（磐城民俗研究会「磐城しんめい資料」『旅と伝説』通巻一三一号）この他にも各村各家のお神明様にまつわる逸話は数多く伝わっている。

鬼五郎・幡五郎 ［おにごろう・はたごろう］

福島県田村郡大越町《おおごえまち》早稲川《わせがわ》（現・田村市）に伝わる。中央政権から「鬼」と扱われた地方豪族として語られる。

昔、早稲川に鬼五郎と幡五郎という仲の良い兄弟がいた。兄の鬼五郎は里長として土地を守り、阿武隈《あぶくま》山系一帯に勢力を誇る豪族・大多鬼丸《おおたきまる》（**大武丸**）の部下頭としても活躍した。弟の幡五郎は争いを好まず、里人と農作に励んでいた。しかし東北は高冷地のため、作物を満足に献納できない。朝廷はこれを反逆とみなし、征夷大将軍・坂上田村麻呂が派遣された。鬼五郎たちは勇敢に戦ったが敗退し、鬼穴で息絶えた。弟は兄の遺志を継ぎ、豊かな里を築いた。人々はいわれなく悪鬼として征伐された鬼五郎の死を深く嘆き、里を見守る善鬼として敬ったという。（『田村市の伝説』）

平成二年（一九九〇）には大越駅前に鬼五郎・幡五郎の像が設置されたほか、鬼五

郎・幡五郎太鼓という創作和太鼓も田村市内外のイベントで演奏されている。

お春［おはる］

福島県福島市岡山地区、山口の「お春地蔵」の由来となった人物。

昔、お春という優しい嫁がいたが、意地悪な姑《しゅうとめ》の言いつけで苦手な米搗《こめつ》きをして、こぼした米を拾っていると「米はこう搗くものだ」と杵《きね》で背を打たれて殺された。死体を沼に捨てると、毎晩とんかんとんかんと杵の音がして姑を悩ませた。地蔵を作ってお春を供養すると音は止んだという。お春地蔵の背中は何度作り直してもすぐ割れてしまうが、拝めば願い事が叶うという。（『東北民俗資料集（一）』）

産抱き［おぼだき］

福島県河沼《かわぬま》郡柳津町《やないづまち》に伝わる。産女《うぶめ》の怪に類する説話のひとつ。山形県の伝承については**産女**《おぼめ》を、秋田県は**おぼう力**《ちから》を参照。

元禄（一六八八～一七〇四）初期、袖山《そでやま》の久左衛門は家運長久と子孫繁栄を願い柳津虚空蔵尊に毎夜丑《うし》の刻参りをしていた。満願の夜、久左衛門は早坂峠で赤子を抱いた美女に出会い、髪を結うあいだ子を抱いてほしいと頼まれた。「泣かせず抱いてくれたなら礼をするが、泣かせるようなことがあればそなたの命はない」と言われ、久左衛門は虚空蔵尊を一身に念じながら子を抱いた。幸い、久左衛門の羽織の紐《ひも》を弄《もてあそ》んでいたため子は泣かず、女は礼に純金の重ね餅をくれた。これを大切に扱うと裕福になり、久左衛門は女に感謝して産抱き観音を祀《まつ》ったという。（『會津の傳説』）

お松［おまつ］

福島県双葉郡広野町に伝わる。

慶長（一五九六～一六一五）の頃、お松という一六歳の村娘が、参勤帰りの殿様に見初められ、侍女として無理に城へ連れ出された。だがお松は殿様の仰せに従わず、竜神ヶ淵に捨てられた。お松は父母に逢いたい一心から女面蛇体に変じて泳いだが、郷里の海岸に着くと息絶えた。親たちは娘を葬り、その名に因《ちな》んで松の木を植えた。それが広野の海岸にある二股の松の木で、枝を切れば血が出るという。蛇体についていた貝は保存され、その後も生き続けたという。（岩崎敏夫『磐城岩代の伝説』）

おまん狐［おまんきつね］

福島県耶麻《やま》郡西会津町に伝わる化け狐。大船沢《おおふなさわ》では深沢のおまん狐や、ハナタテのおしち狐が大変に人を化かしたという。このほか、小島三本松の赤狐、小島林の七色狐、下小屋の小梅狐たちも人を化かしたという。（『西会津地方の民俗』）

お万狐［おまんきつね］

福島県いわき市の江名や中之作には「お

万」という名の化け狐の活躍が伝わる。

江名の掛橋にいたお万狐は通行人から魚を騙《だま》し取るので、人々は先に「お万さん、お万さん」と呼びかけ魚を投げてやった。すると狐は「はいよ」と応じて悪さをしなかったという。また、昼寝中のお万狐を太鼓の音で驚かせた神楽《かぐら》の親方は、化かされて畑で神楽を踊らされたという。

お万狐は黒船《くろふね》来航時にこの地へ来たともいう。掛橋付近で木の葉を魚に見せかけ持ち帰らせるなどの悪戯《いたずら》をしていたが、いつしかそれも止み「また黒船さ乗って向こうさでも帰ったんでねえか」と噂された。

下高久《しもたかく》では千学坊《せんがくぼう》のお万狐が魚欲しさに女に化けて現れた。栄四郎という爺さんは正体を見破り、狐を縛って連れ帰ったが、「子供たちに乳をやらねばならないので助けてほしい」と懇願され逃がしてやった。それからお万狐は人を騙さなかったという。（佐藤孝徳『昔あったんだっち』）

御山の権坊［おやまのごんぼう］

福島県の信夫《しのぶ》地方に伝わる化け狐。信夫山に棲んで人を化かし、**一杯森の長次郎**、**鎌田の加茂左衛門**とともに信夫の三狐と称された。

あるとき信夫の三狐が権坊の棲むガサヤブ通りの洞穴に集まった。元人間の加茂左衛門は術が未熟で化け自慢ができず、魚取りの話をした。山生まれの権坊は大の魚好きだが、人間を化かして奪う以外の方法を知らず、尻尾を使った魚釣りを教えてもらうとさっそく実行した。しかし、冬の黒沼に尻尾を浸すうちに水面が凍りつき、無理に動くと尾がちぎれ、変化の力を失ってしまった。怒った権坊は悪戯《いたずら》好きの加茂左衛門を追放し、人を騙《だま》すのもやめて蚕《かいこ》を守護する西坂稲荷となった。この様子を見た加茂左衛門も改心し、後に石ヶ森稲荷となったという。（片平幸三『福島の民話』）

おりが

福島県いわき市に伝わる昔話に登場する人物。越後関川の大里峠《おおりとうげ》の大蛇の類。

昔、山麓の村に猟師の父と娘のおりがが暮らしていた。父は蟒蛇《うわばみ》肉の味噌漬けを秘蔵しており、おりがは密かにそれをみな食べてしまった。直後、激しい喉の渇きを覚え、川で水を飲むうちに蛇体と化してしまい、山奥に隠れて峠を通る人を喰うようになった。ある夏、旧知の仲だった浄瑠璃《じょうるり》語りの座頭《ざとう》法師がおりがと再会した。法師は望むまま浄瑠璃を聴かせてやると、おりがは人を殺《あや》める気はないが、我が身が危ないときはやむなく殺す、居場所を黙っていれば危害は加えない、峠の九十九折《つづらお》りの曲がり角に金釘を刺されると死んでしまう、などと語った。法師は己を犠牲にしてでも魔物と化したおりがから人々を救いたいと願い、蛇の弱点を村人に話して息絶えた。村人たちが曲がり角に九九本の釘を打つと、

峠の奥の沼の水が真赤《まっか》に染まり、大蛇はのたうち苦しんで死んだ。それ以来、峠はおりが峠と呼ばれたという。（福島県教育委員会（編）『ふくしまの昔話』）

おんば様［おんばさま］

老婆の姿をした神。特に福島県猪苗代湖《いなわしろこ》周辺から会津地方あたりで信仰されるもので、主に子授けや安産の神といわれる。その神像は片膝を立てた老女形のものがよく知られ、奪衣婆《だつえば》像と酷似している。

大沼郡三島町西方の大杉観音堂に安置されるおんば様は、弘化三年（一八四六）に湯殿山《ゆどのさん》の行者が作ったもので、現在も信仰を集めている。猪苗代町関脇《せきわき》の優婆夷堂《うばいどう》も著名な安産信仰の拠点で、ここに祀《まつ》られているのもおんば様である。岩舘山城主・関三河守の奥方が難産で七日七夜の陣痛に苦しんでいたとき、どこからか現れた老婦が呪文を唱えたところ、ようやく男児が生まれた。堂を建ててその老婦を祀り、安産祈願の神としたのが優婆夷尊だという。（『東北の鬼』石田明夫『おんば様　安産・極楽浄土・橋守　知られざる信仰』）

類例として青森県の**閻魔婆**《えんまばば》も参照。

おんぼのやす

福島県田村郡に伝わる。

山には天狗の他にオンボノヤスというものがいて、霧を吹かれるので用心しなくてはならないという。（蒲生明「妖怪名彙」『民間伝承』五巻十号）名前の意味はよくわかっていない。

【か】

かあぱこ

福島県地方でいう**河童**。猪苗代《いなわしろ》湖畔には次のようなカアパコの話が伝わる。

昔、舟津川《ふなつがわ》は今より川幅が広く、毎年夏には子供たちが水死したので、村人は河童の仕業に違いないと考えて、牛頭天王《ごずてんのう》を祀《まつ》り、六月一五日には河童の好きな胡瓜《きゅうり》を供えた。それからは何事もなくなったのでみな安心したという。また、湖岸の大沼である爺さんが弱っていた河童を助け、報恩として福を授けられたこともあったという。（橋本武『猪苗代湖畔の民話』）

貝沼の妖婦 ［かいぬまのようふ］

福島県耶麻《やま》郡の貝沼村（現・喜多方《きたかた》市塩川町）の怪異。『会津怪談集』にある。

この村には昔から異様な螺《つぶ》（巻貝）が多数棲む沼（貝沼）があった。村の勤勉な若者は、あるとき貝沼で大きな巻貝を捕まえて帰り、甕《かめ》の中で飼いはじめた。その後、若者が仕事から帰る時刻に合わせ、誰かが家で食事の準備をしておいてくれるようになった。不思議に思い調べてみると、外出中に大甕から世に稀《まれ》なる美女が出てきては家事をしていたことが分かった。怪物だと思ってこわごわ対面してみたが、女は孤独な若者を哀れんだ天帝《てんてい》により、天の川から遣《つか》わされていた者だった。天女は若者に、米を入れると自然に増えて尽きることがなくなる貝殻を授けて天に帰った。若者は生活が豊かになって妻を迎え、後には家老にまで出世したという。（伊藤龍平「翻刻『会津怪談集』」『澁谷近世』拾八）

神立子 ［かだちこ］

猪苗代《いなわしろ》地方でいう雷獣《らいじゅう》。神立《かだち》とは雷のこと。『猪苗代町史　民俗編』では「雷獣・落雷の時に落ちる獣。（架空の動物）」と説明されている。貂《てん》を雷獣と呼ぶともいう。『猪苗代湖畔の民話』には、著者の橋本武の母が目撃したカダチコの話がある。明治中頃のある夏の日、急に激しい雨が降り、杉の木に雷が落ちた。嵐が去ってから様子を見に行くと、杉の上には熊の子のような不思議な獣がいた。獣は杉からするすると下り、群衆の間を通り抜けて山へ走り去った。古老によれば、それはカダチコというもので、普段は雷雲に棲み、雷様と一緒に地上に落ちてくるとのことだった。

片葉の葦 ［かたはのあし］

茎の片側にしか葉を生じない葦。各地に伝わるもので、地域により由来も様々。福島県相馬郡鹿島町《かしままち》（現・南相馬市鹿島区）では、源義経に関連する伝説として語られる。鵯越《ひよどりごえ》の逆落としにも大きく貢献した義経の愛馬・太夫黒《たゆうぐろ》は、もと上真野村栃窪の久七から藤原秀衡に献上されたものだった。太夫黒は馬小屋に留まるのを好まず山野に遊び、いつも真野の池で葦の片側ばかり食っていた。そのため後の世にもこの池の葦は片側しか葉が出ないのだという。このことは『奥相志《おうそうし》』にも記述がある。（『東北民俗資料集（二）』野村純一（編）木崎和広『日本伝説大系　中奥羽編』）

山形県の**小野小町の霊**も参照。

河童 ［かっぱ］

福島県では河童にあたる妖怪はカッパの他に**かあぱこ**、カーッパ、カッパコゾウなど呼ばれる。人や馬を水中に引きこむ、懲らしめられて詫《わ》び証文《しょうもん》を書く、妙薬の製法を伝えるなどの話が各地に伝わる。また「河童火《ひ》やろう」の話もよくみられる。

例えば鮫川村《さめがわむら》赤坂では次のように伝わる。昔、爺さんと婆さんが住む川端の小屋に河童の小僧が来て「火をくれ、火をくれ」と言ったが、危ないと思って火はやらなかった。しかし水中にいるのだから危なくないだろうと考えなおし、次に来たときには「河童、火ぃやろ」と言った。だが今度は河童の方が「いーい、いーい」と嫌がった。カッパ、ヒィヤロ、イーイという三《さん》番叟《ばそう》の音はこれが由来だという。カッパは鼓《つづみ》の音、ヒィヤロは笛の音を表したもの。(『東白川郡のざっと昔』)

檜枝岐村では河童は箒《ほうき》に化けるといわれた。ある家では、厩《うまや》で箒に化けて遊んでいた河童を家人が捕らえた。河童は「もう決して来ないから許してください」と言って詫び証文を書いたので放免してやった。証文はその後の火災で焼失してしまったという。(『會津の傳説』)

河童の化け [かっぱのばけ]

福島県耶麻《やま》郡西会津町に伝わる。

堀越《ほりこし》から安座《あんざ》の間に牧という所があり、そこにかかる牧橋に河童の化けがよく出たという。これは初めは小さいが、目の前でノロッと大きくなる。ある酔っぱらいはこれに帽子を取られ川へ捨てられてしまったという。(『西会津地方の民俗』)

河童の嫁 [かっぱのよめ]

福島県石川郡浅川町山白石《やましらいし》に伝わる。

欲深な男が食べずに働く女房が欲しいと願うと、本当に食べずによく働く嫁がやってきた。しかし何も食べずに体が保《も》つはずがないと疑い、隠れて見ていると、嫁は大量の握り飯を頭の上にある大口に放りこんでいた。男は**河童**が化けて嫁に来ていたと気づき、塩を撒《ま》いてそれを追い払った。これが「河童に塩を撒け」という言葉の由来だという。(『石川郡のざっと昔』)

「食わず女房」の昔話の一種。「河童に塩を誂《あつら》える」といえば見当違いのことをするたとえだが「塩を撒け」はよくわからない。単に河童の弱点を伝える諺《ことわざ》か。

かなぐり太郎 [かなぐりたろう]

福島県南会津郡只見町に伝わる。

昔、独り暮らしの婆が火を焚《た》きながら独りごとを言っていると、外のかなぐり(つらら)が返事をしはじめた。かなぐりは雨で軒から落ちて行くところがないと言うので、婆は気味悪く思いながらも戸を開けてやった。入ってきたのは坊主頭の小さな男の子で、かなぐり太郎と名乗った。婆はしばらく囲炉裏端《いろりばた》で太郎と話していたが、居眠りから覚めるとその姿はなく、座っていた場所がびっしょり濡れているだけだった。それからは、婆は雨の日は絶対に部屋から出なかったという。(福島県教育委員会(編)『ふくしまの昔話』)

広域の**氷柱女**も参照。

鎌田の加茂左衛門［かまたのかもさえもん］

信夫《しのぶ》郡鎌田村（現・福島県福島市）に伝わる化け狐。信夫の三狐の一匹で、元は人間だったが神罰を受けて狐に化したと伝わる。鴨左衛門、籠左衛門ともいう。

昔、竹駒稲荷《たけこまいなり》に忠実に仕える鎌田村の加茂左衛門という男がいて、竹駒の位階昇叙が決まると、神官たちに同行して京へ上った。正一位《しょういちい》の印を拝受するとき、ふと「自分も頂戴したい」との思いが湧いた加茂左衛門は、つい傍から手を出し、掌《てのひら》に印をいただいた。そのため宮司から「お前は永久に竹駒社に仕えねばならない」と言い渡されたが、加茂左衛門は両親に会いたくなって家に戻った。しかし、その時には口が耳まで裂け、目も怪しく光る狐と化していたため追い出されてしまった。加茂左衛門は信夫山の狐・**御山《おやま》の権坊《ごんぼう》**に助けを求めたが、結局は災いを恐れた村人に頼まれた法印の祈禱《きとう》により、石ヶ森の岩窟に封じこめられたという。（木口勝弘「福島の石ヶ森伝説考」『磐城民俗』第三三号）

神憑き［かみつき］

神仏が人の身に憑依《ひょうい》する現象。祭礼や山籠もりの修行のさなか神憑きが出ると、その者に来年の作柄や村の吉凶などを聞き出す。福島県の猪苗代《いなわしろ》地方では舟津の山籠もりや余郷《よごう》新田の稲荷祭などで、神憑きになる者があらわれるという。

昭和四年（一九二九）、古舘地蔵堂落慶の際にも神（地蔵）憑きになった女がいて、人々は様々な質問をした。普段の彼女はろくに他人と話さなかったが、このときは問いに対してはっきり答えたという。村に障《さわ》りがあるか尋ねられると「丑寅《うしとら》（北東）の方に見える」と答え、五年後にはその方角で大火があったという。（橋本武『猪苗代湖畔の民話』）

地蔵遊びも参照。

雷様のお使い［かみなりさまのおつかい］

福島県伊達郡梁川町《やながわまち》（現・伊達市）に伝わる昔話に登場するもの。

昔、大久保の太郎さんの家に雷が落ち、落雷跡で若者が発見された。若者は大久保の奉公人となって懸命に働き、あるとき自分は雷様のお使いだと打ち明けた。先の落雷のとき地上に取り残されてしまったが、この家の者に助けてもらったため恩返しに働いていたという。若者は一〇〇〇束の松葉を燻《いぶ》して自分を天まで上げてくれたら、礼として水か湯を授けると言った。人々は水を望み、若者を天に帰した。それ以来、大久保の地ではどのような日照りでも水が尽きなかったという。（福島県教育委員会（編）『ふくしまの昔話』）

亀のお化け［かめのおばけ］

福島県いわき市平下神谷宿《たいらしもかべやしゅく》に伝わる。

　ある人が橋を渡ろうとしたとき、亀のお化けに命を取られそうになり、牡丹餅《ぼたもち》を投げつけ助かったことがあった。そのため、牡丹餅や小豆《あずき》ご飯を食べないうちは橋を渡ってはいけないといわれた。

　小豆が魔除けとなる理由を説く話。磐城《いわき》地方では、朝に小豆粥《あずきがゆ》を食べなかった子が大蜘蛛《ぐも》の糸に捕まり水死したため、小豆粥を食わず橋を渡ってはならないともいわれた。（吉田博令「九月から十二月にかけての年中行事」『磐城民俗』第三三号）

亀姫［かめひめ］

　会津藩士・三坂春編《はるよし》の『老媼茶話《ろうおうさわ》』巻三「猪苗代《いなわしろ》の城化物」にある妖怪の名。

　寛永一七年（一六四〇）一二月某日、猪苗代城の城代・堀部主膳《ほりべしゅぜん》の座敷へ見知らぬ禿《かむろ》髪の子供が現れ、主膳に「お前は久しくこの城にいながら、いまだ城主にお目見えしておらぬ。急ぎ身を清め裃《かみしも》を着して来るがよい」と言った。主膳が「城主は加藤明成《あきなり》、城代はこの私であり、他に城主などいない。憎きやつめ」と叱《しか》りつけると、禿は笑い「姫路《ひめじ》のおさかべ姫と猪苗代の亀姫を知らぬのか。お前の天運はいま尽き果てたぞ」と言って消え失せた。翌正月、主膳が城の広間へ出ると、自席に新しい棺桶《かんおけ》が置かれ葬儀の道具が調えられていた。夕方には大勢が餅搗《もちつ》きをするような音が聞こえてきた。同月一八日、主膳は雪隠《せっちん》で患いつき、二日後に死亡した。

　その年の夏には柴崎又左衛門という武士が三本杉の清水の脇で身の丈七尺の大入道に遭遇し、これに斬《き》りかかった。入道は姿を消したが、後に大きな**狢**《むじな》の死骸が発見され、それ以後は城での怪異も途絶えたという。（『近世奇談全集』）

　このように「亀姫」は名前が禿から語られただけで、その実態は明らかにならないばかりか、全ては狢による変化《へんげ》の術だったのではないかともとれる結末を迎える。禿の言うおさかべ姫とは播州《ばんしゅう》の姫路城天守閣に住まうという妖怪。大正六年（一九一七）に泉鏡花が発表した戯曲『天守物語』には、姫路の富姫《とみひめ》の妹として亀姫が登場する。磯清は『民俗怪異篇』に「姫路が姉君、龜姫はおん妹」と書いているが、原典たる『老媼茶話』では関係は示されておらず、拠《よ》るところを知らない。磯は序文にて「私のもつてゐる筆は、ややともすれば艶をつけて了ひます」と己の脚色癖に言及しているため、姉妹説も「艶」のひとつかもしれない。『耶麻郡誌』は姫路の姫を「おきし姫」としているが、他は『老媼茶話』と同内容のため、誤読か誤植と思われる。

　水木しげるの著作では、手燭《てしょく》を持つ禿髪の女の妖怪画が「亀姫」として掲載されている。この絵は鳥山石燕《せきえん》が『今昔画図続百鬼』に描いた「大禿《おおかぶろ》」を模倣したもので、元は亀姫とは関係のない図像である。

鑵子転ばし［かんすころばし］

　福島県地方に伝わる妖怪。

　カンスコロバシは山の上にいて、夜に通

りかかる者に向けて鑵子（湯沸かしに使う真鍮《しんちゅう》や青銅製の器）を転がすという。（蒲生明「妖怪名彙」『民間伝承』四巻二号）

義太夫猫 ［ぎだゆうねこ］

福島県南会津郡只見町に伝わる。**浄瑠璃《じょうるり》を語る猫**の類。筆者命名。

昔、石伏《いしぶし》のある家に二〇歳ほどの老猫がいた。家の者たちが義太夫節を聴きに行った晩、猫は留守番の婆に「おれ義太夫語って聞かせようがい」と語りかけた。聞きたいと答えると、猫は次に二人きりになったとき聞かせるから他言はするなと言った。婆は黙っておく気だったが、気にかかってたまらず、家の者に「猫はニャアゴニャアゴの他に、何が言うんだろが」などと繰り返し尋ねた。数日後、猫はどこかへ姿を消し、皆が不思議がっているうちに婆様も死んでしまった。（福島県教育委員会（編）『ふくしまの昔話』）

狐のお産 ［きつねのおさん］

狐の出産を人間が助け報恩を受ける話。福島県内にも各地に伝承が残っている。

南会津郡南会津町西町の昔話では、ある老医が難産で苦しんでいる女を助け、無事に三つ子が産まれてくる。翌日産婦の家を訪ねても見当たらなかったが、それ以降医者の家の前には山鳥や兎《うさぎ》、魚が置かれるようになった。人々は「お産狐恩返し」といって語り草にした。中町では明治頃、かんこう法印という人が狐の難産を救って礼金をもらったが、包みを開くと中身はみな木の葉だったという。（『会津田島の民話』）

双葉郡楢葉町《ならはまち》では、大谷《おおや》の名医が狐のお産を助けて報恩を受けたという。医師は子を取り上げた直後に歓待されただけではなく、七日後にも狐から雉《きじ》を贈られた。家の者たちには「人は恩を忘れてはならない。恩を忘れるようでは狐にも劣る」とこんこんと言い聞かせたとか。（福島県教育委員会（編）『ふくしまの昔話』）

喜平次来い来い ［きへいじこいこい］

福島県石川郡浅川町滝輪《たきわ》に伝わる。

昔、二人暮らしの兄弟がいて、弟はいつもご馳走を食べさせてもらっていた。だが弟は、自分がこんなものを食べられるなら兄貴はどれほど良いものを食べているのだろうと恨みを抱き、ついに兄の喜平次を殺して胃袋を調べた。兄の腹にあったのは粗末な食べ物だけで、良いものはみな弟に与えていた。弟は鳥になり、懺悔《ざんげ》の意で「きへいじ、こいこい、こいこい」と兄の名を呼んだという。（『石川郡のざっと昔』）

この採集例では、話者が鳥の種類は分からないと語っている。サンコウチョウの鳴き声は、東北地方では「（人名）こいこい」という呼び声に聞きなされることがあり、本話もその系譜にあるとみられる。

金鶏鳥 ［きんけいちょう］

福島県大沼郡会津高田町（現・会津美里《みさと》町《まち》）に伝わる。

高橋の手取淵に近い東尾岐村《ひがしおまたむら》勝負沢に、治平という信心深い男がいた。あるとき治平は十二単《ひとえ》の乙女姿をした手取淵の主に遭遇し、柳津《やないづ》の魚淵に封書を届けてほしいと頼まれた。道中、治平が信仰する伊佐須美《いさすみ》神社の神使が老翁《ろうおう》の姿で現れ、手紙は命に関わるものだと言って別の書状に差し替えた。何も知らない魚淵の主は封書を受け取り、治平に一日一合の米を与えると一個の金の卵を産む金の鶏を授けた。おかげで治平の家はみるみる栄えたが、欲張った妻が一度に米五合を与えると、鶏は精気を失い高原山（鶏鳥山）に飛び去り、悪魔となって棲みついたという。治平は南蛮鉄を精製して大鳥居や灯籠《とうろう》を造り、恩ある伊佐須美の神に寄進したが、灯籠の笠《かさ》は一夜にして悪魔に取られてなくなってしまったという。（『會津の伝説』）

金の鶯 ［きんのうぐいす］

福島県相馬郡新地町《しんちまち》に伝わる**金鶏**の類。

豪族の泉長者は源頼朝の軍資金調達の命に背いて居所を焼かれ、新地町の今泉に移り住んだ。長者の宝のひとつに金の鶯があり、これが家の吉凶を告げ知らせていたという。長者は死ぬ前に鶯を裏山に埋めさせて鶯塚を築いた。毎年春になると金の鶯は真っ先に鳴き、それまでは他の野鳥は鳴かないことになっているという。（岩崎敏夫『磐城岩代の伝説』）

金の鈴 ［きんのれい］

福島県伊達市に伝わる。

ある初夏、岩代国《いわしろのくに》伊達郡保原《はばら》に若い托鉢《たくはつ》僧がやって来た。彼はある農家に立ち寄り水を飲ませてもらったが、その時に大事な金の鈴を井戸に落としてしまった。僧は井戸に身を投げ、夜更けになると井戸の底から澄んだ鈴の音が聞こえるようになった。人々は祠《ほこら》を建て、僧を金鈴権現として祀《まつ》ったという。（畠山弘『東北の伝奇』）

空中の異形 ［くうちゅうのいぎょう］

福島県の磐梯山《ばんだいさん》噴火時に現れた怪異。

明治二一年（一八八八）七月一五日の噴火から数日後の朝、山から空へ向かって出た黒雲の中に、身の丈二丈あまり、手に黒い棒を持つ鬼のようなものが見えた。顔は遠くからでも鮮明に見え、時々口を開けていた。怪物は黒雲に乗り小野川村方面へ飛んだが、村人たちが鉄砲を準備していると吾妻山東方へ去ったという。（伊藤龍平「翻刻『会津怪談集』」『澁谷近世』拾八）

会津民俗研究会（編）『民俗調査報告書（町方編）』には、七月二〇日に山の中腹から黒雲が湧き上がり、長さ一〇〇メートルあまりの悪鬼羅刹《あっきらせつ》の形相に変化したとある。それは大口を開き赤い舌をべろべろ動

かしながら若松上空に迫り、人々を驚かせたという。怪物は銃撃を受けると進路を変え、安達太良《あだたら》と吾妻山の東方へ走り去って消えたという。この妖怪は「赤べろ」と呼ばれ、大同（八〇六～八一〇）以前の磐梯山噴火の際にも出現し、会津をなめずりまわして大火を起こしたとされている。

九頭龍［くぐりゅう］

九つの頭をもつ龍。福島県南会津郡只見町の伝説では「くぐりゅう」と呼ぶ。

ある土地の東方に女沼、西方に男沼があり、後者は底知れぬ深い沼だった。この男沼から九つの頭をもつ龍が現れ、黒雲を巻いて天に昇った。人々は土地の名を九頭竜とし、それがいつしか九々生となった。男沼は主が昇天すると次第に浅くなり、後には女沼だけが残った。（『會津の伝説』）

蜘蛛の鏡［くものかがみ］

福島県南会津郡南会津町金井沢に伝わる。

昔、欲深い男が山中の木にかかっている立派な鏡を見つけた。男は鏡を高く売ろうと考えたが、それは蜘蛛が化けたものだった。糸に絡め取られ、繭のようになって苦しんでいると息子たちが助けに来て、鎌やヤスで蜘蛛を殺したが、結局男は息絶えてしまった。（『会津田島の民話』）

浅井了意の『伽婢子《おとぎぼうこ》』にも、越中で鏡に化ける蜘蛛が現れる「蛛《くも》の鏡」がある。

栗拾い婆さん［くりひろいばあさん］

福島県南会津郡南会津町に伝わる。一九〇七年生まれの人の体験。筆者命名。

田部原《たべはら》のある一家の者と高校生たちが田島の祭から帰る途中、上等な着物の婆さんに出くわした。婆さんは「おら、栗拾ってんだ」と言うが、こんな夜中に落ちている栗が見えるはずもない。あれこれ話しているうちに婆さんは一行の後をついてくるようになったが、やがて四つん這《ば》いで歩きだし、家の前まで来ると飼犬に吠《ほ》えたてられて姿を消した。ワカどの（巫女《みこ》）に占ってもらうと、やはり婆の正体は狐だった。子が増えてひもじい狐は食べ物を取ろうとしたが、上手くいかないので子供を攫《さら》おうと考えていたらしい。ワカどのは狐が失敗を恨んでいるため、夕方などは決して子供を外には出してはならないと忠告した。（『会津田島の民話』）

黒森峠の怨霊［くろもりとうげのおんりょう］

福島県郡山市湖南町《こなんまち》に伝わる。

晩秋の夕刻、赤津村蓮蔵寺の僧が黒森峠で黒く大きな怪物に襲われ、熱い吐息の毒気に気を失いそうになりながら、なんとか逃げ延びた。この怪物の正体は、かつて黒森堂ノ入の旧蓮蔵寺で伊藤弾正に首を取られた栗森備中の霊で、僧や修験者の前に現

れるものだという。蓮蔵寺は栗森家の菩提寺だったが、対立する伊藤家が大旦那となり帰依《きえ》したため、栗森の霊が成仏できずさまようのだという。黒い幽霊が出るため、地名も栗森が転じ黒森になったとされる。（橋本武『猪苗代湖南民俗誌』）

袈裟懸地蔵［けさがけじぞう］

福島県石城《いわき》郡磐崎《いわさき》村白鳥《しらとり》（現・いわき市）に伝わる地蔵の怪異。

夜に怪物が出て仕方ない場所があり、侍が退治に出かけた。現れた怪物を斬《き》ると、カケンと音をたてて姿が消えた。明朝再び現場へ行くと、石地蔵の肩から胴にかけて袈裟懸けの刀傷がついていた。以後は怪物も出なくなったという。（高木誠一「磐城の地蔵」『旅と伝説』通巻一四四号）

毛臑［けずね］

福島県大沼郡三島町に伝わる。

志津倉山手前の小沢にある山小屋には竹伐《き》りの人夫たちが泊まっていた。夜、山道の向こうでトロトロと狐火のようなものが燃え、ホイホイと人を呼ぶような声が聞こえてきた。狐が化かそうとしていると考えた人夫たちは、焚火《たきび》の燃えさしを山道へ投げつけた。しばらく経つと空が曇り風が吹き、臑毛がもじゃもじゃ生えた太い脚が茅《かや》葺《ぶき》屋根を踏み破ってニュウッと出てきた。一同は肝を潰《つぶ》し、ろくに眠らず身を隠し、夜明け早々に引き揚げたという。（山本明『ふくしまの昔話』）

けち田［けちた］

福島県福島市飯坂町湯野《ゆの》に伝わる。

湯野の千刈田《せんがりだ》に八幡様が祀《まつ》られていて、その付近にケチ田がある。これは耕作すると不幸があると伝えられていて、誰も手をつけないまま荒れていったという。（岩崎敏夫『磐城岩代の伝説』）

げんじゃぐ婆［げんじゃくばばあ］

福島県双葉郡双葉町に伝わる妖怪。

昔、ゲンジャグ山にゲンジャグ婆が住んでいて、盆に山で逆さに燃やした炭を食っていた。ところがある年の盆、鴻草《こうのくさ》の若い者たちは山で火を燃やさなかった。すると婆は馬に鳴り輪（害獣除けのために鈴をつけた首輪）を着けて鴻草の田を踏ませ、稲を全滅させた。このようなことがあるので盆の三日間は火を燃やすのだという。（福島県教育委員会（編）『ふくしまの昔話』）

ゲンジャグ山は未詳。少々文意が汲《く》み難いが、迎え火送り火の由来を説く話か。

虚空蔵の祟り［こくうぞうのたたり］

奥州会津の柳津《やないづ》虚空蔵菩薩《こくうぞうぼさつ》（河沼《かわぬま》郡柳津町の圓蔵寺）にまつわる怪異談。『本朝諸仏霊応記』には次のように載る。

慈覚大師開基、徳一大師建立という柳津

の虚空蔵は本朝三虚空蔵のひとつに数えられ、空海作の福満虚空蔵菩薩の像には参拝者が絶えない。慶長一六年（一六一一）七月、会津藩主蒲生《がもう》秀行が魚を獲るため只見川に辛棘《からしば》の毒を流した。夥《おびただ》しい魚が死んだが、只見川上流にある柳津の魚渕《うおぶち》の魚だけは普段通り泳いでいた。翌月、大地震（慶長三陸地震）で山が崩れ川は塞《ふさ》がり、溢れ出た水によって多くの人が死亡、翌年には秀行も死んだ。これは虚空蔵の祟りだといわれた。（『仏教説話集成（一）』）

『老媼茶話』にも同様の記述があるが、こちらは**岩魚《いわな》の怪**のような怪異談となっている。僧が民家を訪ねて秀行の蛮行を諫《いさ》めてほしいと頼むも、嘆願は届かず、只見川毒流しが決行される。数多《あまた》の死魚の中に一丈四、五尺もの大鰻《おおうなぎ》の姿があり、腹を裂くと例の僧に与えた飯が出てきた。後日、会津を大地震が襲って甚大な被害が発生、秀行も死亡した。人々はこれを河伯《かはく》、龍神の祟りだと恐れた。（『近世奇談全集』）

『老媼茶話』の怪は村上健司『妖怪事典』では「鰻の怪」、朝里樹『歴史人物怪異談事典』では「鰻坊主」の名で載っている。

子育て幽霊［こそだてゆうれい］

母親の幽霊が死別した乳児を養うため、夜ごと飴《あめ》などを買い求める怪異。高僧の出生や寺社縁起の伝説として各地に伝わる。

福島県伊達市では次のようにいう。昔、伊達の掛田《かけだ》には毎夜飴を買いに来る女人がいた。店の主人が帰り道をつけてみると、女は隣村の柱田にある墓場で姿を消した。土中から赤子の泣き声が聞こえたので掘り起こすと、近頃亡くなった城主遠藤氏の妻の墓で赤子が飴を舐《な》めていた。飴買いの女の正体は、墓中で生まれた子を想う母親の霊だった。子は長じて伊達の家臣として活躍したので、伊達家当主より四十九院《つるしいん》の姓を賜った。遠藤家の墓地には、子育て地蔵として信仰が篤《あつ》い「田元《たもと》の地蔵」が祀《まつ》られている。（福島県教育委員会ウェブサイト『うつくしま電子事典』）

四十九院家の話は、古くは元禄六年（一六九三）の説話集『真言礦石集』に「陸奥国四十九院氏が事」として載る。吉村治左衛門の亡妻は幽霊となって夫と逢瀬《おうせ》を重ねるうち、死んだ身ながら子を産んだ。幽霊は吉村家が餓《う》えた人々に分け与える粥《かゆ》をもらい、寺の四十九院で男子を育てたが、それを夫が知ると子を託して消えた。国の太守は子に四十九院の姓を与えたという。

昭和期には時代設定が変化した逸話も生まれていたらしく、伊達郡出身で大正生まれの四十九院正雄氏が母の幽霊に飴を与えられ育ったといわれていた。このほか伊達郡保原町《ほばらまち》の東光寺や南相馬市小高《おだか》区の金性《きんしょう》寺《じ》には、子育て幽霊を描いた掛軸が伝わっている。（今野圓輔「南会津採訪」『あしなか』第七六輯、堤邦彦『日本幽霊画紀行』山本明『ふくしまの昔話』）

小太郎の呪い［こたろうののろい］

福島県石川郡浅川町山白石《やましらいし》に伝わる。

飢饉《ききん》の年、越後から子守に雇われてきた小太郎という子が山に捨てられた。自力で帰ってきた小太郎は家々にあるものを食べ餓《う》えをしのいだが、忌み嫌われ、虐待されて殺された。小太郎を雇っていた家では、この因縁で災難が続き、幸せなことがなくなったという。(『石川郡のざっと昔』)

小沼の鮭［こぬまのさけ］

福島県南会津郡南会津町古町小沼に伝わる。**岩魚《いわな》の怪**などの類。

古町の小沼の主は鮭だという。あるとき道城《どうじょう》の村の若者が小沼の魚を獲るため、けいぼし（水を汲《く》み出して沼を干すこと）をしようと相談していると、墨染の衣を着た大坊主が現れ、けいぼしはやめるようにと熱心に諭《さと》した。若者たちは坊さんと共に栗蒸かしを食べ、坊さんが去ってからけいぼしを実行した。小沼からは八尺の大鮭が揚がり、それを捌《さば》くと腹から栗蒸かしが出てきた。若者たちは不幸が続いて次々に死亡し、以後長いあいだ村の秋祭りでは鮭を食べなくなった。主を失った小沼は大雨で伊《い》南川《ながわ》の流れが変わったために浅くなってしまったという。(『會津の傳説』)

古碑の霊魂［こひのれいこん］

『新著聞集』崇厲篇「古碑を礎となし霊魂夢に入る」にて語られる怪異。筆者命名。

延宝（一六七三〜八一）のこと。奥州二本松の薬研屋《やげんや》久心は、正念寺（未詳。福島県二本松市本町の称念寺か）の山から運び出した古い石塔を庭の踏石とした。すると恐ろしい夢を見るようになり、ある日の昼寝の夢では若い女が「私を久しく住み慣れた土地から引き離し、なぜこのような場所へ連れてきたのか」と凄《すさ》まじい目つきで怒った。やがて、石塔は八〇年以上前に畠山重次なる者の娘を葬った際のものと判明した。石塔を元の場所に戻すと悪夢は見なくなったという。(『近世奇談全集』)

古木の臼［こぼくのうす］

福島家県伊達郡伊達町伏黒《ふしぐろ》（現・伊達市）の宮本にある水雲《すいうん》神社の御神体。松川の合戦で伊達政宗が身を隠し難を逃れたとも伝えられ、焼き臼、隠れ臼と呼ばれる。

弘治二年（一五五六）の阿武隈川《あぶくまがわ》洪水の際、古い木の臼のようなものが流されてきた。これを割ろうとした里人は目が見えなくなり、そばにいた者に「吾は水および雨、雪を司る神なり。吾をこの所に祀《まつ》らば、幸福を降すべし」と神託があった。人々は大いに恐れ、産土神《うぶすながみ》として祀ったという。

別伝では、斧《おの》を打ち入れると臼から血潮が流れ出したばかりか、稲光さえ発したので、みな恐れて「由緒を速やかに諭したまえ」と祈りを捧げたという。すると「吾はこの里に鎮めたるべき産土の神」と神託があったので神として祀ったという。

伏黒の里には七不思議と呼ばれる禁忌が

伝わり、そのひとつに「不用になった臼でも焼き捨ててはならない」というものがある。よって不用の臼は水雲神社に納めていたという。(『伏黒・箱崎の伝説』)

米の精［こめのせい］

福島県東白川郡鮫川村《さめがわむら》に伝わる。

ある所に米を粗末にする奉公人がいた。米の精は白蛇の姿になり、その者の首に幾重にも絡みつき、ついに殺してしまった。己の首を締める行いになるため、丹精こめて作られた米は決して粗末にしてはならないという。(『東白川郡のざっと昔』)

こんこん様［こんこんさま］

稲荷神《いなりしん》の使いの狐、または単に狐をさしてコンコン様と呼ぶことがある。

福島県信夫《しのぶ》地方には「こんこん様」と称する遊び唄が伝わっている。鬼ごっこの一種といえるもので、鬼役である狐を囃《はや》す台詞は化け狐の仕草の再現とみられる。まず「山越えで、川越えで、こんこんさぁま、居だがい、居だぞい、何してだい」と合唱し「いま流しで骨齧《かじ》ってた」「ウワー、いやしこ、いやしこ」や「いま二階でお化粧してだ」「ウワー、おしゃれこ、おしゃれこ」と問答をする。最後は「うそ、尻尾が見える、アレ、手も見える」「見つかったな、つかむぞー」といったやりとりを経て皆が逃げ出すので、狐役の子が追いかけて捕まえる。捕まった子が次の狐となり、また同じ遊びを繰り返す。(町田嘉章・浅野健二(編)『わらべうた』)

今帝駒［こんていごま］

福島県相馬郡新地町《しんちまち》の子眉嶺《こびみね》神社の縁起に登場するもの。

敏達天皇(在位五七二～五八五年)の時代。筑紫唐津より献上され、天子三大に仕えた今帝駒という名馬の厩《うまや》の前を、とある姫君の輿《こし》が通りかかった。駒は姫の姿を見て俄《にわ》かに興奮し、姫はその夜から馬の夢を見て、後には馬の子を妊娠した。姫に心を寄せていた大臣は怒りに駆られて駒を殺そうとしたが、返り討ちに遭って食い殺されてしまい、姫はその罪を負って流刑に処された。空舟《うつろぶね》で新地の菅谷の里、権現島へ漂着した姫は人面馬身の子を出産、その姿を見て驚きのあまり死んでしまった。姫を葬った母山(羽山)は安産の神の信仰の地となり、子を祀《まつ》った子眉嶺神社は馬病平癒の神として信仰された。

今帝駒は脱走して姫を探し求め、奥州勝善《しょうぜん》の地で再会を果たしていたともいう。駒は姫の無事を喜んで帰っていったので、そこは駒帰り嶺(駒ヶ嶺)と呼ばれた。その後、駒は都の追手により関東に連れ去られ殺されたという。(岩崎敏夫『磐城岩代の伝説』『東北民俗資料集(四)』)

江戸時代に仙台藩が編んだ地誌『封内風土記』にも子眉嶺神社の記述があり、姫の子の姿は「馬首獣身」と表現されている。(『仙台叢書　封内風土記』)

金平六 ［こんへいろく］

福島県双葉郡富岡町に伝わる。福島県教育委員会（編）『ふくしまの昔話』には「金《こん》平六」とあり、正確な読みが分からないため仮に「こんへいろく」とする。

手岡のムグロ畑にいた金平六という偉い狐の親分が、先代の竹駒《たけこま》様（竹駒稲荷）の狐に化け比べを挑んだ。竹駒様の狐は大名行列に化けると言って立ち去り、やがて行列がやって来た。金平六は声をかけに行ったが、それは本物の大名行列だった。それで金平六はたまげたとか、あるいは武士に斬《き》られてしまったという。

この種の化け比べの話は、土地により様々な狐狸《こり》の名が割り当てられている。ここでは東北地方でも特に霊験ある稲荷社として知られる竹駒の狐が地元の狐に一杯食わせる展開となった。

【さ】

笹木野の大杉 ［ささきののおおすぎ］

福島県福島市笹木野に伝わる。

聖武天皇の時代。笹木野に生えていた大杉の精は美男子の姿で夜な夜な村娘のもとに通っていたという。素性を怪しんだ娘が糸をつけた針を袴《はかま》の裾に刺しておいたところ、男は杉の木近くで姿を消し、木の根元に刺さった針だけが残されていた。娘は男の正体を悟り、男は現れなくなった。針が見つかった場所は緒針または小針と呼ばれた。あるいは娘は杉の精の子を二人生んだが、いずれも死んでしまったので天《あま》戸《ど》川《がわ》と須《す》川《かわ》の間に葬り、二児塚ができたという。

この大杉は伐《き》ろうとしても一夜のうちに元通り繋がり切口が塞《ふさ》がったともいう。杉と仲の悪い蓬《よもぎ》が人に知恵を貸して、ようやく伐ることができたという話もある。

大杉が祟《たた》りをなすので、朝廷から遣わされた安倍晴明《あべのせいめい》と芦屋道満《あしやどうまん》が霊をなだめて杉《すぎ》妻《のめ》明神として祀《まつ》ったとも伝わる。福島市大町では橋の材木にされた笹木野の大杉の精が城に現れるなどの怪事が起きたため、殿様が残った木で大日如来像（杉目大仏）を作って霊を慰めたと伝わる。（岩崎敏夫『磐城岩代の伝説』）

座敷幽霊 ［ざしきゆうれい］

福島県の猪苗代《いなわしろ》湖畔地域の某家に出たという幽霊。**座敷わらし**とは特に関係ない。

五箇郷の寺近くの家で、倅《せがれ》が奥座敷の万年床に座っている幽霊を見た。それは白い着物姿の年寄りだったが、父親たちが駆けつけると、ただ布団が少し濡れているだけ

福島県

だった。それからは気味悪がって座敷で寝る者はいなくなった。村の家々の系譜に詳しい人によれば、この家の先祖は屋敷を買い取る条件として、廃戸《はいこ》した先住者の家族である老人を奥座敷で養っていたという。老人は亡くなるまでの三年間丁重に扱われたが、時を経て年忌供養や墓参りをする縁者が絶えて出てきたものと思われた。供養をすると座敷の幽霊は現れなくなったという。（橋本武『猪苗代湖畔の民話』）

さとり

人の考えることをすべて読み取ってしまう妖怪。各地の昔話などに登場する。

『続向燈吐話』には、奥州泉（現・福島県いわき市泉か）の者が語ったこととして、さとりの化物の話がある。身の丈四尺ほどの猿猴《えんこう》のようなもので、おりおり人家の食物を盗み食いするという。人の考えを読んで口真似をするが、あるとき桶《おけ》を作っていた者の手から偶然はね飛んだ竹に顔を打たれてからは、桶に輪をかけているのを見ると恐れて逃げだしたという。（勝又基・木越俊介ほか（校訂）『諸国奇談集』）

福島県東白川郡塙町《はなわまち》真名畑《まなはた》では、外記沢《げきそり》という地名の由来譚にサトリが登場する。これは鳥の一種と解されていた。某家の先祖は外記さん、外記殿と呼ばれる人で、山へ入れば必ず獲物を持って帰るので人々から妬《ねた》まれるほどだった。実はその獲物は山のサトリから塩一升と引き換えにもらっていたもので、外記さんはある酒席でその秘密をつい喋《しゃべ》ってしまった。彼は次に山へ行ったきり行方不明となり、三年三月後に白骨となって発見された。これはサトリの祟《たた》りか、サトリに血を吸われたためだといわれた。骨の発見者が名を呼んだ瞬間に骨は崩れ落ちたといい、その場所が外記沢と呼ばれた。外記さんの家では山へ塩を持っていくことが禁忌となった。（『傳承文化』第五号）

猿の王［さるのおう］

佐藤中陵『中陵漫録』にあるもの。

会津の黒沢の山中には至って大きな猿の王が棲んでいて、二〇〇匹ほどの手下の猿どもが食物を運ぶ。手下は王がいる場所より上に登ることは決してないという。王は常に黒く丸い物体を手にして弄《もてあそ》んでいた。ある人がこれに興味を持ち、猿の王を鉄砲で撃った。手下の猿は銃創に草を詰めて止血を試みたが、二度目の発砲で王がとどめを刺されると、みな散り散りになった。黒い物体は藤や葛《くず》の蔦《つた》に覆われた古い短刀だった。猿の王ゆえ宝物を所持していたようだが、結局は宝物のために命を奪われてしまった。（『日本随筆大成第三期3』）

山中の怪しみ［さんちゅうのあやしみ］

『雨中の友』もしくはその改題本『万世百物語』巻一「山中のあやしみ」に、陸奥国《むつのくに》

岩城《いわき》での出来事として記されている怪異。

　水無月末頃、鼬《いたち》の母親がようやく巣離れできた子鼬を木陰近くで遊ばせていた。だが子鼬は母が餌を探しに出た間に樹上の大蛇によって一匹残らず食われてしまった。怒りに燃えた母鼬は、木の葉を咥《くわ》えて身を隠しつつ木に登り、蛇に襲いかかった。ついは蛇を倒し、腹を食い破って子を取り出した。その後、母鼬が何らかの草を敷いた上に子らを並べて体をなめていると、みな息を吹き返して再び駆け回ったという。異類でも人と同じく知恵を以《もっ》て敵に迫り、父母の子を思う心もまた人と変わらないものだという。（『続百物語怪談集成』）

三輪車の霊［さんりんしゃのれい］

心霊スポットと噂される福島県会津若松市の滝沢峠に出没するという幽霊。
　ある女性が峠の頂上へ自動車を走らせている際、乳母車を押す黄黒い肌の老婆を見た。次いで自転車に乗った男、三輪車に乗った女の子が追いかけてきた。この二人の顔にあるのは目だけだった。時速一〇〇キロほどに加速して逃げたが、三輪車の女の子はそれに追いつき助手席の窓を叩いた。車は藪《やぶ》に突っこみ、女性は巡回中のパトカーに救助された。地元には三輪車の子に追い抜かれると死ぬという噂があるという。（寺井広樹・村神徳子『東北の怖い話』）
　滝沢峠には赤い三輪車の女の子（幽霊）が現れて追いかけてくると噂され、心霊スポットなどを取り扱う各種ウェブサイトでも話題に上っている。

似我国［じがこく］

『雉鼎《ちてい》会談』巻之五「蜂楽蜂患」に登場するもの。この話は奥州白河を舞台とする。

　阿武隈川《あぶくまがわ》ほとりの搦目《からめ》に住む隠遁《いんとん》者の元《げん》顕《こう》は、親交がある関山の万願寺の住職を訪ね、そこで酒に酔い寝入ってしまった。元顕は夢の中で虎皮のような衣装を纏《まと》った人物にいざなわれ寺を出ると、似我国《じがこく》の都へ至り、その支配者たる蠍王《かつおう》への謁見を許された。土は甘露《かんろ》のような飲み物をはじめ数々の珍味をふるまって元顕を歓待し、寵《ちょう》愛《あい》する娘の蠜妃《はんぴ》を娶《めあ》わせ、今後この国の政治を任せると言う。ふたりの間には蠮《えつ》という子も生まれたが、三年ばかり過ぎた頃に「秋津洲《あきつしま》の大敵」が数千騎も攻め寄せてきた。敵兵に妻を殺され我が子を攫《さら》われた元顕は怒って兵を追いかけたが、足を踏み外して転落してしまう。そして次に目覚めると、その身は万願寺の廊下にあった。南の庭には大きな樟《くすのき》があり、その根元にあった蜂の巣穴がちょうど蜻蛉《とんぼ》たちに襲われていた。蜂が「似我似我」と鳴く声は宮殿で聞いた舞曲のようで、親蜂が子蜂を取られまいとして蜻蛉と争う姿もあった。元顕は夢で似我蜂の国を訪れていたのだ。人を集めて蜂の巣穴を崩してみると、数千の蜂が出てきて人々を襲った。元顕たち刺された者は全身が腫《は》れ疼《うず》いて大いに苦しみ、三日と経たず死亡した。住職が穴にあった古《いにしえ》の石碑と崩した蜂の巣を元に戻し、三日間の読

経供養をしてからは何も起きなかった。
（近衛典子（校訂）『動物怪談集』）

　これは中国唐代の李公佐『南柯太守伝』の翻案とみられる。舞台は日本に置き換えられ、原話における蟻は蜂になっている。**蟻の姫様**も参照。

地蔵遊び［じぞうあそび］

　福島県のいわき、相馬、郡山などで行われた習俗で、地蔵の霊を憑依《ひょうい》させて質問に答えてもらうもの。地蔵（様）遊び、地蔵憑《つ》け、また「地蔵をのせる」などという。

　子供、若い娘、あるいは既婚の女たちが集まって行うもので、地蔵をのせる人に榊《さかき》や青竹、南天《なんてん》を持たせ、他の者がそれを囲んで唱えごとをする。すると地蔵が降りてくるので、作物の収穫や集落の吉凶、その他知りたいことを尋ねて答えてもらう。大黒様を降ろす大黒つけという遊びもある。

　呪文には「オンノリヤー　お地蔵さま　南無地蔵大菩薩　オン乗れば　天もユラユラ　地もユラユラ　ユラビキャゴゼンのお地蔵さま」（いわき市長友）「中の中の地蔵さま　何食って育った　ようかんまんじゅう食って育った　後ろの正面だあれ」（同市平北神谷《たいらきたかべや》）、「南無地蔵大菩薩　おんのり申せば天まで響く」（同市平鯨岡《たいらくじらおか》）などの例がある。地蔵がのった人には震えだす、酩酊《めいてい》状態に陥るなどの変化があり、周囲の者はそれを契機に質問を始める。長友では気の荒い人には地蔵はのらず、おとなしい人にはよくのるといい、もっぱら女性がこの役を担った。地蔵は特定の場所のものがおりてくるともされ、長友の祐命地蔵やその兄弟である天福寺の延命地蔵がおりたという例がある。落とすときには特別の作法は必要ないとする場合が多いが、長友では落ちない場合にお寺のおばさまに頼んで落としてもらうこともあったという。

　平鯨岡では、地蔵様遊びをした子供たちの一部が、怖くなって逃げてしまったことがあった。地蔵は「ああくやしくやし、人どこおっぽりだしていっちゃった。聞きもしないで」と、置いていかれた女の子の口を借りて怒ったという。（『東北民俗資料集（四）』）

舌長姥［したながうば］

『老媼茶話』にある老媼の妖怪。

　ある秋の日、越後から武蔵へ上る二人の旅人が諏訪千本の松原で夜を迎えた。闇の中に一軒のあばら家を見つけた旅人は、そこに住む七〇歳ほどの婆に宿を乞うた。夜中、婆は口を大きく開け五尺もある舌を伸ばし、寝ている旅人を舐《な》めまわした。まだ起きていたもう一人が咳《せき》払いをすると何事もなかったかのように装うが、やがて「舌長姥、舌長姥、なぜ捗《はかど》らぬ」という声が聞こえてきた。声の主は「諏訪《すわ》の**朱《しゅ》の盤**坊《ばんぼう》」を名乗り、姥を手伝おうと戸を破り宅内に押し入ってきた。それは朱色の顔が六尺ほどもある坊主で、旅人に斬《き》りつけられると消え失せたが、姥は眠っている旅人を連れ去っていった。次の瞬間には家まで跡形も

なくなり、荒々たる野原に旅人一人がいるばかりだった。翌朝、全身の肉をねぶり尽くされて骸骨になった同行者が発見され、生き残った男は白川城下でこのことを語ったという。（『近世奇談全集』）

『老媼茶話』には、この話の出典は『諸国百物語』とあるが、実際には「首の番」の話はあるものの舌長姥は出てこない。

錫杖花［しゃくじょうばな］

福島県南会津郡伊南村《いなむら》（現・南会津町）に伝わる。

昔、全国行脚の法印が伊南の郷浜野村に辿《たど》りついた。不治の病に罹《かか》って余命幾許《いくばく》もない彼は、清き伊南川の畔《ほとり》を終焉《しゅうえん》の地に選んだ。法印は浜野の山根に穴を掘って中に籠《こも》り、息絶えるまで読経を続けた。村人たちは塚を築いて法印を葬ると、その上に彼の持っていた錫杖《しゃくじょう》を立てた。春が来ると、錫杖は草と化して、紅白の花を咲かせた。この錫杖花を株分けして持ち帰った家には不幸が起こり、花も枯れてしまったという。（岩崎敏夫『磐城岩代の伝説』）

じゃねぶりの主［じゃねぶりのぬし］

福島県相馬郡飯舘村《いいたてむら》に伝わる。

ジャネブリという深い淵《ふち》の近所に夫婦が住んでいた。嬶《かかあ》は亭主の留守に障子のそばで髪をとかし、髪が障子に当たったため祟《たた》りを受けて大蛇になってしまった。そこで嬶はジャネブリの主となったが、亭主と我が子が会いに来たため、未練を断ち切らせるために敢えて大蛇の姿を晒《さら》した。女は障子の傍で髪をとかすものではないと戒《いまし》められたという。（山本明『ふくしまの昔話』）

蛇の目傘の女［じゃのめがさのおんな］

福島県南会津郡南会津町横町に伝わる。

荒海の馬場ケ原の手前には狐橋があり、土手には狐の巣穴がたくさんあった。その中に年の劫《こう》を経た狐がいたとみえ、橋付近では毎晩蛇の目傘をさした綺麗《きれい》な女がチャラチャラと下駄の音を立てて歩き、男が通りかかると話しかけてきたという。万吉という若者は女の正体を暴こうと考え、近付いてきた女の手を摑《つか》んで歩きだした。そして家の前まで来て人を呼んだが、握っていたのは松の枝で、皆は呆《あき》れてしまったという。（『会津田島の民話』）

蛇類尊［じゃるいそん］

福島県伊達郡月舘町《つきだてまち》（現・伊達市）に伝わる。蛇霊尊とも。

下手渡《しもてど》の天平《てんだいら》ではこれを屋敷神とする家が多く、かつては家ごとに藁宮を作った。

昔、天平の某家に芝居好きのオンツァマがいて、役者を志して地芝居の一座にくっついて行ったが、相馬であっけなく病死した。その頃から天平では火災や病気、殺人などの災難が頻発し、巫女《みこ》に口寄せをしてもらうと、オンツァマの霊が降りてきて子細を語った。曰く、病で野垂れ死にした彼

の遺体は、始末に困った芝居一座により川端へ捨てられ、その霊が通りかかった蛇に乗り移って実家に祟《たた》っているのだという。霊は蛇類尊として祀《まつ》られることを望み、叶うなら屋敷を末永く守ると約束した。よって家々で蛇類尊を祀ったところ、何事もなく過ごせるようになったという。

　女神山《めがみやま》に棲む、山を七周り半もする大蛇が「蛇類明神」として祀られていたという話もある。蛇の力を侮った傲慢《ごうまん》な法印は、供え物の鶏卵を食らい、呪文で蛇を調伏《ちょうぶく》しようとした。すると嵐が巻き起こり、吹き飛ばされた法印は岩に叩きつけられ、血を吐いて死んだという。（『月舘町の民俗』）

朱の盤 ［しゅのばん］

　朱のように赤い顔で人を驚かす妖怪。近世の怪談文芸や化物絵に名前と姿を見出すことができるもので、伝承の範囲や発生時期などは未詳であるものの、現在は『諸国百物語』ほかにある会津諏訪の宮（現・福島県会津若松市の諏方神社か）の話がよく知られている。『諸国百物語』巻之一「会津須波の宮首番《しゅのばん》と云ふばけ物の事」およびその引用と思しき『老媼茶話』「会津諏訪の朱の盤」は次のような内容。

　会津の諏訪の宮に朱の盤（首の番）という恐ろしい化物が出ると噂を聞き、山田角之進なる若侍が夜中の宮へ赴いた。道中、二六、七歳ほどの侍に出会い、朱の盤について尋ねると、彼は「その化物は斯様《かよう》のものか」と言って、顔面を一変させた。目は皿のごとく、額《ひたい》に一本角、顔色は朱、頭髪は針のようで、口は耳元まで裂けた化物となった。歯嚙《はが》みする音はまるで雷鳴で、角之進は恐怖のあまり気絶した。息を吹き返し一軒家に逃げこむと、応対した女が「それは大変な目にあわれました。その朱の盤とはこのような顔でしたか」と言って先の侍と同じ化物の顔になった。角之進はまた気を失い、三日後に死亡した。（『老媼茶話』では一〇〇日後）。（『百物語怪談集成』『近世奇談全集』）『老媼茶話』には他にも**舌長姥**と朱の盤の怪談もある。

　柴田宵曲は『妖異博物館』において、朱の盤を「再度の怪」すなわち二人だけのときに怪が起こり、同じ怪が再び繰り返される話の例として紹介している。宵曲はこのような怪談は、中国東晋代の『捜神記』までさかのぼれると考察している。

浄瑠璃を語る猫 ［じょうるりをかたるねこ］

　全国に分布する浄瑠璃を語る化け猫の民話。福島県でも各地の資料で伝承例が確認できる。**火車猫《かしゃねこ》**や**義太夫猫**も参照。

　南会津郡南会津町では次のように伝わる。あるとき長野地区で芝居があって、大沢口の先の集落の住民も挙《こぞ》って見物に出かけた。ある家で婆さんが留守番をしていると、年経た三毛猫が「おれがやってみせっぺ」と言い、三味線を弾く真似をしながら浄瑠璃を語って聞かせた。婆さんは気味が悪くなり、猫をイジッコ（縄編みの背負い袋）に入れて長野の淵《ふち》に投げ捨てた。後

日、婆さんが淵を覗《のぞ》いていると大きな猫の手が出てきて婆さんを淵に引き入れたという。（『会津田島の民話』）

白鼠 ［しろねずみ］

福島県東白川郡塙町《はなわまち》真名畑《まなはた》に伝わる。

天保の飢饉《ききん》の際に代官を務めた銀三郎がまだ独身で内川にいた頃、旅の六部を家に泊めた。翌日雪の中を送っていくと、六部は樋の口で姿を消した。この時から銀三郎宅には白鼠が住みつき、婿入り先にもついてきたという。（『傳承文化』第五号）

白い鼠は大黒の使いで家に富をもたらすと考えられ、金銭を運んでくる昔話や奇談も知られる。銀三郎の白鼠も、元は富の象徴として語られたものだろうか。

水車小屋の狐 ［すいしゃごやのきつね］

近藤喜一『信達民譚集』に載る福島県伊達郡桑折町《こおりまち》の狐の怪異。筆者命名。

水車小屋の番人を務める庄吉のもとには近所に棲む雌狐が美しい娘に化けて毎晩泊まりに来ていた。狐との関係は一ヶ月ばかり続いたが、仲間たちに人間との交わりを知られた雌狐は追放されることになった。姫君のような姿に化けた雌狐は、庄吉と別れの杯を交わして涙ながらに去った。庄吉は後に結婚したが、産まれた子供は体が弱かった。狐を念じて助けを求めると、かの狐が夢の中に現れ、子の寿命は長くないと告げた。間もなく子供は亡くなり、庄吉は妻とも別れて再び寂しい日々を送った。その後、秋田のマタギが庄吉のもとへ、自分が獲った雌狐の毛皮を持ってきた。狐を仕留めた晩から、夢で狐が身の上を語り、毛皮を庄吉に届けてほしいと懇願するのだという。それからは、庄吉は愛《いと》しい狐の毛皮を生涯肌身離さず着けていたという。

庄吉は実在の人物で、近藤喜一の曽祖父（一九〇五年、六八歳没）によると、彼が若い頃、庄吉は五〇歳代だったという。

杉の木の狐 ［すぎのきのきつね］

福島県東白川郡棚倉町《たなぐらまち》中山本大林を舞台とする、狐の恩返しの話。筆者命名。

ある老人が所有する藪《やぶ》に大きな杉の木があり、その根本のうろに狐の親子が棲みついていた。老人は卵や油揚げ、餡《あん》を毎日与え、子狐たちはそれに助けられて成長していった。ある日、美しい娘がやって来て、「おじさんには長々お世話になりました」と言って銘仙（平織の絹織物）の反物を手渡し去っていった。それは塙町《はなわまち》の店の品物で、老人が訪ねていくと、店の者は確かに昨夜その娘が来たと言う。金庫には櫟《くぬぎ》の葉が二枚入っており、化け狐が葉を金に変えて反物を買ったのだとわかった。老人は返却を申し出たが、店の者に受け取っては罰《ばち》が当たると言われ、結局反物を貰って帰ったという。（『石川郡のざっと昔』）

煤け行燈［すすけあんどん］

福島県田村郡小野町に伝わる。

小戸神《おとかみ》の大名内《だいみょううち》から山田へ出る道の間に明神様の社《やしろ》があり、夜にそこを通ると必ず煤《すす》けた古行燈《ふるあんどん》のそばで若い娘が髪を梳《す》いているという。大名内の人がこの夜道を通ると、やはり女が現れたが、なんと連れていた犬が女を嚙《か》み殺してしまった。朝日が差しこむと、死骸は古狸の正体を現したという。（野沢謙治『ふくしまの世間話』）

諏訪の大神［すわのおおかみ］

福島県いわき市渡辺町中釜戸《なかかまど》の諏訪神社の縁起では、諏訪大神が龍の姿で現れる。

神笑《かみわらい》の海岸で古口某が塩採りをしていると、塩桶《おけ》に白龍が入ってきた。持ち帰って神棚で祀《まつ》ると、龍が夢に出て「俺は諏訪の大神だ」と名乗り、渚《なぎさ》の音が聞こえない場所に祀られることを望んだため、中釜戸に社《やしろ》が建てられた。神は七年に一度、神笑海岸で洗い垢離《こり》をとり、古口家ほか世話になった家々を訪問してから帰るという。

「神笑」の由来は、降臨した中釜戸の諏訪神社、下川《しもがわ》の津神社、湯本の温泉神社の三神が、祭祀《さいし》の地が決まり笑って別れたためともいう。（『東北民俗資料集（四）』）

殺生石［せっしょうせき］

九尾《きゅうび》の狐が変じた石。下野国《しもつけのくに》那須のものとして知られるが、福島県では喜多方《きたかた》市や猪苗代町《いなわしろまち》に後日譚《たん》的な伝承がある。

喜多方市慶徳町豊岡では慶徳寺の縁起に登場する。僧・源翁《げんのう》はこの地で庵《いおり》を結んで紫雲山慶徳寺の祖となり、那須野で金毛九尾の狐が変化した殺生石を打ち砕いた後の応永三年（一三九六）に戻ってきた。ある夜半、源翁の前に済度を受け仏法擁護の神となった殺生石が美女の姿で現れた。女は報恩を誓うとたちまち白狐となり、さらに十一面観音の相を現して山へ飛び去った。あとには尾だけが残されたので、山号は巻《まき》尾山《おさん》と改められ、山は稲荷山とされた。

慶徳寺の殺生石は既に救済された存在だが、依然恨みを残す殺生石の伝承もある。

慶徳の東を流れる濁川《にごりがわ》の河原の小石には那須から飛んできた殺生石の破片が混じっていて、触れると必ず溺死《できし》するという。

猪苗代町では土田《はにた》新田村の墓地に殺生石があるという。高さ一間半、長さ三間半ある石で、那須野が原から飛来した破片が、再び源翁和尚に打ち砕かれたのだという。

河沼郡河東村《かわひがしむら》（現・会津若松市河東町）では、大野が原にて子供の泣き声を発する夜泣き石の正体が殺生石だといわれた。これも那須から飛んできた破片で、子供に化けて源翁和尚に背負われ、重みで身動きを封じて苦しめたが、杖《つえ》で打たれそうになって退散したという。（『會津の傳説』）

瀬坊主・瀬女［せぼうず・せおんな］

福島県の阿武隈川《あぶくまがわ》に現れる妖怪。夜中に

この川で漁をする人は、瀬の激流の中に立つ男か女の人影を見ることがあり、それぞれ瀬坊主・瀬女と呼ばれていた。

　近藤喜一『信達民譚集』によれば、瀬坊主は川の精、または水死者の霊、川獺《かわうそ》などの悪戯《いたずら》であるといわれたのに対し、瀬女は「石女の魂」とされたらしい。石女（うまずめ、せきじょ）は子供を産めない女性のことで、今日では差別的意識のある言葉とされる。ここでは無月経の女性を指しているようで、月のものの苦しみを受けない代わりに神から課せられる苦行として、睡眠中に魂が抜け川の瀬に現れるとされた。

相馬村の大蛇 ［そうまむらのだいじゃ］

　熊田茂八（編）『怪談會』に、日本画家鏑木清方《かぶらききよかた》の妻・照の談として載るもの。

　照の出身地である磐城《いわき》（福島県）の相馬村にて、大きな堀を掻《か》い掘《ぼ》り（水を汲《く》み出して魚などを獲ること）すると、堀から大蛇が出てきた。秋の夜中、柿の実の番人が畔《ほとり》に潜む大蛇を見つけて下駄で打ちすえたが、毒気を吹きかけられて気絶した。番人の腹には鱗《うろこ》の跡が残っていたという。大蛇が這《は》った跡は稲などがみな薙《な》ぎ倒されていて、鹿島《かしま》の灘《なだ》へ入っていったのがありありとわかったので大評判となり、東京からも見物人がやって来たという。（東雅夫（編）『泉鏡花〈怪談会〉全集』）

そーもん馬 ［そーもんうま］

　馬に関する俗信の一種。尻の毛に巻目《まきめ》のある馬は、長男や家に祟《たた》る縁起の悪い馬とされた。伯楽《はくらく》（牛馬の仲買商人。馬喰《ばくろう》）が良馬を見定める基準とした知識の名残で、馬の医書『良薬馬療弁解』には、馬の胸にある喪門《そうもん》または双門が家の嫡子《ちゃくし》に関わる凶相として挙げられている。このような知識は俗信として各地に残る。氷厘亭氷泉『日本怪異妖怪事典　関東』「喪門」も参照。
　福島県石川郡小平村《おだいらむら》（現・平田村）下北方の田麦では、馬の身にマキメがあると、「ソウモンのある馬だ」と、村人、特に馬喰に嫌われたという。（『小平の民俗』）
　山本明『ふくしまの昔話』に収録されている、相馬郡飯舘村《いいたてむら》の「馬の尻に札」の昔話では、展開上特に重要でない会話部分に「この馬はソーモンなんだけんじょも、いい馬だ」という台詞があり、民俗知識として根付いていたことがうかがえる。

大作坊［だいさくぼう］

福島県いわき市泉町下川《しもがわ》に伝わる。**大徳坊**（だいだらぼっち）や**手長足長**の類。

大作坊は奈良の大仏様のような大男で、湯《ゆ》の岳《だけ》に腰かけて磐城《いわき》七浜を手に取るように見下ろしたという。大畑にはその時についた大作坊の右の足跡が残されているという。また、その前方には大作坊が食べたサザエ、アワビ、カキなどの殻が捨てられていて、それが今の貝塚だとされる。（佐藤孝徳『昔あったんだっち』）

だいたんぼう

福島県南会津郡只見町に伝わる。

田子倉の横山は綺麗《きれい》な丸い山だったが、ダイタンボウという巨人が只見川を跨《また》いで磐梯山《ばんだいさん》方面へ行こうとした時に睾丸《こうがん》を引っかけたせいで山崩れが起きて、ひょうたんを横たえたようなくぼみが生じたという。（岩崎敏夫『磐城岩代の伝説』）

大徳坊［だいとくぼう］

福島県福島市などに伝わる巨人。

昔、大徳坊という大男が、たんがら（背負い籠《かご》）に土を入れて運び、山を造った。それが今の信夫山《しのぶやま》で、たんがらの底に残った土を落とした場所が一盃森《いっぱいもり》に、草鞋《わらじ》の裏に挟まっていた石を投げた場所が石ヶ森になったという。（福島県教育委員会『ふくしまの昔話』）昼飯の碗に入っていた石を放り出したのが石ヶ森になったともいう。

また、信夫山は湖水を埋めようとした鬼がタンガラで背負ってきた土からできたとする話もある。（木口勝弘「福島の石ヶ森伝説考」『磐城民俗』第33号）

伊達郡月舘町《つきだてまち》（現・伊達市）では、大徳坊という大男が山の上で日光を遮《さえぎ》り、米が育たないようにして村人を困らせたりしていたという。収穫の際には手伝いに来ることもあったが、やがてどこかへ行ったのか姿は見られなくなった。あるいは大徳坊とは徳の高い法印で、七つ森をひとまたぎで飛んだともいう。（『月舘町の民俗』）

頽馬［だいば］

馬にとり憑《つ》いて狂死させる妖怪。日本各地に同種の伝承がある。

福島県の猪苗代湖《いなわしろこ》南の山ノ内、親不知子《おやしらずこ》不知《しらず》の難所では、ある地点に差しかかると突然馬が狂いだして斃《たお》れてしまうという。

これは馬がダイバの声を聞いたせいで、その声は人間には聞こえない。馬がダイバの

声と鳴き合わせると死ぬともいい、それを防ぐため馬の首に鈴や鳴輪をつける。二本松藩駒役所馬喰《ばくろう》目付を務めた五箇《ごか》の善右ヱ門は、南部から山ノ内を年中往来していたが、ダイバに心得があり用心していたため、一度も難には遭わなかったという。

このほか、舘の庵の奥山にはウマコロバシという山があり、たびたび馬が沢に転落して死んだ。これもダイバの仕業と考えられた。（橋本武『猪苗代湖畔の民話』）

馬に災いをなすものの伝承として、宮城県の**天馬**、**馬災塚**、山形県の**天魔**も参照。

大悲山の大蛇 「だいひさんのだいじゃ」

福島県南相馬市小高《おだか》区の大悲山に棲んでいた大蛇。『奥相志』などに記述がある。

南北朝時代、相馬光胤《みつたね》公の頃。玉都《たまいち》坊という琵琶《びわ》法師が大悲山の薬師に眼病平癒の願をかけて堂に籠《こも》っていた。すると薬師堂の池に棲む大蛇が武士の姿で来て、琵琶に聴き入るようになった。あるとき大蛇は法師に正体を明かし、身体が大きくなってこの池ではもはや狭く、七里四方を泥海にしようと思うが、琵琶の礼にお前だけは助けたいと言った。他言すれば八つ裂きにするとも言われたが、玉都は村人を救うため、小高城の相馬公に蛇のことを伝えた。城から出るなり玉都は蛇に攫《さら》われたが、人々は鉄釘を山や谷一杯に打ちこみ、鉄気を嫌う蛇を退治した。琵琶が落ちた所は琵琶橋、大蛇の耳が落ちた所は耳谷《みみがい》、角が落ちた所は角部内《つのべうち》と呼ばれるようになった。（岩崎敏夫『磐城岩代の伝説』）

高瀬山の大蛇 「たかせやまのだいじゃ」

福島県双葉郡浪江町高瀬に伝わる。

高瀬で七月、八月に行われる諏訪神社祭および八幡神社祭で舞う鹿舞《ししまい》は、田畑を荒らす高瀬山の大蛇のため信州諏訪神社から習って奉納した獅子舞が起源とされる。これは少なくとも江戸時代には行われていた芸能だという。（『福島県の民俗芸能』）

祟り地蔵 「たたりじぞう」

福島県石城《いわき》郡草野村馬目（現・いわき市）に伝わる地蔵の怪異。

馬目の倉柱の延命地蔵堂は、昔から修繕すると世話人に必ず祟りや凶事がある、あるいは死ぬといわれていた。そのため触らぬ神に祟りなしと、雨漏りがして壁が落ち軒が傾くほど荒廃しても、村人は何もしなかったという。（高木誠一「磐城の地蔵」『旅と伝説』通巻一四四号）

狸に化けた地蔵 「たぬきにばけたじぞう」

福島県石城《いわき》郡錦村中田（現・いわき市）に伝わる地蔵の怪異。

昔、石地蔵が狸に化けて道を歩いていると、女が来てその首を斬《き》った。ゆえにこの地蔵には首がないという。（高木誠一「磐城の地蔵」『旅と伝説』通巻一四四号）

狸のチェーンソー［たぬきのちぇーんそー］

現代の山中における怪異。筆者命名。

田中康弘『山怪』には、福島県の南郷村（現・南会津町）の猟師が語った二〇一一年以後の事例が載る。秋田県阿仁《あに》地方の山中で、誰もいないのにチェーンソーの音が聞こえ、それが狸の仕業とされているという話を聞いた猟師は、南郷でも同様の出来事があったと語った。放射線測定のため森林管理署と役所の職員が山へ入ったときのことで、彼らの近くでチェーンソーを使って木を伐《き》る音が聞こえた。その日に付近で作業をする者はいないはずだったが、たしかに音は聞こえたという。

団十郎［だんじゅうろう］

福島県田村郡都路村《みやこじむら》（現・田村市）などに伝わる。夜に人を脅かしたりする妖怪。

都路村では梟《ふくろう》の化物だといい、夜に外へ出たりすると二つ目のダンジュウロウが見ていると言って子供を脅かした。

船引町《ふねひきまち》では団十郎は人食いの一つ目の化物だといい、山に入った人を樹上に引き上げて捕らえ、串刺しにして焼いて食っていたという。ある人は団十郎が眠った隙に鉈《なた》で首を斬り落として逃げたという。また、だんじろうは目玉がうんと大きな化物で、下の方がすぅーっとなくなっているものともいわれた。伊達郡には大きな目をしたダンジュウロウ狸が伝わっている。

伊藤龍平は、これらの伝承は歌舞伎役者の市川団十郎が元ではないかと推測している。その名だけが独り歩きして、得体の知れない妖怪になったというのである。（伊藤龍平『何かがあとをついてくる』）

乳授け幽霊［ちちさずけゆうれい］

福島県相馬郡飯舘村上飯樋《いいたてむらかみいいとい》に伝わる。

あるタクシーの運転手が「乗せてくれ」と女に呼び止められた。女を乗せて車を走らせていると、ある家の前まで来たところで車内からその姿が消えてしまった。同じ時刻、その家では子供が泣きやんだので、子を産んで亡くなった母親が乳を飲ませに来ていたことがわかった。（いいたて民話の会（編）『飯舘むかしばなし』）

死霊が乗車する**タクシー幽霊**と、女の霊が子を養う**子育て幽霊**の折衷のような話。

土雀［つちすずめ］

宮負定雄『奇談雑史』巻九「盲女雀を翫びし事」にて語られる怪異。

嘉永五年（一八五二）。奥州会津領（福島県）某所の農家に盲目の少女がいた。幼い頃に眼病で失明して働くこともできず、日中は家の留守番をさせられていた。彼女は自ら作った六、七個の雀の土人形を大事にしており、日中は「これ雀、私の頭にとまれ、肩にとまれ」などと言って遊ぶのを楽しみとしていた。ある日、近所の人が少女の様子をうかがい見ると、作り物の雀が

まるで生きているかのように呼びかけに応じ、膝から首、肩へ飛び乗っていた。人々は「手細工の土雀をこよなく愛したがために霊が宿り、生き物となって持ち主の心を慰めているのだろう」と感心し、その噂は領主の耳にまで届いた。会津侯は少女を召し出して土雀を上覧すると、駕籠《かご》に乗せて故郷へ送ってやったという。（佐藤正英・武田由紀子（校注）『奇談雑史』）

でいたん坊［でいたんぼう］

福島県南会津郡南郷村（現・南会津町）に伝わる。**天邪鬼**《あまのじゃく》やだいだらぼっちの類。

昔、唐倉山《からくらやま》にデイタンボウが大勢集まり、有難《ありがた》いお堂を造ろうと黒石山から大石を運び始めた。山をひと跨《また》ぎにして石を運んでいたが、ある怠け者のデイタンボウは作業が嫌になり鶏の鳴き真似をした。仲間たちは夜が明けては大変だと慌て、石運びをやめてどこかへ行ってしまった。唐倉山にある石柱は、この出来事の名残だという。（岩崎敏夫『磐城岩代の伝説』）

でてんぼー

福島県南会津郡南会津町針生《はりゅう》に伝わる巨人の類。でぃでんぼー、ででんぼとも。

昔、デデンボーというものが西方から田島の里に来て、針生の山から折橋の手前に大きな足をついて、東の山をまたごうとした。そのときデデンボーの金玉がぶつかり山の天辺《てっぺん》はぶっ飛んでしまった。それが今の二岐山《ふたまたやま》だという。当たったのは金玉ではなく褌《ふんどし》ともいう。また、針生の山の付近や愛宕《あたご》山麓の舘下《たてした》にはデデンボーの足跡があるとされ、舘下のものはデデンボー田と呼ばれた。（『会津田島の民話』）

デデンボはかつて愛宕山に城を築こうとし、土台石を動かして大きな音を響かせ、人々を困らせていたともいう。いつも一番鶏が鳴くと物音がやんだので、村人は皆で「トテコッコ！　トテコッコ！」と鳴き真似でデデンボの邪魔をした。驚いたデデンボは逃げ出し、あとには土台石だけが残されたという。（『田島町史4　民俗』）

天狗様［てんぐさま］

古峰ヶ原《こぶがはら》参詣にまつわる怪異として、福島県東白川郡塙町真名畑《はなわまちまなはた》に伝わるもの。

明治初期、古峰ヶ原詣でに行った真名畑の人の中に心がけの悪い者がいた。その人は風呂に入っているとき、天狗様によって風呂桶《おけ》ごとどこかへ隠されてしまったという。（『傳承文化』第五号）

天狗蜥蜴［てんぐとかげ］

福島県磐前《いわさき》郡高野村（現・いわき市）に出現した奇妙な生物。明治一〇年（一八七七）の『東京絵入新聞』にて報じられている。元記事に固有の名はないが、湯本豪一（編）『明治妖怪新聞』では「学校に天狗トカゲ」という見出しで紹介されている。

高野村の小学生が裏山で奇妙な虫を打ち

殺した。教師に調べてもらおうと再び山へ行くと、同じような虫が数多《あまた》いて、ヒュウヒュウと風を切る音を立てた。頭は蛇のようだが四足があり尾や羽はなく、大きなものは二尺、それ以外は六、七寸ほど。指は五本、鼈甲《べっこう》色に透き通った爪は鋭く、細かな鱗《うろこ》は青貝のように光沢があった。記事にはこの生物の図も添えられている。高野村近辺では夜中に風が吹くような音がするのを「天狗の飛行」と呼んだが、実はこの虫の飛ぶ音だったのかもしれないとのこと。（『明治期怪異妖怪記事資料集成』）

天体の神様［てんたいのかみさま］

太古に会津の里に集っていた日・月・星の神々。会津民俗研究会（編）『民俗調査報告書（町方編）』に、福島県会津若松市博労町《ばくろうまち》の住民から聞いた話として載る。

　はるか大昔、今の滝沢町の高台に日光《にっこう》・月光《がっこう》が祀《まつ》られる荘厳な社殿があり、そこにお星さまたちが集まっていた。あるとき神様たちがわけのわからない叫び（言葉かなあ）を上げ、四月一五日には大洪水、大地震、大津波が発生、社殿は崩壊して泥海に沈んだ。これは日光・月光・星座の間に大革命が起こったためで、天体の神様たちは一瞬にして滅亡してしまったのだという。星々に捨て去られた会津だったが、時を経て越後の海へ水が引くと、鳥や獣たちがやってきて、人間も生活するようになった。神々の聖域は、後に稚彦霊命の拠点になった。これらは菊地家の祖先ヒエタノアレが口伝した夢のような神話だという。

天人女房［てんにんにょうぼう］

日本各地に伝わる。福島県原町市（現・南相馬市原町区）中太田では、豪族・三浦国清にまつわる伝説として語られている。

　太田の別所の館にいた三浦左近国清は四〇歳を過ぎても独身であったため、馬場の滝不動に願をかけた。九九夜目、不動明王が枕元に現れ、彼にふさわしい妻の居場所を示した。それは五台山麓にある池で、国清はそこに舞い降りた天人たちが水浴している間に羽衣《はごろも》を隠し、昇天できなくなった天女を妻にした。二人の間には太郎国忠、次郎国盛、八重姫という子供が生まれた。八重姫八歳の頃、天女は国清の家宝の中に己の羽衣を発見すると、それを纏《まと》って天に舞い上がってしまった。八重姫は泣いて母のあとを追ううちに沼に落ちて死に、傷心の国清は陸奥《むつ》相馬家の当主・相馬重胤《しげたね》に館を明け渡して移住したという。（『會津の傳説』岩崎敏夫『磐城岩代の伝説』）

稲荷林の痩せ狐［とうかばやしのやせぎつね］

福島県郡山市湖南町舟津《こなんまちふなつ》にある稲荷林に棲んでいたという化け狐。

　湖南五箇郷の狐にはいくつかの部族があり、異なる組の狐が落ち合う「出合」では青い火の玉が見えることがあり、村人から「稲荷林の狐とヌケクボの狐の縁組だ」などと噂された。他にも狐に騙《だま》され魚を奪わ

れたり、猟師の娘に狐が憑《つ》くなどの怪異な出来事があったという。

　あるとき稲荷林の狐の頭領は人間が仕掛けたトラバサミにかかり、前足を一本失ってしまった。文字通り失脚した頭領は大いに意気が衰え、一族も不手際が続いて次第に困窮していった。やがて村人たちにまで「稲荷林のやせ狐」と呼ばれるほど落ちぶれてしまった。ヌケクボの狐たちはその後も勢いを増し、他所《よそ》の狐とも盛んに交流したが、稲荷林との交わりは絶えてしまったという。（橋本武『猪苗代湖畔の民話』）

【な】

長首の怪物［ながくびのかいぶつ］

福島県伊達郡長岡村（現・伊達市）の水辺の怪異。明治一六年（一八八三）の『開化新聞』にて報じられたもので、元記事に固有の名前はないが、湯本豪一（編）『明治妖怪新聞』では「長首の怪物」と称されている。

　村民の共有地である深さ三丈余の大沼には、龍でも鰐《わに》でもない怪物が棲むという。それは盆のような眼を爛々《らんらん》と光らせ、頭には角か耳のようなものがあり、口は大きく裂けて鋭い牙が生えている。そして首の長さは二丈余もあるといい、村人はしばしばこの怪物を目撃したという。村人たちはこの怪物の正体を確かめるべく沼の水を全部抜こうとしたが、湧き出す水が多く作業は難航した。七五年前にも沼の水を干し尽くそうとしたが、そのときも湧水が尽きず断念していた。怪物退治の計画は郡役所にも届け出られたが、記事が書かれた時点では結果は出ていなかったようだ。（『明治期怪異妖怪記事資料集成』）

茄子女房［なすにょうぼう］

福島県東白川郡矢祭町《やまつりまち》に伝わる。

　ある和尚が眠っていると、なすの精を名乗る綺麗《きれい》な女人が訪ねてきた。それは和尚がいつも世話している茄子畑から来たもので、日頃の礼に身の回りの世話などをしたいと言った。ふたりはなりゆきから同衾《どうきん》したが、朝になると茄子の精はいなくなっていた。和尚はそれから諸国を巡る修行に出て、五年後に寺へ帰ってきた。寺には五歳

ほどの女の子がいて、和尚を父と呼んで慕う。それはあの晩の茄子との子供で、驚く和尚に「なすに無駄花はないですよ」と言った。(『東白川郡のざっと昔』)

この昔話は「茄子娘」「茄子の子」などと呼ばれる落語の演目が元と思われる。落語の方では娘が一人で育っていたので、和尚が「なるほど、親はなすとも子は育つ」と驚いて終わる。(『増補落語事典』)

那須野が原の化け狐
［なすのがはらのばけぎつね］

福島県田村市船引《ふねひき》町に伝わる。

「那須野が原」に棲む狐は人を化かすのがたいへん上手いといわれていた。これを聞いたある男が狐退治に原へ出かけた。彼はそこで子を抱いた女に出会い、これぞ狐だと思い尾行した。やがて屋敷に入っていったので「この娘は狐だ」と伝えたが、家の主は娘が子を産んで里帰りしてきたのに何を言うかと怒り心頭、男を捕らえて松の木に吊るした。そこへ和尚がやって来て、助けてやるから弟子になれという。剃髪《ていはつ》してもらったところで我に返ると、そこは那須野が原の松の下だった。男の頭は狐に髪を食い抜かれて真赤《まっか》になっていた。すべては髪の油を好む狐の仕業であった。(福島県教育委員会(編)『福島県の昔話と伝説』)

人間が化け狐の出没を知っていることを狐が逆手にとってまた騙《だま》し、最後には髪を剃《そ》り落としてしまう「髪剃狐《かみそりぎつね》」型の昔話。福島県で語られたものだが、狐の名所ということでなのか、九尾《きゅうび》の狐(玉藻前《たまものまえ》)にゆかりある那須野が原の名が出てくる。

濁沢の滝の主
［にごりざわのたきのぬし］

福島県南会津郡南会津町針生《はりゅう》に伝わる。

針生の濁沢の滝には大きなガマガエルが主となって隠れ棲んでいた。あるとき一九歳の娘が草を刈るため滝の辺りへやって来ると、俄《にわ》かに空が曇り大雨が降りだした。岩の窪地で雨宿りをしているうち、娘は疲れて眠りに落ちた。それ以来、娘は毎日ここへ草刈りに出かけるようになり、いつしか腹が大きくなり、オタマジャクシのような子を産んだ。娘は滝の主に想いをかけられたのだという。(『会津田島の民話』)

二人坊主
［ににんぼうず］

福島県喜多方《きたかた》市に伝わる。

後生《ごしょう》のいい(生前の行いが良い)老人が亡くなると、二人坊主が来るという。これは普通は一人で来るはずの弔いの僧侶が二人現れることをいう。僧は二人で経をあげるが、聞こえる声は一人だけ、木魚も二人がそれぞれ叩くが、音が鳴るのは一つだけだという。読経を終えたあと、お礼として酒の他に油や豆を出すと、片方の坊さんはニターッと笑うが、そちらの正体はカラスだという。帰路に就くと一人は鎮守の森の方へすっと消える。その足跡は三つ叉《また》の形をしており、やはりカラスだとわかるという。(竹内智恵・瀬川拓男「民話対談 奥会津の風土と民話詩」『季刊民話』創刊号)

二本松の幽霊［にほんまつのゆうれい］

『本朝諸仏霊応記』にあるもの。

陸奥国《むつのくに》二本松（福島県）にて、亡妻の幽霊が昼夜問わず現れるため一四、五年も患いついている男がいた。隠元《いんげん》和尚の門弟である高泉《こうせん》和尚はこれを不憫《ふびん》に思い、観音の名号を書いて男に与え「毎日三〇遍ずつ懈《け》怠《たい》なく、幽霊が来るときにはなお声高に唱えよ」と教えた。教えを守って名号を唱えていると幽霊は出なくなり、病も癒えたという。（『仏教説話集成（一）』）

人魚女房［にんぎょにょうぼう］

福島県の磐城《いわき》地方に伝わる「**人魚**の恩返し」の昔話に登場するもの。筆者命名。

貧しい漁夫が海で人魚を釣り上げたが、二度と浅い所へ来てはいけないと言い聞かせて逃がしてやった。数日後、若い女が押しかけてきて、そのまま漁夫の女房となってよく働いた。おかげで漁夫の生活は楽になったが、女房は風呂だけは決して覗《のぞ》かないでほしいと夫に頼んでいた。しかし、あるとき夫は女房の入浴を覗いてしまう。湯船の中では人魚が泳ぎ回っていた。助けてもらった恩返しのため、人魚が化けて女房になっていたのである。正体を知られた女房は海に帰ってしまったという。（岩崎敏夫（編）『磐城昔話集』）片平幸三『福島の民話　第一集』にも双葉郡の類話が載る。

人魚坊［にんぎょぼう］

福島県磐城《いわき》地方でいう**人魚**のこと。

昔、豊間《とよま》の者が伝馬で釣りをしていると人魚坊がかかり、顔を出してニヤリと笑ったことがあるという。

また、沼之内の者たちが人のように口も鼻もある魚を捕らえたこともある。薄磯《うすいそ》の伝兵衛という物知りに尋ねると、それは人魚坊だと教えられたという。（佐藤孝徳『昔あったんだっち』）

沼御前［ぬまごぜん］

福島県大沼郡金山町《かねやままち》の沼沢《ぬまざわ》沼（沼沢湖）の主。神として崇敬された大蛇。

沼沢沼の主は雌雄の大蛇で、近寄れば危害を加えられると人々から恐れられた。建久（一一九〇～九九）の頃、会津の領主・佐原義連《よしつら》は家臣を引き連れ大蛇退治に乗り出した。天は荒れ、沼からは大蛇が変じた真黒な大入道が現れて、逆巻く波が武士たちを飲みこんだ。義連は一度は大蛇に飲まれるも、その腹を斬《き》り裂いて見事に脱出、退治をなしとげた。家来たちは蛇の毒気で死んだが、義連は閻浮檀金《えんぶだごん》（純金）の観音像を携えていたため、その御利益で無事だった。大蛇の首を埋めた場所に沼御前の社《やしろ》が建てられ、毎年盛大な祭礼が行われるようになった。（『會津の傳説』）

『老媼茶話』には、その後の沼御前の活躍が記されている。これは正徳三年（一七一三）の話だという。猟師・山谷三右衛門が

ある早朝に沼沢沼へ猟に出た。すると沼の彼方《かなた》の岸辺で、髪の長さが二丈あまりもある二〇歳ほどの美女が、腰から下を水に浸けながら鉄漿《かね》をつけていた。沼御前という主がいると知っていた三右衛門は、これこそ変化《へんげ》の者と考えて女の胸を射抜いた。女が水中に没すると、水底が雷電のように光り、空に黒雲が立ちこめた。三右衛門は慌てて逃げ帰り、幸いその後は何の祟《たた》りもなかったという。（『近世奇談全集』）

　西会津地方では、沼沢沼の蛇はもとは安座の沼で暮らしていたといわれる。安座では夫婦で暮らしていたが、弘法大師が沼の水を干した際に雄蛇は死亡、雌蛇だけが沼沢沼へ行ったという。雌蛇は綺麗《きれい》な女に化けて沼沢沼へ向かったが、このとき道案内をした男には「会ったことを誰にも言わんでくれ」と頼んだ。だが男は口を滑らせそうになり、にわかに起こった雷雨で流されてしまったという。旧暦五月頃までの間に沼端へ行くと、沼御前の織る棚機の音が聞こえるという。（『西会津地方の民俗』）

　水木しげる画の沼御前は、水面から上半身を出した女幽霊風の妖怪画。これは草川隆『とてもこわい幽霊妖怪図鑑』の表紙絵にインスパイアされた作品らしい。

根岸山の天狗［ねぎしやまのてんぐ］

福島県南会津郡南会津町針生《はりゅう》に伝わる。

根岸山には昔から天狗様が住んでいるといわれ、村人が魚釣りや山菜取りに出かけると、石の崩れる音や木が倒れる音が聞こえた。針生の作太郎というわんぱくな子供が友達と沼へ釣りに出かけたときもガラガラと物凄い音がして、友達はみな逃げ出したが、作太郎だけは行方がわからなくなった。三日三晩捜しても見つからず、四日目の夕方に干場《ほしば》小屋（干した麻を保管する小屋）の屋根の上で発見された。子細を訊《き》いても答えなかったが、その後の作太郎はおとなしい子供になった。人々は、作太郎は根岸山の天狗に攫《さら》われたに違いないと噂したという。（『会津田島の民話』）

猫神［ねこがみ］

猫に関する民俗神の一種。

福島県伊達郡梁川町《やながわまち》山舟生《やまふにゅう》日面《ひづら》（現・伊達市）では猫神の石祠が祀《まつ》られていた。飼い猫がいなくなったとき、その猫の餌の鉢を祠の前に逆さに置き「中納言《ちゅうなごん》行平《ゆきひら》別れいなばの山の峰に生《お》うるまつとしきかば今帰りなむ」と三唱すると、猫が生きていれば帰ってくるし、死んでいても姿を見せてくれるという。また、前述の呪歌を紙に書いて猫の出入り口に貼っておくと猫が帰ってくるともいい、猫以外の家畜にも効果があるとされた。（『福島県伊達郡梁川町山舟生日面民俗調査報告書』）

　中納言行平（在原行平）の歌で迷い猫が戻ってくるという俗信は各地にみられる。

猫魔ヶ嶽の化猫［ねこまがたけのばけねこ］

福島県耶麻《やま》郡磐梯町《ばんだいまち》と北塩原村の境にあ

る猫魔ヶ嶽（岳）の名は、昔ここに化け猫が棲みついていたことに由来するという。『新編会津風土記』には、昔この山に「猫また」がいて、人を食っていたとある。『福島県耶麻郡誌』や『會津の伝説』に掲載されたものは、後続の伝説集・民話集の多くが参考にしている。ある年、穴澤善右衛門という檜原《ひばら》の武士が妻を連れて磐梯温泉に湯治に来た。逗留《とうりゅう》中、釣場である沼の小屋にいたところ、思いがけず彼の乳母《うば》が訪ねてきた。だが魚に異様に興味を示すなど様子は尋常ではなく、正体が魔物であると悟った善右衛門は貞宗《さだむね》の名刀で乳母を斬《き》り伏せた。夜が明けるとその死骸は巨大な老猫に変じた。山に棲む老猫の王は報復として善右衛門の妻を食い殺して樹の梢にかけ、樵《きこり》に化けて刀を騙《だま》し取ろうとした。しかし正体を知られると、妻の屍《しかばね》をくわえて逃走した。怒りに燃える善右衛門は檜原から家来や里人を召集して山狩りを決行、洞窟に潜む化け猫を殺し、妻の遺体を取り返した。猫を討った刀は「猫切丸」と呼ばれ、穴澤家の宝として代々伝えられた。

　橋本武『猪苗代湖南民俗誌』などにある話は、志津の六三（六三郎）という鉄砲撃ちの名人を主人公とする。人々に危害を加えていた猫魔ヶ嶽の化け猫たちは、自分たちを退治する計画があることを知って殿の奥方を人質にとる。そこへ現れたのが六三で、彼は七匹の化け猫を次々と仕留めた。最後の一匹は弾数を読んでいたため、六三が全弾撃ち尽くしたのを見計らって襲いかかってきたが、懐に秘匿されていた隠し弾を食らって息絶えた。奥方は救出され、六三は多くの褒美《ほうび》を賜《たまわ》ったという。

　福島県教育委員会（編）『福島県の昔話と伝説』には、塩川町（現・喜多方《きたかた》市）の伝承例が載る。この話では紙子《かみこ》集落付近に住んでいた与次兵衛爺さんが猫を退治する。爺さんが飼っていた虎猫が化け猫となり、婆さんを食い殺すと黒雲を呼び飛んで逃げた。爺さんは犬を連れ、近郷の人々と共に山へ分け入り、洞穴に隠れている猫を発見した。だが、入口が狭く犬さえ踏みこむことができない。爺さんが犬の首を斬り落とすと、首級が穴に飛び入り化け猫と戦い始めた。猫が入口近くまで来た時、爺さんは伝家の宝刀でとどめを刺した。猫が隠れていた山は猫魔ヶ嶽と呼ばれたという。

猫又 ［ねこまた］

　猫の怪。年経た猫の尾が二又に裂け、さまざまな怪異をなす。『諸国百物語』巻四「猫また伊藤源六が女ばうにばけたる事」は、奥州信夫《しのぶ》郡（福島県）を舞台とする。

　信夫郡の伊藤源六という若者の妻は夭折《ようせつ》したが、死後も夜な夜な訪問して源六と仲睦まじく語らった。友人の竹口兵衛がこの様子を覗《のぞ》くと、妻は口が耳まで裂け、頭に角が生えた凄《すさ》まじい形相となっていた。兵衛が化物を刺し殺すと、その正体は長いあいだ飼っていた猫だと分かった。妻に化けた猫は「閻魔王《えんまおう》の許しを得て蘇《よみがえ》ったが、一〇〇日間は他言してはならないので密《ひそ》かに訪れている」と騙《かた》っていたという。さては

「猫また」だったのだろう、と源六は兵衛に感謝した。（『百物語怪談集成』）

南会津郡檜枝岐村《ひのえまたむら》で語られた「鍛冶屋の婆」系の昔話では、何十年と年を経た猫又が、名主の五郎エ門の婆を殺してなり代わり、夜に人を取り食らっていた。追手の侍が来ると「五郎エ門ばんば」は猫の正体を現して襲いかかったが、最後には退治された。名主の家の床下からはまだ生臭い骨が大量に出てきたという。（石川純一郎「檜枝岐昔話集」『あしなか』第七〇輯）

【は】

萩太郎狐 ［はぎたろうぎつね］

福島県南会津郡南郷村（現・南会津町）に伝わる。

小屋川《こやがわ》と伊南川《いながわ》の流れが集まる辺りの森に棲む古狐が子供を産んだ。村人はかわいい子狐の誕生を祝い、萩太郎と名づけてご馳走を与えた。あるとき山口の三方口にある籠堂《こもりどう》で口寄せをしていると萩太郎狐の霊が降りてきて、村に悪病や火事のあるときは鳴き声で報せると言った。その後も萩太郎はいろいろなことを教えてくれたので、村人は狐に位を授けて萩山稲荷神社として祀《まつ》った。社《やしろ》は萩太郎の指定により城口山中腹に建てられ、萩太郎の誕生日である旧七月七日を祭日とした。（『會津の傳説』）

白蝶 ［はくちょう］

初代瑞龍軒『虚実雑談集』巻一「あやしき獣の事附白蝶あゆみし事」にある妖怪。

奥州二本松（福島県）のある武士の家には夜ごとに白い蝶が飛来した。この蝶が身に取りつくと、家の主人はたちまち体の節々が痛んで苦しみだす。ある夜、広間に岩が落ちるような音がして、大きさ五尺ほどの白蝶が入ってきた。蝶は人間のように立って歩んできたが、太刀で斬《き》りつけられると、ひらひらと吹き飛んで失せた。その後は何事もなく、主の病も治ったという。

挿絵には、二本の脚で立ち上がり、残る四本を腕のように振り上げて迫る蝶の化物の姿が描かれている。（勝又基、木越俊介ほか（校訂）『諸国奇談集』）

化蜘蛛［ばけぐも］

福島県南会津郡南会津町中島に伝わる。

ある晩、炭焼きの若者の山小屋に「退屈だから遊びに来た」と、若い女が訪ねてきた。女は袂《たもと》から糸を出して編み物を始め、怪しんだ若者から焼けた炭を浴びせかけられると絶叫して逃げ出した。翌日、残された血痕を辿《たど》ると、岩穴で大きな蜘蛛がウンウン唸《うな》っていたので、若者は青ざめて逃げ帰った。大蜘蛛が糸で若者を捕らえて食う気だったのだ。（『会津田島の民話』）

いわき市小名浜住吉に伝わる昔話では、諸国漫遊中の由井正雪《ゆいしょうせつ》が蜘蛛の化物を退治する。（佐藤孝徳『昔あったんだっち』）

橋の目［はしのめ］

福島県西白河郡西郷村、阿武隈川《あぶくまがわ》にかかるアーチ式鉄橋・雪割橋は、新緑や紅葉の名所として名高い一方、自殺の名所や心霊スポットだとも噂されるようだ。

寺井広樹・村神徳子『東北の怖い話』にある「頭を摑《つか》まれ引きずり落とす橋の目」は、この雪割橋にまつわる怪談。病気で失明の危機にあった某氏が死ぬために雪割橋を訪れると、橋の前に大きな二つの目が見えた。直後、突如として他の人が橋から飛び降りた。居合わせた者に引き戻されて某氏は事なきを得たが、夜に橋の手摺《てすり》に手をかけた者は、死者の霊に頭を摑まれ川に投げこまれるという。橋で死ぬ者の前には、決まって大きな二つの目が現れる。この話を聞いた某氏は自殺願望を振り払い、その後も元気に暮らしたという。

機織御前［はたおりごぜん］

水中で機織《はたお》りの音を立てる姫君。各地の沼や湖の伝説に登場する。

福島県耶麻《やま》郡西会津町には野沢・上野尻間の山中にある機織姫の御前沼の伝説が残る。後白河天皇の第二皇子・以仁王《もちひとおう》が会津に落ち延びた際、あとを追って妃の機織姫が来た。だが以仁王は既に世を去ったと聞き、自身も沼に身を沈め命を絶った。それ以来、沼底からは機を織る音が聞こえ、村人は沼を御前沼と呼んで五月五日に回向をするようになった。（『會津の傳説』）

伊達郡飯坂村（現・川俣町《かわまたまち》）では、仁徳天皇の時代に当地へ養蚕と絹織物の技術を伝えた秦峯能《はたのみねのぶ》に同行した娘の小手姫《おでひめ》を機織御前と呼ぶ。姫は東国人とは気性が合わないと言って夫を迎えず尼になり、大清水《おおしみず》に身を投げ死んだ。花嫁の輿《こし》が大清水のそばを通れば必ず水中に引き入れられるといわれ人々は機織御前の宮を建てて姫を祀《まつ》った。（近藤喜一『信達民譚集』）小手姫様は羽黒山の神様である**蜂子皇子**《はちこのおうじ》の母君だともいわれた。（『東北民俗資料集（五）』）

二本松市塩沢にも機織御前の話が伝わっている。ある男が水辺で仕事をしていて鍬を取り落とし、それを探して水に潜っているうちに龍宮まで来てしまった。龍宮にはひとり機を織る美しいお姫様がいて、そこ

で三日ほどもてなしを受けた。だが男が家に帰ると、地上では既に五年経っていた。これに因《ちな》んで機織御前の社《やしろ》が建てられたという。（岩崎敏夫『磐城岩代の伝説』）
宮城県の**御手洗池《みたらいいけ》の機織り姫**も参照。

波立の鮫［はったちのさめ］

福島県いわき市地方に伝わる。波立海岸に棲んでいたという人食い鮫。
波立薬師を開いた徳一大師には姫君がいた。鰐《さめ》が淵《ふち》に棲む鰐《わに》（鮫）は姫に恋心を抱き、人に化けて姫を連れ去った。徳一は波立という短剣で鮫を刺し、その短剣だけが相馬の方へ流れ着いたという。
また、久之浜《ひさのはま》の薬師様（波立薬師）の住僧が留守中、代理で水垢離《みずごり》に行った娘が鮫に食われた。帰ってきた僧はこのことを知ると、波立蔵という槍で鮫の頭を突き刺し殺した。鮫の骨は井桁《いげた》に使われたが、水を汲《く》んだ人が祟《たた》られて死ぬため撤去されたという。（佐藤孝徳『昔あったんだっち』）
広域・**鰐**も参照。

花［はな］

『老媼茶話』「堀主水《ほりもんど》逢女悪霊」に登場する女の幽霊。この話の主人公である堀主水《ほりもんど》は「会津騒動」にも関わった実在の人物。
花は主水が召し抱えていた二〇歳ほどの美女で、夫ある身だったが、美貌に惚《ほ》れこんだ主水が無理に離縁させていた。主水は花を寵愛《ちょうあい》したが、花は源五郎という召使の男と密通していた。これを知った主水は激怒して源五郎を殺し、刎《は》ね落とした首を花に踏ませた。残酷な仕打ちを恨んだ花は主水を散々に罵《ののし》り、彼が呼び寄せた大男に絞殺された。以後、白帷子《しろかたびら》をかぶった花の幽霊がたびたび現れ、主水の心身は消耗していった。旅の老僧から「間もなく花の一周忌、悪霊は必ず怨《うら》みを報いに来る」と忠告された主水は、助言に従って全身に経文を書きつけ、掘り起こした花の遺体と共に棺《かん》桶《おけ》に入って夜明けを待った。丑《うし》三つ時、死体が動き出したが、悪霊には主水が骸骨に見えていた。怨敵が死んだと思った花は動かなくなり、老僧に手厚く葬られた。僧が「おもひみよ仇もなさけもしら露のきえにしのちは唯秋のかぜ」と歌を捧げると、骸《むくろ》はたちまち柔和な表情になり、皮と肉が消えて骸骨となった。主水は屋敷に戻り、僧は再び旅に出た。（『近世奇談全集』）
女の悪霊に命を奪われぬよう、死骸と共に一夜を明かす展開は、古くは『今昔物語集』「人妻成悪霊除其害陰陽師語」にもみられる。近世の例には本話のほか『古今雑冥談』にある野州の次郎三郎《じろさぶろう》の妻や『新選百物語』にある土佐のお亀《かめ》の話がある。朝里樹が『歴史人物怪異談事典』で指摘するように、全身に経文を書き怨霊から逃れる手法は「耳なし芳一」の祖型である『臥遊奇談』「琵琶秘曲泣幽霊」または『曽呂利物語』「耳切れうん市が事」とも共通する。

鼻取地蔵［はなとりじぞう］

各地の農村部に伝わるもの。村人のために石地蔵が小僧の姿で鼻取り（田で牛馬の鼻を引いて代掻《しろか》きをすること）を手伝うもので、残された泥の足跡を辿《たど》って地蔵堂へ着き、地蔵様の助けを知る結末が多い。

福島県では昔話として広く伝わるほか、実在の地蔵が鼻取りをしたとされる場合も多い。福島市北五老内町《きたごろううちまち》の鼻取地蔵尊、大沼郡会津美里町雀林《みさとまちすずめばやし》の鼻取地蔵尊、岩瀬郡天栄村《てんえいむら》の権現杉の鼻取地蔵、郡山市三穂田《みほた》町《まち》鍋山・普賢寺の地蔵尊、いわき市四倉町《よつくらまち》長友・長隆寺《ちょうりゅうじ》の地蔵菩薩立像など、多数の例がある。（『會津の傳説』岩崎敏夫『磐城岩代の伝説』片平幸三『福島の民話』）

梁の上の幽霊［はりのうえのゆうれい］

福島県の猪苗代《いなわしろ》湖畔地域に伝わる。

大正九年（一九二〇）の出来事。中町のおとめという一八歳の娘はとある家に嫁いだ。日々の務めはたいそう辛いもので、隣家に住んでいた叔母は何かと面倒を見てくれたが、やがて病床に臥《ふ》せるようになった。ある日、おとめが釜の薪を取るため梁《はり》の上へ登ろうとしたとき、天井の暗闇に白衣の女の姿がくっきり見えた。驚いたおとめは転落して左手首を骨折した。この出来事と叔母の臨終の時刻がちょうど重なっていたので、叔母が自分を案じて会いに来たに違いないと思った。やがて彼女は離縁されて実家に戻った。手首が治らず農業もできないので町へ移り住んだが、それで却《かえ》って幸せな暮らしを送ることができたという。（橋本武『猪苗代湖畔の民話』）

磐梯山の大蛇［ばんだいさんのだいじゃ］

福島県の磐梯山周辺に出現した大蛇。『福島県耶麻郡誌』には、石ヶ森三右衛門という者が磐梯山中で長さ一〇丈、胴回りは臼《うす》ほどもある黒い大蛇を見たとある。大蛇はとぐろを巻き池に身を浸していたが、突如大雨が降ってどこかへ消えたという。

また、ある猟師が大磐梯と小磐梯の間にある龍が馬場を通ると、猟犬が狂ったように吠《ほ》えだした。不審に思っていると、苔生《こけむ》した倒木のような大蛇が口を開けて襲いかかってきた。猟師は助かりたい一心で犬を蛇に投げつけ一目散に逃げたが、犬の方が先に帰っていた。猟師はそれから七日七晩熱にうなされ、浅ましい行いを詫《わ》びようとしたが、犬はいなくなっていたという。

このほか、釜井《かまい》の人が裏磐梯の中ノ湯で頭が三升鍋ほどもあるとてつもなく大きな蛇に遭遇したこともあった。その人は夢中で逃げ帰ったが、蛇の毒気にあてられたらしく寝ついて死んでしまったという。

翁島《おきなじま》登山口の拝殿にも大蛇が出た。天井の梁に身を潜めていたのを見た人が逃げてきたが、このとき拝殿は全焼してしまったという。（橋本武『猪苗代湖畔の民話』）

半田沼の赤べこ〔はんだぬまのあかべこ〕

福島県伊達郡桑折町《こおりまち》の半田沼の主は赤牛（あかうし、あかべこ）だと伝えられる。

文治年間（一一八五〜九〇）、源義経が金売吉次《かねうりきちじ》を伴って平泉の藤原秀衡《ふじわらのひでひら》方を目指し半田山《はんだやま》の悪路を進んでいると、金銀を背負う牛がにわかに狂って沼へ落ちた。これが沼の主になったという。

森江野村塚野目の塚野目殿と呼ばれる武家の一人娘が病の床に臥《ふ》せ、頻《しき》りに「半田沼の水を飲みたい」と言うようになった。沼の水を飲めば不思議と病は癒えたが、その後も同じことが続き、やがて娘は寝床から姿を消した。父親が沼を調べさせると、娘は主の妻となって沼底の屋敷で機織《はたお》りをしており、もはや家には帰れぬ身とわかった。沼底に潜った者によると、娘の傍《かたわ》らで八畳敷一杯の大きな赤牛が寝ていたという。後年、旱魃《かんばつ》が続くと半田沼で雨乞いが行われたが、塚野目の者がいると必ず雨が降ったという。（近藤喜一『信達民譚集』）

福島県教育委員会（編）『ふくしまの昔話』などには、梁川町《やながわまち》の伝承として、雨乞いを受けた半田沼の「赤べご」が村人の娘を嫁に取る話が載る。娘と赤べごは沼底の座敷で生活を共にしたが、娘は里帰りの際、同行する赤べごに重い臼《うす》を負わせて転落死させ、ひとり実家に戻ってきたという。

斑猫喰〔はんみょうくい〕

人見蕉雨『黒甜瑣語』に記される毒鳥。

あるとき、伊達の掛田《かけだ》（現・福島県伊達市）にある古池に赤い鳥が身を浮かべていた。大きさは山鳩ほどだったが、あたり一面が鳥の体色を映じて火のような紅に染まっていた。ある侍が矢で鳥を射止めたが、池に足を踏み入れると即死した。彼の骸《むくろ》を引き揚げるため池に入った三人も次々に死亡し、射られたはずの鳥は飛び去った。これは斑猫喰《はんみょうくい》という鳥だったらしく、人見蕉雨は大陸の毒鳥・鴆《ちん》の類ではないかと語っている。（眞崎勇助（校）『黒甜瑣語』）

鴆は古くは中国前漢代初期の『山海経《せんがいきょう》』にも名がみえるもので、書物を通じて日本でも知られていた。鴆は毒蛇を食らって我が身に毒を宿す鳥で、斑猫《はんみょう》は猛毒を有する虫と考えられていた。斑猫喰はさしずめ毒虫を食らって体内に毒を蓄積する鳥といったところだろうか。

火喰鳥〔ひくいどり〕

福島県いわき市三和町《みわまち》永井に伝わる。

昔あるところに器量よしの娘がいた。この娘は皆に可愛がられて増長し、毎日違う着物を纏《まと》い、仕事も手伝わず遊んでばかりいた。やがて父親が死に、母も重病に臥《ふ》せるようになったが、娘は相変わらず遊び歩いていた。ある日も娘は水を求める母の声を無視して出かけていった。腹が減って帰宅すると、珍しく白いご飯と味噌汁が用意してあった。それに箸《はし》をつけると急に茶碗が燃え上がり、娘の手を焼いた。助けを求

めようとしたが、母は布団の中で既に死んでいた。娘は泣いて家を飛び出し、小川で水を飲もうとしたが、今度はすくった水が炎となり、娘の着物と身を焼いた。弱った娘は夜しか動けなくなり、いつしか真赤《まっか》な鳥に変わっていた。「母ちゃんー、母ちゃんー」と呼び続けて声は涸《か》れ、ピーッ、ピーッと悲しげな鳴き声に変わった。夜明け頃に鋭い声を発する鳥は、親不孝の娘のなれの果てだという。（『永井の昔ばなし』）

檜沢橋の化物［ひざわばしのばけもの］

福島県南会津郡南会津町に伝わる。

大正初期のある秋、檜沢橋付近に化物が出ると噂が広まり、田島への往来に橋を渡る塩江《しおのえ》の人々は恐れおののいた。化物は馬ほどの大きさで、眼を爛々《らんらん》と輝かせ、真赤《まっか》な口を大きく開いて長い舌をベロベロ出すという。血気盛んな若者たちは鎌や刀を手に檜沢方面へ行き、化物の到来を待った。やがて橋の手前にある蟹川《かにがわ》墓場で供養の行《あん》灯《どん》の油を舐《な》めている化物が発見されたが、よく見ると野良犬だったので一件落着したという。（『会津田島の民話』）

人食いざっく［ひとくいざっく］

福島県南会津郡南郷村（現・南会津町）に伝わる**小豆研ぎ**の怪。

天明の飢饉《ききん》の頃（一七八二〜八八）から、夕方になると鹿水川《かなみずがわ》の畔《ほとり》に正体不明の妖怪が現れるようになった。それは「ウーン、ウーン、小豆洗うべか、人取って食うべか、ザックーザック、ザック」と唸《うな》り声を発したので人食いザックと呼ばれた。子供らがだだをこねると「人食いんどごさ、せでぐぞ（連れて行くぞ）」とおどかしたという。（『會津の伝説』）

一つ目小僧［ひとつめこぞう］

単眼《ひとつめ》の小僧の妖怪。

二月または一二月の八日は「事八日《ことようか》」といって、一つ目小僧などの妖怪（**厄神**《やくじん》）が家々を回るとされた。難を避けるため、軒先に目籠《めかご》を吊るすなどの魔除けを施す。福島県福島市の例では、一二月八日に一つ目小僧、あるいは一本足のたたら、一つまなこのどうでん坊、針目一つなどの魔物が家を覗《のぞ》くといい、これを防ぐため軒先に竿《さお》を立てて目籠を吊るした。（『東北の鬼』）

異なる趣のものでは、塩川村の一つ目小僧の話もある。明治元年（一八六八）、ある家の少女が夕暮れ時に裏の菜畑へ行ったところ、どこからか八、九歳ほどの男の子が来て「姉や、銭が欲しいか」と問いかけた。何気なく「欲しい」と答えると、男の子は「これか」と言って耳も鼻もない黒坊主となり、明けの明星のごとき一つ目で睨《にら》みつけた。少女は逃げ帰り、家人に怪物のことを語ったという。（伊藤龍平「翻刻『会津怪談集』」『澁谷近世』拾八）

一〇〇キロ婆［ひゃっきろばばぁ］

高速で走る婆の妖怪。朝里樹『日本現代怪異事典』で「高速老婆の怪」と括《くく》られる類型の代表例で、各地に目撃談がある。

福島県いわき市では、新舞子浜にあるA舞子ハイツ付近の車道を一〇〇キロで走行すると、一〇〇キロババが追いかけてきて運転手ににたにたと笑いかけてくるため、運転手は事故を起こすという。（野沢謙治『ふくしまの世間話』）

病悩の鬼魅［びょうのうのきみ］

会津磐梯山《ばんだいさん》（福島県）には魔物が棲んで人を害し熱病を蔓延《まんえん》させるといわれ、古くは病悩山（びょうのうさん、やもうさん、わずらわしやま等）の名があった。

磐梯町の恵日寺《えにちじ》の縁起などでは弘法大師がこの魔を封じたと語られる。『本朝諸仏霊応記』恵日寺の条には、会津山の周囲九〇里で魔魅あるいは鬼魅が祟《たた》りをなしていたため病悩と名がついたとある。桓武天皇の勅《ちょく》を受けた弘法大師は烏帽子岳《えぼしがたけ》にて鬼魅を縛し、山を磐梯と改名したという。（西田耕三（校訂）『仏教説話集成（一）』）

磐梯神社（磐梯町磐梯八幡）の縁起でも同様の展開がみられる。病悩山には瘴厲《しょうれい》の気があって人を襲い、大同元年（八〇六）には一夜にして山の東南二村が湖水に沈んで数多《あまた》の溺死《できし》者が出た。勅を受けた空海が烏帽子岳に妖蛇を封じ、山名を磐梯と改め伽藍《がらん》を建立した。それが蛇の尾にあたる場所だったため、尾寺とも呼ばれるという。（『明治神社誌料』）

小松和彦・常光徹（監修）『47都道府県・妖怪伝承百科』では「磐梯山の魔魅」の名で取り上げられている。

福仏坊［ふくぶつぼう］

会津（福島県）の山中に住んでいたという仙人。山崎美成『堤醒紀談』や秦鼎『一宵話』など近世の随筆類に記述がある。

奥州会津領の山中には福仏坊という仙人が住み、樵《きこり》たちも時折その姿を見かけた。正保元年（一六四五）に官命で捕らえられたときの本人談によれば、生国は伊予、悪事をはたらき二五歳で国を出ると、東国へ下り会津山中に入り、木の実などを食すうちに長寿を得たという。昔の出来事や年齢は忘れていてろくに答えなかったが、尾張の熱田で鐘鋳《かねい》の供養があって夥《おびただ》しい参詣者がいたことだけは覚えていた。人々は彼を丁重に扱ったが、当の福仏坊は脱走して山奥に入り、二度と出てこなかったという。

『堤醒紀談』は熱田の鐘を数百年前のものとしており『一宵話』では熱田宮の神宮寺で延徳元年（一四八九）に鋳造された鐘のこととして、捕獲時点での福仏坊の年齢を百六〇歳程度と推定している。（『日本随筆大成19』『日本随筆大成第二期2』）

ふけつの貝［ふけつのかい］

食すれば不老長寿になるという不思議な貝で、身は赤子のような形をしているともいう。九穴《くけつ》の貝または不老《ふけず》の貝が訛《なま》った呼び名で、八百比丘尼《やおびくに》、東方朔《とうぼうさく》、清悦《せいえつ》、**常陸《ひたち》坊海尊《ぼうかいそん》**などの長寿伝説に関連して語られるもの。福島県郡山市湖南町《こなんまち》赤津には、次のような「ふけつの貝」の話が伝わる。

猪苗代湖《いなわしろこ》ができた頃、湖底には女だけが暮らす女護《にょご》が島があって、女王様の乙姫は美しい娘たちを従えて竜宮城で暮らしていた。ここに川から大きな烏貝《たんけ》の女が流れ着き、下女として働くようになった。烏貝はだんだん出世したが、それに伴いわがままになり、朝から酒浸り、貝殻も開けっぱなしで中身をさらけ出すという、不潔な生活を送っていた。そのため烏貝は「ふけつの貝」と呼ばれて竜宮を追い出され、嵐で巻き起こった波にさらわれ磯に打ち上げられた。それを見つけた人間の爺様は、食えば一〇〇〇年長生きすると伝わる「ふけつの貝」を授かったと喜び、持ち帰って料理した。折しもその夜は庚申《こうしん》待ち、夜を明かす人々にはご馳走がふるまわれることになっていた。が、人間の赤子のような貝と、それを爺様が嬉々《きき》として調理する異様な光景を見て、人々はみな逃げ帰った。そこへ一人の男が訪ねてきて、残っていた八人前の貝料理を平らげた。これを見た爺様は、寿命が八〇〇〇年延びてしまうと仰天し、思わず「お前様、まさか東方朔でもあんめぇなぁし」と声をかけた。男は東方朔ならぬ「トボ作」という放浪者で、以後も長きにわたって日本中を旅したという。この話は、女子が不潔な真似をすることや料理場を覗《のぞ》くことへの戒めをこめて語られていたという。（『郡山のむかしばなし』）

岩手県の**フケチノカイ**、宮城県の**富結の貝**、山形県の**老けずの貝**も参照。

ふちかり

福島県南会津地方に伝わる。貂《てん》を忌み言葉でフチカリまたはヘコといい、雪崩《なだれ》などで死んだ者の亡霊の化身として怖れた。『綜合日本民俗語彙』では、貂が人の食料を害することから、フチカリとは「扶持借《ふちか》り」の意であろうとの説がとられている。

檜枝岐村《ひのえまたむら》では無縁仏のことをフチカリと呼んでいたという。ヤマウド（篦《へら》や杓子《しゃくし》の職人）が山小屋を建てる際は山の神の祭祀《さいし》を行うが、それはこの無縁仏による祟《たた》りがないようにするためだという。（「会員通信」『民間伝承』三巻四号）

蛇化け女［へびばけおんな］

福島県相馬郡飯舘村《いいたてむら》大倉に伝わる。

あるとき青大将が姉様《あねさま》に化け、男のもとに毎日通ってきた。不審に思った男は糸を通した針を姉様に刺し、その行き先を追っ

た。すると家の外で太い蛇が死んでいたという。(『飯舘むかしばなし』)

このような話は、一般的には「蛇婿《へびむこ》」として語られており、娘のもとに美男に化けた蛇が訪問する筋立てとなっている。

べろ長 ［べろなが］

福島県会津地方の民芸品。長い舌を垂らした「べろ長」を象《かたど》った木彫りや土鈴。付属の解説書にその由来が記されている。

磐梯山に住みついていたべろ長は付近の川や沼の水を長い舌で吸い上げて枯らし、吸った水を村に吐き出して洪水を起こすなどの悪事をはたらいていた。この所業に困った人々は、当地を訪れていた弘法大師に退治を依頼した。挑発されて怒ったべろ長が舌を伸ばすや、大師はそれを縄で縛り上げて封じ、被害を食い止めたという。

べろ長という妖怪は古くから伝承されていたものではなく、玩具を制作する「はそべ工房」の羽曾部修吉が、会津の**手長足長**を元に昭和四〇年代に考案したもの。(村上健司「現代妖怪職人伝　第十三回」『怪』vol.0036)

便所のお婆さん ［べんじょのおばあさん］

福島県いわき市駒込《こまごめ》に伝わる厠神《かわやがみ》。

夜に何度も便所に起きて困るときは、便所にいるおばあさんに「おばあさん、明日の晩からはお客さんが来るからお願いします」と呼びかけ便所を三周する。そうすると次の夜からは何度も起きることはなくなるという。(『東北民俗資料集(四)』)

細足踏むなよ ［ほそあしふむなよ］

福島県耶麻《やま》郡塩川町堂島(現・喜多方《きたかた》市)に伝わる。

昔、ある村の者たちが買い物帰りの山道で、痩せこけた白髪の婆様が道端で細い脚を伸ばし、皿のような目を見開いてこちらを見ながら、グーン、グーンと糸車を回しているのに出くわした。この異様な婆様に「細足ふむなよ、細足ふむなよ」と声をかけられ、皆は一目散に逃げ帰ると寝こんでしまった。恐怖のあまり町へ出かける者はいなくなり、村は困窮してしまう。そこである強い男が化物退治を決意し、例の山道へ向かった。やはりそこには婆様がいて、「細足ふむなよ」と言いながら糸車を回していた。その白髪頭や糸車を斬《き》りつけてもガチンと音がして弾かれるばかり。そばにあった行灯《あんどん》を斬ると、化物はギャッと叫んで姿を消した。化物の血痕を辿《たど》ると、洞穴で大きな牛のような狢《むじな》が死んでいた。村人は祠を建てて狢を祀《まつ》り、その後は安心して町へ出たという。(『堂島むかしばなし』)

山形県の**糸取り婆**も参照。なお、細い足を出し声をかけてくる妖怪の伝承は、新潟県の山古志村《やまこしむら》などでも確認されている。

堀込小次郎・壇原お万 ［ほっこめこじろう・だんばらおまん］

福島県大沼郡会津高田町(現・会津美里《みさと》

町《まち》）に伝わる夫婦の化け狐。小次郎は旭堀《ほっ》込《こめ》、お万は雀林の壇原《だんぱら》を根城とし、新鶴村《にいつるむら》の立木行寺狐とともに鶴沼川以西の三狐として恐れられていたという。

二匹は人を騙《だま》す術に長《た》け、高田の豆腐屋に木の葉の金を渡し四〇〇枚以上の凍豆腐《しみどうふ》を騙し取ったという。また、お万が女に化け、八木沢村《やぎさわむら》の老人に話しかけて提灯《ちょうちん》を吹き消し、魚を奪い取った話も伝わる。

後にお万は死んだが、祟《たた》りを恐れた村人が法用寺境内に塚を建てて供養した。小次郎は塚を訪ね、お万を慕《した》ってコンコンと悲しげに鳴いたという。（『會津の傳説』）

ぼなり石 〔ぼなりいし〕

福島県石川郡古殿町《ふるどのまち》に伝わる怪石。「ぼなる」とは大声を上げること。

竹貫城《たかぬきじょう》の館内にあった大石で、城主・竹貫三河守の計らいによって撤去を免れていた。竹貫城が責められ、敵勢が一斉に鬨《とき》の声を上げたとき、館内からも大きな鬨の声が上がり、敵は浮足立って敗走した。竹貫方の鬨の声は大石が発したものだったという。（岩崎敏夫『磐城岩代の伝説』）

保原の怪鳥 〔ほばらのかいちょう〕

『寓意草』に記される怪鳥。筆者命名。

陸奥《みちのく》保原の里（福島県伊達市）に「わたなべ与ぞう」という男がいた。彼はある雨の夜、自宅の茅葺《かやぶき》屋根にとまる大きな鳥を見た。その重みで柱や垂木《たるき》は軋《きし》み、ほどなくして南の方へ飛び去ったときには、家が倒れそうなほど揺らいだという。鳥は大きさ二丈ほど、屋根に残された爪痕は大きな杵《きね》ほどもあったが、何の鳥かは謎だった。（『日本随筆大成第三期3』）

【ま】

牧の淵の河童 〔まぎのふちのかっぱ〕

福島県会津若松市に伝わる。

昔、牧の淵には悪い**河童**が棲んでいて、子供や百姓、馬などに悪戯《いたずら》をしかけた。これを退治するため、庄屋は淵に大きな馬を連れていった。河童は馬を水中へ引きこもうと尻尾に取り付いたが、力負けして陸に引き揚げられた。河童は今後は悪いことをせず、村の上下三里では水難が起こらないようにすると誓い、木の皮のようなものに詫《わ》び証文《しょうもん》を書いた。これは村の宝として保存されたが火事で焼けてしまい、また子供

は水難に遭うようになったという。（福島県教育委員会（編）『ふくしまの昔話』）

またえん婆［またえんばば］

福島県石川郡玉川町に伝わる化け猫。鍛冶屋の婆の類。まだえもん猫とも。

ある旅人が吉村《よしむら》の鹿島神社に泊まっていると、真夜中に集まり踊っていた猫たちに襲われた。やがて頭目らしきマタエン婆なる化け猫がやって来たが、旅人はその片腕を切断して逃げだした。翌日、マタエモンという家の婆様の調子が悪いというので様子を見てみると、それは先夜の猫が化けているものと分かったので退治した。

『石川郡のざっと昔』には複数の話者による語りが載るが、おおむねこのようなあらすじとなる。正体を見破られたマタエン婆は北の湯（甲子の湯）へ飛んで傷を癒したといわれ、そのために吉村生まれの者が甲子の湯に行くのは禁忌とされていた。

松浦家の化物［まつうらけのばけもの］

『諸国百物語』巻一「松浦伊予が家にばけ物すむ事」で語られる怪異。筆者命名。

会津国若松（福島県）の松浦伊予という者の屋敷では、不思議な出来事が続いた。ある夜は地震のごとく家屋が揺れ動き、次の夜には白帷子《しろかたびら》を着た色白の女が裏戸を叩き「あらかなしや」と声を上げた。女房が叱《しか》りつけると怪女はたじろいだが、別の入口から邸内への侵入を試みた。天照大神の御札を投げつけると怪しい女は消え失せたが、翌日申《さる》の刻ごろにはまた現れて竈《かまど》で火を焚《た》いていた。四日目には隣家の女房が垣から松浦家を覗《のぞ》く女を目撃した。五日目には女が台所の杵《きね》を持ち出し庭を叩いた。六日目、様々に祈禱《きとう》を行うと女は現れなかったが、虚空より「五度には限るまじ」と声が聞こえ、夜には女が枕元の蠟燭《ろうそく》を吹き消した。七日目も寝床に現れ、松浦夫婦の頭を摑《つか》んでぶつけたり、冷たい手で足を触ったりして驚かせた。やがて夫婦は気が狂って死んだという。（『百物語怪談集成』）

松川様［まつかわさま］

福島県磐城《いわき》・勿来《なこそ》地方に伝わる。松川浦（相馬市）に棲む大きな鮫《さめ》。松川鮫とも。

松川浦の沖合には背に苔《こけ》が生えた漆黒の大鮫がいて、時々波打ち際にやって来た。九面《ここづら》の漁夫たちはこれを松川様と呼んで崇敬し、現れると渚に酒を捧げたという。

昔、相馬侯が江戸から帰る途中、この鮫が波間に遊泳するのを見た。相馬侯が矢を放つと鮫は姿を隠したが、馬を進めて鮫川《さめがわ》に至った頃、頭に矢を突き立てた鮫が迫ってきた。馬を走らせ難を逃れたが、八里ほど北の夏井川に差しかかると鮫がまたもや待ち構えていた。馬は辛うじて川を渡り切るも、岸で力尽きて斃《たお》れてしまった。この馬の供養のため、川傍には馬頭観音が建てられた。これ以後、相馬侯が松川を通るときには決まって雨が降るようになったとも

いう。（『なこその民話』）鮫や**河童**など水辺の異類は紫肝《むらさきぎも》を好むとする伝承がある。磐城では元日生まれの人は紫肝だといい、鮫に執拗《しつよう》に狙われた相馬侯も紫肝だったとされる。（佐藤孝徳『昔あったんだっち』）

鮫川村赤坂地域では東野の奥に鮫池があり、五月頃に松川様が柿落《こけらおと》しに上ってくるという。鮫はひと月ほど池に留まると、堤を切り大水に乗って帰るとされた。姿を見ると目が潰《つぶ》れるため人々は外出を控えた。また、鮫が通るとしばらく周辺が生臭かったという。（『東白川郡のざっと昔』）

眼千に口一つ ［まなこせんにくちひとつ］

事八日《ことようか》に現れる妖怪の一種。

福島県いわき市平豊間《たいらとよま》では、一二月《しわす》八日にはマナコセンニクチヒトツ（眼千に口一つ）の化物が来るという。この日は魔除けとして目籠《めかご》を竹に刺して軒に立てかけておく。（『平豊間の民俗』）

須賀川市の狸森《むじなもり》の新屋敷《あらやしき》では、一二月八日に目が百個、口が一つの**厄神**《やくじん》が来るという。これも目籠を吊るすと怖がって来なくなるとされた。（『大栗・狸森の民俗』）

石川郡小平村《おだいらむら》中倉（現・平田村）では、二月八日に口一つ、目十の化物が来るといって籠を吊るした。（『小平の民俗』）

水熊 ［みずぐま］

福島県福島市周辺の伝説に登場する獣。大玄熊《おおくろぐま》、玄熊の名でも伝わる。

太古、まだ信達《しんたつ》地方（岩代国信夫郡《いわしろのくにしのぶ》、伊達郡）が一大湖水であった頃のこと。湖に一頭の大蛇が棲んでいたが、水熊との戦いに敗れて東方の山へ逃れたという。この際に湖水が流出し、信達は陸地になった。湖の支配者となった水熊は我が物顔に暴れ回り人畜を害したため、東征の帰途にあった日本武尊《やまとたけるのみこと》に退治されたともいう。水底に隠れた水熊を誘き出すため、官女たちが舟の上で管弦を演奏した。尊《みこと》の矢で水熊は死んだが、それから三日間は雷鳴が止まなかった。伏拝村《ふしおがみむら》の雷電沢が水熊の死んだ場所だという。（近藤喜一『信達民譚集』）

旧飯坂町茂庭《いいざかまちもにわ》では、信達湖水の元の主は七つの頭をもつ大蛇で、土地の者は神と崇《あが》めて人身御供を捧げていたと伝わる。やがてここに牡牛のような玄熊が現れ、七日七晩の嚙《か》み合いの末に大蛇を倒したという。（『民俗採訪』昭和三七年度号）

伊達郡国見町では大玄熊の名で伝わる。これは平穏な信達湖に出現して人々に危害を加えた。日本武尊は猿跳山の掘割工事を指揮して水路を開き、湖水を減らし大玄熊を発見した。玄熊は火炎を吹いて迫り来たが、尊の矢に脳骨を砕かれて絶命した。以後、湖水はさらに減じ逢隈川（阿武隈川《あぶくまがわ》）だけが残ったという。（『国見町史』）

水子 ［みずこ］

福島県地方でいう水子の怪異。

雨が降るとあの世が近くなり、雨の晩には水子が裏木戸あたりに来て、ひたひたと

小さな足音を立て「おっかあ、おっかあ、乳のみてぇ、乳のみてぇ」と言う。子返し（間引き、中絶）を繰り返した者のところには水子がやって来るので、年をとってからは雨降りの窓際にはいられないという。（『遠藤登志子の語り―福島の民話―』）

水子洞窟の霊 ［みずこどうくつのれい］

福島県いわき市平沼ノ内《たいらぬまのうち》の海岸付近には賽《さい》の河原という水子供養の霊場があり、餓《が》鬼堂《きどう》の石碑が建っている。海岸沿いの洞窟には大量の札が貼られ、約三〇〇体の地蔵が祀《まつ》られていたため、心霊スポットとして面白半分に近づく者もいるという。

寺井広樹・村神徳子『東北の怖い話』「水子洞窟餓鬼堂」では、訪問者が洞窟で子供の話し声を聞いた、写真に無数のオーブが写ったなどの体験が挙げられている。

洞窟は東日本大震災の津波で壊滅状態となった。しかし、残った地蔵は高台の霊場へ搬出され、二〇二〇年に入魂の儀が執り行われて、慰霊の場は甦《よみがえ》った。（「平沼ノ内・賽の河原　移転先の高台で入魂の儀　津波被災乗り越え」『いわき民報』二〇二〇年一月二六日）広域の**賽の河原の霊**も参照。

水引兎 ［みずひきうさぎ］

福島県伊達郡梁川町《やながわまち》（現・伊達市）に伝わる「猿婿《さるむこ》」型の昔話に登場するもの。

ある日照りの年、男が兎《うさぎ》に向かって「田に水を引いてくれたなら三人の娘のうち一人をやる」と言った。すると兎が本当に千刈田に水を入れてしまい、末娘が嫁入りすることになった。三月、兎は節句の餅を娘の家に持っていこうとした。娘は兎をそそのかし、餅を入れた臼《うす》を背負わせて実家へ向かった。道中、桜の枝を取ってほしいとせがまれ、兎は臼を背負ったまま木に登った。上まで登った時に枝が折れ、兎は転落死し、娘は無事に実家へ帰った。（福島県教育委員会（編）『ふくしまの昔話』）

道を塞ぐ妖怪 ［みちをふさぐようかい］

福島県猪苗代《いなわしろ》湖畔地域に伝わる。

五〇年連れ添った夫に先立たれたある婆さんは、人目につく昼間を避けて夜間に墓参りをすることを習慣にしていた。ある夜更けも森の墓地へ歩いていると、道を塞ぐように立つ爺さんそっくりの人影が目に入った。呼んでも返事はないが、死んだ爺さんが出迎えに来てくれたと喜んで近付いていった。だがその顔は爺さんとは似ても似つかぬ恐ろしい怪物だった。口は耳まで裂け、牙は鋭く、眼光は物凄く、長い爪の両手を上げ今にも飛びかかってきそうな怪物を見て、婆さんは逃げ帰り「あとは来るなとのことか」と解釈して夜の墓参をやめたという。（橋本武『猪苗代湖畔の民話』）

見ていた地蔵 ［みていたじぞう］

福島県双葉郡浪江町幾世橋《きよはし》に伝わる。

昔、幾世橋の八幡様の坂から西原へ行く途中の地蔵堂で旅の六部が休んでいた。ある悪人がその六部を斬《き》り殺し、金を奪って逃げようとした。すると石地蔵が「俺が見ていたぞ」と声を発した。悪人は慌てて地蔵の首を斬り、何もかも放り出して一目散に逃げていったという。（岩崎敏夫『磐城岩代の伝説』）

三春駒［みはるごま］

旧三春藩領である福島県郡山市西田町高柴で作られる木製玩具。三春の木馬《きんま》、高柴木馬、子育て木馬とも呼ばれ、子供の疫病退散のお守りとされる。江戸時代末期には既に盛んに作られていたという。

延暦一四年（七九五）、坂上田村麻呂は大瀧山の夷賊《えみし》・大多鬼丸（**大武丸**）征伐のため東北へと進軍した。清水寺の開祖・延《えん》鎮《ちん》は仏像の余材で一〇〇体の馬の木像を彫って田村麻呂に授けた。田村麻呂の軍勢が苦戦を強いられていたとき、木馬たちは勇ましく嘶《いなな》いて大瀧山へ攻め上り、彼を勝利へ導いた。軍の下山と同時に木馬は消え失せ、一頭だけが高柴村で見つかった。村の杵阿弥は再び九九頭を造って数を補ったものの、後にはじめの一頭もどこかへ消えてしまった。残った杵阿弥の馬だけが子孫に伝えられたが、これで遊ぶ子はみな健やかに育ち、木馬に大豆を与えれば子のない家でも子宝に恵まれるほか、麻疹《はしか》・疱瘡《ほうそう》にかかっても症状が軽くなると噂された。こうして世に子育木馬が広まったという。（『郷土玩具辞典』丹野寅之助「玩具のもつ傳説三篇」『旅と伝説』通巻六号）

明神様の化物［みょうじんさまのばけもの］

福島県いわき市三和町《みわまち》永井に伝わる。

上永井の高戸には明神様の社《やしろ》があり、村人々から崇《あが》められていた。だが隣村から引っ越してきた婆様だけは信心せず、供え物は勝手に食べ、毎月の参詣もしなかった。ある村人の葬式の際、婆様は明神様の通り道とされる細道を通った。すると竹が一斉にざわめき、並の男の二倍ほどの背丈の太夫《たゆう》さま（神主）が出てきた。両手を広げ立ちふさがる太夫を見て、さすがの婆様も腰を抜かした。それからは婆様も明神様を拝んだという。（『永井の昔ばなし』）

百足［むかで］

福島県耶麻《やま》郡西会津町の安座《あんざ》にある赤城神社の縁起には、大百足が登場する。

俵藤太秀郷《たわらのとうたひでさと》が近江国瀬田唐橋《せたのからはし》で出会った蛇に、百足に我が子を取られるので退治してほしいと頼まれた。百足は人の唾《つば》を嫌うので矢に唾を吐きかけて射ると見事に命中し、身体が三つに飛び散った。安座には頭が飛来し、それを御神体としたのが赤城神社であるという。（『西会津地方の民俗』）

俵藤太の百足退治が神社の縁起として語られた一例。昔話として語られた例は伊達郡月舘町《つきだてまち》（現・伊達市）などで確認できる。橋の下から姿を現し人を喰らっていた

百足の化物と、弓の名人が対決する。しかし矢は百足の厚い皮を貫くことができない。最後の矢に唾《つば》をつけて射ると命中し、百足はギラギラと大量の油を流して倒れたという。(『月舘町の民俗』)

無行沼の魚 [むぎょうぬまのさかな]

福島県喜多方《きたかた》市に伝わる。

他所者《よそもの》が無行沼で魚釣りをしていると、魚が「おれは沼に身を投げた人の魂を食べて、ここまで生きてきたのだ。だから、この沼のさかなを食うことは、人の命を食うことだ」と言ってニィーッと笑った。その口には人の歯が生えていた。飢饉《ききん》の年、無行沼には大勢が身を投げていたという。(竹内智恵子・瀬川拓男「民話対談　奥会津の風土と民話詩」『季刊民話』創刊号)

無行沼の主 [むぎょうぬまのぬし]

福島県喜多方《きたかた》市の山間部にある無行沼(むぎょうぬま、ゆきなしぬま)の主。
大同年間(八〇六~八一〇)、磐梯山《ばんだいさん》の魔魅(**病悩の鬼魅**)が祟《たた》りをなしていた頃、沼尻の東の山上にある男沼・女沼の主も人に害を与えていた。女沼の主は山道を通る人を誘惑し、嫉妬した男沼の主が激しい風雨を呼ぶ。このために多くの人命が失われ、生きて戻る人がないため無行沼の名がついた。弘法大師は護摩行《ごまぎょう》を修して男沼へ錫杖《しゃくじょう》を投げこんだ。すると男沼から注ぐ流水が止まり女沼は涸《か》れ、人々は無事往来できるようになったという。(『會津の傳説』)
『喜多方市史』にも沼の主の話がある。吾平という若者と連れていた馬が、無行沼に舟を浮かべて微笑む美女に魅入られ水中に没した。その夜は暴風雨となったが翌朝には鎮まり、吾平と馬は沼の主の生贄《いけにえ》になったのだろうと噂された。人々は沼に貴船《きふね》神社を建立して安全を祈願した。

室石将監 [むろいししょうげん]

福島県福島市に伝わる。古くは『信達一統志』や『信達古語名所記』といった地誌類に記述がある。福島市佐原・あづま総合運動公園内の巨石広場にある「室石」は、この妖怪が化したものとされている。
昔、上名倉村《かみなぐらむら》の荒川の浜あたりにいた幻術使いの室石将監が狐と化し、長きにわたり人々に禍をなした。朝廷の命を受けた羽黒山の修験者三名が将監と対決し、ついに殺すことができたという。一説に将監は康保年間(九六四~九六八)に射干《やかん》の術で畜の性を受け、頭が狐、体は人間の姿になったが、良僧院という修験者らに退治され、禍をなさないと誓約したという。その誓紙は普門寺《ふもんじ》に納められ、将監自身は大石の下に封じられて、稲荷明神として祀《まつ》られたという。(『岩磐史料叢書　上巻』)
『信達古語名所記』によれば、室石将監は羽黒山で消息を絶った山伏で、後に室の大

石あたりに帰還したが、その時には人面狐身の姿に変わっていたという。将監は往来の人々を迷わせ通行を止めたため、羽黒山の良蔵院が一七日間の護摩修行を行った。八日目に狐の姿とした将監が現れ、障りをなさないことを約した証文を書き残したという。（『福島県史24　民俗2』）

巨石広場の案内板には、将監調伏《ちょうぶく》のため羽黒山から来た三人の山伏は、さらに五〇〇人の山伏を率い、村人たちも含めて総勢一〇〇〇人余りで祈禱《きとう》をしたとある。結果、将監は真人間に戻ると誓い、人々の歓喜の絶叫で大石にひびが入ったという。

目無しの幽霊［めなしのゆうれい］

福島県会津若松市融通寺町《ゆうづうじまち》（現・本町）の寺にまつわる死霊の怪異。『老媼茶話』には「幽霊」の題で次のようにある。

蒲生《がもう》秀行の乳母《うば》は讒言《ざんげん》を被《こうむ》り自害し、縁者であり融通寺町の古館山城安寺に住む覚《がく》夢《む》が葬儀を執り行うことになった。ところが覚夢は引導の渡し方すら知らぬ愚僧で、友人の絵師・九郎右衛門《くろうえもん》に相談し、一応それらしく読経をあげた。**火車**《かしゃ》に骸《むくろ》を狙われながらもどうにか火葬を済ませたが、翌日から乳母の幽霊が出て、昼夜の別なく寺をさまよい歩いた。この幽霊もやがて出なくなり、寺には九郎右衛門が写生した幽霊画が残されたという。（『近世奇談全集』）

幽霊が消えたのは絵が完成する直前だったともいう。ゆえに幽霊画には目が描かれていない。目なしの幽霊画は子供が見ると親が死に、妻が見ると夫が死ぬと伝えられた。（『會津の傳說』）

亡霊［もうれ］

福島県いわき市などでいう船幽霊。海難死した者の霊魂が海上に現れるもの。

亡霊という化物は人のような姿で足がなく、影のように現れる。時化《しけ》で船が進まない時、波の中から櫓《ろ》の当たる音を立てて亡霊が出ると、大波で船を転覆させようとする。底を抜いた長柄の柄杓《ひしゃく》を投げると消えるという。または亡霊は風上から来て、「杓貸《いなか》せ、杓貸せ」と声だけが聞こえるともいう。柄杓で水を汲《く》み入れられるので、底を抜いたものを渡さなければならない。

豊間の甚太郎という船頭は、時化に遭ったとき「ほうら食っていけ」と言って飯を海に撒《ま》いた。すると櫓も舵《かじ》も動きだしたという。かつて船で死んだ一三名が亡霊になり、腹を減らせていたのだという。（佐藤孝徳『昔あったんだっち』）

もおぞお

福島県いわき市小名浜地区に伝わる。

大晦日に藤蔵という人が船を出すと、海からモオゾオが化けて出て「藤蔵、何が一番怖い」と問うた。モオゾオが怖いと答えればやられてしまうので「家業が一番怖い」と言うと、モオゾオは引っこんだという。（佐藤孝徳『昔あったんだっち』）

海坊主に「家業が怖い」と答えて切り抜

ける話は、大阪の桑名屋徳蔵《くわなやとくぞう》の逸話として有名で、藤蔵も徳蔵の転訛《てんか》と思われる。

文知摺石［もぢずりいし］

磐城《いわき》国信夫《しのぶ》郡岡山村山口（現・福島県福島市）の文知摺観音堂境内にある石。文字摺石、鏡石、雲錦石とも。麦の青葉で石面をこすれば想い人が現れるといい、多数の訪問者に困った村人によって山上から落とされたという。松尾芭蕉も『奥の細道』に文知摺石を訪ねたことを記している。

源融《みなもとのとおる》は出羽の按察使《あぜち》に任じられ、山口の里の長者の娘・虎《とら》と親しくなるが、勅命により帰京を余儀なくされる。虎が観音に日参し、文知摺石を麦の青葉で磨いて願をかけると、満願の日に恋人の面影が浮かび上がった。そのせいで思慕の心はより強くなり、再会叶わぬまま虎は病死したという。小倉百人一首にも選ばれた「みちのくのしのぶもぢずり誰ゆゑに乱れそめにしわれならなくに」の歌は、源融が虎女《とらじょ》に贈ったものという。（岩崎敏夫『岩城石城の伝説』片平幸三『福島の民話』）

河原左大臣（源融）の乳母《うば》が若君を偲《しの》んで石を擦《こす》り、その面影を見たのが鏡石だともいわれる。（近藤喜一『信達民譚集』）

森の怪［もりのかい］

福島県相馬郡飯舘村《いいたてむら》に伝わる。

昔、野手上《のてがみ》の森にある鈴木法印の断食小屋に、ばんどり（むささび）を狩りに出ていた三浦のじさまが宿を求めてきた。二人が眠りに就くと、小屋にだらんと乳房《おっぱい》ぶらさげた婆さまたちがゾロゾロ入ってきた。目覚めた法印が祈禱《きとう》すると、婆はカラーッといなくなった。しばらくすると、白髪の小《ちっ》ちゃこい婆さまたちが来て小屋をぎっしり埋め尽くした。また法印が祈禱すると、これもすっぱりいなくなった。三浦のじさまは、それきりばんどり打ちをやめたという。（山本明『ふくしまの昔話』）

問答幽霊［もんどうゆうれい］

福島県会津美里町《みさとまち》松沢の松沢寺に出た幽霊。『因果物語（片仮名本）』中巻「幽霊ト問答スル僧ノ事」で語られる。

ある夜、松沢寺の秀可和尚のもとに幽霊が現れ「我、獄中（地獄）に入って種々の苦を受く。和尚、救いたまえ」と言ったので、和尚は「円通より出でて円通に入る。いずれの所に獄中があるか」と答えた。すると霊は「獄中を論ずることなかれ。この体を見よ」と言う。和尚が「その体、即ち仏性に隔てなし」と応じると、幽霊は「名をつけたまえ」と頼んできた。そこで「本《ほん》空禅定尼《くうぜんじょうに》」と戒名を与えると、霊は消え失せた。（高田衛（編）『江戸怪談集　中』）

水木しげるの著書では、この話は「幽霊問答」の題で紹介されている。

【や】

厄神［やくじん］

「事八日《ことようか》」に訪れる存在。名の通り厄難をもたらす神である。一二月八日や二月八日は厄神や悪魔などのよくないものが訪れる日とされ、難を避けるため目籠《めかご》を吊るす。

福島県耶麻《やま》郡西会津町では二月八日の朝早く厄神が通るので、入口に目籠、もみどおし（竹の編籠）など目のある物をかけておく。そうすると厄神は目に驚き家に入ってこないという。七日の晩、八日の朝は魔除けとして家の中から外へ塩水を撒《ま》く。

東白川郡塙町《はなわまち》真名畑《まなはた》では、二月八日に通る「やく神」を避けるため、七日の夜に家の入口に目籠を出しておく。ある家では皆に嫌われるやく神をかわいそうに思い、裏口にお膳を出してやるという。また、この日は忌日であり、山へ行くと怪我をするため仕事は休む。（『傳承文化』第五号）

須賀川市ではヤクジンガミが空から降りてこないように、目が多い籠を竿《さお》の上に付けて軒に吊るした。（『東北の鬼』）

弥三郎婆［やさぶろうばあ］

福島県南会津郡や大沼郡になど、新潟県に近い地域において事八日に現れるとされる妖怪。弥三郎嬶《かかあ》、弥三郎婆様とも。

南会津郡南郷村和泉田《いずみた》（現・南会津町）では、二月八日と一二月八日には目籠に赤いナンバンを結びつけて吊るしておく。そうすると弥三郎婆が籠の目を見て恐れ、退散するのだという。

会津高田町松坂（現・会津美里町《みさとまち》）でも同日の早朝から軒先にモミドウシ（目籠）を下げる。良い神は籠の目を通り抜けられるが、嫁いびりをする弥三郎婆は家に入れない。そば団子を食べておけば、これに喉を撫《な》でられないという。

大沼郡三島町では、弥三郎嬶が師走八日に磐梯《ばんだい》か天寧寺《てんねいじ》へ湯治に行くという。この鬼女は片腕を切断されているため、人家に飛びこみ人の腕を切り取っていくとされ、これを防ぐために門口にマメトウシ（箕《み》）をかけた。または弥三郎嬶は弥彦稲荷へ参詣に行く途中で、さらわれた子を取り返すため人家に侵入するともいう。三島町に伝わる昔話では、弥三郎嬶はらいこう様（源頼光）たちに腕を斬《き》られたことになっている。（『東北の鬼』）

山姥の髢［やまうばのかもじ］

「かもじ」は髪を結うときなどに地毛に添え不足を補う義髪のこと。福島県立博物館には「山姥のかもじ」と称する毛髪のようなものが収蔵されている。元は耶麻《やま》郡猪苗《いなわ》

代町《しろまち》の旧家の所蔵品で、布森山《ぬのもりやま》の山姥の髪と伝えられていたという。

　ある男が里人に害をなす山姥を退治しに行き、髪の毛を摑《つか》み取り持ち帰った。山姥は髪を取り返そうと男の家を訪れ、彼の子供を食い殺して復讐《ふくしゅう》したという。毛は山姥の髢として伝えられたが、持っていると不幸が起きるといわれて人手を転々とし、博物館が引き取ることになったという。(『あはひのクニ　あやかしのクニ』)

『老媼茶話』にも、会津若松城下の樵《きこり》が山中で雪のように白い山姥の髢を見たという話がある。ここでいう山姥は、老婆のような外見の一種の獣と理解されている。(『近世奇談全集』)

　山姥の髪や体毛に関する伝説や俗信は広範囲に分布している。氷厘亭氷泉『日本怪異妖怪事典　関東』「七難の揃毛」寺西政洋『日本怪異妖怪事典　中国』「山婆の田植」の項なども参照。

山の光［やまのひかり］

福島県南会津郡只見町で目撃された謎の光。田中康弘『山怪』に載る。筆者命名。

午前二時頃、ある男性が田子倉《たごくら》ダムの上の峠を通ったときのこと。真っ暗な山道に突如光が見えた。それは山の斜面から発せられる光で、大きさは二〇〇メートル以上あったという。話に聞く狐火でもなく、UFOだろうかとも思うが、それが何であったのかは分からないという。

夕顔観音［ゆうがおかんのん］

福島県相馬市尾浜松川に伝わる。

松川浦の夕顔観音は、夕顔に乗って海を渡り、鵜《う》の尾崎《おさき》に流れ着いた。浜に来る前には村人の夢枕に立ち「自分は今日白洲の浜に着いたから、その上の山に祀《まつ》ってくれ」と告げていた。祀られた観音様のそばにはいつの間にか小さな石が生まれ出ており、人々はこれを観音様が産んだものと考え、夕顔を奉納し安産を祈願した。(岩崎敏夫『磐城岩代の伝説』)

雪［ゆき］

福島県南会津郡只見町で語られた昔話に登場する。**雪女**、**雪女房**の類。

昔、深い山奥に市蔵という木挽《こびき》が住んでいた。ある吹雪の日、市蔵は道に迷って凍《こご》えていた都の若い女を家に泊めた。女は雪という名で、市蔵の家で過ごすうち彼の女房になり、子供にも恵まれた。市蔵は懸命に働いて幸福に暮らしていたが、余裕ができると酒に溺《おぼ》れていった。悲しんだ雪が諫《いさ》めても聞き入れられず、生活はまた困窮しはじめた。ある日、市蔵は飲み屋の女を連れ帰り、酒を出さない雪を叱《しか》りつけ「おれがあの雪の降る晩げ助けねえば、なじょがなっちまたぁべや、生きでいらんにゃがったぞ」と悪態をついた。翌朝、着物と赤い帯を残して雪は消えた。市蔵は後悔したが

雪は帰ってこなかった。（福島県教育委員会（編）『福島県の昔話と伝説』）

「雪女」の題で収載された話だが、怪しい力を発揮するでもなく、ただ黙って去る雪が寂しい余韻を残す。

雪姫［ゆきひめ］

福島県大沼郡三島町《みしままち》に伝わる。

ある所に子のない爺様と婆様がいて、せめてもの楽しみにと雪だるまを作って「雪姫」と名づけた。目鼻や口をつけると雪姫はまばたきをして、爺様と婆様の子供にしてほしいと言った。夢のような出来事に二人は大喜びし、雪姫を迎え入れ大事に育てた。春先のある日、雪姫は友達に誘われて野原へ遊びに出かけたが、次第に元気がなくなり、やがて姿が見えなくなった。雪でできた体は春の陽気でとけてしまったのである。爺様と婆様は嘆いたが、もう雪姫は戻らなかった。（福島県教育委員会（編）『福島県の昔話と伝説』）

百合姫［ゆりひめ］

福島県田村市に伝わる。

戦国時代、船引の城に百合姫という姫様がいた。姫は争いが繰り返される世を儚《はかな》んで、御用池に身を投げ死んでしまった。その翌日、地震が起こり池の水が渦を巻き、大空へと舞い上がって船引の里を霧に包んだ。人々が池に集まると、大風がごうごうと吹いて龍が現れた。龍は里一帯を覆いつくすほどに大きく、身はキラキラと黄金色に輝いているうえ、鈴の音を響かせ、百合の香りをふりまいていた。昇天する龍の瞳は百合姫のものであったため、村人たちは龍が姫の化身だと気づき、東の果てに消えていく姿を見送ったという。（『田村市の伝説』）

【わ】

笑う猫［わらうねこ］

猫が笑う怪異。

福島県福島市のある女性は、高校生のときに笑う猫を見たという。それはうららかな春の日の午後で、授業中に窓の外を見ていると、隣の家の瓦屋根の上で、猫が大の字になりニヤニヤ笑っていた。そのとき前の席の男子にも確かめたので、これは本当の話だという。（松谷みよこ（編）『現代民話考［10］』）

COLUMN 05

おばけと地図

各地の怪異・妖怪を観察するうえで地理的要素に着目すると、伝承や物語のディテールが浮かび上がり、解像度が増してくる。たとえば福島県の松川様《まつかわさま》が海から鮫川を遡上するルート、赤猪《あかい》などの妖怪が人間に逐《お》われる過程でついた地名などを実際の地図と重ね合わせてみれば、伝承のなかでの妖怪の軌跡がよりリアルに感じられてくる。

また、新潟県の関川村を舞台とし、東北各県にも伝わる「大里峠《おおりとうげ》」系の大蛇譚など、類話の分布をみれば、かつての人々の生活文化圏や情報の流通経路もうかがい知れる。富豪として大坂の鴻池《こうのいけ》家が出てくる妲己《だっき》の話や、近江《おうみ》商人が化猫南瓜《ばけねこかぼちゃ》の難に遭う話が山形県に伝わっているのも、酒田の港へ巡ってくる北前船《きたまえぶね》により上方《かみがた》との人や文化の交流がある土地だったと考えると合点がいく。

地域に根ざした研究者の調査や出版により、特定地域の伝承がやけに充実してしまうという例も多い。これは『遠野物語』以後の遠野の民話伝説集や『羽前小国郷の伝承』などを思い浮かべると分かりやすいだろうか。採集・記録・発表されることにより、相対的に「妖怪が多い」土地になってしまうこともあるのだ。この点は佐藤卓によるコラム「果物妖怪考」（Ｐ２０９）も参照されたい。

東日本大震災の被災者やその関係者には、霊的な体験をしたという人もいる。これにも地域ごとの被害状況や宗教者の分布など、地理的要因による語られ方の違いが見出せるようだ。いずれについても、ある怪異妖怪がその土地で語られたという事実は、地域住民の営みや、そこで過ごした個人の眼差《まなざ》しを大いに反映しているのである。

［寺西政洋］

［参考文献］
阿部八郎『越後せきかわ大蛇伝説』
高橋源・堀江宗正『死者の力　津波被災地「霊的体験」の死生学』

東北広域

【あ】

ああああ

宮城県や岩手県に伝わる化け物の名。

宮城県では宮城郡松島町鹿渡《しかわたし》に伝わる昔話に登場する。年を取った木挽《こび》きが「誰か銭こくれる人があったら、三人娘のうち一人くれてもええがなあ。ああ、ああ」と言うと、目の前に若い男が現れて「俺は「ああ、ああ」という者だが、いっぱい銭をやるから娘をくれ」と言ってきた。木挽きは大判小判の入った袋をもらい、一番目の娘を嫁にやった。

しかし、「ああ、ああ」の正体は人間を食らう化け物で、嫁になった娘に人間の腕を与えて「これを食え」と言ってきた。化け物が出かけると娘は食ったふりをして庭の隅に埋めたが、帰って来た化け物が「腕や、腕」と呼びかけると庭の方から埋めた腕が飛び出してきた。嘘《うそ》がばれた娘は手足を縛られ蔵に押し込められた。

銭を使い果たした木挽きは今度は化け物から大判小判の入った袋を二つもらい、二番目の娘を嫁にやった。娘は化け物が持ってきた人間の股《また》を灰の中に隠したが、これも一番目の娘と同じようにばれて蔵に入れられた。

その後、木挽きはまたしても銭を使い果たし、大判小判の入った袋三つと引き換えに三番目の娘も嫁にやった。化け物は今度は人間の脛《すね》を持ってきた。すると、どこからか「黒焼きにして腹に巻け」と謎の声がしたので、娘はその通りにすると、化け物が「脛や、脛」と呼んだときに脛が「腹にいで、出られねえ」と答えたのでばれなかった。化け物はお前は正直者だと言って、死人に刺せば生き返るという金色の針「生き針」や、生き物を殺す銀色の針「死に針」、「延命小槌」などの道具を与え、自分の弱点は熊柳の五葉で耳をつつかれることであると、語った。

娘は隙を見計らって、寝ている化け物の耳を熊柳の五葉でつついて殺し、蔵の中で死んでいた姉たちを生き針で生き返らせて助けた。化け物「ああ、ああ」の正体はあまのじゃくだったという。（佐々木徳夫『みちのくの海山の昔』）

岩手県遠野市宮守町に伝わる昔話にも「ああ、ああ」という名の化け物が登場するが、若い男ではなく女の姿で現れている。先ほどの話と同様に三人の娘が出てくるが、嫁入りではなく下女として雇われる展開であり、「ああ、ああ」の正体もあまのじゃくではなく、ヤマハハ（山姥《やまんば》）になっている。（佐々木徳夫『金棒太郎』）

また、岩手県稗貫《ひえぬき》郡湯口村（現・花巻市）には「ああ」という名の鬼が登場する昔話がある。昔、怠け者の若者が主人の言

いつけで遠くに用事に行く途中であまりに疲れたので松の木の下で「ああ、疲《ゆわ》い」と言って休むと「ああい」と返事をしたものがいる。周りを見ても誰もいないので不思議に思い、誰だと聞き返すと声の主は、俺は「ああ」という鬼で、悪いことをして神様に小箱の中に封印されている。ここを掘って俺を助けてくれればお前を一生ただで養ってやる、と言ってきた。若者が喜んで地面を掘り、小さな箱を見つけ開けてみると大きな鬼が出てきた。驚いていると、鬼は約束通り彼を養うと言って、風がふっと吹くと男は飛ばされてしまった。

　飛ばされた先は大きく立派な屋敷であった。男はそれから毎日遊んで暮らしたが、ある日、鬼が親の年忌で法事をしてくるが、三番目の蔵だけは見るなと言って、蔵の鍵を渡して出て行った。男は我慢できず蔵を開けてしまうとその中は広い野原になっていた。不思議だと思って歩いて見物していると一本の杉の木があった。そこに行くと、狼が吠《ほ》えながら向こうからやって来た。怖くなって杉の木に登り、助けを求めて叫ぶとその瞬間に狼は消え、どこからか鬼が出てきて、約束を守れない男を養えないと言ってどこかへ行った。男は広い野原に取り残されてしまったという。（藤原貞次郎「「ああ」といふ鬼」『昔話研究』創刊号）

［佐藤卓］

アク坊主［あくぼうず］

囲炉裏の灰をいじると現れるとされる妖怪。「アク」とは灰のことである。

　民俗学研究所（編）『綜合日本民俗語彙』の「アクボウズ」の項目によれば、秋田県の仙北《せんぼく》・雄勝《おがち》両郡では炉の灰を掘る子供があると、アク坊主が出るといって戒めるという。また、奥南《おうなん》地方では同じような時にアマノジャクが出るというそうである。

　かつて青森県八戸市で『奥南新報』という新聞が発行されていたことなどから、ここでいう奥南地方とは、青森県のことであろう。ちなみに『宮城縣史21　民俗Ⅲ』に、『綜合日本民俗語彙』が典拠と思われる、「アクボウズ」（灰坊主）についての記述があるが、「福島の一部ではこれをアマンジャクと呼んだ」としている。恐らく奥南地方を福島県（奥州の南部だからか）、アマノジャクをアマンジャクと誤読・誤記してしまったものと思われる。

　また、同じ『綜合日本民俗語彙』では、アク坊主の「ボウズ」は僧侶のことではなく広義の怪物の意味であるとして、その例として、岩手県九戸郡では、一膳飯を食べるとボウズにあうとか、湯に二回入るとボウズに皮を剥《は》がれるという伝承を紹介している。参考文献に『九戸郡誌』を挙げているが、原文では「ボーズ」表記である。（岩手県の**ボーズ**参照）

　この記述からか、千葉幹夫『全国妖怪事典』や村上健司『妖怪事典』では、アク坊主を岩手県の妖怪としている。これらの事典の影響により、近年の妖怪関連書籍ではアク坊主は秋田県や岩手県の妖怪と紹介されることが多い。しかし、『九戸郡誌』の

あるボーズは一膳飯を食べたり湯に二回入ると現れたりするとされるもので、囲炉裏の灰をいじると現れるアク坊主とは別物である。岩手県内で「アク坊主」という名称の妖怪の伝承が見つからない限り、アク坊主は岩手県の妖怪とはいえないのではないか。

　ところが、囲炉裏の灰をいじると現れる妖怪が、岩手県内で全く確認されていないかというとそうではない。二戸市浄法寺町では、シビト（囲炉裏）で髪を梳《す》いて髪の油を落としたり、炉を掘ったりすると「坊主」または「アマノジャク」が出るとしている。（野村純一（編）『浄法寺町昔話集』）遠野市では炉の灰を掘ると**ボコ**が出る、二戸郡では炉の灰を弄《もてあそ》ぶと中から**アマネサク**が出てくるとされる。これらをすべてアク坊主の同類として一括《くく》りにするならば、アク坊主は岩手県の妖怪といえるだろう。

　アク坊主は岩手県の妖怪であるか。これは難しい問題である。

［佐藤卓］

悪路王［あくろおう］

東北各地の坂上田村麻呂《さかのうえたむらまろ》伝説や田村語り（坂上田村麻呂、藤原利仁をモデルとした田村丸利仁にまつわる物語）に登場する蝦夷《えみし》の長。鬼であるともされる。陸奥国胆沢《いざわ》で活躍した蝦夷の族長、アテルイ（大墓公《たものきみ》阿弖流為《あてりい》）と同一視する見方もある。（定村忠士『悪路王伝説』）

　鎌倉時代成立の歴史書『吾妻鏡』によると、平泉達谷窟《たっこく》（岩手県西磐井郡平泉町平泉北沢）が悪路王の根城であったという。かつてこの地では蝦夷の首領、悪路王や赤頭《あかがしら》などが、良民を苦しめ東北開拓の妨げとなったため、桓武天皇の命で、田村麻呂利仁が彼らを征伐した。田村麻呂は戦いに勝った礼として、九間四面の精舎を建て、京都の鞍馬寺を模して多聞天の像を安置し、西光寺《せいこうじ》と名付けたという。（大塚徳郎『坂上田村麻呂伝説』阿部幹男『東北の田村語り』）現在、西光寺には田村麻呂奉納と伝わる鬼の歯や牙が所蔵されている。（登米市歴史博物館（編）『坂上田村麻呂伝説～東北に息づく田村ガタリ～』）

　達谷窟近くの姫待《ひめまち》が瀧の伝説にも登場する。仙台藩医、相原友直の『平泉旧蹟志』によると、昔、ある中納言の娘が悪路王によってこの窟に連れ去られた。父母は娘がいる場所を突き止め、密《ひそ》かに手紙を送り、それを読んだ娘は、悪路王を外に連れ出して酒を勧めて酔わせた。この時、滝の陰に父母が都から寄こした迎えの者が隠れて待っており、悪路王が酔いつぶれている隙に、娘は迎えの者と合流し、無事に都へと帰ったので「姫待が瀧」の名が付いた。

　悪路王の名は平泉達谷窟に限らず、各地の寺社縁起や地名伝説にも見られる。阿部幹男によれば、田村語りを題材とした御伽《おとぎ》草子『田村の草子』や『鈴鹿の草子』などに悪路王が登場し、さらにこれらを底本とした奥浄瑠璃《おくじょうるり》『田村三代記』が東北地方で流布したことでその名が広く知られたという。これらの作品でも悪路王は奥州に現

れ退治される存在として描かれるが、人間ではなく完全な鬼、鬼神として登場するものもある。（内藤正敏『鬼と修験のフォークロア』阿部幹男『東北の田村語り』）

宮城県白石市斎川《さいかわ》では、古将堂及び遊王山高福寺の由来に登場し、凶悪の徒、盗賊と表現されている。仙台藩の儒学者、佐久間洞巌の『奥羽観蹟聞老志』によると、田村麻呂はこの地に住む妖魁《ようかい》を退治しようとしたが、草むらに隠れたり洞窟に潜んだりして捕らえられなかったため、鈴鹿神に祈ると、飛来した神が妖魁を滅ぼし、その首を塚に埋めた。こうしてこの地は平和になり、鈴鹿神を祭る祠《ほこら》が建てられ「古将堂」や「将軍堂」と呼ばれるようになった。一説には、悪路王や赤頭など凶悪の徒が、黄土や丹砂で身を飾り怪物のふりをして人を襲っていたのであり、全て盗賊の仕業であったという。悪路王が好きなように荒らし回ったので「遊王山」の名がついたという。（阿部幹夫『東北の田村語り』）

青森県では、悪路王は岩木山に棲む鬼とされ、田村麻呂に征伐されて七人の鬼と共に東津軽郡袴腰山《はかまごしやま》に逃れたという。田村麻呂が追撃をかけると悪路王らは海を渡って下北半島の宇曽利山《うそりやま》へ逃げた。そのため八鬼山《やきやま》が転じて焼山とも呼ばれるのだという。（森山泰太郎（編）『陸奥の伝説』）

秋田県湯沢市でも鬼として伝わり、名は「あぐろ王」となっている。平安時代に湯沢一体を荒らし回っていた鬼の王で、隣接した羽後町一帯を支配していた同じく鬼の王である赤頭王と連携し、討伐に来た坂上田村麻呂を散々苦戦させた。魔法を用いて霧と毒風を操り朝廷軍を散々苦しめたが、田村麻呂に助力を申し出た**蓮華台《れげだい》の大蝦蟇《おおがま》**により魔法を無効化され、砦《とりで》まで攻め入れられてしまった。最後は田村麻呂と一騎討ちに及んだが、喉に矢を射込まれて倒されたという。あぐろ王が根城にしていた砦は鬼落山で、山中の洞窟にある「あぐろ岩」にはあぐろ王の手形が残っている。また、あぐろ王亡き後もその魔法の影響は残っており、霧がよく出ることからこの辺りは「霧畑（切畑）」という地名で呼ばれている。（黒沢せいこ『横手盆地のむかしっこ』）

同じく田村麻呂伝説や田村語りに登場する**大武丸《おおたけまる》**や**高丸《たかまる》**と結び付けられることもある。青森県浪岡の加茂神社の縁起によれば悪路王は高丸配下の女頭領で、これを討ち取った田村麻呂は五本松のそばに首塚を築いて葬った。だが悪路王の霊が祟《たた》って首塚は鳴動したという。（中道等『奥隅奇譚』）

宮城県名取郡秋保町《あきうまち》（現・仙台市太白区秋保町）の秋保神社の縁起では、先述の達谷窟に住んでいたのは大武丸、高丸、悪路王であったとし、これらを退治した時に、熊野権現をこの地に勧請したという。（大塚徳郎『坂上田村麻呂伝説』）

また、岩手県江刺市の大森山付近の伝説では、大武丸と悪路王は兄弟であり、大武丸の子である**人首丸《ひとかべまる》**（悪路王にとっては甥《おい》）がこの地で猛威を振るっていたという。

［佐藤卓］

アクロバティックサラサラ

インターネット掲示板への投稿により知られるようになった妖怪。福島県を中心とした東北地方一帯に出没すると噂され「悪《アク》皿《サラ》」という略称も広まっている。

朝里樹『日本現代怪異事典』によれば、ネット上での初出は『2ちゃんねる』オカルト板のスレッド「ヤヴァイ奴に遭遇したかもしれん」（二〇〇八年九月二二日）。長身の奇怪な人物に遭遇した福島の大学生による体験談が投稿され、別の人物から、それが福島で噂される「アクロバティックサラサラ」だと指摘されるという流れで初めて名称が登場した。それは異様なほど背の高い女で、真赤《まつか》な帽子や衣服、長い黒髪、目玉をくり抜かれたような空洞の眼窩《がんか》、左腕に刻まれた無数の傷跡などが特徴。サラサラの髪をなびかせ、常人離れしたアクロバティックな挙動をとるためその名がついたという。スレッドでは、初期から「八尺《はつしやく》様《さま》」や「高女《たかおんな》」との類似性が指摘された。

マンションの屋上から飛び降りて地面すれすれのところで消える、走行中の電車の前に突然現れるといった異常な行動をとるといい、人を攫《さら》う、追いかける、凄い力で引っぱって事故に遭わせるなどの凶行をはたらくこともあると語られている。福島のみならず宮城、秋田、岩手、山形の各県でその存在が知られていたとされ、スレッドが進行するにつれ複数の体験談や噂、類似する怪談、東北地方以外での目撃談までもが寄せられた（広島県での目撃談は『日本怪異妖怪事典　中国』を参照）。福島の某ビルから女が飛び降りて惨死し、死後も血まみれの姿でビルに現れたという怪談も投稿され、それが悪皿の起源ともされている。このようなネット上の情報を元に、近年では朝里樹『日本のおかしな現代妖怪図鑑』並木伸一郎『47都道府県あなたの県の怖い話』といった児童向け書籍でも、福島県の妖怪・怪異として取り上げられている。

吉田悠軌は二〇一九年に福島県出身の女性からアクサラの話を聞いたという。彼女の子供時代（二〇〇〇年代と推測）にはそれを見た同級生が何人もいたというが、名前を呼んだ人のもとにも現れるため、あえて略して呼んでいたという。（「赤い女がやってくる」北原功士『令和怪奇画報　怪異都市伝説編』）

［寺西政洋］

小豆研ぎ ［あずきとぎ］

川辺などで小豆を洗う音を立てる妖怪。全国各地に分布し、小豆洗いとも呼ばれる。正体についても、蝦蟇《がま》や狐狸《こり》などの動物から亡霊、音がするだけで正体不明など伝承により異なり幅広い。動物が正体とされるパターンでは、山形県最上町本城の見《けん》性寺《しょうじ》七不思議の一つに「小豆研ぎ」がある。これは夜中に石橋下からザックリコザックリコと小豆を研ぐ音が聞こえてくるというもので、カワワラスの笑う声だとか、二匹の大蝦蟇が背中のイボをこすり合わせて出す音といわれていた。「善右衛門《ぜんにむ》屋敷」

と呼ばれる富澤村《とみさわむら》の庄屋屋敷の古池にも小豆研ぎが出たという。（『羽前小国郷の伝承』）山形県新庄市では岡崎町から山片町に抜ける橋に小豆研ぎと呼ばれる狐がいて、ざっくざっくと小豆を研ぐ音を立てた。（『かつろく風土記』）山形県村山市の本覚寺《ほんがくじ》では川獺《かわうそ》が小豆研ぎをしたという。近くの畑から小豆を取り、川で洗って食べていたもので、その時の音が村人を怖がらせていた。（『山形県山形・村山地方の伝説』）亡霊とされるパターンでは、山形県寒河江市道生《どうしょう》の三吉橋の小豆研ぎは人間の霊であり、小豆をこぼしたことで舅《しゅうと》になじられた嫁が首を吊り、小豆を研ぐ音を立てた。供養をすると音は止んだが、嫁のいた家は衰微してしまった。（『山形県山形・村山地方の伝説』）秋田県湯沢市の蓮台寺境内であった所にはオンコ（イチイ）の古木があった。夜にこの木の下を通ると、樹上で小豆を洗う音が響いて来るので恐れられていた。大正頃、家を新築するためにこの土地を造成したら人骨が出てきたので供養したとされる。（木崎和広『羽後の伝説』）

正体不明だが音だけするパターンでは、福島県東白川郡塙町真名畑《はなわまちまなはた》に伝わる矢野草《やのくさ》へ行く途中、杉森のある寂しい場所を夕方に通ると、下の川で小豆を研ぐ音がして「アツギトギマショカ、人トッテ喰イマショカ、ザックザック」という声が聞こえるという。（成城大学民俗学研究班「福島県東白川郡塙町真名畑採訪記」『傳承文化』第五号）秋田県仙北市角館町の細越坂《ほそごえざか》には高清水という水の湧く場所があったが、この清水から小豆を研ぐ音が響くようになり、人々は「小豆研ぎの化け物が出る」と恐れて近寄らなくなった。角館雲沢の三左衛門の氏神そばに生えた大杉にも、小豆研ぎが時々出たという。（長山幹丸『秋田の伝説』）同じく仙北市角館町では『小豆とぎ』は**カブキリ**とも呼ばれ、水辺に住む。角館では細越坂上、中川では若神子《わかみご》、下延《しものぶ》では檀ノ越などの堰《せき》や清水のそばに現れる。大蝦蟇が背に水を受けて身体を揺する際に小豆を研ぐような音がするのだという。（「音と民俗（秋田県仙北郡角館附近）」『旅と伝説』一一巻七号）正体不明だが、正体が示唆されている場合もあり。山形県西置賜《にしおきたま》郡白鷹町《しらたかまち》では夜になると小川で小豆を研ぐ音が聞こえるといって子供たちが怖がっていた。これは小川の水音がそのように聞こえることがあるものと解釈されていた。（中央大学民俗研究会「山形県西置賜郡白鷹町調査報告書」『常民』第三一号）。部類別索引「小豆」も参照

［戦狐］

小豆研ぎ石［あずきとぎいし］

秋田県、岩手県に伝わる。小豆洗いや**小豆研ぎ**の一種で、石が女に化身し、小豆を研ぐと伝わる。秋田県雄勝《おがち》郡羽後町に伝わる話では、昔、五合田《ごごうだ》の道と堰《せき》の間に、真夜中にタスキを掛けた若い女が現れ、歌いながら小豆を研ぐようになった。村の若者たちが見に行ったが、歌を聞いただけで震え上がって逃げ出した。この話を聞いた度胸のある侍が乗り込んだ。侍が草むらに身

を潜めていると、真夜中過ぎに案の定、小豆を研ぐ音と歌が聞こえ始めた。侍が飛び出し、小豆を研いでいた女を刀で斬《き》りつけると、その瞬間に刀は折れてしまい、侍は気絶してしまった。夜が明けて目覚めてみると、側には折れた刀と刀傷がある大きな石があった。この石はその後「疱瘡《ほうそう》の神」として祀《まつ》られ、赤飯を供えられるようになった。（秋田県羽後町教育委員会（編）『羽後町の伝説』）岩手県では、奥州街道状小《じょうご》屋《や》の入口にある「ます沢山」の麓に小豆とぎ石と呼ばれる大きな石がある。夕暮れにその石から小豆を洗う音がし、髪を乱した女が現れると、旅人に恐れられ難所の一つとして有名になった。馬場に住む山伏である熊野山万宝院が大石の霊を鎮めるため、芦名橋《あしなばし》のたもとに地蔵尊を建立し悪霊を鎮め供養したと伝わる。（太田忠雄『姫神物語』）。

［戦狐］

油取り［あぶらとり］

子供を誘拐《ゆうかい》し油を搾《しぼ》ると噂された怪人。『遠野物語拾遺』にある岩手県遠野の例がよく知られている。明治維新の頃「油取りが来る」という風聞が村々に広まった。夕方を過ぎてからは女子供は外出無用とのお触れが庄屋や肝煎《きもいり》から出されるまでになり、遊びに出ていた娘が攫《さら》われた、子供がいなくなったなどの噂が流れた。同じ頃、河原にハサミ（魚を焼くための串）が捨てられており「子供を串に刺して油を取ったのだ」とひどく恐れられた。油取りは紺《こん》の脚絆《きゃはん》と手差を着けた人だともいわれ、これが来ると戦争が始まると囁《ささや》かれていた。『羽前小国郷の伝承』によれば、山形県最上郡最上町でも明治初頭に油取りの噂が流布したという。油取りは子を攫うので、他所者《よそもの》には気をつけ、夕方は早々に帰るようにと子供らにきつく言い聞かせていたという。人々は昔話の「油取り」（異国人などが人の油や血を絞って染物を作る話）を思い起こし、特に女の子は綺麗《きれい》な油をたんと絞られるといって恐れていたらしい。

昔話の油取りは各地で語られたもので、主人公が捕まり油を搾られそうになるが、実はそれは夢だった――という、どんでん返しの結末が多い。岩手県二戸郡浄法寺町では、博奕《ばくち》打ちが爺と婆の家に泊めてもらうが、実は二人は人肉を焼いて油を取る者で、慌てて逃げようとした瞬間に悪夢から覚めるという話が採集されている。（『浄法寺町昔話集』）

［寺西政洋］

飯綱［いづな］

人に憑《つ》いて心身の異状を引き起こす小獣の一種。小さな鼠《ねずみ》や鼬《いたち》、または狐のような動物として語られていることが多い。関東や東北地方に広く伝わるもので、飯綱、飯縄もしくは伊豆那と表記されるほか、東北ではいづな（いずな）、いいずな、いじな、えじな、えずな、えづなっこなどと発

音される。かせぎ、こえぞいたじ、いたぢのめ、えたか、えたかきつね、もうすけ、浄土狐などの憑物《つきもの》も同様の存在と捉えられている。これらの憑物の話は東北地方ではかなり多くみられる。（石塚尊俊『日本の憑きもの』及川儀右衛門『みちのくの百姓たち』）一方、西日本に多い「憑物筋《すじ》」のように特定の家系と憑物が結びついているという認識は薄く、個人（**飯綱使い**）が憑物を操作すると考える風潮が強かったようだ。（川島秀一『ザシキワラシの見えるとき』）飯綱は不景気になると流行し、岩手県九戸郡九戸村では明治から大正にかけ盛んに噂されたという。（『民俗採訪』昭和六二年度号）

飯綱に憑かれると、むやみに食べ物を欲しがり、獣のように食器へ口をつけて食ったり、発熱して譫言《うわごと》のようにあらぬことを口走ったりする。たやすく離れることもあるが、法華宗のノリキ（行者）などに頼んで読経や祈禱《きとう》、時に暴力や脅迫をも伴う憑物落としを行う場合がある。（『みちのくの百姓たち』）この行為が「憑かれた」とされる者を死に至らしめることもある。秋田県鹿角《かづの》郡曙村《あけぼのむら》（現・鹿角市）では、カミサマ（祈禱師）にエジナ憑きと診断された者が、荒行の結果死亡する事件があったという。（佐々木金一郎「迷信による狂女殺しの実態」『民間伝承』一八巻一号）

青森県三戸郡南郷村世増《よまさり》では、ある家の婿《むこ》様にイズナが憑き、小屋の中で暴れて大騒ぎになったという。世増の三峯神社の札《ふだ》を持っていくと、イズナがとれて元に戻ったという。（『世増・畑内の民俗』）下北郡東通村《ひがしどおりむら》でいうエジナは人のみならず馬にも憑く。落とすには田名部《たなぶ》のイタコを頼まなければならない。また、他人が羨《うらや》むようなことを平気でやる人に憑きやすいという。（『民俗採訪』昭和三七年度号）

飼育下でも野生でもイヅナはよく繁殖すると考えられた。東北某所では用水路付近でイヅナがたくさん生まれたというが、これはイタコが飼っていたのが逃げてきて殖《ふ》えたものという。狐（イヅナ）が人に憑くとき、魂が抜けた肉体は半死半生の抜け殻《がら》になるとされ、それを「からの狐」と呼ぶという。（中市謙三「人狐と巫女」『旅と伝説』通巻一二五号）

秋田県の北秋田地方ではオコジョをモウスケと呼び、狐より恐ろしいものとする。仙北《せんぼく》地方ではオコジョをイヅナと呼び、イチコ（イタコ）が使役するという。（武藤鉄城『秋田郡邑魚譚』）仙北郡小友村《おともむら》落合では野生のイヅナをエダカ狐と呼び、やはり憑かれると異常な言動をとるとされた。（小玉暁村「妖狐伊豆那の話」『旅と伝説』通巻九三号）

［寺西政洋］

飯綱使い ［いづなつかい］

飯綱を使役する術者。飯綱持ち。各地を巡る宗教者・修行者のなかには飯綱を使う者がいて、その力を駆使して占いや祈禱《きとう》を行うとされた。また、かれらに飯綱を授けてもらえば他の者も飯綱使いになれるという考えもあった。飯綱使いは主に東日本で

活動していた行者で、信州飯縄権現《いづなごんげん》に起源をもつ修験系の術者が主であるが、それ以外の僧侶や巫女《みこ》も飯綱を使うといわれた。『茅窓漫録』には、伊豆那《いづな》の術は人を眩惑《げんわく》する邪法悪魔で、その起源は仙台飯縄山だと記されている。（『日本随筆大成22』）

東北地方ではイタコが飯綱または管狐《くだぎつね》のような霊的な小動物を使役すると考えられていた。青森県津軽地方のイタコたちは「お大事」と呼ぶ筒に収めたお守りのようなものを所持している。中身を見ることは禁じられているが、九九匹の狐を描いた図などがあり、そこから一匹が抜け出してイタコを助けるという。（笹森建英『津軽のイタコ』）岩手県二戸地方でも、イタコが持ち歩く茶色の筒の中に狐がいてものを言うとされた。（山口彌一郎『二戸聞書』）

東北のイヅナは山形県最上の八将山や宮城県仙台の竹駒稲荷、秋田県雄勝《おがち》の杉宮などのお使いだともいわれ、イタコやノリキはそれを借り受け使っているという。かれら使役者のことを飯綱使い、浄土狐使いと呼ぶ。ただし、イヅナを借りるには神社に保証金を支払ったり、年限を定めておいたりといった制約があり、毎日イヅナの餌が必要になるばかりか、一ヶ月に一二匹ずつ子を産むため、手に負えなくなり捨ててしまう者もいたという。（小玉暁村「妖狐伊豆那の話」『旅と伝説』通巻九三号）

柳田國男の『遠野物語拾遺』には、岩手県気仙郡小友村鮎貝《おともむらあゆがい》（現・遠野市）の人が飯綱使いに出会い、飯綱を買い取って飼育法や使い方を教わり、恐ろしく当たる八卦《はっけ》置《お》き（占い師）になった話がある。この飯綱はごく小さな白い狐だったという。戦後の東磐井《いわい》郡小梨村（現・一関市）にいた日蓮系の僧もイヅナ持ちだったという。彼はイヅナをモルモット大のものと認識し、クダ（管狐）はイヅナとは別物で、飛行し人の腸を食い破るなど、より勢いの激しいものと捉えていた。（藤村則善「奥州気仙沼伊豆那見聞録」『伝承』第五号）

山形県最上郡最上町では、他郷から「エズナ使い」という八卦置きがやって来て、懐《ふところ》で養育しているエズナから神のお告げを聞いたという。エズナは鼠よりも小さな白狐で、エズナ使いから種狐《たねぎつね》を分けてもらえば、自分もエズナ使いになれるという。だがエズナを手放すときには自身が死ぬか、死ぬほどの苦しみを受けるといわれ、覚悟のない者は譲ってもらえなかったらしい。（『羽前小国郷の伝承』）

山形県南置賜《みなみおきたま》郡中津川村須郷《すごう》のイヅナ使いは「井綱」という姓を名乗る法印で、雌雄の小さな狐を使っていた。何か伺《うかが》いをたてるとき、まず雌を使いに出し、なかなか帰ってこない場合に雄を出し連れ帰らせたという。（『民俗採訪』昭和二九年度号）

飯綱使いが憑物《つきもの》で病人を出し、自作自演の祈禱をすると勘繰られることもあった。岩手県の室根村《むろねむら》（現・一関市）では、八卦置きがお祓《はら》いしたさに鼠大の白狐を使い、行く先々に病人を出すと噂された。（川島秀一『ザシキワラシの見えるとき』）

岩手県二戸郡浄法寺町では、昭和一〇年（一九三五）頃、山でマッチ箱に入るほど

小さないづなが二〇匹ほどで遊んでいるのを見た人がいるという。これは三戸のヤマド（山仕事をする人）が飼っていたもので、数が増えて捨てられた大きめの個体群なのだという。（『浄法寺町昔話集』）

歴史・伝説上の人物が飯綱の法を使ったという逸話も様々な例がある。源義経たちが追手を逃れ平泉を目指す道中、最上の亀《かめ》割山《わりやま》（山形県）にて北の方が産気づき、**常陸坊海尊**《ひたちぼうかいそん》が飯綱狐《えつなぎつね》を使い安産に導いたという。飯綱狐には信州飯縄山、京都稲荷山、仙台飯綱三郎の三系統があり、仙台のものは海尊が始祖だともいう。禅僧の長谷賢宗は瀬見《せみ》温泉で不思議な老人から、九匹の狐のような模様が浮かぶ「海尊の飯綱石」を授けられたという。（藤原相之助「奥羽の仙人傳説」『旅と伝説』通巻三六号）

米沢城代・岩井大膳も飯綱の法によって**右近**《うこん》**・左近**《さこん》という狐を使役したという。

只野眞葛が奥羽地方の奇聞などを綴った『奥州波奈志』には、清安寺という寺院の和尚が飯綱の法を修めた狐使いだったとある。和尚は法の伝授を求める橋本正左衛門に試練を課し、一夜ごとに鼠や蛇の大群の幻を差し向けた。三夜目には臨終間際の衰弱しきった実母の幻が現れ、正左衛門は耐えかねて法の修得を諦めて去ったという。（『女流文學全集　第三巻』）秋田県の**狐使いの秦与五兵衛**の話にも類似した構造がみられる。

［寺西政洋］

猪の怨霊 ［いのししのおんりょう］

宮負定雄『奇談雑史』にあるもの。熊野本宮大社の神官・竹内太夫が語った怪異。

文化年間（一八〇四〜一八）、奥州某所に狩人がいた。ある夜、彼の山小屋に怪しい小僧が訪ねてきた。小僧は飯櫃《いいびつ》の飯や猪の皮を食い尽くすと「俺はお前の手にかかって打ち殺された千疋猪《せんびきいのしし》の怨霊だ。他に食うものがないのならお前を食い殺してやろう」と言った。狩人は親と妻子に別れを告げたいと言って、猪の怨霊から三日間の猶《ゆう》予《よ》をもらった。折しも村に滞在していた竹内太夫は、危難を知ると狩人を家にこもらせ、窓や戸口に熊野の御祓守を貼りつけた。約束の夜、丑《うし》の時に荒れ狂う猪が数多《あまた》現れたが、家の中には入れず、悔しげに歯《は》噛《が》みをして去った。狩人はそれきり狩猟を辞めたという。（佐藤正英・武田由紀子（校注）『奇談雑史』）

［寺西政洋］

丑年に現れる弘法大師 ［うしどしにあらわれるこうぼうだいし］

秋田県、山形県に伝わる。秋田県由利本荘市の光禅寺に尼がいたが、ある時、町へ出かけた帰りに粗末な服装の坊さんに会った。坊さんが「尼、どちらへ参るかな？」と尋ねて来たので、尼が「洗濯の洗い替えを買いに町まで行ってきました」と応えると、坊さんは「尼どもは良き物を着て、面白き事よのう」と言う。尼は親しみを覚えたので「お前さんにも洗濯して上げましょう。この下の寺までおいでなされませ」と申し出て、そのまま別れた。尼が寺へ帰ると是山《ぜざん》和尚が「今さっき、坊様に会わなか

ったか？」と尋ねて来たので、坊さんについて報告すると、和尚は「今年は丑年なので、その方は弘法様ですよ。一三年前の丑年に、土佐でそなたに手拭いをくれたお方です」と教えてくれた。思い出した尼は「追いかけて御礼ばかりも申し上げたい」と言ったが、和尚は「そのような尊いお方は、追いかけても会われないものですよ」と諭した。（『赤田の閑居様』）山形県の福沢村（現・東置賜《ひがしおきたま》郡高畠町《たかはたまち》）にも似たような話があり、丑年に弘法大師が精進している家に立ち寄り、摺鉢《すりばち》の目立てをすると言われていた。宝暦年間（一七五一～六四）の頃、**飯綱**《いづな》使いの関戸甚六は疑念を抱き、肝煎《きもいり》の家で待ち伏せした。八つ半（午前三時）過ぎ、何者かが堀を越えて部屋に入って来た気配を察した甚六が窺うと、侵入者は一〇歳ばかりと見える白衣の小僧で、団子や油揚げなどの供物を取り、灯明を吹き消している。甚六は隠れていた所から飛び出して小僧を取り押さえ、所持品を奪ったが、小僧は甚六の腕を外すと堀に飛び込んで逃げてしまった。甚六が小僧から奪った物は乾鮭《からざけ》のヒレに似た品で、人家に置いておくと茶碗や鉢に自然と水が湧いたり、台所や庭が水浸しになる災いをもたらしたという。この弘法大師の正体は川獺《かわうそ》ともされる。（『現代語訳　童子百物かたり―東北・米沢の怪異譚』）

　なぜ丑年に現れるのか、そもそも本物の弘法大師だったのかは不明。丑年に僧侶とすれ違ったら、親切にするのが良いのかもしれない。

［戦狐］

海坊主［うみぼうず］

日本各地に伝わる海の妖怪。海上に大きな入道姿で現れ、船を沈没させるなど、多くの場合人間に危害を及ぼす存在とされる。（日野巌『動物妖怪譚　上』）

　宮城県石巻市網地島《あじしま》に伝わる話では、藩政時代の末頃に大戸平という力士の祖父が、海坊主に出会ったという。彼が夏の夕べに砂浜を歩いていると、突然後ろから何者かに袖を摑《つか》まれた。力自慢の彼は咄嗟《とっさ》に相手の手首を握ろうとしたがぬるぬるしていて摑めない。このままではまずいとそばに引き揚げてあった船に摑まったが、船もろとも海に引きこまれそうになってしまう。その時、通りがかった人たちがこの様子を見て、流人の脱島（網地島は流刑地）と勘違いし、誰だと怒鳴ったので、海坊主は袖を引きちぎって倒れた。その隙に祖父は逃げたが、その後病みついてしまい、しばらくして亡くなったという。（宮城県教育会（編）『郷土の伝承　第一輯』）

　秋田県では湖に現れた事例がある。八郎潟で漁をしていると、急に水面が荒れ、真っ黒な大坊主が出てくる。こういう時は底を抜いた輪箱《わっぱ》（曲げわっぱ）を投げてやれば助かるという。（戦狐聞き書き）

　底を抜いた輪箱を投げるという対処法が船幽霊を彷彿《ほうふつ》とさせるが、この他にも海坊主と船幽霊が混同された伝承は見られる。宮城県気仙沼市大島では、海上でモーレン（海坊主）と行き会うことがあるという。

雨の強い時などに大きな三本柱の帆前船と出くわし、ぶつかったと思っても実際には何も起きていない。これは海で亡くなった者の亡霊の仕業であり、時には船の前に山のようなものを出現させるが、避けたりすると横に岩があって乗り上げてしまうので、正面から抜き切れば消失するという。（柳田国男（編）『海村生活の研究』）

その他、同じ大島には、美女に化けて夜中に船を漕《こ》いでいる男に泳ぎの競争を挑む、変わった海坊主の話があるなど（今野圓輔『日本怪談集　妖怪編』）、一口に海坊主と言っても姿や行動は様々である。

宮城県の**海坊頭**《うみぼうず》、福島県の**もおぞお**なども参照。［佐藤卓］

烏帽子柿の化物［えぼしがきのばけもの］

宮城県宮城郡松島町手樽《てたる》、秋田県由利本荘市東由利蔵《ゆりくら》に伝わる。

ある寺に目鼻のないのっぺらぼうで頭の上に口がある化物が現れた。化物は「炒《い》った豆食わせろ」と言ってきたので言う通りに豆を食わせると満足して帰っていった。しかし、それから毎晩のように現れたので、ある晩、豆のかわりに真っ赤に焼けた砂利を食わせると「熱い、熱い」と言って逃げて行った。次の日に便所の脇を見てみると、砂利が詰まった烏帽子柿が一つ落ちていた。柿の実を一つだけ獲らずに残しておくとこのように化けて出るのだという。（佐々木徳夫『佐々木徳夫昔話ノート①　まてい爺とそそう爺』佐々木徳夫『佐々木徳夫昔話ノート②　千貫目太郎』佐々木徳夫『東北ふるさとの昔ばなし』）

柿の妖怪だが、**柿《かき》の精《せい》**のように糞を食わしてきたりはしないようである。［佐藤卓］

大武丸［おおたけまる］

「おおたけまる」（大武丸、大嶽丸、大竹丸）という名の蝦夷《えみし》、もしくは鬼の首領が、東北各地の坂上田村麻呂伝説や田村語り（坂上田村麻呂、藤原利仁をモデルとした田村丸利仁にまつわる物語）に登場する。「おおたけまる」と聞くと、御伽草子《おとぎぞうし》『田村の草子』や『鈴鹿の草子』に登場する、伊勢国鈴鹿山（もしくは奥州霧山）の鬼神「大嶽丸」を思い浮かべる人が多いであろう。阿部幹男によれば、東北に伝わる「おおたけまる」たちは、この「大嶽丸」が各地の寺社縁起や地名伝説に取り入れられたもので、その背景には、先述の御伽草子を底本とした奥浄瑠璃《おくじょうるり》『田村三代記』が東北地方に流布したことがあるという。御伽草子や『田村三代記』では、田村丸と鈴鹿山の女神である立烏帽子（鈴鹿御前）が結託して大嶽丸を退治する展開があるが、各地の伝説においては必ずしもそうでなく、田村麻呂、田村丸に退治されるという部分は共通しているものの、その他の登場人物や舞台、ストーリーは多種多様である。同じ田村麻呂伝説や田村語りに登場する、**悪路王**《あくろおう》や**高丸**《たかまる》と結び付けられることもある。（内藤正敏『鬼と修験のフォークロア』阿部幹男『東北の田村語り』）

奥州七観音（富山観音、牧山《まぎやま》観音、大嶽観音、篦岳《ののだけ》観音、長谷観音、鱒渕《ますぶち》観音、小迫《おばさま》観音、三戸長谷など諸説あり）の一つ、宮城県登米《とめ》市南方町《みなみかたまち》本郷大嶽の興福寺は、大武丸の首を埋めた地だという。『御用書出』によると、人々を悩ます凶賊、大武丸の討伐に赴いた田村将軍だったが、想像以上に手強く、苦戦を余儀なくされた。田村将軍が大悲観音に祈ると、大武丸の御台所《みだいどころ》である鈴鹿御前に気持ちが通じ、彼女は門を開けて将軍を招きいれ、大武丸に毒酒を盛って眠らせた。その隙に大武丸の首を取った田村将軍は、賊が蘇《よみがえ》ることのないよう、首を埋めた地の上に観音の梵閣《ぼんかく》を建て、それが興福寺のもととなったという。（阿部幹男『東北の田村語り』）

『封内名蹟志』によれば、同じく七観音に数えられる、宮城県栗原市金成小迫《かんなりおばさま》の勝大寺の縁起にも大武丸が登場するこちらの大武丸は人間でなく鈴鹿山に住む妖魅《ようみ》であり、千手観音菩薩の加護を受けた坂上の将軍俊宗によって奥州まで追い詰められ、佐沼（登米市迫町《はさまちょう》佐沼）で討ち取られたという。この時大武丸の余党を七カ所に分けて観音堂を建てたのが、奥州七観音であるとされる。（阿部幹男『東北の田村語り』）

七観音のうち、宮城県の三観音（富山観音、篦岳観音、牧山観音）は別に奥州三観音とも呼ばれ、こちらにも別の縁起がある。奥州の達谷窟《たっこくのいわや》にいた大武丸、**高丸**《たかまる》、**悪路王**《あくろおう》を田村麻呂が討った際、大武丸の首、胴体、四肢を三つに分けて埋め、それぞれの上に観音堂を建てたという。（大塚徳郎『坂上田村麻呂伝説』）

宮城県大崎市鳴子温泉にある「鬼首《おにこうべ》」という地名の由来にも「おおたけまる」の名が見えるが、こちらは「大竹丸《おおたけまる》」と書く。遠田郡涌谷町《わくやちょう》篦岳山を根城にして悪虐の限りを尽くして里人から鬼と恐れられた大竹丸が、田村麻呂将軍に捕らえられ打ち首になった。斬《き》られた首は怒り狂い、勢い余って大崎の地まで飛び、「鬼首」という地名ができたとされる。（佐々木徳夫・吉岡一男『宮城の伝説』）

宮城県外だと、岩手県の岩手山の伝説では、大武丸は鬼の首領であるとされる。頂にある鬼ヶ城という穴に手下の鬼と立て籠り、備わった通力で雲を呼び、風を吹かし、嵐を起こして良民を苦しめていた。田村将軍が奥州を征伐した際に先達した立烏帽子が岩手山の東に鎮座し、そこは「御姫岳」と呼ばれるようになったという。鬼どもは将軍に斬られ、生き残った者も閉伊《へい》郡の方に逃げていった。最後に権現様のお使いとして残されたのが片目の鬼で、登山客が汚した山を綺麗《きれい》に掃除するのはこの鬼であるという。（田中喜多美「郷土伝説―岩手雑纂（一）―」『旅と伝説』三巻八号）

青森県青森市の入内《にゅうない》にある黄金山《こがねやま》神社も「大嶽丸」の首を埋めたのが起こりとされる。社伝によれば、坂上田村麻呂が勅命を受けて林の中で東夷の首魁《しゅかい》・大嶽丸を倒したところ、不思議なことに山岳が鳴動してやまなくなった。そこで田村麻呂将軍は霊魂を鎮めるために金山彦神・金山姫神の神霊二柱を勧請し、大嶽丸の首形を神前に納

めた。これによって山の鳴動は鎮まったという。また、同県南津軽郡の藤崎村鹿島神社の由来にも「大高丸《おおたかまる》」の名がみえる。

福島県では「大滝丸《おおたきまる》」もしくは「大多鬼《おおたき》丸《まる》」の名で伝わり、悪路王との混同が見られる。田村市の伝説では、田村麻呂が東夷征伐に向かった時、刈田岳《かっただけ》（宮城県、山形県境の蔵王連峰にある刈田岳か）の「悪路王大滝丸」という賊が妖術などで抵抗したが、刈田岳から大滝根山に飛んで逃げて行った。田村麻呂はこのことを報告するため一旦京に戻り、その後北野天満宮に宮籠りすると、夢の中で、戦いなさいという神託があったので、再び大滝根山に向かい、大滝丸を成敗したという。

また別伝では、桓武天皇の延暦二〇年（八〇一）に、「千島大多鬼丸」の残党が霧島山（大滝根山）の達谷《たや》の窟《くつ》に立て籠り、悪虐を尽くしていたという。これを征討するよう命じられた田村麻呂だったが、当時七里ヶ沢と呼ばれたこの地は鬱蒼《うっそう》としており進路を見失ってしまった。すると一羽の白鳥が飛び立って先導し、おかげで巣窟を探し当て退治することができたので、鳥《と》生平《ふだいら》に一社を建て、白鳥大明神を祀《まつ》ったという。（『田村市史3　田村市の伝説』）

また、「大多鬼丸」の名で伝わる話では、**鬼五郎《おにごろう》**・**幡五郎《はたごろう》**という名の配下が登場する場合もある。岩手県の**人首丸《ひとかべまる》**、宮城県の**魔鬼女《まきじょ》**、秋田県の**阿徒計丸《あとけまる》の首《くび》**、**二面合鬼《にめんがっき》**、**夜叉鬼《やしゃおに》**なども参照。

［佐藤卓］

大人［おおひと］

巨人。ダイダラボッチのような地形を作り変えるサイズの者を大人と呼称する場合と、鬼や山男の類を大人と呼ぶ場合の二例がある。前者はその大きさから地形の由来として語られる場合が多く、秋田県では鳥の海（仙北《せんぼく》郡、平鹿《ひらか》郡、雄勝《おがち》郡、河辺郡を包括して広がっていたという伝説の湖）を開拓したダイダラボッチが挙げられる。このダイダラボッチは**三吉様《みよしさま》**の化身だともいう。（秋田県国語教育研究会（編）『秋田の伝説』）地形由来で特に多いのは沼や窪地を大人の足跡とするもので、枚挙にいとまがない。秋田県北秋田郡上小阿仁村《かみこあにむら》沖田面《おもて》に左足の形をした沼があり、二ツ井にある右足の形をした沼と共に、大人が踏み抜いて作ったものだとされている。（『上小阿仁の民俗』）南秋田郡井川町の井内、赤沢の地区には「おおふとの足跡」と呼ばれる足跡形の窪地がある。昔、この辺りに大人がいて、ある時、井内山を越え、八郎潟を一跨《また》ぎにして男鹿山へ行こうと考えた。しかし、いざ八郎潟を一跨ぎしたら、服が井内山のイバラに引っ掛かり、転倒して日本海へ沈んでしまった。井内、赤沢の窪地はこの時に付いた足跡だという。（木崎和広『羽後の伝説』）秋田市下新城吉田の鷹まげの東側に、巨大な左足の形をした窪みがある。この窪みは周囲が二、三〇間もあり、オオフトの足跡だという。（『秋田市史民俗調査報告書（二）』）秋田県の西仙北から大沢にかけて、乙越《おとごえ》沼、大巻《おおまき》沼など四つの沼がある。これは大人の足跡に水が溜まって

できたものだという。この沼ではジュン菜がよく取れるが、大人が小便したため、地味が肥えているのだとされる。（長山幹丸『秋田の伝説』）秋田県平鹿郡山内村（現・横手市）の大倉沢に足跡が付いた石がある。これは大人が付けたものだという。付近には他にも大人の足跡が湿地になった場所が点在する。（『傳承文藝　第十七號　秋田県平鹿郡山内村昔話集』）広域の**山男**タイプの伝承は当該項目参照。

［戦狐］

オカバミ

岩手県などに伝わる。『猿ヶ石川流域の伝説・物語』によれば、早池峯《はやちね》の白髭の大洪水（**白髭水**《しらひげみず》を参照）の時に、岩手県上閉《かみへ》伊《い》郡宮守村黒木沢（現・遠野市宮守町下鱒《しもます》沢《ざわ》黒木沢）に「オカバミ」という化け物が出て暴れ回ったので、村人は荒神様を祀《まつ》ったという伝承がある。このオカバミという化け物の正体が不明である。

東洋大学民俗研究会『小泉の民俗―宮城県本吉郡旧小泉村―』によれば、宮城県本《もと》吉《よし》郡本吉町（現・気仙沼市本吉町）では、五尺（約一五〇センチ）ものオカバミが出た話がある。しかし五尺であれば、せいぜいアオダイショウ並の大きさであり、大騒ぎするほどではない。

下野《しもつけ》民俗研究会『読みがたり栃木のむかし話』の中に「九平のオカバミたいじ」というものがあり、また二荒《ぶたら》山神社文化部『日光狩詞記《かりことばのき》』（日光・二荒神社資料3）では「竜の如きものと云われているオカバミに襲われた場合、鉛弾はそれに射込んでも効かないが、鉄弾は堅くて強いので効くから魔除けだと云われており、猟には必ず一発は鉄弾を持参せよと云われており、昔猟師は誰でもそれを持参した」と記されている。しかし、これではオカバミの姿形が見えてこない。ところが「大蛇以外のものと思えぬもの丶草原を押し分け踏み付けて通った跡を見た」という記述があり、それがどうやらオカバミらしい。

同じマタギでも、福島彬人『奇々怪々あきた伝承』には、秋田県仙北《せんぼく》地方の話に「オカマミ」といわれる手足の生えた黒い蛇の話があり、大洪水は龍神の祟《たた》りとされ、「オカマミ」に対する贄《にえ》を必要としたという。ところで秋田のオカマミは足の生えた黒蛇ということだが、遠野市に伝えられるオカバミの絵は、爬虫《はちゅう》類の鰐《わに》のようなものである。海神の娘である豊玉姫は、大蛇とも鰐とも伝えられていることからも、鰐と大蛇の境界は曖昧《あいまい》とされているようだ。

また足の生えた蛇の話なら、戸川安章『羽黒二百話』に山形県東田川郡に現れたトカゲのようなアオダイショウそっくりな手足の付いた蛇の話が伝えられている。これを日光の「大蛇以外のものと思えぬもの丶草原を押し分け踏み付けて通った跡を見た」と対応させれば、確かに手足のない蛇に手足が付いて草むらを進めば、大蛇とは違った跡になるのだろう。オカバミという言葉は各地域に伝わってはいるが、その姿形が明確でないのは、そこに人々が抱く互いのイメージと想像が加わるからだろう。

［佐々木剛一］

おしら様［おしらさま］

おしら神《がみ》、おしら仏《ぼとけ》とも。岩手県や青森県を中心に東北地方一帯で信仰される民俗神で、家の神、養蚕《ようさん》の神、馬の神、狩猟の神、男女和合の神、子供の神、女の病の神などと伝えられ、霊験あらたかで祟《たた》りやすいとされる。家々に男女一対の神像が祀《まつ》られていたり、イタコなどが持参して神事を行《おこな》ったりする。岩手県地方のおくない様、山形県地方の**おこない様**、福島県地方の**お神明《しんめい》様**なども類似した神である。宮城県唐桑半島ではオッシャサマと発音された。

その神像は桑《くわ》や桜《さくら》の木を人形に見立てて顔を書くか彫刻を施したものが多く、布の衣服（センダク）を幾重《いくえ》にも纏《まと》わせる。衣服は古布を使った簡素なものから高価な反物を着せ冠《かぶ》を被せたものまで様々である。おしら様の信仰は慶長（一五九六〜一六一五）の頃には既にあったという。菅江真澄の『月の出羽路』（一八二六）にも、仙北《せんぼく》郡の中里村（現・秋田県大仙市）に祀られるおしら神の記述がある。（小舘衷三『青森県の民間信仰』岩崎敏夫『東北民間信仰の研究　下』）岩手郡玉山村馬場（現・盛岡市）の沢川家に祀られるオシラ様は頭も布に包まれ、本体を見れば日が潰《つぶ》れるとされていた。一度だけお願いして布を取ってみると、金色《こんじき》の顔、群青《ぐんじょう》色の螺髪《らほつ》の如来《にょらい》像が露《あら》わになったという。（太田忠雄『姫神物語』）

おしら様の起源譚は長者の娘と、その家に飼われていた馬との悲恋の物語で、死せる二つの魂を神として祀ったものとされることが多い。そのため男神の像は馬の顔、女神は娘の顔に作られる。頭を布で包むのは、馬とお姫様が一緒になったのを恥じているからだともいう。（『東北民俗資料集（一）（二）』）おしら様誕生の経緯は、蚕《かいこ》の起源を説く昔話やイタコの祭文にて詳しく述べられている（青森県の**せんだん栗毛**も参照）。岩手県遠野のある古老は、オシラサマの起源は「安倍貞任が作ったもの」と昔から教わってきたという。彼は遠野に来た学者にも尋ねたが、その説は否定されてしまったという。（佐々木剛一聞書）

イタコやゴミソなどの民間宗教者は、招魂や除災の儀式でおしら様の像を依代《よりしろ》として使う。イタコはおしら様の祭日（旧暦四月一五、一六日など）におしら様を「遊ばせる」といって、祭文を読み上げながら像を手に取り、踊らせるような動作をとる。青森県弘前市の久渡寺《くどじ》はおしら様の供養祭を行う寺院として有名で、現在は毎年五月一六日が大白羅講《おしらこう》大祭の日となっている。この日に因《ちな》んでおしら様を「十六ぜん様」と呼ぶこともある。祭祀《さいし》をおろそかにしたり、粗末に扱ったりすれば機嫌が悪くなり「とがめ」「祟り」があると畏怖《いふ》された。（『青森県の民間信仰』）祭文『大志羅利益讃』は、大志羅善神は仮に男女の形をなして、神仏から人、獣、木石に至るまで全てを生んだ森羅万象の父母で、信心すればいかなる難からも救われると説く。（高橋九

一「風土と民俗―火山灰土に生れたオシラサマ――」『風俗』八巻三号）

おしら様は生臭いもの（動物の肉や卵）を嫌う。八戸ではある人が生臭物を食べると神像の口が曲がったが、すぐ謝ると戻ったという。（『東北民俗資料集（八）』）食べた者の口が曲がり、体まで動かなくなった例もある。こちらは御神酒《おみき》を供えると治ったという。（『西越・浦田の民俗』）

柳田國男『遠野物語』によれば、岩手県遠野地方ではオクナイサマやオシラサマを祀る家を大同《だいどう》といい、その家には必ず畳一帖の部屋があるという。ここで寝ると枕返《まくらがえ》しなどの不思議に遭うという。『遠野物語拾遺』には火石《ひいし》の某氏が鹿肉を食べ発狂したなど、祟りの事例もみられる。

佐々木喜善も岩手県地方でのオシラサマの不思議な話を報告している。上閉伊《かみへい》郡釜石町平田浜の某家のオシラサマは三陸大津波が来る数日前に自ら山の方を向き、家人が元に戻してもまた向きを変えたという。

気仙郡の長茂館の某家では、夕方まで田仕事をしていると、童子が来て田植えを手伝ってくれた。家に帰ると、祀っているオシラ神の足が泥だらけになっていたという。また、綾織村には娘姿で牛馬の鼻取りを手伝ったオシラ神がいたという。（『遠野のザシキワラシとオシラサマ』）

おしら様がひとりでに火災から避難していたという話も無数に残る。たとえば天明三年（一七八三）に八戸の常番町《じょうばんちょう》あたりで家屋二六軒を焼く火事があったが、由右衛門家のおしら様は家の前にあるグミの樹にとまっていたという。（『奥南新報「村の話」集成』）

福島県信夫《しのぶ》郡飯坂町茂庭《もにわ》など、オシラ神は蚕の守護神で大蛇だとする地域もある。これは蚕を食べる鼠の天敵が蛇であるためらしい。（『民俗採訪』昭和三七年度号）

部類別索引「おしら様」も参照。

［寺西政洋］

踊るがらくた ［おどるがらくた］

昔話に登場する器物の怪。古くなった道具たちが集団で踊り歌うというもの。

宮城県遠田《とおだ》郡小牛田《こごた》町《ちょう》峯山《みねやま》（現・美里町峯山）には「踊るがらくた」の題で、次のような話が伝わる。昔はどこでも年に一回や二回は水増し（洪水）があり、とある村でも水増しが起きて家財道具やら何やらがすべて流されてしまった。ある若者が山道を通っていると、「古蓑《みの》、古笠《がさ》、古太鼓、ドンドン　バサバサバッサバサ」という歌と、バサバサと何かが踊っているような音が聞こえてきた。恐る恐る藪《やぶ》の中を見てみると、蓑やら笠やら古太鼓やら古下駄やらが、大勢でチョンチョゴチョンチョゴ踊っていたという。（佐々木徳夫『佐々木徳夫昔話ノート④　踊るがらくた』）

同じ宮城県の塩釜市浦戸諸島の寒風沢島《さぶさわじま》に伝わる話は、**下駄の化物**の話とミックスされている。ある年、毎晩夜中になると、

人家のある街道を「鼻えでえ（鼻痛い）」と唸《うな》りながら歩く者がいた。村の気丈な若者たちが、その声がした時に外を見てみたりもしたが、声ばかりで姿はさっぱり見えなかった。ある時その若者たちの中の一人が夜の浜辺を歩いていると藪《やぶ》の中から「わやわや」と人の声が聞こえたので、こんな遅くに誰が話しているのかと耳を澄ますと、「古みの（蓑）古かさ（笠）古たいご（太鼓）、つづいて古げだ（下駄）古わっぱ（割籠）、どんどん　ばさばさ　ばっさばさ」と歌い踊っているようだった。するとその中の一人が「今夜はなんだかふしん（不審）な夜だからやめろやめろ」と言って歌も踊りも止まった。恐ろしくなった若者はその日は帰って寝て、次の日に皆にこのことを語った。そして昨日のところに行ってみると、古蓑、古笠、古太鼓の胴、古下駄、古割籠など波で揺り上げられたものが集まっていて、少し離れたところに片方の鼻緒が取れた大きな古下駄があった。さては昨日の声の主はこいつらかと思い、一カ所に集めて焼き捨てたところ、不思議な唸り声も歌や踊りもなくなったのだという。（宮城県教育会（編）『郷土の伝承　第一輯』「古下駄の化けた話」）

青森県南津軽郡藤崎町の話は少し展開が異なる。昔、化物が出るという寺があり、夜になると「すっちゃんちゃがら、すっちゃんちゃがら」と賑《にぎ》やかな音が聞こえるので誰も怖がって近寄らなかった。ある情《じょ》っ張りの若者が、化物を退治しようとこの寺に入り、ゴザを敷いて寝ていると、大黒柱の下から、蓑、笠、つづら、鉦《かね》、太鼓、鼓の化物がぞくぞくと現れ、「ふる蓑、ふる笠、古つづら、ふる鉦、古太鼓、古つづみ、すっちゃんちゃがらちゃんちゃがら」と歌い踊りだした。これを見た若者は面白くなって、ゴザを被《かぶ》って「俺、古ゴザの化物だね」と名乗って化物の仲間に入って一緒に踊った。やがて若者は踊り疲れて寝てしまい、翌朝、皆で大黒柱の下を掘ってみると、古い蓑、笠、つづら、鉦、太鼓、鼓が出てきた。その蓑と笠は「隠れ蓑」「隠れ笠」という宝物で、つづらには金銀がいっぱい入っていたという。（川合勇太郎『青森県の昔話』）

これらの話と比べて、岩手県二戸郡一戸町に伝わる話は恐ろしい。ある古寺には和尚がおらず、旅僧に頼んで住職になってもらっても、三日もすればいなくなってしまう。一人の旅僧がこの寺に泊まると夜中に化け物が「古みのね古かさ、古太鼓たなの下の茶はうず」と歌いながら踊りだした。翌日、旅僧が、本堂へ行くと、古蓑、古笠、古太鼓があり、棚の下には茶ほうずがあったので、庭に出して壊すと血が出てきた。さらに床下に人骨があるのを見つけたところ、化け物が出なくなり、旅僧がこの寺の住職になったという。（丸山久子・佐藤良裕（編）『陸奥二戸の昔話』）

ここでいう「茶ほうず」とは「茶焙《ほう》じ」（番茶を焙じる道具）のことであろう。血が出たということから、古道具が本体でなく、床下の人骨の霊が道具に乗り移って化けたのだと推測できる。

［佐藤卓］

柿の精 ［かきのせい］

宮城県、岩手県などに伝わる。柿の実を食べたいと思っている人のところに、柿の木または実が化けた大入道が現れる。大入道は自分の糞《くそ》を食わせようしてきて、恐る恐る食べてみるとそれは柿の実で、とても甘い味がした、という内容の昔話に登場する。

この系統の昔話で最も著名なのは、佐々木喜善『聴耳草紙《ききみみそうし》』に収録された「柿男」の話であろう。この話では、ある屋敷の召し使い女が庭に植えてある柿の実をどうにかして食べたいものだと思っていると、夜中に真っ赤な顔をした背の高い男が現れ、俺の尻を串でほじくれと言ってくる。女が恐る恐る串で尻をほじると、今度はそれを嘗《な》めろと言われ、嘗めてみるととても甘い味がしたのだという。『聴耳草紙』にはこの話の伝承地の記載がないが、話者である三原良吉が「仙臺の昔話」(『仙臺郷土研究』一巻四号)に「柿の精」と題した同じ内容の話を載せており、宮城県仙台市に伝わる話だと分かる。「柿男」という名は喜善が付けたものであろう。

尻を串でほじらせる他に、器などに直接排泄《はいせつ》をして糞を食わせてくるパターンも多く、宮城県の「柿の化物」(山田野里夫(編)『宮城の民話』)では擂鉢《すりばち》、宮城県宮城郡松島町磯崎の「柿の精」(佐々木徳夫『みちのくの海山の昔』)や岩手県遠野市土《つち》淵町《ぶちちょう》の「柿の精」(佐々木徳夫『東北ふるさとの昔ばなし』)ではお膳、宮城県本吉郡南三陸町津山町横山の「カジの精」(佐々木徳夫『むがす　むがす　あっとごぬ』)では茶碗、宮城県牡鹿《おしか》郡女川町《おながわちょう》・石巻市雄《お》勝町《がっちょう》の「柿入道」(松谷みよ子『語りによる日本の民話　女川・雄勝の民話』)では皿を、それぞれ使用している。

また、大入道の見た目の描写として、宮城県栗原市の「柿の精」(山田野里夫(編)『宮城の民話』)のように、背が高くて顔が赤いというもの以外に火箸《ひばし》のようにひょろ長いというのもある。

結末で正体が柿であることが分かる理由も様々である。宮城県の「柿の化物」(山田野里夫(編)『宮城の民話』)では男の後をつけると大きな柿の木に辿《たど》り着いたことで正体が発覚している。

自宅、もしくは隣家の柿の木が化けた話では、宮城県宮城郡松島町磯崎の「柿の精」(佐々木徳夫『みちのくの海山の昔』)や宮城県本吉郡南三陸町津山町横山の「カジの精」(佐々木徳夫『むがす　むがす　あっとごぬ』)のように、木になっている実が皮だけになっていたり、宮城県栗原市の「柿の精」(山田野里夫(編)『宮城の民

話』）ように、実の一部がえぐれていたり、岩手県遠野市土淵町の「柿の精」（佐々木徳夫『東北ふるさとの昔ばなし』）のように、実ごとごっそり半分なくなっていたりしている。

宮城県牡鹿郡女川町・石巻市雄勝町の「柿入道」（松谷みよ子『語りによる日本の民話　女川・雄勝の民話』）では、糞を食わされた人の家族が大入道を殺すと、翌朝その死体が大量の柿の実になっていた、というサスペンスな展開・結末となっている。同じく柿が化けた妖怪に広域の**烏帽子《えぼし》柿《がき》の化物《ばけもの》**や宮城県の**干《ほ》し柿《がき》の霊《れい》**がいる。

似た内容の果物違いの話としては、宮城県の**梨《なし》のお化《ば》け**なども参照。［佐藤卓］

影の病［かげのやまい］

魂が遊離してもう一人の自分が現れる病。大陸伝来の離魂病《りこんびょう》は、日本では影の病、影の煩《わずら》いとも呼ばれ、物語や演劇の素材にもなった。（『「腹の虫」の研究』）

東北地方を舞台とする「影の病」の事例として知られるものが二つある。ひとつは只野眞葛『奥州波奈志』にあるもので、北《きた》勇治《ゆうじ》という人が居間で自分そっくりの男の後ろ姿を見たという。男は背を向けたまま姿を消し、間もなく勇治は病死した。実は勇治の祖父と父も、もう一人の自分を目撃したのちに病死していた。勇治の妻は仙台の只野家の遠い親類だった。（『女流文學全集　第三巻』）芥川龍之介は、私製の『椒《しょう》圖志異《ずしい》』に同話を書き留めており、晩年の彼が抱いたドッペルゲンガーの幻想との共通性を示唆する意見もある。（『芥川龍之介全集　第二三巻』『妖怪の本』）

『諸国百物語』巻一「かげの煩」は、出羽国を舞台とする。杉山兵部という侍の妻がある夜に突然二人になった。どれだけ見比べても少しも違うところがなく、二人とも確かに兵部の妻だった。よく見れば、片方の妻は少しだけ手が丸いので「これこそ変《へん》化《げ》の者」と首を斬《き》り落としてみたが、それは本物の妻だった。嘆きながら残った妻の首を刎《は》ねると、これもまた本物の妻だった。どちらの妻の死骸にも異変は起きなかったという。（『百物語怪談集成』）

青森県の**先魂こ**、山形県の**轆轤首《ろくろくび》**、岩手県の**離魂病**も参照。［寺西政洋］

火車［かしゃ］

火炎に包まれた地獄の車。鬼などが死人を現世から地獄へ連れていくために使う。仏教説話や俗信、昔話で語られるもの。

昔、現在の山形県上山市楢下《ならげ》にて、旅の六部が火の車を引く赤鬼と青鬼を見た。六部は死者が熱さに悲鳴をあげながら連行される様子を楢下の人々に語り、生前に功徳を積む大切さを説いたという。（武田正（編）『山形県山形・村山地方の伝説』）

羽前国米沢の商家の女房が亡くなり、家人らが湯灌《ゆかん》をすませ死装束を着せようとしたとき、死体が唸《うな》り声をあげて蘇生《そせい》した。女房は死後、牛頭《ごず》と馬頭《めず》の鬼に地獄へ連れていかれ、閻魔《えんま》大王の裁きを受けた。そし

て「ここに来るには早すぎる」と言われ、火の車に乗せられ娑婆《しゃば》へと押し出されて、耐えがたい熱さに苦しむうちに息を吹き返したという。女房の背中には焦《こ》げ跡が生涯残っていた。（畠山弘『東北の伝奇』）

佐々木喜善『紫波郡昔話』にある岩手県紫波《しわ》郡の桃《もも》の子《こ》太郎（桃太郎）の話では、桃の子太郎が地獄へ赴き、お姫様を連れて逃げ帰ってくる。鬼たちは火の車で追跡したが、水のある所は走れず、海に出た桃の子太郎たちを追いかけられなかった。

秋田県の「由利地方昔話集」（『伝承文芸』第一一号）にある「鬼婿入」型の話でも、鬼が火の車で爺様を追う場面がある。

いわゆる臨死体験にて自身が火の車を見たと語る人もいる。『現代民話考5』には岩手県在住のある人が、シベリア抑留《よくりゅう》中の昭和二〇年に病気になり、夢で地獄行きの火の車に乗ったという体験談がある。その人は「これでは駄目だ」と途中下車したので助かったという。

［寺西政洋］

火車猫［かしゃねこ］

葬列などを襲って死体を奪う妖怪。罪業《ざいごう》ある者を地獄へ連行する**火車**（火の車）に由来する呼び名で、東北地方ではカシャ、カシャネコ、カサネコ、キャシャなどと呼び、年経た猫の変化《へんげ》と考える場合も多い。福島県信夫《しのぶ》郡飯坂町茂庭《もにわ》では一〇月一〇日生まれの男子は死ぬと火車猫に食われるという。（『民俗採訪』昭和三七年度号）

南会津郡南会津町福米沢《ふくめざわ》の昔話では、村一番のけちんぼの葬式に黒雲に乗ってカシャが現れる。和尚は棺桶《かんおけ》を持ち上げようとするカシャの目に松明《たいまつ》を投げつけて退散させたという。カシャはカシャ山にいて、死骸に憑《つ》いて歩いたり、空高く飛んだりしたといい、やはり化け猫の一種のように語られていた。（『会津田島の民話』）

相馬郡飯館村にはローソ山に棲むカサネコ退治の話が伝わる。これは全身を松脂《まつやに》で塗り固めて弾丸を防ぐという知恵をもっている。旅の侍と戦ったカサネコは目を潰《つぶ》され、復讐《ふくしゅう》のため侍に化け、彼の息子の嫁が妊娠中と知るや殺して胎児を食らい、真相を知った姑《しゅうとめ》を自害に追いやるが、最後には帰ってきた侍とその息子に討たれた。（山本明『ふくしまの昔話』）『飯館むかしばなし』に採録された話では、退治されるのは笹峠《ささとうげ》近くの山に住むガシャ猫《ねこ》となっている。これは侍の追撃を逃れるため豆腐屋の娘を食い殺してなり代わるが、正体を見破られて足を斬《き》られると姿を消した。

大沼郡三島町間方《まがた》に伝わる話では、大辺山麓に住む老夫婦に飼われていた猫がかしゃ猫となる。猫は浄瑠璃《じょうるり》を語って聴かせるという怪しい行動をとり、そのことを爺に話した婆を食い殺してしまう。逃げ出した猫は大辺山に棲みついて死肉を食うかしゃ猫と化し、間方の人々を脅かした。だが、弘法大師の教化を受けた猫は旧悪を悔い、村人のため旱魃《かんばつ》や悪病を防ぐようになったという。かしゃ猫は志津倉《しづくら》山の主になったとも伝えられ、伝説に因《ちな》んだ木彫り玩具が

作られている。（『會津の傳説』福島県教育委員会（編）『福島県の昔話と伝説』）

南会津郡檜枝岐村《ひのえまたむら》でもカシャという魔物が死体を盗もうと取っつくため、運搬中の棺《ひつぎ》が重くなったり軽くなったりするといわれた。（今野圓輔『檜枝岐民俗誌』）

東白川郡塙町《はなわまち》川上では、猫のころげたものをカシャと呼ぶ。殿様の猫嫌いの奥方を駕籠《かご》ごと攫《さら》って松の木に引っかけ、人間に化けて助けるふりをして奥方を投げ落とした話が伝わる。（『奥州東白川の昔話』）

山形県上山市楢下《ならげ》では、一三年以上生きた猫は火車猫に化けるという。火車猫が観音様の頼みで人に化け、ある家に嫁入りするが、祝言の席で鼠を見つけて本性を現してしまうという昔話がある。（武田正（編）『佐藤家の昔話』）

山形市長谷堂の清源寺には火車猫の尻尾が奉納されている。仁田の沢の権左ェ門という男が死んだ時、火車猫が葬列を襲ったが、長応和尚が読経し払子《ほっす》を振るうと尾が断ち切られ退散した。尻尾は毎年正月に開帳され、魔除けになると信じられた。（武田正『山形県山形・村山地方の伝説』）

新庄市では新庄藩初代藩主・戸沢政盛が真室川《まむろがわ》に住んでいた頃に火車が現れたという。家中の侍の妻が亡くなり正源寺で葬式をあげたが、式の前に豪雨となり、黒雲から真赤な手が伸びて棺を奪おうとした。武士の戸沢四郎兵衛の抵抗や和尚の読経により火車は退散し、葬式は無事に済んだという。（笹喜四郎『かつろく風土記』）

最上郡最上町堺田では、ある婆様が死んだとき、カシャが嵐を起こし葬列から死体を奪い去ったという。吹き飛ばされた天蓋《てんがい》は数十里離れた宮城某村に落ちたという。カシャの正体は年経た虎猫だともいう。（『羽前小国郷の伝承』）

米沢地方の怪談集『怪譚雨夜の伽』には窪田村の千眼寺に出た火車の話がある。火車は旅の盲人に化け、色部家の葬式に先立って寺に入りこむが、和尚に正体を見破られると来意を打ち明け退散した。翌日、再び火車が来て黒雲と豪雨を伴い葬列を襲ったが、和尚が各所に貼っておいた札の効験によってまた去っていったという。（『米沢地方説話集』）

岩手県における火車や火車猫の類は**キャシャ**、**かせん**を参照。

［寺西政洋］

かせどり

東北各地の民俗行事に現れる来訪神《らいほうしん》。小《こ》正月《しょうがつ》に新春の訪れを告げ、五穀豊穣《ごこくほうじょう》などを祈る神または祖霊《それい》の姿を表したもので、名前は加勢鳥、火勢とり、稼ぎ取り、嫁ぎ取りといった意味だと解されている。カセドリ系の行事は秋田県を除く東北五県で伝承が確認されている。

山形県上山市で毎年二月一一日に実施される加勢鳥は観光行事化され、奇習として広く知られている。加勢鳥は集団で現れ、ケンダイ（藁《わら》を重ねた蓑《みの》）を纏《まと》った姿で「カッカッカーのカッカッカー」と声を上げながら飛び跳ねて町を巡る。人々は家内安全や商売繁盛、火伏《ひぶせ》の祈りをこめて、水

神たる加勢鳥たちに祝い水をかける。この行事は寛永（一六二四〜四四）頃には既にあったが、明治維新後は旧藩時代の風習として廃止。戦後に復活し、後に保存会が立ち上げられ全国区の知名度を得た。

カセドリ系行事は山形県内各地に伝承がある。カセドリたちは「明きの方からカセドリ参った、カッカー」（寒河江市）「明きの方からカッココッコ」（村山市）「カセドリ、カセドリ、カセドリ、カセドリ参りました、明きの方から参りました。ころっ、ころっ、ころっ」（米沢市）などの掛け声を発した。子供がカセドリ役を担《にな》う地域も多かった。（安彦好重『山形のまつり』戸川安章『日本の民俗　山形』）

福島県でも広い範囲で行われ、カッカドリ、カサドリ、カセンドリともいう。小正月に厄払いや一家繁栄を祈願するもので、被《かぶ》り物で顔を隠した子供や若者たちが家々（厄年の人の家とも）を回り「団子くんちぇ、コンコン」などと言って、団子や餅を貰う。掛け声は鶏の真似と解釈され、磐梯町では子供たちが「コッコッコッ」と声を発して餅やみかんをもらう。これを食べると呪力がついて、一年間幸せに暮らせるという。（稲雄次『ナマハゲを知る事典』）信夫《しのぶ》郡飯坂町地域（現・福島市）では子供が「コケコッコッコ、団子食いてぇ」と声を上げて家々を回るものの他、厄年の人たちが歌い踊る行事もカセドリと呼んだ。モチブ（踊り人）はボロを着て鬼の面をかぶり滑稽《こっけい》に舞う。（『民俗採訪』昭和三七年度号）

岩手県江刺市岩谷堂（現・奥州市）ではカセドリの行事を「コンコン」と称した。カセドリは加勢鳥と表記され、神から遣わされた番《つがい》の存在と捉えられている。（平辰彦『来訪神事典』）

［寺西政洋］

蝦蟇仙人［がませんにん］

蝦蟇《がま》をあやつる術に長《た》けた仙人。中国明代の『列仙伝』などに記される劉海蟾《りゅうかいせん》らが原形とされる。日本では江戸時代から芝居や読本《よみほん》の登場人物として人気があった。東北地方では、仙人のような術者が「蝦蟇仙人」の異名をもつとされる例がある。

山形県最上郡最上町では、熊ノ返山にガマ仙人が住むという。ガマ蛙《びっき》が年を経て化身したもので、仙術を使い、雲や霧を呼ぶなど天候を自在に操るとされる。子供らが蛙にいたずらして死なせると、ガマ仙人が怒って大雨を降らせ、死んだ同族を生き返らせるという。（『羽前小国郷の伝承』）

宮城県白石市小原《おばら》下戸沢では、明治から大正の初め頃にいたという不思議な術を使う人物が「天狗様」もしくは「ガマ仙人」と呼ばれた（**下戸沢の天狗様**参照）。

秋田県鹿角《かづの》市では天原の沢に蝦蟇仙人が住んでいたというが、これは**マタギの左多六**の化身だという。

［寺西政洋］

空木返し［からきがえし］

山中で木が倒れるような音がするも、実際には何も起きていないという怪異。一般

的に天狗倒しの名で呼ばれることが多く、その場合は天狗の仕業とされる。

福島県福島市飯坂町の茂庭《もにわ》地区では、山小屋に泊まっていると狐や狸がカラキガエシをしたり、天狗倒しがあったりするといわれた。おかしいと思ったときは燃えさしをぶつければ消えるとされる。（國學院大學民俗学研究会「福島県信夫郡飯坂町茂庭」『民俗採訪』昭和三七年度号）

同県大沼郡三島町ではグヒン様（狗賓《ぐひん》様、天狗）がカラ木返しをするという。梅雨の霧がかって小雨が降るような日によく起こるもので、パカン、パカンと斧《おの》で木を伐《き》る音に続きワリワリと木の返るような音がするが、どすんと地に着く音はしない。（山本明『ふくしまの昔話』）狗賓様の悪口を言えば音は更にひどくなるといい、空木返しが始まったときにある若者が「狗賓様のバカヤロー」と怒鳴ったところ、山小屋の屋根を踏み抜いて毛むくじゃらの大足までが出現したという。（『三島町史』）

近藤喜一『信達民譚集』によれば、福島市と隣接する宮城県七ヶ宿にも「唐木返し」の伝承があるという。その宮城県刈田郡七ヶ宿町《しちかしゆくまち》の伝承について記した、宮城県教育委員会『山中七ヶ宿の民俗』によると、「空木返し」は天狗や貉《むじな》の仕業だという。

また、同じ宮城県刈田郡宮村遠刈田《とおがった》（現・蔵王町）では、「空木返り」と呼び、夕方の薄曇りの日などに山中で大木が伐り倒される音が聞こえるが、地に落ちた音は聞こえないそうである。（橘文策「木地屋の生活」『旅と伝説』一三七号）

「空木返し」と書いて「そらきがえし」と読む場合もあるが、これは鹿児島県地方での呼び方であるらしい。しかし柳田國男の『妖怪名彙』で会津の伝承も「ソラキガエシ」で括《くく》られるなど、両者は混同されているきらいがある。

宮城県の**木伐《きき》り坊《ぼう》・山男《やまおとこ》**、山形県の**天狗《てんぐ》返《がえ》し**、**けぼろき**も参照。

［佐藤卓］

狐火［きつねび］

全国的に語られる狐が灯すとされる怪火。狐提灯、狐松明《たいまつ》、狐の嫁入りなどとも呼ばれる。岩手県九戸郡では、狐は夜には尾を提灯にして歩くという。（『九戸郡誌』）秋田県北秋田郡上小阿仁村《かみこあにむら》では、狐火はどんなに明るくても、火の影はないものだとされている。（『上小阿仁の民俗』）平鹿郡山内村（現・横手市山内）では、暗い時に歩いていると、向こう側にピカッと火の灯りが点《つ》くことがある。人間が点けた灯りならそのまま付いてるものだが、狐火ならパッと消えたかと思うと、遠く離れた所でまた点く。（『傳承文藝　第十七號　秋田県平鹿郡山内村昔話集』）原武男『奇話珍話秋田巷談』には、八郎潟の漁師が、流氷に乗って湖中を遭難した狐を救助した。四カ月後に漁師が湖中で遭難してしまったが、篝火《かがりび》のような不思議な光が岸辺に現れた。これを目印に岸辺に辿《たど》り着いたため助かっ

たという話が載る。数多く現れた場合は、狐の嫁入りと呼ばれる。山形県では、『羽前小国郷の伝承』著者の佐藤義則の体験として、佐藤が小学校に上がる二年ほど前のある晩、家から山を眺めていると、麓の柳原の木陰に一粒の赤い光物を見た。間もなく複数の光が一列になって並んだので、驚いて家に駆けこんだ。祖母は「それァ狐の嫁入《むさか》りだべァ」と言い、誰でもちょいちょい見かけるものだと語った。宮城県栗原郡金成町《かんなりちょう》（現・栗原市金成）では明治末頃、一一月になると夜に金成耕土《こうど》に青い狐火が続いているのを見る人が少なくなかった。これを「狐のむさかり」と呼んでいたという。（『宮城県史21 民俗Ⅲ』）名取市熊野堂字宿では、お稲荷様の小祠があり、岩沼竹駒神社の宵祭の夜遅くには、竹駒さまがここを渡って来ると言われていた。提灯を連ねたような行列を実見した人も、近年までいた。（『宮城県史21 民俗Ⅲ』）秋田県山本郡峰浜村（現・八峰町）では、昔、目名潟山東側に、ジューブ流れという草原があり、何百匹も狐が住んでいた。日が暮れると、ここ辺りでは四方八方から狐火が現れて行列を作り、山から山、里へと渡り歩き、人々はそれを見物した。殺鼠剤《さっそざい》を使うようになってからは、毒殺されたネズミを食って狐も死んだのか、奥山に引っ込んだのか、狐火も狐の嫁入りも見えなくなってしまった。（『峰浜村誌』）湯沢市では、かつて旧暦五月五日の夜になると、あっちこっちの峰や稲荷神社から狐火が出現し、白山の方へくねりながら向かう光景を見ることができた。この火は狐松明《きつねでやまつ》または狐の嫁入りと呼ばれた。（山田の民話集刊行会『山田の民話集』）発火の仕組みについては実見譚《たん》があり、秋田県仙北郡長野村（現・大仙市）に文政年間（一八一八〜三一）末頃まで生きていた男で仁助という者がいた。ある夜、仁介が夜に川漁をしていると、提灯大の火が川に沿ってこちらへ来るのに気が付き、正体を見るため藪《やぶ》へ隠れて窺《うかが》うことにした。目の前に火はやって来たが、正体は一匹の狐で、口に咥《くわ》えている朽木のような物が光を発しているのであった。仁助は傍にあった石を手繰り寄せると、狐目掛けて投げ付けた。驚いた狐は咥えている物を落っことして逃げ出したので、火を灯して狐の落とし物を見聞してみると、やはり朽木のようにしか見えない。試しに火を消して真っ暗闇にしてみたが、狐が咥えていた時のように光ることはなかったという。（長山盛晃『耳の垢』）また、狐自身が発火の仕組みについて語った例もあり、秋田市元木山の**三巷坊狐**《さんこうぼうぎつね》が「狐火は真火ではありません。陰火なので尾から出せるのです。狐が尾を振り回すと、粉屑がホヤホヤと飛びます。これが火のように光って見えるためで、燃えているわけではありません。陰獣はみなこのようになっていて、暗闇で年取った猫の背を逆に撫《な》でても陰火は生じます」と教示した話が『秋田繁昌記』に載る。狐火の正体として珍しいパターンでは、岩手県盛岡市姫神山周辺の伝説をまとめた、太田忠雄『姫神物語』に、狐が舌を出すと、舌が光って火の玉に見え

たという話がある。　［戦狐］

金鶏［きんけい］

地中に金の鶏《にわとり》（黄金製の作り物とも、生きた金色の鶏とも）が埋められているというもので、寺社や塚の由来、長者の伝説として日本中で語られている。

東北地方では岩手県西磐井郡《にしいわい》平泉町の金鶏山の伝説が特に有名。藤原秀衡が富士山に擬して築いた山の頂に黄金製の雌雄の鶏を埋め、奥州平泉鎮護《ちんご》を祈願したために金鶏山の名がある。この山には一万両の黄金と漆《うるし》一万杯が埋蔵されているともいう。（相原友直『平泉舊跡志』佐藤敬吉『磐井の名所』小形信夫『陸中の伝説』金野静一・須知徳平『岩手の伝説』）

青森県上北郡野辺地町《のへじまち》の金鶏城は、城の守りとして金の鶏を埋めていた。城はなくなったが、正月には城跡から鶏の鳴き声が聞こえることがあるという。青森市鶴ケ坂では、炭焼きの藤太（炭焼長者）の妻となった福姫が穴の中に金の鶏を置き、岩戸を立てて去ったので戸建沢の地名があるといわれる。かつて村人はこの金鶏が時を告げる声を聞いたという。明治頃、弘前の石屋が金鶏を得ようと岩戸に鑿《のみ》を打ちこむと、金鶏が激しく鳴いたという。しかし石屋は岩戸を壊すことができず、作業を中止したという。（森山泰太郎『陸奥の伝説』）

宮城県栗原郡金成町畑《かんなりちょうはた》（現・栗原市）の鶏坂は、むかし炭焼藤太が金の鶏のつがいを埋め、山の神を祀《まつ》った場所だという。（三崎一夫『陸前の伝説』）

山形県山形市本沢《もとさわ》の瀧ノ山は多数の坊舎（僧侶が住む建物）を擁する地だったが、京の僧兵に攻めこまれて滅びた。宝物である金の鶏は釣鐘をかぶせて土中に埋められたという。これを掘り出そうとしても、釣鐘が見えてくると睡魔に襲われ、目覚めると穴が埋め戻されていたという。また、最上義光が寒河江の溝延《みぞのべ》城主と戦ったときに慈恩寺から黄金の鶏を奪ったが、溝延方が敗れると死亡した。死骸は寺の境内に埋められ、これを掘り出さない限り鬼越で鶏は飼えないといわれた。掘り出そうとすると村の方に火災が見えるが、急いで帰ると何も起きていない。寺に戻ると穴は埋まっているという。（戸川安章『羽前の伝説』）

福島県いわき市平《たいら》では、絹谷の古館に落城の際に落ち延びた金の鶏がいて、ときどき鳴き声が聞こえたという。同市大久町《おおひさまち》の小松館も、落城の際に姫が金鶏のつがいを井戸に投げこんだと伝わる。南相馬市原町区馬場の五台山《ごだいさん》にも金鶏伝説がある。相馬の殿様が住んだ館の濠《ほり》で魚獲りをしていた男が、懐にしまっていた金の鶏を水中に落としてしまった。それ以来、ときおり水中から鶏の鳴き声が聞こえ、民家の鶏がこれと鳴き合うと、決まって家の鶏が死ぬといわれた。（岩崎敏夫『磐城岩代の伝説』）

福島県の事例は**金鶏鳥**も参照。

秋田県横手市山内三又《さんないみつまた》の大日向山《おおひなたやま》は、かつて一日に大判五枚分ほどの金が採れたため、黄金山あるいは五枚山とも呼ばれていた。このような金山で鶏の声を聞くと悪い

ことが起きるという。（高橋はじめ『雪ふる里の昔語り』）金鶏とは語られていないが、金山の鶏の声が吉凶に関わる点で、近い性質の話といえる。

［寺西政洋］

くさい

青森県や岩手県では狸をクサイ、クサエなどと呼び、やはり人を化かして食べ物を奪ったり、人に憑《つ》いたりする獣と考えた。

人に憑いたクサイは食物を与えると離れるという。あるいは鉄漿《かね》を飲めばクサイ憑き、キツネ憑き、火傷《やけど》などの薬になるともいった。岩手県下閉伊《しもへい》郡普代村太田名部の峠にはヤズクサエというものがいて、騙《だま》されると死ぬといって恐れられた。ヤズはヤチ（湿地）のことだという。ヤズクサエを飼う家もあるといわれたらしく、**飯綱**《いづな》のような憑物とみなされていたのではないかと考えられる。（『綜合日本民俗語彙』）

青森県では狐が人を化かすときは尻尾に人の魂をあげるが、クサイは舌の上にあげるため、クサイに化かされると死ぬことがあるとされた。（『奥南新報「村の話」集成』）

青森県三戸郡田子町《たっこまち》のマタギに伝わる文書には、山言葉（山中で使う隠語）に関する記述があり、マタギたちは山でクサイを「むじな」と言い換えることが記されている。（千葉徳爾『続狩猟伝承研究』）反対に岩手の北上山系のマタギたちは、タヌキのことを山でクセと呼んだ。（『東北民俗資料集（九）』）

三戸郡八戸町（現・八戸市）のある家には**座敷わらし**が出るといわれていたが、同じ家にはクサイたちもいて、日向《ひなた》に出て相撲《すもう》をとったりすることがあったという。（佐々木喜善『遠野のザシキワラシとオシラサマ』）

［寺西政洋］

けさらんぱさらん

空中を浮遊する白い毛玉状のもので、入手すれば幸福になるという。東北地方に伝承が残り、一九七〇年代には全国的ブームとなって都市伝説や未確認動物としても語られた。（朝里樹『日本現代怪異事典』並木伸一郎『未確認動物ＵＭＡ大全』）

山形県西田川郡念珠関村《ねずがせきむら》（現・鶴岡市）ではテンサラバサラと呼び、飼っていると幸福になる天からの授かりものとされた。複数の家が実物を所蔵していたらしく、ある家のテンサラバサラは真白《まっしろ》で丸く、兎《うさぎ》の尾のような形をした毛玉だったという。白粉《おしろい》を食べて大きくなり、子供を産んで増えるという。別の家ではテンサラバサラを紛失してからは不幸が続いたという。（佐藤光民「テンサラバサラ」『民間傳承』一六巻一号）東田川郡朝日村関谷《せきや》（現・鶴岡市）の某家では、けだらまだらという白い毛の塊《かたまり》を飼っていた。これも白粉で成長するもので、雛《ひな》祭りのとき雛段に飾ると養蚕が上作になるという。（戸川安章『羽前の伝説』）

宮城県では各地にケサラバサラが伝えられている。本吉郡本吉町岩尻（現・気仙沼

市）では、人々は三月一五日の岩倉神社の祭りの帰りに某家に寄り、ケサラバサラを見せてもらった。これは白粉の中で生きている毛の塊だった。志田郡三本木町三本木（現・大崎市）のある家ではケサラバサラを見世物にして金を取っていたが、そのために家は潰《つぶ》れてしまったという。黒川郡大《たい》和町《わちょう》吉岡では、ある酒屋が白い毛玉のケサラバサラを桐箱《きりばこ》に入れて所蔵していた。これも白粉を食べて生きていたが、四つあるうちの一つは虫に食われてしまったという。（三崎一夫『陸前の伝説』）

福島県南相馬市の旧家には、楕円形の白い毛玉の御神体「ケーサラバーサラ」が伝わる。持っていると家が富むとされ、ときどき好物の白粉を与えるという。（『あはひのクニ　あやかしのクニ』）

新たなケサランパサランの発見も時たま報告される。山形県鶴岡市の加茂《かも》水族館では、一九九〇年頃に月山山麓で発見された綿毛状の物体がケサランパサランとして展示されている。（「１年に一度しか見ちゃダメ？幸運もたらす謎の毛玉『ケサランパサラン』」『毎日新聞』二〇二〇年八月二〇日）二〇一〇年には宮城県大崎市田尻の私設ビオトープ「メダカの郷」で発見された白い物体が「これは何？伝説のケサランパサラン？」と報じられた。その正体は山桜の木に絡みついたツル性植物の種子だったらしい。（『毎日ＪＰ』二〇一〇年一二月一八日）二〇二〇年には秋田県大館市清水のギフト専門店「ハリカ大館店」で、綿毛のような物体が二個見つかった。店員はこれをケサランパサランと考え守り神としてグラスに入れ大切に保管したという。（「幸運もたらすケサランパサラン？と信じて大切に保管」『秋田魁新報』二〇二〇年一二月二四日）

［寺西政洋］

下駄の化物 ［げたのばけもの］

昔話に登場する、古くなったり粗末にされたりした下駄が化けて出たもの。

宮城県大崎市岩出山には次のような話が伝わる。ある所に廃寺があり、そこには毎晩化物が出て「ガッタモッタ歯が二つ、裏に眼《まなぐ》が三つある」と歌ったという。度胸がある人が化物の正体を突き止めようと寺に行き、化物が消えた辺りを見ると、古下駄があった。だから下駄を粗末にしてはいけないのだという。（佐々木徳夫（編）『佐々木徳夫昔話ノート①　まてい爺とそう爺』「下駄の化物」）

佐々木喜善『聴耳草紙《ききみみぞうし》』にも「履物の化物」と題して似た話が載っている。履物を粗末にする家に現れて「カラリン、コロリン、カンコロリン　まなぐ三まなぐ三つに歯二ん枚」と声を発しながら、いつも履物を投げ捨てていた、物置の隅に消えていったという。履物としかいわれていないが、化物の台詞からこれも下駄の化物であろう。同書には伝承地の記載がないが、話者の三原良吉が、『仙臺の昔話』（『仙台郷土研究』一巻四号）に「履き物のお化け」の題で、同じ内容の話を載せており、宮城県仙台市に伝わる話だと考えられる。

宮城県以外にも同様の話はある。岩手県下閉伊《しもへい》郡岩泉町に伝わる話では、我儘《わがまま》で贅沢な姫様がいて、下駄を履いては次々に投げ、新しい下駄ばかり欲しがった。ある時から、姫様が夜寝ると「カラコロカラコロカラコロやえ」「あ、カラコロカラコロカラコロやえ」と、八方から下駄の音が近づいて来て、姫様を取り巻くようになった。これが毎晩毎晩聞こえるので、気味悪く気が狂いそうになる。八卦《はっけ》にみてもらうと下駄の魂が姫様を恨んで化け物になったと言われ、それから下駄を大事に履くようになったという。（高橋貞子（編）『火っこをたんもうれ　岩泉の昔ばなし』）

秋田県仙北郡角館町（現・仙北市）の話は、化物の台詞が少し特徴的である。住職が次々に行方不明になる化け物寺に新しい僧がやって来た。夜中に僧が湯を沸かしていると「天上法葉栗、天上法葉栗」と大入道が叫びながら現れた。僧が隠し棒でこれを殴りつけ、鉄瓶で湯を掛けると、大入道は逃げて行った。翌朝村人たちと血の跡を辿《たど》っていき須弥壇《しゅみだん》の敷板を外すと、大きな古下駄があり、台が朴《ほう》の木、歯が栗の木でできていたという。（武藤鉄城（編）『角館昔話集』（全国昔話資料集成12）「天上法葉栗」）

このように歌や台詞の内容から正体が明かされる前から下駄だと分かる場合が多い。一方で化物の姿かたちから下駄だと分かる話もある。岩手県紫波《しわ》郡の話では、旅の僧が古寺に泊まり、火にあたっていると眼が三つ、歯の二枚ある大入道が現れた。そして「おはじきしよう」と言って僧の頭を叩いたが、彼は密《ひそ》かに頭に鍋を被っていたので無事だった。僧は次は自分の番だと言って、燃えさしを取って大入道の頭を割って外に投げ出した。翌朝、寺の外には古下駄の化け物が死んでいたという。（小笠原謙吉『岩手県紫波郡昔話集』「化物寺」）

その他にも、下駄が狸に化ける話（宮城県の**でっかばっか**）や、古蓑《みの》・古笠《がさ》・古太鼓などの他の古道具と一緒に化けて出る話（**踊《おど》るがらくた**）もある。

［佐藤卓］

【さ】

賽の河原の霊［さいのかわらのれい］

賽の河原とは冥土《めいど》の三途《さんず》の川の河原のことで、早世した子供らが父母の供養のため石を積み上げているが、絶えず鬼に崩されるという。霊山や岩窟の付近の河原をこれになぞらえ、地蔵堂を建てるなどして死者の供養の場とする。そのような場所では霊が不思議な現象を起こすといわれた。

青森県北津軽郡金木町《かなぎまち》（現・五所川原市）川倉の賽の河原は、この地域で亡くなった人の魂が行く場所とされた。ここには亡くなった子供たちがさまよっていて、穴

を掘ると中から子供の笑い声や泣き声が聞こえるという。川倉には蟹《かに》がいて、赤子のこともカニというため「賽の河原に行けば、カニがいる」といわれた。西津軽郡岩崎村（現・深浦町）森山の賽の河原では、早朝に石に血がついていることがあるという。河原の下にあるガンガラ岩という岩窟に滴る水は子供たちの涙といわれ、母親たちはここで子に逢えると信じていた。恐山霊場の賽の河原も夜中に訪れるとあちこちから子供の泣き声や笑い声が聞こえるという。さまよう死者の霊を夢に見たなどの怪談も多い。

宮城県石巻市の金華山東岸にある賽の河原は、子供を亡くした親、親しい者を亡くした人が行けば、その人の声が聞こえるという。刈田《かった》郡七ケ宿町《しちかしゅくまち》関の賽の河原でも、夜中に子供の泣き声が聞こえたり、子供の足跡が残っていたりするという。

福島県いわき市平沼ノ内の賽の河原は海岸の洞窟内にあり、子供や未婚の者の霊がここに行くとされる。朝早く砂浜に出ると洞窟に向かう子供の足跡が残っていることがあるという。**水子洞窟の霊**も参照。（『東北民俗資料集（七）（八）』）　［寺西政洋］

鮭の大助［さけのおおすけ］

山形県域を中心に東北地方や新潟に伝わる。鮭の王で、旧暦一〇月五日、一二月一五日など特定の日に現れ、釣り上げたり、食ったり、声を聞いたりすると凶事が起こるとされる。サケノスケ、大助小助、また「鮭の大助」と「鱒《ます》の小助」という二匹の魚ともいう。秋田県では大仙市と由利本荘市、雄勝《おがち》郡東成瀬村に伝わる。大仙市では彼岸の中日は網に穴を開けて魚を逃すことになっていたが、ある年、この作業を忘れた人がいて、翌日に大きな鮭の王スケが掛かっていた。この人はそのままこれを煮て食ってしまった。その夜、夢に王スケが現れて「末代まで祟《たた》る」と告げ、この人の家系はそれから代々身体に障害のある者が生まれるようになった。また、この事があってから彼岸の中日になると「王スケ　小スケ　今遡《さかのぼ》る」と叫び声がするようになり、この声を聞いた者は病死するとされた。（『秋田郡邑魚譚』）由利本荘市石沢では、重さ一〇キロ以上の鮭が「鮭の大助」の名で呼ばれる。通常の鮭の遡上《そじょう》が終わる頃に現れる物だとされ、捕まえると死ぬ。（『小友・石沢の民俗　本荘市史民俗調査報告書第一集』）東成瀬村では肴沢《さかなざわ》の「さるはし」で王スケを釣り上げた人がいて、大きさは戸板からはみ出すほどだった。その後、釣り上げた人は不治の病に罹《かか》って死んでしまい、祟《たた》りを恐れた村人たちは水神堂を建て、床下に王スケを釣り上げた釣針を埋めた。（木崎和広『羽後の伝説』）山形県では、新庄市、西村山郡、小国郷土、最上郡、西村山郡、鶴岡市に伝わる。新庄市では旧一一月一五日に鮭の王様である鮭の大助が「鮭の大助、今通る」と言いながら海から上ってくる。この声を聞いた者はどんなに丈夫な人でも病気になり、三日と生きられない。そのため、この日は川端の村で

は仕事を休み、太鼓を叩いて酒宴を催すことになっていた。（大友儀助（編）『新庄のむかしばなし』）また大助は鮭の大将で「鮭川の大川に、鮭の大助、今通るどごだ」と言って大勢の鮭を率いて鮭川を上るものともいわれていた。（野村純一（編）『雀の仇討』）西村山郡西川町大井沢では一〇月二〇日（二十日講）にサケノスケが川を上ってきて「サケノスケ、今ここ通る」と言う。この声を聞くと年内に死んでしまうので、二〇日の晩は早く寝る。サケノスケというお化けはまな板を擂粉木《すりこぎ》で叩きながら来るともいわれている。また、むかし酒田の軍勢がまな板を擂粉木で叩きながら「サケノスケ今通るぞー」と言って攻め込み、この地域を荒らしていったという伝承もある。（国学院大学民俗学研究会「山形県西村山郡西川町大井沢」『民俗採訪』平成元年度号）小国郷（最上郡最上町）は鮭の大助の背に乗って小国川を上ってきた人が拓《ひら》いた場所で、開拓者の子孫は代々鮭を食うことを禁じていたという。（佐藤義則（編）『羽前小国郷の伝承』）最上郡金山町有屋《かねやままちありや》では霜月一五日に「鮭の大助今通る」の声がする。これを聞くと三年以内に死ぬとされた。そのため子供らは早く寝るか、耳を塞《ふさ》いで声を聞かないようにしていた。（東洋大学民俗研究会『有屋の民俗』）小国町では、川祭りが行われる一一月一五日深夜、耳のある大きな鮭「鮭の大鮭《おおすけ》」が川を上下するという。（安彦好重『山形のまつり』）最上郡鮭川村では一一月二〇日に「鮭《よう》の大助」が川を下るとされる。この際に発せられる「鮭の大助今通る」の声を聞くと年内に死んでしまうので、当日は戸締まりをし、鮭料理を大盤振る舞いして聞かないようにするという。（『山形のまつり』）最上郡真室川町及位《まむろがわまちのぞき》では、海で育った鮭が大きくなって帰ってくる際に「鮭の大助、今帰った。鮭の大助、今帰った」と叫ぶとされる。この声を聞くと三年以内に死ぬ。（民話と文学の会「真室川物語」『民話と文学』23号）西村山郡西川町では一〇月二日の晩にサケノオオスケ・マスノコスケが寒河江《さがえ》川《がわ》を登って大井沢の地蔵参りに行く。最上郡真室川町では鮭の大助は一月一五日のお大日様の祭りに行くものと考えられ、首に注連縄《しめなわ》を巻いているといわれた。（『日本伝説大系　中奥羽編』）基本的には遡上してくるものとされるが、鶴岡市大鳥では、水神様の日である一二月一五日に鮭のオオスケが山から下るとされる。このため、大鳥の人たちは当日は山に行くのを忌み、家に籠ったという。（赤羽正春『熊神伝説』）岩手県陸前高田市の旧家羽縄《はなわ》家に伝わる話にも鮭の大助が登場する。昔、羽縄家では飼牛がたびたび巨大な鷲《わし》に攫《さら》われるので、当主が阻止するべく、自ら牛皮を被《かぶ》り、鷲が近付いたら刺し殺してやろうと待ち伏せた。ところが、刺殺す間もなく当主は鷲に摑《つか》み去られ、玄界灘《げんかいなだ》の孤島に置き去りにされてしまった。無人島のため助けを呼べず当主が困っていると、どこからともなく老人が現れて言うに、「我は鮭の化身で、大助という一族の長だ。毎年一〇月二〇日には仲間たちが気仙の今泉川に入って産卵す

る慣例になっているから、貴国の人々への恩返しに送って進ぜよう。我が言葉を信じて背に乗られよ」。当主は言われるがままに大助の背に乗り、海を渡って無事に故郷に帰ることができた。以降、羽縄家では鮭の恩義に報いるため鮭を食わなくなり、毎年一〇月二〇日になると代々の当主が正装して川口に行って神酒を供え、鮭網を少し切って通りやすくしてやるようになった。（『宮城県史　民俗Ⅲ』）青森で確認されている伝承では鮭の大助そのものは登場しないが、次のようにオオスケの名が出てくる。中津軽郡相馬村（現・弘前市）には大助という地名があり、ここを流れる作沢川《さくさわがわ》にはかつて鮭がたくさん上ってきた。近くの山に棲む鬼は真夜中に川の中に立ちはだかると「オオスケ、コスケ、今のぼる」と呼んで鮭を手摑みにして食ったという。この声を聞いた者はたちまち吐血して死ぬとして恐れられ、村人たちは鮭が上る頃の夜は外出しなかったという。（森山泰太郎『陸奥の伝説』）八戸市の大祐《おおすけ》神社は湊《みなと》に住んでいた又二郎と長才という鮭の大漁をあげた二人を漁の神として祀《まつ》った社《やしろ》だという。これも「鮭」と「オオスケ」という共通項がある。（森山泰太郎、北彰介『青森の伝説』）

見た者が三年以内に死ぬ妖怪としては山形県の**たけの大助**、**おわおわ鳥**がいる。

［戦狐］

座敷わらし［ざしきわらし］

岩手県を中心に東北地方（主に旧南部・伊達領内）で伝承される妖怪。柳田國男や佐々木喜善による紹介で広く知られるようになり、現在まで目撃・体験談も多く語られている。五、六歳から一二、三歳ほど、すなわち童子《わらし》の外見で、土地の豪農や由緒ある旧家の奥座敷などにいるとされるのが一般的。性別は男女どちらの場合もある。座敷わらしがいる家は富貴繁盛が続くが、いなくなると家運も衰えていくという。『遠野物語』は「旧家にはザシキワラシといふ神の住みたまふ家少なからず」として、上閉伊《かみへい》郡土淵《つちぶち》村（現・遠野市）今淵家、佐々木家、山口家のザシキワラシについて記す。山口孫左衛門家にいたザシキワラシは二人の女児で、ある年に他村の豪農の家に移ってしまった。間もなく、七歳の女の子を除く山口家の主従二〇数人は、茸《きのこ》の中毒で一日のうちに死に絶えたという。

佐々木喜善『奥州のザシキワラシ』によれば、座敷わらしの伝承は青森、岩手、宮城、秋田各県にみられ、岩手県で圧倒的に多く採集されている。「ザシキワラシ出現の場所及家名表」には、岩手だけで一〇〇ヶ所もの出現地が挙げられている。福島県にも伝承があるとされ（『遠野のザシキワラシとオシラサマ』）、佐藤義則の『羽前小国郷の伝承』には小国郷（山形県最上郡最上町）のザシキワラスの話がある。

座敷わらしは悪戯《いたずら》を好むものも多く、寝ている家人に枕返《まくらがえ》しをしかけた話などが各地にある。『遠野のザシキワラシとオシラサマ』では、奉公人に相撲《すもう》を挑む（土淵村

栃内《とちない》の旧家）、座敷に入った娘の目を突く（釜石市沢村の遊女屋）、寝ている者をくすぐる、厩《うまや》の馬を放す、物置の茶碗などを投げる（紫波《しわ》郡佐比内村《さひないむら》の旧家）といった座敷わらしの行動の例がみられる。青森県三戸郡田子町《たっこまち》上郷地域にも座敷童子が出た家が複数あり、家人の眠りを妨げた話が伝わる。ある家では真田大幸ゆかりの槍《やり》を手放すと座敷童子がノッタラノッタラ歩く音を立てるようになったが、槍を取り戻すと音は止《や》んだという。（『上郷の民俗』）

岩崎敏夫は座敷わらしの現れ方は大きく三通りあると分析している。一つは足音や楽器、箒《ほうき》で掃くなど、音だけを出すもの。二つ目は室内や布団の上を歩く、子供たちと一緒に遊ぶなど、姿を現すもの。三つ目はそれまで聞こえていた不思議な音が止んだり、残された足跡によって座敷わらしが去ったことを知り、家の衰退が示されるものである。（『東北民間信仰の研究　上』）

家人に対して言葉をかける例もあり、秋田県由利郡由利町山本（現・由利本荘市）の話では、座敷わらしが家の嫁に「お前の家は牛が稼ぐはんて、物持ちなんだでぇ」と教え、牛を洗ってやるように忠告したという。（今村泰子（編）『羽後の昔話』）

座敷わらしを高貴な身分の存在だと語る例も時折みられる。『遠野物語拾遺』には綾織《あやおり》（現・遠野市）の多左衛門どんの家には元お姫様の座敷ワラシがいたとある。これが去ると家は貧乏になったという。下閉伊郡普代村黒崎の袖家に住む座敷わらしは「お姫様の部屋」と呼ばれる奥座敷に出た。祖先が京都から連れ帰った恋仲のお姫様は、袖家で不自由のない生涯を送り、その死後、奥座敷に遺品の懐剣と守り刀が飾られたが、客が泊まると刀の斬り合う音が聞こえたという。袖家ではこれを、お姫さまのザシキワラシと呼んだ。（高橋貞子『座敷わらしを見た人びと』）

一般的な童子形以外の外見的特徴をもつ座敷わらしもいる。岩手県江刺市のある家では、ザシキワラシは小さい子供で、一本足、目も一つだけ、人に姿は見せず、部屋を箒で掃除するといわれた。（『東北民俗資料集（四）』）稗貫《ひえぬき》郡亀ヶ森村の箱崎家にいたザシキワラシはツルツルの坊主頭で裸だった。当主にだけ姿が見え、仏前に手を合わせていると灯明をフッと吹き消すことがあったという。（『遠野のザシキワラシとオシラサマ』）岩泉町尼額《あまびたい》大沢の水車小屋にいたザシキワラシは三、四歳の女の子で、手の指一本と足の指一本をそれぞれ赤い布きれで結《ゆ》わえていたので、指が六本あるのだろうといわれていた。おとなしく心優しい子で、小屋に来た村人の仕事を手伝い、大好きな団子をもらうこともあったという。（『座敷わらしを見た人びと』）

座敷わらしにはカラコワラシ、ザシキボッコ、カブキレワラシなどの別名もあり、さらに細かい種別があるとも伝わる。岩手県江刺郡稲瀬村倉沢（現・奥州市）の某家には、ザシキワラシの他に米搗《こめつき》ワラシとノタバリコがいた。ザシキワラシのうち最も色白で綺麗《きれい》なものをチョウピラコと呼び、ウスツキコやノタバリコになると種族の中

でも下等なものだとされる。青森県八戸市などでは土蔵にいるものを蔵《くら》わらしと呼んだ。『遠野物語拾遺』にも、遠野の家の蔵に住む御蔵《おくら》ボッコの記述がある。

盛岡地方ではザシキワラシをザシキボッコとも呼び、**狢**《むじな》などが化けたものだろうともいった。上閉伊郡栗橋村栗林（現・釜石市）の家にいたザシキワラシは元河童だという。悪戯者の河童がある家の者に懲罰されて反省し、その家のザシキワラシになったという。下閉伊郡田野畑村《たのはたむら》猿山では、カアパ（河童）が暮らし向きのよさそうな家を選び、ザシキワラシに姿を変えてやって来るといわれた。（『遠野のザシキワラシとオシラサマ』『座敷わらしを見た人びと』佐藤清明『現行全国妖怪辞典』）

座敷わらしは現代の怪談にも登場する。たとえば、読者投稿集の体裁をとる『海の怪談　山の怪談』（一九九四）には、ある女性が小学生時代、山形にある父の実家で、ざしき童子とかくれんぼをした話がある。この話では祖母の言葉として、ざしき童子のいる家はお金持ちになるので、いじめたりしてはならないと語られる。今日《こんにち》、このような基本性質は人口に膾炙《かいしゃ》し、漫画やアニメ、小説などの創作物にもたびたび登場する定番・人気の題材になっている。

座敷わらしが住んでいるという旅館は各地にあり、その中でも岩手県二戸市の金田一温泉・緑風荘《りょくふうそう》はテレビ番組や雑誌にもたびたび取り上げられ、全国的な知名度も高い。緑風荘の座敷わらしは名前を「亀麿《かめまろ》」という。旅館を経営する五日市家の祖先の子で、南北朝時代に六歳で亡くなったといわれている。「槐《えんじゅ》の間」で座敷わらしに遭遇し、幸運に恵まれた宿泊客たちは、お礼におもちゃを供えていく。（遠野市立博物館（編）『ザシキワラシ』）五日市家の座敷わらしは昔から語られ、見た人は幸運で戦士ならば鉄砲の弾に当たらないし、役人なら立身出世するという。（『東北民俗資料集（四）』）心霊研究家として著名な中岡俊哉も、緑風荘で御殿女中のような座敷わらしを目撃したと語っている。（『大妖怪伝説』）遠野市材木町の民宿とおのには五歳の男児と六歳の女児の座敷わらしがいて、ある祈《き》禱《とう》者に「近行」「ゆかり」と名付けられたという。（『ザシキワラシ』）

座敷わらしは**おしら様**とは違い、神像や神体として視覚化されることのない「家の神」だった。ところが現在では座敷わらしの人形を祈願に用いたり、目撃体験をした人が絵に描いて祀《まつ》ったりと、視覚化して祈る動きもみられる。（川島秀一『ザシキワラシの見えるとき』）今や座敷わらしがいるとされる宿や施設は関東から九州にまで存在しており、スピリチュアル方面での高い需要がうかがえる。（十凪高志『「座敷わらし」をもらってきたら、幸せが舞い込んだ！』「【２０２１年】日本各地の「座敷わらし」が居る旅館や宿など34選」『暮らしのメモ』）「わらしちゃん」こと座敷わらしを呼び寄せられるブレスレットなど、開運商法に利用される例もみられる。

部類別索引「座敷わらし」も参照。

［寺西政洋］

白髭水 ［しらひげみず］

東北各地に伝わる洪水伝説で、神の化身である白髭の老翁の出現を伴うことから、この名で呼ばれる。秋田県では、県中央部にある馬場目川《ばばめがわ》と仙北《せんぼく》郡協和町（現・大仙市）の荒川に伝わる。昔、馬場目村の奥に深い湖があり、「北の又権現」という竜神が住んでいた。この竜は歳を取るにつれて今の住処《すみか》が手狭に思えてきたので、八郎潟へ引っ越したいと考えた。ある年、大雨が続いて山津波が起こったので、北の又権現はこれに便乗して外界に飛び出した。しかし、これを見た野田村の白山木権現は、「通すわけにいかない！」と一丈もある白髭をなびかせ、細越山の辺りでこれを迎え撃った。両者は激しく戦ったが、北の又権現は負けてしまい、仕方なく進路変更して、西野、大川を通って八郎潟へ出た。この争いの際、宮岬崎の八幡宮が白山木権現に加勢し、北の又権現と取っ組み合いして西野村に渡ったとされる。この際の洪水は「白髭水」と呼ばれ、以降馬場目川の流路が面潟《おもがた》の叉袋から大川に変わったという。（長山幹丸『秋田の伝説』）仙北郡協和町の伝承では、協和町を流れる荒川は、その名の如くいつも大洪水を起こした。寛永九年（一六三二）にも氾濫し、当時、荒倉にあった上野集落を押し流したが、この際に白髪白髭白衣の翁が大樹の根に腰掛け、濁流を下って行った。このことからこの洪水のことを「白髭水」と呼ぶようになった。（長山幹丸『秋田の伝説』）青森県では、南部地方で起きた宝治《ほうじ》の白髭水の際、長雨で河川が氾濫し白髭の翁が丸太に乗って流れてきた。後に白髭の大神として早池峰《はやちね》の妙泉寺に祀《まつ》られたという。（森山泰太郎『陸奥の伝説』）福島県では、耶麻《やま》郡猪苗代町《いなわしろまち》で大洪水の際、白髭の老翁が波に乗って下っていった。これは夏に紫の雪を降らせた八〇〇年の閉門を仰せつけられた吾妻山権現が山を下っていく姿だったといわれている。（会津民俗研究会（編）『會津の傳說』）

以上のように実際にあったと思われる洪水と地形変動を紐付けて語られる。

また、住民に老翁があらかじめ洪水を警告するパターンも広く見られる。青森県の伝承では、古館集落の辺りに白髭の翁が現れ、御幣《ごへい》を振りながら「津波が寄せてくる、山から水が湧いて出る」などと触れ回った。やがてその通り洪水が起こって多くの人が滅んだという。（森山泰太郎『陸奥の伝説』）福島県の伝承では、南会津郡南郷村（現・南会津町）で、天文五年（一五三六）六月二五日に未曽有の大洪水が起こった。この際、白衣を纏《まと》った得体の知れない白髭の翁が木片に乗って川を下っていった。ゆえにこの洪水を白髭水と呼ぶ。また、洪水発生以前に白衣白髪の老僧が伊南《いな》川《がわ》沿いの村々を托鉢《たくはつ》して回り、災害発生を予言していた。これを信じて喜捨した者は被害が少なく、信用せず追い罵《ののし》った者の方が惨害を受け、死者も多かったという。（会津民俗研究会（編）『會津の傳說』）

また、特異なパターンでは老翁は現れ

ず、神の名前に因《ちな》む話もある。秋田県湯沢市の伝承では、元禄一四年（一七〇一）夏、雄勝町《おがちまち》秋ノ宮に住んでいた又右衛門という人に、氏神である白髭大明神から「まもなく大洪水が起こる」と信託が降った。その後も大明神の使いである狐が鳴いて村中を走り回るので、これを異変の前触れと判断した人たちは山手に避難した。まもなく大洪水が起こり、「迷信だ」と言って信じなかった人達はみんな押し流された。この水を「白髭の大水」と呼ぶ。（長山幹丸『秋田の伝説』）

［戦狐］

仙台上空の未確認飛行物体

［せんだいじょうくうのみかくにんひこうぶったい］

令和二年（二〇二〇）六月に宮城県仙台市などの上空で目撃された謎の飛行物体。

六月一七日の早朝、仙台上空に白い球体のような形をしたものが飛んでいるのを国土交通省仙台空港事務所の職員が発見した。間もなく一般の目撃者からも同様の通報が相次ぎ、目撃情報は福島県北部、宮城県南部、中部、山形県北部など広範囲に及んだ。当時、その正体についてインターネット上で様々な憶測が飛び交い、「仙台上空」「未確認飛行物体」がＴｗｉｔｔｅｒでトレンド入りするなど、大きな話題となった。（「正体不明の浮遊する白い球状物体、東北の広範囲で目撃」『読売オンライン』二〇二〇年六月一八日）

同事務所などの発表によると、この物体は上部が白い球体で、下部には十字型の機器のようなものが付いていた。気球のようにも見えるが、この辺りの上空には、航空法で必要な気球などの飛行の届け出はなかったという。

気象庁などが飛ばしている、気象観測用の気球「ラジオゾンデ」（ヘリウムの入った球体部分の下部に観測機器や無線装置を付けた、気象情報を収集する機器。一定高度に達すると、気圧で膨張して破裂し、パラシュートで地上に落ちる）が、ヘリウムが漏れて破裂する高度まで昇れず、浮遊し続けているのではないか、という説もあったが、国内でラジオゾンデを飛ばしたであろう機関や研究者は見つかっておらず、海外の研究者のものではないかとも言われていたが、現在も特定には至っていない。（「正体は気象観測用気球？　消えた「謎の飛行物体」が残した課題」『産経新聞』二〇二〇年七月二日）

宮城県が一連の経緯をまとめた内部文書によると、物体は同県刈田《かった》郡蔵王町役場周辺から村田町役場の上空を飛行し、沿岸部へ。そのまま石巻市を通り、太平洋上に消えていったといい、ここでも「所有者・目的などは不明」と結論付けている。（「白い球体、「所有者・目的不明」の結論…十字形の部品と2基のプロペラ付く」『読売オンライン』二〇二〇年七月三日）

そしてその一年後の二〇二一年九月、この謎の飛行物体と非常によく似たものが、青森県八戸市鮫町《さめまち》の大須賀海岸の南の空で目撃された。目撃者いわく、九月三日の早朝、白い物体が雲より高い位置で浮遊し、ほとんど同じ場所にとどまっていた。カメ

ラの望遠機能で確認すると球体から何かしらの物体がぶら下がっていたそうである。(「八戸上空に謎の白い球体　昨年宮城で目撃の物体と酷似」『デーリー東北DIGTAL』二〇二一年九月五日)

いずれにせよ、この白い球状の飛行物体の正体については現在も明らかになっていない。まさしく「未確認飛行物体」なのである。

[佐藤卓]

麤乱鬼 [そらんき]

出羽地方に現れた悪鬼。麁乱鬼《そらんき》とも。羽黒修験道の教義書『拾塊集《しゅうかいしゅう》』には、慶雲(七〇四~七〇八)の頃、陸奥国《むつのくに》または出羽国あたりに麤乱鬼という悪鬼の王が住んでいたとある。三面六臂《さんめんろっぴ》、身の丈は八丈あまり、異類醜形の眷属《けんぞく》を数多従え、ある時は黒雲から降《くだ》って高山や嵩嶽に火炎を吐きかけ、またある時は鳥海山、岩鷲山(岩手山)に悪臭を吹きつけて、毒水、疾雨《しつう》、疫癘《えきれい》、疾病を蔓延《まんえん》させ、奥羽の地に幾万人の死者を出して困窮を招いた。山本郡司・乙部希古の七歳の娘に憑依《ひょうい》した羽黒権現《はぐろごんげん》の託宣に従い、悪鬼を象《かたど》った大松明《たいまつ》を燃やすと、麤乱鬼はたちまち飛び去ったが、小物忌神に首を射落とされて絶命した。首は陸奥国栗原に落下し、鬼首《おにこうべ》という地名の由来になったという。(戸川安章(編)『出羽三山と東北修験の研究』)

羽黒山で大晦日《おおみそか》から元日に行われる松例《しょうれい》祭《さい》は、この伝説に因んだ神事である。祭りで燃やされる高さ四メートルにも及ぶ大松明は悪鬼・悪魔や恙虫《つつがむし》に見立てられ、これを焼き捨てるのは魔や悪疫を退《しりぞ》ける意味合いがある。(松田義信『病と信仰・伝説』)

[寺西政洋]

【た】

大天魔 [だいてんま]

秋田、宮城、岩手の三県に跨《また》る栗駒山と岩手県の須川岳《すかわだけ》にあるとされる魔所。読み方は同じだが「大天間」と表記する場合もある。大天魔は、深山なら至る所で見られる場所であり、三方が切り立った崖に面した見晴らしの良い台地であるため、滅多に近づけない。しかし、もし大天魔に立ってしまうと、女の唄声が響き始め、不思議な快感に誘われ、長くいると必ず不吉な事が起きるとも、現世に帰れなくなるとも言われている。須川岳には大天魔があると言わ

れるが、具体的にどの場所にあるのかははっきりせず、次のような話がある。昔、雄《お》勝《がち》郡皆瀬村に太一という若者がいた。太一はそそっかしい性格をしていたがキノコ採りの達人で、ある日も隣の若者と一緒に須川岳へキノコ採りへ出掛けた。しかし、夢中でキノコを採っているうちに、気が付けば太一は同行者とはぐれてしまい、不思議な場所に辿《たど》り着いた。「須川岳ならどんな所でも分かっているはずだが、ここはどこだろう?」と首を傾げていると、遠くから悲しげな女の唄声が響いて来るのが耳に入った。「ここは大天魔だったか!」と気が付いたと同時、首筋を何者かに摑《つか》まれ太一は気を失ってしまった。しばらくして気が付くと、麓にある自分の村近くに仰向けで転がっていたという。他の話では、炭焼き小屋があり、谷を隔てたはるか前方に大天魔らしき場所があった。その場所からは時折、若い女の美しい唄声が聞こえてきた。ある日、炭焼きの若者は我慢できなくなり、父親に黙って出掛けたが、それっきり帰って来なかった。仲間が探しに行くと太い杉の梢に若者の着物だけが引っかかっていた。(『奇々怪々あきた伝承』)

似たような魔所として鳥海山の**大天場**《だいてんば》がある。神楽では「だいてんば(大天姥)」という曲目があり、倭姫命《やまとひめのみこと》が天照大御神を祀《まつ》るに相応《ふさわ》しい地を探す内容である。最終的に伊勢を見出し、ここに天照大御神が天下ったとされ「いわいよいわいよ、大天姥、大天姥、上の山の大天姥」と歌われ、山との関連も示唆されている。(『本吉太々法印神楽』)この名前には「神が天下る場所」のような意味があるのかもしれない。

[戦狐]

だお

「だお」「だおう」または「だう」「どう」とは東北地方でいう朱鷺《とき》。「ダオが渡ってきたから田の支度《したく》にかかろう」「ダオ来れば八尺雪降る」などといって、かつてはその飛来が田仕事の時季や降雪量の目安とされた。(鈴木棠三『日本俗信辞典　動植物編』)

秋田県仙北《せんぼく》郡角館町《かくのだてまち》(現・仙北市)などには、ダオを生み出したのは左甚五郎《ひだりじんごろう》だという昔話が伝わる。甚五郎がまだ諸国修業中の頃、空腹に耐えかね、居合わせた百姓に焼き飯を分けてもらおうとした。しかし百姓は「どこの叺《かます》大工(へたくそな大工)だ」などと馬鹿にして、飯を分けてくれない。怒った甚五郎は鉋屑《かんなくず》で沢山の鳥を作ると、田を散々に荒らしてこいと命じた。鳥たちは「ダオン、ダオン」と鼻声《ぐずごえ》で鳴きながら飛び立ち、田をかきまわしていった。これが今いうダオで、赤い(薄桃色とも)羽根は杉の赤味の名残《なごり》、鼻声なのは慌てた甚五郎が鼻孔を開け忘れていたからだという。(武藤鉄城(編)『角館昔話集』 柴田武(編)『お国ことばのユーモア』)

別の話では、鉋屑を散らかして叱られた甚五郎が、それを集めて燃やすとダオが生じたと語られている。ダオに田を荒らされて困った村人が甚五郎の助言で小豆汁を煮

ると、小豆色をしているダオたちは、自分たちも煮られては大変だと一斉に逃げていった。五月田植の際に小豆汁を食うのはこれが始まりだという。（『角館昔話集』）

　山形県新庄市では、明治頃まで「早く寝ないとだおうにさらわれる」と子供をおどして寝かしつけたという。かつては新庄でも朱鷺の群れが飛ぶ姿が見られたが、後に絶滅して幻の鳥になると、大ほら吹きをいるかいないかも分からない「だおうみたいな人」と言うようにもなった。（笹喜四郎『かつろく風土記』）

［寺西政洋］

高丸［たかまる］

　坂上田村麻呂《さかのうえたむらまろ》伝説や田村語り（坂上田村麻呂、藤原利仁をモデルとした田村丸利仁にまつわる物語）に登場する人物。鬼とされることもある。

　鎌倉時代末期の仏教書『元亨釈書《げんこうしゃくしょ》』によると、奥州の逆賊、高丸が駿河国清見ヶ関（静岡県静岡市東部にあった関）まで進出してきたが、田村将軍がこれを奥州まで追って、ついには討ったという。

　また、室町時代に書かれた『義経記』第巻二では「あくじの高丸」、『神道集』巻四「信濃国鎮守諏訪大明神秋山祭事」では「悪事の高丸」、『諏訪明神絵詞』では「安部高丸」と呼ばれ、**悪路王**《あくろおう》との混同が見られる。（大塚徳郎『坂上田村麻呂伝説』）

　御伽草子《おとぎぞうし》『田村草子』や『鈴鹿の草子』には近江の国の鬼神、高丸として登場しており、これらを底本とした奥浄瑠璃《おくじょうるり》『田村三代記』が東北で流布したことで、その名が各地の寺社縁起や地名伝説に取り入れられたと考えられている。（阿部幹男『東北の田村語り』）

　奥州七観音および奥州三観音（詳細は**大**《おお》**武丸**《たけまる》の項目を参照）に数えられる宮城県石巻市湊牧山《みなとまぎやま》の牧山観音こと、零羊崎《ひつじさき》神社の縁起にもその名が見られる。『奥州名所図会』によると、征夷大将軍の田村丸が、高丸およびその残党を誅罰《ちゅうばつ》し、その折に建立した霊場の一つがこの地であるという。牧山という名も、かつては「魔鬼山」と呼ばれていたという。（宮城県の**魔鬼女**《まきじょ》も参照）

　青森県では、陸前に住む蝦夷《えみし》の女首領であると伝わっている。高丸が坂上田村麻呂に追われて岩木山に逃れた後、南津軽郡尾上町の八幡崎《やわたざき》で討たれたと伝わる。浪岡町五本松の首塚は高丸の首を埋めた場所だという。また、その配下に悪路王がいたという。（中道等『奥隅奇譚』）

　さらに、田村麻呂は後に南津軽郡藤崎町にて沼底から現れた高丸の悪霊と戦ったともいわれている。田村麻呂が水面を斬《き》るとたちまち沼は血に染まり、その場所は赤沼と呼ばれて後々も水が赤いままであるという。また、この際に建てた祠《ほこら》がこの地の鹿島神社の始まりという。（森山泰太郎（編）『陸奥の伝説』）

　山形県山形市の長谷堂城《はせどうじょう》は、昔、田村将軍が東征の時に陣を取り、高丸と合戦したところであるという。仙台藩の儒学者、佐久間洞巌の『奥羽観蹟聞老志』によれば、

高丸を退治した折、この地に長谷の観音を勧請したとされる。一方で、田村将軍が高丸に負けてしまったとする珍しい話もある。田村将軍と戦ったのは阿弖利為《あてりい》と安部高丸という二人の人物であり、田村将軍率いる官軍が劣勢の際、この城に隠れたが、高丸の郎党の「鹿谷武行」という者が、数千の兵で追い討ちをかけてきた。これが世にいう長谷堂合戦であるという。（阿部幹男『東北の田村語り』大塚徳郎『坂上田村麻呂伝説』）

この他、悪路王や大武丸とともに、岩手県の達谷窟《たっこくのいわや》を根城としていたとする話もある。

［佐藤卓］

タクシー幽霊［たくしーゆうれい］

タクシーの乗客が実は幽霊であったとする類の怪談で、全国的に広く知られ、体験談と称するものも多く採集されている話である。（朝里樹『日本現代怪異事典』）

まずは青森県の話を二つ紹介したい。一つ目の話は、北彰介（編）『青森県の怪談』において「乗客が蒸発」の題で紹介されているものである。これは当時の『東奥日報』で報じられたことだという。

昭和四三年（一九六八）一〇月。青森市中央タクシーの運転手が、東津軽郡平内町《ひらないまち》山口付近で三二、三歳の和服の婦人を乗せた。目的地の浅虫ヘルスセンター近くに到着したので声をかけ振り向くと、後部座席に客の姿は影も形もなかった。女が乗車してきた場所はこれまでたびたび交通事故のあった場所で、以前から複数のタクシー運転手が同様の体験をしていたという。

もう一つは、高田公太『怪談恐山』（二〇一六年刊）に収録されている体験談である。深夜のむつ市内で乗せた客が恐山まで行きたいと言う。こんな時間には行けないと断りかけると、既にその乗客は姿を消していた。また、恐山で乗せた老夫婦のうち夫の姿がいつの間にか消えており、夫は既に故人であると知れたこともあったという。

福島県では次のような昭和初期の話がある。湖南から出た郡山のタクシーが如宝寺《にょほうじ》の墓地下で若い女を乗せた。目的地の大槻《おおつき》へ向かう途中には後ろの席から赤ん坊の泣き声が聞こえ、その後ふと覗《のぞ》いたバックミラーには女の姿が映っていなかった。大槻村に着くと女は車を降り、料金は大槻の某家から貰ってくださいと言い残して闇の中に消えた。指定された家に行ってみると「また出たか、しようのない奴だ」と言って料金を出してくれた。タクシーに乗ってきたのは以前難産で死んだ女で、ときどき赤ん坊のミルクを買うためにさまよい歩くとのことだった。（橋本武『猪苗代湖畔の民話』）

人を化かす動物の仕業とされることもある。秋田県の**狐狸《こり》タクシー**も参照。

［佐藤卓］

狸囃子［たぬきばやし］

狸がお祭り騒ぎで囃子を行うとする伝承で、全国的に見られる。秋田県では、文政

（一八一八〜三一）頃、岩見三内《いわみさんない》で盆の間中、隣村から毎晩太鼓を鳴らす音が聞こえ、祭りでもあるのかとみんなで見に行くと祭りなどなく、太鼓の音は太平山の谷間奥から聞こえるという不思議が起こった。よく聞いてみると、太鼓の拍子はたびたび乱れるので「狸の仕業だろう」と話し合い、ある日、夜明けを待って、音が出ていた地点に村の衆で連れ立って行ってみた。音が聞こえていた沢に着いたので探してみると、大岩の隙間に何か動くものがある。杉の葉に火をつけて燻《いぶ》し出したところ、四匹の狸が出てきたので全て打ち殺した。以来、夜に太鼓の音がすることはなくなったという。（『奇々怪々あきた伝承』）宮城県では、浦戸に浮かぶ大森島に「狢囃子《むじなばやし》」が伝わる。この島には昔から狐狸《こり》がたくさん住んでいるとされる。昔、この島に住む漁師の九ノ吉が、ある晩、思いがけないほどの大漁に預かり、成果に満足して帰ろうとした。その時、向う岸に何やら灯りが煌《きら》めいているのに気が付いた。そちらの方からは手を叩く音、大声で笑いさざめく音、笛や太鼓の囃子なども聞こえるため、不思議に思った九ノ吉は舟で向こう岸に渡ってみた。そうして漕《こ》ぎ寄せた九ノ吉が見たものは、岸の舞台で色とりどりの衣装を纏《まと》った美女たちが、歌や囃子に合わせて踊っている姿であった。九ノ吉が恐怖も忘れ、うっとりとこの様を見ていると、踊っていた女たちが近付いて来て、「よく来てくださいました。どうぞ上がって、ゆっくり踊りを見て行ってください」と申し込んで来た。誘いに乗った九ノ吉は女達に連れられて座敷に上がり込んだ。そこでご馳走の大盤振る舞いを受けた九ノ吉は、良い気分になって、グッスリ眠り込んでしまった。東の空が明るくなる頃、九ノ吉がボウッとしながら起きたが、自分の舟の方を見て一気に目が覚めた。舟の中には昨夜大漁に釣った魚が一匹も残っておらず、ただ、たくさんの足跡と狸の毛ばかりが残っていた。（『しおがまの昔話』）

［戦狐］

田道将軍［たみちしょうぐん］

秋田県鹿角《かづの》市、宮城県石巻市に伝わる。仁徳天皇の御世、蝦夷《えみし》が鹿角辺りで反乱を起こし田道将軍（上毛野田道）が鎮圧のために派遣された。しかし、田道将軍はこの戦いで戦死、遺体は現在の猿賀神社の辺りに埋葬され、塚が作られた。後年に蝦夷たちがこの塚を暴くと、中から大蛇が現れて毒霧を吹き、蝦夷たちの目を眩《くら》ませて次々と噛み付いた。噛み付かれた蝦夷の大半は毒のために死んだので、大蛇は将軍の化身で仇討ちをしたのだとされた。また、別説では田道将軍の墓石が二つに割れ、中から現れた大蛇が蝦夷たちを食い尽くしたとされた。この墓石は猿賀神社の縁の下にあり、大きさは七、八尺ほどで、今では七、八個ぐらいに砕けた残骸になっている。（『羽陰温故誌』）宮城県石巻市の伝承では、禅昌寺には「霊蛇田道公墳」と書かれた古碑があり、田道

将軍の墳墓であると伝えられている。田道将軍は仁徳天皇の時代に蝦夷討伐のために奥州に遣わされた人物であったが、伊峙水《いしのみ》門《と》の戦いで蝦夷に討ち取られてしまった。その後、生き残った蝦夷が田道将軍が葬られた墓を暴いた際に、墓穴から大蛇が出てきて、大蛇の毒気によって多くの蝦夷が死んだ。この大蛇こそが田道将軍の霊の化身であったという。石巻市内にある「蛇田《へびた》」という地名もこの伝説が由来であると言われている。（『東北の鬼』）

［戦狐］

鳥海山の青鬼・赤鬼 ［ちょうかいさんのあおおに・あかおに］

『大物忌大明神縁起』『出羽国大社考巻之三』に載る。ある時、慈覚大師は日本の東北方面から五色の光が発され、自身を照らしているのに気が付き、源を訪ねて鳥海山に辿《たど》り着いた。大師が登ろうとすると、目を怒らせた青鬼と赤鬼が現れ、「吾《われ》はこの山の主として年久しく住む者だ。お前は我々の領地である鬼嶺を奪い、仏法の地にせんとやって来たのであろう。謂《いわ》れなき企てである。入るべからず」と言って車軸の氷雨を降らせ、大師を攻めた。大師は対抗するために火性三昧《かしょうざんまい》の法で火焔《かえん》を巻き起こし、鳥海山を焼き尽くした。この際に起こった煙は国中を覆ったという。山を焼き尽くされた二匹の鬼は降参して跪《ひざまず》き、「我らは鳩般荼《ぐばんだ》鬼王となって、以降は大師に随《したが》って仏法を助け守護いたします」と誓い、鬼神の力で鳥海山に堀を穿《うが》ち、峰に大路を開いたという。土地の人曰く、昔、鳥海山の八万由旬《ゆじゅん》の山頂に**手長足長**という者が住んで往来する人を悩ませていたというが、これは前述の鬼王の説から出たものであろうと言う。（神宮滋『鳥海山縁起の世界』）

［戦狐］

土の梟 ［つちのふくろう］

橘南谿《たちばななんけい》『北窓《ほくそう》瑣談《さだん》』にある梟にまつわる怪異。筆者命名。

支唐禅師《しとうぜんじ》が諸国行脚の際、出羽国の寺に滞在した時の話。そこの庭に椎《しい》の木があったが朽ちてしまっていたため、住持がこの木を掘り取ろうとした。すると朽ちた空洞から雌雄の梟が二羽出てきて飛び去って行った。住持が木の中を開いて見てみると、土で作られた梟が三つ置いてあった。三つとも親鳥ほどの大きさで、そのうちの一つは羽毛が少し生え、嘴《くちばし》や足もあって生気を帯びたようであったという。怪しんだ住持が禅師に話すと、古歌に「ふくろふの暖め土に毛がはえて昔のなさけ今のあだなり」とあり、梟は土をこねて子を作ると聞いたことがあると禅師は語ったという。（富士川游など『杏林叢書　第5輯』）

この話は大田南畝《なんぼ》『仮名世説』に引用されており、さらにそこから鈴木棠三『日本俗信辞典　動物編』に引用されている。『日本俗信辞典　動物編』では地域を秋田県仙北郡《せんぼく》としているが理由は不明である。

［佐藤卓］

氷柱女［つららおんな］

東北地方や新潟県など厳冬の地域でよく語られている妖怪で、家の軒先《のきさき》から下がった氷柱《つらら》が若い女や娘に姿を変え、家主の女房や子供として過ごすというもの。昔話として記録されたものは、しがま女房、すが女房、かねっこおり女房、たるひ女房など「氷柱女房」を意味する題が付されていることが多い。氷柱女という呼び名は山田野理夫『東北怪談の旅』や、各種妖怪図鑑、事典類で用いられる傾向にある。

青森県南津軽郡藤崎町では「しがまの嫁コ」として伝わる。昔、独り者の男が軒から下がったシガマ（つらら）を見て「あったね細くて綺麗《きれい》だ女が俺の嫁コになって来たら、どったによがべな」と思った。その夜、ひとりの女が「わァ昼間のシガマコでごさね」と訪ねてきた。男はすぐに彼女を気に入り、嫁に貰って仲良く暮らした。だがシガマの嫁コはお湯が大嫌いで、何日経っても風呂に入らない。男は隣家の女に頼みこんで嫁コを風呂へ入れてもらった。いやがる嫁コを無理に風呂へ入れると、それきり風呂場は静かになった。様子を見に行くと風呂桶《おけ》に櫛《くし》と笄《こうがい》が浮かんでいるばかりだった。（川合勇太郎『青森県の昔話』）

弘前市の「とけたシガマコ」の話では、ある雪の夜、子のない爺様と婆様の家へ道に迷った娘が訪ねてくる。気の毒に思い泊めてやると、家にいついてよく働くようになり、二人は彼女を娘と思い同居した。ある日、嫌がる娘を無理に風呂に入れると、湯の中に櫛だけを残し姿を消してしまったという。（斎藤正（編）『津軽の民話』）

花部ゆりいか（編）『秋田のとっぴん語り』収録の昔話では、氷柱女は「ゆき子」という娘として現れる。ある独り身の若者が、軒先の氷柱を見て「あの氷柱のように見目の良い、色白の嫁が欲しいな」と夢想した。その晩、ゆき子という色白の綺麗な娘が訪ねてきて、二人は夫婦となった。ゆき子は働き者だが大の風呂嫌いで、色々と理由をつけ入浴を拒否した。困った夫は隣家のヘラヘラ婆に頼み、妻を風呂に入れてもらった。すると湯船に泡と赤い簪《かんざし》を残し、ゆき子は消えた。ゆき子の正体は氷柱で、可哀想な男があまりに氷柱を褒《ほ》めるため、人の姿で嫁に来ていたのだった。

岩井博實『暮しのなかの妖怪たち』には夫を殺すつらら女の話がある。ある男と結婚した色白の美しい娘は、春になると姿を消してしまった。次の冬には帰ってきたが、既に後妻を迎えていた夫に「お前が勝手に姿をくらましたからだ」と怒られると氷柱に変身し、男の胸を刺して殺したという。この話は岩井が監修した『図説　日本の妖怪』の妖怪名鑑では秋田の妖怪とされている。**雪女房**も参照。

［寺西政洋］

蝶［てこな］

建部綾足『折々草』の「蝶に命取られし条」で語られる怪異。てこなは蝶の異称。これは陸奥《みちのく》の人が語ったことだという。

ある国に生まれつき蝶《てこな》嫌いの武士がいた。蝶が飛び回っているので春の晴天の日は家にこもり、花見は雨天を選んで出かけるほどだったが、あるとき友人たちに騙《だま》されて数匹の蝶を放った部屋に閉じこめられた。男は大声をあげて室内で逃げ惑ったが、しばらくすると静かになった。蝶嫌いを克服したかと思い、友人たちが見に行くと、男は部屋でのけぞって死んでいた。男の鼻の穴には死んだ蝶が入っていた。彼の弟や甥《おい》は死の真相を知ったが、仇討《あだうち》を願い出るわけにもいかず、どうにもならなかったという。（『日本随筆大成第二期21』）

この話は早川純夫『日本の妖怪』（一九七三）を経て南條武『妖怪ミステリー』（七四）に載り、子供向けにも紹介された。後者では、侍は蝶の羽で喉《のど》を切り裂かれて死んだという脚色も施されている。

［寺西政洋］

手長足長［てながあしなが］

秋田県、山形県、福島県、青森県に伝わる。秋田県と山形県の境界にある鳥海山の伝承では、手長と足長という二匹の悪鬼が鳥海山に住み着いていた。手長は自在に伸ばした手で海や湖から水を汲《く》んできて水害をもたらし、足長は足を自在に伸ばして麓の田畑を踏み荒らした。しかも、手長足長は山から降りてくるたびに麓の村から子供を攫《さら》って食うため、村人たちは怯《おび》えて暮らし、氏神である大物忌神《おおものいみのかみ》に助けてくれるように日々祈っていた。そんなある時、願いが通じたのか、村に三本足の不思議な鳥が飛んで来るようになった。この鳥は手長足長が山頂付近にいる時は「むや」、山から降りようとしている時は「うや」と鳴いて知らせてくれたので、村人たちは警告を聞いて避難することができるようになり、被害は劇的に減った。やがて、月日が流れて貞観六年（八六四）この地に慈覚大師がやって来た。大師は村人たちから手長足長の悪行を聞くと、悪鬼調伏《ちょうぶく》のため、三崎山に不動明王を祀《まつ》る大護摩壇を築き、一〇〇日間（二一日とも）の祈禱《きとう》に入った。満願の日、不動明王像の瞳から光線が迸《ほとばし》ると、鳥海山の山頂に向かって行き、光線が直撃した山頂は吹き飛んで海の彼方《かなた》へ飛んで行った（日本海に浮かぶ飛島が、この際飛んで行った山頂だと言う）。以降、手長足長はこの地に現れなくなり、村には平和が訪れた。様々なパターンがあるが、民話での大まかな内容は以上のように伝わる。

鳥海山の由来を記した縁起文にも登場し、文化一四年（一八一七）に書かれた『鳥海山和讃縁起』では「手長足長魍魎や悪鬼悪魔の害ありて　登攀さらに難かりき」と、鳥海山を登る際の障害の一つとして登場し、後に役行者《えんのぎょうじゃ》によってその他の悪鬼と共に禁縛、済度《さいど》されている。慈覚大師、役行者以外では、百合若《ゆりわか》大臣や宗良《むねよし》親王が退治したという伝承もある。一般的に鬼の姿でイメージされるが毒蛇とする伝承

もあり、元禄一六年（一七〇三）に書かれた『大物忌小物忌縁起』には、手長足長という名前ではないものの鳥海（鳥海山中の湖）が泥水で溢れ出した際に「擁塞《ようそく》して流れず。両の大蛇有り。長十丈計《ばか》り、相流れ海口に出入りするは蓋《けだ》し是也《これなり》」と関係性を匂わせる二匹の大蛇の記述がある。（『鳥海山縁起の世界』）鳥海山周辺には龍蛇の伝承が豊富なため、手長足長の伝承と混ざり合って毒蛇として伝わった可能性も高い。

福島県の伝承では磐梯山《ばんだいさん》に住んでいたとされ、昔、磐梯山には手長足長という怪物が住んでいて、毎夜その長い手足を伸ばして猪苗代湖《いなわしろこ》南の民家や田畑を荒らし、五穀を掠《かす》め取って人々を苦しめていた。当地に巡り来た弘法大師は人々を救わんと磐梯山に登り、悪魔調伏の秘法を誦《ず》して手長足長に問答を仕掛けた。大師に挑発された手長足長は、己の呪力を示すために体を小さくしてみせたが、その途端に胡麻粒に変えられて印籠に閉じこめられてしまった。大師は護摩壇を設けて明神として祀ることで悪霊の祟《たた》りがないように計らい、以後は湖南の人々への布教に努めたという。（『猪苗代湖南民俗誌』）大沼郡会津高田町（現・会津美里町）や須賀川《すかがわ》市の伝承では、怪物は足長と手長の夫婦だとされている。足長は磐梯山と明神ヶ嶽に両足を踏まえて立ち、手長は猪苗代湖の水を掬《すく》って付近にばらまく。いずれも巨大な怪物で、怒鳴り声は天地に響き、睨《にら》みつければ目から稲妻が飛び出した。この夫婦は悪戯《いたずら》好きで付近の農民に害をなして喜んでいたが、やはり弘法大師にそそのかされて小さくなり、壺に封印されて磐梯山頂に埋められた。（会津民俗研究会（編）『會津の傳説』福島県教育委員会（編）『福島県の昔話と伝説』）磐梯山以外では、相馬と伊具《いぐ》の境に聳《そび》える鹿狼山《かろうざん》に手長足長が棲んでいたとする伝承もある。これは**手長明神**とも呼ばれる。

また、青森では文亀元年（一五〇一）に書かれたという相馬村（現・弘前市）の石戸神社の縁起に白神岳の手長足長の名があるが、これは坂上田村麻呂と対決した一〇〇名余りの集団の名で、一体の鬼を指すものではない。このうち首魁《しゅかい》だけが追撃を逃れて難所に身を隠すも、田村麻呂が神仏に祈りを捧げると容易に討ち取ることができた。その後、災厄が及ばぬよう夢告げに従って石の戸を立てて堂を造り、石戸権現を勧請した。田村麻呂の蝦夷《えみし》征伐にも同行した修験者・天長山覚勝院が天長元年（八二四）に著したとされ、旧・種里村の宮司家に蔵されていた『末代坂下国信孝記』にも手長足長に関する記述がある。進軍する田村麻呂には坊主のような鬼神が襲いかかってきたが、これを打ち払い即興の歌で気を奮わせると千手観音が現れて加勢し、鬼の総大将の首を引きちぎって雲へ投げた。田村麻呂は残された胴体を前に覚勝院らと酒盛りをし、各地の残党たちをも悉《ことごと》く討ち取ったという。（『奥隅奇譚』）

具体的なエピソードはないが、秋田県由利本荘市の虚空蔵山《こくぞうさん》にも住んでおり、沖を行く船に害を及ぼしていたという伝承もある。（『小友・石沢の民俗　本荘市史民俗調

査報告書第一集』）
古代中国で想像された外界の異民族のうちにも手長・足長（長臂人《ちょうひじん》・長股人《ちょうこじん》）と呼ばれるものがある。これらの図像は平安時代頃には既に日本に伝来し、不老長寿の神仙に比定されていた。これは磐梯山などに出た手長足長とは別物である。
変種に**手長婆**・**足長**、同一起源に**鳥海山の青鬼・赤鬼**がいる。　［戦狐］

手長明神［てながみょうじん］

宮城県伊具《いぐ》郡丸森町と福島県相馬郡新地《しんち》町《まち》にまたがる鹿狼山《かろうさん》に祀《まつ》られている神。
この神は年を経た鹿《しか》を愛し、白い狼《おおかみ》を飼い馴《な》らして連れ歩いていたため、この山の名前があるという。手長明神はその名の通りとても長い腕をもち、山頂から海まで腕を伸ばして貝を採って食べていた。その貝殻を捨てたところが新地町小川の貝塚屋敷であるという。（『伊具郡誌』）
また、福島県相馬市山上《やまかみ》の塩手山《しおてやま》にも類似した伝説があるという。（岩崎敏夫『磐城岩代の伝説』）
手長足長《てながあしなが》や福島県の**大作坊**《だいさくぼう》も参照。　［佐藤卓］

天下婆［てんがばば］

志田正徳の『信達一統志』などに記されている狐の怪異。獣が身分の高い老婆に化けて人からもてなしを受けるもの。
信夫《しのぶ》郡水原村（現・福島県福島市松川町）の御殿場に棲む老狐が将軍家の乳母《うば》に化けて各地を遊歴したといい、天下婆と呼ばれた。天下婆が現れたのは元禄（一六八八〜一七〇四）の頃で、柳営家《りゅうえいけ》（将軍家）の乳母と名乗り、壮麗な装いの男女多数を随行させて奥州を巡り、各地の領主からもてなしを受けた。天下婆は駕籠《かご》に乗るより人に背負われるのを好み、犬を嫌った。ある時ついに怒った犬に噛《か》み殺され、幾百歳かと思われるような老狐の正体を現したという。（近藤喜一『信達民譚集』）
山形県西置賜《にしおきたま》郡小国町小玉川《こたまがわ》でも天下婆の話が確認されている。昔、小玉川の泉岡の大家に「天下婆」といわれるような立派な婆様が付添いの女と共にやって来た。家人は天下婆をもてなし、入浴を勧めた。その後、風呂場の物音がどうにもおかしく、家の子らが様子を覗《のぞ》き見ると、風呂桶《おけ》の口には大きな**狢**《むじな》がいて、尻尾で湯を叩いていた。狢は婆に化けて風呂から上がると、一泊して朝飯を食べ、ゆうゆうと発《た》った。人々は正体に気づいていたが、そのまま逃がしてやったという。（小野和子（編）『長者原老媼夜話』）
［寺西政洋］

天狗の相撲場［てんぐのすもうば］

草深い山中の砂地や苔生《こけむ》した場所で天狗が相撲に興じると考え、天狗の相撲場（相撲取り場）という一種の神域とされた。山形県や宮城県にはこの伝承が数多く残る。山形では月山のバラモミ沢、朝日岳、母苅山などに相撲場があった。（丹野正「天狗

ノート」『あしなか』第二四輯）

最上郡最上町北部の権現山に住む天狗の大将は太郎天狗なる鼻高《はなたか》天狗で、子分の口高天狗（烏《からす》天狗のことか）が大勢いたという。山頂付近に散在する平らな砂地が、かれら天狗の相撲取り場だといわれた。浜辺にも天狗の立ち寄る土地がいくつもあるという。（『羽前小国郷の伝承』）

宮城県では宮城郡宮城町上愛子《かみあやし》（現・仙台市）の五ツ森、伊具《いぐ》郡丸森町大内の佐野近辺などに天狗の相撲取り場があるといわれていた。（三崎一夫『陸前の伝説』）白石市、鎌先温泉西北の天狗山では、夜更けに山頂付近からの高笑いや四股《しこ》を踏むような地響きが温泉まで聞こえたという。また、白石川沿岸の天狗森にある相撲場では、元文年間（一七三六～四一）に平栗文之助という者が大天狗と小天狗に遭遇して手玉にとられたあと、柿の早むきや速歩の術を教わり、大変な健脚家になったという。（『白石市史 3の2』）

［寺西政洋］

虎吉河童［とらきちかっぱ］

岩手県西磐井《にしいわい》郡平泉町の豪族、藤原秀郷《ふじわらのひでさと》の馬屋に仕えていた**河童《かっぱ》**。働き者であったため主人の秀郷に可愛がられたが、ふとしたことで河童の正体がばれて惜しまれながらも主家を出ていくことになった。

住み慣れた平泉を離れた虎吉カッパは、やがて真山《まやま》の田子谷《たごや》（宮城県大崎市岩出山上真山赤新田）に辿《たど》り着き、そこを永住の地とし、その地で「田子谷カッパ明神」として水の神、縁結びの神として祀《まつ》られるようになった。多くの子供（子カッパ）にも恵まれ、月夜には子カッパたちが沼の土手に登って、相撲や綱引きをして遊ぶ様子がよく見られたという。（『岩出山町史 下巻』）

［佐藤卓］

【な】

七色狐［なないろぎつね］

下野国《しもつけのくに》那須野《なすの》ヶ原《はら》に現れた化け狐。大抵は九尾《きゅうび》の狐と同義の名称として用いられている。『簠簋抄《ほきしょう》』での玉藻前《たまものまえ》の形容に「七色の狐」という文言があることから広まったとみられ、関東地方や東北各県でこの名前での伝承例が確認できる。

福島県白河郡表郷村《おもてごうむら》（現・白河市）の番《ばん》沢《ざわ》では、那須野ヶ原の七色狐を鉄砲で撃ち殺したとき、その血が固まり石になったと伝わる。破片の一つは那須野ヶ原に残り、一つは表郷の中寺集落の寺

に飛来した。寺では七月七日にその石を虫干しするという。（『番沢の民俗』）

石川郡石川町の千五沢《せんごさわ》地区では、塩沢家の祖先が那須野ヶ原で燻《いぶ》して捕獲し、持ち帰ってきた七色狐こそ「お稲荷様」だといわれ、祟《たた》らないよう鎮守社の境内に祠《ほこら》が作られた。盆踊り歌の千五沢甚句では「千五沢の名所案内致しましょうか　うしろは松山　前は川よ　七色狐もおるそうな　私も二、三度　だまされた」と唄われている。（『千五沢の民俗』）

岩手県三陸沿岸部に伝承される黒森神楽《かぐら》には「篠田《しのだ》ヶ森」という狂言演目があり、油鼠《あぶらねずみ》の罠《わな》で捕らえられた七色狐が稲荷神となり、豊年万作、大漁成就の託宣を行う。（宮古市教育委員会（編）『黒森神楽』）これは玉藻前だけでなく信太《しのだ》の森の葛葉《くずのは》狐《ぎつね》や白蔵主《はくぞうす》の要素も混合した例のようだ。

秋田県仙北《せんぼく》市角館町古城山《かくのだてまちふるしろやま》の七色稲荷神社の祭神はナナイロキツネと呼ばれる白狐の霊で、俗にいう九尾の狐だとされる。蘆《あし》名《な》氏の先祖・三浦介義明は那須野原で九尾の狐を討ち取ったが、死ぬ間際の狐に呪いをかけられたという。そのためか、蘆名家では当主の夭折《ようせつ》や謀反《むほん》に遭うなどの不幸が代々続いた。そこで角館に移った際、祟りを鎮めるために建立したのが七色稲荷神社だという。しかし蘆名氏にはさらに不幸が続き、新たな若き当主も二代続けて病死、三代目となる千鶴丸が転落事故により三歳で亡くなり、家名は断絶した。（『角館誌第九巻』伊藤清司『ふるさとの伝説④』）

蘆名氏は角館に築城する際に祠を建て、七色狐の祭祀《さいし》を怠らなかったともいう。慶長年間（一五九六〜一六一五）、当主の義勝は城内の庭に遊ぶ一羽の鶴を見つけ、これに矢を放った。射抜かれた鶴は白狐と化して逃げ去り、それ以後おかしなことが続いた。義勝は「悪しき狐め」と激怒して社堂を破壊し、残骸をカジカ川に投げ捨てた。それは八割村の淵《ふち》まで流れ来て止まったので、村人は淵の上に堂を再建したという。（『北仙民友』一九九六年三月九日）

現在、七色稲荷神社を管理している青柳氏は、狐にまつわる不思議な体験をしたと語る。同氏は、神社は片目を撃たれ茨城の方から逃げてきた狐を祀《まつ》ったものと聞いてはいたが、お伽《とぎ》話の類と思っていた。ところが二〇年ほど前、境内で片目を撃たれた狐が死んでいたので埋葬した。その後、石段拡張工事の完了時に記念写真を撮ると、喜んでくれたのか、白い狐がたくさん写っていたという。（二〇二一年八月、戦狐聞書『秋田妖怪蒐異　弐』）

［寺西政洋］

南祖坊［なんそのぼう］

十和田湖などを舞台とする**八郎太郎**《はちろうたろう》の伝説において、龍蛇に化身した八郎太郎と十和田湖の所有を巡って対決する人物。十和田神社では青龍大権現として祀《まつ》られている。話によっては南蔵坊、南治郎などとも呼ばれる。『十和田由来記』によれば、南祖坊は南部三戸の出身で、子宝に恵まれなかった夫婦が斗賀《とが》の観音堂に参籠《さんろう》した結果生まれた子であるという。幼名を善正とい

い、七崎の永福寺で修行をして南祖坊と改名した後に「弥勒《みろく》の出世」を願い熊野へと発った。そして熊野で霊告を受けた南祖坊は、授けられた鉄の草鞋《わらじ》が切れ、杖《つえ》が折れた場所こそ宿願成就の地と信じて全国を巡るのだった。そうして長い時を経て辿《たど》り着いた最後の地が十和田湖だった。十和田湖を占拠する八郎太郎を相手に、南祖坊は九頭龍となって激しい戦いを繰り広げた。法華経巻の八四〇〇〇字が剣となって八郎太郎に突き刺さり、南祖坊はついに十和田湖を勝ち取ると、熊野神の使いから十和田山正一位青龍権現の名を得て湖の主となった。(『水神竜神十和田信仰』)十和田湖はかつて南祖坊の潟とも呼ばれ、南祖坊は乳《にゅう》井《い》(青森県弘前市)の山伏であるともいわれた。(森山泰太郎『陸奥の伝説』)

秋田県の伝承では、田沢湖の主である**辰**《たつ》**子姫**《こひめ》に横恋慕し、辰子姫と恋仲である八郎太郎との対比で、当て馬的な役割が強調されている場合が多い。ある時、南祖坊は辰子姫と八郎太郎が恋仲であるのを聞くと不快に思い、八郎潟に向けて岩石を投げる嫌がらせを始めた。これに激怒した八郎太郎は十和田湖に攻め上り、気迫に恐れをなした南祖坊は十和田の中湖に籠もってしまった。八郎は南祖坊が出てくるのを待っていたが、しばらくして冬になったので辰子姫に逢うために田沢湖に向かった。八郎が去ったのを確認した南祖坊は中湖から出てくると粗末な衣と鉄の草鞋、鉄の錫杖《しゃくじょう》を身に付けて変装し、八郎に先んじるべく田沢湖に急いだ。南祖坊は錫杖をシャンシャン鳴らして辰子姫を呼んだが、辰子姫は鉄が嫌いだったのでこれを拒否した。辰子姫に相手にされなかった南祖坊は逆上し「八郎を八つ裂きにしてやろう」と考え、小折戸付近に生えていた千歳松の下で八郎を待ち伏せした。少しして、田沢湖にやって来た八郎は待ち伏せしていた南祖坊とかち合い、お互いに猛《たけ》り狂って龍に変身し戦い始めた。双方互角に戦ったが、この時、辰子姫が八郎の加勢に現れ、南祖坊に向けて松明《たいまつ》を投げまくったので、南祖坊は全身に火傷を負い逃走した。八郎は追撃したが、南祖坊は十和田湖まで逃げ延びて再び隠れてしまい、討ち果たすことはできなかった。(琴丘町教育委員会(編)『琴丘の民話』)また、十和田湖には魚が少ない。これは南祖坊が魚を嫌っているためだとされる。(『秋田郡邑魚譚』)『奥南新報「村の話」集成』では、南祖坊は実は女で、修行する際には常に男装していた。そのため「男装の坊」と呼ばれていたが、いつの間にか転訛《てんか》して「なんその坊」となったという話が載る。これは盛岡の人が語った話だという。

［戦狐］

人魚［にんぎょ］

日本各地に伝わる想像上の水棲生物、または妖怪。半人半魚、もしくは人面の魚の姿で、その出現は古くは吉兆とされたが時代が下るにつれて災害や兵乱の兆しとなっていった。その肉を食えば長寿が得られるともされる。(日野巌『動物妖怪譚 上』)

兵乱の兆しの怪異として東北地方に人魚が流れ着いた例が『北条五代記』（巻七）にまとめられている。

文治五年（一一八九）の夏、そとの浜（青森県の外の浜）に人魚が流れ着き、その年の秋に藤原秀衡の子息が悉《ことごと》く滅亡した。

建保元年（一二一三）の夏には秋田の浦に人魚が流れ着き、鎌倉に報告された。これも兵乱の兆しとされ祈禱《きとう》が行われたが、同年五月二日に和田義盛の戦が起こった。

建仁三年（一二〇三）四月に津軽の浦に人魚が流れ着いた年には、将軍源実朝が殺害された。

また、宝治元年（一二四七）三月一一日にも津軽の浦に人魚が流れ着き、鎌倉へ報告されると八幡宮へ祈禱が行われた。しかし、この年には三浦泰村の合戦が起きたという。（三浦浄心『北条五代記』）

宝治元年の人魚については『武道伝来記』（巻二）に詳しくあり、その形は紅い鶏冠《とさか》があり、顔は美女のようで四足は瑠璃《るり》をのべて鱗《うろこ》は金色に輝き、声は雲雀笛《ひばりぶえ》のような静かな音がしたという。（井原西鶴『武道伝来記』）

青森県青森市には、怪物のような見た目の人魚の記録がある。元禄元年（一六八八）七月二〇日に外ヶ浜野内《のない》の浦（青森市野内）に流れ着いた人魚は、身の丈一〇尺（約三メートル）ほど、顔は八〇ばかりの老人に見え、身体は魚で、頭は真鍮《しんちゅう》色、尾は金色、腹は黒かったという。手の爪は猫に似ていて、飛鳥のように速く動き、バドロンバドロンと啼《な》いたとされ、浜辺に見物人が群集したという。（山上笙介「津軽妖異記」『津軽の富籤』）

同県津軽地方では、人間が人魚になるという伝承がある。西津軽郡鯵ヶ沢町《あじがさわまち》の七ツ石では、人魚は泳ぎの好きだった人間のなれの果てだといわれた。半人半魚の身となって我が家にも帰ることができず、通りかかる人を見ては寂しく歌いかけるという。かつては小児がみだりに泳ぐのを戒めるために大人がこのような話を聞かせていたらしい。また、他の地域同様、人魚の肉を食すと長寿を得るともいわれていたようである。（内田邦彦『津軽口碑集』）

弘前市立弘前図書館蔵『異物図絵』（一八八七〜九六）には、筆者の平尾魯仙《ろせん》が原田宇吉から見せられたという津軽の人魚の絵が記されている。上半身が痩せた老人のようで裂けた口に乱れた頭髪と口髭《くちひげ》が生えており、下半身は魚に似て、背びれ、胸びれ、腹びれのようなものも見える。また、これと非常に似た姿の人魚が青森県立郷土館蔵『御画　男人魚』（近世）に描かれている。こちらの男人魚は姿を見ると長寿になるといい、弘前藩の若殿が「母親に見せよ」と筆写したものだという。（青森県立郷土館・東奥日報社『妖怪展　神・もののけ・祈り』）

秋田県で捕らえられた人魚の記録が『雲窩亭随筆』にある。元禄（一六八八〜一七〇四）のこと、男鹿で人魚が網にかかり藩に報告された。頭は人間の子供のようで、頭上には毛が生えており、体は鱗に包まれ水かきがあったという。（『第三期　新秋田

叢書　第15巻』）

　また、同県南秋田郡井川町浜井川字洲崎遺跡から出土した木札に人魚が描かれており、その姿は人面魚身で二手二足を有し、顔と足を除く部分に鱗がある。（「平成17年度県指定　洲崎遺跡跡出土人魚木簡」『美の国あきたネット』二〇〇九年三月二六日（二〇二一年八月参照））

　岩手県には魚の身体に女性の頭がついた、比較的オーソドックスな人魚の話がある。下閉伊《しもへい》郡田野畑村《たのはたむら》の羅賀《らが》の浜で若者たちが泳いでいると、少し離れた沖で泳いでいる髪の長い女がいた。男たちが近付くと、女は沖遠く泳いでいった。女の首から下が魚体で鱗が見えたという。（青木松太郎『たのはた風土記』）

　また、宮城県気仙沼市唐桑町《からくわちょう》津本出身の男性が岩手県大船渡《おおふなと》の沖で出会った「海人魚」というものは、髪の毛が長く美しい顔をした女で、海から飛び上がった時に魚のひれのようなものが見えたという。（川島秀一「三陸沿岸の怪異譚」『憑霊の民俗』）

　捕らえた人魚を逃がしてやった話もある。宮城県気仙沼市唐桑町鮪立《しびたち》に伝わる話では、捕まえた人魚を逃がしてやったところ、その人魚から「嘗《な》めただけでも三年長生きするのに、どうして放したのだ」とからかわれたという。（香川雅信ほか（編）『47都道府県　妖怪伝承百科』）

　一方で福島県には、逃がした人魚が押しかけ女房となって、恩返しに来る話がある。（福島県の**人魚女房**《にんぎょにょうぼう》を参照）

　部類別索引「人魚」も参照。　［佐藤卓］

沼倉の娘蛙［ぬまくらのむすめがえる］

　宮城県と福島県の県境付近に伝わる。福島県相馬郡新地町沼倉には殿様ガエルがいて、その年頃の娘ガエルが婿探しを始めた。しかし、どんな縁談でも娘ガエルが不足を語ってなかなか決まらない。仲人はカエルが嫌ならクジラやタイではどうかとも聞いたが、クジラは図体ばかり大きくて好まない、タイは酒飲みのような赤ら顔で嫌だ、などと言われる始末であった。

　間もなくして旧暦の六月一五日のこと、娘ガエルが仲間を連れて宮城県亘理《わたり》郡山元町の笹野のお天王さんの祭りに行った帰り道、水神沼の近くを通った時に主である大蛇が現れ、娘ガエルに求婚をした。娘ガエルは「大蛇は大嫌いーっ」と言って逃げ出したが木崎川を越えることができなかった。すると、山居の雄ガエルがぴょんとやって来て娘ガエルを背に乗せて川を飛び越えた。この一件で二人のカエルは仲を深め、ついには結ばれたという。（庄子アイ・佐佐木邦子（編）『伊達最南端に語りつぐ　荒保春の昔ばなし』「カエルの娘」）

［佐藤卓］

のっぺらぼう

　小泉八雲の『怪談』に登場することで有名な妖怪で、人間のような姿をしているが、その顔は剝《む》き卵のようにツルリとしており、目も鼻も口もない。狢《むじな》が化けた物と

もされる。秋田県秋田市に伝わる話で、ある夜一一時に、秋田市で屋根屋を営むオヤジさんが、雄物川《おものがわ》に掛かる橋を通りがかった。ほろ酔い気分だったので橋に寄りかかり休んでいると、橋の向こうから小さな女の子が俯《うつむ》いてこちらに向かってくる。心配したオヤジさんが声を掛けても女の子はピクリとも反応せず、更に声を掛けるとようやくこちらを向いたが、その顔は剝き卵のようなのっぺらぼうだった。オヤジさんが手頃な石を投げるとのっぺらぼうは逃げて行き、追撃すると終《しま》いにはタヌキの姿に変わって威嚇をし、逃げて行った。（松谷みよ子『現代民話考11狸・むじな』）

また、学校の怪談として語られるパターンもある。秋田県藤里町の坊中《ぼうちゅう》小学校に伝わる怪談では、夜にこの学校の階段を上がると、上から白い服を着た人が降りてくる。その人の顔はのっぺらぼうだという。（『現代民話考7学校・笑いと怪談・学童疎開』）。山形県上山市の上山小学校にものっぺらぼうが出るといわれていて、古い校舎には人体標本などのある標本室があり、その前に階段と中二階の教室があった。このあたりには薄暗くなった頃に顔がノッペラボウの妙齢の娘が出るといわれていた。これは小学校裏の家の死んだ娘であると噂された。（『現代民話考［七］』）この話は昭和一三年（一九三八）頃の噂として聞き取られたものである。

小泉八雲の『怪談』に出てくるのっぺらぼうは、いわゆる「再度の怪」の代表格のように扱われるが、以上の三例にはいずれもその要素はない。

［戦狐］

【は】

はかぜ

野外で転倒したり急に体調が悪くなったりするのを「ハカゼに遭う」などと言う例が青森県や岩手県で採集されている。神の居場所を冒《おか》した障《さわ》りと考えられたようだ。

岩手県九戸郡山形村では、神の遊んでいる所へ行くとハカゼに打たれて倒されるという。急病にかかったとき祈禱《きとう》者に見てもらうと、ハカゼに遭ったことが判明する。（『総合日本民俗語彙』）

青森県では、ある人の祖母と母親がハカゼに遭った話がある。祖母の方は畑仕事中

に急に気持ちが悪くなり、寝こんで起き上がれず床擦《とこず》れで体の皮が剥《む》けるほどになった。占ってもらうと「神様のハカゼだ」とのことで、神様の遊んでいた所に鎌か何かが触れたのが原因と分かった。母親の方は酒を買いに行こうとして転んでからどうも不機嫌になり、数日経っても何やら気持ちが悪かった。イタコたちからは「神様の遊んでいた所にあんたが誤ったからだ」「八幡様のおとがめだ」「神様の前すびに遭ったからだ」と告げられたという。(『奥南新報「村の話」集成』)

［寺西政洋］

八郎太郎［はちろうたろう］

十和田湖、田沢湖、八郎潟を舞台にした『三湖物語』に登場する水神、龍蛇となった者の名。現在は八郎潟に住んでいるとも、八郎潟干拓の際に田沢湖に引っ越して**辰子姫《たつこひめ》**と同棲しているともされる。

「八郎太郎」「八の太郎」「八郎」「八太郎」「八竜」などと呼ばれ、北東北一帯で伝説が語られ、各地の湖沼を舞台とした類話も大量に確認されている。姿については、一般的には龍もしくは八岐大蛇のような姿でイメージされるが、巨人であるともされ、秋田県潟上《かたがみ》市の八郎神社には、頭が龍、体が人間の竜人の姿をした八郎太郎の絵が祀《まつ》られている。また、旅行する際は侍や僧侶に化けるともされる。

青森県地方では八の太郎と呼ぶ例が多いようである。八戸市立図書館所蔵、文政一二年(一八二九)筆写の『十和田記(十和田山御縁記)』は八郎太郎の来歴を次のように説く。陸奥国《むつのくに》鹿角《かづの》郡(秋田県)の草木村に住む八郎太郎は木皮の剥《は》ぎ取りを生業とする大力の青年で、あるとき仲間と共に赤倉嶽、尾国嶽の間の平地へ仕事に出た。八郎太郎は水汲《く》みの際に谷川から岩魚《いわな》を三匹獲ってきたが、焼いた匂いの香ばしさに辛抱たまらず一人で食い尽くしてしまった。直後、喉の渇きが彼を襲った。いくら水を飲んでも渇きは癒えず、次第に彼の体や四肢は肥大化し、眼の色は変わり、人間からかけ離れた姿になっていった。やがて戻ってきた仲間に向かって「俺はいかなる報いか、このような魔生に落ちてしまった。今や少しの間でもこの水辺を離れることができない。お前たちは早くここを立ち去れ」と涙ながらに告げて別れた。八郎はその後三四日間にわたって水を飲み続けて身体を膨れ上がらせ、ついには十和田湖を形作るとその主たる大蛇(龍)となって棲みついた。実は彼の祖先に蛇の精がいて、その因縁が今になって巡ってきたのであった。我が子を哀れんだ八郎の両親も「たとえ鬼神となっても我が子に疑いなし」と、それぞれ鬼神になって居所を定めた。やがてこの地に苦しい回国修行を続けてきた僧・**南祖坊《なんそのぼう》**がやって来た。十和田湖こそ南祖坊が長年探していた熊野大権現お告げの住処《すみか》であったため、彼は湖を巡って主の八郎と激しい戦いを繰り広げることとなる。八郎は八頭十六角の龍神となって襲いかかり、南祖坊は九頭龍となって七日七晩戦ったが、最後は経文の功徳で南祖坊が勝利し

て新たな湖の主となった。敗走した八郎太郎は新たな住居を求めて放浪し、数度の戦いを経て男鹿半島の八郎潟を永住の地とし、神として祀られた。

青森県内には各種の異伝・異説、派生した話が伝わる。八戸市河原木《かわらぎ》の八太郎山という地名も八太郎（八郎太郎）に由来するもので、かつて八太郎が住みついた沼は八太郎沼、蛍が崎は八太郎崎と呼ばれた。そして同地の蓮沼神社には八太郎龍神が祀られている。また、八郎はもと目屋沢《めやさわ》の杣人《そまびと》（樵《きこり》）で、南蔵坊に十和田を追われてから大鰐《おおわに》の剣ヶ鼻《つるぎがはな》（鶴ヶ鼻）の谷水を堰《せ》き止めて住居を作ろうとしていたという話もある。このことを霊夢によって察知した丑松・丑真という夫婦は大日如来に祈願し、角を生やし牛となって八郎に突撃し、秋田まで追放した。（『水神竜神十和田信仰』）

秋田県内でも各地に伝説が残り、出身は鹿角市草木地区とも天瀬川《あませがわ》沿いの集落とも言われる。南祖坊により十和田湖から追放された後は、鹿角盆地を訪れそこに住処の湖を作ろうとした。しかし、鹿角の地を守る四三柱の神々により、金槌《かなづち》や大岩を投げられて妨害され、米代川《よねしろがわ》に身を浸して逃げた。その後、米代川を下って二ツ井に着いた八郎は今度はここに湖を作ろうとしたが、この地を治める七座神により賭け（岩投げ勝負）を申し込まれた。この勝負で八郎は負けてしまい（八郎が寝ている隙に七座神が白鼠に堤を切らせて押し流したとも）、七座神の勧めに従って更に米代川を下った。七座神社の裏を流れる米代川には、現在も八郎が投げた岩がある。その後、男鹿（三種町《みたねちょう》天瀬川説もある）に着いた八郎は、この地を気に入り湖にすることにし、大雨を呼び、巨体を駆使して山を崩し、川を氾濫させて八郎潟を作ったとされる。その後、八郎は田沢湖に自分と似たような境遇の辰子姫がいるのを知り、訪問して夫婦になった。八郎はこうして冬場は田沢湖で過ごすようになり、この時を境に八郎潟は主人である八郎が不在なので冬場は凍結するようになった。田沢湖の潟尻《かたじり》集落では「八郎が田沢湖に飛び込む音を聞くと祟《たた》りがある」と信じられており、八郎が風雨を伴ってやって来るとされた霜月九日は、この音を聞かないように堂に籠もって徹夜で宴をしたという。また、春彼岸の中日に八郎が八郎潟に帰ってくると、湖面に張っていた氷が一斉に砕けるとされる。（『羽陰温故誌』）石井忠行『伊頭園茶話』によれば、八郎潟が氷結する際に、一カ所だけ凍らずに穴が空く場所がある。これは八郎太郎が冬の間に出入りする路で、そのため毎年同じ場所に穴が空くのだという。『夜籠雑談噺』では、人間だった頃の名前は与八郎で、南部城下にあった赤森村のマタギであったとされる。こちらでも仲間のために捕まえた魚を独り占めして蛇体になるのは同じ（ただし三匹の魚ではなく、一匹の魚を三回に分けて食べた）だが、その後がだいぶ異なる。こちらの話では与八郎を哀れんだ仲間が山の天神に祈願し、天神は山の下にあった神手洗沼を住処として提供した。しかし、後年、この地に南治郎と

いう坊主がやって来て、野鼠をけしかけると、神手洗沼を干してしまった。住処を失った与八郎を哀れに思った天神は男鹿の新山両社（真山神社）を紹介し、新山両社は「人を害さないなら、一〇年間住処として良い」という条件で潟（現在の八郎潟）を貸してくれ、与八郎は男鹿に引っ越した。この際、新山両社は与八郎の名前から「与」を取ったので、これ以降、八郎を名乗るようになったという。期限の一〇年が近づいて来た際、八郎は貸付証文の「十」の字の上に線を足し、「千」に変えた。こうして潟を一〇〇〇年間借りられることになったので、八郎はいまだに潟に住んでいるという。以上は八郎太郎を龍蛇とする伝承だが、『九戸郡誌』に載る話では龍蛇ではなく身の丈八、九尺の大男として語られる。同書によると、八郎太郎はもともと大川目村（岩手県久慈市）荒津前平に住む少年だった。ある時、山遊びをしていた際に喉の渇きを覚えた八郎はイモリごと水を飲んでしまい、そのまま引き続き水を飲み続けるうち、ドンドン背丈が伸びて大男となってしまった。その後、八郎は巨体を活かして辺り一帯に用水路を造ったりしたが、己の力を過信して次第に増長、強者を探し求めるようになった。そんなある時、青森県是川《これかわ》辺りで南部某という豪の者に出逢い、勝負を挑んだ八郎だったが、南部某は「こいつに知恵比べ、力比べで勝ったら弟子にしてやる」と言って、自身の家来である熊を差し向けた。八郎は南部某の物言いに腹を立て、熊に挑みかかったが、この熊は神通力を有していたので八郎は知恵でも力でも負けてしまった。敗北した八郎に南部某は金の草鞋《わらじ》を授け、「この草鞋が切れたところを住処とせよ」と指示し、八郎は負けた手前仕方なく金の草鞋を履いて旅に出た。こうして幾年も各地を放浪した八郎だったが、秋田の海岸沿いを歩いていた時に遂に草鞋が切れた。八郎は近くにあった老夫婦の家に泊めて貰い、この家の炉に火《ひ》箸《ばし》を突っ込んで水を湧かせると辺り一帯を湖へと変えて主となった。この湖が今の八郎潟だという。そのほか、八郎を大男とする伝承では、同じく巨人である岩手の**東根太郎**と同一伝承を持つ物もある。佐々木喜善『鳥蟲木石傳』によると、昔、八郎太郎という巨人がおり、北上川を堰き止めて住処を作ろうとした。八郎が川を堰き止めるべく、お城山（紫《し》波《わ》城跡）を崩そうとしたその時、川向かいに住む森の神が犬に化身して現れ、八郎に吠《ほ》えかかった。このため、八郎は堤防工事を諦めて立ち去ったという。

属性別索引「八郎太郎・辰子姫・南祖坊」も参照。 ［戦狐］

火型たくり・へそ抜き
［ひがたたくり・へそぬき］

宮城県気仙沼市、岩手県大船渡《おおふなと》市に伝わる子脅しの怪。

気仙沼では、子供たちが炉端から離れないで火に当たっていると「ヒガタタクリァ来っぞ、ヘソヌキァ来っぞ」と脅かされた。すると子供たちは「来る来るって来ね

ェのァ、ヒガタタクリとヘソヌキだ」と言って口答えする。ヒガタタクリとは、三味線の皮に使うために、人間の火型（火に当たりすぎるとできる赤い斑模様《まだら》）を集めに来る者だという。（川島秀一「カバネヤミの伝承」『漁村』五四巻一号）『大船渡市史4　民俗編』では、「火形たくり」と「へそ抜ぎ」と呼んでいる。

青森県の**火《ひ》斑《かた》剝《は》ぎ**も参照。　［佐藤卓］

常陸坊海尊 ［ひたちぼうかいそん］

『源平盛衰記』『義経記』『平家物語』などに名のみえる人物。もとは園城寺または比《ひ》叡山《えいざん》の僧で、源義経の家来となり働いていたとされる。主の都落ちに同行し、衣川《ころもがわ》にて藤原氏の軍勢と戦った後に消息不明となる。その後、不老不死の身となり、各地で源平合戦や奥州落ちの様子を語り伝えたなどといわれ、天狗にも結びつけられた。

青森県下北地方には仙人となった海尊の伝説が様々に残されている。大畑村《おおはたむら》では海尊が時おり大安寺門前に現れたり、かつて海上の安全を祈願した茸石を撫《な》でて昔を偲《しの》ぶ姿が見られたという。目名《めな》の赤瀧で水を浴びながら修行していたり、難病で苦しむ人の家々に薬草を与えたともいう。普段の居場所は見当もつかないが、恐山の湯壺に来ては笑顔で湯を浴び、また奥山へ去っていったという。（中道等『奥隅奇譚』）

宇曽利《うそり》湖畔の林崎明神堂は恐山開祖・慈覚大師の袈裟《けさ》を埋めて山の鎮護を祈る古祠《こし》で、不浄が持ちこまれぬよう天狗が監視している。この天狗たちの頭目が常陸坊海尊だとされる。（知切光歳『天狗の研究』）松浦静山『甲子夜話』巻七三には、少年時代に天狗に連れ去られた源左衛門という男の談話が載る。海尊の名は出てこないが、恐山には木葉《このは》天狗（白狼《はくろう》）たちが三熱の苦を免れるため祈る狗賓堂《ぐひんどう》があると語られている。（『随筆事典　奇談異聞篇』）

同じく義経に仕えた清悦《せいえつ》も不老長寿の伝説があるが、時には清悦と海尊が同一視される。『清悦物語』や『未刊菅江真澄遊覧記』には、清悦は人の形の魚「にんかん」を食し長寿を得たとあるが、海尊も似た伝説が残っている。（野村純一「海尊・清悦・八百比丘尼」『悠久』第一〇号）

宮城県仙台市宮城野区岩切《いわきり》の青麻《あおそ》神社は常陸坊海尊を祭神とする。『封内風土記』などに記される縁起譚《たん》によれば、天和二年（一六八二）に岩切村の久作という盲目の男のもとに海尊仙人が現れ信心を勧めた。教えに従い天を拝むと久作の眼は癒えたという。海尊は下野国《しもつけのくに》出流山《いずるさん》の大日窟から青麻の岩窟に移り住み、周辺を遊行して病人に助言を与えるなど数々の奇瑞《きずい》を示したため、青麻権現の社《やしろ》が建てられることになったという。（『仙台叢書　封内風土記』）『東磐井郡誌』は青麻に祀《まつ》られる海尊の俗名が清悦だったとの説から、門崎村《かんざきむら》に祀られる清悦塚も海尊ゆかりの塚であると推察する。（『日本伝説大系　別巻1』）

岩手県気仙郡唐丹《とうに》村（現・釜石市）では、常龍山光学寺にある由緒不明の大徳塚へ参詣に来た山伏が、塚は亀井六郎清重の

墓であると語った。さらに、安宅《あたか》の関で義経を打ったのは実は弁慶ではなく亀井六郎だなどとも話したので、彼こそ常陸坊海尊だろうと噂された。このほか、室町時代に常陸の福泉寺や会津の実相寺《じっそうじ》に住した長寿の僧・残夢《ざんむ》や、元禄（一六八八～一七〇四）頃に苅田《かった》郡白石町（現・宮城県白石市）の阿子島屋という古い呉服屋にいた老人の正体も海尊だと噂されていた。（藤原相之助「奥州の仙人伝説」『旅と伝説』通巻三六号）

梅朧館主人による読本『続新斎夜語』にも海尊の物語がある。貞享（一六八四～八八）の頃、奥州白河で岡が崩れ、窟《いわや》で眠っていた常陸坊海尊がおよそ五〇〇年ぶりに目覚めた。海尊は対面した役人に己の半生を語り、義経の生存を信じて仙人となったことを明かした。役人は、義経や弁慶が生き延びて蝦夷《えぞ》を平定、その子孫が明《みん》国を滅ぼし康熙《こうき》帝となり、清和天皇に因《ちな》んで国号を清《しん》としたという噂を伝えた。海尊は「五〇〇年の疑い破れて心晴天のごとし」と喜び、泡のように消え失せた。清国の件は真偽不明ゆえ記録することは憚《はばか》られ、役人はただ石碑を建て「地仙老翁之墳《つか》」とのみ刻んだ。（浅倉洋一ほか（校訂）『前期読本怪談集』）

［寺西政洋］

火柱 ［ひばしら］

謎の火柱が立つ怪異。東北地方では、火事の前兆とされるものと、動物や妖怪が灯す怪火とされるものの、二つのパターンが確認されている。

前者は、火柱が倒れた方向で火事が起きるとされている事例で、広範囲で確認されている。宮城県では、夜に火柱が立ち、それが倒れた方向に大火が起こるといわれていたという。このことは明治の末頃まで言い伝えられていたという。（『宮城縣史21　民俗Ⅲ』）

福島県南会津郡檜枝岐村《ひのえまたむら》でも同様のことがいわれており、火柱が倒れたときには、「日待ち」をするという。（今野圓輔『檜枝岐民俗誌』）

岩手県九戸郡でも、火の玉が転がったり、火柱が倒れたりした方向で火事が起きるとしている。（『九戸郡誌』）

青森県では、昭和二四年（一九四九）、大光寺町《だいこうじまち》（現・平川市大光寺）の郵便局前の民家付近に高さ数メートルの真っ赤に燃える火柱が立った。それはやがて静かに東の方角に倒れた。それから一週間ほど後、大光寺町からみて東にある平賀町本町の民家から出火して大火事となった。このとき、近くの神社から普段はいない純白の鳩が飛び立ち、燃える町の上空を飛び回ってから去っていったという。（北彰介（編）『青森県の怪談』）

一方後者の事例は、岩手県、宮城県、福島県で確認されている。宮城県では、前述の大火の予兆である火柱の他に、イタチが小さい火柱を立てると信じられていたという。（『宮城縣史21　民俗Ⅲ』）

岩手県紫波《しわ》郡矢巾町《やはばちょう》には、蝦蟇《がま》が火柱を立てた話がある。昔、供養石の辺りで毎晩火柱が立った。村の男が馬爪切りで火柱の

中心をえいッと切るとその火は消え、翌朝見ると、大きな蝦蟇（フルタ）が死んでいたという。（佐々木喜善「鳥虫木石伝」『旅と伝説』三巻一号）

福島県南会津郡南会津町では、火柱の怪はバンドリまたはモモンガー（ともにムササビやモモンガのこと）に関係があるとしている。ある人が夜にふと墓場の杉の木を見ると、急にピカーと明るくなり、杉の木が下から上まで燃えているようになった。が、だんだんと火は消えて元の暗闇になったという。これはバンドリが木に駆け上がったときに出る光ではないかなどといわれた。また、教林寺という寺の杉の木にも火が立ち上って周辺が昼間のように明るくなったことがあった。この火柱が何の仕業なのかは分からなかったが、この杉にはモモンガーが来て鳴き騒ぐこともあったという。（田島町教育委員会（編）『会津田島の民話』）

同県耶麻《やま》郡西会津町では、牧の若者が権現堂へ行く途中、登り口に火柱が立つのを見たことがあるという。近づいてみると若い女が立っていたので若者は驚いて家に逃げ帰った。これは**河童**《かっぱ》か山鳥の怪であったのだろうといわれている。（福島県教育委員会『西会津地方の民俗』）

［佐藤卓］

梟 ［ふくろう］

梟の鳴き声で天候や吉凶が分かるという俗信は広い範囲で語られている。青森県地方では、梟が鳴くと雪が降る、ヨナカ（作柄）がよくなるといわれる。梟の鳴き声は「のりつけほーせ」などと聞きなされることが多く、秋田県地方では洗濯物に「糊《のり》つけ干せ」の意と捉え、晴天を告げているものとした。（鈴木棠三『日本俗信辞典』）福島県信夫《しのぶ》郡飯坂町茂庭《もにわ》（現・福島市）では梟が「ぬれつきホウホウ」と鳴けば雨、「てりつきホウホウ」と鳴けば晴れるといった。（『民俗採探訪』昭和三七年度号）岩手県紫波《しわ》郡では「ノロヅキオーホー」と鳴く年は豊作で「坊主ノゴーケー」と鳴く年は凶作という。（橘正一「梟の啼聲と方言」『旅と伝説』通巻九〇号）陸前高田では雌が鳴けば晴天、雄が鳴けば嵐になるといった。（『日本俗信辞典』）このほか、経文の影響からか梟は土をこねて子を殖やすとの俗信もあったらしい（**土の梟**）。

青森県の梟にまつわる怪異談として、次のような話もある。昔ある人が赤子を葬ったところ、その子が蘇生して家に帰ってきた。家人は喜んだが、その一方で乳の飲み方があまりに激しいので不審にも思っていた。あるとき眠っていた母親が目を覚ますと、なんと梟が乳を飲んでいた。驚いて夫を起こすと、梟はすぐ愛らしい赤子の姿に化けた。翌朝、医者の指示に従って火を焚《た》き、赤子の手足を引いて炙《あぶ》ると、再び梟の本性を現したという。これは赤子を埋葬した際、魔除けとして置く鎌を忘れていたため、梟が子を食らって同じ姿に化けたものだという。（内田邦彦『津軽口碑集』）北津軽郡では嬰児《えいじ》の死霊が梟に宿るともいわれ（**たたりもっけ**参照）この話にも類似した

発想が見てとれる。 ［寺西政洋］

踏切の怪 ［ふみきりのかい］

踏切で奇怪な現象が起こるもの。その土地の死霊が原因とされる場合が多い。

青森県では、横浜町から野辺地町《のへじまち》にかけて二ヶ所存在するJR大湊《おおみなと》線と国道二七九号線が交差する踏切が「魔の踏切」といわれた。これらの場所では深夜の列車が通る気配もない時に信号が鳴る、線路上の空中で不気味な**火柱**が燃え上がる、女の幽霊が出没するなどの怪現象が多発したという。国道が恐山に向かって走り、大湊線が野辺地から東北（鬼門《きもん》）に走っているために事故や自殺が多発するとも噂された。（新倉イワオ『日本列島心霊怪奇スポット』）

高田公太・高野真『東北巡霊　怪の細道』には、弘前市のとある踏切を自動車で通過すると、車体に多くの小さな手形がつくという話がある。踏切で一時停止する時に、いくつかの影がボンネットに飛び乗ってくるという体験をした人もいる。

福島県の猪苗代湖《いなわしろこ》の翁島《おきなじま》へ下るところにある踏切は、飛びこみ自殺が多発し、他所《よそ》の轢《れき》死体までが引きずられてくると噂された。かつてここには怨念を抱いて生きながら墓穴に収まった六部を祀《まつ》る塚があったが、明治の鉄道工事で移設された。その六部の怨霊が人を引きこむのだという。（橋本武『猪苗代湖畔の民話』） ［寺西政洋］

【ま】

翻車魚 ［まんぼう］

東北地方の漁民の間には、マンボウの捕獲に関する禁忌の俗信が伝わっていた。

福島県いわき市江名《えな》の漁師たちは、妻が妊娠中の船員がいるときはマンボを突いてはならない、獲った場合も妻が妊娠中の者は食べてはいけないなどといった。父親がマンボを見ると産まれてくる子が鮫肌《さめはだ》になるともいう。なお、鮫にも同様の俗信がある。（佐藤孝徳『昔あったんだっち』）

岩手県下閉伊《しもへい》郡普代村黒崎や田野畑村《たのはたむら》では、まんぼうは沖に浮かんでいて、鷗《かもめ》につ

つかれても平然としているような魚だが、妻が妊娠している者が船に乗っていると、すぐ察知して海底へ沈んでしまうという。ゆえに、まんぼうを獲るためにはその人を隠さなければいけないとされた。（『東北民俗資料集（十）』）　［寺西政洋］

狢［むじな］

タヌキあるいはアナグマのような山中の獣。人を化かしたり、人にとり憑《つ》いたりするものと考えられた。日本の文献における「狢」の初出は『日本書紀』で、推古天皇三五年（六二七）の二月、陸奥国《むつのくに》で狢が人となって歌ったとある。

青森県五所川原市唐笠柳《からかさやなぎ》では、狢は化かす対象となる人の霊を舌の上に乗せて歩くといい、霊が狢の口中に入るとその人は死ぬといわれた。対して狐は尾に人の霊を乗せるという。（内田邦彦『津軽口碑集』）

東津軽郡平賀町《ひらかまち》小国《おぐに》では、山にいる狢が口をパカンパカンと開けて鉞《まさかり》で木を伐《き》り倒すような音を立てたという。あるとき山小屋の屋根の上で音を立てていたが、腐った屋根を踏み抜き、小屋のオヤジに捕まり食べられてしまった。肉が硬《しね》かったので「シネ肉だな」と言うと、外で母狢が「シネのも無理ネエじゃ、一〇三歳になるもの」と泣いたという。（『小国の民俗』）

狢と狸が明確に別物として扱われる地域もある。たとえば福島県石川郡小平村（現・平田村）では、人を化かすのは狐と狸と狢だといわれていた。狢は田と田の間に出てきて振り返り、手をチョコンと出し「おいでおいで」の仕草で人を化かすという。（『小平の民俗』）　［寺西政洋］

亡者舟［もうじゃぶね］

船幽霊、**亡霊船**の類を示す名称の一種。

青森県下北郡風間浦村下風呂《しもふろ》では海で亡くなった人が化すものという。波のいい時に大きな声がしてガシ（霧）がかかり、周囲が見えなくなることがある。そしてパッパッと火がついたかと思うと、烏賊《いか》や魚を釣るときに使うような小舟がやって来るという。これが亡者舟で、亡者たちは「柄杓《ひしゃく》を貸せ」と言って出会った舟に水を汲《く》み入れようとする。このようなときには底を抜いた柄杓を渡して逃げるものとされる。

西津軽郡深浦町田野沢では、亡者舟は源平合戦で死んだ者の霊が来るものだといった。これも「閼伽柄杓《あかひしゃく》貸せ」と声をかけてくる。（『津軽民話の会　昔話聞き書』）

上北郡六ヶ所村では、亡者船は大時化《しけ》の時でもないと現れないという。宗谷《そうや》まで流された時に亡者船に出会った人がいるという。（『六ヶ所村史』）

下北郡東通村尻労《ひがしどおりむらしつかり》では、明治頃に一〇噸《トン》級の亡者船が出没した。海上で明かりを灯して接近してくるが、避けるとそこには何もいないといった怪異で、港に入ってくることもあったという。人を喰った鱶《ふか》が化けたものとされ、味噌を水に溶かして流せば逃れられるという。（山口彌一郎「尻屋の夜話」『旅と伝説』通巻一一二号）尻労

のものはモザブネという発音でも記録されている。真暗《まっくら》で寂しい夜、海上で船が急に近づいてきて、桶《おけ》、閼伽《あか》取り、樽《たる》などを貸せと言ってくる。このモザブネには底を抜いた桶などを渡して逃げるとよい。勝敗がついたと悟るとモザブネは追ってこないという。（『民俗採訪』昭和三七年度号）

岩手県九戸郡では、盆には海に亡者船が出るとされ、漁船も日の暮れないうちに急いで帰ったという。もし亡者船に出会ったときは、鬼の豆（煤払《すすはら》いの夜に鬼を祓《はら》うために撒いた豆。節分の豆と同義）を撒くと消え失せる。盆以外に出ることもあり、漁船などに近づいて「アカトリを貸せ」と言う。言われた通りに貸すと水を汲み入れられ、船は沈んで乗員は死ぬ。そのため、アカトリを貸す場合は底を抜いて貸せばよいという。（『九戸郡誌』）

［寺西政洋］

亡霊火［もうれんび］

秋田県、宮城県、福島県に伝わる海の怪異。海上に現れる怪火で、海で遭難した者の霊が灯す火であるという。

江戸時代の紀行家である菅江真澄の『粉《ふん》本稿《ぽんこう》』によると、彼は出羽の国雄鹿（秋田県男鹿）の夕暮れの海上で「守火」というものを目撃したという。これは海で死んだ者たちの魂であるそうで、おそらく「亡霊《もれ》火《び》」のことであろうと記している。（川島秀一『憑霊の民俗』）

宮城県牡鹿《おしか》郡では「亡霊火」と呼び、火であるが船の形となって現れるという。夜間に漁船が航行していると、突然前面に帆船が現れる。衝突を避けようと方向を変えると更にその前面に現れる。やむなく停船して凝視すると、船の形をしてたものは忽《こつ》然《ぜん》となくなり、遠くに燐火《りんか》が走っていくのが見えるという。（『牡鹿郡誌』）船の形をして生きている人間の船の前に現れる点は、三陸沿岸の**亡霊船**《もうれんぶね》や青森県、岩手県北部の**亡者舟**《もうじゃぶね》と共通している。

福島県いわき市では「もうれん火」や「もうれい」と呼んでいる。霧の深い晩に海中に出現する、三〇～四〇センチの大きさの青い火であるという。また、船に柄《ひ》杓《しゃく》を借りにくることもあるが、そのまま貸せば水を汲《く》んで船を沈めてくるので、貸すときは必ず底を抜いた柄杓を渡すのだという。（『福島県史　第23巻』）

青森県の**もる火**《び》、秋田県の**もふれい火**《び》なども参照。

［佐藤卓］

亡霊船［もうれんぶね］

海で遭難した者の霊、いわゆる船幽霊が乗っている船を幽霊船《ゆうれいせん》や亡霊船《ぼうれいせん》などと呼ぶ。「亡霊船《もうれんぶね》」の名は三陸沿岸などで見られる。

亡霊船に出会うと柄杓《ひしゃく》や桶《おけ》を貸せと言われる場合が多い。宮城県石巻市雄勝町《おがつちょう》では、夕陽が色褪《あ》せて大海原が暗くなり始めた頃、沖の方からホーイホーイと呼びかける声が聞こえ、灯がちらちらと見えることがあり、怪しく思った漁師たちが逃げ支度をすると「桶貸してけれ、はやく、桶だ

ー」と不気味な声が聞こえたという。「もうれん船」（亡霊船）だと囁《ささや》き合い、急いで船を出発させたが、静かだった海が急にうねり始め、霧が立ち込め、「桶かしてくれ」という声はなおも追いかけてきて、海霧の向こうにうっすらと船の形が見えた。こういう時、もし逃げきれないと思ったら、アカ桶の底を抜いて投げてやればよいが、そうしなければ海水を掛けられて船が沈むか、暗礁に乗り上げて難破してしまうという。また牡鹿《おしか》郡石巻地方では、ある漁船が暗夜帰港の途中で、「モウレン船」（亡霊船）に出会い、船が沈みそうだからアカ取り（船の水を掬《すく》う桶）を貸せと言われた。船には、額に三角形の白いものを着けた白装束の人たちが乗っていたので、アカ取りの底を抜いて投げてやったという。（『宮城縣史21　民俗Ⅲ』）

同県気仙沼市本吉町小泉では、「モウレイ船」は海岸に現れ「ハヤ、ハヤ」と掛け声を出しながら波を立てずに進むという。こちらは生きている人間の船に「シャク貸せ、シャク貸せ」と言うが、底を抜いて貸さなければ船に水を入れられてしまうとされる。また、海賊の上半身だけの幽霊がうじゃうじゃ現れることがあり、それらが乗っていた船を「モウレイ船」といったという。（東洋大学民俗研究会『小泉の民俗―宮城県本吉郡本吉町旧小泉村』）

次の話も宮城県のものであるが、亡霊たちの手法が少し変わっている。宮城県気仙沼市本吉町前浜では、「モーレン船」に出会うと「水呉《みずけ》ろ」と言われるという。言われた通りに柄長《えなが》（海で使う柄杓）で相手の船に水を汲《く》んでやるが、そう思いきや実は自分たちの船に水を汲んでいて、やがて沈んでしまうという。（國學院大學民俗文学研究会『傳承文藝 第二十一號―宮城県気仙沼市及び本吉郡昔話集―』）

岩手県下閉伊《しもへい》郡田野畑村《たのはたむら》に伝わる「モーレン船」は、生きている人間の船に向かってくるという。明治の末、月夜に宮古から出た船が七ッ岬に差し掛かると突然、千石船のような大帆船が向かってきた。気付いた者が「煙草《たばこ》に火を付けろ」と言った。さらに木の燃えさしを大船に投げつけると、船は消えてしまった。（田野畑村『広報たのはた』（一九八一年五月号））

人間の船に向かってくる亡霊船の話は他にもある。宮城県牡鹿郡女川町《おながわちょう》では稲荷丸という大型船が亡霊船《もうれんぶね》に出会ったという。時化《しけ》の夜に、右舷灯と左舷灯が反対についた妙な船が、物凄い勢いで稲荷丸の右舷に激突しようとしてきたが、船長が「そうれー、これでも食らえ」と一喝して燃えさしの薪を投げつけるとパッと消えてしまったという。（『宮城縣史21　民俗Ⅲ』）

稲荷丸が出会った亡霊船《もうれんぶね》のように、亡霊の船は通常の船と異なる特徴があるため判別できるという話も多い。岩手県鵜住居《うのすまい》（釜石市鵜住居町）の「亡霊舟」はどんよりした日に帆を上げて走っているが、風に逆らって進んでいるという。また、船の左が赤、右が青、もしくはその逆であるという。（柳田国男（編）『海村生活の研究』）赤、青というのは船体の色のことであろう

か。
青森県や岩手県北部では**亡者舟**《もうじゃぶね》の名で呼ばれている。［佐藤卓］

【や】

屋敷の怨霊［やしきのおんりょう］

稲川淳二が語る怪談に登場する幽霊。『稲川怪談　昭和・平成傑作選』では「東北の山林の邸」の題で収録されている。

東北のとある山林に、無人の古い屋敷がある。そこはもと資産家の「お嬢さん」がたった一人で暮らした邸宅だったという。彼女は顔に原因不明の腫物《はれもの》があり、人前に出ることを嫌って隠棲《いんせい》していた。やがて彼女は醜く変わりゆく顔に絶望して精神を病み、囲炉裏《いろり》に頭を突っこんで自ら命を絶った。以後、山中には化物屋敷がある、忍びこんだ男が恐ろしいものを見て正気を失ったなどの噂が立ち、やがて稲川も機会を得て探訪に来た。彼は邸内に遺された大鏡の付近でただならぬ気配を感じ、囲炉裏端では着物姿の女の膝下を目撃した。稲川は、怪異は鏡に染みついた怨念が見せる幻ではないかと推理するのだった。［寺西政洋］

山男［やまおとこ］

全国的に語られる山に住む異相の者たちのうち、見た目が人間の男に似た者を指す。山おじ、山爺、山人などの別名もある。**大人**《おおひと》と呼ばれる場合もあり区別が難しいが、ダイダラボッチタイプの巨人ではない者は、大人名義でも当項目で扱うこととする。

秋田県では田代岳、森吉山、赤倉山、太平山などを中心に広く伝わる。秋田で一番有名な山男は太平山信仰において崇拝される**三吉様**《みよしさま》で、江戸時代に書かれた人見蕉雨の随筆集『黒甜瑣語』にも「太平山には三

吉という山男がいて、心が邪《よこしま》な者はこれに攫《さら》われ、川の淵《ふち》に投げ込まれ溺死《できし》させられる」と当時囁《ささや》かれた噂が載っている。このためか、太平山を行き来する山男の話は多く、秋田市から仙北刈和野《せんぼくかりわの》へ越える峠では、毎晩のように山男たちが大声で話しながら太平山から女米木《めめき》へ行き来したので、峠の茶屋は我慢できずに店を畳んだという。（長山幹丸『秋田の伝説』）協和町では、未熟者の山男が一人前の証である石餅（石中にあるとされる餅。これを食べないと一人前の山男として認められない）を手に入れるため、「米が森」という相撲取りに勝負に託《かこつ》けて大石を割って貰った。おかげで石餅を食えた山男は晴れて一人前となり、太平山の仲間の元へ帰った。（秋田県国語教育研究会（編）『秋田の伝説』）北秋田市にそびえる森吉山周辺は山男伝説の宝庫であり、数多くの伝説やそれに因《ちな》む史跡が残されている。明治中頃までは、周辺で行方不明者が出ると「森吉山の山人に連れて行かれた」と言い表した。（『現代民話考1　河童・天狗・神かくし』）田代岳では、頂上付近にある神田は土用になると山人が耕すとされる。山人の見た目は腰が曲がり、頭には角のような瘤《こぶ》がある。人に見られるのを嫌がり、人気を感じると姿を隠してしまうという。（田代町史　別巻）また、山男は相撲が好きとされる。秋田県井川町の伝承では、井川上流に「金壺《かねつぼ》の滝」という滝がある。この付近の山頂には土俵があり、昔、山男たちが相撲を取り、金壺の滝で水浴びしていたとされる。（木崎和広『羽後の伝説』）五城目町《ごじょうめまち》の伝承では、ある木樵《きこり》が山男たちと相撲友達になった。しかし、山男達は木樵の家でご馳走になって以降、たびたびやって来ては厚かましくも飯を集《たか》るようになり、木樵は気を病んで病気になってしまった。（長山幹丸『秋田の伝説』）

少し変わった伝承としては、人間に使役される山男の話がある。戦国時代頃、五城目に三光坊という行者がいて「式神使い」と呼ばれていた。この三光坊が使役した式神の正体は赤倉山に住む山男で、三光坊は山男に無形法（人に姿を見せないようにする術）を教授したという。三光坊が京都に出張した際、式神を秋田の実家へ送り出したところ、一昼夜で京都秋田間を往復したともいう。（『秋田繁昌記』）**マタギの左多六**も皮投岳《かわなげだけ》の山人を弟子にしていたとされる。（『左多六とシロ物語　伝承の背景を探る』）

青森県では、山中に棲むと伝えられた異類で鬼とも大人とも呼ばれる。岩木山などを中心に伝承され、人と関わりを持つ善神的な面が語られる場合も多い。弘前市鬼沢《おにざわ》の鬼神社の縁起にみられる鬼（大人）がこのような伝承の代表例といえよう。昔、弥十郎という温厚で正直者が山で鬼に出会い、交流を重ねて友人となった。鬼は弥十郎が困っているのを察すると、田の開墾を手伝ったり、赤倉の谷から水路を切り開いて農業用水を引いたりするなど、人知れず彼の力になってくれた。しかし弥十郎の妻に悟られては神から咎《とが》められると言って、

身に着けていた蓑笠《みのがさ》と鍬《くわ》を残して去っていった。これらは神社に奉納され、よって村が栄えたのだといわれる。他にも八甲田山や中山の大人が、麓の村の者の心根が良いので薪を土産に持ってくる話が知られている。家人はこれを受け、餅で大人を接待するという。また、八甲田山の酸ヶ湯《すかゆ》で死人が出ると風雨が起こって骸《むくろ》がさらわれるといわれたが、これは大人が山を汚されるのを嫌ってすることだと考えられた。青森県中津軽郡西目屋村、青森・秋田県境にある青鹿岳《あおしかだけ》にある台地「鬼の坪」は、鬼または山の大人が掃き清めているツボ（前庭）であるためいつも清浄であるという。もし人が近づけば鬼の怒りにふれて雷雨が起こり、迷いこんだ者は行方不明になるかひどい熱病に罹《かか》るといって恐れられた。（大湯卓二ほか『東北の鬼』森山泰太郎『陸奥の伝説』森山泰太郎、北彰介『青森県の伝説』）

　岩手県では、沿岸域から内陸に聳《そび》える早《はや》池峰山《ちねさん》までに連なる、山母森《やまははもり》・鳥ッコ森・高滝森・妙沢山・地獄森・白見山などは、ずっと古くから山男や山女の棲んだ山々と伝えられる。大槌町金澤《おおつちちょうかねざわ》の戸沢にある末田家は、代々のマタギの家系だった。数代前の仁吉という者が、ある夕方、妙沢山の裾のトウサナイ沢を更に奥に入り、「猿の一跳ね」と呼ばれる大岩の陰に潜んでいた。すると何かが近付いてきたので伸びあがって覗《のぞ》いて見ると、山男と山女が土坂峠を横切って行った。山男は、かなりの大男で、片手に何かを持っていた。そして、非常に長い髪の毛を邪魔なふうにして、何度もかき上げていたそうである。（大槌の民話編纂委員会（編）『大槌の民話』）

　この山々には、人の住む集落が殆《ほとん》どないが、数少ない集落には平家落人、安倍氏、奥州藤原氏の家来などの血筋と呼ばれる人たちが住んでいる。今の時代はそうでもないが、昔においての恐ろしいモノとは、人除けにもなっていた。もしかして『大槌の民話』で語られる山々もまた、戦で逃げ延びてきた人達が誰も寄り付かないように語り継いだのかもしれない。里人が山男と化かす話も多く、紫波《しわ》郡煙山村《けむやまむら》大字赤林に河久保という家があった。その家の者がある年、ふと外へ出たきり行方不明になった。その後幾年も姿を見せたことがなかった。ある年、煙山村の甚之助という人が、馬を引いて赤林山へ薪を伐《き》りに行くと、行方不明だった河久保の者が、山男になっているのを見つけた。その山男は、藁《わら》一把を肩にして、チョイチョイと山の堂の方へと登って行くのを見たそうである。（佐々木喜善『鳥虫木石伝』）ここでの山男の定義は、里の暮らしを捨てて、山で暮らすようになった者を山男と呼んでいるようである。

　他にも外国人を山男と見なす話もある。江戸時代、幕府は南部藩に対し、外国船の監視の強化を命じた。それ以前にも何度となく、難破船が岩手県沿岸域に漂着していた。『遠野物語』第八四話には「海岸地方には合の子中々多かりしと伝ふことなり」と書かれているように、難破船で漂着した外国人と浜の娘が結ばれて、よく子を

成したと伝わる。しかし鎖国となってからは、難破した外国人たちは鉱山などに連れて行かれ、労働力として使われていたようだ。『遠野物語』第五話には、橋野溶鉱炉がある笛吹峠に関して、こう記している。「近年此峠を越ゆる者、山中にて必ず山男山女に出逢ふより、誰も皆怖《おそ》ろしがりて」と。しかし調べてみると、どうやら峠を越える者達を恐れさせていたのは、溶鉱炉や鉱山で働く人夫たちであったようだ。『遠野物語』第八九話で、山神の印象が記してある。「非常に赤く、眼は輝きて且《か》つ如何にも驚きたる顔なり」と、日本人とは違う眼の色、そして白人特有の白い肌は、時には赤く染まり、確かに日本人のイメージする赤鬼のように見えたのかもしれない。他にも『遠野物語』第九一話では、鳥御前という人が続石《つづきいし》のある辺りで、山神と思われる男女に出会った話が載る。この男女は赭い顔をしていたとある。『遠野物語』第一〇七話では、山神に占術を授けられた娘の話が載り、この山神も背の高さと朱を差したような真っ赤な顔色に言及されている。『遠野物語』第七話では、上郷村の娘が行方不明となり、二、三年後、五葉山《ごようざん》の麓辺りで狩りをしていた猟師と遭遇した話が載る。この話の中で娘は「自分を拐《さら》った恐ろしき人は異様に背が高く、目の色が少し「凄い」と瞳の色に言及しているのが印象的である。寛永二〇年（一六四三）六月、オランダのプレスケンス号が、山田湾に入港。しかし、徳川幕府の鎖国政策は寛永一六年（一六三九）から始まっており、プレスケンス号の船長を含む船員一〇名は捕らえられ、江戸まで送られて取り調べを受けたという記録が残っている。しかし、記録に残らない難破船などもあったと言われ、岩手県沿岸から入った外国人の数は把握できてはいなかったようである。その当時異形な外国人が、沿岸域から山にかけて住んでいたようである。外国人に対する知識のない当時の日本人が、たまたま山中で外国人と遭遇した場合、それは山神か天狗か、山男と認識した筈であろう。山神・山男・天狗の正体の一つに外国人説があるのも、このような歴史的事情に裏付けられている。

［戦狐］

山女［やまおんな］

全国的に語られる山に住む異相の者たちのうち、見た目が人間の女に似た者を指す。異様に長く艶《つや》やかな黒髪を持つとされ、**山男**同様に常人より背丈が高い姿で語られる例も多く、山の女神と同一視される場合もある。秋田県では田代岳《たしろだけ》周辺に伝承が多い。天保一〇年（一八三九）七月、津軽の井筒村（大鰐町《おおわにまち》居土《いづち》）の百姓三人が連れ立って田代岳へ参詣登山したが、帰り道で迷ってしまった。途中、崖下に滝があったので覗《のぞ》くと、そこには身長六尺（約一・八メートル）はあろうかという裸の女が水浴していた。恐れをなして三人が逃げ出すと、女は水を巻き上げた。すると、急に大雨が降り始めて雲霧が谷を取り巻き、山中が鳴動すると今度は霰《あられ》が降ってきた。（田

代町史　別巻）身長一・八メートルの女性は割といそうではあるが、平均身長が現代より低かった江戸時代では異様な背丈に映ったと思われる。天候を操る点は女神的である。田代岳近くにある大館市川口の伝承では、昔、村に住む女が、ふいと田代岳へ行ったきり、戻ってこなかった。それから随分と長い年月が経ち、その女の家のハンド（窓）から「火を貸してくれ」と手を伸ばす者が出た。家人がよく見るとそれは昔行方不明になった女で、煙草《たばこ》の火を借りに実家へやって来たのであった。（田代町史　別巻）ハンドは高い位置にあり、帰ってきた女は異様な高い背丈になっていたのを暗喩している。

岩手県では山男同様に柳田國男『遠野物語』に多く登場する。『遠野物語』第七五話では、離森《はなれもり》の長者屋敷にあったマッチ工場小屋で起こった話として、夕暮れになると小屋を覗きに現れ、ゲラゲラと不気味に笑う女の話が載る。笑い声を聞いた人は皆うら寂しい気持ちになったという。後にマッチ工場が移転し、材木伐採の作業員が小屋に泊まるようになったが、今度は夕暮れになると女が作業員たちを誘い出すようになった。誘い出された作業員たちは帰ってからも暫《しばら》くは腑《ふ》抜けになってしまったという。『遠野物語』第四話には、山口村の吉兵衛が根子立《ねっこだち》の笹原に行った際、浮くように駆ける艶《あで》やかな女を目撃した話が載る。この女は黒髪を長く伸ばし、藤蔓《ふじづる》で赤ん坊を結え付けて背負っていた。着物は縞《しま》模様のようであったが、裾はボロボロ、破れ目は木の葉で繕っていたという。拐《さら》って来た里の女に子供を産ませる山男の話は多いが、山女が子連れとはなかなか珍しい。また、職業の都合上、猟師は山女に遭遇することが多い。『遠野物語』第三話には、栃《とち》内村《ないむら》の佐々木嘉兵衛が山奥で山女を撃ち取った話が載る。この山女は嘉兵衛よりも背が高く、背丈よりも長い艶やかな黒髪を持ち、抜けるように白く美しい顔立ちだったという。嘉兵衛は魔性を討ち取った記念として山女の髪を切り取り、帰路に着いたが、突然の睡魔に襲われて仮眠した。すると、何処《どこ》からか山男が現れ、山女の髪を取り返されてしまったという。『遠野物語』第六話でも青笹村の猟師が深山で山女に遭遇した話が載るが、この山女の正体は、猟師と同郷である長者の娘であった。娘が語るには「自分はある者に拐われた。そして、その者の妻となり子を幾人も産んだが、夫は子を食ってしまうのだ」という。

変わったパターンでは、山女からプレゼントされた話がある。下閉伊《しもへい》郡小国村に凄腕鉄砲撃ちの翁《おきな》がいた。この翁が若い頃、狩りで白見山《しろみやま》へと行った際、深沢で山女と出くわし、小さな包み物を貰った。不思議なことに、以降、翁は狩猟を一切止めてしまったという。（佐々木喜善『縁女綺聞』）山女に貰った包み物の中身は、一体なんであったのだろうか。

［戦狐］

ヤマノケ

インターネット掲示板への投稿から知ら

れるようになった妖怪。初出は『2ちゃんねる』オカルト板の通称「洒落怖《しゃれこわ》」スレッド、二〇〇七年二月五日の投稿とされる。（朝里樹『日本現代怪異事典』）

　ある男性が娘を連れたドライブの帰り、「テン……ソウ……メツ……」と繰り返す奇怪なものに遭遇する。「ジャミラ」のような頭のないシルエット、顔は胸部にあり、足は一本という異様な外見の怪物は、自動車の窓越しに娘に接近し、父親の怒号を受けて姿を消す。次の瞬間、娘が奇妙な呟《つぶや》きを発しはじめる。「はいれたはいれたはいれたはいれた……」。駆けこんだ寺の住職曰く、娘に憑《つ》いたのは「ヤマノケ」で、四九日経ってもこのままなら、二度と正気には戻らないとのことだった。

　この話の投稿者は、他の投稿者からの質問に答えるかたちで、ヤマノケとの遭遇地点を「宮城と山形の県境」と語っている。具体的な地名は示されていないが、インターネット上では山形県最上郡最上町と宮城県加美《かみ》郡加美町の間にある田代峠だと推測する声もある。また、話の展開から、女性にだけとり憑く怪異と解釈されたり、名前は「山の怪」「山の化」を意味するのではないかといった考察もよくみられる。

　ネットロア出身の妖怪の中でも特に印象的で、他のスレッドやまとめサイトへの転載を通じて広く知られていった。近年では『妖怪 最強バトル大図鑑』（二〇一八）や『21世紀日本怪異ガイド100』（朝里樹、二〇二一）といった妖怪図鑑系の書籍への掲載もみられる。児童向けの怪談本『マジでビビる!!こわい話』（二〇一四）でも挿絵入りで紹介されている。話の骨子自体は掲示板投稿と同じだが、ヤマノケに遭遇したのはドライブ中の男性とその恋人という設定に変更され、舞台地に関する言及もない。

［寺西政洋］

雪女［ゆきおんな］

　雪山などに現れる女の妖怪。様々な性質が語られるが、東北地方では、出会った人に子を抱くよう求める産女《うぶめ》の怪として語られる例も多いようだ。**雪女房**や**雪娘**のように、人間のもとを訪ねて嫁や養子になる昔話もよく語られている。

　青森県津軽地方では、雪女は雪の夜に子を抱いて現れる美女で、人を見れば子を抱いてほしいと頼んでくるという。抱いてやると赤子はみるみる大きくなり天まで届くほどになるが、頼みを断ればその人は死んでしまう。昔、弘前の武士が雪女に遭遇して、口に短刀をくわえて赤子を抱いた。大きくなると刃が刺さるので子は成長せず、雪女に返すまで無事に抱いていられた。雪女は感謝し、数々の宝物をくれたという。（内田邦彦『津軽口碑集』）五所川原の話では、雪女の子を抱いた侍が、礼として雪女の乳を吸わせてもらう。侍は乳の効果で大力を授かり、相撲《すもう》に負けなくなったという。（川合勇太郎『ふるさとの伝説』）

　青森県の昔話研究者である川合勇太郎は、幼少の頃、処女雪を太い棒で突き刺し、抜いたあとにできた穴を覗《のぞ》いた先が

「雪女の座敷」で、そこから雪女が出ると教わったという。(『青森県の昔話』) 青森では、雪女が**巳《み》のっ子**とも呼ばれる。『遠野物語』によれば、岩手県遠野地方では、小正月《こしょうがつ》の夜や冬の満月の夜には雪女が出て遊ぶとされ、これは数多《あまた》の童子を連れているともいう。小正月の夜などに外で遊んでいる子供らは「雪女が出るから早く帰れ」と戒《いまし》められた。岩手県の事例は**牛を連れた雪女**も参照。

　山形県最上郡最上町では、吹雪が雨戸の障子《さま》に吹きわたる音を「雪女郎この障子さすり」と呼んだ。雪女郎こ(雪女)が入る穴を探して冷たい指で障子を撫でさすりながら歩くのだと子供らに語っておどかしたもの。(『羽前小国郷の伝承』) [寺西政洋]

雪女房 [ゆきにょうぼう]

雪の精(**雪女**)が人間の女に化け、独身の男を訪ねるもの。雪国でよく語られた昔話で、「雪女房」と呼ばれることが多い。

青森県南津軽郡藤崎町には、次のような雪女房の話が伝わる。ある冬の吹雪の夜、独り身の男の家の前に色白の若い女が倒れていた。男は女を介抱し、そのまま嫁に貰って仲良く暮らしはじめた。が、春が来て暖かくなるにつれ、女房は痩《や》せて元気がなくなっていった。ある日、友人が訪ねてきたので女房に酒などを出させていたが、途中から呼んでも返事さえしなくなった。台所を見に行くと、竈《かまど》の前にびしょびしょに濡れた着物と帯があるばかりだった。(川合勇太郎『青森県の昔話』) このように、雪の精は氷雪の塊であるため熱にはめっぽう弱く、人と結ばれても火や風呂の湯でとけて消えてしまう。川合勇太郎は、このような昔コ(昔話)で語られる雪女は「いかにもさい果ての冬の夜に語られるにふさわしく、幻想的である」と述べている。(『青森県の昔話』) **氷柱女**《つららおんな》も参照。

　山形県米沢市には雪女房と人間の夫が子をもうけた話がある。昔、深い山奥で若者が炭焼きをして働いていた。ある冬、綺麗《きれい》な女が訪ねてきて、道に迷ったので泊めてもらいたいと言う。若者は一晩だけ泊めるつもりだったが、女はそのまま居ついてしまった。女は寒さを苦にしないどころか、火に近付こうともせずに仕事を手伝ってくれた。共に暮らすうちに子供が生まれ、家族は仲睦まじく日々を送った。だがある年末の吹雪の日、女房は「暇もらって、外に出てみたい」と言いだした。夫が引き留めるのも聞かず女房は家を出ていき、その途端に吹雪が勢いを増して雪崩《なだれ》が起こった。夫は雪崩の中に女房の着物の裾が見えたと言うが、他の村人には何も見えなかった。その後、夫と子供は里へ下りて幸福に暮らした。人々は、女房は雪の精だったのだと噂しあったという。(武田正(編)『雪女房―米沢の民話―』) [寺西政洋]

与次郎狐 [よじろうぎつね]

秋田県、山形県に伝わる。久保田城跡である千秋公園内には与次郎稲荷神社がある

が、この祭神である与次郎は、初代秋田藩主である佐竹義宣《よしのぶ》に飛脚（御庭番ともされる）として仕えた霊狐であったという。与次郎は元々、この辺り一帯の狐たちを取り纏《まと》める齢《よわい》三〇〇年にもなる古狐であったが、久保田城が作られた際に住処《すみか》を追われてしまった。路頭に迷った与次郎は白髪白《しら》髭《ひげ》の老翁に化けると、城主である佐竹義宣の夢に現れて交渉した。その結果、秋田と江戸を六日で往復する飛脚として義宣に仕えることを条件に、城内にある茶園のそばに土地をもらった。「与次郎」という名前も、この際に義宣から付けられたのだという。以降、飛脚に化けた与次郎は、宣言通りに秋田と江戸を六日で往復して義宣から重宝された。しかし、これを妬《ねた》んだ飛脚仲間（幕府に危険視されたという説もある）が猟師を雇い、ある時、江戸への道中宿に使っていた山形県六日町で、与次郎は罠《わな》にかかり暗殺されてしまった。与次郎は殺される直前に持っていた密書を神通力で飛ばしたので、書状は無事に久保田城に返送されたという。それから六日町では、与次郎の祟《たた》りなのか作物の不作や大火などの災害が次々と起こり、与次郎を殺した猟師も狂死した。里人が与次郎の霊を慰める社《やしろ》を建てるまで、この凶事は続いたとされる。

様々な伝承パターンがあり、大まかな内容は概《おおむ》ね同じであるが人見蕉雨『井窓夜話』では与次郎は関八州の野狐の頭目であったとされ、与次郎が暗殺された際には部下の狐たちが六田村に殺到し、大規模な狐憑《つ》き事件を起こした旨が記されている。同じく人見蕉雨『黒甜瑣語』によると、久保田城の茶園には、たまに足が黒い狐が現れる。これは与次郎の子孫で、与次郎が飛脚に化けた際に黒脚絆《きゃはん》を履いていたのに由来するという。また、この茶園で栽培していた瓜《うり》や茄子《なす》に狐が悪さをすることがあるが、「御茶園の与次郎が手作」と看板を立てておくと、不思議とイタズラは止むとされる。石井忠行『伊頭園茶話』によれば、久保田城広間南脇の板塀中ほどより上に数間の大きさの竪格子があり「与次郎格子」「狐格子」と呼ばれていた。与次郎狐が飛脚の任に着いて江戸へ行く際はこの格子から出入りしたという。また、升谷旭水『秋田名跡考』によると明治維新前までは、与次郎は足軽組の守護神として久保田城内に祀《まつ》られており、与次郎直筆の願書なるものも存在した。山形県には殿様に仕えて佐竹侯への飛脚を務めた喜太郎狐、二匹で飛脚を務めた名狐**右近・左近**、話が現代風になり飛脚から郵便屋になった**郵便持ち狐**がいる。

［戦狐］

リョウメンスクナ

2ちゃんねるオカルト板の「死ぬほど洒落にならない怖い話集めてみない？ １０９」スレッドにて二〇〇五年九月二一日に書き込まれた怪異。（朝里樹『日本現代怪異事典』）主な舞台は岩手県であるが、後述の経緯により日本各地を移動したため、広域で扱うこととする。

それは二つの頭が後頭部同士で接合し、腕が左右二本ずつの計四本、体は一つで足は二本という人間のミイラで、岩手県のとある古寺の本堂の奥で、木箱の中に封じられていた。木箱を開け、リョウメンスクナの姿を見た者は不幸に見舞われたといい、この古寺を解体した際、箱を直接開けた者は謎の心筋梗塞で死亡、精神を狂わされる、といった被害に遭い、中身を見ただけの者たちも高熱に見舞われた。解体作業員としてその場に居合わせた書き込み主の男性も、釘を踏み抜く大怪我を負ったという。

その正体は、大正時代に物部天獄《もののべてんごく》という偽名の、ある邪教の教祖が日本国家そのものを呪うために生み出したものである。書き込み主が、例の古寺の住職の息子から聞いた話によると、天獄は岩手県のある集落で生活に困窮した親によって見世物小屋に売られた結合双生児を大金で買い取り、リョウメンスクナを作り出したそうである。その方法は、彼らを他の形態異常の人間たち数人とともにひとつの部屋に押し込み、殺し合わせる蠱毒《こどく》を行うというもの。その際、結合双生児が生き残るように他の者たちにあらかじめ致命傷を負わせており、さらに生き残った後も死体や糞尿を食べなければならないほど長期間監禁し、最後は別の部屋に閉じ込めて餓死させたという。

天獄はその死体に防腐処理を施し、その腹部に遺跡で発掘された古代、朝廷に反逆したまつろわぬ民たちの骨を粉状にしたものを入れ、日本神話で語られる怪物になぞらえて「リョウメンスクナ」と名付けた。この恐ろしい呪物を携え、天獄は日本中を渡り歩いた。彼が訪れた場所では、リョウメンスクナの呪いにより様々な災害が引き起こされたという。

最後に天獄は相模湾沿岸近辺にて刀で喉を掻《か》き切って自害し、血文字で「日本滅ブベシ」という遺書を残した。その直後、関東大震災が発生したという。岩手県へと移動した経緯については住職は知っているようだったが、頑《かたく》なに口を閉ざしていたとしている。

日本神話で語られる怪物とは、『日本書紀』において飛騨国に現れたとされる異形の人「宿儺《すくな》」のことである。後頭部が繋がった頭に四本の腕、踵《かかと》がなく両側に指先の

ある二本の足を持っていたとされ、人民を襲ったため朝廷に征伐されたという。『日本書紀』における名は「宿儺」であるが、「壹體有兩面」という記述から「両面宿儺」と呼ばれるようになる。

また、岐阜県の神社仏閣の縁起にもその名が見え、高山市の千光寺の縁起では救世観音の化身であるとか、関市の日龍峰寺《にちりゅうぶじ》では高沢山《たかざわやま》の毒龍を調伏《ちょうぶく》したとか、様々にいわれている。

平成三〇年（二〇一八）三月、集英社『週刊少年ジャンプ』で連載がスタートした、芥見下々《あくたみげげ》の漫画『呪術廻戦』には、「両面宿儺」というキャラクターが登場する。一〇〇〇年以上前に存在した四本の腕をもつ異形の人物で、強大な力をもって災いをもたらす「呪いの王」として描かれる。作中では、死してなお彼の遺骸である二〇本の指の死蠟《しろう》は強大な呪力をもつ「特級呪物」として扱われている。この両面宿儺のモデルとなったのが、『日本書紀』もしくは岐阜県の伝説における「宿儺」（両面宿儺）であるという見方がよくされ、実際、先述の岐阜県の千光寺などの両面宿儺に所縁のある場所を「聖地巡礼」するファンも多いのだという。（「飛騨千光寺で「両面宿儺」特別公開　漫画「呪術廻戦」ファンも熱視線」『飛騨経済新聞』二〇二一四月一二日）

しかし、呪いと関係が深い点や、遺骸が呪物として扱われている点からすると、2ちゃんねる発祥の「リョウメンスクナ」のほうが直接的なモデルと考える方が自然であろう。

【わ】

鰐［わに］

海に棲息《せいそく》する獰猛《どうもう》な大魚。わにざめ。現代でいうサメをさす名称として用いられることが多い。伝説や昔話では、鰐が生贄《いけにえ》を欲して海上を行く舟の動きを止めてしまうという展開がよくみられ、「桑名舟」「兵庫舟」などと呼ばれる落語の題材にもなっている。このような型の話は、東北地方でもよく語られる。

福島県河沼郡会津坂下町では、同町の立《たち》木《き》観音にまつわる話として伝わる。大沼郡西方村名入の五十嵐吉兵衛が四国の琴平様

参拝に行くと、瀬戸内の海上で船が鰐に見こまれ動かなくなった。誰が鰐の狙いか調べるため、各々が所持品を海に投げ入れると、吉兵衛の手拭だけが水中へ沈んだ。彼は皆から身投げを迫られたが、一心に篤く信仰していた立木観音に祈ると船が動きはじめ、無事に四国へ到着した。吉兵衛は観音様に感謝し、帰郷すると鰐口《わにぐち》（仏堂の正面軒先に吊り下げ、打って音を鳴らす仏具）を奉納した。（片平幸三『福島の民話』）

　磐城《いわき》地方では鰐ないし鮫は「紫肝《むらさきぎも》」の人間を好んで食うとされた。紫肝が伊勢参りに向かう途中、海上で鰐に見込まれ船が動かなくなったという話も伝わる。（佐藤孝徳『昔あったんだっち』）

　山形県東根市では、ある武士が四国の金毘羅参りに向かう途中の海上で鰐に睨《にら》まれた話が伝わる。武士は「よくぞ俺を見こんだ、あっぱれな鰐だ」と言って鰐の腹に太刀を突き立て、見事にこれを退治した。無事に参詣も済ませたが、浜に流れ着いた鰐の死骸を発見、興味本位でその腹の中を覗《のぞ》こうとして、不意に鰐の口が閉まって飲みこまれたという。（滝口国也『北村山地方の民話　三』）

　奥州南部の領主・三戸氏が前田利家への密使として送った豪傑・玉山大和が鰐を退治した伝説もある。酒田から海路で加州金沢を目指していた大和一行だったが、越後の海で突如として船足が鈍り、波が逆立ちはじめた。船頭曰く「鰐にはさまれたに違いない」とのことだったが、大和は大鰐の喉元に矢を射かけて殺した。死骸は越後の浜に打ち上げられ、人々は玉山大和の剛勇を称《たた》えた。大和は鰐を葬った矢を家宝とし、道中記を語り伝えたという。なお、大和には三戸みのの坂（蓑ヶ坂）で大蛇を退治した伝説もある。（太田忠雄『姫神物語』）

　岩手県遠野地方の昔話集『聴耳草紙』にある「鰐鮫《わにざめ》と医者坊主」は、鰐鮫に見こまれて飲まれた医者が、鰐が嘔吐したために生還し、その様子を面白おかしく語るという滑稽な筋立てになっている。

　このような型以外の話も多い。青森県上北郡六ヶ所村では、父親を探す姉妹が沼を渡ろうとしていると、一匹の鰐が来て背を横たえたという伝説がある。姉妹はこの鰐こそ父だと思って沼を渡り、後には鰐口神社が建てられたという。（中市謙三「柏の葉風」『旅と伝説』通巻一〇六号）

　福島県石城《いわき》郡河部村（現・いわき市）に伝わる話では、樵《きこり》の爺さんが御前淵に斧を落としてしまったとき、鰐または鮫が出てきて水底の御殿《ごてん》に招いたという。御殿では多くの鮫が爺さんを歓迎した。やがて鮫は金の斧、銀の斧、汚れた斧を差し出したが、爺さんが自分の横れた斧だけを選んだので、その正直さを喜んで金銀の斧も与えた。だが、陸に帰った爺さんは鮫との約束を破って御殿のことを人に話したため、洪水に流されてしまったという。（高木誠一・岩崎敏夫「磐城の水の傳説」『旅と伝説』通巻一〇四号）

　石井忠行の『伊頭園茶話』には、男鹿脇本（秋田県男鹿市）の海で二丈四、五尺あまりの鰐が漁民に危害を加えていたとあ

る。人々は一計を案じ、長い帆柱に釣針つきの糸網を括りつけ、餌を仕掛けて鰐をおびき寄せた。鰐は釣り餌に食らいつき、帆柱を一晩中引きずりまわした挙句に力尽きたという。なお、この鰐退治を実施する前には、唐の韓退之《かんたいし》が韻文を示して鰐の害を鎮めたように（『唐書』にある故事）文書を作って鰐を祀ることも検討されたが、文才ある者がいなかったため鰐を殺すしかないとの結論に至ったようである。（今村義孝（監修）『新秋田叢書（九）』）

［寺西政洋］

COLUMN

東北「妖怪」作家の異業06

個々の妖怪の歴史とは、各妖怪がいかに紹介されてきたかの歴史だと言い換えることができる。誰が、何を参考に、どんな言葉をもって説明し、何を見て、何色で描いて、それらがどのような本に載り、皆がそれをまた語り、娯《たの》しんできたか――そういった履歴の石筍《せきじゅん》のごとき蓄積が、妖怪たちの現在《いま》を形作っている。

かような営みの中で特に重要な位置に立ち、東北に縁《ゆかり》もある作家が二名いる。

一人は秋田県大館生まれの佐藤有文《さとうありふみ》（一九三九〜九九）。妖怪・怪奇が主題の児童書分野での活躍と功績は多大で、『日本妖怪図鑑』（一九七二）は金字塔である。確かな手腕と着眼点、実力派画家との相乗効果により、少年少女の恐怖と憧憬《しょうけい》の妖怪道を舗装した偉人の筆頭だ。なお、佐藤は四次元現象・古代文明にも関心を抱き、いち早く『東《つ》日《が》流《る》外《そと》三郡《さんぐん》誌《し》』を扱い、『津軽古代王国の謎』（一九八五）などの著書を通して東北の超古代史も紹介した。

もう一人は、怪談を通して愛と死と美の表現に挑んだ山田野理夫《やまだのりお》（一九二二〜二〇一二）。『東北怪談の旅』に代表されるように、仙台出身の彼にとって「東北」は重要なテーマのひとつだった。簡素かつ流麗、ゆえに真実味を帯びて語られる怪談と、その中で奇妙な存在感を放つ妖怪たちの描写は、同時代以降の数寄者たちを惹《ひ》きつけてやまなかった。結果、彼の紡《つむ》いだ怪談は一作品、一文学の枠を超えて伝承と渾然《こんぜん》一体になり、各地域の妖怪認識そのものに影響を及ぼすまでになってしまった。

次頁から始まる「その他」の章は、彼らの灯《とも》した怪《あや》し火が今も燃え続けている証でもある。

［寺西政洋］

［参考文献］
伊藤慎吾・氷厘亭氷泉（編）『列伝体　妖怪学前史』
山田野理夫『山田野理夫　東北怪談全集』

その他

#【あ】

会津の怪獣［あいづのかいじゅう］

江戸時代頃の「奥州會津怪獣の繪圖」と称する絵紙に描かれている妖怪。

天明二年（一七八二）に討ち取られたという怪獣で、背丈は四尺八寸、口は耳まで裂け、鼻は嘴《くちばし》のごとく長く地に着くほど、髪と尾も共に長く、体形は蟾蜍《ひきがえる》のようで体毛が生えている。前年夏頃より陸奥国会津（福島県）から出羽国象潟《きさかた》にかけて子供が行方不明となる事件が頻発し、南部藩領主と家臣が磐梯山《ばんだいさん》周辺を捜索した際にこの怪獣を大筒で仕留めたという。

会津藩関連史料にはこのような事件に関する記載がなく、瓦版作者などが創作した話と思われる。（湯本豪一（編）『明治妖怪新聞』小松和彦、常光徹（監修）『47都道府県・妖怪伝承百科』）

［寺西政洋］

赤舌［あかじた］

山田野理夫『東北怪談の旅』で、青森県津軽地方の妖怪とされているもの。

ある日照りの年、下ノ村では田に水を引けず、上ノ村に水門を開けてほしいと頼んだが聞き入れられなかった。やがて下の農民が無断で水門を開けようとしたが、上の者に見つかり殺された。両村間の緊張は高まり、下の住民は雨乞いにすがるよりない状態となった。そんな折、赤舌が密《ひそ》かに水門を開けたので、下ノ村にもようやく水が行きわたった。赤舌は河童に似ているが頭に皿がなく、体は赤く、いつも口から赤い舌を出しているものだという。

山田野理夫は農林省の調査局員などを経て一九六〇年代頃から作家として活動した人物で、東北各地を飛び回るなかで豊富な民話・伝説の類を採集している。数多い妖怪・怪談関連の著作にも経験と知識が反映されている一方、山田自身の作家性に由来する事柄までもが、他の作家による妖怪解説に多大な影響を及ぼすこととなった。

山田は自著の成り立ちについて問われた際「妖怪を訪ねて、話を聞くでしょ。それを膨らます」と答えており、発表した作品が聞書そのままではないことを仄《ほの》めかしている。（京極夏彦『対談集　妖怪大談義』）

たとえばこの「赤舌」の名と外見描写、出現地（水門付近）は、鳥山石燕『画図百鬼夜行』に描かれた「赤舌」を下敷きにしたと推測できる。さらに石燕の赤舌も元を辿《たど》れば狩野《かのう》派絵師らが絵手本として描き継いだ化物絵にみられる「赤口」が原形で、特定地域の伝承に基づく妖怪ではないといえる。伝承が存在しない画像妖怪を素材に怪談を仕立てるのは山田の得意とするところ

らしく『東北怪談の旅』に限っても多数の例がある。しかし後続の児童書などにおける妖怪の説明文では、先行する絵画表現上の妖怪と山田の作品に登場する妖怪の性質（設定）は、ない交ぜに語られる傾向が強くなっていった。

［寺西政洋］

油嘗赤児［あぶらなめあかご］

山田野理夫『東北怪談の旅』で、秋田県に現れた妖怪とされているもの。

江戸時代中頃、秋田のある村の庄屋に、赤児連れの女が宿を求めてきた。実は赤児は油嘗赤児で、夜になると行灯《あんどん》の油をベロベロと嘗《な》め尽くしてしまい、何も知らない庄屋は不思議がった。その後、久保田城下の油問屋が燃えたとき、野次馬に紛れ見物していた例の女が「もったいない、もったいない」と洩《も》らすと、赤児は「おれ、半分は嘗めているからいい」と言ったという。

鳥山石燕『今昔画図続百鬼』にある「油《あぶら》赤子《あかご》」の図を参考にして書かれた話と思われる。水木しげるの『日本妖怪大全』などにある「油赤子」は、絵は石燕の模写で、解説文には近江の油売りが油を嘗める赤子に転生したという話と、秋田の「油なめ赤子」の話が使われている。

［寺西政洋］

網切り［あみきり］

山田野理夫『東北怪談の旅』で山形県庄内地方の妖怪とされているもの。

庄内の漁村に現れ、人目のないときに修繕中の漁網をズタズタに切り裂く。金之助という者の家ではこの害を防ぐため、昼飯時は網を家に取りこんだが、寝ている間に蚊帳《かや》がズタズタに切られたという。

鳥山石燕の『画図百鬼夜行』には「網《あみ》剪《きり》」という妖怪が描かれており、これが山田作品の網切りの元になったと推察される。石燕の網剪は絵姿だけの妖怪だが、妖怪図鑑形式の記事や書籍では、網切り（網剪）は網や蚊帳を切り落とす妖怪として紹介され『東北怪談の旅』の話が例話として用いられることが多い。

［寺西政洋］

雨降り小僧［あめふりこぞう］

山田野理夫『東北怪談の旅』で岩手県の妖怪とされているもの。

上閉伊《かみへい》郡の仙人峠を通る馬喰《ばくろう》から魚をもらった狐たちは、雨降り小僧に魚を渡して「魚をやるので雨を降らせてくれ。娘の嫁入りをするから」と頼んだ。小僧はそれを承知し、提灯《ちょうちん》を振って雨を降らせた。その中を狐の嫁入り行列が進んだという。

この話のモデルとなったのは、鳥山石燕の『今昔画図続百鬼』にある雨降小僧《あめふりこぞう》だと思われる。雨の神である雨師《うし》に仕える召使いではないかと記されているが、実際は石燕が創作した妖怪のひとつとみられる。

［寺西政洋］

荒吐 ［あらはばき］

「アラハバキ」は東北や関東での祭祀《さいし》が知られる神で、荒脛巾の字をあてて足や下半身の守護神とされる。宮城県多賀城市の荒脛巾神社では旅の安全や身体の健康を祈り、脛巾《はばき》や脚絆《きゃはん》が奉納されてきた。（川口謙二『日本の神様読み解き事典』）由緒などは未詳で、柳田國男が『石神問答』にて神名・由来ともに不明と言及して以来、謎めいた印象がつきまとっている。

和田喜八郎（一九二七〜九九）が青森県五所川原市飯詰《いいづめ》にある自宅の天井裏から落ちてきたと主張した文書群（特に『東日流外三郡誌』の名が知られる）では、アラバキやアラハバキ（荒吐、荒覇吐）という神が重要な存在としてたびたび言及される。これらの書物が説くアラハバキは、天地万物の創造神、大陸渡来の軍神、製鉄神、正邪をただす神など、様々な性質をもつ。青森県の亀ヶ岡遺跡をはじめ東北地方で多く発見された遮光器土偶《しゃこうきどぐう》は、このアラハバキ神を象《かたど》った御神体なのだという。

東北に逃れてきたアビヒコ・ナガスネヒコの兄弟は津軽にて対立するアソベ・ツボケの二大民族を和解させ、新たな民族の基礎をなした。これを神の名をとってアラハバキ族と呼ぶ。アラハバキ族は古代の東北で栄え、中央政権にさえ影響を及ぼすこともあったというが、後裔《こうえい》は南北朝時代の大津波を境に衰退し、やがて歴史から消し去られたという。ただし『東日流外三郡誌』ほか和田家文書は、著者や制作時期を偽ったもの（偽書《ぎしょ》）で、実際は和田自身が偽作したものとみられる。昭和五〇年代に『市浦村史 資料編』で紹介されて以来、ロマンをかきたてる壮大な東北秘史が多くの人の心をとらえ、和田家文書は長きにわたって真贋《しんがん》論争が繰り広げられることになった。その影響力は今もなお根強く残っている。和田が整備に関与した石塔山荒覇吐神社からは三〇〇〇年前の荒覇吐神像（遮光器土偶）が発見されたが、これも土産物レベルの模造品だったという。（原田実『偽書が描いた日本の超古代史』斉藤光政『戦後最大の偽書事件「東日流外三郡誌」』）なお、藤原明『偽書「東日流外三郡誌」の亡霊』によれば、「荒吐」という表記は『三郡誌』と関連のない資料中には一切見出せないという。

遮光器土偶＝アラハバキというビジュアルの付会《こじつけ》が強烈だったためか、様々な創作物にもこの設定が流用されている。ゲーム「女神転生」シリーズに登場するアラハバキは、遮光器土偶をモデルにデザインされた例として印象深いもののひとつである。（『真・女神転生II 悪魔大事典』）

土偶型アラハバキの原典たる『東日流外三郡誌』には、他にも多種多様な設定が記されている。「荒吐神之創之事」では、荒吐はアラバキまたはアラハバキと発音するもので、人の住むあらゆる場所にある神で、万物を司る天神陰陽・地神陰陽からなる神だと説く。あるいは天神をアラハバキ、地神をアラバキと呼び分けるともされ

る。

他にも「荒吐神五王神　ウワンカムイ」として、木神《カポシ》、火神《シボド》、土神《モクリ》、金神《タダラ》、水神《ガコ》という五種の遮光器土偶型の神の姿が描かれていたり、やはり土偶と同じ姿の荒吐神天神《アラハバキカムイ》（シウリ）、荒吐神地神《アラバキカムイ》（ケホツ）などバリエーションも豊かである。「アラハバキイシカホノリガコカムイ」と神の名を呼ぶ祭文、アラハバキ自身の霊告なども書き残されている。さらには大宇宙の誕生と拡大、動化（ビッグバン）の理論を説いた支那国の聖者の名が阿羅覇吐であったとか、天・地・水のような自然そのものを神として崇《あが》めるのがアラハバキ信仰である、白鳥や鶴が神使だが倭人はこれらを喰らってしまう、などとも語られ、全体像の把握は難しい。（『東日流外三郡誌4　信仰篇』）

現代になってから土偶を素材に考え出された怪異・妖怪的なものは、他にも**テラコッタル**や**サトイモの精霊**が挙げられる。

［寺西政洋］

イシカホノリ

和田喜八郎が発見したと称されていた文書群に記されている神。文書では、はるか古《いにしえ》の時代に大陸より荒覇吐（**荒吐**、アラハバキ）神が伝来した際、東北の地ではイシカホノリガコカムイの名で語られたことになっている。ときおり掘り出される怪奇な土人形（土偶）こそ古代人が全能の神・アラハバキイシカカムイとして崇《あが》めた像であるなどの記述が多数ある。（『東日流外三郡誌4　信仰篇』）

かの四次元作家・佐藤有文は、東北地方独特の祭祀《さいし》や古代遺物にも強い関心を寄せており、児童層向けに書かれた『怪奇全百科』『怪奇ミステリー』『怪奇！日本ミステリー図鑑』などの著書でも、八甲田山西麓にある奇跡をもたらす巨岩・石神様《いしがみさま》（青森市入内《にゅうない》の石神神社の御神体のこと）が宇宙人の頭蓋骨の化石ではないか、遮光器土偶のモデルは宇宙人ではないかという説をくりかえし紹介している。

後年、佐藤有文はこれらに『東日流外三郡誌』の世界を組み合わせて語るようになった。『別冊歴史読本1　世界　謎の超古代史』（平成四年）の「遮光器土偶のモデルか!?―奇跡をもたらす謎の巨石―」では従来語ってきた超古代神と宇宙からの来訪者のハイブリッド的存在とイシカホノリが結びつけられている。曰く、石神さまは太古に天空より火の玉として飛来し、その形はまるで巨大な髑髏《どくろ》か異星人の化石のようである。人間の生死を司る最高神・イシカホノリは、古代人にとって石神さまの分身と捉えられていたと推定でき、人々は巨石に深い信仰心を捧げ、その形に着想を得て遮光器土偶を作り出した。よってイタコや巫女《みこ》たちも、聖なる神像として土偶に祈りをこめたのだという。土偶の大きな目は石神の目を模したもので、身体の渦巻模様は水を意味し、石神さまから湧き出す霊水を象徴しているとのことである。

［寺西政洋］

犬の霊［いぬのれい］

『犬の霊　ふしぎの次第』と題された瓦版に描かれているもの。

天保一〇年（一八三九）七月、出羽国の米沢八幡宮（山形県）の神職の一九歳になる息子・巳之吉《みのきち》が大坂にやって来た。彼は神社で人から食べ物を奪おうとした犬を竹《たけ》槍《やり》で無惨に突き殺し、その霊の祟《たた》りを受けて犬のような顔になっていた。犬のように吠《ほ》えることしかできなくなった巳之吉は、伊勢神宮参拝と四国の霊場巡礼の旅に出されたのだった。大坂で目撃されたとき、巳之吉は魚の骨などをかじり、他の犬が近寄れば噛《か》みつくなど、まさしく犬のようにふるまっていたという。（森田健司『奇妙な瓦版の世界』湯本豪一『妖怪あつめ』）

この瓦版がどの地域で売られたものなのか、類似する事件や風聞の有無などはまだよく分かっていない。

［寺西政洋］

いやみ

山田野理夫『東北怪談の旅』で宮城県の妖怪とされているもの。

仙台城下九番丁の傘屋の小僧は米を買って帰る途中、前を歩く女の背に姉の姿を重ね、つい「姉さ」と声をかけた。だが、振り向いた女の顔はしわくちゃの爺だった。驚いた小僧が米の笊《ざる》を落として泣きだしてしまうと、爺は「悪かったな」と、米代以上の銭をくれたという。これが、ときどき現れては人を驚かすイヤミだという。

これは『怪物画本』の「いやミ」が発想元と思われる。後姿は女だが、水面に映っている顔は口髭《くちひげ》を生やした男の妖怪で、鳥山石燕『今昔百鬼拾遺』の「否哉《いやや》」を模倣した図である。水木しげるの著書や漫画作品でも「いやみ」の名称と仙台の話が採用され、後続の書籍（『世界の妖怪全百科』など）もいやみを仙台の妖怪と紹介した。

［寺西政洋］

色変え［いろかえ］

山田野理夫『おばけ文庫3　べとべとさん』収録「百六十七番めのはなし　いろかえ」にあるもの。仙台の宮城野（宮城県仙台市宮城野区）に現れるもので、原っぱが突然、緑色から真っ白に変わってしまうのだという。原っぱに子供がいたりすると、その子供も真っ白になってしまう。すると今度は、白い原っぱが真っ黒に変わって、先ほどの子供はどこかに消えてしまう。これは「いろかえ妖怪」の仕業だという。

山田野理夫のおばけ文庫シリーズには、他の書籍では見かけないような妖怪が数多く載っている。第三巻は、野原や道に出てくるお化けや石のお化けの話を集めたとあとがきにはあるが、「いろかえ」をはじめ、どのような手段でこれらの妖怪の情報を入手したかは不明である。話の内容から考えても、「いろかえ」という妖怪の伝承が実際に存在するかは非常に疑わしく、山

田野理夫による創作、もしくは元々あった別の話に「いろかえ」を付け足したものと思われる。第三巻には他にも、**梅泥棒《うめどろぼう》**、**くそたれ女《おんな》**、**逆《さか》さわらし**、**すねこすり**、**土食《つちく》い・土食《つちく》い婆《ばば》**、**はぎとり**、**歯抜《はぬ》き**、**豆拾《まめひろ》い**、**もぞこい**、などが載っているが、これらについても同様である。

同シリーズ第二巻の**やまびこ小僧《こぞう》**、第四巻の**首切《くびき》れ馬《うま》**、**福牛《ふくうし》**、第六巻の**火食《ひく》い女《おんな》**、**わたりびしゃく**も参照。

〔佐藤　卓〕

岩長姫［いわながひめ］

記紀神話に登場する女神。各地に伝承される神楽《かぐら》の中では、悪神または怨霊のような存在として登場することがある。

陸中沿岸部に伝わる黒森神楽の演目「岩長姫」では、須佐之男命《すさのおのみこと》に退治された八岐《やまたの》大蛇《おろち》の霊が岩長姫となり、熱田神宮に納めた草薙《くさなぎ》の剣《つるぎ》を奪おうとしたため、大和武命《やまとたけるのみこと》が御幣を振るって退治する。この岩長姫を演じるときは鬼面を着ける。（宮古市教育委員会（編）『黒森神楽』）本田安次『山伏神楽・番楽』に載る神楽台本によれば、国《くに》津神《つかみ》の岩長姫は天照大神《あまてらすおおみかみ》に反意を抱き、出《いず》雲国《ものくに》の簸《ひ》の川で八つの頭を顕《あらわ》して八岐大蛇となった。退治されてなお霊魂は残り、再び姫の姿で剣を狙ったのだという。

岩手県胆沢《いざわ》郡金ヶ崎町の三ヶ尻地区に伝承される三ヶ尻《みかじり》神楽「岩長姫退治」では、岩長姫は元から悪心の強い姫だと設定されている。その心のために中宮（皇后）になれず、妹の開耶姫《さくやひめ》が中宮に選ばれる。それでも岩長姫は中宮になるといって聞かず、宮中から御鏡を奪い飛び去ってしまう。天津児屋根命《あまつこやねのみこと》の依頼で素戔嗚尊《すさのおのみこと》が姫を退治して、取り戻した御鏡を天照大神に差し上げる。（『金ヶ崎の民俗芸能』）岩長姫が中宮に選ばれなかったという展開は、天降《あまくだ》った迩迩藝命《ににぎのみこと》が醜い石長比売《いわながひめ》を選ばず、木花之佐久夜毘売《このはなのさくやびめ》を娶《めと》ったという神話が基礎にあるものと思われる。

［寺西政洋］

いんもら

山田野理夫『東北怪談の旅』で、山形県に現れた妖怪とされているもの。

長いあいだ住職がいなかった尾花沢のある寺に、本山から僧がやってきた。しかしこの僧は朝夕の寺の務めもおこたるほどの怠け者だった。それでも「いないよりは良い」と、怠惰なふるまいは村人に黙認されていた。ある日、法事から帰った僧が酔って寝ていると、大鳥がバタバタと寺の中を飛び回った。経文を怠《おこた》る僧のもとに出るインモラは、羽音を立てるだけだという。

これは鳥山石燕『今昔画図続百鬼』の陰《おん》摩羅鬼《もらき》の影響を受けて書かれたものと思われる。元は中国宋代の廉布『清尊録《せいそんろく》』にみえる妖怪で、屍《しかばね》の気が鳥の姿に変じたものという。インモラと同工の話は山田野理夫『アルプス妖怪秘録』にもあるが、こちらでは伊那高遠のインモウ鬼となっている。

［寺西政洋］

うそわらし

昭和四九年（一九七四）刊行の妖怪図鑑系児童書『日本の怪奇』（里見勝也）にある妖怪。東北の山奥にいるという。

うそわらしは山道で迷って困っている旅人がいると現れて、親切に道を教えてくれるという。だが、教えられたとおりに道を進んでも、行き止まりになっていたり、絶壁の上に出たりする。教えられたのとは反対の道を行けば間違いはないという。

挿絵には小憎らしい面構えの子供が描かれている。この妖怪の記述は、今のところ『日本の怪奇』以外にはないらしく、**座敷わらし**などを念頭においた創作、または何らかの伝承を脚色したものと思われる。

［寺西政洋］

海座頭［うみざとう］

鳥山石燕《せきえん》『画図百鬼夜行』や熊本県八代市の松井文庫所蔵の『百鬼夜行絵巻』に描かれた妖怪。その名の通り、琵琶《びわ》と杖《つえ》を持った座頭が、海上に立っている姿が描かれている。どちらの絵にも解説がなくどのような妖怪であるかは不明である。他の『画図百鬼夜行』の妖怪と同様に、絵画のみで伝承が存在しない妖怪という見方が強い。

しかし、戦後の妖怪関連書籍では、岩手県の三陸沖に現れる妖怪であると紹介されていることがある。例えば草野巧『幻想動物事典』では、海座頭は月の終わりに海上に現れて漁師たちを驚かしたり、船をひっくり返したりするという。行動パターンは同じく海に現れる**海坊主**《うみぼうず》と似ているが、海座頭と海坊主は現れる時期が異なり、どちらか一方が現れる時はもう片方は現われず、片方がいなくなるともう片方が現れるようになるという。この記述の典拠は不明であり、戦後の妖怪関連書籍によく見られる、絵画作品にのみ登場する妖怪に、勝手に伝承を付け加えたものであると思われる。

また、寺井広樹・正木信太郎『岩手の怖い話―坊やがいざなう死出の旅』には、宮古市に住むWさんの体験談として、この存在しないはずの三陸沖の海座頭と親子四代にわたって遭遇した話が収録されている。

この話では海座頭を「鼻から上を海面に出したお坊さんのような老人で、親の言うことを聞かないと海底に引きずり込まれる」「海面から顔だけを出して、怖いか?と話しかけてくる」「人ひとり分ほどの太さのある腕で子供を攫《さら》う」といった描写がなされており、最後はWさんの家の窓に逆さまにぶら下がって現れるという衝撃的な登場の仕方をしている。言うまでもなくこの話は創作、もしくは元の話に「海座頭」を付け加えて脚色したものであろう。しかし、戦後の妖怪関連書籍で誕生した「三陸沖に現れる海座頭」という架空の伝承が、実話怪談というジャンルにまで取り入れられているという点が、非常に興味深い。

［佐藤　卓］

海女房 〔うみにょうぼう〕

『妖怪魔神精霊の世界』の「日本の妖怪・変化・魔神」（山田野理夫執筆）では、海女房の話として島根県の十六島《うっぷるい》と東北地方の三陸海岸の例が挙げられている。

三陸海岸から漁に出た船が戻って来なくなり、女房たちは夫の安否を占った。そこへ来た物売りのような女が背負っていた大きな風呂敷包みを解くと、漁夫たちの生首が転がり出てきた。女は「時化《しけ》で溺《おぼ》れ死んだ者たちの首を持ってきてやった」と言った。この女は海女房で、夫を失った女たちも入水して海女房に化身したという。

これを出典として、千葉幹夫『全国妖怪事典』は海女房を岩手県の妖怪とする。だが、この話はまだ『妖怪魔神精霊の世界』以前の記述が発見できていない。執筆者の作風から類推して、三陸の海女房を民間伝承と扱うのは証拠不充分の感がある。

〔寺西政洋〕

梅泥棒 〔うめどろぼう〕

山田野理夫『おばけ文庫3　べとべとさん』収録「百十二番めのはなし　ウメどろぼう」にあるもの。

山田野理夫が幼い頃、仙台の家々の庭には白梅の木がよくあり、その実を取って自分の家で梅干しを作るところも多かった。町の郵便局の親父が、山ほどなった梅の実をそのままにして寝たところ、翌朝見るとあれだけなっていた梅の実が、木から一つ残らずなくなっていた。誰かが盗んだのかと、木をよく見てみたが、竿《さお》で叩いたり人が登ったりした跡もなく、盗り残した梅も一つも転がっていなかった。家族はがっかりしたが、その年の秋になると、藁《わら》に包んだ百粒ばかりの梅干しが、郵便局に届けられた。向かいのサカズキ屋の親父に聞いてみると、頭の毛の赤い子供が、藁包みを置いていくのを見たという。これは「ウメどろぼう妖怪」の仕業であるという。

色変《いろか》えなどと同様、山田野理夫の創作とも考えられるが、彼が幼少期の頃の身近な人の体験談としている点が興味深い。「ウメどろぼう」という妖怪の仕業としたのは脚色であろうが、梅干しが届けられた件までは、実際に聞いた話なのかもしれない。

〔佐藤　卓〕

うわん

山田野理夫『東北怪談の旅』にある、青森を舞台とする怪談に登場する妖怪。

江戸時代末頃、嘉助と女房は古い屋敷を買い取り移り住んだ。だが、夜は屋敷中に「ウワン」という不気味な声が響いて眠れなかった。近所の者は誰もその声を聞いておらず、二人は屋敷を買った祝いに一晩中抱き合っていたのだろうと陰口を叩かれた。しかし、ある古老だけは「古屋敷にはウワンという化物が棲むものだ」と語った。ウワンは大声を上げるだけだという。

鳥山石燕は、狩野派絵師らが描く化物絵

にある図を元に『画図百鬼夜行』で「うわん」を描いた。山田はこれを素材に怪談を創ったと思われる。妖怪図鑑・事典では、絵姿のみで伝承の付随しないうわんの解説として青森のウワンの話が充てられることも多く、誤解が生じやすい。　［寺西政洋］

恐山の予言獣［おそれざんのよげんじゅう］

江戸時代頃制作の摺物《すりもの》にみえる妖怪。

弘化二年（一八四五）七月に南部恐山に立ちこめた黒雲から出現したもので、形は飛龍、顔は蟒蛇《うわばみ》のようだったという。怪物は「来年は丙午年《ひのえうま》ゆえ悪風邪が流行り、七分通りの人が死ぬ」と予言し、我が姿を描いて門口に貼れば風邪から逃れられる、また七年間は豊作であると告げたという。

固有の名前は記されておらず、湯本豪一『日本の幻獣図譜』では「恐山の予言獣」と紹介されている。村上健司『がっかり妖怪大図鑑』では、「恐山の怪鳥」と命名。

いわゆる予言獣の瓦版や、そのような図が流布したことを記録した風説書の類は数多い。恐山の予言獣がいつ、どこで頒布された印刷物か不詳ではあるが、実際に恐山の事件や伝承に取材して成った記事ではまずないと思われる。　［寺西政洋］

おとろし

山田野理夫『東北怪談の旅』で、会津（福島県）の妖怪とされているもの。

明治初期、会津に無信心な男がいて、母の葬式のため初めて寺の山門を潜ろうとした。すると突如門の上から太い腕が出て、男の襟首を摑《つか》んで吊るし上げた。男は弔いが済むまで吊られたままだったという。山門にいたのは鬼に似たオトロシで、不信心な男を嫌ったのだと噂された。

山田の作品に多い、鳥山石燕の妖怪画の影響が感じられる怪談の一種。『画図百鬼夜行』「おとろし」は、鳥居の上で鳩を握りしめている長髪で強面《こわもて》の妖怪。性質を語る伝承はなく、児童向けの書籍等では、絵の印象からか「鳥居の上にいて不信心な者が通ると落ちてくる」などの説明がなされる。会津のオトロシも同様の着眼点による創作と思われる。　［寺西政洋］

鬼子［おにこ］

昭和期の妖怪図鑑や雑誌の画報記事で紹介されている宮城県の妖怪。

佐藤有文『日本妖怪図鑑』には、二本角の生えた子供が雪の中たたずむ姿が描かれている。わがままであまのじゃくな子が、頭に角が生えてしまったのをすねて、雪や霜を降らせ農作物をだめにした。そのため怒った仙人にこけしに変えられたという。

佐藤が参考にしたと思われる「日本の妖怪総探検」（大伴昌司、斉藤守弘（構成）『少年マガジン』昭和四三年一一月八日号）には、こけしにされた鬼子は悲しくて毎夜泣いたとある。この記事は各地の読者からの投稿を元に構成されたことになっているが、詳細は不明。　［寺西政洋］

【か】

影女［かげおんな］

山田野理夫『東北怪談の旅』で山形県の妖怪とされているもの。

増田某が鶴岡城下の酒井吉左衛門の屋敷を訪ねたとき、連子格子《れんじこうし》の物見窓から、見知らぬ若い女が覗《のぞ》いた。増田と吉左衛門が酒を飲んでいると、今度は障子に女の影が映った。吉左衛門は「あれは影女です。あれが出ますと、この屋敷には化け物が集まってきているようです」と言った。

「影女」という妖怪は、鳥山石燕の『今昔百鬼拾遺』に描かれたもの。こちらにも「もののけある家には月かげに女のかげ障子などにうつると云」という、吉左衛門の言葉に通ずる記述がある。ただしこの影女は『荘子』斉物論篇の逸話を元に石燕が創作したものとみられ、山田野理夫の影女もこれに感化《インスパイア》されて語られたもののようだ。

［寺西政洋］

かます

佐藤有文の著作などで紹介される妖怪。青森県の**叺親父《かますおやじ》**が原形と思われる。

『日本妖怪図鑑』では青森県の妖怪で、背丈が五メートルの巨人で山奥にいると説明されている。泣いている子の声を聞くと風より速く走り、捕まえて背中の叺に入れ、後で食べてしまうのだという。なお『少年マガジン』昭和四三年一二月八日号の特集「日本の妖怪総探検」（大伴昌司、斉藤守弘〈構成〉）では、青森市の読者からの情報提供という体裁でかますの解説がある。佐藤もこのような先行する記事を情報源に自著でかますを扱ったものと推察される。

同じく佐藤有文による『お化けの図鑑』では、かますは東北地方の山奥だけに住む身長三メートルの妖怪とされ、『妖怪大図鑑』では八甲田山に住むとされている。

［寺西政洋］

川赤児・山赤児［かわあかご・やまあかご］

山田野理夫『東北怪談の旅』にて、秋田県の妖怪として対で紹介されているもの。

山王郡の百姓が田に行くと、川の中から赤子の泣き声が聞こえた。水底の川赤児の仕業で、ケラケラ笑うと消えたという。

南秋田では、雑木林の落ち葉に埋もれて泣く赤子の声を百姓が聞いた。これが山赤児で、驚く百姓に「おれを踏んで痛いぞ」と言いニヤニヤ笑って消えたという。

これらの妖怪の伝承は他の資料では確認できておらず、例によって山田の創作要素が強い怪談と推察される。鳥山石燕『今昔画図続百鬼』にある「川赤子《かわあかご》」に着想を得

て、山川で対をなす妖怪として考え出されたものだろうか。

［寺西政洋］

旧鼠［きゅうそ］

竹原春泉『絵本百物語』に描かれた妖怪。

同書の絵には、異様に大きな鼠が、籠《かご》に入った仔猫を咥《くわ》えている様が描かれている。同書本文によると、昔、大和の志貴に赤、黒、白の三色の毛色は持つ鼠がおり、常に猫を取り食らっていた。『華夷攷《かいこう》』という本に「猫王あり、鼠おのずから来たりて死すること数十」とある。されば、猫も鼠も年を経れば同じように化けるという理屈らしい。また、出羽で起こったこととして、次のような奇事が書かれている。文明年間（一四六九～八七）のこと、那曽の弥太郎という郷士がいた。この者の家の厩《うまや》には旧鼠が住み着いていたが、特に害もないので代々放っておいていたという。件の旧鼠は夜になると母屋へやって来ては飼い猫と遊んでおり、猫の方も遊ぶだけで鼠と争うことはなかった。ある時、この飼い猫は五匹の子を産んだが、その後、毒を食らって死んでしまった。すると、旧鼠が夜な夜なやって来ては親を亡くした仔猫たちに乳を与えるようになったという。こうして仔猫五匹が無事に育つと、旧鼠は行方知れずになったとされる。以上の話はあまりにも奇異なため誰かが記録し、その記録を見た曽良という者が書き写して松尾芭蕉に見せた。これを見た芭蕉は、「猫が鼠を育てたこともある」と答えたという。（竹原春泉著、多田克己（編）、京極夏彦ほか文『絵本百物語　桃山人夜話』）

旧鼠という名前自体は、歳経た鼠を表す名詞である。

〔戦狐〕

くそたれ女［くそたれおんな］

山田野理夫『おばけ文庫3　べとべとさん』収録「百十番めのはなし　くそたれ女」にあるもの。

夕方頃の仙台に現れた、髪がクシャクシャで洟《はな》を垂らし、着物の袖がピカピカ（カピカピ？）になっている女で、家の前に立って「わたしに、たいたばかりのごはんをおにぎりにしてくわせろ」と言ったという。どこの家も相手にしなかったが、米屋の親父と女房のおはるが、言われた通りにおにぎりを用意してやったところ、女は髪をかきわけて頭のてっぺんにある大きな口を出して、おにぎりをポンポンと投げ込んだ。二人が驚いていると、今度は水を欲しがったので汲《く》んできてやると、顔のほうの口から飲んだので二人はまた驚いた。最後に女は「くそがしたくなった」と言って、店先で着物をまくってペタペタと小山のように糞をたれて帰っていった。米屋の親父は臭い臭いと言いながら、その糞をさらって裏の庭に捨てた。

翌日は朝から雨が降った。おはるがふと庭に行くと、なんと昨日の糞が雨に溶けながら美しい綾錦《あやにしき》になっていたという。

色変《いろか》えなどと同様、山田野理夫の創作と考えられる。しかし、頭に口がある女が大

量の飯を食う展開や、みすぼらしい見た目の人を手厚くもてなしたら幸福が訪れる展開は、各地の民話によく見られるものであるため、何かしら元となった話がある可能性も捨てきれない。

〔佐藤　卓〕

首切れ馬［くびきれうま］

山田野理夫『おばけ文庫4　いったいなんびき』収録「百七十六番めのはなし　くびきれウマ」にあるもの。

岩手県の盛岡地方では五月の節句に、飼っている馬を五色の美しい布で飾り、たくさんの鈴を付けて神社にお参りをする「チャグチャグウマっ子」という行事がある。ある年、その馬の列の中に一頭、首のない馬がいて、美しい娘が乗っていて人々を驚かせた。

昔、人も馬も荒く扱う男がいて、五月の節句にも休ませずに働かせていた。その娘が、せめてこの日だけは休ませてほしいと頼むと、怒った父親は馬の首を切ってしまった。以来、娘は屋敷から姿を消してしまった。首のない馬に乗っていたのは、その娘であったという。

このようなことがあってから、五月の節句の日は人も馬も休むようになったのだという。

首のない馬、首切れ馬の妖怪の話は四国などに多いが、東北ではあまり聞かない。**色変《いろか》え**などと同様、山田野理夫の創作とも考えられるが、本書のあとがきによると、この話は山田野理夫が幼い頃に父親から聞かされたものだそうである。

〔佐藤　卓〕

具乱怒物乃怪［ぐらんどもののけ］

多彩な児童向けカルチャーを網羅した往年の名シリーズ「ケイブンシャの大百科」の一冊として昭和六二年（一九八七）に刊行された『迫り来る!!霊界・魔界大百科』で紹介されている謎の妖怪。

「具乱怒物乃怪」は東北某所の山奥に棲むもので、安土桃山時代にこの地を訪れたイギリス人宣教師に命名されたという。体長は一〇メートル、敏捷《びんしょう》な動きで家畜を襲って食べたとされている。その姿は数々の妖怪を強引につなぎ合わせた合成獣《キメラ》とでもいうべきものである。中心となる大きな鼻高天狗の頭には二本角が生え、口からは八匹の龍蛇が飛び出している。天狗の頭上では大蛇が舌を出し、横では河童が俯《うつむ》いている。狒々《ひひ》のような左腕は力強く金剛杖《づえ》を摑《つか》み、右腕があるべき所からは下駄を履いた毛深い大足が出ている。さらに下半身では化け猫の顔が笑みを浮かべ、背には大魚の尾鰭《おびれ》がついている。外見にしろ逸話にしろ、どうみても現代の創作――と考えてしまうが、出典での明言がない以上、真相は深い闇の中だ。いずれにせよ混沌《こんとん》を具現化したような姿は悪夢的魅力に満ちている。「魔界の帝王か!?狂気と忘想《原文ママ》の産物か!?」という煽《あお》り文句とともに、見る者に強烈なインパクトを叩きこむ。名前の暴走族みたいな表記（永島大輝による評。『列伝体

妖怪学前史』より）も珍妙かつ奇怪だ。また、こんな怪物の出現地として東北が選ばれたというのも、現代的な妖怪観や地域に対するイメージを考察する一資料としては興味深い。同書には他にも暗黒生命体や岩手の砂まだらとかげなど、並の本ではお目にかかれない珍妖怪の記述があり、必見である。　［寺西政洋］

黒坊主［くろぼうず］

妖怪を扱った図鑑などで東北地方の妖怪として紹介されるもの。

たとえば、水木しげる『日本妖怪大全』では、黒坊主は秋田・宮城・岩手地方によく出現したとある。深夜に人の寝息を吸い口をなめる妖怪で、確かな姿は分からず、人の目にはボーッとおぼろげに見えるという。『妖怪大図鑑Ⅱ』でも東北地方に現れた妖怪とされ、同様の説明がある。多田克己『幻想世界の住人たちⅣ　日本編』も、黒坊主は東北に伝わるもので、人の寝息（精気）を吸い取るなどと解説している。

水木による黒坊主の妖怪画は、明治八年（一八七五）の錦絵版『郵便報知新聞』の「真黒なる一個《ひとり》の坊主」の図が元絵で、本来は東京の神田に出た妖怪の記事。（千葉市美術館（編）『文明開化の錦絵新聞』氷厘亭氷泉『日本怪異妖怪事典　関東』）この錦絵は藤澤衛彦『妖怪畫談全集　日本篇上』において「夜人の寝息を吸い口を甜《ねぶ》る黒坊主・奥州の山地々の類」というキャプションとともに掲載された。あくまで**山地《やまち》乳《ち》**の類例として示された図版だったが、黒坊主自体も東北の妖怪だとの誤読が生じ、後続の書籍では説明が変容していった。

頸文社『日本の妖怪大百科』では、黒坊主は東北の妖怪で、黒雲のようにモクモクとした体で人を包み谷底に落とすと説明されている。佐藤有文『お化けの図鑑』を参照したものだが、元来こちらは東北の妖怪ではない。　［寺西政洋］

五鬼王［ごきおう］

宮城県石巻市雄勝町《おがつちょう》の雄勝法印神楽《かぐら》や登《と》米《め》市豊里町の上町《かんまち》法印神楽の演目「笹結《ささむすび》」に登場する悪鬼。五鬼大神とも。

雄勝法印神楽でのあらすじは次の通りである。伊弉諾《いざなぎ》・伊弉冉《いざなみ》が天の浮橋から海に鉾《ほこ》を差し入れ引き上げると、滴り落ちた潮がみるみる固まって大きな島ができた。二柱の神はこの島を「於能碁呂嶋《おのころしま》」と名づけ、そこに降り立ち、さらに淡路島、四国、九州、本州など八つの島を開拓し、大八州の国、すなわち日本を作り上げた。ところがどこから流れ着いたのか、胴は一つで頭は五つ、両目は日月のように輝き、吐く息は鞴《ふいご》のような恐ろしい「五鬼王」という者が現れ、人民を喰らうなど悪行を続けた。そこで武神である田中明神に頼み、この五鬼王を退治することになった。姫の姿に化身した五鬼王と、互いに青竹や見剱《みつるぎ》を武器に戦った田中明神だったが、最後は無

事五鬼王を退治することに成功した、という舞である。（雄勝町教育委員会『雄勝町の文化財　雄勝法印神楽』）

上町法印神楽の場合は、二柱の神の名が伊耶那岐《いやなぎ》・伊耶那美《いやなみ》、島の名前が於能碁呂《おのごろ》島《しま》となっているが、雄勝のものと内容に大きな違いはない。（上町法印神楽保存会（編）『上町法印神楽』）　〔佐藤　卓〕

こくり婆〔こくりばば〕

山田野理夫『東北怪談の旅』で、湯殿山（山形県）の妖怪とされているもの。

ある僧が湯殿山の奥で偶然見つけた古寺を訪ねると、老婆が出てきて「妾《わらわ》は罪深い女なので成仏できない」と語った。墓を掘り起こしては屍骸《しがい》を食べており、その味を忘れられないのだという。僧が「噂にきくコクリ婆か」と察したときには既に遅く、婆に殺され食われてしまったという。

水木しげる『日本妖怪大全』などの一般向け妖怪書籍にも引かれている話だが、これもまた山田野理夫作品に多くみられる、鳥山石燕の妖怪画を基盤に創作した妖怪談の一種と思われる。『今昔百鬼拾遺』にある「古庫裏婆《こくりばば》」は、山寺の七代以前の住職の梵嫂《ぼんそう》（妻）が墓地の屍《しかばね》を食らったりするというもので、佐藤有文も人食いの妖怪「こくり」のモチーフとして利用している。

〔寺西政洋〕

小雨坊〔こさめぼう〕

山田野理夫『東北怪談の旅』で、青森県の妖怪とされているもの。

新三郎という旅人が津軽街道を通って松前に向かう際、小雨が降るなかでひとりの坊主に出会った。坊主に「旅の者よ、おれに粟《あわ》をくれ」とせがまれて、新三郎は仕方なく粟を与えて名を尋ねた。坊主は笑って「おれは小雨坊よ」と答えた。小雨坊は小雨の山中で粟を乞うもので、旅人は遭遇に備えて粟を用意したものだという。

鳥山石燕『今昔百鬼拾遺』の小雨坊は「大みねかつらぎの山中」で人に斎料《ときりょう》（布施）を乞うものとされている。石燕の創作妖怪と考えられ、山田の小雨坊もこれを参考に仕上げられた創作性の強い怪談と思われる。水木しげるは石燕画を元に小雨坊を描き、解説に青森の話を使っている。（『日本妖怪大全』など）

〔寺西政洋〕

児泣き婆〔こなきばばあ〕

山田野理夫『東北怪談の旅』で、青森県の妖怪とされているもの。

津軽平内の和井内行松という者が山中で迷い、ある老人に出会った。老人は山で泣いている赤ん坊を拾ったが、その顔はしわくちゃの婆だった。しかもたいへん重く、行松の力ではびくともしなかった。老人が赤子を釜で煮て出すと、それはカボチャになった。老人曰く「あれは児泣き婆だよ」とのことだった。

伝承の実態が詳《つまび》らかでない妖怪の一体。柳田國男の「妖怪名彙」にあり、既に水木

しげる作品で名を知られていた児啼爺《こなきじじ》から発想したものか。『日本妖怪大全』など、一九九〇年代頃からの水木の著書では、児啼爺の類話として紹介されることもある。

〔寺西政洋〕

古籠火〔ころうび〕

山田野理夫『東北怪談の旅』で山形県に現れた妖怪とされているもの。

上之山藩の田村誠一郎邸での出来事。主人らの夕食中、庭の石灯籠《いしどうろう》にひとりでに火が点《とも》った。古い灯籠が火を入れてもらえないと起きる古籠火だろうといわれた。

このような話が実際に伝わっていたのかは不明だが、鳥山石燕の『百器徒然袋』には「古籠火《ころうか》」の絵があり、山田がこれに着想を得て脚色あるいは創作した可能性が高い。水木しげるも石燕画を模写して古籠火《ころうび》として紹介し、解説文では田村家の話が引用されている。（『日本妖怪大全』など）

〔寺西政洋〕

【さ】

逆さわらし〔さかさわらし〕

山田野理夫『おばけ文庫3　べとべとさん』収録「百六十八番めのはなし　さかさわらし」にあるもの。仙台の町に現れるとされる。

家の中にいた人が外を見るとカンカン照りだったので、柄杓《ひしゃく》で道に水を撒《ま》こうと外に出ると、なんと土砂降りだった。これは「さかさわらし」の仕業であるという。また、家の中から見た時は雪が降っていたのに、雪かきしようと外に出ると、カンカン照りだったということもあったという。**色変《いろか》え**などと同様、山田野理夫による創作、もしくは元々あった別の話に「さかさわらし」を付け足したものと思われる。

〔佐藤　卓〕

サトイモの精霊〔さといものせいれい〕

竹倉史人『土偶を読む』（二〇二一）では、著者が解明したと主張する「土偶の真実」が披露されている。曰く、土偶は「植物の人体化《アンソロポモファイゼーション》」という造形文法で解読でき、その正体は縄文人が植物や貝をフィギュア化した像だという。これにより、たとえば山形の五郎前遺跡などから出土した結髪《けっぱつ》土偶はイネ、秋田の小沢遺跡などの刺《し》突文《とつもん》土偶はヒエの擬人化と推定している。

青森県亀ヶ岡遺跡や宮城県恵比寿田遺跡のものが著名な遮光器《しゃこうき》土偶は、なんとサトイモの精霊の像だという。紡錘《ぼうすい》形に膨らんだ四肢はサトイモを象《かたど》ったもの、体表面の渦巻文様は茎芋の断面、乳首は芽がモチーフだという。縄文時代、人々は貯蔵中のサ

トイモを病気や腐敗といった魔から守護するため、精霊を招来する依代《よりしろ》として土偶を使ったと竹倉は推測している。

土偶植物擬人化説は、今のところ想像豊かな「個人の土偶論」の域を出ない印象が強いが、縄文文化および土偶に対するイメージ・関心・空想の膨らみとその発露を観察する意味では面白さを感じられる。『土偶を読む』は発表後に早速オカルト雑誌『ムー』に取り上げられ「植物の精霊を思わせる人形の生き物の実在」にまで想像が及んだり（権藤正勝「縄文土偶は〈植物〉の精霊だった!!」『ムー』二〇二一年一〇月号）、二〇二一年度サントリー学芸賞を受賞したりと、世間ではセンセーショナルな新説として喜ばれたようだ。［寺西政洋］

蛇骨婆［じゃこつばばあ］

体に大蛇をまといつかせた老婆の妖怪。鳥山石燕『今昔百鬼拾遺』の「蛇骨婆《じゃこつばば》」を元に発想を膨らませ、昭和期以降の妖怪図鑑などでは東北の妖怪として紹介された。

佐藤有文『日本妖怪図鑑』では「蛇骨ばばあ」は東北地方の山奥にいた妖怪で、何万匹もの蛇の親玉が人間に化けた蛇五右衛《じゃごうえ》門《もん》の妻だと記されている。夫よりも恐ろしく、どんなものでも焼く赤い炎を吐く赤い大蛇と、すべてのものを凍らせる青い炎を吐き青い大蛇を操って人を殺したという。『お化けの図鑑』にも同様の説明がある。

水木しげる『日本妖怪大全』などの蛇骨婆の項では、解説文の大半が福島県郡山市の蛇骨地蔵（**安積沼《あさかぬま》の大蛇**）の説明に割かれている。が、これも本来は石燕が描いた蛇骨婆とは無関係のもので、名前の類似ゆえ参考として示されただけの話である。

［寺西政洋］

障子の目［しょうじのめ］

山田野理夫『東北怪談の旅』で、青森県に出たとされている妖怪。

津軽の十三湊で、半沢屋吾助という江戸の材木商が無人の古屋に泊まった。寝ていると、破れ障子の升《ます》ごとに目が現れ出て、吾助を非難するような眼差しを向けてきた。したたかな吾助は目玉を取って持ち帰り、江戸の眼科医に売り払ったという。

「障子の目」という題名以外に妖怪の固有名詞は出てこないが、その様子は鳥山石燕『今昔百鬼拾遺』にある目目連《もくもくれん》を彷彿《ほうふつ》とさせる。山田は石燕の妖怪画を怪談創作に役立てていたと目されており、本話の怪異も目目連に着目して創られたものかもしれない。水木しげるも「障子に目」という共通点に目をつけており、著書『日本妖怪大全』などでは、目目連の頁で「障子の目」が類話としてお披露目されている。

［寺西政洋］

すねこすり

山田野理夫『おばけ文庫3　べとべとさん』収録「百三十五番めのはなし　すねこすり」にあるもの。岡山県小田地方や宮城

県仙台地方には「すねこすり妖怪」が現れるとされ、シトシトと雨が降る夜道を歩いていると、足の間を犬のようなものが潜り抜けていくという。捕まえようとしても素早いので逃がしてしまうともされる。

仙台市二十人町（仙台市宮城野区二十人町）の話では、あるサカズキ屋の人が歩いていると、足の間に何か触れるものがあった。サカズキ屋が咄嗟《とっさ》に足を閉じると、その何者かは「クックックッ」と鳴きながらすり抜けていったという。

岡山県小田地方に伝わる「スネコスリ（脛擦り）」は、佐藤清明『現行全国妖怪辞典』柳田國男『妖怪談義』の「妖怪名彙」などで知られるが、仙台にも同様の伝承があると記載された民俗資料は確認されていない。**色《いろ》変《か》え**などと同じく、山田野理夫の創作である可能性もあるが、恐らく話自体は実際に聞いたもので、この話を聞いた山田野理夫が、その正体不明の何者かを、岡山の「スネコスリ」と同じものとして結び付けたのであろう。

〔佐藤　卓〕

仙台わらし［せんだいわらし］

山田野理夫『東北怪談の旅』で語られている妖怪。原題「仙台ワラシ」。

寛永一三年（一六三六）四月二〇日、仙台の若林館にて伊達政宗の江戸出立を祝う宴《うたげ》が開かれた。政宗は宴が終わると眠りに就いたが、寝所に現れた見知らぬ童子から「時刻ですのでお急ぎください」と声をかけられて目覚めた。身を起こそうとしたところ、なぜか身体が思うように動かない。呼び出された腰元には謎の童子が見えず、政宗が指さすと童子は姿を消した。その一月後、政宗は江戸で亡くなった。童子の正体は**座敷わらし**だったという。

『東北怪談の旅』には、この話の出典は『仙台宮町阿部家写本おんなごしゅう』だと記されている。旧家所蔵の写本の類と思われるが、未詳。仙台ワラシの名称などは山田による後付けの可能性も考えられる。

〔寺西政洋〕

袖から出た手［そでからでたて］

山田野理夫『東北怪談の旅』で、青森県の妖怪とされているもの。

江戸時代中頃、弘前の織物問屋「宮川」の娘・アイが嫁入りを目前にして魚の食中毒で死んだ。花嫁衣裳には二〇〇両を超す金がかかっており、アイは城下一番の着物をもつ娘といわれていた。その未練が形をなしたのか、弔いがすんだ晩、花嫁衣裳の袖からは白く細い手が出てきたという。

死者が遺《のこ》した着物から手だけが出てくるという趣向は、江戸時代の絵草紙などの怪談にもみられるもの。『東北怪談の旅』収録の妖怪の顔ぶれから考えると「袖から出た手」は、鳥山石燕『今昔百鬼拾遺』にある「小袖《こそで》の手《て》」を参考にした部分が少なからずあるのではないかと思われる。

〔寺西政洋〕

太平山の天狗 [たいへいざんのてんぐ]

湯本豪一コレクションに、出羽国に現れた天狗の絵図があり、以下の内容が記されている。「昔、太平山の麓にあった酒屋に老人が酒を買いに来た。樽《たる》に入れて欲しいと言うので、酒屋は言われた通りにそれに酒を入れたが見た目に反して一斗も酒が入った。怪訝《けげん》に思った酒屋の主人が客の跡を尾《つ》けると、老人はどんどん太平山に分け入っていき、酒屋の主人が追いつくと老人は天狗の姿にパッと変わった。天狗は酒屋の主人に「これから豊年の年になるが、その後は疫病が流行る。私の姿を描いて門口に貼れば病を避けられる」と予言した」いわゆる予言獣とされるタイプのものである。「不思議な客が酒を買いに来る」という話の降《くだ》りは太平山の神である**三吉様**《みよしさま》の伝承と共通する部分があり、なんらかの関連性が指摘されている。事実、三吉様自体が天狗形で描かれることがあり、太平山三吉神社発行の一部の神影、能代市の八幡神社境内にある三吉様像も天狗のような姿で表されている。太平山に天狗が住んでいるという伝承は聞かないが、明治年間には太平山の天狗に関する二つの出来事が起こっている。

一つ目は『羽陰温故誌』に記されており、明治一六年（一八八三）、太平の里に住むある者が、土崎港に「烏《からす》天狗の頭」なる頭蓋骨を持ち込んだ。この頭蓋骨の由来は遡《さかのぼ》ること一〇〇年前、太平の里に強勇の猟師がいた。ある時、幽谷に入り込んで猟をしていると、忽然と異人が現れ、「殺生を慎み、菩提《ぼだい》の道に入れ」と猟師に説教した。これを聞いて怒った猟師は口論の末、異人を最後には撃ち殺してしまい、その際に手に入れたのが例の「烏天狗の頭」だと言う。同書には実物を写生したと思われる絵が載り「長さ壱尺六、七寸」と記されている。生物学的な知見で見ると、明らかにイルカの頭蓋骨であることが分かる。

二つ目は『郵便報知新聞』（明治五年一〇月）に記された詐欺事件に関する記事による。明治の初め、山形県最上郡及位《のぞき》村に住む甚蔵という男が、太平山に参詣した行者を家に泊めた。翌年の夏、甚蔵が行者に再会したら、行者は昨年の御礼として「これは太平山大天狗真筆。大切に守護すれば百難を逃れる」と言って、神号らしき物を書いた札をくれた。甚蔵はこの札を利用して金儲けする悪事を思い付き、後日、近隣の者と畑に行った際に目眩《めまい》を起こしたフリをし、休憩した後に、「今、音楽が聞こえる。杉の枝に神々が現れ給う……」と言って神託が降ったかのように見せ掛けた。その後、神託を信じた近隣の者へ守り札を売り付けて大儲けした甚蔵だが、悪事が露見

した末に捕らえられ、杖刑《じょうけい》に処されたという。（福島彬人『奇々怪々あきた伝承』）

〔戦狐〕

高女［たかおんな］

山田野理夫『東北怪談の旅』で、秋田県の妖怪とされているもの。

天保（一八三一～四五）の頃、羽後国の海沿いの村の名主・仁左衛門が若い後妻を迎えた。仁左衛門は羨望《せんぼう》の的となり、夫婦の寝所を覗《のぞ》く者まで出る始末。困った仁左衛門は寝所を二階に移し、梯子《はしご》も取り払って眠ることにしたが、それでも階下から覗き見する女がいた。それが高女だったという。高女は嫉妬深く背の高い醜女《しこめ》で、男に相手にされないため、遊女屋の二階などを覗いてまわるという。

鳥山石燕『画図百鬼夜行』に描かれている「高女」のイメージを反映して創作または脚色したと思しき妖怪談である。

［寺西政洋］

蝶化身［ちょうけしん］

人間が蝶に化身する怪異で、水木しげるの著書に奥州の蔵王山（宮城県・山形県）の話が載る。これは山田野理夫の『東北怪談の旅』『日本の怪談　その愛と死と美』にある「蝶」という話で語られる怪異を「蝶化身」と命名したものである。

旅の侍が蔵王山麓のとあるあばら家に入ってみると、暗い座敷の中に幾千幾万もの蝶がまばゆく重なり合っていた。蝶はすぐ飛び去ったが、その跡には黒髪を残した女の骨が横たわっていた。蝶を愛した女がこの家で死に、その身に虫が湧き、羽化した蝶が虹のように飛び立ったものらしい。

山田野理夫の怪談集には典拠のある話も収録されているが、創作・脚色の成分が濃いと思われる話も多い。「愛と死と美」を体現する蝶の話には、著者の嗜好《しこう》が如実に表れているのは確かだろう。

［寺西政洋］

津軽の怪虫［つがるのかいちゅう］

『姫国山海録《きこくせんがいろく》』に記された、津軽（青森県）に出たという虫。体色は黄色、水かきのようなものがある二本の足で立つ姿が描かれている。名称の記載がないため、仮に津軽の怪虫とする。

享保（一七一六～三六）のある秋、陸奥津軽の海辺にこの虫が出て粟《あわ》の穂を食ったので、土地の者が槍《やり》で殺した。津軽藩主の家臣・山尾長八郎が様子を見届けたという。（近藤瑞木（編）『百鬼繚乱』）

『姫国山海録』に収められている怪虫・怪物の画像の多くは、どの程度認知され、描き写されていたのか分かっていない。この書物の立ち位置をさらに解明していくためにも、類似資料の確認や調査が望まれる。

［寺西政洋］

土食い・土食い婆 ［つちくい・つちくいばば］

山田野理夫『おばけ文庫3　べとべとさん』収録「百十四番めのはなし　土くい」にあるもの。山田野理夫は幼い頃に「土くい」の話を仙台で聞いたという。

近所の傘作り屋の離れの小屋に、年を取った勘兵衛という傘の骨削りの職人がいたが、傘作り屋の親父や女房ですら、彼が飯を食っているところを見たことがなかった。ある朝、女房が小屋を覗《のぞ》きに行くと、勘兵衛は小屋の裏で何かをしており、よく見ると、手で土を掘ってモグモグと口に入れていた。勘兵衛は振り返り、「みたな」と一言言って、そのまま旅に出たという。

また、これと似た話として岩手県の「土くいばば」の話も紹介されている。ある野中の一軒家に百姓の息子と老母が住んでいた。ある年、大阪で戦が起こり、働き手であった息子も戦に駆り出されてしまった。後に残った老母は、何年も土を食って生きたそうである。

色変《いろか》えなどと同様、山田野理夫の創作とも考えられるが、「土くい」に関しては彼が幼少期の頃の身近な人の体験談とされており、実際に聞いた話であるのかもしれない。岩手県の「土くいばば」も何か基となった話があるのだろうか。

〔佐藤　卓〕

土坊主 ［つちぼうず］

青森県の恐山に出るという妖怪。

「日本の妖怪総探検」（大伴昌司・斉藤守弘（構成）『少年マガジン』昭和四三年一二月八日号）によれば「土ぼうず」は土の中に隠れ、人間の足を摑《つか》んで地中に引きずりこみ食べてしまうという。挿絵には人の足を摑む獣のような妖怪が描かれている。

この記事は読者が見聞きした情報を元に構成したものと謳《うた》われ、土坊主の項にも青森からの投稿者の氏名が記載されている。現状、筆者は土坊主に言及した民俗資料や古文献を確認できておらず、少年誌の画報という画像分野で確立された妖怪と捉えている。佐藤有文『日本妖怪図鑑』にも、青森の妖怪として名のみ挙げられている。

〔寺西政洋〕

テラコッタル

山内重昭の『世界のモンスター』（一九六八）において、縄文時代の青森県に飛来したと語られている妖怪。

太古、青森の亀ケ岡にあたる場所の森に青白い火の玉が轟音《ごうおん》と共に落下し、横一文字に細い瞳が走る大きな目玉をもつ妖怪が現れた。人々は恐れて逃げだし、村の長は生贄《いけにえ》を捧げ神々に祈った。祈りが通じたのか、妖怪は森から出ず、火の玉は天へ帰った。亀ケ岡から出土する土偶は、古代人がこの妖怪を象《かたど》った土人形なのだという。

正体は神とも人とも妖怪とも知れず、あるいは宇宙からの来訪者かもしれないという。テラコッタルという名は山内がつけたと記されている（素焼《テラコッタ》が由来か）が、そも

そもこの物語自体が彼の想像によるものだろう。しかし、これがフランケンシュタインや殺人鬼ハイド、透明人間など著名なモンスターと同列に紹介されている。
いわゆる遮光器土偶《しゃこうきどぐう》は縄文時代晩期の遺物とみられ、明治一九年（一八八六）に亀ケ岡で発見され、その後も東北や関東で類例が見つかった。一九六〇年代頃からは、これが古代の宇宙飛行士ないし宇宙人を模したものだとする説が、オカルト的な文脈の上で唱えられた。スイスのエーリッヒ・フォン・デニケンの『未来の記憶』（一九六八）などで土偶宇宙人説が語られ、日本の児童向け読み物でも同様の説がよく取り上げられた。テラコッタル地球来訪の物語も類似の発想だが、それが当時の子供をとりまくメディアで存在感を増していた「妖怪」という言葉で表現された例として興味深い。だが、残念ながらこの妖怪は後続の作家たちには用いられなかったようだ。

［寺西政洋］

どろ田坊 ［どろたぼう］

山田野理夫『東北怪談の旅』にある、山形県を舞台とする怪談に登場する妖怪。
庄内の清川《きよかわ》の半左衛門という者が家を長く空けている間、女房のアキは山で見知らぬ若者と出会い、深い仲となった。仕事を終え帰ってきた半左衛門が目にしたのは、股《また》に蛇を巻きつけている妻の姿だった。やがてアキは蛇の卵を産み、夫と離縁し家を出た。アキが畦道《あぜみち》を歩いていると、田から泥だらけの坊主が出てきて「アキ、蛇のガキ産むより田植しろ」と言った。そして名を問われると「おれはドロ田坊さ」と答えた。ドロ田坊はおどすだけだという。
鳥山石燕の『今昔百鬼拾遺』に描かれた「泥田坊《どろたぼう》」は、北国の泥田の怪として描かれているが、実は遊里に関する暗喩などを織り交ぜた石燕創作の妖怪とみられ、民話や口碑伝承の中には特に見出せない。（多田克己「絵解き画図百鬼夜行の妖怪」『怪』第参号、『図説　妖怪画の系譜』）
『東北怪談の旅』の「ドロ田坊」は「蛇婿入」型の民話を脚色し、石燕の泥田坊に着想を得て造形したドロ田坊を付け足したものではないかと思われる。この影響か、泥田坊が山形県の妖怪として紹介されることもよくある。たとえば、児童書『妖怪のたおし方』では、泥田坊の主な出没地は山形県とされ、働き者の老人の化身で「田を返せ」と叫ぶ妖怪と説明されている。

［寺西政洋］

【な】

七色鳥［なないろどり］

秋田県の妖怪として紹介されるもの。

佐藤有文『日本妖怪図鑑』によれば、七色鳥は山上から飛んでくる不思議な鳥の妖怪で、金、銀、赤、紫、青、緑、橙の七色の光を放つという。これを見た人はたちまち目が潰《つぶ》れてしまうが、代わりに七色鳥から金や銀の鉱山の在《あ》り処《か》を教えてもらえるという。ただし、佐藤有文がどのような情報をもとにこの妖怪を著書に載せたのかはまだよく分からない。

［寺西政洋］

濡女［ぬれおんな］

藤澤衛彦『妖怪畫談全集　日本篇上』には、次のような「濡女」の話がある。

越後と会津の境を流れる川の岸辺から、檜の森という場所へ柳の伐木のため船を出したときのこと。川へ出た複数の船にはいずれも青年たちが乗っていたが、そのうち一艘《そう》が流されて、川で髪を洗っている女の姿を見た。それは「濡女」であったため、慌てて仲間と合流したが、別の船の者たちは、この話を信じずに濡女のいた所へ行ってしまった。恐ろしい叫び声が何度も聞こえたのを最後に、彼らの行方は分からなくなった。濡女の尾は三町先まで届くため、決して逃げられないのだという。

東北地方における濡女の話としてよく紹介される一話で、山田野理夫『東北怪談の旅』にも同じ筋立ての話が福島県の怪談として載っている。ただしこれは今のところ『妖怪畫談全集』以前の記述が知られていない話で、当地の伝承そのままの形を伝えるものであるのかは不明。女面蛇体の濡女の図像は化物尽くしの絵巻や鳥山石燕の『画図百鬼夜行』に描かれているが、これらとの関連度もまだ判断し難い。

尻尾が三町（約三二七メートル）あるという記述は、佐藤有文『日本妖怪図鑑』などで「ぬれ女」の体長は三〇〇メートルという設定として受け継がれたようである。

［寺西政洋］

猫鬼［ねこおに］

福島県いわき市の好間《よしま》地方に伝承されていたと紹介される妖怪。湯本豪一が「猫鬼のミイラ」と称する頭骨や「猫鬼の詫《わ》び証《しょう》文《もん》」などを蒐集《しゅうしゅう》し、現在は広島県三次市の湯本豪一記念日本妖怪博物館（三次《みよし》もののけミュージアム）が所蔵している。

『日本の幻獣図譜』（二〇一六）によれば福島県いわき市好間町の一部地域には、古くから猫鬼・鶏鬼《とりおに》・狐鬼《きつねおに》・熊鬼《くまおに》という四種

の有角の幻獣の言い伝えがあったといい、湯本が入手したこれら鬼たちの頭骨の写真が掲載されている。昭和期には「猫鬼研究会」という団体があり、現存する資料はかれらの所有物だったと謳《うた》われている。

猫鬼には天鬼《てんき》・空鬼《くうき》・幽鬼《ゆうき》・野鬼《やき》の四階級があり、位に応じた数の角がある。それぞれの頭領にはアメノカツブシノミコト、アメノマタタビノミコト、ネコテラスオオミカミといった名跡がある。最上級の天鬼は神にも等しい存在だが、頭には角がなく普通の猫と区別がつかない。猫鬼たちは天鬼への出世を目指し修行に励んでいる。また、鶏鬼は猫鬼より弱く、狐鬼は猫鬼より強く、熊鬼はどの種族よりも強いらしい。

猫鬼の伝説として紹介されている情報の数々は、一見して既知の神話や伝承を下敷きにして、そう古くない時期に創造されたものと推察できる。頭領の名は日本神話の神名のもじり、四つの階級も『善庵随筆』などに記される狐の位階（天狐・空狐・気狐・野狐）の模倣らしい。詫び証文も寺院などに伝わる「天狗の詫び証文」のような遺物を念頭においたものだろう。

現状、湯本コレクションの猫鬼や**魔像**が展示される際、これらは福島県に「伝わっていた」ものと紹介され、図録にもその旨が記載される。（国立民族学博物館『驚異と怪異』福島県立博物館『あはひのクニあやかしのクニ』）だが、これは史料の来歴というよりも「作品」の「設定」とみるのが妥当だろう。

［寺西政洋］

寝肥［ねぶとり］

竹原春泉『絵本百物語』に描かれた奇病。同書によると「寝惚堕」とも書き、女が罹《かか》る病の一種とされる。寝肥に罹った女は必ず大鼾《おおいびき》をかいて色気なく、物事につけて騒々しいから愛想も尽きるという。「寝はばかり」つまりは寝坊を戒めた言葉だともされる。奥州で寝相の悪いことを寝肥と呼ぶとも同書には書かれている。寝肥を描いた同書の絵には、「むかしみめうつらかなるおんなありしが、ねぶれる時はその身座敷中にふとりいびきのこゑ車のとどろくがごとし。これなん世にねぶとりといふものにこそ」と文が添えられている。同書本文によると、昔、奥州にいたある女は布団として十布の菅薦《すがこも》（網目が十筋ある筵《むしろ》）を敷き、自分は七布に寝て、同衾《どうきん》する男を残りの三布に寝かせた。この時に詠まれた和歌が、「みちのくの十布のすげごも七布にはきみをねさせてわれは三布ねん」だというエピソードが添えられている。寝相の悪い女はこれも変化の一つであるということらしい。（竹原春泉著、多田克己（編）、京極夏彦ほか文『絵本百物語　桃山人夜話』）

『平安時代の藤原仲実『綺語抄』に「みちのくの十符の菅薦ななふには君を寝なしてみふに我が寝む（陸奥国で編まれた幅の広い十符の菅薦の七編にはあなたをやすませ、狭い三編にわたしが寝みましょう）」という歌があり、桃山夜話の「みちのくの〜」の歌の元ネタと思われる。これを元に寝肥を創作したのかもしれない（朝里樹

註釈）』

〔戦狐〕

【は】

はぎとり

山田野理夫『おばけ文庫3　べとべとさん』収録「百二十二番めのはなしはぎとり」にあるもの。岩手県、宮城県に現れるとされ、町を歩いていると、いつの間にか着物がはぎとられ、真っ裸にされてしまうという。

佐沼（宮城県登米《とめ》市迫町《はさまちょう》佐沼）の人が橋を渡っている時に、急に周りの人が笑い出した。気が付くと自分が真っ裸になっており、橋の欄干を見ると、着物を抱えた猫に似た顔の女が橋の欄干の上を走っていった。これが「はぎとり妖怪」なのだという。**色変《いろか》え**などと同様、山田野理夫による創作、もしくは元々あった別の話に「はぎとり」を付け足したものと思われる。

〔佐藤　卓〕

化け物大将三つ目入道〔ばけものたいしょうみつめにゅうどう〕

江戸後期以降に描かれた作者不明の絵本『久保田城下百物語』に登場する妖怪。

『久保田城下百物語』の筋は、ある夜、久保田城下の侍たちが百物語を計画し、これを聞き付けた化け物大将三つ目入道が近所に住む二体の妖怪「ひよす○や○（○部分は判読不明）」と「でこにゅう」に相談。その後、久保田城下の妖怪たちを集結させるべく、手下の一つ目小僧を飛脚として使いに出す。派遣された一つ目小僧は次々に妖怪達に大将の用向きを伝言し、途中、化け物頭分である五つ目には大将からの手紙を渡す。そうして全員に伝言が終わり、集まった妖怪達は侍たちが百物語をし、最後

に灯りが消えるのを待機する。そして、物語の最後についに灯りが消され、集まった妖怪達が「さあさあ臆病な侍どもお茶ひとつあがやれ」と言って物語は終わっている。登場する妖怪たちは、一つ目小僧を除いて名前の前に住処《すみか》となっていると思われる場所の名前が付いているのが特徴で、列挙すると、御材木場の三つ目入道、中村小路のひょす○や○、川崎屋敷のでこにゅう、新橋の掃除婆、御台所町御薬園《おやくえん》のしようけら、八幡坂のつのだらい、ろうの小路のちょうちんけし、保戸野八丁新町水汲場のけんひょご、御小人笹原の夜米つき、御《お》小人《こびと》町のあずきとぎ、下中島か助坂の小女郎、とぼく坂のたいどう小僧、渋坂の五つ目、ざとう小路のいりめ坊（「いかめ坊」の可能性もあり）、長野坂桧山屋敷のおどろし、長土手坂の首坊主、手形蛇野街道の堰《せき》に住む土左右衛門、田中ますがたのからから小僧。妖怪たちの住処とされる場所は久保田城下にほぼ現存する地名だが、妖怪自体は民間伝承ではなく作者の創作である可能性が高い。〔戦狐〕

歯抜き［はぬき］

山田野理夫『おばけ文庫3　べとべとさん』収録「百七十三番めのはなし　歯ぬき」にあるもの。仙台地方に現れるとされる。

山田野理夫が幼い頃、虫歯が痛くて泣いていると、母親から「歯ぬきが来るぞ」と言われたという。「歯ぬき」は歯が痛いという叫び声を聞きつけると、突然やってきて歯を抜いてくる。小池という金魚屋が、この「歯ぬき」に歯を抜かれたことがあり、いつ抜かれたのかちっとも分からなかった、痛くもなかったと語ったとしている。**色変《いろか》え**などと同様、山田野理夫の創作とも考えられるが、彼が幼少期の頃の身近な人の体験談としており、また彼自身が実際に母親から言い聞かせられていたとしている点が、他の創作と思われる妖怪たちとは異なっている。〔佐藤　卓〕

火食い女［ひくいおんな］

山田野理夫『おばけ文庫6　たんたんころりん』収録「二百九十四番めのはなし火くい女」にあるもの。

仙台の下町のサトウツネコという女が、清水沼（宮城県仙台市宮城野区清水沼）を通りかかった時、急に喉が渇いたので、沼の水をゴクゴクと飲んだ。それ以来、ツネコは昼間になるとお腹を押さえて苦しそうに「いたい、いたい」と泣くようになった。しかし夜になると何事もなかったかのように眠る。家の人が不思議がって、ある夜こっそりツネコの様子を窺《うかが》うと、彼女は囲炉裏端に行って炭を真っ赤に焼いてボリボリ食ったり、行灯《あんどん》の油を燃やして炎を飲みこんだりしていた。

それからしばらくして、ツネコは赤ん坊を産んだ。水のようにフワフワした赤ん坊であったが、火のそばに置くと普通の赤ん

坊のようにしゃんとなった。ツネコは「火くい女」になったと語られたという。**色変え**《いろか》などと同様、山田野理夫による創作、もしくは元々あった別の話に「火くい女」を付け足したものと思われる。

〔佐藤　卓〕

火吹き婆〔ひふきばばあ〕

昭和期以降の妖怪図鑑にみられる妖怪。聖咲奇（監修）『世界の妖怪全百科』（一九八一）には、「火ふきばばあ」は岩手県の山間部によく出た妖怪で、米をもらうため里に来るという記述がある。人に危害は加えず、米をやると口から吐く火で野鳥を焼き鳥にしてくれるという。挿絵では解説文とは裏腹に、恐ろしい顔の老婆が火炎を吐いて町を焼き払っているのが妙だ。

佐藤有文『日本妖怪図鑑』（一九七二）には「火ふき婆さん」という、口から火を吹く老婆の妖怪が紹介されている。挿絵には大映映画『妖怪百物語』（一九六八）などに登場する「火吹き婆」のスチルが使用されている。『世界の妖怪全百科』の火ふきばばあもこれが原型らしい。すなわち映画のキャラクターを元にした創作・脚色を経て岩手県の妖怪という設定になったようだ。

〔寺西政洋〕

屏風のぞき女〔びょうぶのぞきおんな〕

山田野理夫『東北怪談の旅』で、仙北郡角館《かくのだて》（秋田県）に出たとされる妖怪。

西田清左衛門は角館小町と呼ばれた美しい娘を嫁にした。二人が床入りしたとき、布団を囲う屏風の陰から、髪の長い痩せた女が覗《のぞ》きこんだ。驚いて「どこから来たのだ」と問うと「私は屏風のぞき女だ」と女は言った。翌日も女が現れたので、清左衛門は屏風を立てるのをやめたという。

鳥山石燕の『今昔百鬼拾遺』にある「屏《びょう》風闚《ぶのぞき》」は、長髪を垂らし屏風を覗く幽霊のような姿で描かれている。これは「七尺の屏風」の故事から石燕が創作した妖怪とみられる。屏風のぞき女もまた、山田野理夫が屏風闚から示唆《ヒント》を得て創作したものか。

〔寺西政洋〕

風狸けん〔ふうりけん〕

江戸時代頃に描かれた妖怪。雲間から恐山（青森県）の麓に落ちてきたという。

天地が鳴動し、雲間から落下した風狸けんなる獣は、五色の毛と四本指の前肢、五本指の後肢を有していた。これを見る人は寿命長久となるらしい。絵図にみえる風狸けんの脇には、蝙蝠《こうもり》か鼯鼠《むささび》のように皮膜が張られている。尾がとても大きいのも特徴的だ。（湯本豪一『日本の幻獣図譜』）

「風狸《ふうり》」といえば大陸の伝説にある獣で、東晋代の葛洪による『抱朴子《ほうぼくし》』には、強靭《きょうじん》な生命力を持つ旨の記述がある。日本でも『和漢三才図会』のような本草書で取り上げられているほか、鳥山石燕も『今昔百鬼拾遺』に風狸を描いている。名前と絵姿が類似しているが、風狸と風狸けんの関係は

まだよく分からない。

舶来《はくらい》の珍獣や奇形の動物が見世物に出される際、宣伝文句として興行地より遠く離れたどこその地で生け捕ったとか、見れば寿命が延びるなどとよくいわれた。時には引札《ひきふだ》（広告）にも同様の文言が並ぶ。風狸けんの図もそれらに近い印象を受ける。思うに、実際の恐山周辺には風狸けんの怪異な伝説などなかったのだろう。

［寺西政洋］

吹き消し婆［ふきけしばば］

山田野理夫『東北怪談の旅』で、秋田県の妖怪とされているもの。

あるとき、秋田街道の宿場町で嫁取りの宴が開かれた。皆が帰り、番頭が後始末をしに来たとき、座敷に見慣れぬ手伝い婆がいて、蠟燭《ろうそく》の火を「フー、フー」と吹き消していた。声をかけても返答せず、火を全て消し終わると老婆自身も姿を消した。これが吹き消し婆であったという。

鳥山石燕の『今昔画図続百鬼』には「火《ひ》消婆《けしばば》」という妖怪が描かれている。石燕画の模写で構成された『怪物画本』では、同じ図に「ふっ消し婆」という名が添えられている。『怪物画本』の図版は藤澤衛彦の『妖怪畫談全集　日本篇上』に掲載されていたため、山田も執筆時には参考にしたものと思われる。

［寺西政洋］

福牛［ふくうし］

山田野理夫『おばけ文庫4　いったいなんびき』収録「百九十九番めのはなし　福ウシ」にあるもの。

岩手の煙山《けむやま》（岩手県紫波郡矢巾町《やはばちょう》大字煙山）に堤家という大層お金持ちな家があったが、次第に貧乏になっていった。ある日、堤家の屋敷の裏の土手の辺りから、赤牛、斑牛《まだら》、黒牛など、牛がぞろぞろと出ていったのを多くの人が見た。村の年寄りは、その牛は堤家の福の神であり、福の神が出ていったので貧乏になったのだろうと語ったという。以来、この地方では自分の家の福の神がよその人の目につくようになると出て行ってしまうと言われるようになった。

色変《いろか》えなどと同様、山田野理夫による創作、もしくは元々あった別の話に「福ウシ」を付け足したものと思われる。

［佐藤　卓］

へらほう

江戸時代頃に制作された化物尽くしの絵巻物に描かれている妖怪の一種。今のところ福岡県立美術館寄託の絵巻における一例だけが確認されている。

詞書《ことばがき》によれば、これは奥州に出たもので飯を食すが堅いものは食べず、体毛はないが、走る様子は犬の子のようだという。古《いにしえ》の「へらほう」というものの類か、あるいは「人犬」というものではないかという。

この妖怪の絵柄《デザイン》は、他の絵巻や絵本にもみられる「ぬっぺっぽう」系の画像妖怪と

ほぼ同じものである。（『図説　妖怪画の系譜』木場貴俊「国際日本文化研究センター所蔵『諸国妖怪図巻』をめぐって」『日本研究』第六〇号）

［寺西政洋］

骨女 ［ほねおんな］

山田野理夫『東北怪談の旅』で、青森県の妖怪とされているもの。

安永七、八年（一七七八〜七九）頃のこと。七戸では晩に骸骨の女がカタリカタリと音を立て町を歩いた。生前の彼女は顔が醜いと言われていたが、死後は骸骨の容姿が好《よ》かったので人に見せるようになったらしい。魚の骨をしゃぶるのが好きだったが、盆には食べなかった。いじらしくつつましい女だが、高僧に出会って崩れ落ちてしまったという。

同じ作者による『信濃化けもの秘録』には、ほぼ同じ話が松本城下の民話として載る。実際の伝承の有無は不明だが、骨女という命名は鳥山石燕『今昔画図続百鬼』にある「骨女」の影響がうかがえる。なお石燕の骨女は牡丹灯籠《ぼたんとうろう》の怪談を骨組にした創作で、山田作品の骨女とは性質が異なる。

［寺西政洋］

【ま】

魔像 ［まぞう］

湯本豪一が蒐集《しゅうしゅう》し、現在は広島県三次《みよし》市の日本妖怪博物館（三次もののけミュージアム）が所蔵する、妖怪を象《かたど》った多数の木像。「妖怪像」とも。立像三六体、坐像一〇〇体があり、立像は特に「魔像」と称される。ミュージアム収蔵品の目玉のひとつとして扱われ、二〇二〇年には企画展「妖怪のかたち　魔像三十六体と百体の謎」開催とともに立体商品化、翌年には伝承地とされている福島県の県立博物館開催の企画展に出品され、海外の巡回展にも貸し出さ

れるなど目覚ましい活躍が続いている。『古今妖怪纍纍』（二〇一七）によれば、魔像・妖怪坐像は福島県いわき市に分散して伝わっていた江戸時代の作品だという。元はいわき市泉の玉光山威徳院に祀《まつ》られ、廃仏毀釈の折に地元民が像を受け継いだという。その後の記事では、魔像の来歴を裏付ける資料はなく、作者は江戸時代後期から幕末ごろの技法をもつ仏師と推測されることが示された。（「魔像三十六体　ヒノキ造り　異形の頭部」『中国新聞』二〇二〇年八月二五日）福島県立博物館で展示された際は「江戸時代以降」の制作物で「謎多き妖怪」と紹介されるなど、次第に説明文のニュアンスが変化しているのが窺《うかが》える。（『あはひのクニ　あやかしのクニ』）信仰の実態は既知の郷土資料などの中に一切発見できておず、当初発表された由緒は極めて疑わしいといわざるを得ない。

立像・坐像ともに一定の様式に則《のっと》って作られており、いずれも頭部のみが動物や異形のもので、首から下は人間と同じ体つきをしている。これら妖怪の頭部は、いずれも先行する絵画資料（絵巻、錦絵、草双紙など）を忠実に立体化したものとみられ、一九九〇年代以後に出版された妖怪関連の書籍を探れば、大方の元絵は見当がついてしまう。また、江戸時代の作にしては、手塚治虫の漫画『どろろ』に登場する「金小僧」に酷似した顔立ちの魔像まであるのは些《いささ》か奇妙である。これらが何を意味するのかは明白だが、入手経緯や由緒に関する真相が明かされない限り、魔像が「作品」として正当に評価される日は来ないだろう。

［寺西政洋］

猫鬼も参照。

股のぞき［またのぞき］

山田野理夫『東北怪談の旅』にある山形県の妖怪。

ノミかシラミのような小さな化物で、夜に寝ている女の股を覗《のぞ》く。夏になると集まり、自分たちが覗いた女の自慢をするという。京都から鶴岡までやって来た股のぞきは、帝《みかど》の女后《にょうご》の股を覗いたと言い、江戸から来た股のぞきは将軍の妾《めかけ》の股はとても臭くて鼻がおかしくなったと話したという。

このような妖怪が実際に山形に伝承されていたかは、まだよく分かっていない。

［寺西政洋］

豆拾い［まめひろい］

山田野理夫『おばけ文庫3　べとべとさん』収録「百十一番めのはなし　マメひろい」にあるもの。岩手県、山形県、宮城県の各地方に現れるという。節分の夜に人々が外に向かって投げた豆を拾い歩く童子で、大きな袋を首から提げて、素早く拾うとされる。

「マメひろい」が豆を拾うのは、「おばすて山」に捨てられた年寄りのところにまだ柔らかい豆を持っていって食べさせるためである。そのため、豆を拾っている時に声を掛けてしまうと、拾うのが遅れて豆が硬くなってしまうので、気を付けなければな

らないという。**色変《いろか》え**などと同様、山田野理夫による創作、もしくは元々あった別の話に「マメひろい」を付け足したものと思われる。

〔佐藤　卓〕

まん田坊［まんたぼう］

山田野理夫『東北怪談の旅』にある、岩手県の陸前高田の話に登場するもの。

不漁で浜に戻ってきた三陸海岸の漁師たちは、女房にうるさく言われるのを嫌って家に帰らず、網小屋で酒盛りをしていた。すると着物の前をはだけた女が現れ「マン田坊、早くしてくれ」と言った。漁師たちが仕方なくそれぞれの家に帰ると、女房どもは帯を解《ほど》いて夫の帰りを待っていたという。マン田坊はマンタ棒とも書くらしい。

山田野理夫作品の特色の一端、湿ったエロティシズムが殊《こと》に印象的な一話。実際にこのような話が陸前高田に伝わっていたのかは現時点では不明。この話の四話後にある**どろ田坊**の話も性的な要素が強い。

〔寺西政洋〕

陸奥の鬼婆［みちのくのおにばば］

明治頃の制作と推定される『ばけもの絵巻』に描かれている妖怪の一体。

陸奥信夫《しのぶ》郡（福島県）に住む農民の老母は生き物を殺して食うことを好み、ついには墓で死肉を食い始めた。やがて行方知れずとなったが、一年後に杣人《そまびし》が山で老婆を見た。その顔は赤く鬼のようで、両手には人の首を持っていたという。国守からは射殺の命令が下され、村人から発砲された老婆は鬼に変じ、雲に乗って去ったという。

〔湯本豪一（編）『妖怪百物語絵巻』〕

絵巻には両手に生首を提《さ》げた白髪の婆が描かれている。凄惨《せいさん》な場面のはずが、素朴な筆致でどこかのどかにも見えて面白い。

湯本豪一は宮城県の**疱瘡婆《ほうそうばば》**との類似性を指摘している。人肉食に手を染めた人間が鬼となる展開は、近世の説話や怪談にもみられる類型のひとつである。

〔寺西政洋〕

もぞこい

山田野理夫『おばけ文庫3　べとべとさん』収録「百五十五番めのはなし　もぞこい」にあるもの。仙台地方に現れるとされる。

コウモリが飛び始める夕暮れの頃、それまで楽しかったのに、急に自分が可哀そうになってボロボロと涙が流れることがある。これは「もぞこい妖怪」の仕業であるという。

「もぞこい」とは宮城県の方言で、可哀そうだ、哀れだ、という意味である。**色変《いろか》え**などと同様、山田野理夫による創作、もしくは元々あった別の話に「もぞこい」を付け足したものと思われる。

〔佐藤　卓〕

【や】

山地乳 ［やまちち］

竹原春泉『絵本百物語』に描かれた妖怪。
　同書の絵には猿のような怪物が、寝入っている男に唇付けし、寝息を吸っている様が描かれている。絵と共に書かれた文には、「このもの人の寝息をすい、あとにて其人の胸をたたくとひとしく死すなり。されどもあいねまの人、目をさませばかへりて命ながしといふ。奥州におほく居るよしいひつたふ」と添えられている。要約すると、この怪物に寝息を吸われた人は死んでしまう。しかし、同じ部屋の人が目を覚ましてこの様子を目撃すると、寝息を吸われた人は死ぬどころか逆に長生きする。奥州に多く生息するということである。同書本文によると山地乳は、蝙蝠《こうもり》が歳を経てまず野衾（人を窒息させる妖怪）になり、野衾《のぶすま》が更に歳を経るとなるもので、山に隠れ住むため山ちちと呼ばれるのだという。山地乳が人の寝息を吸う行為を「さとりかひ」というとも書かれている。（竹原春泉著、多田克己（編）、京極夏彦ほか文『絵本百物語　桃山人夜話』）
　同じ読みの妖怪で山父がいるが、こちらは山人の一種で、人の寝息を吸うという話は聞かないため、名前以外は特に関係ないと思われる。藤沼良三『クイズおまかせ大事典ゾゾーッ妖怪オールスタークイズ』（一九八五年・学研）では、山父との混乱で高知県の妖怪ということにされてしまっている。余談だが、絵の主題の類似性から**黒坊主**に山地乳の設定が流入した痕跡が一部書籍で見られる。
〔戦狐〕

やまびこ小僧 ［やまびここぞう］

山田野理夫『おばけ文庫2　ぬらりひょん』収録「四十五番めのはなし　やまびこ小僧」にあるもの。

　福島県会津地方に義治郎という猟師がいた。その日朝から山に入っていたが一匹も獲物が獲れなかったので、退屈した彼は谷に向かって「オーイ」と大声で叫んだ。すると間をおいて「オーイ」とやまびこが返ってきたので、面白くなってまた「オーイ」と叫んだ。その時足元を一匹の獣が駆け抜けていき、彼はそれを追って谷のほうへ走った。すると、何者かにぶつかって転んでしまい、「いたい、気をつけろ」と声がした。義治郎は「こんな山の中に人がいるのか？」と怒鳴り返すと、なんとそこには笠《かさ》を被《かぶ》った一本足の小僧が立っていた。「お前はだれだ？」と問うと小僧は「おれはやまびこ小僧だ。おまえがオーイと叫んだので、おれもオーイとよぶために、あっ

ちの谷から走ってきたところだ」と言って、一本足でピョンピョン跳んで行ったという。

色《いろ》変《か》えなどとと同様、山田野理夫の創作とも考えられるが、本書のあとがきによると、この話は福島県会津地方で実際に聞いたものだそうである。

［佐藤卓］

【わ】

わたりびしゃく

山田野理夫『おばけ文庫6　たんたんころりん』収録「二百九十番めのはなし　とびもの」にあるもの。

山形県の、ある神社の門前町で、土産物屋が柄杓《ひしゃく》を売っていた。その店の主人は欲張りで、神社があるおかげで商売ができているにもかかわらずお祭りでもお賽銭《さいせん》をあげなかった。ある年のお祭りの日、その主人が倉からありったけの柄杓を出して店先に並べていると、その柄杓一つ一つが、急に真っ赤に燃えてどこかへと飛んで行ってしまった。年寄りたちはそれを見て「あれは、わたりびしゃく妖怪のしわざだ」と言った。

柳田国男『妖怪談義』の「妖怪名彙」に「ワタリビシャク（渡り柄杓）」という京都府北桑田郡の妖怪が載っているが、こちらは青白い柄杓型の怪火がフワフワ飛ぶというものであり、柄杓自体が飛ぶわけではない。**色《いろ》変《か》え**などとと同様、山田野理夫の創作と考えられる。

［佐藤卓］

五十音順索引

この索引は、本書収録の全怪異・妖怪を五十音順に配列したものである。

あ

か

さ

た

五十音順

や

部類別索引

この索引は、本書収録の項目を部類別にまとめたものである。見出しは五十音順に配列してある。複数該当するものは重複して掲載してもいる。

鬼（おに）・蝦夷（えみし）

鉄漿（おはぐろ）

手遊（おもちゃ）・人形（にんぎょう）

貝（かい）

怪火（かいか）・怪光（かいこう）・光物（ひかりもの）

怪人（かいじん）・異人（いじん）

怪物（かいぶつ）・異獣（いじゅう）

蛙（かえる）

踵（かかと）

鏡（かがみ）

柿（かき）

風（かぜ）

刀（かたな）・槍（やり）

鰹（かつお）

学校（がっこう）

亀（かめ）

鴉（からす）

川獺（かわうそ）

木（き）

雉（きじ）・山鳥（やまどり）

狐（きつね）

茸（きのこ）

器物（きぶつ）

部類別

部類別

雪（ゆき）

夢（ゆめ）

竜蛇（りゅうじゃ）・大蛇（だいじゃ）

霊獣（れいじゅう）

抜首（ろくろくび）・幽体離脱（ゆうたいりだつ）

属性別索引

この索引は、本書収録の項目を属性別にまとめたものである。見出しは五十音順に配列してある。複数該当するものは重複して掲載してもいる。

仙台・二十人町（山田野理夫）

前兆・怪異

体験談

毒

ヌシVSヌシ

蜂子皇子

八郎太郎・辰子姫・南祖坊

毘沙門天

左甚五郎

人身御供

藤原秀郷

藤原秀衡

おわりに

「……少年から夢を取り去ることはできないし、取り去ってはならない。妖怪にしても少年の胸には、先天的に憧憬がある」。これは『天狗の研究』における知切光歳《ちぎりこうさい》の言葉です。この事典を手にした皆さまには妖怪への憧れはあったでしょうか。少なくとも僕は幸か不幸かこの先天的憧憬《しょうけい》を人生の原動力としてきた、一種のディレッタントと自認しておりました。日野巌『動物妖怪譚』初版の書名に冠せられた「趣味研究」の四文字にときめきを覚えるタイプの物好き、異形好きであるわけです。監修者の朝里樹さんにも近い匂いを勝手にかぎとり、少なからずシンパシーを感じてきた次第です。

縁とは奇妙なもので、かつて『日本現代怪異事典』を自費出版されていた朝里さんはいつしか怪異事典のオーソリティとなり、一読者として彼の活躍を喜んでいたはずの僕までが錚々《そうそう》たるメンバーに紛れて事典を編む側になろうとは。狐につままれたような心持ちでしたが、やるからには化かし返す勢いでやらねば、と熱意をこめました。とはいえ、お化けの世界は奈落のように広く深く（魔王から変態までいる）、書を紐解き人の話に耳を傾ければ、海《ここ》にも山《そこ》にも宇宙《あそこ》にも、と無限に湧いて始末に負えない。これは永《よう》沈《ちん》ですね。こと東北地方はさまざまな要因が重なり、妖怪事情が混沌《カオス》の坩堝《るつぼ》と化しており、なかなか秩序《コスモス》の花が開かない地域ゆえ、独特の手強さがあります。怪異事典シリーズ過去最厚のページ数となってしまいましたが、これでもほんの一隅なのです。『全国

妖怪事典』に記された「この種の事典はつねに途中報告であることを免れがたい」という千葉幹夫氏の言葉が、いっそう強く意識されました。

しかしながら『日本怪異妖怪事典　北海道』にて地域別妖怪事典の可能性が改めて示され、〝超〟正統派妖怪事典といえる『日本怪異妖怪事典　関東』を経て、本巻は現実と虚構の東北を縦横に巡る挑戦的な一冊になったと自負しています。戦狐氏と佐藤卓氏は共に地元の妖怪を重点的に蒐集されてきた奥羽のプロフェッショナル。佐々木剛一氏による豊富な聞書《ききがき》の報告も、事典という枠を超えた資料価値を帯びています。そして、恐ろしいことに、『日本怪異妖怪事典』はまだ折り返し地点を過ぎていないのです。この後に控える猛者たちが怪異・妖怪をいかに捉えるのか。朱の盤ばりに目を大きく見開き注視すべきでしょう。

昏《くら》くなりがちな世にこそ、妖怪とは友であり続けたいものです。われわれを異《まれ》なる友に引き会わせてくれる凡《あら》ゆる資料、笠間書院ほか制作・編集に携わって下さった皆様、執筆陣の無茶で具乱怒《ぐらんど》な要望を見事に描き出して下さった大蛇堂氏、そして陰日向に多大なご助言ご協力を下さった氷厘亭氷泉氏には、特に篤《アツ》く御礼申し上げます。

竹藪の中から

寺西政洋

- 中央大学民俗研究会「山形県西置賜郡白鷹町　調査報告書」『常民』第 31 号、中央大学民俗研究会、1993 年
- 大友儀助（編）『新庄のむかしばなし』山形県新庄市教育委員会、1971 年
- 武藤鐵城「音と民俗――秋田縣仙北郡」『旅と伝説』第 11 年 7 号、三元社、1938 年
- 成城大学民俗学研究班「福島県東白川郡塙町真名畑採訪記」『傳承文化』第 5 号、成城大学民俗学研究会、1966 年
- 秋田県平鹿郡山内村昔話集編集委員会『傳承文藝　第十七號　秋田県平鹿郡山内村昔話集』、國學院大學民俗文學研究會、1990 年
- 野村純一（編）木崎和広（著）『日本伝説大系　第二巻　中奥羽』、みずうみ書房、1985 年
- 福島県教育委員会（編・発行）『福島県文化財調査報告書第 168 集　福島県の昔話と伝説』、1986 年
- 太田忠雄（編著）『姫神物語』、姫神物語研究所、1977 年
- 民話と文学の会（編・発行）『民話と文学　第 23 号　特集　最上・真室川の伝承』、1992 年
- 森山泰太郎（編著）『陸奥の伝説』、第一法規、1976 年
- 武田正（著）『山形県山形・村山地方の伝説』、東北出版企画、2000 年
- 山田の歴史を語る会『山田の民話集』、山田の民話集刊行会、1985 年

【郷土史（広域・その他項目）】

- 秋田市史民俗部会（編）『秋田市史民俗調査報告書（二）』、秋田市史編さん室、1997 年
- 武藤鉄城（編著）『秋田郡邑魚譚』、無明舎出版、1990 年
- 『有屋の民俗』、東洋大学民俗研究会、1985 年
- 橋本武（著）『猪苗代湖南民俗誌』、猪苗代湖南民俗研究所、1969 年
- 本荘市史（編）『小友・石沢の民俗　本荘市史民俗調査報告書第一集』、本荘市史編さん室、1990 年
- 笹喜四郎（著）『かつろく風土記』、新庄市教育委員会、1972 年
- （遠野市）上郷まちづくり研究会『上郷聞書』、上郷町地域づくり連絡協議会、1993 年
- 東洋大学民俗研究会（編）『上小阿仁の民俗』、東洋大学民俗研究会、1980 年
- 岩手県教育会九戸郡部会（編）『九戸郡誌』、臨川書店、1986 年
- 福島彬人（著）『奇々怪々あきた伝承』、無明舎出版、1999 年
- 原武男（著）『奇話珍話秋田巷談』、自費出版、1971 年
- 赤羽正春（著）『熊神伝説』、国書刊行会、2020 年
- 新秋田叢書編集委員会（編）『第三期　新秋田叢書（九）』、歴史図書社、1977 年
- 新秋田叢書編集委員会（編）『第三期　新秋田叢書（十）』、歴史図書社、1977 年
- 新秋田叢書編集委員会（編）『第三期　新秋田叢書（十二）』、歴史図書社、1979 年
- 新秋田叢書編集委員会（編）『第三期　新秋田叢書（十三）』、歴史図書社、1978 年
- 田代町史編集委員会（編）『田代町史　別巻』、田代町、2002 年
- 佐々木喜善（著）山田野理夫（編）『遠野の昔話』、宝文館出版、1988 年
- 峰浜村誌編さん委員会（編）『峰浜村誌』、峰浜村誌編さん委員会、1995 年
- 宮城県史編纂委員会（編）『宮城県史 21　民俗Ⅲ』、宮城県史刊行会、1973 年
- 国学院大学民俗学研究会「山形県西村山郡西川町大井沢」『民俗採訪』平成元年度号、臨川書店、1989 年

【その他（広域・その他項目）】

- 竹原春泉（著）多田克己（編）京極夏彦ほか文『絵本百物語　桃山人夜話』、国書刊行会、1997 年
- 中道等（著）『郷土研究社第二叢書 9　奥隅奇譚　附・原始謾筆風土年表抄』、郷土研究社、1929 年
- 小舘衷三（著）『青森県の文化シリーズ 8　水神竜神十和田湖信仰』、北方新社、1976 年
- 野村純一（編）『雀の仇討』、東北出版企画、1976 年
- 神宮滋（著）『鳥海山縁起の世界』、無明舎出版、2011 年
- 大湯卓二ほか（著）『東北の鬼』、岩手出版、1989 年
- 千葉雄市（監修）本吉太々法印神楽保存会（編）『本吉太々法印神楽』、本吉太々法印神楽保存会、2004 年
- 湯本豪一（著）『日本の幻獣図譜　大江戸不思議生物出現録』、東京美術、2016 年

● 東洋大学民俗研究会（編）『上小阿仁の民俗』、東洋大学民俗研究会、1980 年
● 中仙町郷土史編さん委員会（編）『中仙町史　文化編』、中仙町、1989 年
● 根深誠（著）『白神山地マタギ伝　鈴木忠勝の生涯』、七つ森書館、2014 年
● 能代市編さん委員会（編）『能代市史　特別編民俗』、能代市、2004 年
● 野添憲司（著）『マタギのむら』、社会評論社、2011 年
● 八森町誌編集委員会（編）『八森町誌』、八森町、1989 年
● 二ツ井町町史編さん委員会（編）『二ツ井町史』、二ツ井町、1977 年
● 本荘市史（編）『小友・石沢の民俗　本荘市史民俗調査報告書第一集』、本荘市史編さん室、1990 年
● 峰浜村誌編さん委員会（編）『峰浜村誌』、峰浜村誌、1995 年
● 武藤鉄城（著）『秋田郡邑魚譚』、無明舎出版、1990 年
● 武藤鉄城（著）『羽後角館地方に於ける鳥蟲草木の民俗学的資料』、日本常民文化研究所、1973 年
● 茂木久栄（編）『増田町郷土史』、増田町教育委員会、1960 年
● 森吉町生涯教育推進本部『みんなで綴る郷土誌Ⅱ　山村民俗誌』、森吉町、1980 年

【その他（秋田項目）】

● 秋田県立博物館（編）『特別展妖怪博覧会　秋田にモノノケ大集合！』、秋田県立博物館、2017 年
● 朝里樹（著）『日本現代怪異事典』、笠間書院、2018 年
● 伊藤龍平（著）『ネットロア：ウェブ時代の「ハナシ」の伝承』、青弓社、2016 年
● 稲雄次（著）『ナマハゲを知る事典』、柊風舎、2019 年
● 倉光清六（著）『憑き物耳袋』、河出書房新社、2008 年
● 笹尾哲雄（著）『秋田県の名僧』、秋田文化出版、2007 年
● 佐藤有文（監修）『怪奇全百科』、小学館、1978 年
● 神宮滋（著）『鳥海山縁起の世界』、無明舎出版、2011 年
● 只野眞葛、中山英子（校注）『むかしばなし　天明前後の江戸の思い出』、平凡社、1987 年
● 安田貞治（著）『日本の奇跡　聖母マリア像の涙：秋田のメッセージ』、エンデルレ書店、2001 年

【サイト】

● 秋田の心霊スポット http://kyouhu2010.blog129.fc2.com/blog-entry-70.html
●『産経新聞』2017 年 7 月 13 日 https://www.google.co.jp/amp/s/www.sankei.com/article/20170713-SXAXHL2FARMMZFUWLGPLXEEDLU/%3foutputType=amp

【民話（広域・その他項目）】

● 山口彌一郎（監修）会津民俗研究会（編）『會津の傳説』、浪花屋書店、1973 年
● 森山泰太郎・北彰介（著）『日本の伝説 25　青森の伝説』、角川書店、1977 年
● 長山幹丸（著）『秋田の伝説』、自費出版、1965 年
● 秋田県国語教育研究会（編）『秋田の伝説』、日本標準、1976 年
● 木崎和広（編著）『羽後の伝説』、第一法規出版、1976 年
● 秋田県羽後町教育委員会（編）『羽後町の伝説』、羽後町教育委員会、1992 年
● 佐藤義則（編）『羽前小国郷の伝承』、岩崎美術社、1980 年
● 大槌の民話編纂委員会（編）『大槌の民話』、岩手県大槌町役場、1983 年
● 青森県環境生活部県史編さん室（編）『青森県史叢書　奥南新報「村の話」集成（上・下）』、青森県、1998 年
● 松谷みよ子（著）『現代民話考 1　河童・天狗・神かくし』立風書房、1985 年
● 松谷みよ子（著）『現代民話考 7　学校・笑いと怪談』、筑摩書房、2003 年
● 松谷みよ子著『現代民話考 11　狸・むじな』、筑摩書房、2004 年
● 琴丘町教育委員会（編）『琴丘の民話』、琴丘町教育委員会、1974 年
● 斎藤長八（著）『左多六とシロ物語　伝承の背景を探る』、左多六とシロのふるさと碑建立実行委員会、1985 年
● 塩竈市教育委員会（編）『しおがまの昔話』、1973 年

- 福島彬人（著）『奇々怪々あきた伝承』、無明舎出版、1999 年
- 藤里町民話編輯委員会（編）『藤里の昔話』、藤里町教育委員会、1977 年
- まつださちこ（著）『田沢湖のむかしばなし』、イズミヤ出版、2007 年
- 松谷みよ子（著）『狐をめぐる世間話』、青弓社、1993 年
- 松谷みよ子（著）『現代民話考 1　河童・天狗・神かくし』、立風書房、1985 年
- 松谷みよ子（著）『現代民話考 7　学校・笑いと怪談・学童疎開』、筑摩書房、2003 年
- 松谷みよ子（著）『現代民話考 9　木霊・蛇・木の精霊・戦争と木』、筑摩書房、2003 年
- 松谷みよ子（著）『現代民話考 10　狼・山犬・猫』、筑摩書房、2004 年
- 松谷みよ子（著）『現代民話考 11　狸・むじな』、筑摩書房、2004 年
- 松谷みよ子（編）『日本の伝説上』、講談社、1975 年
- 峰浜村教育委員会『峰浜村の文化財　むらの昔話』、峰浜村教育委員会、1980 年
- 武藤鉄城（著）『全国昔話資料集成 12　角館昔話集』、岩崎美術社、1975 年
- 武藤鉄城（著）『マタギ聞き書き　その狩猟民俗と怪異譚』、河出書房新社、2017 年
- 山田の歴史を語る会『山田の民話集』、山田の民話集刊行会、1985 年

【郷土史（秋田項目）】

- 阿仁町史編纂委員会（編）『阿仁町史』、阿仁町、1992 年
- 今村義孝（監修）『新秋田叢書（七）』、歴史図書社、1971 年
- 今村義孝（監修）『新秋田叢書（八）』、歴史図書社、1972 年
- 今村義孝（監修）『新秋田叢書（九）』、歴史図書社、1972 年
- 今村義孝（監修）『新秋田叢書（十）』、歴史図書社、1972 年
- 今村義孝（監修）『新秋田叢書（十一）』、歴史図書社、1972 年
- 羽後町郷土史編纂委員会（編）『羽後町郷土史』、秋田雄勝郡羽後町教育委員会、1966 年
- 上小阿仁史編纂委員会（編）『上小阿仁村史　通史編』、上小阿仁村、1994 年
- 協和村郷土誌編纂委員会（編）『協和村郷土誌』、協和村教育委員会、1968 年
- 国学院大学民俗学研究会『民俗採訪　昭和 43 年度　秋田県山本郡二ツ井町旧響村他』国学院大学民俗学研究会、1969 年
- 五城目郷土史編纂委員会（編）『郷土史』、五城目、1955 年
- 新秋田叢書編集委員会（編）『第三期　新秋田叢書（一）』、歴史図書社、1976 年
- 新秋田叢書編集委員会（編）『第三期　新秋田叢書（ニ）』、歴史図書社、1976 年
- 新秋田叢書編集委員会（編）『第三期　新秋田叢書（三）』、歴史図書社、1977 年
- 新秋田叢書編集委員会（編）『第三期　新秋田叢書（四）』、歴史図書社、1977 年
- 新秋田叢書編集委員会（編）『第三期　新秋田叢書（五）』、歴史図書社、1977 年
- 新秋田叢書編集委員会（編）『第三期　新秋田叢書（六）』、歴史図書社、1978 年
- 新秋田叢書編集委員会（編）『第三期　新秋田叢書（七）』、歴史図書社、1978 年
- 新秋田叢書編集委員会（編）『第三期　新秋田叢書（八）』、歴史図書社、1978 年
- 新秋田叢書編集委員会（編）『第三期　新秋田叢書（九）』、歴史図書社、1977 年
- 新秋田叢書編集委員会（編）『第三期　新秋田叢書（十）』、歴史図書社、1977 年
- 新秋田叢書編集委員会（編）『第三期　新秋田叢書（十一）』、歴史図書社、1978 年
- 新秋田叢書編集委員会（編）『第三期　新秋田叢書（十二）』、歴史図書社、1979 年
- 新秋田叢書編集委員会（編）『第三期　新秋田叢書（十三）』、歴史図書社、1978 年
- 新秋田叢書編集委員会（編）『第三期　新秋田叢書（十四）』、歴史図書社、1979 年
- 関口修克『秋田県山本郡二ツ井町の民俗』、複写資料、1971 年
- 千畑村郷土誌編纂委員会（編）『千畑村郷土誌』、千畑村、1986 年
- 田代町史編集委員会（編）『田代町史　別巻』、田代町、2002 年

［戦狐］

【民話（秋田項目）】

- 秋田県羽後町教育委員会（編）『羽後町の伝説』、羽後町教育委員会、1992 年
- 秋田県国語教育研究会（編）『秋田の伝説』、日本標準、1976 年
- 秋田県国語教育研究会（編）『秋田のむかし話』、日本標準、1974 年
- 秋田県平鹿郡山内村昔話集編集委員会（編）『傳承文藝　第十七號　秋田県平鹿郡山内村昔話集』、國學院大學民俗文學研究會、1990 年
- 秋田県民俗学研究会『秋田県の昔話・伝説　第 3 集』、秋田県民俗学研究会、1974 年
- 秋田市史民俗部会『秋田市史民俗調査報告書（二）』、秋田市史民俗部会、1997 年
- 秋田市史民俗部会『秋田市史民俗調査報告書（三）』、秋田市史民俗部会、1998 年
- 「阿仁採訪資料集」編集委員会（編）『民話叢書 2　阿仁の民話』、民話と文学の会、1978 年
- 阿仁町編纂委員会（編）『阿仁の民話と伝説』、第一法規出版、1998 年
- 伊藤静司（監修）宮田登（編）『ふるさとの伝説四　鬼・妖怪』、ぎょうせい、1990 年
- 伊藤多仲忠正・浅田照子『赤田の閑居様』、秋田文化出版社、1982 年
- 今村義孝（監修）『新秋田叢書　第八巻』、歴史図書社、1972 年
- 大館鳳鳴高校図書委員会（編）『大館のむがしっコ　巻之七』、大館鳳鳴高校図書委員会、1998 年
- 大館鳳鳴高校図書委員会（編）『大館のむがしっコ　巻之八』、大館鳳鳴高校図書委員会、1999 年
- 大館鳳鳴高校図書委員会（編）『大館のむがしっコ　巻之九』、大館鳳鳴高校図書委員会、2000 年
- 男鹿市教育委員会（編）『男鹿の昔ばなし』、男鹿市教育委員会、1993 年
- 木崎和広（編著）『羽後の伝説』、第一法規出版、1976 年
- 木村与之介（著）『伝説の四季』、本荘時報社、1978 年
- 黒沢せいこ（著）『ウソ？ホント？栄地区の伝説』、イズミヤ出版、2014 年
- 黒沢せいこ（著）『山内村のむかしっこ』、自費出版、2003 年
- 黒沢せいこ（著）『横手盆地のむかしっこ』、はたはた編集部、2002 年
- 國學院大学民俗文学研究會『傳承文藝　第十六號　能代・山本昔話集』、1990 年
- 琴丘町教育委員会（編）『琴丘の民話』、琴丘町教育委員会、1974 年
- 斎藤長八（著）『左多六とシロ物語　伝承の背景を探る』、左多六とシロのふるさと碑建立実行委員会、1985 年
- 『山谷の昔っこ』、秋田市立山谷小学校、1995 年
- 斎藤陽二郎（編）『秋田に伝わる土地々々の物語』、秋田魁新報社、1954 年
- 高橋丑松（著）『筏のむかしっこ』、複写資料、1986 年
- 武藤鐵城「音と民俗――秋田縣仙北郡」『旅と伝説』第 11 年 7 号、三元社、1938 年
- 常光徹・黒沢せいこ（編）『鳥海山麓のむかし話　佐藤タミの語り』、イズミヤ出版、2009 年
- 東北農山漁村文化協会（編）『みちのくの民話』、未来社、1956 年
- 長山幹丸（著）『秋田の伝説』、自費出版、1965 年
- 能代市中央公民館寿大学院『能代の昔ばなし』、能代市教育委員会、1985 年
- 野添憲治・野口達二（著）『日本の伝説 14　秋田の伝説』、角川書店、1977 年
- 野添憲治（編）『全国昔話資料集成　阿仁昔話集』、岩崎美術社、1978 年
- 花部ゆりいか（編著）須田美希（さし絵）『ふるさとお話の旅　①秋田　秋田のとっぴん語り』、星の環会、2005 年
- 原武男（著）『奇話珍話秋田巷談』、自費出版、1971 年
- 原田明美（著）『西目のむかし話　血をふくわら人形』、1988 年
- 東成瀬村公民館事務局（編）『なるせの昔っこ　第 3 集』、東成瀬村教育委員会、2006 年
- 人見蕉雨（著）『人見蕉雨集　第一冊　黒甜瑣語（上）』、秋田魁新報社、1968 年
- 人見蕉雨（著）『人見蕉雨集　第二冊　黒甜瑣語（下）』、秋田魁新報社、1968 年
- 人見蕉雨（著）『人見蕉雨集　第三冊　井窓夜話　余睠録　乞食袋』、秋田魁新報社、1968 年

- 大内金光ほか（編）『ろばたできいたむかしばなし　ふるさとの民話』、一迫町公民館、1983 年
- 朴沢謙一郎（編）『民話の北上川』、朴沢（博物館）図書館、1990 年
- 郷右近忠男（著）『聞き書き秘境・鬼首物語』、創栄出版、1997 年
- 沢史生（著）『みちのく白石物語―天狗と河童のはなし』、国書刊行会、1976 年
- 高橋静男（著）『ふるさと歌津の民話と伝説　第一集』、1990 年
- 宮城県教育委員会（編）『山中七ヶ宿の民俗（宮城県文化財調査報告書　第 34 集）』、1974 年
- 宮城県教育委員会（編）『宮城県の民話　民話伝承調査報告書（宮城県文化財調査報告書　第 130 集）』、1988 年
- 『仙台市荒浜の民俗（仙台市歴史民俗資料館調査報告書　第 2 集）』、仙台市歴史民俗資料館、1981 年
- 『船形山の民俗　吉田潤之介採訪資料　宮城県黒川郡大和町升沢地区〈東北文化資料叢書　第 3 集〉』、東北大学大学院文学研究科東北文化研究室、2008 年
- 雄勝町教育委員会（編）『雄勝町の文化財　雄勝法印神楽』、2000 年
- 上町法印神楽保存会（編）『上町法印神楽』、2004 年
- 国立歴史民俗博物館・常光徹（編）『河童とは何か　歴博フォーラム　民俗展示の新構築』、※小澤葉菜（著）「宮城の「おかっぱ様」加美町色麻町の磯良神社を中心に」
- 木下利次（著）「ジンベイサマ」『民俗学』3 巻 10 号、民俗学会、1931 年
- 三原良吉（著）「仙臺の昔話」『仙臺郷土研究』1 巻 4 号、仙台郷土研究会、1931 年
- 太田康治（著）「宮城県南地方の禁忌俗信」『東北民俗資料集（三）』、萬葉堂書店、1974 年
- 小玉敏（著）「漁村生活の一考察」『東北民俗資料集（九）』、萬葉堂書店、1980 年
- 内ヶ崎秀子（著）「宮城県黒川郡・塩釜両地方の俗信と憑き物など」『東北民俗資料集（十）』、萬葉堂書店、1981年
- 川島秀一（著）「モノバナシの伝承」『漁村』53 巻 8 号、漁村文化協会、1987 年
- 川島秀一（著）「山の漁師と海の漁師」『漁村』53 巻 11 号、漁村文化協会、1987 年
- 川島秀一（著）「カバネヤミの伝承」『漁村』54 巻 1 号、漁村文化協会、1988 年
- 東洋大学民俗研究会（編）『小泉の民俗　宮城県本吉郡本吉町旧小泉村』、1982 年
- 國學院大學民俗学研究会（著）「宮城県栗原郡花山村」『民俗採訪』昭和 48 年度号、1973 年
- 辨天丸孝（編）『石之巻辯　語彙編』、恵比寿晋八、1982 年
- 片倉信光（著）理楽社（編）『白石地方の言葉』、疋田正應、2007 年

【秋田県】

- 新秋田叢書編集委員会（編）『第三期　新秋田叢書　第 15 巻』、歴史図書社、1979 年　※「雲窩亭随筆」
- 武藤鉄城（編）『角館昔話集（全国昔話資料集成 12）』、岩崎美術社、1975 年
- 黒沢せいこ（著）はたはた編集部（編）『横手盆地のむかしっこ』、はたはた編集部、2002 年

【福島県】

- 福島県（編）『福島県史　第 23 巻　各論編 9　民俗 1』、1964 年
- 田村市文化財保護審議会（監修）田村市教育委員会生涯学習課（編）『田村市史 3　田村市の伝説』、福島県田村市教育委員会、2009 年
- 三島町史編纂委員会（編）『三島町史』、三島町史出版委員会、1968 年
- 岩崎敏夫（編著）『磐城岩代の伝説』、第一法規出版、1976 年
- 近藤喜一（著）『信達民譚集』、郷土研究社、1928 年
- 山本明（著）『ふくしまの昔話（ふくしま文庫 33）』、FCT 企業、1977 年
- 橋本武（著）『猪苗代湖畔の民話　湖周辺のいろりばなし』、猪苗代湖南民俗研究所、1975 年
- 田島町教育委員会（著）『会津田島の民話（田島町文化財調査研究報告書　第 8 集）』、1992 年
- 國學院大學民俗学研究会（著）「福島県信夫郡飯坂町茂庭」『民俗採訪』昭和 37 年度号、1962 年
- 今野圓輔（著）『檜枝岐民俗誌』、刀江書院、1951 年
- 福島県教育委員会（著）『西会津地方の民俗　振興山村指定地区民俗資料調査報告書』、1969 年

- 佐々木徳夫（著）『佐々木徳夫昔話ノート④　踊るがらくた』、みちのく昔話研究会、1992 年
- 佐々木徳夫（著）『東北ふるさとの昔ばなし　「まてい爺とそそう爺」他八十七話』、本の森、2005 年
- 佐々木徳夫（著）『みやぎ昔ばなし百選～「月の夜ざらし」ほか～』、本の森、2006 年
- 樫山巌（著）『宮城の昔話シリーズ第 1 集　ほうすの玉 - 仙南（白石・柴田・刈田）編』、金港堂出版部、1992 年
- 樫山巌（著）『宮城の昔話シリーズ第 2 集　果報は寝て待て - 仙南（名取・岩沼・角田・亘理・伊具）編』、金港堂出版部、1992 年
- 樫山巌（著）『宮城の昔話シリーズ第 3 集　伊達な男自慢 - 仙台（太白・青葉・泉・宮城野・若林）編』、金港堂出版部、1993 年
- 小野和子・山田裕子（編）『宮城県黒川郡七ツ森周辺の民話(聞く語る創る　第 15 号)』、日本民話の会、2006 年
- 山田和郎・山田裕子（編）大友かのえ（語り）『みやぎ民話の会叢書　第三集　むがす　あったづぉんな ほれ　大友かのえの昔語り　宮城県志田郡三本木町』、みやぎ民話の会、1994 年
- 小野和子（編・著）、佐藤玲子（語り）『みやぎ民話の会叢書　第六集　むがす　むがす　ずうっとむがす　栗駒山南山麓の昔語り』、みやぎ民話の会、1998 年
- 山田和郎・山田裕子（編）小松仁三郎（語り）『みやぎ民話の会叢書　第七集　どーびんさんすけ　さるまなぐ　小松仁三郎のむかし語り・はなし語り』、みやぎ民話の会、1999 年
- 小野和子（編・著）伊藤正子（語り）『みやぎ民話の会叢書　第九集「母の昔話」を語りつぐ　登米郡迫町新田の民話』、みやぎ民話の会、2000 年
- 小野和子・佐久間クラ子・島津信子（編・著）『みやぎ民話の会叢書　第一一集　楳原村男翁の唄と語り 栗駒町猿飛来に伝わる伝承』、みやぎ民話の会、2005 年
- 小田嶋利江（編・著）山内郁（語り）『みやぎ民話の会叢書　第一二集　山内郁翁のむかしかたり　南三陸町入谷の伝承』、みやぎ民話の会、2009 年
- 庄子アイ・佐佐木邦子（編）『伊達最南端に語りつぐ　荒保春の昔ばなし』、2002 年
- 大河原町教育委員会（編）『大河原のざっとむかし』、大河原町教育委員会、1987 年
- 大郷町教育委員会（編）『おおさと　昔かだり』、1996 年
- 塩釜市教育委員会（編）『しおがまの昔話』、1973 年
- 岩出山町教育委員会（編）『史跡のまち　岩出山のむかしかたり　第 1 集』、1987 年
- 岩沼市老人クラブ連合会（編）『岩沼の民話』、1980 年
- 篦岳老人クラブ連合会（編）『篦岳のむかしばなしと伝承』、1989 年
- 階上地区老人クラブ連合会（編）『階上よもやま話』、1982 年
- 名取市観光協会（編）『なとりむかしばなし』、1990 年代
- 登米地方の民話編集委員会（編）『登米地方の民話』、登米地方文化協会連絡協議会、1991 年
- 田尻郷土研究会（編）『田尻のむかしばなし（続）』、1993 年
- 中新田町むかしばなしの会（編）『むがぁす　あったづぉんなぁ　中新田の昔話』、中新田町図書館、1999 年
- 本吉町立図書館（編）『本吉町に於ける口碑伝承』、1964 年
- 入谷地区公民館（編）『入谷のむかしかたり　第 2 集』、1987 年
- 宮城県気仙沼市及び本吉郡昔話集編集委員会（編）『宮城県気仙沼市及び本吉郡昔話集（傳承文藝 第 21 號）』、國學院大學民俗文學研究會、2009 年
- 三原良吉（著）『仙台伝説集（仙台市郷土誌叢書）』、仙台市、1949 年
- 松谷みよ子（編著）『語りによる日本の民話 1　女川・雄勝の民話』、国土社、1987 年
- 千葉光男（著）『栗駒の話』、日曜随筆社、1968 年
- 鈴木与蔵（著）『七ヶ浜の民話と言い伝え』、1981 年
- 鈴木与蔵（著）『七ヶ浜の言い伝え　第 2 集』、1988 年
- 鈴木寛蔵（編）『塩竈の伝承と史話』、1995 年
- 片倉舜（著）『矢本の伝説』、やもと 21 委員会、1990 年

● 柳田國男（編）小笠原謙吉（採録）『岩手県紫波郡昔話集（日本昔話記録　第1）』、三省堂、1973年
● 青木松太郎（著）『たのはた風土記　第1集』、たのはた風土記刊行会、1979年
● 田中喜多美（著）「郷土伝説―岩手雑纂（一）―」『旅と伝説』3巻8号　三元社、1930年
● 田野畑村（著）『広報たのはた』1981年5月号
● 寺井広樹・正木信太郎（著）『岩手の怖い話―坊やがいざなう死出の旅―』、TOブックス、2018年

【宮城県】

● 田辺希文（著）鈴木省三（校）『封内風土記　巻之1―4(仙台叢書　第1―5輯)』、仙台叢書出版協会、1893年
● 田辺希文（著）鈴木省三（校）『封内風土記　巻之9―14(仙台叢書　第1―5輯)』、仙台叢書出版協会、1893年
● 阿刀田令造（編）『仙台萩　古地誌』、無一文館、1930年
● 宮城縣史編纂委員会（編）宮城縣（著）『宮城縣史20　民俗Ⅱ』、宮城縣史刊行会、1960年
● 宮城縣史編纂委員会（編）宮城縣（著）『宮城縣史21　民俗Ⅲ』、宮城縣史刊行会、1987年
● 古川市史編纂委員会（編）『古川市史　下巻』、古川市、1972年
● 白石市史編纂委員会（編）『白石市史　3の（2）　特別史　下の1』、白石市、1984年
● 泉市誌編纂委員会（編）『泉市誌　下巻』、泉市、1986年
● 伊具郡教育会（編）『伊具郡誌』、1926年
● 牡鹿郡（編）『牡鹿郡誌』、1923年
● 鳴子町史編纂委員会（編）『鳴子町史　上巻』、鳴子町、1974年
● 桃生町史編纂委員会（編）『桃生町史　第3巻（自然・民俗編）』、桃生町、1990年
● 富谷町誌編さん委員会（編）『富谷町誌　新訂』、富谷町、1993年
● 登米町誌編纂委員会（編）『登米町誌　第2巻』、登米町、1991年
● 松島町誌編纂委員会（編）『松島町誌』、松島町、1960年
● 秋保町史編纂委員会（編）『秋保町史　本編』、秋保町、1976年
● 蔵王町史編さん委員会（編）『蔵王町史　民俗生活編』、蔵王町、1994年
● 利府町誌編纂委員会（編）『利府町誌』、利府町、1986年
● 色麻町史編纂委員会（編）『色麻町史』、色麻町、1979年
● 宮崎町史編纂委員会（編）『宮崎町史』、宮崎町、1973年
● 岩出山町史編纂委員会（編）『岩出山町史　下巻』、岩出山町、1970年
● 河南町史編纂委員会『河南町史　下巻』、河南町、2005年
● 三崎一夫（編著）『陸前の伝説』、第一法規出版、1976年
● 佐々木徳夫・吉岡一男（著）『宮城の伝説』、角川書店、1979年
● 山田野理夫（編）『日本の民話24　宮城の民話』、未来社、1959年
● 及川儀右衛門（著）『日本の民話　別巻3　みちのくの和尚たち』、未来社、1975年
●「宮城のむかし話」刊行委員会『読みがたり　宮城のむかし話』、日本標準、2005年
● 寺井広樹・とよしま亜紀（著）『宮城の怖い話 - 杜の都に魔が巣食う』、TOブックス、2018年
● 宮城県教育会（編）『郷土の伝承　第一～三輯』、セイトウ社、1981年
● 東北放送（編）『みやぎのむかしばなし　第2集』、宝文堂、1979年
● 東北放送（編）『みやぎのむかしばなし　第3集』、宝文堂、1980年
● 富田広重（著）『滅び行く伝説口碑を索ねて　第1輯』、富田文庫、1926年
● 佐々木徳夫（著）『むがす、むがす、あっとごぬ』、未来社、1969年
● 佐々木徳夫（著）『みちのくの海山の昔』、講談社、1975年
● 佐々木徳夫（著）『永浦誠喜翁の昔話　宮城』、日本放送出版協会、1975年
● 佐々木徳夫（著）『昔話研究資料叢書15　陸前の昔話』、三弥井書店、1979年
● 佐々木徳夫（著）『佐々木徳夫昔話ノート①　まてい爺とそそう爺』、みちのく昔話研究会、1991年
● 佐々木徳夫（著）『佐々木徳夫昔話ノート②　千貫目太郎』、みちのく昔話研究会、1991年

- 佐々木喜善（著）「鳥虫木石伝」『旅と伝説』3巻1号、三元社、1930年
- 小寺融吉（著）「城の怪異（二）」『旅と伝説』4巻2号、三元社、1931年
- 知里眞志保（著）「アイヌの昔話—糞を食はせつつ来る女—」『旅と伝説』7巻12号、三元社、1934年
- 橘文策（著）「木地屋の生活」『旅と伝説』12巻5号、1939年
- 藤原貞次郎（著）「「ああ」といふ鬼」『昔話研究』創刊号、三元社、1935年
- 山田野理夫（著）『怪談の世界』、時事通信社、1978年
- 山田野理夫（作）『おばけ文庫2　ぬらりひょん』、太平出版社、1983年
- 山田野理夫（作）『おばけ文庫3　べとべとさん』、太平出版社、1983年
- 山田野理夫（作）『おばけ文庫4　いったいなんびき』、太平出版社、1983年
- 山田野理夫（作）『おばけ文庫6　たんたんころりん』、太平出版社、1983年

【新聞記事・ウェブサイト】

- 「東北のアマビエたち　2遺体を食べる疱瘡婆」『毎日新聞』2020年8月30日
- 「正体不明の浮遊する白い球状物体、東北の広範囲で目撃」『読売新聞オンライン』2020年6月18日 https://www.yomiuri.co.jp/national/20200617-OYT1T50252/
- 「白い球体、「所有者不明・目的不明」の結論…十字形の部品と2基のプロペラ付く」『読売新聞オンライン』20202年7月3日　https://www.yomiuri.co.jp/national/20200702-OYT1T50267/
- 「正体は気象観測用気球？　消えた「謎の飛行物体」が残した課題」『産経新聞』2020年7月2日　https://www.sankei.com/article/20200702-ZMQVS2QWPNMFVC24GZ645RMWSU/
- 「八戸上空に謎の白い球体　昨年宮城で目撃の物体と酷似」『デーリー東北 DIGTAL』2021年9月5日 https://www.daily-tohoku.news/archives/77600
- 「飛騨千光寺で「両面宿儺」特別公開　漫画「呪術廻戦」ファンも熱視線」『飛騨経済新聞』2021年4月12日　https://hida.keizai.biz/headline/837/
- 「平成17年度県指定　洲崎遺跡出土人魚木簡」『秋田県公式サイト　美の国あきたネット』2009年3月26日　https://www.pref.akita.lg.jp/pages/archive/1513
- 「山野内城址・万人渕」仙台市ホームページ　2019年8月2日　http://www.city.sendai.jp/izumi-katsudo/izumiku/shokai/profile/shisekimeguri/kojo/yamanochi.html
- 「アマビエ様」『ホトカミ』鹿島神社　2020年11月17日投稿　https://hotokami.jp/area/miyagi/Htytr/Htytrtk/Dmrsy/94722/116260/

【青森県】

- 森山泰太郎（編著）『陸奥の伝説』、第一法規出版、1976年
- 内田邦彦（著）『津軽口碑集』、歴史図書社、1979年
- 中道等（著）『奥隅奇譚』、郷土研究社、1929年
- 川合勇太郎（編）『青森県の昔話』、津軽書房、1972年
- 北彰介（編）『青森県の怪談』、津軽書房、1973年
- 山上笙介（著）『津軽の富籤』、津軽書房、1978年　※「津軽妖異記」
- 青森県立郷土館（編）『妖怪展　神・もののけ・祈り』、青森県立郷土館・東奥日報社、2009年
- 高田公太（著）加藤一（監修）『怪談恐山』、竹書房、2016年

【岩手県】

- 岩手県教育会九戸郡部会（編）『九戸郡誌』、1936年
- 大船渡市史編集委員会（編）『大船渡市史　第4巻（民俗編）』、大船渡市、1980年
- 佐々木徳夫（著）『金棒太郎』、みちのく昔話研究会、2003年
- 野村純一（編）『浄法寺町昔話集　岩手県』、荻野書房、1982年
- 丸山久子・佐藤良裕（編）『昔話研究叢書9　陸奥二戸の昔話』、三弥井書店、1973年
- 高橋貞子（編著）平野直（監修）『火っこをたんもうれ　岩泉の昔ばなし』、熊谷印刷出版部、1977年

- 田野畑村芸術文化協会『新たのはた風土記』、田野畑村芸術文化協会、1994 年
- 普代中学校生徒会『普代村の民話』、普代中学校生徒会、1984 年
- 山田町立船越小学校『船越の民話・第一集』
- 東和町史編纂委員会『東和町史　民俗篇付年表』、東和町、1979 年
- 矢巾町史編纂委員会『矢巾町史』、岩手県矢巾町、1985 年
- 塩谷初太郎（編）『一戸町郷土誌』、一戸町、1953 年
- 大槌の民話編纂委員会（編）『大槌の民話』、岩手県大槌町役場、1983 年
- 遠野高校社会科研究会（著）『上閉伊今昔物語』、遠野物語研究所、2008 年
- 遠野町地域づくり連絡協議会（編）『遠野町古蹟残映』、遠野町地域づくり連絡協議会、1992 年
- 水原義人『郷土の伝承と碑』
- 野村純一（編）『岩手県　浄法寺町昔話集』、荻野書房、1982 年
- 小田正年（編）『野田民俗誌』、岩手県野田村教育委員会、1979 年

［佐藤卓］

【事典・辞典】

- 村上健司（編著）『妖怪事典』、毎日新聞社、2000 年
- 千葉幹夫（編）『全国妖怪事典』、講談社、2014 年
- 小松和彦・常光徹（監修）香川雅信・飯倉義之（編）『47 都道府県　妖怪伝承百科』、丸善出版、2017 年
- 朝里樹（著）『日本現代怪異事典』、笠間書院、2018 年
- 民俗学研究会（編）『綜合日本民俗語彙（全 5 巻）』、平凡社、1955 年
- 佐藤清明（著）『方言叢書第七篇　現行全国妖怪辞典』、中国民俗学会、1935 年
- 鈴木棠三（著）『日本俗信辞典　動物編』、KADOKAWA、2020 年
- 鈴木棠三（著）『日本俗信辞典　植物編』、KADOKAWA、2020 年
- 草野巧（著）『幻想動物事典』、新紀元社、1997 年
- 乾克己ほか（編）『日本伝奇伝説大事典』角川書店、1986 年

【翻訳・資料集】

- 湯本豪一（編）『明治期怪異妖怪記事資料集成』、国書刊行会、2009 年
- 三浦浄心（著）矢代和夫・大津雄一（訳著）『北条五代記（日本合戦騒動叢書）』、勉誠出版、1999 年
- 井原西鶴（著）横山重・前田金五郎（校）『武道伝来記』、岩波書店、1967 年
- 只野眞葛（著）勝山海百合（現代語訳）『只野眞葛の奥州ばなし（叢書東北の声）』、荒蝦夷、2017 年
- 富士川游（編）『杏林叢書　第 5 輯』、吐鳳堂書店、1922 年— 1926 年　※「北窓瑣談」

【その他単行本・論文】

- 柳田國男（著）小松和彦（校）『妖怪談義』、角川文芸出版、2013 年　※「妖怪名彙」
- 柳田國男（編）『海村生活の研究』、日本民俗学会、1949 年
- 今野圓輔（編著）『日本怪談集　妖怪編』、社会思想社、1981 年
- 日野巌（著）『動物妖怪譚　上』、中央公論新社、2006 年
- 日野巌（著）『動物妖怪譚　下』、中央公論新社、2006 年　※「日本妖怪変化語彙」
- 佐々木喜善（著）『聴耳草紙』、筑摩書房、1993 年
- 大塚徳郎（著）『坂上田村麻呂伝説』、宝文社、1980 年
- 阿部幹男『東北の田村語り　生成と伝承　奥浄瑠璃『田村三代記』考』、三弥井書店、2004 年
- 内藤正敏『鬼と修験のフォークロア（内藤正敏民俗の発見 2）』、法政大学出版局、2007 年
- 『東北の鬼』、岩手出版、1989 年
- 川島秀一（著）『憑霊の民俗』、三弥井書店、2003 年
- 福田晃・荒木博之（編）『巫覡・盲僧の伝承世界　第 1 集』、三弥井書店、2020 年
- 登米市歴史博物館（編）『坂上田村麻呂伝説～東北に息づく田村ガタリ～』、2017 年

【参考文献岩手県地域誌】

- 早池峯神社『早池峯神社略縁起』
- 蛇體姫大明神の棟札、1922年
- 『広報みやもり』、宮守村、1978年
- 『広報いちのへ』1983年9月1日号、一戸町、1983年
- 一戸町町誌編纂委員会『一戸町誌　下巻』、岩手県一戸町、1986年
- 大船渡市史編集委員会『大船渡市史　第四巻』、大船渡市、1980年
- 岩手県教育会九戸郡部会（編）『九戸郡誌』、岩手県教育会九戸郡部会、1936年
- 『金田一村誌』、金田一村教育委員会、1966年
- 山田勲（著）普代村教育委員会（編）『普代村史』、普代村、1984年
- 青森県史編さん民俗部会（編）『青森県史（民俗編）』、青森県、2014年
- 『陸前高田市史　第六巻　民俗編（下）』、陸前高田市、1992年
- 『遠野特信』
- 『綾織村誌』
- 『土淵村誌』、土淵村役場、1952年
- 附馬牛村誌編集委員会（編）『定本附馬牛村誌』、附馬牛村、1954年
- 『釜石市文化財調査報告書第十七集　歴史の道　第四号「笛吹街道と大槌街道」上巻』、釜石市教育委員会、1992年
- 遠野高校社会科研究会（編）『遠野郷資料』、遠野物語研究所
- 菊池春雄・荻野馨『遠野市における館・城・屋敷跡調査報告書』、個人出版、1987年
- 村誌『たまやま』、玉山村役場、1978年
- 『岩手史叢　第十巻　陸奥国風土記』、岩手県文化財愛護協会、1983年
- 佐藤源八『南部二戸郡浅沢郷土資料』、丸善株式會社三田出張所、1940年
- 土淵小学校創立百周年記念事業実行委員会記念誌編集委員会（編）『土淵教育百年の流れ：土淵小学校百周年記念誌』、遠野市土淵町、1979年
- 多田貞蔵『黒岩伝説集』、黒岩公民館、1985年
- 遠野市史編集委員会『遠野市史　第四巻』、万葉堂書店、1977年
- 遠野市老人クラブ連合会編集委員会（編）『遠野今昔　第一集』、遠野市老人クラブ連合会、1988年
- 遠野市老人クラブ連合会編集委員会（編）『遠野今昔　第二集』、遠野市老人クラブ連合会、1989年
- 遠野市老人クラブ連合会編集委員会（編）『遠野今昔　第三集』、遠野市老人クラブ連合会1990年
- 遠野市老人クラブ連合会編集委員会（編）『遠野今昔　第五集』、遠野市老人クラブ連合会、1992年
- 遠野市老人クラブ連合会編集委員会（編）『遠野今昔　第一一集』、遠野市老人クラブ連合会、1998年
- 遠野市老人クラブ連合会編集委員会（編）『遠野今昔』（第一二集）、遠野市老人クラブ連合会、1999年
- 大船渡市史編集委員会（編）『大船渡市史　第四巻』、大船渡市、1980年
- 小友村探訪会（編）『とおの小友探訪―「小友町勝蹟志」増補版―』、小友町地域づくり連絡協議会、1999年
- 松崎歴史伝承研究会（編）『まつざき歴史がたり』、町地域づくり連絡協議会、2001年
- ものがたり青笹編集委員会（編）『ものがたり青笹』、青笹町地域づくり連絡協議会、2004年
- 高橋子績『澤内風土記　沢内村郷土史シリーズ第九集』、岩手県和賀郡沢内村、沢内村郷土史研究会、1976年
- 『南部叢書　第九巻』、歴史図書社、1971年
- 『岩泉地方史（下巻）』、岩泉町教育委員会、1980年
- 岩泉民間伝承研究会（編）『いわいずみふるさとノート』、岩泉民間伝承研究会、1988年
- 三陸老人クラブ連合会（編）『さんりくのむかしばなし』、共和印刷企画センター、2000年
- 三陸町老人クラブ連合会（編）『三陸のむかしがたり　第7集』、三陸町老人クラブ連合会、1986年
- 三陸町老人クラブ連合会（編）『三陸のむかしがたり　昭和57年度版』、三陸町老人クラブ連合会、1983年
- 青木松太郎『たのはた風土記』、岩手県下閉伊郡田野畑村羅賀、大沢雄三郎、1976年

- 大矢邦宣・出羽振治（編著）『遠野七観音』、遠野市立博物館、1989 年
- 小松和彦 VS 荒俣宏（対談）『妖怪草紙』、工作舎、1988 年
- 岩手日報社『いわて怪談奇談珍談』、岩手日報社、1990 年
- 岩手日報社『いわて怪談・奇談・珍談　続』、岩手日報社、1992 年
- 菊池照雄『遠野物語をゆく』、梟社、1991 年
- 菊池照雄『山深き遠野の里の物語せよ』、梟社、1989 年
- 東洋大学民俗研究会（編）『旧中川村の民俗―岩手県東磐井郡大東町旧中川村―』、東洋大学民俗研究会、1973年
- 奥寺正『続海のむかし話』、岩手東海新聞社、1977 年
- 杉岳志『近世日本における天変の文化史』、一橋大学博士論文、2011 年
- 野尻抱影『日本の星―星の方言集　改版』、中央公論新社、2002 年
- 日野巌『動物妖怪譚』、有明書房、1979 年
- 太田忠雄（編著）『盛岡の伝説―みちのくの伝承民話』、姫神物語研究所、1982 年
- 太田忠雄（編著）『岩手郡の伝説：沼宮内通りの伝承民話』、姫神物語研究所、1979 年
- 中村禎里『動物妖怪談』、歴史民俗博物館振興会、2000 年
- 朱家駿『神霊の音ずれ―太鼓と鉦の祭祀儀礼音楽―』、思文閣出版、2001 年
- 本田安次「陸中のけんばい」『旅と伝説』第 8 年 1 月号、三元社、1987 年
- 宮元健次『江戸の陰陽師』、人文書院、2001 年
- 三隅治雄「民俗と芸術のあいだ」藝能史研究會編『日本の古典芸能　第六巻』、平凡社、1970 年
- 森銑三・北川博邦編『続日本随筆大成 1』、吉川弘文館、2007 年
- 大迫町教育委員会『早池峰草紙―おおはさまの伝説―』、大迫町教育委員会、1993 年
- 西丸震哉『動物紳士録』、中央公論新社、1980 年
- 菊池敬一『北天の魁』、岩手日報社、1995 年
- 田中勝也「古代日本の異族先住民・ツチグモ」『歴史読本臨時増刊　特集　異界の日本史　鬼・天狗・妖怪の謎』、新人物往来社、1989 年
- 千葉公慈『知れば恐ろしい日本人の風習』、河出書房新社、2012 年
- 大藤時彦「海の怪異」柳田国男（編）『海村生活の研究』、日本民俗学会、1949 年
- 北嶋廣敏『不思議猫の日本史』、グラフ社、2010 年
- 藤田和日郎『うしおととら』、小学館、2000 年
- 岩手県小学校国語教育研究会『読みがたり　岩手のむかし話』、日本標準、2004 年
- 原美穂子『遠野の河童たち』、風琳堂、1992 年
- 小館衷三『水神竜神十和田信仰　青森県の文化シリーズ 8』、北方新社、1976 年
- 二荒神社文化部篇『日光狩詞記　日光・二荒神社資料 3』、日光・二荒神社文化部、1960 年
- 高橋智『盛岡伝説案内：其の壱―其の百』、盛岡出版コミュニティー、2013 年
- 伊藤龍平『ヌシ：神か妖怪か』、笠間書院、2021 年
- 中村生雄・三浦佑之『人と動物の日本史』、吉川弘文館、2009 年
- 小松和彦『憑霊信仰論』、ありな書房、1984 年
- 泉鏡花『高野聖・眉かくしの霊』、岩波書店、1992 年
- 『まんが日本昔ばなし』、毎日放送のテレビアニメ
- 岩手日報社出版部（編）『岩手の伝説を歩く』、岩手日報社、1994 年
- 犬飼公之『影の古代』、桜楓社、1991 年
- 干宝（著）竹田晃（翻訳）『捜神記』、平凡社、2004 年
- 寺井広樹・正木信太郎『岩手の怖い話―坊やがいざなう死出の旅―』、TO ブックス、2018 年
- 「終息願う〝アマビエ菩薩〟奥州・光明寺が木像設置」『岩手日報』、岩手日報社、2020 年

- 萩谷朴（校注）『新潮日本古典集成　枕草子　上』、新潮社、1977 年
- 萩谷朴（校注）『新潮日本古典集成　枕草子　下』、新潮社、1977 年
- 奥村恒哉（校注）『新潮日本古典集成　古今和歌集』、新潮社、1978 年
- 平田喜信・久保田淳（校注）『新日本古典文学大系 8　後拾遺和歌集』、岩波書店、1994 年
- 市古貞次（校注）『日本古典文学大系　御伽草子』、岩波書店、1973 年
- 山下宏明（校注）『新潮日本古典集成　太平記　三』、新潮社、1983 年
- 水原一（校注）『新潮日本古典集成　平家物語　下』、新潮社、1985 年
- 大島建彦（校注）『新潮日本古典集成　宇治拾遺物語』、新潮社、1985 年
- ふるさとを大切にする会（朝倉一二三、渡辺房雄、山形要）『ふるさとの民俗』
- 高橋貞子『山神を見た人びと』、岩田書院、2009 年
- 太田忠雄（編著）『姫神物語』、姫神物語研究所、1977 年
- 馬の博物館『馬にかかわる民俗―水をめぐって―』、馬事文化財団、1992 年
- 稲田浩二（監修）遠野民話同好会（編）『遠野の昔話：日本の昔話 10』、日本放送出版協会、1975 年
- 森口多里『黄金の馬　昔話研究資料叢書　別巻』、三弥井書店、1971 年
- 日野巌『日本妖怪変化語彙』、防長民俗学会、1975 年
- 毛藤勤治『岩手の俗言　兆　禁　呪』、岩手日報社、1992 年
- 戸部民夫『神秘の道具　日本編』、新紀元社、2004 年
- 戸部民夫『日本の神々―多彩な民俗神たち―』、新紀元社、2003 年
- 網野善彦『日本社会の歴史（上・中・下）』、岩波書店、1997 年
- 赤坂憲雄『異人論序説』、筑摩書房、2001 年
- 小島俊一『宮古閉伊の地名伝説』、花坂印刷工業、1977 年
- 小松和彦『異人論　民俗社会の心性』、青土社、1985 年
- 吉田政吉『新遠野物語―伝承と歴史―』、図書刊行会、1972 年
- 絵本「九戸村の民話」編集委員会『九戸村の民話』、九戸村教育委員会、2000 年
- 金野静一・須知徳平『岩手の伝説　日本の伝説 42』、角川書店、1980 年
- 高橋貞子『火っこをたんもうれ―岩泉の昔ばなし―』、熊谷印刷出版部、1977 年
- 花部英雄『昔話と呪歌』、三弥井書店、2005 年
- 小野高尚「夏山雑談」日本随筆大成編輯部（編）『日本随筆大成　第 2 期第 20 巻』、吉川弘文館、1994 年
- 石川純一郎『河童の世界―瓢に宿る水霊―』、時事通信社、1974 年
- 岩手日報出版部（編）『いわてのお寺を巡る：心のやすらぎをもとめて』、岩手日報社、2006 年
- 矢野憲一『ものと人間の文化史 126　亀』、法政大学出版局、2005 年
- 東アジア恠異学会『亀卜』、臨川書店、2006 年
- 大形徹『魂のありか―中国古代の霊魂観―』、株式会社角川書店、2000 年
- 福島彬人『奇々怪々あきた伝承』、無明舎出版、1999 年
- 学研パブリッシング『日本の妖怪の謎と不思議』、学研プラス、2010 年
- 常光徹『妖怪の通り道』、吉川弘文館、2013 年
- 浅野正次『東北地方の隠れキリシタン巡回記』、漁村文化協会、1996 年
- 高橋善二『沢内の民話』、沢内村教育委員会、1972 年
- 小形信夫『陸中の伝説』、第一法規出版、1976 年
- 田中孝顕『ささがねの蜘蛛』、幻冬舎、2008 年
- 今井彰『蝶の民俗学』、築地書館、1978 年
- 岩下均『虫曼荼羅―古典に見る日本人の心象―』、春風社、2004 年
- 朴沢謙一郎『民話の平泉』、朴沢トモ子、1974 年
- 平野直『岩手の伝説』、津軽書房、1976 年

- 武藤鉄城（著）『アチックミューゼアム彙報第45　秋田郡邑魚譚』、アチックミューゼアム、1940年
- 武藤鉄城（編）『全國昔話資料集成12　角館昔話集』、岩崎美術社、1975年
- 稲田浩二（監修）今村泰子（編）『日本の昔話20　羽後の昔話』、日本放送出版協会、1977年
- 高橋はじめ（著）『雪ふる里の昔語り「むがしこあったぞん」』、秋田むがしこ塾、2003年
- 野村純一（監修）花部ゆりいか（編）『ふるさとお話の旅 秋田〈1〉秋田のとっぴん語り』、星の環会、2005年
- 戦狐（著）『秋田妖怪蒐異　壱』、胡仙廟、2021年
- 戦狐（著）『秋田妖怪蒐異　弐』、胡仙廟、2021年
- 佐々木金一郎「迷信による狂女殺しの実態」『民間伝承』18巻1号、六人社、1954年
- 国学院大学民俗文学研究会（編・発行）「由利地方昔話集」『傳承文藝』通巻11号、1974年

[佐々木剛一]

【事典・辞典】

- 佐藤秀昭（編）『岩手民話伝説事典』、岩手出版、1988年
- 桜井徳太郎（編）『民間信仰辞典』、東京堂出版、1983年
- 芦田正次郎『動物信仰事典』、北辰堂、1999年
- 村上健司（編著）『妖怪事典』、毎日新聞社、2000年
- 佐藤清明資料保存会（編）『博物学者佐藤清明の世界　附録「現行全国妖怪辞典」』、日本文教出版（岡山）、2021年
- 岩井宏實（監修）『日本の妖怪百科：2　―水の妖怪―』、河出書房新社、2000年
- 小松和彦・常光徹・山田奨治・飯倉義之『日本怪異妖怪大事典』、東京堂出版、2013年

【画集・図録】

- 高田衛（監修）稲田篤信・田中直日（編）『鳥山石燕　画図百鬼夜行』、国書刊行会、1992年
- 山口直樹『日本妖怪ミイラ大全』、学研パブリッシング、2014年
- 水木しげる『図説　日本妖怪大全』、講談社、1994年

【その他単行本・論文】

- 柳田國男『遠野物語』、大和書房、1990年
- 柳田國男『定本柳田國男集　第四巻』、筑摩書房、1963年
- 柳田國男『定本柳田國男集　第九巻』、筑摩書房、1962年
- 柳田國男『定本柳田國男集　第十一巻』、筑摩書房、1969年
- 柳田國男『定本柳田國男集　第十三巻』、筑摩書房、1975年
- 柳田國男『定本柳田國男集　第二十二巻』、筑摩書房、1970年
- 柳田國男『定本柳田國男集　第二十七巻』、筑摩書房、1982年
- 佐々木喜善『聴耳草紙』、筑摩書房、1975年
- 佐々木喜善『遠野のザシキワラシとオシラサマ』、宝文館出版、1994年
- 佐々木喜善『遠野の昔話』、宝文館出版、1996年
- 松本三喜夫『柳田「民俗学」への底流―柳田国男と「炉辺叢書」の人々』、青弓社、1994年
- 佐々木喜善『江刺郡昔話』、名著出版、1976年
- 佐々木喜善『遠野奇談』、河出書房新社、2009年
- 佐々木喜善『東奥異聞』、ゴマブックス、2016年
- 伊能嘉矩「遠野の民俗と歴史」「遠野くさぐさ」谷川健一責任編集『日本民俗文化資料集　15』、三一書房、1994年
- 上郷地区センター＋聞書編集委員会『上郷聞書』、上郷町地域づくり連絡協議会、1993年
- 西宮一民（校注）『新潮日本古典集成　古事記』、新潮社、1979年
- 坂本太郎・家永三郎・井上光貞・大野晋（校注）『日本古典文学大系　日本書紀　上』、岩波書店、1983年
- 植垣節也（校注・訳）『新編日本古典文学全集5　風土記』、小学館、1997年
- 西尾光一・小林保治（校注）『新潮日本古典集成　古今著聞集　上』、新潮社、1983年
- 西尾光一・小林保治（校注）『新潮日本古典集成　古今著聞集　下』、新潮社、1986年

● 石田明夫（著）『歴春ブックレット24　おんば様　安産・極楽浄土・橋守　知られざる信仰』、歴史春秋社、1999年
● 丹野寅之助「玩具のもつ傳説三篇」『旅と伝説』通巻6号、三元社、1928年
● 高木誠一・岩崎敏夫「磐城の水の傳説」『旅と伝説』通巻104号、三元社、1936年
● 野口長義「南會津の民俗（完）」『旅と伝説』通巻125号、三元社、1938年
● 磐城民俗研究会「磐城しんめい資料」『旅と伝説』通巻131号、三元社、1938年
● 高木誠一「磐城の地蔵」『旅と伝説』通巻144号、三元社、1939年
●「会員通信」『民間伝承』3巻4号、民間伝承の会、1937年
● 蒲生明「妖怪語彙」『民間伝承』5巻10号、民間伝承の会、1940年
● 今野圓輔「南会津採訪」『あしなか』第76輯、山村民俗の会、1961年
● 国学院大学民俗学研究会「福島県信夫郡飯坂町茂庭」『民俗採訪』昭和三十七年度号、1962年
● 成城大学民俗学研究班「福島県東白川郡塙町真名畑採訪記」『傳承文化』第5号、成城大学民俗学研究会、1966年
● 竹内智恵子・瀬川拓男「民話対談　奥会津の風土と民話詩」『季刊民話』創刊号、一声社、1975年
● 三瓶源作「彷徨う霊魂」『福島の民俗』第21号、福島民俗学会、1993年
● 佐治靖「祭祀にみる信者の動向―シンメイ巫女のもとでのオシンメイサマのお年越―」『福島の民俗』第21号、福島民俗学会、1993年
● 木口勝弘「福島の石ヶ森伝説考」『磐城民俗』第33号、磐城民俗研究会、2003年
● 吉田博令「九月から十二月にかけての年中行事―いわきの愛宕花園神社を中心に―」『磐城民俗』第33号、磐城民俗研究会、2003
● 多田克己「絵解き画図百鬼夜行の妖怪」『怪　vol.0017』、角川書店、2004年
● 村上健司「現代妖怪職人伝　第十三回」『怪　vol.0036』、角川書店、2012年
● 伊藤龍平「翻刻『会津怪談集』」『澁谷近世』18号、國學院大學近世文学会、2012年
● 吉田悠軌「赤い女がやってくる」北原功士（著・発行）『令和怪奇画報　怪異都市伝説編』、2021年
● 吉川奈緒子「妖怪　今も昔も〈5〉魔像三十六体　ヒノキ造り　異形の頭部」、『中国新聞』2020年8月25日、中国新聞社
● うつくしま電子事典　https://www.gimu.fks.ed.jp/
● UFOの里ホームページ　http://ufonosato.com/

【岩手県・宮城県・秋田県】

● 宮古市教育委員会（編・発行）『黒森神楽』、2008年
● 柳田國男『遠野物語　付・遠野物語拾遺』、角川書店、2004年
● 佐々木喜善（著）『紫波郡昔話』、郷土研究社、1926年
● 佐々木喜善（著）『聴耳草紙』、筑摩書房、1964年
● 野村純一・岩手昔話調査会（編）『岩手県　浄法寺町昔話集』、萩野書房、1983年
● 山口彌一郎（著）『民俗選書　二戸聞書』、六人社、1943年
● 三崎一夫（編著）『陸前の伝説』、第一法規、1976年
● 金野静一・須知徳平（著）『日本の伝説42　岩手の伝説』、角川書店、1980年
● 太田忠雄（編著）『姫神物語　姫神山麓の伝承民話』、姫神物語研究所、1977年
● 相原友直（著）『平泉舊跡志』、伊勢安商店、1895年
● 佐藤敬吉（著・発行）『磐井の名所』、1916年
● 高橋貞子（著）『座敷わらしを見た人びと』、岩田書院、2003年
● 国学院大学民俗学研究会「岩手県九戸郡九戸村」『民俗採訪』昭和六十二年度号、臨川書房、1988年
● 白石市史編さん委員会（編）『白石市史　3の2（特別史 下の1）』、白石市、1984年
● 小形信夫（編著）『陸中の伝説』、第一法規出版、1976年
● 今村義孝（監修）『新秋田叢書（九）』歴史図書社、1972年
● 角館誌編纂委員会（編）『角館誌第九巻　民俗行事・固有信仰・童謡編』、秋田県角館町、1985年

- 福島県教育委員会（編・発行）『西会津地方の民俗―振興山村指定地区民俗資料調査報告書―』、1969 年
- 石川町教育委員会・玉川村教育委員会・平田村教育委員会（編）『千五沢の民俗』、石川町教育委員会、1972 年
- 東洋大学民俗研究会（編・発行）『昭和四十九年度調査報告　小平の民俗―福島県石川郡平田村旧小平村―』、1975 年
- 西郊民俗談話会（編・発行）『大栗・狸森の民俗―福島県須賀川市大栗・狸森―』、1976 年
- 福島県安達町教育委員会（編・発行）『安達町民俗誌』、1977 年
- 月舘町教育委員会（編・発行）『月舘町の民俗』、1987 年
- 東京女子大学文理学部民俗調査団（編・発行）『番沢の民俗　福島県白河郡表郷村番沢』、1989 年
- 会津民俗研究会（編）『民俗調査報告書（町方編）』、会津若松市教育委員会、1982 年
- 福島県教育委員会（編・発行）『福島県文化財調査報告書第二六一集　福島県の民俗芸能―福島県民俗芸能緊急調査報告書―』、1993 年
- 早稲田大学日本民俗学研究会（編・発行）『昭和五十四年度調査報告　平豊間の民俗』、1981 年
- 成城大学民俗学研究会（編）『成城大学民俗調査報告書第五集　福島県伊達郡梁川町山舟生日面民俗調査報告書』、1979 年
- 今野圓輔（著）『檜枝岐民俗誌』、刀江書院、1951 年
- 橋本武（著）『猪苗代湖南民俗誌』、猪苗代湖南民俗研究所、1969 年
- 福島県教育委員会（編・発行）『福島県文化財調査報告書第 168 集　福島県の昔話と伝説』、1986 年
- 福島県教育委員会（編・発行）『ふくしまの昔話』、1986 年
- 岩崎敏夫（編）『全国昔話記録　磐城昔話集』、三省堂、1942 年
- 片平幸三（編）『福島の民話　第一集』、未来社、1958 年
- 片平幸三（編）『福島の民話　第二集』、未来社、1966 年
- 東京女子大学史学科民俗調査団口承文芸班（編・発行）『奥州東白川の昔話　福島県東白川郡塙町大字川上』、1971 年
- 近藤喜一（著）『信達民譚集〔再編復刻版〕』、ヨークベニマル、1995 年
- 片平幸三（著）『ふくしまの民話』、福島中央テレビ、1974 年
- 山本明（著）『ふくしまの昔話』、福島中央テレビ、1977 年
- 野沢謙治（著）『ふくしまの世間話―自然・異人・神仏・妖怪―』、歴史春秋社、2002 年
- いわき市勿来方部小学校教育研究会国語部（編・発行）『なこその民話』、1975 年
- ざっと昔を聴く会（編）『東白川郡のざっと昔』、ふるさと企画、1986 年
- 橋本武（著）『猪苗代湖畔の民話　湖周辺のいろりばなし』、猪苗代湖南民俗研究所、1975 年
- 佐藤孝徳（編著）『昔あったんだっち　磐城七浜昔ばなし三〇〇話』、いわき地域学會出版部、1987 年
- 郡山市教育委員会（編・発行）『郡山のむかしばなし』、1984 年
- 塩川町堂島農協婦人部（編・発行）『堂島むかしばなし』、1985 年
- 田島町教育委員会（編・発行）『田島町文化財調査報告書第八集　会津田島の民話』、1992 年
- 吉沢和夫・藤田浩子（編）『遠藤登志子の語り―福島の民話―』、一声社、1995 年
- いいたて民話の会（編・発行）『飯舘むかしばなし』、2001 年
- 永井小・中学校 PTA（編）夏井芳徳（校注）『永井の昔ばなし―ふるさとの民話と伝承―』、纂修堂、2009 年
- 山口彌一郎（監修）会津民俗研究会（編）『會津の傳説』、浪花屋書店、1973 年
- 岩崎敏夫（編著）『磐城岩代の伝説』、第一法規、1976 年
- 石川純一郎、竹内智恵子（著）『日本の伝説 45　福島の伝説』、角川書店、1980 年
- 東小学校 PTA（編）『伏黒・箱崎の伝説』、東小 PTA 会長・宍戸藤雄、1974 年
- 田村市教育委員会（編・発行）『田村市史 3　田村市の伝説』、2009 年
- 逢沢紀孝（著）『会津に伝わるむかし話―民話伝説集―』、歴史春秋社、2015 年
- 小桧山六郎（著）『歴春ブックレット 7　猪苗代湖　美しく神秘な生命のみなもと』、歴史春秋社、1993 年

- 戸川安章「羽黒山夜話（四）」『旅と伝説』通巻 190 号、三元社、1943 年
- 戸川安章「羽黒山夜話（五）」①『旅と伝説』通巻 191 号、三元社、1943 年
- 戸川安章「羽黒山夜話（五）」②『旅と伝説』通巻 192 号、三元社、1943 年
- 戸川安章「羽黒山夜話（完）」『旅と伝説』通巻 193 号、三元社、1944 年
- 菅原兵明「羽後飛島に於ける信仰的習俗に就いて」『民間伝承』十五巻一号、日本民俗学会、1951 年
- 佐藤光民「テンサラバサラ」『民間伝承』十六巻一号、日本民俗学会、1952 年
- 大浦豊「山形縣高安「犬の宮」の傳説」『旅と伝説』通巻 78 号、三元社、1934 年
- 国学院大学民俗学研究会「山形県南置賜郡中津川村」『民俗採訪』昭和二九年度号、臨川書店、1954 年
- 山形民話の会・山形とんと昔の会「最上川の民話」『季刊民話』1975 春第 2 号、一声社、1975 年
- 大友義助・武田正「最上川物語」『季刊民話』1975 春第 2 号、一声社、1975 年
- 江田忠・奥村幸雄・武田正・渡部勉「米沢市塩井地区の民俗」『置賜の民俗』第 7・8 合併号、置賜民俗学会、1976 年
- 江田忠・小川弘・奥村幸雄・金子正広・後藤百合子・武田正「南陽市漆山地区の民俗」『置賜の民俗』第 7・8 合併号、置賜民俗学会、1976 年
- 斎藤たま「こどもたちのこわいもの」『季刊自然と文化』1984 秋季号、日本ナショナルトラスト、1984 年
- 国学院大学民俗学研究会「山形県西村山郡西川町大井沢」『民俗採訪』平成元年度号、臨川書店、1989 年
- 民話と文学の会（編・発行）『民話と文学　第 23 号　特集　最上・真室川の伝承』、1992 年
- 阿部友紀「霊験譚の語りと信者――『善宝寺龍王講だより』の事例より」『東北文化研究室紀要』第 50 集、東北大学大学院文学研究科、2009 年
- 金田明日香「なぜムカサリ絵馬は『怖い話』として広まったのか」『東北民俗』44 巻、東北民俗の会、2010 年
- 鬼頭尚義「あこや姫伝説の諸相――説話から縁起へ」『京都精華大学紀要』第 40 号、京都精華大学、2012 年
- 鈴木正崇「山岳信仰の展開と変容―鳥海山の歴史民俗学的考察―」『哲学』第 128 集、三田哲學會、2012 年
- 尾関優歩「羽黒手向の松例祭についての民族誌的研究―若者衆の活動を中心に」『東北人類学論壇』16 号、東北大学大学院文学研究科文化人類学研究室、2017 年
- 高橋敏弘「民俗コラム　鳩人間と言う怪物」『山形民俗』第 8 号、山形県民俗研究協議会、1994 年
- FRIDAY 編集部「山形県の寺で怪奇『人面魚』を発見したぞ！」『FRIDAY』平成 2 年 6 月 22 日号、講談社、1990 年
- 最上町ウェブサイト　https://mogami.tv/
- 酒田市立図書館ウェブサイト「両羽博物図譜の世界」 https://miraini-sakata.jp/sakata-lib/matumori/index.html
- 寒河江市ウェブサイト「寒河江の歴史」 https://www.city.sagae.yamagata.jp/kurashi/sports/bunkarekishi/rekishi/index.html
- 三川町ウェブサイト「三川の伝説」 https://www.town.mikawa.yamagata.jp/smph/kankou/rekishi/densetsu.html
- 鮭川村観光協会ウェブサイト　https://sakegawa-kanko.com/

【福島県】

- 岩磐史料刊行会（編・発行）『岩磐史料叢書　上巻』、1916 年
- 相馬市（編・発行）『相馬市史 4　資料編 1　奥相志』、1966 年
- 福島県（編・発行）『福島県史 24　民俗 2』、1967 年
- 石城郡役所（編・発行）『石城郡誌』、1922 年
- 福島県耶麻郡（編・発行）『福島県耶麻郡誌』、1919 年
- 福島県岩瀬郡役所（編）『岩瀬郡誌』、名著出版、1972 年
- 猪苗代町史出版委員会（編・発行）『猪苗代町史　民俗編』、1977 年
- 田島町史編纂委員会（編）『田島町史 4　民俗』、田島町、1986 年
- 喜多方市（編・発行）『喜多方市史第 9 巻　民俗・各論編Ⅱ』、2001 年
- 福島県教育委員会（編・発行）『いわき鹿島地方の民俗―新産業都市指定地区民俗資料　調査報告書―』、1968年

【山形県】

- 石田勘四郎（編）『米沢古誌類纂』、羽陽活版所、1908年
- 水野道子（編）『伝承文学資料集第九輯　米沢地方説話集』、三弥井書店、1976年
- 松山宜袁（著）大泉散士（訳）『大泉百談』、阿部久書店、1972年
- 南陽市史編さん委員会（編）『南陽市史　民俗編』、南陽市、1987年
- 山形県教育委員会（編・発行）『山形県の民俗芸能—山形県民俗芸能緊急調査報告書—』、1995年
- 成城大学民俗学研究会（編・発行）『成城大学民俗調査報告書第二集　山形県西置賜郡小国町小玉川民俗調査報告書』、1977年
- 沢渡吉彦（編）『出羽の民話』、未来社、1958年
- 大友儀助（編）『新庄のむかしばなし』、新庄市教育委員会、1971年
- 佐藤義則（編）『全國昔話資料集成1　羽前小国昔話集』、岩崎美術社、1974年
- 武田正（編）「牛方と山姥　海老名ちゃう昔話集」 海老名正二、1970年
- 武田正（編）『昔話研究資料叢書（10）　飯豊山麓の昔話』、三弥井書店、1973年
- 武田正（編）『米沢の民話　雪女房』、遠藤書店、1981年
- 武田正（編）『佐藤家の昔話』、桜楓社、1982年
- 武田正（編）『山形短期大学民話研究センター資料叢書　田の中の田三郎 近きよ嫗昔話』、山形短期大学民話研究センター、2008年
- 武田正（編）『置賜のむかし　昔話・伝説・わらべうた』、山形短期大学民話研究センター、2010年
- 野村敬子（編）『全国昔話資料集成24　真室川昔話集』、岩崎美術社、1977年
- 佐藤義則（編）『羽前小国郷の伝承』、岩崎美術社、1980年
- 阿彦周宜（編）『庄内・酒田の世間話』、青弓社、1992年
- 小野和子（編）『山形県飯豊山麓の民話　長者原老嫗夜話』、評論社、1992年
- 野村純一（編）『定本関澤幸右衛門昔話集—「イエ」をめぐる日本の昔話記録—』、瑞木書房、2007年
- 滝口国也（編著）『北村山地方の民話（伝説編　一）』、東根市民話の会、1990年
- 滝口国也（編著）『北村山地方の民話（昔話編　二）』、東根市民話の会、1998年
- 滝口国也（編著）『北村山地方の民話（世間話編　三）』、東根市民話の会、1998年
- 鈴木久子・野村敬子（編）『ミナエ婆の「村むがす」—山形県口承文芸資料—』、岩田書院、1999年
- 戸川安章（編著）『羽前の伝説』、第一法規、1975年
- 須藤克三・野村純一・佐藤義則（著）『日本の伝説4　出羽の伝説』、角川書店、1976年
- 山形県立山形東高等学校郷土研究部（編著）『山形県伝説集—総合編—』、高橋書店、1960年
- 安彦好重（著）『山形県の地名伝説』、歴史図書社、1979年
- 笹喜四郎（著）『かつろく風土記』、新庄市教育委員会、1972年
- 畠山弘（著）『山形県怪談百話』、六兵衛館、1983年
- 烏兎沼宏之（著）『やまがた伝説考　物語る村々を歩く』、法政大学出版局、1993年
- 武田正（著）『山形県山形・村山地方の伝説』、東北出版企画、2000年
- 戸川安章（著）『日本の民俗6　山形』、第一法規、1973年
- 阿部八郎（著）『都市伝説・事実の行方—迎田家おきつね様十年の軌跡』、第一法規、1991年
- 松田義信（著）『病と信仰・伝説』、東洋出版、2001年
- 菊地和博（著）『やまがた民俗文化伝承誌』、東北出版企画、2009年
- 長瀬一男（著・発行）『地名私考ジャガラモガラ　龍神伝説に秘められた真実』、1979年
- 阿部八郎（編著）『百子沢おはな恨報実録—山形県の史実と伝承そして説話文学—』、武蔵野書院、1988年
- 安彦好重（著）『神と人との間　山形のまつり　家のまつりと村のまつりを探る』、日本文化社、1993年
- 戸川安章「羽黒山夜話（一）」『旅と伝説』通巻186号、三元社、1943年
- 戸川安章「羽黒山夜話（二）」『旅と伝説』通巻187号、三元社、1943年

- 北彰介（編）『青森県の怪談』、津軽書房、1973 年
- 赤石宏（著）『津軽のこわい話』、津軽書房、1981 年
- 小舘衷三（著）『青森県の文化シリーズ 26　青森県の民間信仰』、北方新社、1985 年
- 工藤健一（著）『日本わらべ歌全集 2 上　青森のわらべ歌』、柳原書店、1984 年
- 森勇男（著）『霊場恐山物語』、浪岡書店、1975 年
- 南直哉（著）『恐山　死者のいる場所』、新潮社、2012 年
- 高田公太（著）『恐怖箱　怪談恐山』、竹書房、2016 年
- 笹森建栄（著）『津軽のイタコ』、錦正社、2021 年
- 新田次郎（著）『八甲田山死の彷徨』、新潮社、1971 年
- 丸山泰明（著）『凍える帝国　八甲田山雪中行軍遭難事件の民俗誌』、青弓社、2010 年
- 小舘衷三（著）『青森県の文化シリーズ 8　水神竜神十和田信仰』、北方新社、1976 年
- 広瀬伸（著）『水虎様への旅―津軽の水土文化』、津軽書房、2017 年
- 根深誠（著）『カミサマをたずねて　津軽赤倉霊場の永助様』、中央公論新社、2018 年
- 佐藤有文（著）『紀元前に実在した　津軽古代王国の謎』、サンケイ出版、1985 年
- 斉藤光政（著）『戦後最大の偽書事件「東日流外三郡誌」』、集英社、2019 年
- 藤原明（著）『偽書「東日流外三郡誌」の亡霊　荒吐の呪縛』、河出書房新社、2019 年
- 山根菊子（著）『光りは東方より　［史實］キリスト、釋迦、モーゼ、モセスは日本に来住し、日本で死んでゐる』、日本と世界社、1937 年
- 東日流中山史跡保存会（編）『東日流外三郡誌 4　信仰篇』、八幡書店、1990 年
- 中道等「奥羽巡杖記」『旅と伝説』通巻 20 号、三元社、1929 年
- 松野武雄「津軽の絵馬」『旅と伝説』通巻 34 号、三元社、1930 年
- 中市謙三「柏の葉風」『旅と伝説』通巻 106 号、三元社、1936 年
- 山口彌一郎「尻屋の夜話　民俗的資料を中心として」『旅と伝説』通巻 112 号、三元社、1937 年
- 能田多代子「或大百姓」『旅と伝説』通巻 129 号、三元社、1938 年
- 能田多代子「五戸の狐ばなし（一）」『旅と伝説』通巻 132 号、三元社、1938 年
- 中市謙三「ノートから」『旅と伝説』通巻 150 号、三元社、1940 年
- 国学院大学民俗学研究会「青森県下北郡東通村」『民俗採訪』昭和 37 年度号、1962 年
- 高橋九一「風土と民俗―火山灰土に生れたオシラサマ―」『風俗』8 巻 3 号、日本風俗史学会、1969 年
- 増田公寧「青森県における生殖器崇拝資料」『青森県立郷土館研究紀要』第 36 号、青森県立郷土館、2012 年
- 東北電力株式会社東通原子力発電所（編・発行）『東通原子力発電所広報誌　しおさい』Vol.20、2019 年
- 佐藤有文「遮光器土偶のモデルか !? ―奇跡をもたらす謎の巨石―」『別冊歴史読本 1　世界　謎の超古代史』、新人物往来社、1992 年
- 青森県史デジタルアーカイブスシステム　https://www2.i-repository.net/contents/kenshi-front/
- 青森県庁ウェブサイト　https://www.pref.aomori.lg.jp/index.html
- 黒石市ウェブサイト　http://www.city.kuroishi.aomori.jp/
- 平川市観光協会ウェブサイト　https://hirakawa-kankou.com/
- 青森県中南地域県民局地域連携部「古津軽」　https://kotsugaru.com/
- 薬王山正傳寺ウェブサイト　https://shodenji.jp/
- 箭根森八幡宮ホームページ　http://www8.plala.or.jp/yanonemori/
- 奥薬研修景公園　レストハウス・薬研温泉露天風呂ウェブサイト　https://oku-yagen.jp/
- 日本経済新聞社クロスメディア営業局（制作）「日本の近代遺産 50 選　尻屋埼灯台」　http://www.adnet.jp/nikkei/kindai/15/
- 海上保安庁第二管区海上保安本部「みちのく灯台物語」　https://www.kaiho.mlit.go.jp/02kanku/monogatari/index.html#shiriya2

関する一考察」『日本研究』第 60 号、国際日本文化研究センター、2020 年
- 大伴昌司・斉藤守弘（構成）南村喬之・木村正志・石原豪人・水気隆義（画）「特別企画／愛読者大募集 日本の妖怪総探検」『少年マガジン』昭和 43 年 12 月 8 日号、講談社、1968 年
- 権藤正勝「縄文土器は〈植物〉の精霊だった!!」『ムー』2021 年 10 月号、ワン・パブリッシング、2021 年

【ウェブサイト】

- 国際日本文化研究センター『怪異・妖怪伝承データベース』 https://www.nichibun.ac.jp/YoukaiDB/
- 中沢健の UMA・オカルトチャンネル（YouTube） https://www.youtube.com/channel/UCNMWehXj2rDn_QhAVE5caig
- tera（寺西政洋）『【妖怪図鑑】新版 TYZ』 http://tyz-yokai.blog.jp/
- がお「【2021 年】日本各地の「座敷わらし」が居る旅館や宿など 34 選」『暮らしのメモ』 https://kurashi-memo.net/zashikiwarashi/、2021 年
- 「「現実がふわっと揺らぐ瞬間がある」“怪談実話”の定義とその魅力を『怪と幽』編集長に聞く」『ダヴィンチ web』 2020 年 8 月 11 日 https://ddnavi.com/interview/657157/a/

【聞取情報提供】

- 戦狐（首無しドライバー、花笠の女、七色狐）
- 佐々木剛一（おしら様）
- 佐藤卓（犬憑き）

【青森県】

- 平尾魯仙（著）『谷の響　付　合浦奇談』、青森県立図書館、1969 年
- 青森県史編さん民俗部会（編）『青森県史 民俗編 資料南部』、青森県、2001 年
- 岩崎村史編集委員会（編）『岩崎村史　下巻』、岩崎村、1989 年
- 六ヶ所村史編纂委員会（編）『六ヶ所村史　下巻Ⅱ』、六ヶ所村史刊行委員会、1997 年
- 笹沢魯羊（編）『大畑町誌』、下北新報社、1934 年
- 青森県教育委員会（編・発行）『青森県民俗芸能緊急調査報告書』、1996 年
- 青森県立郷土館（編・発行）『浦田の民俗　青森県東津軽郡平内町浦田』、1981 年
- 青森県立郷土館（編・発行）『鶏沢・有畑・浜田の民俗　青森県上北郡横浜町鶏沢・有畑・浜田』、1980 年
- 青森県立郷土館（編・発行）『青森県山村民俗調査報告書 1　世増・畑内の民俗』、1989 年
- 青森県立郷土館（編・発行『青森県山村民俗調査報告書 2　西越・田中の民俗　青森県三戸郡新郷村西越・田中』、1990 年
- 青森県立郷土館（編・発行）『青森県山村民俗調査報告書 4　小国の民俗　青森県南津軽郡平賀町』、1992 年
- 東洋大学民俗研究会（編・発行）『昭和五十一年度調査報告　上郷の民俗―青森県三戸郡田子町旧上郷村―』、1977 年
- 東奥日報社（編）『東奥日用語辞典及青森県方言集』、東奥日報社、1932 年
- 森山泰太郎（編著）『陸奥の伝説』、第一法規、1976 年
- 森山泰太郎・北彰介（著）『日本の伝説 25　青森の伝説』、角川書店、1977 年
- 内田邦彦（著）『津軽口碑集』、郷土研究社、1929 年
- 中道等（著）『郷土研究社第二叢書 9　奥隅奇譚　附・原始謾筆風土年表抄』、郷土研究社、1929 年
- 川合勇太郎（編著）『津軽むがしこ集』、東奥日報社、1930 年
- 福士貞蔵（編）『郷土史料異聞珍談―名津軽伝説集―』、津軽考古学会、1956 年
- 川合勇太郎（著）『青森県の昔話』、津軽書房、1972 年
- 青森県環境生活部県史編さん室（編）『青森県史叢書　奥南新報「村の話」集成（上・下）』、青森県、1998 年
- 川合勇太郎（著）『ふるさとの伝説　青森県の伝説散歩』、津軽書房、1970 年
- 大畑町教育委員会文化財審議委員会（編・発行）『文化財調査報告第六集　大畑の傳説』、1983 年
- 津軽民話の会（編）『津軽民話の会　昔話聞き書』、青森県文芸協会、2011 年

- 水木しげる（著）「怪」編集部（編）『別冊怪　追悼水木しげる　世界妖怪協会全仕事』、角川書店、2016 年
- 伊藤慎吾・氷厘亭氷泉（編）『列伝体　妖怪学前史』、勉誠出版、2021 年
- 山田野理夫（著）『東北怪談の旅』、自由国民社、1974 年
- 山田野理夫（著）『日本の怪談　その愛と死と美』、潮文社、1967 年
- 山田野理夫（著）『山田野理夫　東北怪談全集』、荒蝦夷、2010 年
- 山室静・山田野理夫・駒田信二（執筆代表）『四次元の幻境にキミを誘う　妖怪魔神精霊の世界』、自由国民社、1974 年
- 畠山弘（著）『東北の伝奇』、大陸書房、1977 年
- 稲川淳二（著）『稲川怪談　昭和・平成傑作選』、講談社、2021 年
- 村松定孝（著）『わたしは幽霊を見た』、講談社、1972 年
- 大高興（著）『お化けと幽霊』、北の街社、1978 年
- アイプロダクション（編）『海の怪談　山の怪談　怪奇と恐怖の超常体験集』、永岡書店、1994 年
- 新倉イワオ（著）『日本列島心霊怪奇スポット』、河出書房新社、1995 年
- 木原浩勝・中山市朗（著）『現代百物語　新耳袋　第四夜』、メディアファクトリー、1999 年
- 工藤隆雄（著）『マタギ奇談』、山と渓谷社、2016 年
- 田中康弘（著）『山怪　山人が語る不思議な話』、山と渓谷社、2015 年
- 田中康弘（著）『山怪　弐　山人が語る不思議な話』、山と渓谷社、2017 年
- 田中康弘（著）『山怪　参　山人が語る不思議な話』、山と渓谷社、2018 年
- 寺井広樹・村神徳子（著）『東北の怖い話』、TO ブックス、2016 年
- 高田公太・高野真（著）『東北巡霊　怪の細道』、竹書房、2020 年
- 黒木あるじ・平谷美樹・高田公太・小田イ輔・葛西俊和・津村しおり・鶴乃大助・鷲羽大介・大谷雪菜・斉木京（著）『奥羽怪談』、竹書房、2021 年
- 山内重昭（著）『世界怪奇スリラー全集 2　世界のモンスター』、秋田書店、1968 年
- 有澤健・法印堂沙亜羅（文）『ビビる！都市伝説＆怪談スペシャル』、実業之日本社、2017 年
- 絹華（作）『大人にはないしょだよ 72 超スペシャル版　マジでビビる!! こわい話』、ポプラ社、2014 年
- 宇留島進（著）『日本の怪獣・幻獣を探せ！　未確認生物遭遇事件の真相』、廣済堂出版、1993 年
- 並木伸一郎（著）『謎の怪事件ファイル X　日本篇』、二見書房、1996 年
- ASIOS（著）『超能力事件クロニクル』、彩図社、2020 年
- 中柳豪文（著）『日本昭和トンデモ児童書大全』、辰巳出版、2018 年
- 竹倉史人（著）『土偶を読む　130 年間解かれなかった縄文神話の謎』、晶文社、2021 年
- 原田実（著）『偽書が描いた日本の超古代史』、河出書房新社、2018 年
- 原田実（著）『偽書が揺るがせた日本史』、山川出版社、2020 年
- （株）アトラス・遊企画（監修）成沢大輔（編）『真・女神転生 II　悪魔大事典』、宝島社、1994 年
- けものフレンズプロジェクト A（監修）『けものフレンズ BD 付オフィシャルガイドブック④』、KADOKAWA、2017 年
- 藤原相之助「奥州の仙人伝説―枸杞に関する仙話―」『旅と伝説』通巻 36 号、三元社、1931 年
- 橘正一「梟の啼聲と方言」『旅と伝説』通巻 90 号、三元社、1935 年
- 小玉暁村「妖狐伊豆那の話」『旅と伝説』通巻 93 号、三元社、1935 年
- 藤原相之助「原始山民とその分裂―奥羽の雪の山人を語る―」『旅と伝説』通巻 100 号、三元社、1936 年
- 中市謙三「人狐と巫女」『旅と伝説』通巻 125 号、三元社、1938 年
- 丹野正「天狗ノート」『あしなか』第 24 輯、山村民俗の会、1951 年
- 小池淳一「東方朔追尋―近世陰陽道書の受容過程をめぐって―」『西郊民俗』第 133 号、西郊民俗談話会、1990年
- 多田克己「絵解き画図百鬼夜行の妖怪」『怪』第参号、1998、角川書店
- 木場貴俊「国際日本文化研究センター所蔵『諸国妖怪図巻』をめぐって：いわゆる「化物尽くし絵巻」に

- 今野圓輔（著）『日本怪談集　妖怪篇』、社会思想社、1981 年
- 松谷みよ子（編）『現代民話考［2］軍隊・徴兵検査・新兵のころ』、筑摩書房、2003 年
- 松谷みよ子（編）『現代民話考［5］死の知らせ・あの世へ行った話』、筑摩書房、2003 年
- 松谷みよ子（編）『現代民話考［7］学校・笑いと怪談・学童疎開』、筑摩書房、2003 年
- 松谷みよ子（編）『現代民話考［10］狼・山犬・猫』、筑摩書房、2003 年
- 磯清（著）『日本民俗叢書　民俗怪異篇』、磯部甲陽堂、1927 年
- 及川儀右衛門（著）『日本の民話別巻 4　みちのくの百姓たち』、未来社、1973 年
- 柴田武（編）『お国ことばのユーモア』、1961、東京堂
- 知切光歳（著）『天狗の研究』、大陸書房、1975 年
- 池田彌三郎（著）『日本の幽霊』、中央公論社、1959 年
- 石塚尊俊（著）『日本の憑きもの　俗信は今も生きている』、未来社、1959 年
- 喜田貞吉（編）山田野理夫（補編）『憑物』、宝文館出版、1988 年
- 千葉徳爾（著）『続　狩猟伝承研究』、風間書房、1971 年
- 武藤鉄城（著）『武藤鉄城著作集〈1〉　鳥・木の民俗』、秋田文化出版社、1984 年
- 戸川安章（編）『山岳宗教史研究叢書 5　出羽三山と東北修験の研究』、名著出版、1975 年
- 岩崎敏夫（著）『東北民間信仰の研究　上　岩崎敏夫著作集』、名著出版、1982 年
- 岩崎敏夫（著）『東北民間信仰の研究　下　岩崎敏夫著作集』、名著出版、1983 年
- 福田晃、荒木博之（編）『巫覡・盲僧の伝承世界　第一集』、三弥井書店、1999 年
- 大湯卓二・嶋田忠一・門屋光昭・小野寺正人・武田正・佐治靖（著）『東北の鬼』、岩手出版、1989 年
- 阿部八郎（著）『越後せきかわ大蛇伝説』、関川村役場、1998 年
- 湯本豪一（著）『妖怪あつめ』、角川書店、2002 年
- 堤邦彦（著）『日本幽霊画紀行　死者図像の物語と民俗』、三弥井書店、2020 年
- 五来重（著）『修験道入門』、1980 年、角川書店
- 宮本袈裟雄（著）『天狗と修験者　山岳信仰とその周辺』、人文書院、1989 年
- 佐々木喜善（著）『遠野のザシキワラシとオシラサマ』、中央公論新社、2007 年
- 長谷川雅雄・辻本裕成・ペトロ　クネヒト・美濃部重克（著）『「腹の虫」の研究　日本の心身観をさぐる』、名古屋大学出版会、2012 年
- 伊藤龍平（著）『何かが後をついてくる　妖怪と身体感覚』、青弓社、2018 年
- 鵜飼秀徳（著）『「霊魂」を探して』、角川書店、2018 年
- 高橋原・堀江宗正（著）『死者の力　津波被災地「霊的体験」の死生学』、岩波書店、2021 年
- 山口仲美（著）『ちんちん千鳥のなく声は―日本人が聞いた鳥の声―』、大修館書店、1989 年
- 小嶋独観（著）『奉納百景　神様にどうしても伝えたい願い』、駒草出版、2018 年
- 柴田宵曲（著）『妖異博物館』、青蛙房、1963 年
- 早川純夫（著）『日本の妖怪』、大陸書房、1973 年
- 阿部正路（著）『日本の妖怪たち』、東京書籍、1981 年
- 岩井宏實（著）『暮しの中の妖怪たち』、文化出版局、1986 年
- 遠藤庄治・宮田登・野村純一・伊藤清司・大島広志（著）『ふるさとの伝説④　鬼・妖怪』、ぎょうせい、1990年
- 多田克己（著）『Truth in fantasy 9　幻想世界の住人たちⅣ〈日本編〉』、新紀元社、1990 年
- 小松和彦・常光徹（監修）香川雅信・飯倉義之（編）『47 都道府県・妖怪伝承百科』、丸善出版、2017 年
- 学研（編・発行）『Books Esoterica 24　妖怪の本　異界の闇に蠢く百鬼夜行の伝説』、1999 年
- 学研（編・発行）『Books Esoterica 43　姫神の本　聖なるヒメと巫女の霊力』、2007 年
- 大島廣志（編）『野村純一　怪異伝承を読み解く』、アーツアンドクラフツ、2016 年
- 新村出（著）新村猛（編）『新村出随筆集』、平凡社、2020 年
- 京極夏彦（著）『対談集　妖怪大談義』、角川書店、2005 年

- 京極夏彦（文）多田克己（編）『妖怪図巻』、国書刊行会、2000年
- 近藤瑞木（編）『百鬼繚乱　江戸怪談・妖怪絵本集成』、国書刊行会、2002年
- 湯本豪一（編著）『妖怪百物語絵巻』、国書刊行会、2003年
- 湯本豪一（著）『日本の幻獣図譜　大江戸不思議生物出現録』、東京美術、2016年
- 湯本豪一（著）『湯本豪一コレクション　古今妖怪纍纍』、パイインターナショナル、2017年
- 千葉市美術館（編）『文明開化の錦絵新聞――東京日々新聞・郵便報知新聞全作品』、国書刊行会、2008年
- 岩井宏實（監修）近藤雅樹（編）『図説　日本の妖怪』、河出書房新社、1990年
- 兵庫県立歴史博物館、京都国際マンガミュージアム（編）『図説　妖怪画の系譜』、河出書房新社、2009年
- 遠野市立博物館（編・発行）『遠野市立博物館第55回特別展　ザシキワラシ』、2007年
- 青森県立郷土館（編・発行）『平尾魯仙　青森のダ・ヴィンチ　青森県立郷土館開館40周年記念』、2013年
- 山口直樹（著）『日本妖怪ミイラ大全』、学研、2014年
- 国立民族学博物館（監修）山中由里子（編）『驚異と怪異　想像界の生きものたち』、河出書房新社、2019年
- 森田健司（著）『奇妙な瓦版の世界　江戸のスクープ大集合』、青幻舎、2019年
- 中村浩訳（著）『疫病退散！入手先・由来・ご利益のすべてがわかる 全国厄除け郷土玩具』、誠文堂新光社、2020年
- 福島県立博物館（編・発行）『あはひのクニ　あやかしのクニ～ふくしま・東北の妖怪・幽霊・怪異～』、2021年
- 藤澤衛彦（著）『妖怪畫談全集　日本篇　上』、中央美術社、1929年

【図鑑】

- 佐藤有文（著）『いちばんくわしい　日本妖怪図鑑』、立風書房、1972年
- 佐藤有文（著）『お化けの図鑑　妖怪がとび出す』、KKベストセラーズ、1978年
- 佐藤有文（著）『小学館のコロタン文庫29　怪奇全百科』、小学館、1978年
- 佐藤有文（著）『ビッグコロタン12　妖怪大図鑑』、小学館、1987年
- 佐藤有文（著）『どっきりカラー　怪奇ミステリー』、学習研究社、1982年
- 佐藤有文（著）『怪奇！日本ミステリー図鑑』、立風書房、1983年
- 水木しげる（著）『KCデラックス210　日本妖怪大全』、講談社、1991年
- 水木しげる（著）『決定版 日本妖怪大全 妖怪・あの世・神様』、講談社、2014年
- 水木しげる（著）『講談社まんが百科41　妖怪大図鑑Ⅱ』、講談社、1996年
- 村上健司（監修）『ナンバーワン決定バトル！　妖怪 最強バトル大図鑑』、宝島社、2018年
- 里見勝也（著）『タイガーミステリーブック5　日本の怪奇』、若木書房、1974年
- 南條武（著）『完全図解シリーズ　妖怪ミステリー』、有紀書房、1974年
- 中岡俊哉（著）『ホラー・シリーズ　大人を恐がらせる大妖怪伝説』、二見書房、1984年
- 聖咲奇（監修）『小学館のコロタン文庫62　世界の妖怪全百科』、小学館、1981年
- 竹中清、妖怪探検隊（構成）『ケイブンシャの大百科215　日本の妖怪大百科』、頸文社、1985年
- ブギーマン白川（企画）『ケイブンシャの大百科319　迫り来る！！霊界魔界大百科』、頸文社、1987年
- 岩井宏實（著）『少年少女版　日本妖怪図鑑』、文化出版局、1987年
- 小松和彦（監修）『妖怪のたおしかた』、アスコム、2021年
- 村上健司（著）『がっかり妖怪大図鑑　情けなくてかわいいから、もっと好きになる！』、誠文堂新光社、2021年
- イリサワマコト（著）『衝撃ミステリーファイル2　幽霊心霊現象大図鑑』、西東社、2015年
- 朝里樹（著）『日本のおかしな現代妖怪図鑑』、幻冬舎、2018年
- 朝里樹（著）『21世紀日本怪異ガイド100』、星海社、2021年

【その他単行本・論文】

- 柳田國男（著）『妖怪談義』、講談社、1977年
- 柳田國男（著）『桃太郎の誕生』、三省堂、1942年
- 柳田國男（著）『禁忌習俗語彙』、国学院大学方言研究会、1938年

- 日本随筆大成編輯部（編）『日本随筆大成〈第二期〉22』、吉川弘文館、1976 年
- 日本随筆大成編輯部（編）『日本随筆大成〈第二期〉24』、吉川弘文館、1976 年
- 日本随筆大成編輯部（編）『日本随筆大成〈第三期〉3』、吉川弘文館、1976 年
- 森銑三・北川博邦（編）『続日本随筆大成　8』、吉川弘文館、1980 年
- 寺嶋良安（著）『倭漢三才圖會』、吉川弘文館、1906 年
- 柴田宵曲（編）『随筆辞典　奇談異聞編』、東京堂出版、1979 年
- 高田衛・原道生（責任編集）太刀川清（校訂）『叢書江戸文庫 2　百物語怪談集成』、国書刊行会、1987 年
- 高田衛・原道生（責任編集）太刀川清（校訂）『叢書江戸文庫 27　続百物語怪談集成』、国書刊行会、1993 年
- 高田衛・原道生（責任編集）西田耕三（校訂）『叢書江戸文庫 16　仏教説話集成［一］』、国書刊行会、1990 年
- 木越治（責任編集）飯倉洋一（校訂代表）『江戸怪談文芸名作選　第二巻　前期読本怪談集』、国書刊行会、2017年
- 木越治（責任編集）近衛典子（校訂代表）『江戸怪談文芸名作選　第四巻　動物怪談集』、国書刊行会、2018年
- 木越治（責任編集）勝又基・木越俊介（校訂代表）『江戸怪談文芸名作選　第五巻　諸国奇談集』、国書刊行会、2019 年
- 高田衛（編・校注）『江戸怪談集（上・中・下）』、岩波書店、1989 年
- 湯本豪一（編）『明治期怪異妖怪記事資料集成』、国書刊行会、2009 年
- 湯本豪一（編）『明治妖怪新聞』、1999、柏書房
- 湯本豪一（編）『地方発明治妖怪ニュース』、2001、柏書房
- 人見寧（著）眞崎勇助・大山重華（校）『黒甜瑣語』、人見寛吉、1896 年
- 田辺希文（撰）鈴木省三（校訂）『仙台叢書　封内風土記』、仙台叢書出版協会、1893 年
- 蓮体（著）西村七平（校訂）『説教學全書第四編　譬論因縁　通俗礦石集』、法蔵館、1894 年
- 上田秋成（著）青木正次（訳注）『雨月物語（上・下）全訳注』、講談社、1981 年
- 宮負定雄（著）佐藤正英・武田由紀子（校注）『奇談雑史』、筑摩書房、2010 年
- 小泉八雲（著）池田雅之（編訳）『妖怪・妖精譚　小泉八雲コレクション』、筑摩書房、2004 年
- 東雅夫（編）『泉鏡花〈怪談会〉全集』、春陽堂書店、2020 年
- 東雅夫（編）『昭和の怪談実話　ヴィンテージ・コレクション』、メディアファクトリー、2012 年
- 芥川龍之介（著）『芥川龍之介全集 第二十三巻　目録・講演メモ他』、岩波書店、1998 年
- 町田嘉章・浅野健二（編）『わらべうた　日本の伝承童謡』、岩波書店、1962 年
- 明治神社誌料編纂所（編・発行）『府縣郷社　明治神社誌料　中巻』、1912 年
- 宮田登（編）阿部敏夫（著）『日本伝説大系　第一巻　北海道・北奥羽編』、みずうみ書房、1985 年
- 野村純一（編）木崎和広（著）『日本伝説大系　第二巻　中奥羽編』、みずうみ書房、1985 年
- 野村純一・大迫徳行・浜口一夫（著）『日本伝説大系　第三巻　南奥羽・越後編』、みずうみ書房、1985 年
- 本田安次（著）『山伏神楽・番楽』、財団法人斎藤報恩会、1942 年
- 岩崎敏夫（編）『東北民俗資料集（一）―巫女の仏おろし・ほか―』、萬葉堂書店、1971 年
- 岩崎敏夫（編）『東北民俗資料集（二）』、萬葉堂書店、1972 年
- 岩崎敏夫（編）『東北民俗資料集（三）』、萬葉堂書店、1974 年
- 岩崎敏夫（編）『東北民俗資料集（四）』、萬葉堂書店、1975 年
- 岩崎敏夫（編）『東北民俗資料集（五）』、萬葉堂書店、1976 年
- 岩崎敏夫（編）『東北民俗資料集（六）』、萬葉堂書店、1977 年
- 岩崎敏夫（編）『東北民俗資料集（七）』、萬葉堂書店、1978 年
- 岩崎敏夫（編）『東北民俗資料集（八）』、萬葉堂書店、1979 年
- 岩崎敏夫（編）『東北民俗資料集（九）』、萬葉堂書店、1980 年
- 岩崎敏夫（編）『東北民俗資料集（十）』、萬葉堂書店、1981 年

【画集・図録】

- 高田衛（監修）稲田篤信・田中直日（編）『鳥山石燕　画図百鬼夜行』、国書刊行会、1992 年

参考資料

[寺西政洋]

※まず総合的な内容が含まれる資料を挙げ、次に特定地域の話題のみに関する資料をまとめた

【事典・辞典】

- 村上健司（著）『妖怪事典』、毎日新聞社、2000 年
- 小松和彦（監修）常光徹・山田奨治・飯倉義之（編）『日本怪異妖怪大事典』、東京堂出版、2013 年
- 佐藤清明（著）『方言叢書第七篇　現行全国妖怪辞典』、中国民俗学会、1935 年
- 千葉幹夫（著）『小学館ライブラリー 74　全国妖怪事典』、講談社、1995 年
- 朝里樹（著）『日本現代怪異事典』、笠間書院、2018 年
- 朝里樹（著）『日本現代怪異事典　副読本』、笠間書院、2019 年
- 朝里樹（著）『歴史人物怪異談事典』、幻冬舎、2019 年
- 朝里樹（監修）えいとえふ（著）『日本怪異伝説事典』、笠間書院、2020 年
- 朝里樹（監修）氷厘亭氷泉（著）『日本怪異妖怪事典　関東』、笠間書院、2021 年
- 民俗学研究会（編）『綜合日本民俗語彙（全 5 巻）』、平凡社、1955 年
- 柳田國男（監修）民俗学研究所（編）『民俗学辞典』、東京堂出版、1952 年
- 柳田國男（監修）日本放送協会（編）『日本昔話名彙』、日本放送出版協会、1948 年
- 稲田浩二（編）『日本昔話事典』、弘文堂、1977 年
- 鈴木棠三（著）『日本俗信辞典　動・植物編』、角川書店、1982 年
- 乾克己・志村有弘・鳥越文蔵・小池正胤・高橋貢（編）『日本伝奇伝説大事典』、角川書店、1986 年
- 明治神社誌料編纂所（編・発行）『大日本神名辞書』、1912 年
- 川口謙二（編著）『日本の神様読み解き事典』、柏書房、1999 年
- 和田寛（編）『河童伝承大事典』、岩田書院、2005 年
- 稲雄次（著）『ナマハゲを知る事典』、柊風舎、2019 年
- 平辰彦（著）『来訪神事典』、新紀元社、2020 年
- 志村有弘・奥山芳広（編）『社寺縁起伝説辞典』、戎光祥出版、2009 年
- 東條操（編）『全国方言辞典』、東京堂出版、1951 年
- 友定賢治（編）『全国幼児語辞典』、東京堂出版、1997 年
- 袁珂（著）鈴木博（訳）『中国神話伝説大事典』、大修館書店、1999 年
- 河竹登志夫（監修）古井戸秀夫（編）『普及版　歌舞伎登場人物事典』、白水社、2010 年
- 西野春雄・羽田昶（編）『能・狂言事典』、平凡社、1987 年
- 東大落語会（編）『増補　落語事典』、青蛙房、1994 年
- 斎藤良輔（編）『郷土玩具辞典』、東京堂出版、1971 年
- 並木伸一郎（著）『増補版　未確認動物 UMA 大全』、学研、2012 年

【翻刻・資料集】

- 経済雑誌社（編・発行）『国史大系　第四巻』、1897 年
- 三上参次・佐伯有義（編）『六国史　巻六』、朝日新聞社、1930 年
- 田山花袋・柳田国男（校訂）『近世奇談全集』、博文館、1903 年
- 古谷知新（編）『女流文學全集　第三巻』、文藝書院、1919 年
- 日本随筆大成編輯部（編）『日本随筆大成〈第一期〉4』、吉川弘文館、1976 年
- 日本随筆大成編輯部（編）『日本随筆大成〈第一期〉18』、吉川弘文館、1976 年
- 日本随筆大成編輯部（編）『日本随筆大成〈第一期〉19』、吉川弘文館、1976 年
- 日本随筆大成編輯部（編）『日本随筆大成〈第一期〉20』、吉川弘文館、1976 年
- 日本随筆大成編輯部（編）『日本随筆大成〈第二期〉2』、吉川弘文館、1976 年
- 日本随筆大成編輯部（編）『日本随筆大成〈第二期〉21』、吉川弘文館、1976 年

【監修】

朝里 樹（あさざと・いつき）

怪異妖怪愛好家・作家。1990 年、北海道に生まれる。2014 年、法政大学文学部卒業。日本文学専攻。現在公務員として働く傍ら、在野で怪異・妖怪の収集・研究を行う。著書に『日本現代怪異事典』（笠間書院）、『日本のおかしな現代妖怪図鑑』（幻冬舎）、『日本現代怪異事典 副読本』（笠間書院）、『歴史人物怪異談事典』（幻冬舎）、『世界現代怪異事典』（笠間書院）、『つい、見たくなる怪異な世界』（三笠書房）、『山の怪異大事典』（宝島社）、『日本怪異妖怪事典 北海道』（笠間書院）、『21 世紀日本怪異ガイド 100』（星海社）、『玉藻前アンソロジー　殺之巻』（文学通信）、「放課後ゆ〜れい部の事件ファイル」シリーズ（集英社）ほか。

【著者】

寺西政洋（てらにし・まさひろ）

青森県、山形県、福島県、東北広域、その他担当
イラストレーター。1992年生まれ。主要な関心分野は妖怪と怪獣、カレーパン、サングラス。別名義にtera、寺西まさひろ、筍道人など。ブログ『【妖怪図鑑】新版TYZ』にて妖怪の絵と解説を公開中。各種イベントや映像制作の際に妖怪画・デザインの提供も行う。2007年、角川書店「『怪』大賞」優秀賞受賞。『日本現代怪異事典　副読本』（笠間書院）にイラストを寄稿。

佐々木剛一（ささき・ごういち）

岩手県、東北広域担当
1961年、岩手県遠野市生まれ。佐々木喜善の命日が誕生日となる。宿を営むかたわら、遠野を中心とした不思議と謎を調べる。日本家系図学会理事兼遠野支部長。

佐藤 卓（さとう・すぐる）

宮城県、東北広域、その他担当
妖怪収集家。1996年、山形県生まれ。宮城県在住。大学在学中にブログ『宮城妖怪事典（仮）』を開設。県内各地の民話や郷土史に眠る妖怪を発掘し、その魅力を広めるために活動中。本事典の表紙イラストを担当する妖怪掛け軸作家「大蛇堂」氏の個展『宮城の妖怪展』（2020年、2021年）には情報提供を行い、同イベント中の対談トークショーにも出演した。

戦狐（いくさぎつね）

秋田県、東北広域、その他担当
妖怪趣味人。秋田県生まれ。妖怪のほかには、日本狼伝承、アイヌ玉（主に江戸とんぼ）についても資料収集をしている。サークル『胡仙廟』にて、Twitterアカウント『秋田妖怪蒐異（@akitayoukaisyui）』及び『呪符東西録（@zyuhuroku）』を運営。著書に、投稿した伝承をまとめた『秋田妖怪蒐異シリーズ』（胡仙廟）一巻、二巻。秋田県内の妖怪談を絶賛募集中。

日本怪異
妖怪事典
東北

令和4年（2022）5月2日　初版第1刷発行

監修 ──────── 朝里 樹

著者 ──────── 寺西政洋　佐々木剛一
佐藤 卓　戦狐

カバー・扉イラスト ── 大蛇堂

発行者 ──────── 池田圭子

発行所 ──────── 笠間書院

〒101-0064　東京都千代田区神田猿楽町2-2-3
電話:03-3295-1331　FAX:03-3294-0996
https://kasamashoin.jp/
mail:info@kasamashoin.co.jp

ISBN 978-4-305-70959-2　C0539

アートディレクション ── 細山田光宣
装幀・デザイン ──── 鎌内 文（細山田デザイン事務所）
本文組版 ────── キャップス
印刷／製本 ───── 大日本印刷

本書収録の事項には、現在の社会通念から見て不適切と思われる表現が含まれておりますが、史料的な価値を考慮し、当時のものをそのまま採用しております。ご了承ください。